Einführung
in die
Literaturwissenschaft

EINFÜHRUNG IN DIE LITERATURWISSENSCHAFT

herausgegeben von
Miltos Pechlivanos, Stefan Rieger
Wolfgang Struck und Michael Weitz

VERLAG J.B. METZLER
STUTTGART · WEIMAR

Die Deutsche Bibliothek – CIP-Einheitsaufnahme

Einführung in die Literaturwissenschaft
hrsg. von Miltos Pechlivanos ... – Stuttgart ; Weimar : Metzler, 1995
ISBN 3–476–01225–5
NE: Pechlivanos, Miltos [Hrsg.]

Gedruckt auf säure- und chlorfreiem, alterungsbeständigem Papier

ISBN 3–476–01225–5

© 1995 J.B. Metzlersche Verlagsbuchhandlung
und Carl Ernst Poeschel Verlag GmbH in Stuttgart

Einbandgestaltung: Willy Löffelhardt
Satz: pagina GmbH, Tübingen
Druck und Bindung: Franz Spiegel Buch GmbH, Ulm
Printed in Germany

Verlag J.B. Metzler Stuttgart · Weimar

EIN VERLAG DER   *SPEKTRUM FACHVERLAGE GMBH*

Inhaltsverzeichnis

Grenzziehungen:
Literatur – Wissenschaft – Theorie

Wissenschaften bestimmen sich durch ihren Gegenstand und ihre Techniken, Wissen über ihn zu gewinnen und zu vermitteln. In gleichem Maße bestimmen sie sich durch ihren institutionellen Ort und durch ihre gesellschaftliche Funktion. Das gilt auch für die Wissenschaft von der Literatur. Ihre Institutionen sind Hochschulen und Wissenschaftsverlage, Fachzeitschriften und Bibliotheken, Seminare und Kongresse. Was aber ist ihr Gegenstand? Gehört dazu nur schöne oder auch triviale, nur fiktionale oder auch Sach-Literatur, interessieren mehr die klassischen oder die jeweils allerneusten Texte? Was ist mit anderen Medien wie dem Theater oder Kino und Fernsehen? Geht es um Geschichte oder Theorie, um Rezeption oder Produktion, um Entstehung oder Wirkung, um soziale, kulturelle oder ästhetische Funktionen? Oder auf anderer Ebene gefragt: Wozu dient all das, was gelehrt und gelernt wird? Findet hier eine aussterbende Kulturtechnik ihr letztes Reservat, gibt eine kritische Reflexion unverzichtbare Denkanstöße oder bereiten sich die Technologen der Informations- und Freizeitgesellschaft auf ihren Einsatz vor?

Oder noch grundsätzlicher: Welches Fach ist das überhaupt, in dem sich literaturwissenschaftliches Denken heute präsentiert? *Einführung in die Literaturwissenschaft* das scheint auf die Realität eines akademischen Faches zu verweisen, in dessen verschiedene Traditionen, Entwicklungen und Diskontinuitäten dann eingeführt werden könnte. Ein Blick in die Statuten und Vorlesungsverzeichnisse deutscher Universitäten ergibt jedoch kein sehr einheitliches Bild. Häufig existiert gar kein »Fach«, kein »Fachbereich«, kein »Institut«, in dessen Namen der Begriff »Literaturwissenschaft« auftaucht. Statt dessen finden sich literaturwissenschaftliche Unterabteilungen in Fächern wie Germanistik, Anglistik, Romanistik u. a. Gemessen an der Geschichte dieser »Nationalphilologien« ist die Konzentration auf Fragestellungen, in denen die enge Bindung von nationalen Sprachen, Kulturen und Literaturen mit ihren kanonischen Texten zugunsten gemeinsamer literaturtheoretischer Problemfelder aufgegeben wird, tatsächlich eine relativ neue Entwicklung. Erst in den letzten Jahren finden sich zunehmend eigene Lehrstühle für »Komparatistik« oder »Allgemeine und Vergleichende Literaturwissenschaft«. Eigene Fachbereiche haben sich bislang nur an wenigen Universitäten – etwa an den Neugründungen der sechziger Jahre wie Bielefeld oder Konstanz – etabliert. Auch hier allerdings mußte das ursprüngliche Programm einer radikalen Überwindung einzelphilologischer Orientierungen auf institutioneller Ebene stark zurückgenommen werden. Die etwa im Rahmen der Konstanzer Reformpläne programmatisch geforderten »Literaturlehrer« haben nie den Weg an die Schulen gefunden. Und so bleibt auch hier die Universität darauf angewiesen, Ausbildungsgänge für die traditionellen Fächer anzubieten.

Auch wenn Literaturwissenschaft nur selten ein eigenes akademisches Fach konstituiert, spielt sie eine zunehmend zentrale Rolle im universitären Diskurs. So hat das Interesse an systematischen Fragestellungen eines wissenschaftlichen Umgangs mit Literatur dazu geführt, daß die Kommunikation zwischen den verschiedenen Philologien ständig zugenommen hat. War etwa die Rezeption des New Criticism in Deutschland lange Zeit Sache der Amerikanistik, der russische Formalismus Angelegenheit der Slavistik, und verlief das Gespräch zwischen den Hermeneutiken eines Hirsch, Gadamer oder Ricoeur eher schleppend, so herrscht mittlerweile ein reger Theorie-Im- und -Export über die Schranken von Staaten und Philologien hinweg. Strukturalismus, Semiotik, Rezeptionstheorie, Dekonstruktion, Diskursanalyse und New Historicism etwa werden länder- und fächerübergreifend diskutiert und lassen die Grenzen verschwimmen, innerhalb derer die philologischen Disziplinen Literatur, Sprache und Nation noch zu einer Einheit verschmelzen wollten. Das Arbeitsfeld, das sich so eröffnet, ist gespannt zwischen Literatur, Wissenschaft und Theorie. Bildet die Literaturtheorie eine Horizontsetzung für die Literaturwissenschaft, so sind die literaturwissenschaftlichen Methoden ihrerseits die Bedingung für die Differenzierung der innerhalb der Theorie enthaltenen Annahmen. Theorie, die den Gegenstandsbereich der Literatur zu erschließen oder gar sich seiner kognitiv zu bemächtigen sucht, konstituiert ihn mit jedem Zugriff weitgehend neu. Wenn die Literatur damit immer nur innerhalb theoretischer Grenzziehungen möglich ist, kann sie doch zugleich immer mehr und anderes sein als das, was die jeweiligen Theorien aus ihr machen. Damit stellt sie eine ständige Irritation dar für die Geschlossenheit theoretischer Entwürfe und unterläuft die Vorstellung, es könne jemals *die* Theorie (der Literatur) geben. So konstituieren Literatur und Theorie im Wechselspiel ihrer Grenzziehungen das, wovon dieses Buch handelt: Literaturwissenschaft.

Die hier vorliegende *Einführung in die Literaturwissenschaft* situiert ihren Gegenstand im Wechselverhältnis von literarischen Texten und Theorien. Zu komplex ist das Palimpsest literaturwissenschaftlicher Modellbildungen, als daß sich die einzelnen Richtungen problemlos in *ein* arbeitsteiliges System integrieren ließen. Dennoch möchte dieses Buch mehr bieten als eine bloße Aneinanderreihung gängiger Schulen und Theorien. Es stellt sich der Aufgabe, die Vielfalt der Formen, in denen Wissenschaft ihren Gegenstand modelliert, in einen Zusammenhang zu bringen, ohne dabei vorhandene Divergenzen zu ignorieren.

Dazu haben wir das Arbeitsfeld in drei Bereiche aufgeteilt, die als Modelle der *Aufzeichnung*, *Vermittlung* und *Übersetzung* je eigene Teilfelder aus unterschiedlicher Perspektive in den Blick nehmen. Wenn wir im folgenden von Modellen sprechen, verstehen wir darunter je spezifische Aggregate aus Theorien, Methoden, heuristischen Operationen und Arbeitstechniken.

In diesen Modellen werden unterschiedliche Ebenen begrifflicher Abstraktion so gebündelt, daß die Möglichkeiten ihrer Kombination sichtbar werden. Zudem betont der Modell-Begriff das konstruktive Moment der Literaturwissenschaft, die – wie jede Wissenschaft – erst im Kontext solcher Aggregate ihren eigenen Gegenstand modelliert. Jede noch so textnahe Lektüre macht bestimmte Grundvoraussetzungen, etwa darüber, was Literatur überhaupt ist; jede noch so abstrakt formulierte Theorie muß – soll sie überhaupt als legitimer Bestandteil des Faches gelten – einen Beitrag zur Methodologie der Texterschließung leisten. Dem trägt eine Gliederung Rechnung, die Theorie, Methoden und Lektüren nicht strikt voneinander trennt, sondern in ihrem Wechselspiel beobachtbar macht.

Ebenso elementar wie schwer zu beantworten ist die Frage, was denn überhaupt ein Text ist. Mehr oder weniger explizit haben alle Beiträge dieses Buches mit ihr zu tun. *Aufzeichnungsmodelle* stellen zunächst den einzelnen literarischen Text in seiner materiellen und strukturellen Konkretheit in den Vordergrund. Sie zeichnen nach, auf welchen Voraussetzungen jegliche Textaufzeichnung überhaupt fußt. Dabei wird ein Weg beschrieben, der von der Materialität der einzelnen Lettern bis zu kollektiven Aufzeichnungssystemen führt, wie sie etwa in Topik und Rhetorik vorliegen. Versuchen diese Modelle den Text nicht so sehr aus der Abgrenzung gegenüber möglichen Außenreferenzen zu ergründen, sondern im Blick auf das Wie seiner Verfaßtheit und Genese, so stehen die Bezüge auf materielle, soziale und textuelle Umwelten im Mittelpunkt der *Vermittlungsmodelle*. Dort ist eher von der Literatur als vom einzelnen Text die Rede, und es gerät in den Blick, was als diskursives Umfeld Literatur umgibt und sie so überhaupt erst in und für eine kulturelle Formation vermittelbar macht. Eben weil die Literatur nicht als Abfolge autonomer, sich selbst genügender und unvermittelt zugänglicher Zeichenfolgen – seien diese intentional verantwortet, diskursiv geregelt oder stochastisch gestreut – gelten kann, wird die Interaktion der Literaturwissenschaft mit anderen Wissenschaften unabdingbar. Kultur-, Sozial- und historische Wissenschaften, Pädagogik und Feminismus sind nur einige der Paradigmen, an denen sie ihr Forschungsinteresse orientiert und zu denen sie genuine Beiträge zu liefern sucht. *Übersetzungsmodelle* lenken die Aufmerksamkeit von diesem interdisziplinären Erkenntnisinteresse zurück auf die Spezifik des literaturwissenschaftlichen Gegenstandes, dessen sich Wissenschaft nicht unmittelbar bemächtigen kann. Den kognitiven Gehalt von Literatur zu bestimmen, macht daher eine erneute Reflexion auf den Status literarischer Texte und die Bedingungen ihrer unterschiedlichen Rezeption erforderlich.

Die vorgenommene Dreiteilung impliziert nicht, daß die beiden ersten Bereiche synthetisch im dritten aufgehoben würden. Das Buch möchte vielmehr nahelegen, die vorgestellten Formen literaturwissenschaftlichen Arbeitens auf ihre blinden Flecken zu befragen und mögliche Ergänzungen zu prüfen. Unsere Absicht ist es, Einblicke in die aktuelle literaturwissenschaftliche Praxis zu geben sowie diese in ihrer historischen Genese deutlich werden zu lassen. Es spiegelt diese Praxis wider, daß zentrale Paradigmen wie Hermeneutik, Strukturalismus, Phänomenologie, Intertextualität, Diskursanalyse, Dekonstruktion und andere nicht im distinkten Nebeneinander vorkommen, sondern an verschiedenen Orten kooperieren. So wird eine Vergleichbarkeit von Positionen möglich und zugleich die Illusion zerstört, alles ginge mit allem.

Eine Konsequenz ist, daß das Buch nicht strikt linear gelesen werden muß. Alle Kapitel stellen vielmehr Knotenpunkte dar, von denen ausgehend sich verschiedene Netze rekonstruieren lassen. Damit sich der Leser oder die Leserin nicht allzu sehr im Dickicht der Theorien verstricken möge, bilden eingestreute Exkurse zu grundlegenden Fragestellungen gleichsam Aussichtspunkte auf das umliegende Terrain, erlauben aber auch gelegentliche Ausflüge zu einzelnen Sehenswürdigkeiten des Betriebs. Für eine genauere Exploration können die Hinweise zur weiterführende Lektüre als Landkarte dienen. Einen Ausblick anderer Art bieten die *Entgrenzungen* am Ende des Buches. Sie stellen die Frage nach Aktualität und möglicher Zukunft eines eigenständigen Faches Literaturwissenschaft. Gerade vor dem Hintergrund einer angeblichen Omnipräsenz elektronischer Medien und der Herausforderung eurozentrischen Denkens durch (inter-)kulturelle Konfrontationen wird das System der schönen Künste neu zu bestimmen sein.

Wenn Bücher geschrieben werden, müssen eine Vielzahl von Rahmenbedingungen erfüllt sein: Verlag, Schreiber, ein Konzept. Einigungen. Dieses Buch wurde im Kreis des Konstanzer Graduiertenkollegs »Theorie der Literatur« konzipiert, wo (Post-)doktoranden und (Post-)doktorandinnen aus verschiedenen Universitäten gemeinsame Interessen an literaturtheoretischen Fragestellungen verfolgen. Hier entstand ein institutioneller Rahmen, in dem jenseits nationalphilologischer Orientierungen ein Austausch über Perspektiven und Möglichkeiten literaturwissenschaftlichen Denkens stattfindet. Die Bandbreite der hier vertretenen Positionen mochte dem Verlag ein Anreiz gewesen sein, mit dem Konstanzer Graduiertenkolleg ein Lehrbuch zu planen, das den aktuellen, theoretisch fundierten Dialog über Literatur zur Grundlage hat.

I. Aufzeichnungsmodelle

Aufzeichnungsmodelle stellen den einzelnen literarischen Text in seiner materiellen und strukturellen Konkretheit in den Vordergrund. Was die Autorinnen und Autoren in diesem ersten Teil nachzeichnen, sind spezifische Aggregate aus Theorien, Methoden, heuristischen Operationen und Arbeitstechniken, die Antworten auf eine ebenso elementare wie unabdingbare Frage geben: Auf welchen Voraussetzungen beruht überhaupt die Aufzeichnung eines Textes? Es geht bei der Beantwortung dieser Frage um das *Wie* der Verfaßtheit, der Produktion des literarischen Textes, um die Beschreibung dessen, was man seine Textur nennen könnte.

Theoriegeschichtlich gesehen verdanken sich viele Ansätze, die Gegenstand der folgenden Kapitel sind, einer Verwissenschaftlichung der Literaturanalyse – oder besser: einer Verwissenschaftlichung des *Lesens*. Sie wird möglich nicht zuletzt durch die Reaktivierung eines Wissens, das lange Zeit als absolut galt, bevor es im Horizont des russischen Formalismus und des sogenannten *lingustic turn* in eine systematische Texttheorie überführt wurde: Tropenlehre, Topik, Mnemotechnik wären hier als Beispiele zu nennen. Der Exkurs zu *Formalismus und Strukturalismus* eignet sich als Ausgangspunkt für eine Theoriegeschichte, die eine ihrer Urszenen in Viktor Šlovskijs Manifest *Die Kunst als Verfahren* hat. Der *Verfahrens*-Begriff – wie ihn die Kapitel über *Narrative Verfahren* und über *Lyrik, Gedicht und poetische Sprache* aufgreifen – zielt auf generelle literarische Organisationsprinzipien. Nimmt man diese Definition als Angelpunkt, läßt sich ein theoretisches Interesse formulieren, das alle Autorinnen und Autoren dieser Einführung teilen: ein Interesse primär für das Ereignishafte der Strukturierung, eher für die Dynamik der Konstitution als für eine vermeintliche Festgeschriebenheit der literarischen Aufzeichnung. Aus dieser Perspektive betrachtet, erweisen sich die folgenden Kapitel insofern als postformalistisch bzw. poststrukturalistisch, als sie auf das reagieren, was man den formalistischen und strukturalistischen Traditionen als ein substantialistisches Vorurteil unterstellen kann oder vielleicht in einzelnen Fällen sogar unterstellen muß; etwa das Vorurteil der wissenschaftstheoretischen Utopie, das vollständige Beschreibungsrepertoire zu entwickeln, das das Territorium der Literatur endgültig – gleichsam kartographisch nachzuzeichnen vermöchte.

Die Aufzeichnungsmodelle, die im folgenden vorgestellt werden, erstrecken sich von der Materialität des einzelnen Buchstabens bis zur Dynamik der kulturellen Bewegung schlechthin, von den elementaren Textbausteinen bis zu kulturell eingespielten und bewährten Techniken der Modellierung von gesellschaftlicher Einbildungskraft. *Buchstabe, Schriftbild, Bild als Schrift* verfolgt den historischen Prozeß von der Keilschrift zur Normletter und beschreibt systematisch ein Feld, auf dem natürliche Objekte und Zeichen, Bilder und Ideen, der Logos und die Magie, Klänge und Arabesken die Pole bilden, zwischen denen Buchstaben situiert sind. Nachgezeichnet wird eine idealisierte, evolutionionäre Linie vom Auratischen des Schriftorakels zu einer normierten, linearisierten, ökonomisierten und allgemein verfügbaren

Sprach-Schrift im Dienste der Kommunikation und der ›Aufklärung des Menschengeschlechts‹; diese Rekonstruktion sympathisiert mit der Auffassung vieler Schriftstellerinnen und Schriftsteller der Visuellen und Konkreten Poesie in der Moderne, die diesen Prozeß als Verfallsgeschichte eines bestimmten Schriftbegriffs lesen, sympathisiert mit ihrer Widerständigkeit gegen Verrechnungsaktionen und Glättungsversuche. Wie Literatur sich aus einem spannungsvollen ›Zwischenreich‹ speist, zeigt anschließend der Exkurs zu *Mündlichkeit und Schriftlichkeit* in einer literarhistorischen Nahaufnahme. Vorgestellt wird eine Konstellation, die durch ein komplexes Beziehungsgeflecht von lateinischer Schriftkultur und volkssprachlich-mündlicher Kultur gekennzeichnet ist: die der deutschsprachigen Literatur des Mittelalters. Diese wird zum Träger einer für diesen Zeitraum charakteristischen »Zwischenkultur«, wenn sie sich mit der ästhetischen Aufgabe konfrontiert sieht, jenen anfänglichen Abgrund zwischen den Welten der *pfaffen unde leien* zu überbrücken.

Die nächsten Kapitel sind den lyrischen und narrativen Verfahren gewidmet. In dieser Terminologie sind nicht die traditionellen Gattungen angesprochen, sondern es sollen die vom Strukturalismus herausgearbeiteten grundlegenden literarischen Verfahren beschrieben werden, die erst in ihrem jeweiligen Wechselspiel die spezifischen Textsorten konstituieren. Zunächst wird dabei der Aspekt eines Selbstverweisens sprachlicher Strukturen hervorgehoben, den Roman Jakobson als *poetische Funktion* gefaßt hat (*Lyrik, Gedicht und poetische Sprache*). Anhand eines Gedichtes von Rilke werden die Arbeitsschritte einer genuin poetischen Lektüre vorgestellt, die dem Impuls der poetischen Sprache gerecht werden will. Daß eine solche poetische Funktion nicht auf lyrische Texte beschränkt bleibt, zeigt der Blick auf *Narrative Verfahren*. Erzähltheoretische Grundbegriffe (wie Geschichte und Erzählerlebnis, *histoire* und *discours*) werden in einer Analyse der Erzählbausteine und Verfahren von Adalbert Stifters Erzählung *Der Hochwald* entfaltet. Erkennbar wird dabei, wie die Handlung durch verschiedene Systeme von Zeichen überlagert wird und darin schließlich das Erzählen selbst zum Thema wird.

Wie man die Literatur als Ensemble von lyrischen und narrativen Verfahren verstehen kann, kann man sie ebenfalls als ein Ensemble von Gattungen betrachten, die nicht in den Verfahren aufgehen oder als ihre Kombination beschreibbar sind. Zwischen einer metaphysischen Überhöhung zu Naturformen, Weltanschauungstypen, Archetypen usw. und der radikalen Ablehnung zugunsten der Genialität des Dichters oder der Originalität des einzelnen Werks bewegt sich das Konzept der *Gattung*, das einen zentralen Ort innerhalb literaturwissenschaftlicher Theoriebildung behauptet hat. Auch wenn Vorsicht angebracht ist gegenüber epistemologisch unkritischen Gattungstheorien, die zum Teil durch bewußte oder unbewußte Literaturgeschichtsfälschungen untermauert werden – prominentes Beispiel ist die Lehre von der grundsätzlichen Dreiteilung in Epik, Lyrik und Drama –, muß die produktions- und rezeptionssteuernde Funktion von Gattungen betont werden. Die Fragen, mit denen sich eine Theorie literarischer Gattungen konfrontiert sieht, rücken eine grundsätzliche, logische Problematik wissenschaftlicher Begriffsbildung in den Blick. Sind Universalien wie »Das Dramatische« real existirnde Dinge in der Welt oder werden sie erst in der Analyse gebildet? Sind sie allein aus der Betrachtung jeweils einzelner, konkreter Texte – induktiv – zu gewinnen oder müssen sie gerade umgekehrt schon festgelegt werden, bevor eine – deduktive – Analyse beginnen kann? An das Konzept der Trias Epik-Lyrik-Dramatik, das historische Kontingenz idealtypisch festschreiben will, knüpft auch der anschließende Exkurs an. Er verfolgt, wie sich ein literarisches Genre konstituiert durch seinen Bezug auf eine außerliterarische Institution (*Drama und Theater: Anmerkungen zu einem gespannten Verhältnis*).

Mit Gattungslehre ist eine Grundlage eines intertextuellen Konzeptes von Literatur erschlossen, das in den folgenden Kapiteln erweitert wird. Zunächst geht es dabei um das Verhältnis von kulturellem Wissen und Literatur. *Topik/Inventio* reformuliert die rhetorische *inventio*, also die Kunst der Auffindung des Redestoffes, als eine Art generative Grammatik, die über einen großen, von Aristoteles bis Kant reichenden Zeitraum für die literarische Produktion als Regulativ bestimmend war. ›Schöpfung‹ versteht sich hier nicht als voraussetzungslose Originalität, sondern als Erweiterung eines in sich geschlossenen Kultursystems durch das Neuarrangement seiner Elemente. Damit kann das topische System auch dazu dienen, eine Kultur kontextuell zu erschließen und zu verstehen. Es war vor allem Roland Barthes' topisches Lektüremodell, das eine zentrale Rolle bei der Aufnahme dieser Tradition der Rhetorik gespielt hat. Doch die Rhetorik ist nicht nur unter dem Stichwort Topik wiederbelebt worden. Geht es bei der Topik um den Zugriff und die Wirkungsmacht tradierter und zu tradierender Wissensformen, so markiert die Rückwendung zur Rhetorik zusätzlich die besondere Rückbesinnung auf die Sprache und die Lehre von rhetorischen Figuren und Tropen. In der *Neuen Rhetorik* geht es um beides: Wissen und Sprache, Topik und Tropik. Gerade vor dem Hintergrund dieser Aktualität der *Rhetorik* sind wichtige Stationen und Wendepunkte ihrer Geschichte zu markieren. Sie stellt für die Literaturwissenschaft ein Instrumentarium der Textanalyse bereit und erlaubt zusätzlich sprachlich reflektierte Varianten von Ideologiekritik. Auch die *Stilistik* als methodisch eigenständige Disziplin ist ein modernes Nebenprodukt des alten Rhetoriksystems. Der ihr gewidmete Exkurs referiert historische und aktuelle Stiltheorien, die sich zwischen psychologistischen Ansätzen und quantitativen Stilanalysen bewegen, wie sie die Linguistik betreibt, und stellt eine Kritik strukturalistischer Prämissen vor, in der besonders die Bedeutung der Leserinstanz betont wird.

Lesen, Schrift, Figur, Performanz schließlich bezeichnen die Ansatzpunkte, unter denen sich eine dekonstruktive Kritik formiert, die eine – hermeneutisch – gesicherte Bedeutung ebenso verunsichert wie einen strukturalistisch – gesicherten und beschriebenen Gegenstandsbereich.

Damit wird sowohl auf die Grenzen strukturalistischer Texterschließung hingewiesen, wie sie in den *Aufzeichnungsmodellen* mehrfach
angesprochen wurden, als auch bereits ein Spannungsmoment zwischen dem literarischen Text und dem Metatext der Wissenschaft angedeutet, das die *Übersetzungsmodelle* bestimmen wird. Wenn die Sprache
nicht von einem ›rhetorischen Rest‹ zu ›reinigen‹ ist, wird auch ihre
Durchsichtigkeit auf Wahrheiten, Bedeutungen und Mitteilungen, die
jenseits der Bewegungen der Sprache selbst bestehen könnten, getrübt.
Dekonstruktion ›entlarvt‹ die Transparenz des Textes als Illusion, sie
richtet jedoch auch ihren eigenen Text an dieser Einsicht aus – einer
Einsicht, die sich im und für den theoretischen Text wiederholen läßt.
Das macht aus diesem Kapitel am Rande der Aufzeichnungsmodelle
einen Text, der Dekonstruktion sowohl predigt als auch praktiziert.

Buchstabe, Schriftbild, Bild als Schrift

Dagmar Buchwald

Wenn die ganze Welt Aktualisierung des Wortes Gottes ist – und das behauptet zumindest der Schöpfungsmythos der christlichen Kultur und nicht nur dieser – so sind alle Phänomene der Welt Buchstaben im Buch Gottes. Die Dinge sind Schrift. Wenn wir andererseits der These folgen, nach der sowohl Buchstaben als auch Zahlzeichen der heutigen Schriften aus konkreten, soliden, handhabbaren Tonmärkchen entstanden sind (Kuckenburg 1989, 170ff.), so versetzen sich nicht nur die Konkreten Poeten unseres Jahrhunderts an den Ursprung der Welt und der Schrift oder an das, was wir als Ursprung poetisch setzen, zurück, indem sie eine Homogenität zwischen Zeichen und Bezeichnetem (A. Assmann 1980, 58), eine Kontinuität zwischen Ding und Schrift reinstituieren. Sie gehen nicht fehl, wenn sie die Stiftung der Literatur aus dem religiösen Dienst mit und am (Welt-) Zeichenkorpus vermuten:

»Im Anfang war das Wort, und das Wort war bei Gott, und Gott war das Wort. Alles ist durch es geworden, und ohne es ist nichts geworden.« (Johannes-Evangelium I,1–3)

> »Worte zu machen, Worte zu ergreifen, das heißt hier und wieder: ihnen – womöglich handwerklich – materielle Substanz zu geben; Dinge beim Wort (und Bild) zu nehmen, impliziert auch das gegenläufige Worte-beim-Ding-Nehmen in Form von Wort-Dingen und Ding-Worten, Wort für Wort und Ding für Ding, Ding für Wort und Wort für Ding, in konkreter Sprachlichkeit und sprachlicher Konkretheit. Worte können gefeilt und geschliffen und gebrochen werden wie Dinge selbst; Worte können im Munde herumgedreht und gewendet werden wie Speisen und Nährstoffe, die man abschmeckt und schmackhaft zubereitet. ›Konkrete Poesie‹ und andere Schreibweisen (etwa das von André Breton 1929 kreierte ›Objekt-Gedicht‹) reichern Sprache – im Rückgriff auf vermeintlich überwundene Traditionen – wieder an mit Farben und Gerüchen und Geräuschen, mit Kälte und Wärme, mit divergentesten Materialien und Aggregatzuständen, mit Leben und Welt. (...) Angesichts einer Situation, in der vor allen Dingen Wörter lagern und die Dinge vor lauter Wörtern und Abbildern kaum noch zu sehen sind, versucht Kunst, beide – das Wort und das Ding – gleichberechtigt erneut ins Spiel zu bringen, die magische ›Sympathie des Zeichens mit dem Bezeichneten (Eine der Grundideen der Kabbalistik.)‹ (Novalis, ›Fragmente‹, 1800/02) wiederherzustellen« (Ulrichs 1984, 13).

Für ›Fundamentalismen‹ der Schrift, die die biblische Behauptung, am Anfang sei das Wort gewesen, als ›Ein-Schreibung‹ göttlicher Kraft verstehen, aus der sich alle Phänomene der Welt als ›Kreaturen‹ bildeten, besteht zwischen ›Atom‹ und ›Buchstabe‹ (beides gr.: *stoicheion*) ein mehr als metaphorischer Zusammenhang.

Andere ›Fundamentalismen‹ in der Nachfolge Platos sehen die Schrift als reine, ›äußerliche‹ Gedächtnisstütze zur ›Aufbewahrung‹ der sprechenden Stimme und der gesprochenen Sprache. ›Schrift‹ ist dort immer nachträglich, defizitär, dienend, wenn nicht gar parasitär im Vergleich zum ›Realen‹, ›Präsentischen‹ der Stimme, die dem göttlichen Hauch verwandt ist. Auch diese kritische Auffassung von Schrift kann sich auf die neutestamentarischen Anfangszeilen berufen.

Verschiedene
Schriftkonzepte

Es gilt also gleich zu Beginn nicht nur »Sprachschrift« und »Weltschrift«, »Schriftkritik« und »Schriftfaszination« (A. Assmann 1994) zu unterscheiden, sondern immer zu prüfen, welches Verständnis des Begriffs ›Schrift‹ gemeint ist: : erstens, Schrift als sekundäres Zeichen für Sprach-Zeichen oder, zweitens, Schrift als Artikulation einer In-Formations-Potenz oder, drittens, als Inkorporation einer Kraft oder, viertens, Schrift als immer schon von der Sprache unabhängiges Speichermedium, das wie Bild, Diagramm, Landkarte, Algebra und Abakus ein Aufzeichnungs- und Verarbeitungsmedium von eigenem Rang und Wert ist und das sich nur an einigen historischen und kulturellen Schnittstellen mit dem System der gesprochenen Sprache vernetzt, oder, fünftens, Schrift als »Spur« einer *différance* (Derrida). Mit diesen verschiedenen Konzeptionen variiert auch der Blickpunkt auf die Materialität der Schrift: ist sie etwas ganz und gar Immaterielles, Geistiges, pure Information und ihr ›Niederschlag‹ in Tinte, Ton oder Textur rein zufällig, oder ist – denn Blut ist ein ganz besonderer Saft – die Materie, in der Schrift sich inkarniert, Teil der ›Botschaft‹ selbst (Buchwald 1994).

Daß Schrift einfach eine Umschrift des gesprochenen Wortes, die Aufzeichnung einer Botschaft darstellt, die wir – leise lesend – wieder zur Stimme, beziehungsweise zur Sprache bringen, ist eine ›stillschweigende‹ Annahme des täglichen Lebens. Nicht nur ist diese Vorstellung, die sich selbst in fundierteren Sprachphilosophien wie-

Phonozentrismus

derfindet («Phonozentrismus«), historisch kaum zu halten, auch gehen wir dabei von einer Selbstverständlichkeit der uns vertrauten Buchstabenschrift als phonetischer ›Umschrift‹ gesprochener Sprache und hier wieder von unserem Alltagsverständnis dieses Phänomens aus, die keineswegs so fraglos anzunehmen sind. Von der Zeichen- und Schriftbildung in ihren verschiedenen Formen bis hin zur Buchstabenschrift ist es ein weiter Weg, der nicht nur historisch, sondern auch systematisch zu bewältigen ist.

Das Feld der Zeichen

Ein Blick in die Semiotik als Lehre von den Zeichen zeigt, daß es nicht nur um die Relation zwischen einem ›Zeichen‹ und einem ›Gegenstand der äußeren Welt‹ gehen kann, sondern – genauer – um die Relation zwischen einem Bezeichnenden (Lautäußerung, Schriftzeichen, Verkehrsschild usw.), einem Bezeichneten (Idee, Vorstellungsbild) und dem Referenten, also jenem ominösen ›Gegenstand der äußeren Welt‹ (der auch wieder eine Idee, ein Begriff oder sogar wieder ein Bezeichnendes sein kann), worauf sich diese beiden, die zusammen erst das Zeichen bilden, beziehen. Es liegt genauso nahe anzunehmen, daß einem Bezeichneten (Signifikat) entweder ein verbalsprachliches oder ein schriftlich/plastisches Bezeichnendes (Signifikant) zugeordnet werden kann, wie phonozentristisch zu behaupten, einem Bezeichnenden erster Ordnung (z. B. einem Wort) werde ein Bezeichnendes zweiter Ordnung (z. B. ein Schriftzeichen) hinzugefügt, um ein Bezeichnetes zu meinen. Und es macht einen gewaltigen Unterschied, ob wir annehmen, es bestehe ein intrinsischer, das heißt natürlich gegebener oder göttlich gestifteter, Zusammenhang zwischen Signifikant und Signifikat und zwischen Zeichen und Referenten, oder ob wir uns darin einig sind, daß das Bezeichnende ein durch Konventionen quasi zufällig vereinbarter Repräsentant für etwas ist, das ansonsten in keinerlei Relation zum Bezeichnenden steht, daß der Bezug also arbiträr ist. Diese Frage wird innerhalb verschiedener Zeichensysteme unterschiedlich beantwortet und ist hinsichtlich ›natürlicher Sprachen‹ immer umstritten gewesen. Kein Wunder also, daß diese Problematik auch bei der Schrift wieder auftaucht.

Signifikant, Signifikat und Referent

Für Zeichen im allgemeinen öffnet sich ein semiotisches Feld zwischen Ding, Zeichnung und Zeichen. Denn auch natürliche Objekte und Phänomene können als Zeichen und Anzeichen funktionieren. Alles kann Zeichencharakter bekommen, sofern es über seine Gültigkeit als Phänomen hinaus eine Verweisfunktion annimmt. Dabei unterscheiden wir ›natürliche‹ Zeichen wie Anzeichen, Vorzeichen, Symptome und Spuren, die nicht von einem bewußten Subjekt intentional zum Zweck einer Mitteilung benutzt, aber als bedeutsam gelesen werden können, von ›echten‹ Zeichen, die kommunikativ eingesetzt werden. Wenn wir das Aufziehen schwarzer Wolken am Himmel als ›Zeichen für‹ ein Gewitter lesen, so geht es genaugenommen nicht um ein echtes Zeichen, sondern um ein Anzeichen, also darum, daß wir gelernt haben, bestimmte Phänomene unserer Lebenswelt als Information über etwas zu deuten, das wir selbst (noch nicht) erkennen können. Ähnliches gilt für Krankheitssymptome. Die Deutung von Anzeichen kann allerdings zu einer regelrechten Fachdisziplin werden, wie die Symptomatologie in der Medizin, aber auch divinatorische Praktiken in religiösen Zusammenhängen (Wahrsagekunst oder Mantik) zeigen. Die Anzeichen werden dabei katalogisiert und in systemischen Zusammenhang gesetzt. Sie sind also in paradigmatischer (ersetzbarer) wie syntagmatischer (kombinierbarer) Richtung lesbar und könnten dadurch regelrecht als ›Sprache‹ bezeichnet werden. Von der echten Sprache unterscheidet die Semiotik sie jedoch darin, daß sie nicht bewußt zum Zweck der Mitteilung gesetzt worden sind (auch wenn die Deutenden das oft anders sehen), daß es also, informationstheoretisch gesprochen, keinen ›Sender‹ gibt und sie nicht ›verabredet‹ sind. Wir können sie jedoch aufgrund ihrer möglichen Regelhaftigkeit und fixierbaren Zuordnung als ›Code‹ bezeichnen. In einigen Mythen und Theorien zur Entstehung der Schrift werden die Schriftzeichen aus solchen divinatorischen Systemen hergeleitet: Vogelflugorakel, Craquelée-Muster auf Schildkrötenpanzern, die übers Feuer gehalten werden, Vogelspuren im Sand, Konstellationen von Runenstabwürfen

Anzeichen, Vorzeichen, Symptome und Spuren: das Feld der ›natürlichen Zeichen‹

usw. Hiernach hätte sich das Schreiben aus dem Lesen, wenn nicht gar aus dem Auslesen entwickelt (Flusser 1990).

Mit ›Verweis‹ soll gemeint sein, daß das Zeichen auf etwas hinweist, das es selbst nicht ist, das sich an anderem Ort befindet oder zeitlich abwesend ist. Sofern das Zeichen ›für etwas einsteht‹ oder es ›ersetzt‹,

Repräsentation   sprechen wir von »Repräsentation« . Wenn es diese Funktion aufgrund einer ›Ähnlichkeit‹ oder Funktionsanalogie erlangt hat, rechnen wir dies unter seinen ›metaphorischen‹ oder seinen »Similaritätscharakter«. Es kann aber auch, wie etwa das Hinweisschild oder das Ortsschild, auf etwas hinweisen in der Art eines Zeigefingers (lat.: *index*). Dann sprechen wir von einem »indexikalischen« Zeichen, das eher neben, vor oder hinter/nach dem Bezeichneten steht als es zu ersetzen. Insofern es also dem Bezeichneten ›benachbart‹ oder mit ihm in Kausalnexus verbunden ist, sprechen wir von seinem »metonymischen« oder »Kontiguitätscharakter«. Oft hat es ›Anteil‹ an dem, was es bezeichnet, wie etwa die Spur eines Wildes, die ›anzeigt‹, das hier ein Wild gegangen ist, aber auch als Hufabdruck gewissermaßen ›Verlängerung‹ des Wildes ist. Das indexikalische Zeichen kann uns so manchmal auch Aufklärung über bestimmte Qualitäten des Bezeichneten gewähren; unter bestimmten Umständen kann es, wie die Reliquie, sogar als ›Fortsetzung‹ desselben oder als *pars pro toto* gesehen werden. Hier wird es dann schwerer, von »Repräsentation« zu sprechen und die These von der Homogenität und Kontinuität zwischen Zeichen und Referenten gewinnt an Evidenz.

Das Zeichen kann also durchaus ein materieller Gegenstand sein. Wenn wir beispielsweise etwas zählen wollen, können wir genausoviel Steine in einen Kasten tun, wie etwa Schafe verkauft werden sollen. Dazu brauchen wir nicht einmal zählen zu können; es genügt, für jedes Schaf, das vorbeigeht, einen Stein in den Kasten zu legen. Geben wir nun den Kasten zusammen mit den Schafen an eine andere Person weiter, so erhält diese dadurch gewissermaßen eine Rechnung, die sie – im Gegensatz zu den Schafen selbst – auch am Mittagstisch sitzend überprüfen kann. Wenn wir uns nun noch vorstellen, daß wir vereinbart haben, für Schafe immer Steine in einen Kasten zu tun, für Rinder aber Holzstückchen und für Esel Muscheln, so gewähren uns die klei-

tönerne ›tokens‹   nen ›Beweisstückchen‹ oder »tokens«, nicht nur Aufschluß über die Anzahl, sondern auch über die Art des Gezählten. Wir können nun noch weiter gehen und die *tokens* nach Ähnlichkeit, Verwandtschaft oder Benachbartheit zu dem Bezeichneten auswählen (also etwa Hornstückchen für Rinder, Muscheln für Fische) oder sie so verändern, daß Ähnlichkeit entsteht (also etwa, indem wir Locken auf Steine malen und diese für Schafe einsetzen). Hier gäbe es also innerhalb eines differentiellen Paradigmas eine Verschränkung zwischen der phänomenalen Beschaffenheit des Zeichens und seiner Referenz – eine Motivation des Zeichens.

Wenn wir von den *tokens* selbst unabhängig werden wollen, etwa weil sie sich abnutzen, zu schwer oder zu selten sind, so können wir sie schematisch darstellen, indem wir sie abdrücken oder – ein weite-

rer Schritt – abzeichnen. So erhalten wir nach Vorbild der Zählstück-
chen echte Schrift- oder Ritzzeichen, die dem Bezeichneten ähnlich sehen können, oder aber nur dem *token* ähneln, also dessen Verbindung
zum Zählgegenstand abbilden. In der Tat hat die Schriftforscherin Denise Schmandt-Besserat die Entstehung der Keilschriftzeichen aus solchen *tokens* herzuleiten versucht (1978, 1980, 1981, 1985). Der Übergang
von konkreten haptischen Zeichendingen zu flächigen Schrift- und
Zahlzeichen ist fließend – wie übrigens auch der zur Geldwährung.
Wir können festhalten, daß Schriftzeichen durchaus nicht nur als auf
einer Unterlage aufgetragene oder eingeritzte Schreibspur oder Druck-
linie denkbar sind, sondern auch als Gegenstände, Überbleibsel, Mahn-
male an das Bezeichnete oder als Tauschwertstücke (Proto-Münzen).
Hieran erinnern beispielsweise Text-Objekte der Visuellen und der
Konkreten Poesie.

Übergänge zu
Schriftzeichen

Entwicklung von Schrift(en)

Von Schrift im engeren Sinne des Wortes sprechen wir erst bei einem
Arrangement mehrerer Schriftzeichen in einem Syntagma.

Schriftsysteme gibt es im Dienste des Ökonomischen, zur Buchführung und Besitzdokumentation, im Dienste des religiösen Kultus und
seltener als Gedächtnisspeicher, um die Tradition einer Gesellschaft
vor dem Vergessen zu bewahren (A. Assmann / J. Assmann 1993,
1417f.). Viele Schriften entstanden aus dem Bedürfnis, Gegenstände,
Personen und deren Verhältnisse zu dokumentieren, so daß sich Inhaltsschriften, vorwiegend in Ideogrammen, ergaben, also Zeichen, die
einen Sachverhalt zum Signifikat haben. Diese sind häufig ikonisch,
das heißt, sie bilden bestimmte Gestalteigenschaften des Gemeinten
oder das bereits existierende materielle Zeichenkorrelat (*token*) für das
Signifikat ab. Das Aussehen solcher Piktogramme wird in Registern
für die Schreiber fixiert und obliegt nicht deren Kreativität wie etwa
eine Zeichnung. Von den Pikto- und Ideogrammen zu unterscheiden
sind die Logogramme, die ein Wort der gesprochenen Sprache repräsentieren. Ideogramme (Signifikatzeichen) sind in vielen verschiedenen Sprachen lesbar, das heißt, sie haben nichts mit einem Wort oder
dessen Aussprache zu tun. Logogramme (Wortzeichen) ›vertreten‹ ein
Wort und sind so eher an eine bestimmte Sprache gebunden. So oder
so ergibt dies einen sehr großen Zeichenkorpus, von etwa einigen hundert Zeichen in den frühen Keilschriften bis hin zu annähernd 60000
Zeichen der chinesischen Schrift, deren Beherrschung in Lese- und
Schreibfähigkeit eine lange Lehrzeit erfordert und damit nur einer sehr
kleinen Elite, den Schriftkundigen, offensteht.

Inhaltsschriften

Es ist vermutlich das phönizische Alphabet um c. 1000 v. Chr., das
als ›Stamm-Mutter‹ aller anderen Alphabete anzusehen ist (Jean 1991,
51ff.). Dies bedeutet, daß in der Geschichte der Menschheit nur ein
einziges Mal eine Alphabetschrift entstand (A. Assmann / J. Assmann
1993, 1418). Sie ergab sich vor allem aus der Notwendigkeit, Eigenna-

Alphabetschrift

men und Lehnwörter aus anderen Sprachen darzustellen, die eher
durch einen Lautwert als durch eine Bedeutung gekennzeichnet sind.
Meist nach dem Rebus-Prinzip, das heißt durch Kombination mehrerer
Zeichen, deren Hauptsignifikat laut ausgesprochen jeweils mit dem
benötigten Laut beginnt, so daß sich der Namen nach und nach akro-
phonisch zusammensetzt, entwickelten sich allmählich phonetische
Schriften (Klangumschriften) – so auch die Silbenschriften aus sinnre-
duzierten Wortzeichen. Hier ist das Zeichen endgültig nicht mehr an
eine Semantik, Indexikalik oder eine Ikonik, sondern an den idealisierten Laut gebunden. Im Gegensatz zu den Inhaltsschriften, die ursprünglich nahe an der zeichnerischen Darstellung von Sachverhalten
lagen und daher auch zur flächigen, konstellativen Anordnung tendieren können (vgl. Hieroglyphen), müssen phonetische Schriften eine
lineare Reihenfolge haben, entweder von links nach rechts oder von
rechts nach links oder als *Bustrophedon*, also ›wie der Ochse pflügt‹,
erst eine Zeile von links nach rechts, dann die nächste von rechts nach
links und so weiter, oder von oben nach unten (von unten nach oben).

Schrift für Eliten

Das Ur-Alphabet verfügte über keine Vokale; es ging also nicht um
die Zuordnung je eines Zeichens zu je einem Laut, sondern eher um
Gedächtnisstützen. Die reine Konsonantenschrift ist so stark an Ar-
kan-(= Einweihungs-)wissen gebunden. Obwohl das Alphabet in der
uns vertrauten Form mit seinen nur 20 bis 30 Zeichen sehr viel leichter
zu erlernen ist als alle anderen Schriften und damit einen Impuls zur
Demokratisierung der Schrift darstellt, bleibt auch unter Zuhilfenahme
der Vokale Lesen und Schreiben lange Zeit etwas für Spezialisten, denn
Lesenkönnen und Schreibenkönnen sind historisch zwei durchaus getrennte Fertigkeiten. Nicht nur bedeutet der Besitz von Schrift allgemein Macht, wie am Beispiel der Buchführung augenfällig wird. Die
Universalität der Alphabetschrift, mit der sich fast jede Sprache annähernd transkribieren läßt, prädestiniert sie zum Herrschaftsinstrument,
was sich sowohl in der Kolonialisierung und Alphabetisierung anderer
Kulturen als auch innerhalb unserer eigenen Geschichte der Pädagogik
dokumentiert: mit dem Alphabet lernen die ›ABC-Schützen(!)‹ Abfolgen und Folgsamkeit, übernehmen strukturell ein bestimmtes Weltbild
und erarbeiten sich ihr Eintrittsticket zu allen relevanten sozialen Institutionen – noch heute.

Vom Geschenk der Götter zur Magd der Aufklärung

In Zusammenhang mit Kultus und Glaube ist die Schrift lange Zeit
heilig und selbst Gegenstand der Verehrung. Die jüdische Torah, der
islamische Koran und die christliche Bibel sind gerade als Schrift heilige Bücher. Als Geschenk Gottes besitzt sie hohe Exklusivität. Die allgemeine und profane Verfügbarkeit der Schrift wird erst durch die
Einführung des Buchdrucks ermöglicht. Dabei bleibt das Ziel zuerst
noch das Kopieren der sehr dekorativ-ornamentalen Schrift der Bibel-
Kopisten, die mit ihren bildlich-farbigen Initialen wie ein Bild-Text
wirkt. Mit der Renaissance entwickelt sich die Normletter, die aufgrund ihrer idealisierten metrischen Proportionen sowohl humanis-
tisch-aufklärerisch als auch auratisch-kosmisch (und damit wieder
esoterisch) interpretiert werden kann, ganz langsam zum Sollziel der

Schrift; das Ornamentale und das Ikonische rücken buchstäblich mehr und mehr an den Rand (Illustration) und bilden Bezirke für sich.

Schrift in Kunst und Lit(t)eratur

So läßt sich zwar eine ›ideale‹ ›evolutionäre‹ Linie vom Auratischen des Schriftorakels, das als esoterisches Können einer kleinen Elite vorbehalten bleibt, oder von der Besitz und Macht brutal dokumentierenden materialen ›Buchführung‹ zu einer normierten, abstrahierten, linearisierten, generalisierten, ökonomisierten, arbitrarisierten, demokratischen, allgemein verfügbaren Sprach-Schrift im Dienste der Kommunikation und der ›Aufklärung des Menschengeschlechts‹ legen. Es wundert aber auch nicht, daß gerade viele Schriftstellerinnen und Schriftsteller diese Geschichte eher als Verfallsgeschichte lesen. Für viele ist die Schrift im emphatischen Sinn dabei auf der Strecke geblieben und durch ein Medium nackter Effizienz ersetzt worden, das weder Bild noch Ding, sondern reine Funktion ist, in der jede eigene Phänomenalität restlos aufzugehen droht. Sie vermissen das Kalligramm, also das arabeske Schriftzeichen, das aus sich selbst heraus schön wie ein Bild und so der Heiligkeit des Mediums wie der Botschaft angemessen sein muß (Apollinaire); sie entbehren die Konstellation der Schriftzeichen als Sternbild (Mallarmé) oder »Gestöber« (Benjamin, s. Menke 1994) auf dem Weiß der Buchseite; sie sehnen sich nach den *carmina figurata* oder Technopaegnien, den Ge-Dichten halbwegs zwischen Bild und Schrift, zurück; es fehlen ihnen die »*pattern-poems*« (Higgins) und die Ideogramme. Daher entwerfen sie selbst Schrift-Bilder, Bilder-Schriften, Konstellationen und Text-Objekte, die der phonozentristischen Auffassung von Schrift als rein idealer und arbiträrer Notation vorgegebener Phoneme, der Idee also, daß die Schrift nur eine Übersetzung der Stimme sei, Alternativen entgegenstellen und damit auch die Schrift als Bild, als direkte Transparenz auf Sachverhalte oder als Inkorporation energetischer Zustände, als Ereignis oder als Spur einer Einschreibung, eines Subjekts oder einer Tat in den Blick bekommen wollen.

Kalligramm

Konstellation

»carmen figuratum«
»pattern-poem«

Stellvertretend für Versuche, die eben skizzierte ›ideale‹ Linie der Schriftentwicklung zum Kreis zu schließen oder ganz auszufasern, soll an dieser Stelle ein Zitat des Konkreten Poeten Franz Mon aus dessen 1966 verfaßten Text »Zur Poesie der Fläche« stehen:

> »in dem augenblick, da schrift sich vom bild absetzt und einer ins begriffliche unabsehbar vordringenden sprache verfügbar wird, gibt sie ihre elementare sprachqualität auf. ihre gestischen bildzeichencharaktere fixieren sich an bestimmte silben, schließlich an bestimmte laute und büßen ihre spontaneität ein. schrift ist nunmehr bloßes vehikel der sprache, allerdings unersetzliches vehikel für die aufschichtende geschichtliche arbeit in der sprache. ihre zeichen verändern sich nur noch äußerlich, auf ihrer eigenen ebene geschieht nichts mehr.
>
> es ist nun ein maß an bewußtseinsanreicherung denkbar, bei dem das ob-

Die Zwischenräume der Schrift

jektive ausmaß der inhalte und ihre differenzierung die fassungskraft des einzelnen überschreitet und angesichts der universalen verfügbarkeit und gegenwärtigkeit der inhalte sich das verlangen nach ihren ›zwischenräumen‹ meldet. da diese sich nicht abermals als bestimmte inhalte zeigen können, muß ich mich an den prozeß halten, der sie mir zugeführt hat, und in seine ordnung eindringen. die hinsicht, in der ich sprache und schrift verwendet habe, wird gewendet. die sprache verschwindet unter der schrift. die schriftzeichen bleiben einen augenblick wie petrifizierte gerüste, doch nur solange sie nicht beansprucht werden. das ›m‹ wird nie wieder ›wasser‹, aber es ist auch plötzlich nicht mehr das eindeutige handhabbare ›m‹ mit seiner festen stellung im lautsystem. je nachdem, was ihm auf dem weg zu einer neuen textur, nämlich der ›zwischenräume‹, zustößt, flimmert es in einer bedeutsamkeit, die durch nichts anderes als es selbst an der gegenwärtigen stelle wiederzugeben ist: es ist jetzt zeichen und mitteilung zugleich.

[…] ist die vereinbarung, schrift sofort in lautung und diese in bedeutung verschwinden zu lassen, erst einmal außer kurs gesetzt, gerät alles in den sog der sich neubildenden gefüge: eine falte oder ein riß gewinnt plötzlich in der verquickung mit fragmentierten lettern den wert einer interpunktion, schnittlinien verbinden einander bisher fremde zeichen zu zentauren, sie üben wie der raum und die zwischenräume selbst syntaktische funktionen aus« (Gomringer 1980, 172f.).

Sieben Schriftkonzepte

Um den tatsächlichen Facettenreichtum der Schrift im emphatischen Sinn zu zeigen, unterscheide ich die vielfältigen Schriftkonzepte – unabhängig davon, ob sie sich auf Schriften beziehen, die es einmal historisch gegeben hat oder noch gibt, oder ob sie Gebilde meinen, die als Schriftkunst/Kunstschrift entworfen worden sind – entsprechend dem, worauf sie sich beziehen sollen: auf einen Laut (Phonogramm), eine Gestalt (Piktogramm), eine Idee oder einen Sachverhalt (Ideogramm), ein Wort (Logogramm), einen Namen (Monogramm), eine Energie (Engramm) oder eine Person (Autogramm/Signatur).

Piktogramm

Wenn das Piktogramm eine Form, eine Gestalt ›abbilden‹ soll, müssen wir es von der Zeichnung absetzen, obwohl auch die Zeichnung Zeichencharakter haben kann, das heißt semiotisch lesbar ist, und obwohl Schriftzeichen als Initialen und Kalligramme in Zeichnung überzugehen ›drohen‹. Dies ist eine Frage der Diskretheit, Distinktheit und Digitalität des Schriftzeichens, das einer Konvention unterliegt und in einem Register gespeichert ist, so daß es bei aller persönlichen Ausgestaltungsmöglichkeit immer ein differentielles Zeichen bleibt. Das heißt, daß es im Gegensatz zur Kontinuierlichkeit und Analogizität der Zeichnung, die sich vor allem auf ihren Gegenstand und dann erst auf die Konvention und Tradition, in der sie steht, bezieht, in ein endliches Paradigma von – im Falle unseres Alphabets 26 (30) – Zeichen eingeschrieben ist, von denen es sich vor allem durch Unterschiede absetzt. Ich darf mein ›L‹ so kalligraphisch wie ich nur irgend möchte, so individuell, so persönlich wie möglich gestalten – solange es nicht mit irgendeinem anderen Buchstaben meiner Schrift verwechselt werden kann. Das Schriftzeichen ist bei aller Konkretheit seines Signifikanten auch ein ideales, wiederholbares, differentielles ›Element‹, das immer aus einer Liste (Paradigma) ausgewählt und mit anderen ›Elementen‹ anderer Listen zu einem Syntagma kombiniert wird. In der Zeichnung ist es schwierig, wenn nicht unmöglich, einzelne ›Elemente‹ eines Paradigmas auszumachen; selbst wenn sie als ›Figur‹ auf einem ›Grund‹ erscheint, steht oftmals der Grund im Dialog mit der Figur (undenkbar für die ›ideale‹ Schrift, die keines Grunds bedarf); sie ist nicht digital (also aus diskreten Einheiten bestehend), sondern dem Gegenstand analog; ihre einzelnen ›Elemente‹ gehen kontinuierlich ineinander über und sind nicht wiederholbar, höchstens kopierbar.

Nur unsere *Signatur*, das *Autogramm* teilt mit der Zeichnung einige dieser Eigenschaften und unsere Handschrift, wenn es auf das Persönliche unseres Stils (lat.: *stilus*, der Griffel!) ankommt. Es ist aufschlußreich, die Schrift auch im Hinblick auf ihre Indexikalität zu betrachten, also zu fragen, inwiefern der handschriftliche Buchstabe die Spur eines Schreibenden, inwiefern der gedruckte Buchstabe Dokument und Ausdruck des Umgangs einer bestimmten Kultur mit dieser Spur ist. Auch das *Monogramm* in seinem Bezug auf einen einmaligen, historischen Eigennamen, in seiner individuell-ornamentalen Ausgestaltung scheint der postulierten Wiederholbarkeit und Apersonalität der Schrift entgegenzustehen und rein indexikalisch zu sein. Sobald die Buchstaben des Monogramms aber gar nicht mehr als Buchstaben erkennbar sind, werden sie zu Arabesken, die Handschrift wird zum Gekritzel und verliert plötzlich auch ihr Individuelles; ist die Signatur nicht nahezu identisch wiederholbar, wird sie gar nicht als solche anerkannt. In diesen Fällen sitzt die Indexikalität und Singularität auf der Generalität und Idealität der Schrift auf und stellt eine individuelle, aber kohärente und wiedererkennbare Verformung des Allgemeinen dar, die nur mit ihm zusammen ihre Funktion erfüllen kann. Auto- wie Monogramm bergen Auratisches gerade aus dem Profan-Mundanen der Sprachschrift.

Denken wir an die Aura, die die Schrift als Heilige Schrift, als ›Das Buch‹ oder als Weltschöpferin umgibt, so müssen wir bedenken, ob der Buchstabe vielleicht nicht so sehr Klang oder Form ›repräsentiert‹, als daß er selbst die direkte hyletische (stoffliche) Inkorporation, die somatische (physische) Inkarnation oder die ereignishafte Aktualisierung bestimmter energetischer Zustände, also ein *Engramm* ist. Es stellt sich somit die Frage nach der Energetik, nach der In-Formations-Potenz, nach der Fleischwerdung der Schrift. In vielen esoterischen Lehren sind die Lautfolgen der Sprache spirituelle Abfolgen, ist das ›richtige‹ Wort ein Energiezentrum, das die Tonschwingungen aus dem ›Äther‹ übermittelt; ist der Rhythmus der Rede eine plastische Kraft; affizieren die Vokale die Gefühls-, die Konsonaten die Gedankenwelt. Systeme wie das Tarot haben eigene Lautlehren, die sich bis in die Wortmystik der Kabbala oder in den indischen Mantra-Yoga hineinverfolgen lassen, in dem die ganze sichtbare und greifbare Welt eine Gestalt ist, hinter der ein ewig unaussprechlicher Name steht: *Spota*, der *Logos*, das

Signatur und Autogramm

Engramm

Wort, das sich aktualisiert, gestaltet. Ein Beispiel ist die bekannteste Mantra-Formel, das berühmte »Om« oder »Aum«, das wir als »Amen« kennen, aber nicht mehr mantrisch benutzen. In der »Glossolalie«, dem Zungenreden der vom Göttlichen Berauschten soll schließlich die Sprache der Engel, der Geistwesen wieder hervorbrechen und den Menschen einwohnen. In der Betrachtung des Phonogramms werden wir auf Reste der esoterischen Sprachlehren stoßen; wichtig aber ist, daß

Magie und Alchemie

diese Lehren, wie natürlich auch die Magie und die Alchemie, die Schriftzeichen als ›Engramme‹, als Spuren göttlicher ›Einprägungen‹ oder Inkarnationen verstehen, deren Anwendung diese Energie wieder freisetzen kann. Zaubersprüche werden nicht nur aufgesagt; vom Drudenfuß bis zu den Buchstaben unseres Alphabets werden immer wieder Schriftzeichen über Türen geritzt, auf Körper tätowiert, auf Zettel geschrieben und gegessen oder wenigstens unter die Matratze gelegt, um bestimmte Wirkungen hervorzurufen; sie erscheinen als Stigmata auf dem Körper oder als Menetekel an der Wand und in der Luft. Im *Sepher Jezirah*, dem Buch der Formung in der Kabbala (der jüdischen Mystik), wird ausgeführt, wie 32 geheimnisvolle Bahnen der Weisheit, mit denen der lebendige Gott seinen *Namen* in die Schöpfung eingegraben hat, Mikro- wie Makrokosmos bilden (Scholem 1977). Diese Bahnen sind zehn in sich geschlossene Zahlen und zweiundzwanzig Grundbuchstaben. Da Buchstaben und Zahlen untereinander durch Entsprechungen verbunden sind, können sie in der Gematrie ineinander übergeführt werden: das heißt, aus Wörtern werden Zahlenwerte errechnet, aus jenen wiederum Wörter gebildet und diese dann erneut umgerechnet und so weiter. Magische Zahlenquadrate enthalten somit auch verbale Botschaften; der Namen jedes Menschen sein ganzes Schicksal, das wiederum mit Hilfe der 1+9 »Numerationen« als Kräfte geistig/energetischer Formen genauer bestimmt werden kann. Die Welt ist hier direkt als »Engramm« göttlicher (in der Gnosis aber demiurgischer) Einformungskraft les- und erfahrbar; die Mathematik eine Hermeneutik; die Hermeneutik aber eine Art Physik. In den

Buchstabengriffe

Buchstabierkünsten, die entstellt etwa in den »Griffen« der Freimaurer und ähnlicher Geheimlogen überdauert haben, wurden Buchstaben an verschiedene Stellen des Körpers ›gedacht‹, mantrisch intoniert und/oder mit Daumen und Finger in »Griffen« gebildet, die geistig-kosmische Ätherschwingungen herabziehen und den Kundigen verfügbar machen sollten, so in der Buchstabierkunst des deutschen Mystikers J. B. Kerning (Kahir 1980, 311f.). Es fällt auf: keines der drei Systeme – Griff, Mantra, geistige Konzentration auf den Buchstaben – gilt als sekundäres Zeichensystem für das jeweils andere; alle drei sind gleichberechtigte Engramme. Auch dies scheint die These von einer Unabhängigkeit des Schriftsystems vom Sprachsystems zu stärken.

Phonogramm

Bezieht sich aber das Schriftzeichen tatsächlich auf einen Laut, ist es ein *Phonogramm*, so müssen wir versuchen, es von der Notation in der Musik zu unterscheiden. Zumindest in unserer Schrift (in der Chinesischen ist dies zum Beispiel anders) spielen Tonhöhe und Klangfarbe keine Rolle. Die Alphabetschrift bezieht sich zwar in etwa auf Laute als Lautungen, aber keinesfalls so wie eine Notation, die tatsächlich nur zu diesem Zweck entworfen wurde. Dies zeigt sich beispielsweise am Bedarf für eine wirkliche phonetische Lautumschrift, wenn es um Phoneme geht. Unsere Schrift enthält viele Zeichen und Eigenschaften, die nicht als phonetische Notation erklärbar sind (vgl. ›Fluß‹ – ›Fluss‹, ›Lerche‹ – ›Lärche‹ u. ä., Groß- und Kleinschreibung, Abstände zwischen den einzelnen Worten). Den Verfechtern und Verfecherinnen der Schrift als reiner Lautschrift – man denke an die immer wieder vorgeschlagenen Rechtschreibreformen im Namen einer Ökonomisierung der Schrift – sind solche Phänomene ein »Unnatürliches« und eine »Monstruosität«, da sie dem postulierten Phonetismus der Alphabetschrift widersprechen (Derrida 1983, 71ff.). Andererseits ist es interessant, daß alphabetische Klangbezeichnungen in der Musikwissenschaft und -pädagogik zur Disziplinierung des Hörers oder der Hörerin in ihrer Körperlichkeit und als Bollwerk gegen »›das physische Element der Musik, die selbständige Naturkraft von Ton und Rhythmus, durch die sie dämonisch und unwiderstehlich zum Innern des Menschen vordringt‹« (Scherer o. J., 153), eingeführt wurden. Um pure Laut›wiedergabe‹ kann und soll es wohl auch bei der Alphabetschrift nicht gehen. Wenn es Dichtern wie Hugo Ball oder Kurt Schwitters mit seiner »Ur-Sonate« vor allem um die reinen Laute zu tun war und sie zusehends entsemantisierte Lautgedichte komponierten, fügten sie bezeichnenderweise ihren Vortragsmanuskripten weitere Kennzeichnungen für Tempo, Charakter und Lautstärke hinzu; die logische Konsequenz der Lettristen bestand in Entwürfen passender Notationssysteme oder in direkter phonographischer Aufzeichnung (Tonband, Schallplatte), zudem in weiterer Aufbrechung des linguistischen Konstrukts Phonem in Kehlkopf-, Lippen- und Zungengeräusche. Wer die These von der Schrift als Lautaufzeichnungssystem ernst nimmt, verläßt ziemlich rasch die uns bekannten ›natürlichen‹ Schriften.

Logogramm und *Ideogramm*, diese besonderen Favoriten ›imagistischer‹ Dichtkunst, scheint es vor allem in der Form kreativer Mißverständnisse exotischer (ägyptischer oder chinesischer) Schriften zu geben. Weder ist das chinesische ›Ideogramm‹ ›Ideogramm‹ in dem Sinne, in dem es zum Beispiel Ezra Pound aufgrund einer bereits idealisierten Darstellung des Sinologen Ernest Fenollosa zum poetischen Prinzip des Imagismus erhob (Klonsky 1975, 20ff.), noch ist die ägyptische Hieroglyphe ein magisch-kryptisches Bildkürzel, das in direkter Transparenz Ideenverbindungen übermittelt, wie seit Horapollo (1505) gerne gedacht wurde – eine Idee, von der sich Schriftsteller/innen und Theoretiker/innen noch lange nach ihrer Widerlegung durch Champollion 1824 inspirieren lassen. Diese »Idealsprache« (Fenollosa) des Ideogramms reflektiert den Traum von einer Schrift, die – vergleichbar nur dem Diagramm oder einigen Zweigen der Mathematik – gedachte Verhältnisse der Welt und reine Ideen direkt und ohne Eigenwert eines dazwischentretenden Mediums der Anschauung zugänglich macht. Das Ideogramm soll quasi von den Sinnen aus soziale Konvention oder Geschichte der Schrift überspringen, um ohne Umschweife den Sinn

Logogramm und Ideogramm

anzuvisieren. Dies wäre in der Tat die Schrift des Geistes, Schrift als Sematogramm.

Aber die Schrift als Gramma steht zwischen Idea, Phoné, Eidos, Logos und Energeia/Hyle und aus diesem Dazwischen bezieht sie ihre eigentliche Virulenz, ihre Produktivität und ihre Resistenz gegen Verrechnungs- und Säuberungsaktionen aller Art. Sie kann sich jederzeit in jeder der verschiedenen Facetten verabsolutieren. Andererseits ist es gerade die Verschränkung verschiedener ›Dimensionen‹, die der Schrift sowohl die Ehrwürdigkeit einer ›eigenen‹ Genealogie als auch den ›Wildwuchs‹ ihrer Aneignungen, Anteilnahmen und Anverwandlungen ermöglicht.

Weiterführende Lektüre

In der Bibliographie finden sich eine Reihe von Titeln, die den Schrift-Bild-Formen gewidmet sind; hinweisen möchte ich vor allem auf den von Susi Kotzinger und Gabriele Rippl herausgegebenen Sammelband zu *Zeichen zwischen Klartext und Arabeske* (1994), der zahlreiche Aufsätze zu diesem Thema enthält; auf den von Hans Ulrich Gumbrecht und Karl Ludwig Pfeiffer 1993 herausgegebenen Sammelband zum Thema *Schrift* und auf Dick Higgins' (1987) umfassende Darstellung der *Pattern-Poetry*. Aleida Assmann hat zwei wichtige Aufsätze zur Re- und Entikonisierung der Schrift (1994) und zur Welt als Text (1990) geschrieben. Die ganze lange Geschichte der Schrift ist in kurzweiliger und reichbebilderter Form nachzulesen bei Georges Jean (1991) und Martin Kuckenburg (1989). Zum Einstieg in die sprachmagischen und -mystischen Hintergründe, die in der poetischen Vorstellung einer »Alchemie des Wortes« mehr als nur eine Metapher aufscheinen lassen, empfehlen sich Kahir (1980), Scholem (1977) und Dornseiff (1925).

Exkurs: Mündlichkeit – Schriftlichkeit

Gesine Lübben

Das Begriffspaar Mündlichkeit – Schriftlichkeit bezeichnet ein umfangreiches Forschungsgebiet, das im allgemeinen mit dem Stichwort *Oral Poetry* und der in diesem Zusammenhang in den dreißiger Jahren in Amerika entwickelten *theory of oral-formulaic composition* identifiziert wird. Ein spezifisches Modell läßt sich entwickeln am Beispiel der deutschsprachigen Literatur des Mittelalters. Mündlichkeit – Schriftlichkeit steht hier weniger für verschiedene Techniken der Komposition als vielmehr für eine kulturhistorische Konstellation, die durch ein komplexes Beziehungsgeflecht von lateinischer Schriftkultur und volkssprachlich-mündlicher Kultur gekennzeichnet ist. Die Träger der jeweiligen Kultur unterscheiden sich nicht nur durch ihre Fähigkeit, (Latein) lesen und schreiben zu können bzw. nicht zu können, sondern auch durch ihren Stand: es sind Kleriker, die der Schrift mächtig sind (*litterati*) und es sind Laien, die Analphabeten sind (*illitterati*) (vgl. Grundmann 1958), wobei die gesellschaftliche Realität, gerade was die im 12. und 13. Jahrhundert erheblich zunehmende Laienbildung betrifft, zahlreiche Zwischenstufen aufweist. Insbesondere im Bereich der literarischen Artikulation spielt die ständische Identität mit ihrer Bindung an den schriftlichen oder mündlichen Kulturtypus als Element der Abgrenzung und Selbstdefinition eine entscheidende Rolle.

Oral Poetry

Das Privileg des Klerus auf Schrift und Bildung liegt begründet in der Wort-, Schrift- und Buchbezogenheit der christlichen Religion. Die von Klerikern für Kleriker in der *lingua sacra*, der heiligen Sprache der *vulgata* produzierte Literatur war »hauptsächlich kirchliche Gebrauchsliteratur, die im Dienst der Theologie, der Liturgie und der Exegese stand oder zu apologetisch-missionarischen, fachwissenschaftlichen oder didaktischen Zwecken verfaßt wurde« (Bumke 1986, 595). Schriftgelehrtheit als Voraussetzung wahrer Erkenntnis und Befähigung zur »Verwaltung des Heils« (Wehrli 1984, 49) garantierte dem Klerus einen Status kultureller Überlegenheit gegenüber den ungebildeten Laien, die auf Unterweisung, Vermittlung und vor allem Übersetzung von Gottes Wort in die Volkssprache angewiesen waren. In polemisch zugespitzter Form wird die klerikale Überlegenheit in mehreren Gedichten aus der Benediktbeurer Liederhandschrift, den *Carmina Burana* (CB 82, 92, 138, 162), als Überlegenheit in Liebesangelegenheiten formuliert: stets ist der gebildete, elegante Kleriker dem tölpelhaften Laien als Liebhaber vorzuziehen. (*Litteratos convocat/decus virginale;/laicorum execrat/pecus bestiale.* 138,3,1–4)

Schrift als Privileg

Mit der Herausbildung einer weltlichen, volkssprachlichen Literatur, deren Träger, d.h. Auftraggeber, Gönner und Publikum der

Volkssprachliche Literatur

Laienadel ist, verliert die kulturelle Dichotomie von *litterati* und *illitterati* ihre Schärfe. Die deutsche Literatur des Mittelalters – in Aufzeichnung und Überlieferung auf die ›Infrastruktur‹ der lateinischen Schriftkultur angewiesen – wird zum Träger der für diesen Zeitraum so charakteristischen »Zwischenkultur« (Hugo Kuhn): »Jeder deutsche Schrifttext des Mittelalters ist schon vom Schreiben her ein Vermittlungsprodukt zwischen mündlich-volkssprachlicher Laien- und schriftlich-lateinischer Klerikerkultur« (Kuhn, 1980, 4) und insofern tragen »alle diese Texte zusammen eine bestimmte kulturelle Aufgabe (›Funktion‹): die Aufgabe, jenen anfänglichen Abgrund zwischen den Kulturwelten der *pfaffen unde leien* zu überbrücken« (Kuhn 1969, 3). Bei dem seit dem 8. Jahrhundert überlieferten Bestand an volkssprachlicher Literatur ist davon auszugehen, daß es sich nur um einen kleinen Teil dessen handelt, was tatsächlich vorhanden war. Hier ist die Rede von im eigentlichen Sinn mündlicher, d.h. mündlich komponierter und tradierter Dichtung. Ihre Existenz ist schon in frühmittelalterlichen Quellen belegt, die allerdings in einer dem Gegenstand unangemessenen, schriftlateinischen Terminologie und in der Regel nur beiläufig, vor allem aber in polemisch-disqualifizierender Absicht, heidnische Lieder, *carmina*, und Sänger, *poetae*, oder Spielmänner, *ioculatores*, erwähnen. Reflexe dieser mündlichen Tradition finden sich in der Heldenepik, die mit dem *Nibelungenlied* ihren ersten schriftliterarischen

Nibelungenlied und mündlich-heroische Dichtung

Höhepunkt erreicht. Schon die Überlieferungslage des Nibelungenliedes mit den drei stark voneinander abweichenden Haupthandschriften A, B und C (Ende, Mitte, Anfang 13. Jahrhundert) dokumentiert einen spezifisch unfesten Texttyp, der sich auch in der schriftlichen Fassung weiterhin im Fluidum der noch lebendigen, mündlichen Sagentradition bewegt und ständig offen im Gebrauch, offen für die Aufnahme von Sondergut ist. Anonymität des Autors und Formelhaftigkeit der Sprache sind ebenfalls Merkmale mündlich-heroischer Dichtung. Wie Michael Curschmann in seiner Interpretation der ersten Strophe des Nibelungenliedes zeigt, erscheint aber beides nur noch als Zitat, das die bewußt gestaltete »Verlängerung« (Curschmann 1992, 64) der mündlichen in die neue, schriftliche Form vollzieht. Als eigentlich ›literarisierende‹ Leistung des Autors ist die Zusammenfügung bis dahin völlig heterogener Sagenkreise um Nibelungen und Hunnen zu einem neuen epischen Großprojekt zu sehen. Dies geschieht in unmittelbarer Nachbarschaft, wenn nicht in bewußter Spannung zum höfischen Roman, der als genuin schriftliche Gattung am Ende des 12. Jahrhunderts bereits voll ausgeprägt ist. Im Gegensatz zu den eleganten Reimpaarversen des höfischen Romans beispielsweise bei Hartmann ist das Nibelungenlied in Stropheneinheiten mit je »vier Langzeilen, paarweise durch einsilbigen oder zweisilbigen ›männlichen‹ Endreim verbunden und in sich durch eine Zäsur mit eigener, und zwar zweisilbig (oder dreisilbig) ›weiblich‹ klingender Kadenz gegliedert« (60). Der Anvers des zweiteiligen Zeilenblocks hat damit vier, der Abvers nur drei metrische Hebungen – mit Ausnahme des jeweils letzten einer Strophe, der durch Erweiterung um eine Hebung und

durch regelmäßigen syntaktischen Satzabschluß das Strophenende
hervorhebt und damit eine hervorragende Stelle für die im Nibelungenlied als literarische Technik besonders häufig verwendete Voraus-
deutung bietet. Diese sogenannte Nibelungenstrophe ist also keineswegs ein ›bewußtloses‹ Vehikel von Mündlichkeit, sondern eine durch-
komponierte Einheit, die ein Erzählen in blockhaften Reihen ermöglicht und das Geschehen objektiv formelhaft in den Vordergrund treten
läßt. In Verbindung mit der charakteristischen Sprache des »Nibelun-
gischen«, wie Curschmann es nennt, einer kunstvoll mündliche Formelhaftigkeit imitierenden poetischen Sprache, ist sie als »ästhetische
Antwort« (ebd., 61), als kalkulierte literarische Umsetzung und eigentliches Medium der schriftliterarischen Durchdringung des mündlichen
Stoffes zu verstehen. »Das Nibelungenlied ist der bei weitem an-
spruchsvollste und konsequenteste Versuch des deutschen Mittelalters,
ohne Umwege Anschluß zu gewinnen an die literarische Mode der
neuen laikalen Schriftkultur und zu diesem Zweck den Gegenstand
einheimischer Mündlichkeit neu als Buch zu definieren« (ebd., 70).

Nibelungenstrophe

In anderen Gattungszusammenhängen äußern sich die Autoren
noch direkter zu ihrem Werk und nennen ihren Namen, ihre Quellen,
stellen eine Ebene der Verständigung mit dem Publikum her. Bevorzugt geschieht dies im Prolog oder im Epilog des Textes. In den meisten Fällen kann man diesen Äußerungen Informationen über den Status und das Selbstverständnis des jeweiligen Textes als Element der
»Zwischenkultur« (s. o.) entnehmen. So hält es beispielsweise der Pfaf-
fe Konrad, Autor des *Rolandslieds*, für angebracht, seine deutsche Fassung der ursprünglich mündlichen, altfranzösischen *chanson de geste*
auf besondere Art und Weise zu rechtfertigen. Um sich (als Kleriker)
von der volkssprachlich-heroischen Tradition, die keinem christlich-
heilsgeschichtlichen Wahrheitsanspruch verpflichtet und daher (aus
klerikaler Perspektive) *lüge* ist, abzugrenzen, behauptet er, vor der
deutschen zunächst eine lateinische Übersetzung angefertigt zu haben
und stattet damit die deutsche Fassung zugleich mit der Dignität und
dem Wahrheitsanspruch der *lingua sacra* aus.

Programmatische Aussagen der Autoren zum Status des Werks als
Element der deutsch-lateinisch/mündlich-schriftlichen »Zwischenkultur« finden sich auch im Bereich der höfischen Epik, die, aus Frankreich importiert, im Gegensatz zur Heldenepik von Anfang an Buch-
literatur ist. Besonders aufschlußreich sind in diesem Zusammenhang
die Positionen Hartmanns von Aue und Wolframs von Eschenbach. In
ihren Aussagen wird die Volkssprache und insbesondere die volkssprachliche *aventiure*-Dichtung als Trägerin der ständischen Identität
der Laien, als Ausdruck einer emanzipatorischen Befreiung von der
Vorherrschaft der lateinischen Schriftkultur sichtbar. »Diese Emanzipation richtet sich nicht gegen die lateinische Schriftkultur, sie schließt
jedoch die Dominanz der klerikalen Vorstellung von Bildung programmatisch aus und rekurriert dabei auf die typischen, jetzt standesspe-
zifisch formulierten Merkmale von Volkssprachlichkeit, Mündlichkeit,
Illitteratheit und Laienstand als Ritterstand« (Ortmann 1992, 170).

*»ein rîter, der gelêret
was/ unde ez an den
buochen las«*

Während Hartmann den Erzähler in seinem zweiten Artus-Roman, *Iwein*, als gelehrten Ritter, als *miles litteratus* einführt (»ein rîter, der gelêret was/ unde ez an den buochen las,/ swenner sîne stunde/ niht baz bewenden kunde,/ daz er ouch tichtennes pflac/ [...] der tichte diz maere.« *Iwein*, Vers 21–25/30), läßt Wolfram seinen Erzähler im Parzival demonstrativ als ›reinen‹, d. h. illiteraten Ritter dichten: »schildes ambet ist mîn art/ [...] ine kan decheinen buochstap./ [...] disiu aventiure/ vert âne der buoche stiure« (115,11–30). Beide Autoren proklamieren eine Literatur von Rittern für Ritter und sie pochen »auf Ritterbürtigkeit und das Amt des Ritters als sozialen Ausgangs- und Bezugspunkt ihrer dichterischen Tätigkeit« (Curschmann 1986, 232). Wolfram übertrumpft Hartmann in polemischer Absicht noch insofern, als daß er den Roman nun auch »unter poetologischem Aspekt als Ritterkunst definiert« (234f.) und seinen *Parzival* gemäß des nun selbstbewußt reproduzierten Klischees vom illitteraten Ritter als »buchlose ›Stegreifdichtung‹« präsentiert.

Lesen als Sozialisationsspiel

Für die volkssprachliche Literatur des Laienadels bleibt Mündlichkeit aber nicht nur metaphorisch im Kontext einer ständisch-literarischen Selbstdefinition der Autoren, sondern auch gesellschaftlich ganz real relevant. Bis auf wenige Ausnahmen (z.B. adlige Damen; vgl. Grundmann 1936) war das Bildungsniveau noch so gering, daß private Lektüre Einzelner nicht möglich war. Literatur wurde gemeinschaftlich gehört. Auf diese Weise ging Schriftlichkeit im Vollzug der Aufführung, des Vortrags wieder in Mündlichkeit über und entfaltete erst in der mündlichen Kommunikationssituation ihre Funktion, die (soziale) Gruppenidentität des Publikums zu konstituieren und zu stabilisieren.

Lyrische Verfahren
Lyrik, Gedicht und poetische Sprache

Rudolf Helmstetter

Angesichts der Geschichtlichkeit des Lyrikbegriffs und der historischen und typologischen Vielfalt textueller Erscheinungsformen – die unterschiedlichen Vers- und Strophenbauformen, Sprechweisen, Gattungen und Gedichtarten – kann *Lyrik* nicht eindeutig definiert und gegen andere literarische Sprachverwendungen abgegrenzt werden. »Man sollte den Versuch gänzlich aufgeben, die allgemeine Natur der Lyrik oder des Lyrischen bestimmmen zu wollen« (Wellek 1972, 124). Solche allgemeinen Bestimmungen führten meist nur dazu, daß ein besonderer Typ lyrischer Texte als ideal- und prototypisch betrachtet und normativ ausgezeichnet wurde. Noch heute erwarten viele bei Lyrik etwas »Lyrisches« im Sinne einer »Empfindungsweise« (Staiger), eine bestimmte Gefühlsqualität, einen Vorzugsbereich von Inhalten (Stimmung, Innerlichkeit, Natur etc.), der durch das Nadelöhr der lyrischen *Subjektivität* gegangen ist (→ *Subjektivität in der Lyrik: ›Erlebnis und Dichtung‹, ›lyrisches Ich‹*, S. 299). Eine solche Kanonisierung einer partialen Spielart von Lyrik blendet die weiten Felder der gefühllosen, der sprachspielerischen, manieristischen, der barocken und modernen Gedichte aus, wertet die Gebrauchs- und Nonsense-Lyrik ab und blokkiert den Zugang zu solchen Texten. Die ursprüngliche Bedeutung des Wortes (»Gesang zur Leier«) wird heute von Liedermachern und Songwritern realisiert (»lyrics«). Man denkt bei Lyrik vor allem an schriftlich präsentierte Texte, aber das lyrische Spektrum reicht vom Gesang für eine Zuhörerschaft (und zum Mitsingen, »All together now…«, »We all live in a yellow submarine«, Lennon / McCartney) bis zur monologischen – oder »anachoretischen« (Benn) – Hermetik (»Es sind noch Lieder zu singen jenseits des Menschen«, Paul Celan).

Lyrik als »monologische Aussprache eines Ich« (Kayser), als Ausdruck der »inneren Selbsterfahrung des Menschen« (Böckmann) oder als Medium von »Exorbitanzerlebnissen« (Burger; Nachweise in Grimm 1966) –, das ist auch heute noch der dominante »Ausgangstypus« (Lotman 1973, 158), der Vor- und Inbegriff von Lyrik, der die Lektüre von Gedichten prägt. Historisch ist dieser lyrische »Ausgangstypus« in der Wirkungsgeschichte der Erlebnislyrik zu verorten, typologisch zeichnet er sich durch Zentrierung auf den Sender (»Dichter«) und Dominanz des Emotiven und Expressiven aus. Durch EntRhetorisierung, Ästhetisierung und Psychologisierung der Lyrik und ihrer Theorie hat sich der Unterschied von Rhetorik und Poetik zu einem kategorischen Gegensatz verhärtet, und in der Folge ist das Be-

»Man sollte den Versuch gänzlich aufgeben, die allgemeine Natur der Lyrik oder des Lyrischen bestimmen zu wollen.« (René Wellek)

InnerlichkeitsLyrik als der »Ausgangstypus«

wußtsein der sprachlichen Grundlagen und literarischen Bedingungen der Lyrik geschwunden. Kurz gesagt: Die Rhetorik wurde man los, das Rhetorische ist geblieben.

Der Gattungsname *Lyrik* hat sich in Deutschlang erst Anfang des 19. Jahrhunderts eingebürgert (vgl. Lamping 1989, 55f.). Seither fand die Lyrik ihre Identität innerhalb der Gattungstrias Lyrik-Dramatik-Epik, welche die Literaturproduktion in ein Schema von drei »Naturformen« (Goethe) einteilte. Noch heute werden aus Konvention und Gewohnheit konkrete literarische Texte einer dieser Kategorien zugerechnet; es gibt allerdings Texte, die die Gattungen gezielt überschreiten und vermischen. Das Merkmal der versförmigen Strukturierung (metrische Regulierung und Reimbindung) und die Unterscheidung sujetlos (lyrisch) vs. sujethaft (narrativ; vgl. dazu Lotman 1973; → *Narrative Verfahren*, S. 49) stehen quer zu Gattungsschemata, denn auch Lieder, Balladen und die Vers-Epik sind narrativ, das Prosa-*Gedicht* ist nichtmetrisch, das klassische *Drama* dagegen ist metrisch gestaltet (→ *Gattung*, S. 66).

Mit Lotman / Tomaševskij läßt sich Lyrik als bevorzugtes Feld von »Poesie«, Poesie als »Gravitationszentrum« der literarischen Produktion verstehen, als kategoriale Schreibweise, die sich von *Prosa* (jeder Art: pragmatischer, literarischer, theoretischer etc.) durch ein besonderes Verhältnis zur Sprache unterscheidet. Poesie kann sich in unterschiedlichen Gattungsbereichen und Text-Formen realisieren und rückt dann in unterschiedliche Funktionen ein. »›Verse-Sein‹ und ›Prosa-Sein‹ [ist] nicht nur ein materieller Ausdruck der strukturellen Konstruktion irgendeines Textes, sondern auch eine bestimmte, allen Kulturtypen inhärente *Funktion des Textes*, die keineswegs immer eindeutig aus seinem graphisch fixierten Teil abgeleitet werden kann« (Lotman 1973, 160f.). Der konkrete lyrische Text ist also nur der graphisch fixierte Teil des Gedichts – als Exemplar einer besonderen Textart. Das Gedicht als bevorzugter literarischer Ort der *poetischen Sprache* signalisiert Literarizität als Heraustreten des Textes aus pragmatischen Kontexten. Die sprachlichen Strukturen von Gedichten – ihre infratextuellen Beziehungen – können linguistisch beschrieben werden; um die poetische Sprache und die Funktionen von Lyrik zu beschreiben, bedarf es literaturtheoretischer, sprachphilosophischer und kultursemiotischer Fragen: Was ist der kulturelle Status der Sprache (innerhalb des Ensembles semiotischer Systeme und Medien), der Literatur (innerhalb des Systems sprachlicher Praktiken) und der Lyrik (innerhalb der Literatur, also der Segmentierung und Hierarchisierung der Redegattungen)? Die lyrische Textproduktion steht immer im Bezugsfeld der sprachlichen und literarischen Normen und der globalen kulturellen »Sprachsituation«. Für die Moderne hat man diese Funktion als Irritation einer auf Transparenz und Eindeutigkeit gerichteten Sprache bezeichnet: Die poetische Rede ist eine »unvordenkliche«, sie zielt auf »Entselbstverständlichung der Gemeinsprache« und durchkreuzt die semantischen Ordnungen der Kultur (Blumenberg 1966, 150). In der Präsentation von semantischen Anomalien (oder Alternativen) bei for-

Die Identität der Lyrik im Dreieck der Gattungen

»›Verse-Sein‹ und ›Prosa-Sein‹ ist eine bestimmte, allen Kulturtypen inhärente Funktion des Textes« Lotman)

maler Kohärenz und hochkomplexer Prägnanz, die die übliche Ordnung der Rede zugleich überbietet und unterläuft, sah Valéry auch den Grund der *Wirkung* solcher Texte: »Die Wirkung der schönen Verse entspringt der *Unordnung*, die sie in die *erwartete Ordnung* der *Bedeutungen* der *Worte* bringen, und der *Ordnung*, die sie der normalen, natürlichen *Unordnung* der *Terme* der Rede – und ihrer lautlichen Elemente aufzwingen« (1993, 278).

In poetischer Funktion werden die allgemeinen *sprachlichen* Grundlagen der Rede reflektiert. Gedichte haben aber auch *literarische* Grundlagen: mehr als Erlebnisse und Gefühle stimulieren die Textformen, ihr System und ihre Traditionen, die Textproduktion. Die unterschiedlichen historischen Definitionen der Lyrik, die Poetiken und Wesens- oder Funktionsbestimmungen der lyrischen Dichtung, sind Theorien und (thematische und stilistische) Programme, Meta-Texte, die die vergangene Textproduktion klassifizieren und bewerten und damit die weitere Textproduktion beeinflussen.

Mehr als Erlebnisse und Gefühle stimuliert das System der Textformen die Textproduktion.

Die poetische Sprache

Ebenso wie *Sprache* (und *Normalsprache*) ist auch die *poetische Sprache* ein Konstrukt, das durch Abstraktion von poetischen Performanzen – also konkreten Texten – gewonnen wird. »Bei der dichterischen Sprache kommt nichts hinzu, was nicht in der Sprache bereits vorhanden wäre, jedoch kommt in der Dichtung vieles von dem voll zur Entfaltung, was in anderen Modalitäten des Sprachgebrauchs sozusagen ›ungenutzt bereitsteht‹« (Coseriu 1981, 110). Die emphatische These, die poetische Sprache müsse »als Sprache schlechthin angesehen werden, denn nur in ihr findet man die volle Entfaltung aller sprachlichen Möglichkeiten« (ebd.) braucht allerdings den Zusatz, daß die poetische *Sprache* nur in Form von *Texten* realisiert ist; und es gilt zu bedenken, daß sie nicht in jedem Text realisiert ist, der wie ein *Gedicht* aussieht (also die konventionalen Gattungssignale aufweist).

Die »Grammatik der Poesie« (Jakobson 1979) verhält sich indifferent gegenüber jeglicher *Thematik*. Die poetische Sprache ist keine Sondersprache (mit ›gehobenem‹ stilistischem Register, erlesenem Vokabular, gepflegter Syntax usf.), sondern eine besondere Verwendung der Formen der Gemein-, Normal- oder Alltagssprache: »alles was es in der Poesie gibt, ist in der Sprache bereits vorhanden – außer die Poesie selbst« (Tomaševskij nach Lotman 1975, 32). Wenn sich das gesamte Sprachsystem auf einen Mechanismus von Ähnlichkeiten und Unterschieden zurückführen läßt (de Saussure), so ist die Lyrik der literarische Ort, wo dies besonders sinnenfällig (gemacht) wird. »Das Prinzip der Gleich- und Gegenüberstellung von Elementen ist ein universelles strukturbildendes Prinzip in der Poesie und der Wortkunst insgesamt« (Lotman 1975, 51).

»Alles was es in der Poesie gibt, ist in der Sprache bereits vorhanden – außer die Poesie selbst« (Tomaševskij)

Poetische Sprachverwendung läßt sich durch zwei Kriterien charakterisieren: durch das *Äquivalenz*-Prinzip auf der Ebene des Mitgeteilten

(›Botschaft‹, ›Inhalt‹, ›Information‹) und durch *Selbstzweckhaftigkeit* (›Autotelie‹, ›Autoreferentialität‹) auf der Ebene der Mitteilung. Zu unterscheiden sind also die freischwebende poetische Funktion – die punktuell in allen Textformen auftreten kann – und der poetische *Text*. Der gemeinsame Nenner unterschiedlicher Theorien der poetischen Sprache lautet: Die poetische Sprache macht die im Sprachgebrauch – in jedem Sprachgebrauch – latenten sprachlichen Mittel manifest, »spürbar« (Jakobson) und beobachtbar. Die poetische Rede beeindruckt durch eine spürbare Differenz zur Alltagssprache, zu den Normen, Gewohnheiten und Automatismen der Rede; sie hebt das Gesagte hervor –, zugleich aber bindet sie es an die Mittel und Möglichkeiten des Sagens. Das Ausgesprochene verweist nicht mehr nur auf (außersprachliche) Sachverhalte und Tatsachen, sondern zugleich auf das Verhalten der Sprache, auf Sprachsachen.

Die poetische Sprache entdeckt die Latenzen der Alltagssprache

Läßt man die *Makrostrukturen* der unterschiedlichen Gedichtarten, die *Bauformen* von Sonett, Stanze, Ode etc. außer acht (s. dazu etwa Behrmann 1989) – so sind lyrische Strukturen also elementare sprachliche Strukturen, wie sie auch im Erzähltext und im Drama auftreten, ja in Alltags- und Gebrauchsrede (wie etwa in der Werbung, in Sprichwörtern, Schimpfformeln, im Witz etc.), also nicht exklusiv in Gedichten, dort aber in höherer Reflexivität, Komplexität und »Spürbarkeit«. *Das* spezifische Verfahren der Lyrik besteht darin, primäre und sekundäre sprachliche Formen (phonetische und rhythmisch-prosodische, grammatische – also morphologische und lexikalisch-semantische –, sowie Phraseologie, Tropen und Figuren) in besonderem Maße zu aktivieren, bloßzulegen und produktiv zu machen, zu verdichten, zu überformen und auszustellen. Die poetische Sprache bedient sich des gesamten rhetorischen Formen-Repertoires; Metaphorik oder ›Bildlichkeit‹ ist nur ein besonders auffälliges, vordergründiges und keineswegs ein obligatorisches Merkmal. Der Begriff *Verfahren* (›Kunstgriff‹) bezeichnet generelle literarische Organisationsprinzipien, operative Elemente der Konstitution und Strukturierung von Texten und der Relationierung der Strukturebenen (→ *Formalismus und Strukturalismus*, S. 43). Die Besonderheit des lyrischen Textes besteht in einer signifikanten Vermehrung der Struktur*ebenen* der Rede, die es ermöglicht, komplexere Beziehungen zwischen den Struktur*elementen* zu stiften. Dadurch können die im gewöhnlichen Sprachgebrauch stets nur *verwendeten* Elemente hervorgehoben, ins Spiel und zur Darstellung gebracht, inszenatorisch reflektiert werden. Die Dichtung zeigt, daß jede Aussage über Gewicht und Gesicht der Welt (der Gefühle, Gedanken, Dinge) von der Art und Weise der sprachlichen Artikulation abhängt. Alles, was gesagt wird, bricht und reflektiert sich an den Möglichkeiten des Sagens. »Natürlich gibt es keine ausschließliche Vorherrschaft der ästhetischen Funktion in der Dichtersprache: in ihr herrscht ein ständiger Konflikt und eine konstante Spannung zwischen Selbstzweckhaftigkeit und Mitteilung« (Mukařovský 1974, 146). Diese Spannung herrscht auch in der Lektüre: Wir können – naiv, empathisch, enthusiastisch – das *Mitgeteilte* lesen (gewissermaßen aus der Mittei-

Das Verfahren der Lyrik

lung heraus-lesen), wir können – formalistisch, analytisch, distanziert – die Funktionsweise der Mitteilung lesen. Eine wirklich poetische Lektüre realisiert die Spannung, die durch die zwar unterscheidbare aber untrennbare Einheit von Botschaft und Mitteilung entsteht.

Formen der Lektüre: empathisch, analytisch poetisch

Die poetische Funktion

Roman Jakobson entwickelt sein Konzept der poetischen Funktion im Rahmen eines Kommunikationsmodells, das sechs Funktionen der Rede unterscheidet, die in jeglicher Äußerung in unterschiedlicher Gewichtung auftreten (Jakobson 1979, 88f.; vgl. die Diskussion bei Coseriu 1981, 56f., der Jakobsons Modell als unnötige Erweiterung des älteren von Bühler kritisiert). Die in der jeweiligen Mitteilung dominante Funktion bestimmt die sprachliche Strukturierung, die verbale Form der ›Botschaft‹, des ›Inhalts‹; umgekehrt läßt sich an der sprachlichen Struktur meist die Funktion ablesen (für den Sprecherbezug sind Interjektionen typisch, für den Adressatenbezug Imperative und Fragen etc.). Die poetische Funktion als Konzentration der Nachricht auf sich selbst zeigt sich an der textgenerierenden und -strukturierenden Dominanz des Äquivalenzprinzips. In nicht-literarischer Verwendung kann Poetizität eine rhetorische, dekorative, expressive, persuasive Zusatz- und Verstärkungsfunktion haben; in Gedichten aber gilt: »Die Poetizität wird nicht als rhetorischer Schmuck der Rede beigefügt, sie besteht vielmehr in einer vollständigen Neubewertung der Rede und aller ihrer Teile« (Jakobson 1979, 119). Formeln wie »Die Mark ist stark«, »Wie gewonnen, so zerronnen« oder »Sport ist Mord« weisen zwar auch Poetizitätsstrukturen auf, machen aber als solche noch keinen lyrischen Text. Betrachten wir dagegen folgende Sequenz: »Seide, Seide, Seide / spinnt dein Kind voll Freude« (Brentano). Die ›Information‹ ist einfach: »Dein Kind spinnt gern Seide«, aber die Paraphrasierung zeigt auch, was dabei verlorengeht, nämlich das ganze Gespinst der Äquivalenzen: dem (unreinen weiblichen) Endreim entsprechen je zwei Binnenreime (die dreifache »Seide« – Häufung (*geminatio, epanalepsis*) des identischen Reims und »spinnt« – »Kind«: männlicher Binnenreim; die rhetorischen Begriffe schlägt man nach in den Handbüchern von Plett und Lausberg). Die Mitteilung strukturiert das Gesagte so, daß es auch in der Weise des Sagens selbst widerhallt. (Und der Text sagt zugleich: Ich spinne gern Wörter oder: »Worte, Worte, Worte…«).

»Die Poetizität wird nicht als rhetorischer Schmuck der Rede beigefügt, sie besteht vielmehr in einer vollständigen Neubewertung der Rede und aller ihrer Teile« (Jakobson)

Jakobsons berühmte Formel, die die neuere Lyrik-Diskussion nachhaltig inspiriert hat, lautet: »*Die poetische Funktion projiziert das Prinzip der Äquivalenz von der Achse der Selektion auf die Achse der Kombination. Die Äquivalenz wird zum konstitutiven Verfahren der Sequenz erhoben*« (Jakobson 1979, 94). Die traditionellen formalen Merkmale von Versen – metrische Strukturierung und Reimbindung – lassen sich damit analytisch aufdröseln und funktional generalisieren. Den Reim begreift Jakobson als die prägnanteste Form des universelleren Prinzips

»Die poetische Funktion projiziert das Prinzip der Äquivalenz von der Achse der Selektion auf die Achse der Kombination« (Jakobson)

des Parallelismus und überträgt den Begriff von der lautlichen auf die semantische und syntaktische Ebene (vgl. ebd., 106ff.). Das Metrum ist (zumindest in einer rudimentären Form) eine Vorbedingung des Reims (um zu reimen, müssen die Silben in betonter Position stehen). Der Begriff der Äquivalenz läßt sich auffächern: Similaritäten und (symmetrische oder asymmetrische) Oppositionen können durch vielerlei Mittel erreicht werden: durch Alliteration, Assonanz und Reim (auf der phonetisch-phonologischen Ebene); durch Synonymie, Antonymie, Paronomasie, Etymologie (auf der lexikalisch-semantischen Ebene); durch Parallelismen wie *reduplicatio, geminatio, gradatio*, Anapher, Epipher, Polyptoton, Chiasmus (syntaktische und morphologische Ebene).

Was unterscheidet nun die poetische Nachricht konkret von der gewöhnlichen? Jeder Sprechakt wählt aus einem Repertoire von Zeichen (man nennt dies: paradigmatische oder assoziative Ebene, Achse der Selektion, *in-absentia*-Relationen; ein ›Paradigma‹ ist eine Klasse äquivalenter Elemente) und ordnet diese nach den syntaktischen Regeln der Grammatik zu satzförmigen Sequenzen (lineare, horizontale, syntagmatische Ebene, Achse der Kombination, *in-praesentia*-Relationen). Die poetische Funktion erlegt der syntagmatischen Kontiguität eine Zusatzbedingung auf: was kombiniert wird, muß in irgendeiner Hinsicht gleichartig oder gleichwertig sein (und Opposition ist zu verstehen als negative Äquivalenz); die Auswahl des zu Kombinierenden erfolgt nicht nur nach den üblichen syntaktischen und semantischen Regeln für korrekte und akzeptable Sätze, sondern zusätzlich nach paradigmatischen Gesichtspunkten. Während die Beziehung zwischen Zeichen und Bezeichnetem (Signifikanten und Signifikaten) als solche (semantisch) unmotiviert, arbiträr und konventionell ist, zeigt die poetische Nachricht eine konstellative Motivierung: die selegierten Paradigmata motivieren sich wechselseitig. Wenn die poetische Rede die primäre Arbitrarität der Signifikanten durch formale Bezüge überformt, suggeriert dies immer auch, es gebe die dadurch hergestellten semantischen Bezüge bereits zwischen den Dingen, aber: das Gesagte verweist aufs Sagen, auf die sprachlichen Möglichkeiten und die Textproduktion selbst. Äquivalenzen, also (nicht-triviale) Rekurrenzen in der Sequenz der Rede, unterstreichen zugleich immer den differenten Kontext ihres Auftretens: keine Äquivalenz ohne Differenz (Lotman spricht daher von »Gleich- und Gegenüberstellung«). Der Parallelismus des Reims etwa zeigt mit dem Gleichklang der *Silben* zugleich die Nichtidentität der *Wörter*. Die zusammengeführte Differenz von Wort-Laut und Wort-Bedeutung hebt die in zweckbestimmter, ›automatisierter‹ Rede zur Unmerklichkeit verschmolzenen Ebenen von Phonetik, Morphologie, Syntax und Semantik von einander ab. Besonders deutlich wird die gegenseitige Motivierung durch Parallelismen gerade an unbeholfenen oder an Nonsense-Reimen, wo der Wille zur Äquivalenz als Reimzwang spürbar oder aber ausgestellt wird, wie etwa bei folgender Aposiopese von Robert Gernhardt: »Das zu Sagende zu sagen / ist dem Künstler aufgetragen. / Wahre Größe freilich zeigen/ jene, die selbst dies ver« (1987, 110)

Wenn Goethe sagt, daß ein Bodensatz von Nonsense für den Vers obligat sei, so ist der Konflikt mit der Sinn-Orientierung angesprochen, in den die Orientierung auf formale Äquivalenzen tendenziell gerät. »Der Vorrang der poetischen Funktion vor der referentiellen löscht den Gegenstandsbezug nicht aus, sondern macht ihn mehrdeutig« (Jakobson 1979, 111). Die poetische Rede inszeniert durch *Polysemien* auch die Kontextabhängigkeit von Wortbedeutungen. Während das Lexikon die puren, vom *Gebrauch* der Wörter abstrahierenden Bedeutungen angibt (Lexeme) und der gewöhnliche Sprachgebrauch die Wörter im Gebrauchskontext vereindeutigt, schafft die poetische Rede einen Verwendungs-Ko-Text, der ihre Bedeutungen vervieldeutigt, ihre Bedeutungs*möglichkeiten*, ihren Konnotationsreichtum freisetzt.

Ein besonderer Fall des poetischen Prinzips sind anagrammatische Strukturen: Jakobson betont die Aktivierung des anagrammatischen Wertes der Wörter, des semantischen Wertes ihrer Konstituenten (1979, 119), vgl. etwa E. A. Poes *raven*, der palindromatisch-gewendet aus dem *never more*-Refrain tönt. Im Extremfall dient das Syntagma nur dazu, ein Paradigma auszuschreiben, zu entfalten. »Nur in der Dichtung mit der regelmäßigen Wiederkehr äquivalenter Einheiten wird das Zeitmaß des Redeflusses erfahren, wie auch in der musikalischen Zeit« (Jakobson 1979, 95). Die Zeit der Rede hat aber nicht nur einen linearen Verlauf. Die Rekurrenz von Äquivalenzen baut vertikale Bezüge (Korrespondenzen, ›Querverweise‹, Akkorde) in den (horizontalen) Verlauf der Rede ein und konterkariert ihre lineare Abfolge durch Klang- und Bedeutungsakkorde; wenn das Syntagma *als* Verknüpfungsprozeß selegierter Paradigmata spürbar wird, wird die vertikale Achse in die Sequenz eingespielt, die Sequenz der Wörter wird vergleichzeitigt und verräumlicht. Indem die Verfahren der Verknüpfung in den Vordergrund treten, tritt die Bedeutung der verknüpften Elemente zurück und das hierarchische Verhältnis von Zeichen und Bedeutung kehrt sich um: die sprachlichen Mittel selbst diktieren Wortwahl und Satzbau. Die Worte stellen ihre Bedeutung in den Schatten, um ihre materiale Beschaffenheit und die Weisen ihrer Ver- knüpfung ins Licht zu rücken (zum zentralen Prinzip der Formalisierung des Semantischen und der Semantisierung der formalen Bezüge s. Lotman 1973, 34 u. pass.).

»Ein Bodensatz von Nonsense ist für den Vers obligat« (Goethe)

»Der Vorrang der poetischen Funktion vor der referentiellen löscht den Gegenstandsbezug nicht aus, sondern macht ihn mehrdeutig« (Jakobson)

Formalisierung der semantischen und Semantisierung der formalen Bezüge

Selbstzweck – »Das Wort als Wort«

Poetische Strukturen begegnen auch in anderen literarischen und nicht-literarischen Sprachverwendungen und können den jeweiligen Rede-Zweck verstärken; sie können auch unwillkürlich (›subliminal‹ oder ›unterbewußt‹, Jakobson 1979, 311ff.) auftreten. Im poetischen Text dagegen ist die poetische Funktion selbst Zweck, der ›Zweck‹ liegt in der Äußerung selbst. Die poetische Rede ist die Fortführung der sprachlichen Mittel zu literarischen Zwecken: die Rückführung des Sprechens auf seinen sprachlichen Grund. ›Selbstzweck‹ heißt nicht,

»Was wir betonen, ist
nicht der Separatismus
der Kunst, sondern die
Autonomie der
ästhetischen Funktion«
(Jakobson)

daß Gedichte freischwebend entstehen, geschrieben und gelesen werden (»Was wir betonen, ist nicht der Separatismus der Kunst, sondern
die Autonomie der ästhetischen Funktion«; Jakobson 1979, 78). Üb-
licherweise gebrauchen wir Sprache zweckgebunden und zielgerichtet,
in pragmatischen Kontexten mit ihren situativen Bedingungen; die
Alltagssprache verwendet die Wörter ohne zu zögern – um ›etwas‹ zu
sagen, wofür die Zeichen nur Instrumente sind –, das Gedicht aber ist
die »*hésitation*«, das ausgehaltene Stutzen und hinhaltende Zögern zwischen Klang und Sinn (Valéry 1991, 236 und 1993, 192). Diese Unschlüssigkeit ist das Wahrzeichen der poetischen Sprache. »Indem sie
das Augenmerk auf die Spürbarkeit der Zeichen richtet, vertieft diese
Funktion die fundamentale Dichotomie der Zeichen und Objekte« (Jakobson 1979, 93). Der normale Sprachgebrauch ist voreilig: vor-eilend
zum Gemeinten, und das ›Verstehen‹ ist meist dementsprechend. Die
poetische Sprache erschwert, verlangsamt, problematisiert das Verstehen.

Welchen Zweck hat der
Selbstzweck?

Welchen Zweck hat der Selbstzweck? Die poetische Rede schöpft
Möglichkeiten der Sprache aus, die im zweckgerichteten Gebrauch
nicht genutzt werden, gerade dadurch aber zeigt sie die Strukturen
und die Funktionsprinzipien der gewöhnlichen Sprache auf. Wenn im
Gedicht der normale Sprachgebrauch verfremdet und überformt wird,
so eröffnet es die Möglichkeit, der Sprache bei der Arbeit zuzusehen:
zu beobachten, nicht nur woraus die Formen bestehen, die wir benutzen, sondern auch, wie die Effekte entstehen, denen wir im ›normalen‹
Sprachgebrauch erliegen (nämlich das Gesagte abzulösen vom Sagen
und zum Beispiel als »Wirklichkeit« zu betrachten, was sprachlich bedingt, konstruiert und vermittelt ist). Etwas ›aufs Wort glauben‹ heißt
ja gerade, eine stabile und transparente Beziehung zwischen Wort und
Sache, zwischen dem Gesagten und dem bezeichneten Sachverhalt, anzunehmen. Indem die poetische Rede »das Wort als Wort« inszeniert,
lenkt sie die Aufmerksamkeit auf die materialen, strukturalen und relationalen Qualitäten der Worte selbst: die Wörter tragen ihre Bedeutungen nicht in sich, sie werden ihnen in der Rede aufgetragen. Wenn
in der poetischen Sprache also die Sprache zu sich kommt, verliert sie
ihre Transparenz auf die gemeinten Gegenstände (Gefühle etc.), der
Automatismus der Bedeutungen wird irritiert.

Poetische Sprache, Versrede, Gedicht

In der Textsorte *Gedicht* geht die poetische Struktur der Nachricht mit
der Selbstzweckhaftigkeit der Mitteilung zusammen. Das Gedicht
schafft den kommunikativen Rahmen, innerhalb dessen die poetische
Funktion frei- und dominant gesetzt werden kann, es schafft eine »poetische Kommunikationssituation« (Plett 1977, 149), verlangt eine Einklammerung der Konventionen pragmatischer Kommunikation, die
eingelassen ist in konkrete Handlungsbezüge, Informationsaustausch,
Mitteilungsgeschäfte, Kontaktpflege, Gefühlsbekundungen; durch die-

se Einklammerung werden die Üblichkeiten der Rede abgebildet, verfremdet, reflektiert. Das Gedicht ist der Ort, wo es der Sprache freigestellt ist, sich mit sich selbst zu beschäftigen – oder wo sie sich diese Freiheit nimmt –, und es ist wichtig, diesen Selbstbezug, der aber keineswegs auf die sprachliche Ebene, auf das linguistische ›Material‹ einzuschränken ist, an den elementaren linguistischen Strukturen zu beobachten. Zum Selbstbezug der Nachricht kommt im Gedicht der Selbstzweck der Mitteilung. (Im Unterschied zur Alltagskommunikation: nicht Reden um des Redens willen, sondern um darzustellen, was Reden heißt). »Die dichterische Sprache verlagert also den Schwerpunkt unserer Aufmerksamkeit: sie läßt uns den *Akt des Ausdrucks* selbst, *das Sprechen*, erleben. [...] die dichterische Sprache (ist) auf das Erleben des Ausdrucksaktes als Selbstzweck gerichtet« (Mukařovský 1974, 91).

Durch Verwendung außerhalb von praktischen Redezwecken wird auch das persuasive, expressive und ornamentale – aber auch das epistemologische (vgl. de Man 1983) – Potential der Tropen und Figuren als solches dargestellt. Ein Aperçu Celans aufgreifend – »Im Gedicht wird jede Metapher ad absurdum geführt« – könnte man sagen, in poetischer Funktion werden die Tropen und Figuren in ihrer inneren ›Logik‹ und Verwendbarkeit vorgeführt, auf ihre Sprachförmigkeit, Sprachwirklichkeit und Wirkungsmächtigkeit zurückgeführt. Die Ambivalenz der schöneren, komplexeren, prägnanteren poetischen Rede besteht darin, daß sie die Aufmerksamkeit nicht nur auf die Sprachgebundenheit des Gesagten lenkt, sondern auch vom Sagen ab- und aufs Gesagte hinlenkt. Was Nietzsche, Schopenhauer zitierend, über »Rhythmus und Reim« schreibt, gilt *pars pro toto* für das »rhythmische Hopsasa« der poetischen Rede überhaupt: »[...] theils ein Bindemittel unserer Aufmerksamkeit, indem wir williger dem Vortrag folgen, theils entsteht durch sie in uns ein blindes, allem Urtheil vorhergängiges Einstimmen in das Vorgetragene, wodurch dieses eine gewisse emphatische, von allen Gründen unabhängige Überzeugungskraft erhält« (Nietzsche 1922, 474).

Wenn die traditionellen Kriterien für Gedichte – die versförmige metrisch regulierte und gereimte Rede – hier ganz unter dem Prinzip der Äquivalenz behandelt werden, so kann dies die Verslehre nicht ersetzen (vgl. etwa Wagenknecht 1981, Breuer 1981). Gedichtinterpretation setzt Kenntnis der grammatischen und rhetorischen Figuren voraus. Nur wenn man die metrischen, phonetischen, syntaktischen etc. Teilstrukturen erkennt und benennen kann, erfaßt man ihr Zusammenspiel (oder ihren Konflikt) im konkreten Text. Das Konzept des *Interplay* (Wimsatt, vgl. Ludwig 1990, 39) beschreibt das Zusammenwirken der analytisch unterscheidbaren und isoliert beschreibbaren Teilstrukturen und Organisationsprinzipien in der Gesamtstruktur des Textes.

»Freie Verse« sind Verse ohne feste metrische Regulierung, d.h allein durch Versschreibweise und Satzspiegel werden Wortgruppen als Verse präsentiert. Selbst ein solcher formaler Minimalismus partizipiert an

»Im Gedicht wird jede Metapher ad absurdum geführt« (Celan)

»Durch das rhythmische Hopsasa folgen wir willig dem Vortrag« (Nietzsche)

der poetischen Funktion. Die versförmige Notation führt zu einer zusätzlichen Segmentierung des Textes, setzt (etwa indem sie den Zeilensprung aktiviert) Akzente und Zäsuren, die nicht mit Satzrhythmus und Syntax übereinstimmen müssen, und strukturiert damit Text und Lektüre anders als Prosa. Das typographische Design ist nicht nur ein technisches Verfahren, es ist ein strukturelles Signal, das den Text *als Lyrik* zu lesen auffordert. Der Text wird damit typisiert, der Text-Kategorie Lyrik zugeordnet; analog der infratextuellen Versifizierung wird er dadurch »gewissermaßen aus der gewöhnlichen Rede herausgenommen, von einer neuen Bedeutungs-Aura umgeben, nicht gegen den Hintergrund der Rede überhaupt, sondern gegen den Hintergrund der Versrede wahrgenommen« (Ejchenbaum 1969, 40). Dieser Hintergrund impliziert eine Norm, auf die ein Text bezogen bleibt, auch wenn er gegen sie verstößt. Durch Unterlaufen der Gedichthaftigkeit können unauffällig Äquivalente des Verses entwickelt werden. Folgendes Gedicht von Benn zum Beispiel mutet sehr prosaisch an, es sieht aus wie ein Gedicht, klingt oder liest sich aber gar nicht so, sondern nur wie eine Liste: »Was schlimm ist // Wenn man kein Englisch kann / [...] / Bei Hitze ein Bier sehn, / [...] / [...] eingeladen sein [...]« (1980, 280). Aber auch hier waltet das Äquivalenzprinzip: Durch die Auflistung werden Parallelismen gestiftet, in denen die differentesten Dinge durch das Prädikat »schlimm« äquivalent gesetzt werden. Dadurch wird die Climax vorbereitet: »Am schlimmsten: / nicht im Sommer sterben, / [...]«, die ein großes altes Thema mit lakonischer Pointe behandelt.

Minusverfahren

Der kalkulierte Verzicht auf lyrische Formen kann als *Minusverfahren* wirksam sein (vgl. zu diesem Begriff Lotman 1973) und dadurch eine ästhetische Wirkung erzeugen, daß zum Beispiel die kulturelle Norm ingeniös unterlaufen wird. Im *poème trouvé* wird diese Möglichkeit auf die experimentelle Spitze getrieben: die als Gedicht präsentierte Spesenabrechnung oder Aufstellung einer Fußballmannschaft *ist* ein Gedicht, *weil* sie kein Gedicht ist, weil sie der literarischen Norm spottet, weil sie die kulturelle Bedeutung der Textform »Gedicht« entautomatisiert und beliebiges Sprachmaterial literarischer Rezeption aussetzt. Die Brüskierung der Norm macht also die Norm spürbar, sie zeigt damit, »daß das Kunstwerk sich nicht im Text erschöpft [...] Er stellt eine *Relation* von textualen und textexternen Systemen dar. [...] der Text [existiert] vor dem Hintergrund zahlreicher textexterner Beziehungen« (Lotman 1973, 209). Poetisierung ist also nicht auf die stilistische Ebene (»elokutionäre Kompetenz«, vgl. Plett 1977, 148) beschränkt, sie kann sich der unterschiedlichsten Verfahren bedienen; sie läßt sich als ein »*Umformungsprozess* verstehen, der aus dem Inventar des gesamten Sprachmaterials einer Zeit (einschließlich aller historischen Schichten) schöpft, das sich als Vielzahl koexistierender Stile präsentiert« (Vinogradov, Zitat und Darstellung in Lachmann 1984, 559). Gewissermaßen als Lexikon, als paradigmatischer Wortschatz und Themenrepertoire der Lyrik wäre die Geschichte der Literatur und der Lyrik im besonderen zu betrachten (→ *Topik/Inventio*). Gedich-

Die Brüskierung der kulturellen Norm: der literarische Text als Relation von textualen und textexternen Strukturen.

te werden nicht nur aus Wörtern und Topoi gemacht, sondern auch aus Sprechweisen und Texten (zum Konzept von Lyrik als Überschreitung von Diskursschemata die exemplarische Hölderlin-Studie von Stierle 1979, vgl. die Diskussion dazu im selben Band; exemplarisch zu Lyrik aus Lyrik der Aufsatz von Preisendanz 1966, der Trakls Seelenlandschaften als collagierte Text-Landschaften lesbar macht).

Poetische Lektüre

Es hieß bisher immer: die poetische Sprache *macht* ›spürbar‹. Die *hésitation* tritt jedoch nur ein, wenn man beim Lesen stutzig wird und tatsächlich spürt, daß das Gedicht zögert – oder auch nicht. Coseriu beschreibt die poetische Funktion als »Verweilen bei dem in der Sprache selbst Gesagten« (1981, 111). Dieses Verweilen kann nur nachvollzogen werden, wenn es in der Lektüre bemerkt wird, es ist letztlich eine Funktion der Lektüre und damit nicht exklusiv auf Gedichte beschränkt: wo immer man auf die Sprache aufmerksam wird, über das Verhältnis von Klang und Sinn stutzt, aus dem automatisierten Sprachgebrauch heraustritt, bei der Sprache verweilt, kann die poetische Funktion eintreten. Allerdings ist dies bei Gedichten am ehesten zu erwarten und hier kann man es am deutlichsten beobachten.

Mit dem folgenden Text von Rilke (1956, 475) sollen die bisherigen abstrakten Ausführungen veranschaulicht und erprobt werden; dabei sollte auch deutlich werden, daß die poetische (Selbst-) Darstellung und Reflexion von Sprache nicht nur etwas Linguistisches ist.

Rilkes scheuer Mondschatten

> Mein scheuer Mondschatten spräche gern
> mit meinem Sonnenschatten von fern
> in der Sprache der Toren;
> mitten drin ich, ein beschienener Sphinx,
> Stille stiftend, nach rechts und links
> hab ich die beiden geboren.

Eine Textbeschreibung beginnt am besten mit der phonetischen Ebene: hier springt das Prinzip der Schaffung von Äquivalenzen in die Ohren: die dreifache Alliteration in der ersten Zeile (mit drei differenten Folge-Lauten: sch-eu, sch-a, sch-prä) – wird in der zweiten Reihe fortgesetzt, dort tritt dem »Mond-« der »Sonnenschatten« gegenüber: im O-Laut (und im kompositen Schatten, dessen Länge und Kürze nuancierend) stimmt die semantische Opposition überein (Tag und Nacht als kosmologische Polaritäten, denen sich Konnotationsketten anschließen lassen, ja eine ganze kulturelle Topik, etwa Bewußtsein-Unbewußtes, Apollinisch-Dionysisch etc., auch Schatten als Chiffre für Seele. Solche Möglichkeiten sollen hier nur notiert werden). In der dritten Reihe begegnet der fünfte Sch-Laut, mit einer Echo-Wirkung auf das »spräche« der ersten Reihe (Polyptoton); das O in »Toren« korrespondiert dem langen O in »Mond« mehr als dem in »Sonne« und nuanciert so die Vokallänge. Das A in »Sprache« wird in seiner vollen Länge spürbar auf dem Hintergrund der vorausgegangen kurzen A in den zwei »Schatten« und kontrastiert sonor mit dem langen O in »Toren«. Die ersten drei Reihen sind vom Wechsel von O – Ä – dominiert, wie nun die vierte Reihe zeigt, die den I-Laut moduliert, der alle betonten Positionen besetzt (drei kurze, ein langes, ein kurzes I); die (im Deutschen seltene) Kombination [s-f] in »Sphinx« hebt die Insistenz des Sch-Lauts hervor. Die Dominanz des I wird in der fünften Zeile fortgesetzt (und gerade durch den Ä-Laut in »rechts« kontrastiv kurz unterbrochen und hervorgehoben). Der letzte Vers greift den O-A-Ackord noch einmal auf, »hab« steht durch A in Äquivalenz mit »Schatten« und »Sprache«, »Stille stiftend« setzt die nun geradezu ins Endlose verweisende Alliterations-Reihe der Sch-Laute fort.

Gegenüber den linearen (kompositionellen) Reimen bilden die Endreime vertikale (architektonische) Äquivalenzen, die nicht nur einzelne Wörter, sondern auch die Reihen selbst verbinden: zunächst die beiden ersten, der dritte wird isoliert, bevor er die vierten und fünften Verse durch Reim mit dem letzten umrahmt (a-a, b, c-c, b). Der Reim »Sphin*x*« und »lin*ks*« beleuchtet auch den Gleichklang der Wörter gegenüber der ganz unterschiedlichen und unhörbaren Schreibung des Morphems. Dieses vertikale Beziehungs-Netz liegt über dem der linearen Äquivalenzen. Soweit die sinnlichen Qualitäten.

Der Gleichklang der Wörter

Pasternaks Diktum, jedes Gedicht erzähle von seiner eigenen Geburt (vgl. Jakobson 1979, 199), trifft auf dieses Gedicht in besonderem Maße zu. Das Ich spricht im Modus des Optativ, es artikuliert einen Wunsch, differenziert damit Aussage-Akt und -Inhalt, es vollzieht (schriftlich) einen Sprechakt, aber ist es schon der, *von* dem es im Optativ spricht? Es erfüllt diesen Wunsch allenfalls im Akt der Artikulation selbst. Es nennt eine »Sprache der Toren« als möglichen Kode für das Gespräch zwischen den beiden Schatten; es vollzieht aber – oder »gebiert« zugleich eine Toren-Sprache, in welcher die beiden Schatten miteinander »kommunizieren«, ohne *miteinander* zu *sprechen* (sie kommunizieren in einer Sprache jenseits der Wörter). Das Gedicht überschreitet die verbale Sprache durch eine – sprachlich betörende – Aktivierung des klanglichen Potentials der Wörter, den Gegensatz von Sprechen und Stille aufhebend oder die Frage nach dem Unterschied aufwerfend – eine Sprache der Stille oder aber (metaphorisch, oder eigentlich oxymoral) Stille *als* Sprache »stiftend«; dies geschieht aber *in* der Sprache, im Medium der Wörter. Betrachtet man die ungewöhnlichen »Schatten«-komposita als Syllepsen – der »Schatten« in »Mond-« und »Sonnen-« substituiert, verdrängt gewissermaßen den Sonnen- und Mond-*Schein*, der in den vielen Sch-Lauten anklingt, aber nicht ausgesprochen wird –, so ist diese Figur im Textverlauf realisiert, das *manifeste* Syntagma evoziert die *in absentia* doch präsente Achse der Substitution: im Ausgesprochenen klingt etwas mit, das selber unterschwellig und unausgesprochen bleibt. Wenn das Metrum mit der Dynamik eines unregelmäßigen Wechsels von Trochäen und Daktylen spielt, so könnte man in dieser Dualität zweier Vers-Maße und ihrem ineinandergespielten Zweierlei die rhythmische Verkörperung der »bei-

Jedes Gedicht erzählt von seiner eigenen Geburt

den« Pole und Gegensätze sehen (d. h. *hören*: man hat »es« lesend schon gehört und gespürt, ohne zu wissen, was es zu bedeuten hat, was es bedeuten könnte).

In oder von welcher Zeit spricht das Gedicht? Mond und Sonne werfen ja nicht zur gleichen Zeit ihre Schatten, wie sollten sie also miteinander sprechen? Scheitert das Gespräch also gar nicht daran, daß es den nötigen gemeinsamen Code nicht gäbe, sondern bereits daran, daß »die beiden« zu keiner Zeit zusammentreffen? Die Sprache der Toren müßte also auch den Unterschied der Zeiten überbrücken oder der Mondschatten müßte schriftlich mit dem Sonnenschatten sprechen, d. h. er bräuchte Schrift, nicht nur eine Stimme für die »Sprache der Toren«. Das Ich des Gedichts nennt sich durchaus selbstbewußt als Ursprung oder Grund der »beiden« (Schatten? oder aber Sprachen?, oder beides?), und spielt damit auch darauf an, daß das lyrische nicht auf ein empirisches Autorsubjekt zu reduzieren ist: gebären ist weiblich konnotiert, »Sphinx« aber wird durch den Artikel ausdrücklich und abweichend männlich markiert. Die Rede dieses Gedichts metaphorisiert sich selbst als Geburtsvorgang und durchkreuzt die Opposition männlich / weiblich an dem Punkt, wo sie nicht nur kulturelle Konvention ist. Rilkes Text reflektiert das lyrische Subjekt und sein Verhältnis zur Sprache, zum Text und zur (v)ertexteten »Wirklichkeit«: »mitten drin ich«, die Ortsangabe plaziert das Ich in einer lyrischen Geometrie – es nennt nur die abstrakten räumlichen Parameter rechts und links – zwischen Sonne und Mond, bzw. den Schatten, die es selbst wirft. Möglich, daß Rilke Valérys Diktum kannte: »Schriftsteller – das heißt, Stellung beziehen an einem Punkt, von dem aus man zur Linken alle Dinge, zur Rechten alle Sprache sieht« (Valéry 1993, 100). Aber vielleicht ist der Schriftsteller nur ein besonders exponierter und reflexiver Zustand des sprachlichen Ich, das wir alle ›haben‹ oder ›sind‹ oder benutzen? Vielleicht ist die Sphinx auch in männlicher Gestalt kein harmloses Tier, sondern ein abgründiges Zwitterwesen, das gefährliche Rätsel aufgibt. Der Sphinx, eine mythologische Metapher, wird zur Figur (Prosopopeia?, Metapher?) des Ich; wenn der Sphinx hier transsexuell ist, ist das Ich dann buchstäblich transtextuell? Auch wenn der Text die Geburtsmetapher spielerisch verwendet, steht damit nichts Geringes auf dem Spiel, nämlich das Ich. Spricht hier nur der Sprecher *als* Sphinx oder ist *der Text selbst* der Sphinx, der mit dieser Irregularität auf die Regularitäten der Sprache weist? Und »ich, ein beschienener Sphinx« bezöge sich dann nicht allein auf das aktuelle Aussagesubjekt, sondern wäre so etwas wie eine Definition der zwitterhaften grammatischen ersten Person Singular selbst, deren »Körper« rein sprachlich ist, in die aber bei jedem Gebrauch die Seele des jeweiligen Sprechers fährt? Auch »mittendrin ich« wäre dann eine Definition dieses Pronomens: wo (immer) »ich« ist, ist die Mitte. Denn das Ich, das aus der Sprache kam – vgl. Benveniste 1977, 281 –, markiert den Punkt außerhalb der Sprache, der für jeden, der Ich sagt, die unhintergehbare Mitte bildet. Und diese Mitte vermittelt, zentriert und eignet sich an oder schreibt sich zu, was um sie

»Schriftsteller – das heißt, Stellung beziehen an einem Punkt, von dem aus man zur linken alle Dinge, zur Rechten alle Sprache sieht« (Valéry)

herum geschieht: denn auch die spielerische Geburts-Metapher ist nicht harmlos. Dramatisiert sie nicht gerade in ihrer inadäquaten Hyperbolik die grammatischen Modi Aktiv / Passiv und das Possessivpronomen? Man »wirft« einen Schatten, von »gebären« kann keine Rede sein. Aber »wirft« man tatsächlich (aktiv) einen Schatten, so wie man einen Stein »wirft«? »Mein« Schatten – den ich, wenn die Sonne scheint, »werfe«, ob ich will oder nicht – ist weder Eigentum noch Ergebnis einer Aktivität noch bloße Zuschreibung, er gehorcht und gehört mir nicht und gehört doch zu mir wie das Ich, das ich »habe«, sobald ich spreche.

Aber da Schatten »in Wirklichkeit« keine Wünsche haben, da der Mondschatten also nur eine Metapher ist, da in einem Gedicht jede Metapher erlaubt ist, dürfte man die Metapher der Geburt nicht wörtlich nehmen, sie wäre nur eine Metapher in der Metapher in der Metapher... Wem diese Lektüre »zu weit geht« – denn *das steht ja nicht im Text* –, möge bedenken, daß nicht nur lyrische Schatten, sondern auch Lebewesen, einmal geboren, eigene Wege gehen. Kann man also sagen: die Lektüre geht zu weit, geht nicht vielmehr der Text selbst zu weit – der die Zeichen gebiert und zugleich der Ort ist, wo sie auf eigenen Füßen »stehen« *und* »gehen«; reflektiert er nicht das Verhältnis Gebärer-Geborenes? Und hat er also nicht gerade vorhergesehen und -gesagt, daß er nicht vorhersehen und -sagen kann, wohin die Zeichen in der Lektüre gehen? Je weiter der Text geht, desto weniger kann er die Lektüre kontrollieren, die sich ihrerseits täuschen würde, wenn sie glaubte, den Text kontrollieren zu können oder eine schlüssige Interpretation hervorzubringen, um nicht zu sagen: zu gebären.

Ein anderer Einwand ist allerdings möglich. Denn vielleicht ist die Lektüre auf einem vorschnellen Verständnis des Sphinx aufgebaut. Ein Blick ins Lexikon zeigt, daß es tatsächlich einen Sphinx gibt: eine Schmetterlingsart, »dämmerungs- und nachtaktiv«, und wir wissen nicht, was Rilke gemeint hat. Und das irreguläre Geschlecht, das uns erst auf das hyperbolische »geboren« aufmerksam werden ließ und die weiteren Deutungsmöglichkeiten eröffnete, bezeichnete ganz einfach einen männlichen Schmetterling (aus der Gattung der »Schwärmer«).

Wir wissen es nicht, aber dadurch fällt die erste Lektüre nicht in sich zusammen, vielmehr potenziert sich das Rätsel: das rätselaufgebende Zwitter-Signifikat wird zum rätselhaften Zwitter-Signifikanten, dessen »beide« mögliche Signifikate die Flügel schlagen, und die Lektüre nicht zu der Stille kommen lassen, die das (oder der oder die) »Ich« des Gedichts zu stiften meinte.

»Das zu Sagende zu sagen...«, lasen wir bei Gernhardt. Und es geht in diesem Abschnitt um »Aufzeichnungsmodelle«. Wenn nun im Aufgezeichneten die Grenzen zum Ungesagten nicht klar zu ziehen sind – verschweigt dann der Text etwas (»das zu Sagende«)? Oder können wir nur nicht alles lesen? Ist die Größe, die jene »zeigen«, die auch dies »ver«, die ihre (ist es eine, zu der ein Ich »mein« sagen könnte), oder vielleicht die wahre unbekannte Größe der Sprache, die sie zeigen, evozieren, *spürbar machen*? Die Interpretation sollte nicht versuchen, schlüssiger zu sein als das Gedicht selbst. Interpretationen wiederholen meist das Gedicht (in einer anderen Sprache), sagen dabei aber vieles, was der Dichter nicht gesagt hat; die poetische Lektüre zeigt, was er nicht gesagt hat, und bemerkt dies nicht als Lückenhaftigkeit des Textes, sondern als eine Eigenschaft der Sprache schlechthin, die der jeweilige Text vorführt (in diesem Falle: sechs Zeilen, dreiunddreißig Wörter, eine kurze Aufzeichnung). Man könnte die Lektüre weitertreiben (oder sich von ihr treiben lassen!) und den intertextuellen Bezügen nachgehen – die Sphinx bei Baudelaire, bei Hegel usw., das Gedicht auf dem Hintergrund von Rilkes *Duineser Elegien*... – aber ich breche hier ab.

Die Interpretation sollte nicht versuchen, schlüssiger zu sein als das Gedicht selbst

Wozu Lyrik?

Vielleicht wird die Lyrik – und ihre Lektüre – überfordert, wenn ihre Aufgabe darin bestehen soll, daß sie »uns über uns selbst und die Welt, über die letzten erreichbaren Tiefen der Menschennatur und über die Fülle der Individualitäten belehrt« (Dilthey, zit. nach Ludwig 1990, 140). Nach der traditionellen Auffassung ist der Lyriker eine Art Erlebnis- und Empfindungsspezialist – man bedenke dazu auch Valérys Diktum: »Man muß schon ausnehmend töricht sein, um einem Dichter die Gefühle zuzuschreiben, die in seinen Versen erscheinen« (1993, 211). Demgegenüber korrespondiert das Konzept der poetischen Sprache mit mythopoetischen Vorstellungen vom Dichter als Hüter und Zergliederer der Sprache (vgl. Toporov 1981). Die sprachreflexive (autotelische, semio-zentrische: auf die sprachlichen Zeichen selbst gerichtete) Auffassung von Lyrik ließe sich mit der subjektzentrierten, auf den Menschen und seine Gefühle etc. gerichteten vermitteln, sofern Lyrik uns über das Funktionieren der Sprache belehrt und der Mensch sich in der gern beschworenen Tiefe seiner Natur als sprachliches Wesen begreift. Denn: »gerade aufgrund ihrer ästhetischen ›Selbstzweckhaftigkeit‹ ist die Dichtersprache vor allem dazu geeignet, das Verhältnis des Menschen zur Sprache und der Sprache zur Wirklichkeit ständig neu zu beleben, die innere Zusammensetzung des Sprachzeichens neu zu enthüllen und neue Möglichkeiten seiner Anwendung aufzuzeigen.« (Mukařovský 1974, 146).

»Man muß schon ausnehmend töricht sein, um einem Dichter die Gefühle zuzuschreiben, die in seinen Versen erscheinen« (Valéry)

Noch einmal: es gibt die »Dichtersprache« nur in (Form von) Texten; nicht jedem Text sieht man an, daß es ein Gedicht ist, und nicht jedes »Gedicht«, das so aussieht, realisiert jene spannungsreiche Verbindung von Sprachzugewandtheit und Sprachstutzigkeit, an der man Poesie (oder »das Dichterische«) erkennt. Wenn Aufgabe und Anspruch der Kunst schlechthin darin bestehen, den Stein wieder steinern zu machen (Šklovskij), dann wäre der Impuls der poetischen Sprache: die Sprache sprachlich zu machen (und das heißt, die Reduktion, die Psychologisierung, Naturalisierung und Automatisierung, der die Sprache im Gebrauch unterliegt, rückgängig zu machen). Die poetische Sprache macht die Sprache lesbar, und Lesen geht nicht immer in Verstehen auf.

Die selbst-reflexive, Sprache analysierende und darstellende Funktion steht (systematisch) nicht in Widerspruch, sondern (historisch) in produktiver Spannung mit den pragmatischen Aufgaben, die die Lyrik in der Geschichte ihrer Produktion wahrgenommen hat und die ihr in der Geschichte ihrer Rezeption zugemutet wurden. Die *Geschichte* der Lyrik stellt sich dar als Geschichte der unterschiedlichen Programmierungen und Instrumentalisierungen der poetischen Potentiale der Sprache zu rhetorischen (didaktischen, kommunikativen), ideologischen, expressiven und emotiven Zwecken (durch Schreibende wie Lesende und Interpretierende).

Weiterführende Lektüre

Die neuere Lyrik-Diskussion hat aus dem slawistischen Kontext die wichtigsten Impulse erhalten; zu einer differenzierten, übergreifenden und weiterführenden Darstellung zentraler Konzepte vgl. Renate Lachmann *Gedächtnis und Literatur* (1990), vor allem das Kapitel *Konzepte des Dialogischen*; dort wird auch die Position des in diesem Artikel nicht genannten Bachtin diskutiert und produktiv gemacht. Für Applikationen des Dialogizität-Konzepts für Lyrik s. auch Wolfgang Preisendanz' Aufsatz zu Brecht (1983). Die Grenzen linguistischer Lyrik-Analysen zeigt Roland Posner in *Strukturalismus in der Gedichtinterpretation* (1971). Posner trifft die Unterscheidung Text-Deskription und Lektüre-Analyse und diskutiert den wichtigen Beitrag von Michel Riffaterre *Describing Poetic Structures – Two approaches to Baudelaire's »Les Chats«* (1966), der zuerst den Lektüreprozeß gegenüber der Jakobsonschen Tendenz zum linguistischen Objektivismus geltend gemacht hat.

Positionen produktiver Kritik an den von Jakobson ausgehenden Impulsen finden sich in *Poetica* 14 (1982), Heft 3–4; vgl. dort vor allem den Beitrag von Walter A. Koch, der ein über Jakobson hinausgehendes Konzept des nicht nur an sprachliche Phänomene gebundenen Poetischen vorstellt (vgl. dort auch Hinweise auf weitere Arbeiten Kochs, die allerdings nur dem linguistisch und wissenschaftstheoretisch Fortgeschrittenen zugänglich sind).

Bis zum 18. Jahrhundert bestanden enge Beziehungen zwischen Poetik und Rhetorik (im schlichten Sinn von Dicht- und Redekunst) sowohl was das Selbstverständnis der Dichter, den Aufgabenbereich der Dichtkunst wie die Regeln zur Themenfindung und Textherstellung betrifft (vgl. Dyck 1966); zur Ablösung der Dichtkunst von der Rhetorik in der Goethezeit vgl. ausführlicher Rüdiger Campes Arbeit *zur Umwandlung der literarischen Rede im 17. und 18. Jahrhundert* (1990). Einen einführenden Überblick über die Geschichte der Dichtungstheorien gibt die Typologie von Abrams (1965).

Eine untheoretische Einführung in die Kunst des Gedichts, die ohne empfindsame Scheuklappen anhand poetischer Text-Beispiele auch mit den wichtigsten rhetorischen Figuren vertraut macht, bietet Andreas Thalmayr, *Das Wasserzeichen der Poesie* (1985).

Exkurs:
Formalismus und Strukturalismus

Holt Meyer

Eine Darstellung des russischen Formalismus *und* des Strukturalismus in *einem* Text ist nicht selbstverständlich, wird doch das Kunstwerk im russischen Formalismus als »Summe der Kunstgriffe betrachtet«, während der Strukturalismus die Systemhaftigkeit der Verfahren hervorhebt, die »gesetzmäßig aufeinander bezogen« sind und »somit eine kennzeichnende Hierarchie« bilden (Jakobson 1938, 548). Es gibt durchaus Forscher, so etwa Zima (1991), die den russischen Formalismus und den Strukturalismus als entgegengesetzte Ansätze beschreiben. Historisch gesehen ist aber der Strukturalismus in der Literaturwissenschaft aus dem russischen Formalismus hervorgegangen, wovon die Laufbahn des eben zitierten Roman Jakobson (1896–1982) beredtes Zeugnis ablegt. In Bereichen außerhalb der Literaturwissenschaft, etwa in der Linguistik, der Anthropologie, der Psychoanalyse, der Mathematik, den Geschichtswissenschaften u. a. ist die Genese eine grundsätzlich andere. Die Historiographie des Strukturalismus nimmt je nach Bandbreite der Analyse andere Konturen an (vgl. z. B. den an der Linguistik orientierten Beitrag von Albrecht 1988).

Mit der Gründung des *Moskauer Linguistenkreises* durch Jakobson, Pjotr Bogatyrëv (1893–1971), Grigorij Vinokur (1896–1947) u. a. im Jahre 1915 und der *Gesellschaft für die Erforschung der poetischen Sprache* (OPOJAZ) in Petersburg / Petrograd durch Viktor Šklovskij (1893–1984), Boris Ėjchenbaum (1886–1959) u. a. im Jahre 1916 entstehen zwei Gruppierungen junger Linguisten und Literaturforscher, die einen siegreichen Sturm auf die traditionelle Philologie und gleichzeitig auf die religionsphilosophische, mit dem Symbolismus eng verbundene Literaturkritik antreten. Später stoßen Jurij Tynjanov (1894–1943), Boris Tomaševskij (1890–1957) u. a. dazu, was zu einer Weiterentwicklung bzw. einem Richtungswechsel der formalistischen Lehre führt.

In der bisher gründlichsten Darstellung des russischen Formalismus geht Hansen-Löve (1978) aus von Šklovskijs Aufsatz »Die Kunst als Verfahren« (1969), in dem das Prinzip der Verfremdung (russ. *ostranenie*) seine erste klassische Formulierung erfährt. Mit der Verfremdung, d. h. dem absichtlichen Fremd- bzw. Künstlich-Machen der Literatur, hängt der Begriff der Entblößung der Verfahren (*obnaženie priëmov*) zusammen, die nach Šklovskij zu einer ›Entautomatisierung‹ der sprachlichen Mittel führt, wodurch die Literaturgeschichte zu einer Kette von Automatisierungen und Entautomatisierungen wird.

Kunstgriffe und Verfahren

Zur Entstehung des Russischen Formalismus

Grundprinzipien und Entwicklungslinien

Folgende weitere Vorstellungen sind von entscheidender Bedeutung:

1. Die Unterscheidung von Sujet (*sjužet*) und Fabula, wobei die Fabula im narrativen die natürliche Anordnung der Ereignisse in der Handlung bezeichnet und das Sujet als die Umstellung bzw. Deformierung dieser Fabula anzusehen ist.

2. Der Terminus *motivirovka* (Motivierung), der von *motivacija* (Motivation) unterschieden wird. Während *motivirovka* auf die Bestimmung bzw. die Unterordnung der Sinnebene des Textes durch die Verfahren verweist, meint *motivacija* die psychologischen Wahrscheinlichkeitsgesetze im Text, die der *motivirovka* unterworfen sind.

3. Die radikale Autonomie des Kunstwerks. Die weitere Entwicklung des russischen Formalismus zeichnet sich durch eine Abschwächung der ›Entgegenständlichung‹ der Kunst und ein zunehmendes Interesse für die Systemhaftigkeit sowohl des Ensembles der Verfahren als auch des Verhältnisses der literarischen ›Reihe‹ (*rjad*) zu anderen ›Reihen‹ (Biographie, Geschichte, Psychologie usw.) aus. Im Vordergrund steht hier Tynjanov, der 1921 eine Theorie der Parodie vorlegt und damit die ersten Ansätze zu einer formalistischen Theorie der literarischen Evolution liefert (vgl. auch Tynjanov 1969a, 1969b). Tynjanov geht von einer Vorstellung einer ›dominanten‹ Reihe aus, die die übrigen ›deformiert‹ und damit die literarische Evolution vorantreibt. Da die Konzeption der ›Dominante‹ automatisch eine Hierarchie in die Reihen bzw. Verfahren einführt, vollzieht Tynjanov somit auch die ersten Schritte in Richtung eines strukturalistischen Systemdenkens. Oft wurde diese Entwicklung des russischen Formalismus ignoriert und der gesamte russische Formalismus mit seiner frühen, weitgehend systemfeindlichen Phase gleichgesetzt.

Der russische Formalismus steht im engen Zusammenhang mit dem nach 1905 einsetzenden Übergang vom Symbolismus (*fin de siècle*) zum Futurismus (Avantgarde) in der russischen Dichtung und Kunst. Die radikale Absage des frühen russischen Formalismus an den unmittelbaren Sinnbezug des dichterischen Wortes, die von den russischen Futuristen (Velemir Chlebnikov, Vladimir Majakovskij, Aleksej Kručënych u. a.) geteilt wird, kann man u. a. als Reaktion auf die metaphysischen Positionen und das Korrespondenzdenken der Dichter (Aleksandr Blok, Andrej Belyj u. a.) und Literaturkritiker (v. a. Potebnja [1835–1891]) des Symbolismus deuten. Als geistige Väter des russischen Formalismus werden der Philosoph Edmund Husserl (1859–1938) und der Linguist Ferdinand de Saussure (1857–1913) erwähnt, wobei direkte Bezüge zu beiden angezweifelt werden. Während Jakobson den Einfluß von Husserl auf seine eigenen Ideen ausdrücklich betont, und Holenstein (1975) diese Beziehung ausführlich beschreibt, wird von einigen darauf hingewiesen, daß der Vorgang der Reduktion in der philosophischen Phänomenologie Husserls mit derjenigen des russischen Formalismus nicht vergleichbar, ja sogar ihm entgegengesetzt ist (Hansen-Löve 1978, 182). Was Saussure angeht, so kann man zwar die ersten Ansätze zur modernen Phonologie im Mos-

System und Reihe

Ursprung und Quellen:
Symbolismus,
Futurismus, Avantgarde

kauer Linguistenkreis v. a. bei Jakobson möglicherweise mit einer frühen Rezeption des Saussureschen *Cours de linguistique générale* (1916) in Verbindung bringen, aber zuerst müßte das komplexe und z. T. widersprüchliche Verhältnis zwischen Sprach- und Literaturwissenschaft bzw. zwischen dem Moskauer Linguistenkreis und OPOJAZ im russischen Formalismus (Vertreter des OPOJAZ traten sogar einem vermeintlichen ›Imperialismus der Linguistik‹ in der Erforschung der Literatur entgegen) geklärt werden. Unbestritten ist aber die konstitutive Rolle der von Saussure formulierten vier Dichotomien für den Strukturalismus, denn sie stecken den allgemeinen Rahmen der strukturalistischen Diskussion ab: 1. *langue-parole*; 2. Synchronie-Diachronie; 3. *signifiant-signifié*; 4. syntagmatisch-paradigmatisch (bzw. ›*associatif*‹). Aus der Saussureschen Unterscheidung von *langue* (dem relativ stabilen Sprachsystem) und *parole* (der individuellen Verwendung der Sprache, die die *langue* durch abweichende Anwendung modifiziert) entwickelt sich die im späteren Strukturalismus einflußreiche Konzeption des Kodes. Aus der Opposition zwischen *signifiant* (Bezeichnendem) und *signifié* (Bezeichnetem) geht die im Rahmen des Strukturalismus entstandene Semiotik (Saussure sprach von *sémiologie*), hervor.

Leitende Dichotomien

Der nach Prag emigrierte Jakobson entwickelt zusammen mit Trubeckoj (1890–1938) im Umfeld des 1926 gegründeten *Cercle linguistique de Prague* eine strukturalistische Phonologie, die anhand von binären Oppositionen im Rahmen von distinktiven Merkmalen ein Raster zur Abgrenzung der Einheiten gegeneinander entwirft (vgl. dazu Veil 1984). Man kann diese Ausrichtung als Strukturalismus in Reinkultur bezeichnen. Im Jahre 1929 erklärt Jakobson den Strukturalismus zur »neuen und transdisziplinären Wissenschaftsrichtung« (Titzman 1984, 256). Während Jakobson um eine Verbindung zwischen der Literatur- und der Sprachtheorie nach dem Modell der strukturalen Phonologie bemüht ist, kommt es auch in der reinen Literaturtheorie des Prager Strukturalismus zu Innovationen, die v. a. mit dem Namen Jan Mukařovský (1891–1975) verbunden sind. Auch dieser betont (nach einer vom russischen Formalismus unabhängigen formalistischen Frühphase) den Unterschied zwischen Formalismus und Strukturalismus als die Differenz zwischen einer bloßen Summierung der Verfahren und einer Suche nach der Systemhaftigkeit des Ensembles aller Ebenen und ihrer Wechselbeziehungen, was Chvatík (1981, 30) als eine »allseitige dialektische Abhängigkeit« beschreibt. Als Spezifikum im Denken Mukařovskýs und als kennzeichnend für die tschechische Variante des Strukturalismus kann die Unterscheidung zwischen dem ›Artefakt‹ und dem ›ästhetischen Objekt‹ gelten. Letzteres wird durch das soziale Kollektiv bestimmt, und das Kunstwerk wird im Rahmen der sozialen Kommunikation definiert. Deshalb ist das ›ästhetische Objekt‹ – im Gegensatz zum ›Artefakt‹ – je nach Epoche und sozialer Konfiguration wandelbar. Felix Vodička (1976) hat diese Forschungslinie fortgesetzt. Ein weiteres spezifisches Konzept Mukařovskýs und des tschechischen Strukturalismus ist die sog. ›semantische Geste‹. Die Bedeutungseinheit, die ein literarisches Werk ausmacht, wird nach Mukařovský von

Vom Russischen Formalismus zum Prager Strukturalismus: eine transdisziplinäre Wissenschaft

Artefakt und Ästhetisches Objekt

*Die Strukturalismen der
sechziger und siebziger
Jahre*

einem dynamischen Aufbauprinzip abgeleitet, an der Intention der anordnenden Instanz gebunden und von der Rezeption abgekoppelt.

Der Einfluß des Strukturalismus erreicht seinen Höhepunkt in der westeuropäischen Literaturwissenschaft einige Jahrzehnte nach der eben beschriebenen Entstehungszeit, und zwar zunächst in Frankreich. Die Übergangsfiguren sind v. a. außerhalb der Literaturwissenschaft verortet; an erster Stelle zu nennen sind Jacques Lacan (1901–1981), dessen erste bahnbrechende Studien zur strukturalen Psychoanalyse bereits vor dem Tod Sigmund Freuds entstehen, und die Anthropologie von Claude Lévi-Strauss (1908), der seine Monographie *Les structures élémentaires de la parenté* im Jahre 1949 veröffentlicht. Die wissenschafts- und institutionsgeschichtlichen Arbeiten von Michel Foucault (1926–1984), die mit Studien zur Rolle des Wahnsinns im sozialen Gefüge ab den fünfziger Jahre ansetzten, werden z. T. auch zum Strukturalismus gezählt, befinden sich aber bereits an der Kippe zur Diskursanalyse (→ *Diskursanalyse*). Der strukturalistische Neuanfang in der Literaturwissenschaft ist mit Roland Barthes (1915–1980) eng verbunden, einem intellektuellen Einzelgänger, dessen *Mythologies* (1957) eine ›Semiologie‹ der Mythen des Alltags entwirft, um deren Künstlichkeit und Strukturiertheit zu belegen (später wird Lévi-Strauss (1976) in seinem *Mythologica* die Grundstrukturen der Rituale und Bräuche südamerikanischer Stämme herausarbeiten). Barthes bringt die ›activité structuraliste‹ auf den folgenden Nenner:

> »Das Ziel jeder strukturalistischen Tätigkeit, sei sie nun reflexiv oder poetisch, besteht darin, ein ›Objekt‹ derart zu rekonstruieren, daß in dieser Rekonstruktion zutage tritt, nach welchen Regeln es funktioniert (welches seine ›Funktionen‹ sind). Die Struktur ist in Wahrheit also nur ein *simulacrum* des Objekts, aber ein gezieltes, ›interessiertes‹ Simulacrum, da das imitierte Objekt etwas zum Vorschein bringt, das im natürlichen Objekt unsichtbar oder, wenn man lieber will, unverständlich blieb. Der strukturale Mensch nimmt das Gegebene, zerlegt es, setzt es wieder zusammen; das ist scheinbar wenig [...]. Und doch ist dieses Wenige, von einem anderen Standpunkt aus gesehen, entscheidend; denn zwischen den beiden Objekten, oder zwischen den beiden Momenten strukturalistischer Tätigkeit, bildet sich etwas Neues, und dieses Neue ist nichts geringeres als das allgemein Intelligible: das Simulacrum, das ist der dem Objekt hinzugefügte Intellekt.«

*Die zwei Achsen der
Sprache: Selektion und
Kombination*

Charakteristisch für den späteren Strukturalismus ist auch die von Jakobson (1979) formulierte Zweiachsen-Theorie der Sprache. Sie übernimmt Saussures Opposition zwischen *rapports associatifs* und *rapports syntagmatiques* und entwickelt daraus eine Achsen-Metaphorik, die die Spannung und Wechselwirkung zwischen der Achse der Selektion (Paradigmatik) und der Achse der Kombination (Syntagmatik) als diejenige Sprachoperation bezeichnet, die die ›Poetizität‹ von Texten ausmacht. Paradigmatik und Syntagmatik werden jeweils mit den poetisch-rhetorischen Tropen Metapher und Metonymie verknüpft (*Lyrik, Gedicht und poetische Sprache*). Diese Achsentheorie wird u. a. von Jurij Lotman (1921–1993) aufgenommen, dessen *Die Struktur literarischer Texte* (1972) als Schlüsselwerk der strukturalistischen Textbeschreibung gelten kann. Diese Arbeit ist das am meisten verbreitete Werk aus der sog. Moskauer-Tartuer Schule, die ab Mitte der sechziger Jahre eine besondere Version des Strukturalismus entwickelte, die z. T. als Rückbesinnung auf die formalistische Tradition (v. a. auf die Ideen Tynjanovs) zu sehen ist. Lotman und die anderen Mitglieder dieser Schule (Viktor Toporov, Boris Uspenskij, Aleksandr Pjatigorskij u. a.) arbeiten mit der Vorstellung von ›sekundären modellbildenden Systemen‹ (vgl. Lotman 1972, 22). Eine weitere Besonderheit der Tartuer-Moskauer Schule ist die sog. ›Kultursemiotik‹, die ganze Kulturen als Systeme mit feststellbaren Entwicklungsgesetzen herausarbeitet (vgl. z. B. Lotman/Uspenskij 1977 zur dualistischen Grundstruktur der russischen Kultur; →*Soziale Funktion und kultureller Status literarischer Texte*, S. 182).

Kultursemiotik

In den sechziger Jahren bildet sich eine strukturalistische Schule der Narratologie heraus, als dessen wichtigste Vertreter Claude Bremond und Algirdas Greimas anzusehen sind. Ihre Arbeiten gehen u. a. aus den Arbeiten Vladimir Propps (1895–1970) hervor, eines späten Formalisten, der die Fabula des Zaubermärchens in einzelne Bausteine zerlegt, um alle Vertreter dieser Gattung als Ketten dieser Bausteine zu beschreiben. In Deutschland begann die Beschäftigung mit dem Strukturalismus in der Literaturwissenschaft in den sechziger Jahren, stand aber, wie Titzmann (1984, 258) schreibt, »unter einem ungünstigen Stern«, denn »sie fiel zeitlich mit dem Höhepunkt der Auseinandersetzung über die neomarxistischen Konzeptionen in den Geistes- und Sozialwissenschaften zusammen.« Sowohl die marxistische (auch in der DDR) als auch die nichtmarxistische Kritik erhoben »fast identische Einwände« gegen den Strukturalismus, »klagten unisono seine ›Geschichtsfeindlichkeit‹ und die ›Elimination des menschlichen Subjekts‹ an.« An diese Kritik knüpft die in den siebziger Jahren überaus einflußreiche Hermeneutik an, so daß der Strukturalismus fast nie eine Phase der eindeutigen Dominanz in der deutschen Literaturwissenschaft erlebt hat.

Geschichts- und Subjektfeindlichkeit: Grenzen eines wissenschaftlichen Modells des ›Lesens‹?

Die Frage, ob der Strukturalismus vom ›Poststukturalismus‹ tatsächlich ›überwunden‹ wurde und demzufolge – wie Derrida (1994, 9) bereits 1963 behauptet – nur noch die Geistesgeschichte interessiert, kann hier nicht behandelt werden. Titzmann (1984, 257) schreibt, daß die Arbeiten der Poststrukturalisten Derrida, Kristeva u. a. »einen Rückfall hinter zentrale Prinzipien des Strukturalismus darstellen« und man kann allgemein feststellen, daß die ›Überwindung‹ des Strukturalismus seit den sechziger Jahren immer wieder angekündigt wird. Jedenfalls bleiben die Prinzipien des Strukturalismus in der Analyse des Sprachmaterials und der Verfahrensebenen des Textes ein unübertroffener Standard. Durch den russischen Formalismus und den Strukturalismus wird die Verwissenschaftlichung der Literaturanalyse im 20. Jahrhundert vollzogen, wobei die Grenzen und nicht ausreichend hinterfragten Voraussetzungen des Modells in der Tat durch Dekonstruktion und Poststrukturalismus auf produktive Weise aufgezeigt worden sind.

Weiterführende Lektüre

Bachtin, Michail (1969): Literatur und Karneval. München.
Ders. (1971): Probleme der Poetik Dostoevskijs (1929), München.
Bremond, Claude (1973): Logique du récit. Paris.
Broekman, Jan (1971): Strukturalismus. Moskau-Prag-Paris. Freiburg/München.
Červenka, Miroslav (1978): Der Bedeutungaufbau des literarischen Werkes. München.
Dole el, Lubomir (1973): Narrative Modes in Czech Literature. Toronto.
Erlich, Viktor (1964): Der russische Formalismus. München.
Greimas, Algirdas (1971): Strukturale Semantik. Frankfurt a.M.
Lévi-Strauss, Claude (1971): Strukturale Anthropologie. Frankfurt a.M.
Ders. (1973): Das wilde Denken. Frankfurt a.M.
Mukařovský, Jan (1967): Kapitel aus der Poetik. Frankfurt a.M.
Ders. (1970): Kapitel aus der Ästhetik. Frankfurt a.M.
Ders. (1971): Zur tschechischen Übersetzung von Šklovskijs »Theorie der Prosa« in: alternative 80 (1971). 166–171
Ders. (1986): Schriften zur Ästhetik, Kunsttheorie und Poetik. Tübingen.
Ders. (1989): Kunst, Poetik, Semiotik. Frankfurt a.M.
Propp, Vladimir (1987) : Die historischen Wurzeln des Zaubermärchens. München u.a.
Šklovskij,Viktor (1971): Auferweckung des Wortes in: Stempel W.-D.(Hg.): Texte der russischen Formalisten II. Texte zur Theorie des Verses und der poetischen Sprache. München. 2–17.
Ders. (1973): Von der Ungleichheit des Ähnlichen in der Kunst. München.
Steiner, Peter (1984): Russian Formalism. A Metapoetics. Ithaca/N.Y.
Striedter, Jurij (1989): Literary Structure, Evolution and Value. Cambridge/Mass.
Uspenskij, Boris (1975): Poetik der Komposition. Frankfurt a.M.

Narrative Verfahren

Reinhold Schardt

Woran erkennt man eine Erzählung? Welche Strukturen und Verfahren kennzeichnen sie? Diese Fragen zielen auf Universalien, auf unveränderliche und allgemeingültige Strukturen des Erzählens, die den individuellen Erzählungen zugrunde liegen. Für einfache Erzählformen wie Volksmärchen sind solche allgemeinen Strukturen früh postuliert worden (Propp 1928). Schwieriger wird es dagegen bei den literarischen Erzählgattungen, da diese von der spielerischen Auseinandersetzung, vom Bruch mit den Regeln und Konventionen der Sprache und mit den Merkmalen der Gattung und damit von historischer Veränderung leben. Deshalb kann die Beschreibung *narrativer Verfahren* immer nur eine relative Allgemeingültigkeit beanspruchen. Welches Modell aus der Vielzahl der Analyseverfahren geeignet ist und welche Terminologie sich im Einzelfall anbietet, muß jeweils in bezug auf die konkrete Erzählung entschieden werden. Schon Roland Barthes hat sein rigides Analyseverfahren in der Lektüre einer Novelle von Balzac zurückgenommen und für die Orientierung an der Individualität der Erzählung plädiert (Barthes 1987). Deshalb sollen hier eine Reihe von erzähltheoretischen Grundbegriffen, die zum Teil in unterschiedlichen Theoriekontexten entwickelt worden sind, anhand eines konkreten Textes vorgestellt werden. Textgrundlage ist Stifters Erzählung *Der Hochwald* (1842).

Stifter erzählt die Geschichte einer Adelsfamilie zur Zeit des Dreißigjährigen Krieges. Die beiden Schwestern Clarissa und Johanna leben mit ihrem Vater, dem Freiherrn von Wittinghausen, und ihrem Bruder auf einer Burg im Böhmerwald. Der Frieden auf der Burg wird vom herannahenden Krieg bedroht. Darauf entscheidet sich der Freiherr, seine beiden Töchter vor den Kriegswirren in Sicherheit zu bringen, während er selbst zusammen mit seinem Sohn und einem Lehnsmann, dem Ritter Bruno, die Burg gegen die Schweden verteidigt. Er gibt Clarissa und Johanna in die Obhut des Jägers Gregor, der auf seine Anweisung in der Abgeschiedenheit des Waldes ein Haus am Ufer eines Sees erbaut hatte. Nachdem Schutzvorkehrungen gegen Angriffe getroffen sind und sich die Schutzsuchenden im Waldhaus eingerichtet haben, vergehen mehrere Wochen, ohne daß die Kampfhandlungen die Burg erreicht hätten. Die Schwestern besteigen mit Gregor regelmäßig eine Felsenklippe, um von dort mit einem Fernrohr Ausschau auf die Burg zu halten. Die ängstliche Erwartung des Krieges mischt sich mit dem Gefühl der Sicherheit und der Ruhe in der friedlichen Abgeschiedenheit des Waldhauses, bis völlig unerwartet der frühere Geliebte Clarissas und jetzige Parteigänger der Schweden,

»Die Erzählung schert sich nicht um gute oder schlechte Literatur: sie ist international, transhistorisch, transkulturell, und damit einfach da, so wie das Leben.« (Roland Barthes)

»Der Hochwald«

der britische Königssohn Ronald, am Waldsee auftaucht. In einem langen Gespräch offenbaren sich beide ihre Liebe; Ronald entschließt sich, sofort zur Burg Wittinghausen zu wandern, um vom Freiherrn die Heiratserlaubnis zu erbitten und zwischen den feindlichen Parteien zu vermitteln. Wochen vergehen, ohne daß etwas geschieht. Schlechtes Wetter behindert den Ausblick auf die Burg. Nachrichten von dort treffen nicht ein. Als die Sicht besser wird, zeigt sich die Burg im Zustand der Zerstörung. Wieder vergehen Wochen ohne Nachricht, und nach längerem Warten kehren die Geflohenen zur Burg zurück. Dort berichtet ihnen der Ritter Bruno vom Tod des Vaters, des Bruders und Ronalds. Clarissa und Johanna setzen die Burg mit Brunos Hilfe wieder notdürftig instand und verbringen dort den Rest ihres Lebens.

Erste Differenzierungen:
Erzähleinheiten – Geschichte – Erzähldiskurs

»Geschichte« und
»Erzähldiskurs«

Was eine solche klassische »Inhaltsangabe« referiert, bezeichnet die strukturale Erzähltheorie, von der hier zunächst undogmatisch ausgegangen wird, als »Geschichte« (*histoire*), um es von dem »Erzähldiskurs« bzw. dem »Text der Geschichte« (*discours*) abzugrenzen. Die Unterscheidung geht zurück auf den russischen Formalismus, der von »Fabel« und »Sujet« spricht (Tomaševskij 1985). Der allgemeinsten Definition nach weist eine Erzählung demnach zwei Merkmale auf: sie hat eine Geschichte und wird erzählt – und nicht gemalt, gespielt oder getanzt.

Sprach- und
Erzählstruktur

Dieses zweigliedrige Modell wurde seit dem russischen Formalismus (→ *Exkurs: Formalismus und Strukturalismus*, S. 43) der zwanziger Jahre stark differenziert. Die entscheidenden Impulse gingen dabei in den sechziger Jahren vom französischen Strukturalismus aus. Grundlegend ist den unterschiedlichen Ansätzen dabei die Annahme, daß sich Sprach- und Erzählstruktur analogisieren lassen. Die Formel von der Sprache als Strukturmodell der Erzählung bildet daher den gemeinsamen Ausgangspunkt struktureller Erzähltheorien, die die Kombinations- und Differenzierungsregeln untersuchen, mit denen aus einer begrenzten Zahl von grundlegenden Handlungs- und Beziehungstypen eine unendliche Menge an konkreten Erzählungen erzeugt werden können. Von Tzvetan Todorov, Gérard Genette und Roland Barthes wird diese Analogie zwischen Sprache und Erzählung allerdings auf einer je anderen Ebene angesetzt. Insbesondere für Todorov und für Barthes (1988, 105f.) ist die Erzählung der grammatischen Struktur des Satzes vergleichbar. Dem Verb im Satz entspricht die Handlung in der Erzählung, dem Subjekt die handelnde oder leidende Person (Todorov 1972, 271f.). Genette hat dann 1972 den Erzähldiskurs in Anlehnung an die grammatischen Aspekte des Verbs als Zeitform, Aussageweise (oder Modus) und Personalform des Erzählens beschrieben. Barthes dagegen hat in der schulbildenden Ausgabe Nr. 8 der französischen Zeitschrift *Communications* (1966) ein Schichtmodell erzählender Texte vorgestellt. Er unterscheidet Erzähleinheiten, Handlungen (Geschichte) und Erzähldiskurs. Im Mittelpunkt von Barthes' Dreischichtenmodell steht die Frage, wie sich aus den Erzähleinheiten und aus einer begrenzten Zahl narrativer Kombinationsregeln der narrative Zusammenhang von Erzählungen herstellt. Die Gesamtheit dieser Regeln wird in Anlehnung an die Linguistik als *Erzählgrammatik* oder als *narrative Syntax* bezeichnet (Barthes 1988, 116ff.; Bremond 1964/1972, 177ff.; Todorov 1968/1973, 141ff.; 1972, 272f.). *Barthes: Erzähleinheit – Handlung – Erzähldiskurs*

Keine von Barthes' drei Ebenen der Erzählung kann unabhängig von den anderen Ebenen Sinn erzeugen. Der Sinn oder die Ordnung entsteht erst vollständig, wenn alle Ebenen zusammengefügt sind. Eine Erzählung gliedert sich in Elemente, sogenannte Erzähleinheiten, die durch verschiedene Kombinationsregeln miteinander verknüpft werden; jedoch erhält jede Erzähleinheit erst ihren vollen Sinn, wenn sie in den größeren Zusammenhang der übergeordneten Ebene integriert wird. In vertikaler Richtung werden die Erzählelemente zu immer größeren und komplexeren Sinngefügen zusammengesetzt. Diese hierarchische Beziehung zwischen den Ebenen nennt Barthes »progressiven Integrationsmodus«. Was also eine Erzählung diesem Modell zufolge auszeichnet, ist die spezielle Art und Weise, wie sie die Elemente zu einem sinnvollen Zusammenhang organisiert. Diese spezielle Organisation der Erzählung wird dann als ihre »narrative« und »diskursive« Ordnung bezeichnet; an ihr erkennen wir intuitiv eine Erzählung. Von einer *narrativen Ordnung* (histoire) sprechen wir also im Hinblick auf den Zusammenhang der Geschichte und ihre narrative Logik. Die *diskursive Ordnung*, der Erzähldiskurs (*discours*), beschreibt dagegen die spezifische Anordnung der Ereignisse, ihre Perspektivierung und ihre sprachliche Realisierung. *Integration der Ebenen*

Analyse der Geschichte I: Die Erzähleinheiten

Die unterste und grundlegende Ebene in Barthes' Modell ist die Ebene der Erzähleinheiten (*unités narratives*). Der erste Schritt der Erzählanalyse besteht darin, solche Einheiten zu isolieren. Im Unterschied zur Geschichte verfügen diese nur über einen begrenzten Sinn. Wenn beispielsweise in Stifters Erzählung ein Geier geschossen wird, so ist das eine *in sich* sinnvolle Handlung, da es eine zielgerichtete Aktion ist. Aber erst die Verknüpfung mit anderen Handlungen zum Sinnzusammenhang der Geschichte und ihre Anordnung und Kommentierung durch den Erzähldiskurs geben dem Abschuß des Geiers einen speziellen Sinn in der Erzählung. Solche Erzähleinheiten, die eine Handlung darstellen, werden im Strukturalismus als »Funktionen« bezeichnet. Unter einer *Funktion* versteht man seit Vladimir Propps Märchenanalysen (1928/1972) eine absichtsvolle und zielgerichtete Handlung innerhalb einer Kette von Handlungen. Sie hat rein formal gesehen die Aufgabe, eine andere Handlung einzuführen, die wiederum dieselbe Funktion für eine weitere Handlung hat, das heißt eine *Erzähleinheiten: Flauberts Papagei und Stifters Geier*

»Wenn uns Flaubert in
Ein schlichtes Herz
an einer bestimmten
Stelle offenbar
unauffällig mitteilt, daß
die Töchter des
Unterpräfekten von
Pont-l'Évêque einen
Papagei besaßen, so
deshalb, weil dieser
Papagei später von
großer Bedeutung für
das Leben Félicités sein
wird.« (Roland Barthes)

Folge mehrerer Handlungen einzuleiten. Eine *funktionale* Handlung liegt dann vor, wenn sie eine *Korrelation* bildet, das heißt wenn mehrere Handlungen im Gesamtzusammenhang wechselseitig voneinander abhängen. Erst aus dem Resultat einer Handlung kann ihre Bedeutung als Voraussetzung und logische Bedingung der Folgehandlung rekonstruiert werden. Betrachtet man einen Handlungsverlauf vom Ende, von seinem Resultat aus, dann fügen sich die einzelnen Handlungen mit kausaler Notwendigkeit ineinander – das erzählte Geschehen mußte so und nicht anders ablaufen. Die Verstärkung der Sicherheitsvorrichtungen im Waldhaus ist – im funktionalen Zusammenhang der *Hochwald*-Erzählung betrachtet – eine Folge des Schusses auf den Geier, der Schuß die funktionale Voraussetzung der verstärkten Schutzvorrichtungen. Der Schuß ist aber seinerseits Folge der Ankunft von Ronald am Waldsee usw. Die vermeintlich zwingende kausale Beziehung zwischen den Ereignissen ist eine Wirkung erzählender Texte. Denn im geschlossenen Zusammenhang einer Erzählung erscheint die reine zeitliche Aufeinanderfolge der Ereignisse immer als zwingender Kausalzusammenhang (Barthes 1988, 116ff.). Betrachtet man aber den Handlungsverlauf vom Anfang ausgehend als einen sukzessiven und zum Ende hin offenen Aufbau, so zeigt sich, daß jede Handlung mindestens zwei alternative Handlungsmöglichkeiten eröffnet: eine weitere Handlung auszuführen oder nicht auszuführen. Die Alternativen sind virtuell präsent, auch wenn nur eine der Möglichkeiten im Fortgang des Handlungszusammenhangs realisiert wird (Bremond 1964/1972, 201ff.).

Eine funktionale
Erzähleinheit

Die Bedrohung der Burg durch das Herannahen des Dreißigjährigen Krieges stellt eine funktionale Erzähleinheit von ganz besonderem Rang dar, da sie nicht nur zwei Handlungsmöglichkeiten eröffnet, sondern auch beide realisiert: Verteidigung bzw. Verhandlung über Schonung oder Flucht vor der Kriegsgefahr in ein sicheres Gebiet. Vater und Sohn bleiben auf der Burg zurück, um sie gegen die Feinde zu verteidigen; die Töchter dagegen fliehen in das abgelegene Waldgebiet. Dadurch ergeben sich zwei bis zu einem gewissen Grade voneinander unabhängige *Handlungsstränge*. Narrativ wird nur der *eine* Handlungsstrang realisiert: die Flucht von Clarissa und Johanna aus der Burg in den Schutz des Waldhauses. Der zweite Handlungsstrang, die Verteidigung der Burg und der Tod der Verteidiger, wird nicht auf der narrativen Achse entfaltet, sondern in Berichtform vom einzigen Überlebenden erzählt. Die »weibliche« und die »männliche« Sequenz bilden in sich geschlossene Handlungsstränge. Allerdings wird der weibliche vom männlichen Handlungsstrang indirekt bestimmt, da Erfolg oder Mißerfolg des Unternehmens von Vater und Bruder über den weiteren Verbleib der Schwestern entscheiden. Die Aufenthaltsdauer und der Lebensrhythmus der Schwestern werden durch die Nachrichten von der Burg strukturiert. Deshalb ist die Kommunikationsaufnahme mit der Burg von zentraler Bedeutung. Der Krieg stellt den leitenden Gesichtspunkt der Geschichte und des Spannungsbogens dar und tritt dennoch nicht als funktionale Handlung in Erscheinung. Der Fortgang der Geschichte bis zur Zerstörung der Burg und der Familie wird ständig verzögert und aufgeschoben. Betrachtet man diesen Sachverhalt auf der Ebene der *Erzähleinheiten*, dann zeigt sich, daß es in dieser Erzählung Handlungen gibt, die weniger als Handlungen denn als *Zeichen* fungieren.

Barthes hat die Erzähleinheiten in zwei Klassen unterteilt: neben den Handlungen mit einer Funktion innerhalb der Ereignislogik gibt es auch Erzähleinheiten, deren Funktion es ist, Auskünfte und Hinweise über Personen und Situationen zu geben. So weisen etwa Beschreibungen von Zuständen, Stimmungen oder Verhältnissen zumeist auf den Charakter oder die Gefühlslage von Personen hin. Diese Hinweise nennt Barthes mit einem zeichentheoretischen Begriff *Indizien* (*indices*). Durch eine solche Differenzierung wird die Beschränkung der Erzähleinheiten auf den Handlungszusammenhang aufgehoben. Während die Funktionen auf der horizontalen Achse die einzelnen Handlungen zu einer größeren Einheit kombinieren, verbinden die *Indizien* auf der vertikalen Achse die Ebene der Funktionen (d. h. der Handlungseinheiten) mit der übergeordneten Ebene der handlungstragenden Personen. Dazu ein Beispiel aus Stifters Erzählung: Der Abschuß des Geiers fungiert als Stellvertreter einer anderen Handlung, der Bedrohung durch den Krieg. Diese Zeichenfunktion des Schusses ist es, welche die Bedrohungssituation wachruft und die Folgehandlung auslöst. Wie die Erzählfunktionen sind die *Indizien* Glieder einer Korrelation. Das zweite, implizite (nicht ausgesprochene) Glied ist nicht auf der Ebene der Erzähleinheiten zu finden, sondern auf der Ebene der handelnden Protagonisten, der Geschichte oder des Erzähldiskurses. Deshalb sind die Indizien nicht sofort als solche zu erkennen, sondern müssen von einer übergeordneten Ebene aus dechiffriert werden. So ist der Krieg bei Stifter von Anbeginn Gegenstand von Berichten und Erzählungen und wird durch Zeichen ersetzt und eben nicht als Handlung dargestellt. *Indizien* halten den Krieg präsent und rufen eine Atmosphäre der Bedrohung hervor. Die Möglichkeit des Krieges, seine virtuelle Präsenz in den Zeichen, löst die weiteren Handlungen wie Flucht und Verteidigung aus. Auslöser der Handlungen ist nicht der Krieg, sondern der Bericht des Vaters über die Kriegsgefahr. Es gibt also in Stifters Erzählung zwei Handlungstypen: Handlungen wie Krieg, Kampf, Verteidigung, Flucht usw., die direkte und unmittelbare Folgehandlungen nach sich ziehen, und Handlungen wie Berichten, Erzählen, Interpretieren, Wahrnehmen, deren Gegenstand Zeichen (oder mit Barthes gesprochen »Indizien«) sind und die Folgehandlungen nur indirekt und verzögert auslösen. Die Handlungsfunktion der Erzähleinheiten wird dabei von der Zeichenfunktion überlagert. Das zeigt sich insbesondere an der Eingangsszene der Erzählung. Die Grundatmosphäre der Bedrohung wird hier sorgfältig aufgebaut; beginnend mit einer diffusen Gefahr, die atmosphärisch dicht im Spiegel von Johannas Erzählung vom Wildschützen dargestellt, aber erst einige Seiten später konkret benannt wird. Es handelt sich um den näher rückenden Krieg und die drohenden Verwüstungen. Der Krieg er-

Indizierende
Erzähleinheiten

Der Abschuß des
Geiers: ein Indiz

Indizien der Bedrohung
in der Eingangsszene

scheint im Vergleich mit der Bedrohung, die für Johanna von dem Wildschützen ausgeht, geradezu kalkulierbar. Der Vater berichtet in nüchterner Rede vom Herannahen des Krieges. Daß Johanna die Geschichte vom Wildschützen kolportiert, ist ein Indiz ihrer Leichtgläubigkeit und Furchtsamkeit. Clarissa dagegen wird mit den Zeichen der Gelassenheit und Rationalität, der Tugendhaftigkeit und Gottgefälligkeit codiert. In den beiden Charakteren spiegelt sich in verschiedener Form die Grundstimmung der Bedrohung wider, als panische Angst bei Johanna und als beherrschte Sorge bei Clarissa. Das Ausmaß der Bedrohung wird einzig durch einen sprachlichen Kontrast »indiziert«, der durch die Opposition zwischen »weißen« Schneeflocken und »schwarz«-gebrannten Mauertrümmern erzeugt wird. Dieser Kontrast bringt eine Dissonanz in die von absichtsvoller Verharmlosung geprägte Rede des Vaters und verstärkt gerade damit die Grundstimmung der Bedrohung. Dabei wird von Stifter in der Schwebe gehalten, wovon Gefahr und Bedrohung eigentlich ausgehen, ob von dem Wildschützen, von der mythisch gefärbten Natur, von einem früheren Gefährten des Vaters oder vom Krieg. Dieser Schwebezustand realisiert sich narrativ als Spiel mit der Drohung und Erwartung des Schrecklichen. Dies ist nur ein Beispiel, wie sich die Indizien, in Barthes' Modell eine Unterklasse der Erzähleinheiten, für die Analyse von Stifters Erzählung fruchtbar machen lassen.

Der literarische Charakter als Produkt von Codierungen

Analyse der Geschichte II: Zeitstrukturen

Zur Beschreibung der *Indizien* und der Funktionen mußte immer wieder auf die Ebene der *Geschichte* vorgegriffen werden, weil die Erzähleinheiten nur als Glieder einer wechselseitig aufeinander bezogenen Kette auftreten. Das heißt: die narrativen Einheiten wurden immer als Teile einer größeren Ordnung oder eines Sinnzusammenhangs aufgefaßt. Die *Geschichte* ist im *Hochwald* auf den ersten Blick nicht erkennbar, sie verschwindet gewissermaßen unter dem Erzähldiskurs, so daß die Erzählung eigens auf die Geschichte hin analysiert werden muß. Was die Erzählung als Geschichte primär kennzeichnet, ist ihr Verhältnis zur Zeit. Jede Geschichte kann als zeitlicher Ablauf zwischen zwei Zeitpunkten, Anfang und Ende, begriffen werden.

Die narrative Achse der Geschichte

Die zeitliche Gerichtetheit der Ereignisse stellt den einfachen narrativen Sinnhorizont einer Geschichte dar; als ein entfalteter Bedeutungszusammenhang verläuft jede Geschichte in einer bestimmten Richtung. Sie entfaltet ihr Handlungsgeschehen immer zwischen zwei Zeitpunkten. Der Verlauf des Geschehens ist ein Fortschreiten von einem Zeitpunkt A zu einem Zeitpunkt B. Dieses Fortschreiten wird als chronologische Sukzession oder *Story* bezeichnet (Forster, Lämmert). Die Geschichte beginnt mit der bereits angesprochenen Szene. Das Beisammensein der Schwestern wird durch das Eintreten des Vaters unterbrochen, der nach einigen Bemerkungen ankündigt, daß die Kriegsgefahr gewachsen sei und sie daher Zuflucht in einem Waldhaus suchen müßten. Diese Szene eröffnet mit der Beschreibung der Idylle auf der Burg die chronologische Achse der Geschichte. Die Wiederholung dieser Anfangssituation am Ende der Geschichte markiert den Abschluß der narrativen Achse und gibt der Geschichte ihre Geschlossenheit (vgl. Todorov 1972, 272). Anfangs- und Endsituation sind nicht identisch, sondern durch eine signifikante Differenz gekennzeichnet. Wiederholt werden lediglich die Personenkonstellation und der Raum, in dem die Szene spielt. Die Differenz wird in der Geschichte in eine zeitliche Bewegung übersetzt. Eine Geschichte erzählen heißt, eine Differenz als eine Veränderung, die sich zwischen Anfang und Ende ereignet, zu konkretisieren.

> *Eine Geschichte erzählen heißt, eine Differenz als eine zeitliche Bewegung zwischen einem Anfang und einem Ende zu konkretisieren*

Die Anfangssituation ist durch eine stabile Ordnung der Lebensverhältnisse charakterisiert, die Schlußsituation durch die Umkehrung dieser Situation. Die Familienstruktur ist zerstört, die soziale Ordnung und die psychische Stabilität sind in Unordnung übergegangen. Das Ende ist zugleich der Anfang einer neuen Geschichte, in der eine neue Ordnung und eine neue Stabilität hergestellt werden. Sie wird jedoch nicht narrativ entfaltet, sondern nur durch eine Zusammenfassung auf der Ebene des Erzähldiskurses skizziert. Die Veränderung selbst wird durch mehrere Schritte vorbereitet, um dann in einem abrupten Akt Realität zu werden. Die Bedrohung durch den Krieg löst zwei getrennte Handlungsketten aus. Die Schwestern fliehen in den Wald. Die männlichen Familienmitglieder bleiben zurück, um die Burg zu verteidigen. Die zweite Sequenz wird auf der narrativen Achse nicht entfaltet, sondern nur angedeutet. Die Peripetie, der plötzliche Umschlag im Handlungsverlauf, begründet die Veränderung. Sie wird durch das Kriegsgeschehen herbeigeführt. Die Auseinandersetzungen um die Burg werden von den Schwestern nur in ihrer verheerenden Konsequenz, der Zerstörung der Burg und dem Tod der männlichen Familienmitglieder, erfahren. Die beiden getrennt ablaufenden Handlungsstränge werden erzählgrammatisch durch das Verfahren des Einschubs bzw. der Verschachtelung zu einer zusammenhängenden Erzählsyntax verknüpft (weitere Kombinationsverfahren bei Lämmert 1955 und Todorov, 1968/1973, 141ff.). In Stifters Erzählung wird das zentrale Ereignis der Geschichte nicht narrativ entfaltet, sondern in einem Bericht mitgeteilt. Bisher wurde die Verknüpfungsweise der Handlungen zu Handlungssträngen auf der Ebene der Erzähleinheiten (Korrelationsketten, Integration durch *Indizien*) und auf der narrativen Zeitachse beschrieben. Dabei zeigte sich, daß die Kohärenz der Geschichte nicht allein durch die Kombination von Erzähleinheiten gebildet wird, sondern der Handlungszusammenhang erst durch seine Geschlossenheit zu einer Geschichte wird. Die Geschlossenheit wird durch Wiederholung erzielt. Kombination und Wiederholung sind die elementaren erzählgrammatischen Herstellungsverfahren einer narrativen Syntax.

> *Die narrative Syntax*

Analyse der Geschichte III: Die Konzeptstruktur

Um die Organisationsweise der narrativen Syntax und ihre Regeln prä-
ziser erfassen zu können, ist es hilfreich, die vornarrative Ebene der
Bedeutungskonzepte, wie sie von Karlheinz Stierle beschrieben wurde,
zu untersuchen (Stierle 1975, 1977). In seiner Systematik der Narra-
tionsebenen verbindet Stierle Ansätze der Mythentheorie von Lévi-
Strauss mit der strukturalen Erzählgrammatik. Er schlägt vor, die Ordnung der Geschichte in zwei Niveaus zu differenzieren: in die *narrative
Achse*, die das Gerüst der Geschichte bildet und sich in der Dimension
der Zeit entfaltet, und in die *narrative Struktur*, die nicht wie die *narrative Achse* Teil der Geschichte ist, sondern als ein selbständiges System von Bedeutungen (Stierle spricht von »leitenden Konzepten«) besteht. Die narrative Struktur der Konzepte stellt dabei die allgemeinste
und abstrakteste Ebene der Geschichte dar. Auf ihr sind die Begriffe
und Konzepte angeordnet, die den Zusammenhang der Geschichte
steuern und organisieren. Sie bereiten die semantische Organisation
einer Erzählung vor, indem sie einen Bedeutungshorizont bereitstellen,
innerhalb dessen sich ein semantisch noch unstrukturierter Gesche-
hens- und Ereigniszusammenhang zur besonderen Sinnhaftigkeit einer
Geschichte entfalten kann.

Sieht man einmal von Romanen ab, die die leitenden Konzepte ihrer
Geschichte schon im Romantitel führen, wie *Krieg und Frieden*, *Schuld
und Sühne*, *Rot und Schwarz*, dann ist es in der Regel schwierig, die
Konzepte und ihre Struktur zu erkennen, da sie in der Geschichte nicht
als Begriffe greifbar sind, sondern anschaulich dargestellt werden. Eine
Geschichte kann als konkrete Verkörperung und Veranschaulichung
einer solchen allgemeinen und abstrakten Konzeptstruktur, das heißt
als Allegorie, gelesen werden. Die allegorischen Formen können ent-
schlüsselt und in klare begriffliche Konzepte übersetzt werden. Häufig
sind es die Personen einer Erzählung, aber auch Tiere und Gestalten
aus Mythologie, Religion oder Literatur, in deren Charakter, Handeln
oder moralischem Wertesystem, ihrer sozialen Rolle, ihrem Bedürfnis-
und Gefühlshaushalt oder ihrem psychischen Erleben sich solche Konzepte anschaulich verkörpert zeigen. Hilfreich für das Erkennen der
Leitkonzepte sind reduzierende und abstrahierende Verfahren, wie vor
allem Algirdas J. Greimas und Todorov sie in ihrer erzählgrammatischen Analyse angewandt haben. Dabei werden die Personen auf den
vorherrschenden und prägenden Handlungstyp – die sogenannten
Aktanten, in der Regel Personen, Tiere oder Götter – und die Beziehungen zwischen Personen auf den charakteristischen Beziehungstyp
untersucht (Todorov 1972, 271ff.). Diese Typen lassen sich mit einem
abstrakten Begriff ausdrücken und in ein Konzept übersetzen. Wendet
man die von Greimas (1967/1972, 224ff.) praktizierte Aktantenanalyse
auf Stifters Erzählung an, dann ergeben sich Handlungstypen, wie sie
bereits von Propp im russischen Märchen festgestellt wurden.

Die Grundoppositionen von Stifters Erzählung sind Frieden-Krieg
und Kultur-Natur. Die Burg und die dortige Lebenssituation verkör-

---

*Narrative Achse und
narrative Struktur*

*Stufen der Abstraktion:
Konzeptstruktur,
Allegorie, Geschichte*

pern in einem zweifachen Sinne Kultur, einmal als Inbegriff der vom Menschen geschaffenen, künstlichen Welt und als Frieden zivilisierter Sozialbeziehungen. Die Burg und ihr Innenleben sind ein Produkt zivilisatorischer und kultureller Leistungen. Um seine Fürsorgerolle als Vater erfüllen zu können, nutzt der Freiherr die avanciertesten Techniken der kulturellen Entwicklung seiner Zeit: Handelsverbindungen und Nachrichtentechnik. Handel und Fernkommunikation basieren auf dem Prinzip des Tauschs (bzw. der Substitution) und der Zirkulation. Der Freiherr hat ein Kommunikationsnetz aus Boten aufgebaut, über das die Nachrichten aus den verstreuten Kriegsschauplätzen zirkulieren und in seiner Hand zusammenlaufen. Die Nachrichten ermöglichen es dem Freiherrn, den weiteren Verlauf der Kriegshandlungen und damit die Bedrohung der Burg vorherzusehen und so seiner Rolle gerecht zu werden. Die Burg stellt einen Mikrokosmos dar, in dem Ordnung, Harmonie und Frieden das soziale Leben der Familie prägen. Der Frieden dieses Mikrokosmos wird durch den Krieg bedroht, und die Natur in ihrer Undurchdringlichkeit und Wildheit wird zur Schutzzone für die bedrohte Familie. Die Nachrichtenübermittlung wird von zentraler Bedeutung für die Kommunikation zwischen der Burg (dem Freiherrn) und dem Waldhaus. Nimmt man nun einige Abstrahierungen vor, erhält man die Elementarstruktur dieser Konzepte. Die Burg steht für Ordnung und Frieden und ist von Distanz in der Kommunikation sowie Beständigkeit in den familiären Beziehungen geprägt; sie ist Inbegriff einer von Rationalität bestimmten Kultur. Der Wald steht für die Nähe und Harmonie eines herrschaftsfreien Miteinanders und für die Dynamik des Lebens; er ist Inbegriff einer romantischen Vorstellung von der Natur.

Leitende Konzepte in Stifters Erzählung: Krieg und Frieden, Kultur und Natur

Erzählungen sind durch einen vielschichtigen Bedeutungszusammenhang von Konzepten geprägt. Die Konzepte sind einander als Oppositionen zugeordnet und erscheinen formal als Gegensatz, Umkehrung und Ersetzung. Ihre Zuordnung ist abstrakt und noch nicht auf den speziellen zeitlichen und narrativen Sinnzusammenhang und seine konkrete Ordnung hin organisiert. Die narrativen Strukturen stellen die allgemeinste und abstrakteste semantische Ebene der Geschichte dar. Auf dieser vornarrativen Ebene sind die Konzepte einander in abstrakten Beziehungen zugeordnet, sie sind aber noch nicht narrativ gerichtet. Deshalb wird diese Dimension auch als Ebene der *Achronie*, das heißt der Zeitenthobenheit, bezeichnet. Von einer narrativen Gerichtetheit oder Organisation der Konzeptstruktur kann erst gesprochen werden, wenn sie, in einen zeitlichen Handlungsablauf überführt, zu einem Bestandteil der Geschichte geworden ist. Jede Opposition von Konzepten kann in zwei einfache und eindeutige narrative Strukturen übersetzt werden. Die elementare Form einer narrativen Struktur besteht in einem einfachen Verlauf mit einer eindeutigen Richtung zwischen zwei Konzepten. So kann etwa die Opposition lebendig-tot in eine narrative Struktur transformiert werden, in der Leben zu Tod oder Tod zu Leben wird (vgl. Stierles Analyse von Hebels Kalendergeschichte »Unverhofftes Wiedersehen«).

Konzeptstruktur als Oppositionsbeziehungen

Claude Lévi-Strauss hat in seinen Strukturanalysen von mythischen Erzählungen gezeigt, daß die Aufgabe von Mythen in der narrativen Vermittlung von absoluten, nicht aufhebbaren Gegensätzen wie männlich-weiblich, tot-lebendig, Kultur-Natur, Himmel-Erde, Pflanze-Tier u. a. besteht (vgl. Stierle 1977, Levi-Strauss 1958/1991, 242ff.). Sie machen narrativ, also in der Form von Erzählungen, und mit Hilfe mythisch-wunderbarer Verwandlungen den Übergang von Mensch zu Tier, zu Pflanze usw. plausibel. Beziehungen, die wie Leben und Tod durch einen absoluten Gegensatz bestimmt sind, können nur in fiktionalen Erzählungen als Übergang von einem Zustand in einen anderen vermittelt werden. Die Umkehrbarkeit der Zuordnung ist für die narrative Struktur kennzeichnend. Die entgegengesetzten Konzepte können sich in zwei gegenläufigen Richtungen zugeordnet sein, von lebendig nach tot und von tot nach lebendig. Aus der Verbindung dieser beiden narrativen Strukturen entsteht eine komplexere narrative Struktur, in der die einzelnen Bedeutungskonzepte in paradoxer, scheinbar widersinniger Weise aufeinander bezogen sind. Logisch nicht aufhebbare Gegensätze wie die zwischen Leben und Tod können mit Hilfe anderer Oppositionen in eine narrativ realisierbare Differenz übersetzt werden. Diese Übersetzbarkeit der Oppositionen hat Lévi-Strauss als Permutierbarkeit – als Möglichkeit der Vertauschung und Umstellung – bezeichnet (1973/1975, 157ff.). Werden die narrativen Strukturen verschiedener Bedeutungsoppositionen miteinander verknüpft, einige Oppositionen an verschiedenen Stellen wiederholt, so entsteht eine komplexe narrative Struktur. Das Spiel der Kombinationen, das heißt die Art und Weise, in der die Konzepte miteinander kombiniert, wie sie aufeinander bezogen und einander zugeordnet werden, ist für die Erweiterung der narrativen Struktur bestimmend. So liegt der Geschichte von Stifters Erzählung ein Bedeutungsfeld mit mehreren Leitoppositionen zugrunde: Frieden-Krieg, Handeln-Interpretieren, Mythos-Rationalität, Natur-Kultur, männlich-weiblich. Neben diesen Oppositionspaaren gibt es noch weitere, die sich auf verschiedene Weise in die Basisoppositionen übersetzen lassen. Anschließend kann untersucht werden, wie aus den Basiskonzepten die komplexe narrative Struktur im *Hochwald* hervorgeht.

Der relevante Gegensatz zwischen den Beziehungs- oder Oppositionspaaren verändert sich je nach Kontext, wird umgestellt oder vertauscht. So entsteht über mehrere Permutationen eine Kette miteinander kombinierter Gegensatzpaare. Wird z. B. in der Eingangssequenz der Krieg dem häuslichen Frieden und der familiären Ordnung gegenübergestellt und als Bedrohung des Lebens der Familienmitglieder charakterisiert, dann ist der relevante Gegensatz dieser Sequenz die Opposition lebendig-tot. Wird andererseits in derselben Sequenz der Familienfrieden dem Leben im Wald entgegengesetzt, so ist die Opposition Kultur-Natur der relevante Gegensatz. Mit dieser letzten Umstellung hat sich die frühere Beziehung zwischen Kultur und Natur verkehrt; zunächst war die Kultur dem Leben und die Natur dem Tod zugeordnet. Nach dieser Permutation wird die Kultur mit dem Tod

gleichgesetzt, weil in ihr jegliche Veränderung und Bewegung in Starr-
heit übergegangen ist. Die Umkehrung der Zuordnung von Leben und
Tod erfolgt über eine Kette von Permutationen. In dem Handlungs- *Grenzüberschreitungen*
strang, der den weiblichen Familienmitgliedern zugeordnet ist, wird
die Flucht in den Wald in signifikanter Weise in ihr Gegenteil verkehrt.
Die Flucht wird zur Wanderung, in der die Bedeutungen einer Prozes-
sion in die geheiligte Natur und einer Begegnung mit Gott als Konnotationen mitschwingen. Die Wanderung wird so als feierlicher Akt
der Grenzüberschreitung zwischen Profanem und Heiligem (profaner
Welt und heiliger Natur), als Initiation in eine paradiesische Harmonie
zwischen Mensch und Natur dargestellt. Die Initiation wird an dieser
Stelle durch Negation, d. h. durch die Umkehrung des negativen Wertes Flucht in einen positiven Wert, gebildet. Die Transformation der
Flucht in die Initiation zeigt, wie die Opposition Flucht-Initiation
durch Negation in die narrative Struktur »Flucht wandelt sich in Initiation« übersetzt wird. Der Gegensatz von Flucht und Initiation stellt
diese Handlungssequenz unter die Zweideutigkeit von profaner To-
deserwartung und säkularisierter Heilserwartung. Diese Zweideutigkeit durchzieht die ganze Sequenz und prägt die narrative Struktur der
Opposition von Leben und Tod. Sie ist dadurch charakterisiert, daß der
Übergang vom Leben zum Tod (und umgekehrt) verzögert und in der
Schwebe gehalten wird.

Absolute, natürliche und metaphysische Entgegensetzungen wie Le- *Mythisches Denken*
ben und Tod, Natur und Kultur sind – allgemein betrachtet – durch
eine unüberwindbare Grenze bestimmt. Die Konzepte werden als un-
vereinbar und einander ausschließend gedacht. Aufgrund dieser Un-
vereinbarkeit bedarf es besonderer Vermittlungsformen zwischen den
Gegensätzen, die als magische oder wunderbare Überschreitung der
unüberwindlichen Grenze Gegenstand des mythischen Erzählens sind.
Dadurch wird ein Ausgleich und ein Übergang zwischen den Gegensätzen vorstellbar (Lévi-Strauss 1958/1977, 238ff.). Für Stifters Erzählung ist es prägend, daß sie Konzepte, die das mythische Denken als
absolute, natürliche und metaphysische Gegensätze begreift, auf-
nimmt, jedoch die Übergänge zwischen diesen Konzepten anders als
die Mythen plausibilisiert. Bestimmend sind ästhetische und moderne
Formen der Vermittlung. So wird auf der Wanderung von der Burg
zum Waldhaus der Übergang von Kultur in Natur durch die Projektion
subjektiver Verschmelzungs- und Harmoniesehnsüchte in eine ästhetisch verklärte Natur erzählerisch verwirklicht. Das moderne Vermitt-
lungsschema der narrativen Struktur im *Hochwald* ist anders als das
mythische Schema aufgebaut; die Gegensätze werden nicht als absolut
vorgestellt, Stellenwert und Qualität der Grenze haben sich verändert.
Deshalb kann der Übergang als ein Auseinanderhervorgehen des einen aus dem anderen und damit als Verwandtschafts- und wech-
selseitiges Bedingungsverhältnis dargestellt werden. Der Übergang
vom Tod zum Leben wird narrativ über die Oppositionen Kultur-
Natur, Frieden-Krieg und tugendhaft-böse bzw. -wild/leidenschaftlich
durchgeführt. Ihre Vermittlung ist in der Person Clarissas angelegt. Die

Verlobung mit Ronald ist Zeichen ihrer Hinwendung zu Leidenschaft und Liebe. Die Liebe löst einen inneren Kampf aus zwischen dem Wunsch, sich der Leidenschaft zu öffnen, und dem sozialen Verbot, das ihr die Leidenschaft versagt und Tugendhaftigkeit von ihr verlangt. Der Kampf um die Integration der Leidenschaft in ihr tugendhaftes Leben ist die Bedingung für den inneren Frieden, den Clarissa am Ende findet. Tugend und Leidenschaft erweisen sich als komplementäre, sich notwendig ergänzende Attribute der Persönlichkeitsstruktur Clarissas.

Der Erzähldiskurs

Erst im Erzähldiskurs wird aus der Geschichte eine erzählte und damit im eigentlichen Sinne eine Erzählung

Bisher wurde die Geschichte im Hinblick auf den chronologischen und konzeptionellen Aspekt der narrativen Ordnung behandelt. Ihre endgültige Form erhält sie aber erst durch die konkrete sprachliche Gestaltung. Im Erzähldiskurs arrangiert und komponiert der Erzähler die Geschichte neu zu einem individuellen Zusammenhang. Die narrative Ordnung der Geschichte wird in die erzählerische und sprachliche Ordnung des Erzähldiskurses übersetzt, wodurch aus der Geschichte eine erzählte Geschichte und damit im eigentlichen Sinne eine Erzählung wird. Die spezielle Anordnung der Ereignisse zu einem narrativen Sinnzusammenhang im Gegensatz zur zeitlichen Gerichtetheit der chronologischen Story wird als *Plot* (Forster), *Fabel* (Lämmert) oder als *Sujet* (Tomaševskij) bezeichnet. Die neuere Forschung ist dazu übergegangen, die narrative Ordnung einer Erzählung als Geschichte/*histoire* und die erzählerische und sprachliche als Erzähldiskurs/*discours du récit* oder als Text der Geschichte (Todorov, Genette, Stierle) zu behandeln. Die neuen Begriffe decken sich nicht vollständig mit den alten. Der Begriff *Geschichte* umfaßt nicht nur die chronologische Ordnung der *Story*, sondern die gesamte narrative Ordnung einschließlich der narrativen Struktur der Konzepte, während die Plotstruktur durch das Schema des Erzähldiskurses dargestellt wird. Stifters Erzählung ist u. a. dadurch charakterisiert, daß die Ebene des Erzähldiskurses die Ebene der Geschichte dominiert und verdeckt. Interpretation und Umgang mit den Zeichen und der Erzählakt selbst stehen im Vordergrund; eine konsequente und klare Darstellung der Geschichte ist dagegen nicht erkennbar.

Der Erzählakt und der Erzähler

Jede Erzählung lebt davon, daß sie erzählt wird, sei dies in mündlicher Form – wie die Mythen, Sagen und Volksmärchen (vgl. besonders die russische Tradition des »skaz«: Ėjchenbaum 1988, 161ff.) und die klassischen, von Rhapsoden vorgetragenen Epen – oder in schriftlicher Form wie Romane oder Novellen. Der Erzählakt ist im Erzähler personifiziert und als solcher vom Autor der Erzählung unterschieden. Man nennt ihn deshalb »fiktiven Erzähler«. Der fiktive Erzähler ist ebenso Teil der Erzählung wie die handlungstragenden Personen. Er tritt jedoch anders in Erscheinung als die Handlungsträger der Geschichte, und zwar mehr oder weniger auffällig. In der Regel ist er als

»Stimme« mit unterschiedlicher Intensität in einer Erzählung vernehmbar. Macht man sich bewußt, daß Autor und Erzähler nicht identisch sind, dann wird die Gesichtslosigkeit und Anonymität des Erzählers deutlich, der nur als und durch seine Stimme, die die Geschichte erzählt, wahrnehmbar ist. Anders als bei dieser sogenannten Er-Erzählung, bei der der Erzähler anonym bleibt, verhält es sich bei der Ich-Erzählung. Der Erzähler ist nicht ständig mit derselben gleichbleibenden Deutlichkeit in einer Erzählung anwesend; er kann sich aus der Erzählung zurückziehen und die Protagonisten der Handlung in der direkten Rede (als Monolog oder als Dialog) selbst sprechen oder im inneren Monolog zu Wort kommen lassen.

Analyse des Erzähldiskurses I: Erzählakt und Erzähler

Das Arrangement der Geschichte kann an die Person eines Erzählers geknüpft sein oder erzählerlos mit der Darstellung der Geschichte und ihrer Personen verschmelzen. Die Verfügungsgewalt des Erzählers über die zeitliche, perspektivische und sprachliche Anordnung der Erzähleinheiten reicht von der Allmacht und -gegenwart des auktorialen Erzählers (z. B. bei Henry Fielding, Laurence Sterne, Jean Paul) bis zu seinem völligen Verschwinden. In dieser *personalen Erzählsituation* (Stanzel 1991) präsentieren die Personen sich und ihre Geschichte aus ihrem Denken, Handeln, Sprechen und Fühlen heraus, ohne die arrangierenden und kommentierenden Eingriffe des Erzählers. Der auktoriale Erzähler dagegen schiebt sich als wahrnehmende, ordnende und mitteilende Erzählerpersönlichkeit in den Vordergrund. Er unterbricht den Erzählvorgang der Geschichte, um die Geschichte, die Figuren und den Erzählvorgang zu kommentieren oder sich allgemeinen Reflexionen hinzugeben; er leitet die direkte Rede seiner Personen oder ihre freie indirekte Rede – *erlebte Rede* – durch Wendungen wie »er/sie sagte, dachte, fühlte etc.« ein und schiebt sich auf diese Weise zwischen die Gedanken, Gefühle und Gespräche seiner Charaktere und die Mitteilung an die Leser. Der auktoriale Erzähler ist kein neutraler Vermittler einer Geschichte, sondern vermischt im Erzählen die Geschichte mit seinen eigenen Wahrnehmungen und Urteilen.

Allmacht und Verschwinden der Erzähler

Analyse des Erzähldiskurses II: Die Zeitordnung

Die Abwesenheit von Handlung stellt den Erzähler vor das Problem, Abwesenheit durch negative Handlungsweisen wie Warten und Leiden oder durch eine spezifische Gestaltung des Erzähldiskurses konkretisieren zu müssen, da nur so die Wirkung erzählten Geschehens erzielt werden kann. Das liegt unter anderem daran, daß Erzählen stark mit Handlung, Dynamik und Veränderung einhergeht. Aber schon der Akt des Erzählens selbst besitzt Handlungscharakter und somit eine Zeitkomponente. Das zeigt sich darin, daß Erzählen eine

»Wir warteten fünf Stunden«

besondere Form der Darstellung von (fiktivem) Geschehen ist (vgl.
Hamburger 1957/1987, 58ff. zur Erzeugung fiktiver Wirklichkeit mit
den Mitteln fiktionalen Erzählens). Das darstellende Erzählen unterscheidet sich von der reinen Information. Die Sätze »Wir warteten fünf
Stunden.« und »Wir warteten und warteten und warteten.« verdeutlichen den Unterschied zwischen einer Information und einem Erzählen,
das eine fiktive Wirklichkeit mit Geschehens- und Handlungscharakter
darstellt. Die Aussage des ersten entspricht seinem informativen Gehalt; die des zweiten ist zur zusätzlichen Bedeutung von »des Wartens
überdrüssig sein« gesteigert und stellt das Warten als Geschehen dar.
So wird die Zeitausdehnung des Wartens u. a. auf der affektiven Ebene
erfahrbar. Neben dieser Form der Wiederholung wird die Zeitordnung
des Erzähldiskurses auch durch andere rhetorische Mittel strukturiert.
Weite Passagen der *Hochwald*-Erzählung sind durch das Ausbleiben
des erwarteten Ereignisses geprägt; die Abwesenheit von Handlung
bestimmt sowohl den Duktus der Geschichte als auch den Stil des
Erzähldiskurses. Die Zeitordnung des Erzähldiskurses bewirkt zum
Ende eine rasante Beschleunigung der Erzählung (vgl. die Zusammenfassung am Ende des 6. Kapitels). Die Plötzlichkeit der hereinbrechenden Katastrophe bildet einen starken Kontrast zum bis dahin sich nur
zögernd und schleppend entwickelnden Handlungsverlauf.

Erzähldauer und Dauer
des Erzählten

Solche Effekte können auftreten, da die Ordnung der Geschichte
und die Ordnung der erzählten Geschichte sich nicht decken, sondern
gegeneinander verschoben sind. Sie stehen in einem Verhältnis der
Asymmetrie oder der *anachronies*, wie Genette (1972, 78ff.) sagt, zueinander. Der zeitliche Sinn des Erzähldiskurses ist ein Resultat des
Verhältnisses zwischen der chronologischen Ordnung der Geschichte
und der Zeitordnung des Erzählaktes. Eine zeitlich gerichtete Bewegung zwischen zwei Punkten – wie sie die *Story* prägt – kann räumlich
als eine Strecke zwischen zwei Raumpunkten X und Y betrachtet werden. Man kann eine Geschichte als eine fiktive Wirklichkeit in der
Vorstellung, aber auch rein formal als etwas Geschriebenes und als
Text betrachten. Als Text entfaltet sich eine Geschichte strenggenommen auf der Fläche des Papiers; betrachtet man einen Text rein unter
diesen räumlichen Gesichtspunkten, dann entsprechen Anfang und
Ende einer Geschichte z. B. der ersten und der letzten Zeile eines Textes. Auf der Grundlage dieser räumlichen Ordnung des Textes können
der Aufbau und die Ordnung einer erzählten Geschichte untersucht
werden. Ein Textabschnitt von einer bestimmten Länge bezieht sich auf
einen Zeitabschnitt in der fiktiven Wirklichkeit der Geschichte. Mißt
man die Lektürezeit, die notwendig ist, um den Textabschnitt zu lesen,
so verfügt man über ein Zeitmaß des Textes, das erlaubt, die Ordnung
der erzählten Geschichte im Text mit der chronologischen Zeitordnung
der vorstellbaren Geschichte zu vergleichen. Die Zeitform der erzählten Geschichte (Zeit der Textlektüre, Genette; Erzählzeit, Müller/Läm-
mert) steht zur Zeit der Geschichte in einem Korrespondenzverhältnis.
Im Dialog entsprechen sich die Dauer des Gesprächs und die Dauer
des Erzählens oder des Textes. In einer Zusammenfassung (*summary*,

sommaire) stehen diese beiden Zeitformen in einem Mißverhältnis (*discrepancy, anachronies narratives*). Die Erzähldauer ist wesentlich kürzer als die tatsächliche Dauer der erzählten Ereignisse. Über derartige Verfahren kann der Erzähldiskurs die Bedeutungen der Konzepte (z. B. Ereignislosigkeit und Statik der Situation, Ereignisreichtum und Dynamik der Handlung) steigern, aber auch zusätzliche Bedeutungen hervorbringen, so wenn ein einmaliges Ereignis unzählige Male erzählt wird oder wenn umgekehrt regelmäßig wiederkehrende Ereignisse nur ein einziges Mal erzählt werden (vgl. Rimmon-Kenan 1983, Kap. 4).

Der Ereignislosigkeit und Monotonie während des Aufenthalts im Waldhaus korrespondieren auf der Ebene der zeitlichen Ordnung des Erzählten das einmalige Erzählen wiederholter Ereignisse (*iterative telling*) und die knappen Zusammenfassungen längerer Perioden der Geschichte. »Dieser ersten Wanderung folgten bald mehrere und mehrere[...] auch wenn sie den Blockenstein bestiegen und durch das Rohr sahen [...] – stand immer dasselbe schöne, reine, unverletzte Bild des väterlichen Hauses darinnen« (258); und weiter: »Es waren schon viele Tage und Wochen vergangen – Erwarten und Fürchten, keines war um die Breite eines Haares vorgerückt! In gleicher Schönheit, sooft sie es suchten, stand das Vaterhaus in dem Glase ihres Rohres« (261). Besonders die Kombination beider Verfahren und der Kontrast zwischen Zusammenfassung einer längeren Zeitperiode der Geschichte, was einer beschleunigten Erzählgeschwindigkeit entspricht, und dem einmaligen Erzählen des immer selben Ereignisses steigern die Bedeutung der Ereignislosigkeit und Statik der Situation. Statik und Ereignislosigkeit im Leben der Figuren werden auch durch den virtuosen Einsatz des *literalen Stils* besonders hervorgehoben. Der literale Stil ist neben der referentiellen Schreibweise eine von mehreren möglichen Aussageweisen des Erzählens; literaler und referentieller Stil haben eine entgegengesetzte Wirkung (vgl. Todorov 1968/1973, 115ff.).

Referentieller und literaler Stil

Die referentielle Schreibweise zeichnet sich dadurch aus, daß sie die Leseraufmerksamkeit ganz auf die Geschichte lenkt, indem auf sprachliche Besonderheiten, Abweichungen von der Sprachnorm und formale Sperrigkeiten verzichtet wird, um das Interesse an der Geschichte und den Lesefluß nicht zu stören. Die Sprache ist in diesem Fall der unsichtbare Vermittler eines Geschehens, das außerhalb der Sprache stattfindet. Man bezeichnet diese Fähigkeit der Sprache, auf Ereignisse und Dinge der Erfahrungswelt zu verweisen und mitzuteilen, als ihre referentielle Funktion. Die bevorzugte Erzählform des referentiellen Stils ist der nüchterne und neutrale Bericht eines Geschehens. Darin ist die Sprache auf die Ereignisse und auf ihren Verlauf hin transparent. In einer Geschichte, die den Leser durch einen fesselnden Handlungsverlauf ganz in ihren Bann zieht, verschwindet die Sprache als eigenständige, Bedeutung hervorbringende Dimension und wird zum reinen Transportmittel für die Geschichte. Im Gegensatz dazu steht der literale Stil, der die Aufmerksamkeit stärker auf die Sprache selbst, d. h. auf die sprachlichen Verfahren der Darstellung und Bedeu-

Diskretion und Aufdringlichkeit der Sprache

tungserzeugung, als auf die Geschichte lenkt. In Anlehnung an den formalistischen Begriff der *Literalität* (auch *Literarizität*) hat Todorov das als literalen Aspekt der Erzählrede bezeichnet. Besonders reflektierende und beschreibende Passagen wirken sich – das zeigt sich gerade bei Stifter – unmittelbar auf die Erzählgeschwindigkeit aus, da sie das Erzählen des Ereignisablaufs unterbrechen und dadurch die Statik der Situation im Erzähldiskurs umsetzen.

Analyse des Erzähldiskurses III: Perspektive und Fokalisation

Die Ferne zum Ereignis Krieg und ihr Ausschluß vom Handeln zwingt die Schwestern zur Interpretation von Zeichen, die über die Realität des Krieges Auskunft geben müssen. Das Angewiesensein auf die Zeichen und ihre Interpretation macht die Schwestern von einem funktionierenden Informationsfluß abhängig und damit von der Mitteilung von Zeichen und Nachrichten – und vom Erzählen. Dieses Erzählen enthüllt sich als ein Spiel mit Empfängern von Nachrichten und Mitteilungen. Objekte dieses Spiels sind die Schwestern und auch die Leser, denen Informationen über bestimmte Ereignisse vorenthalten werden. Für diese Erzählweise ist etwa charakteristisch, daß beide Hauptfiguren zu keiner Zeit über ein größeres Wissen verfügen als die Leser. Die Erzählung hält für Leser wie für die Protagonisten Wissen begrenzt. Dies führt zu einem weiteren Grundbegriff (Kategorie) des Erzähldiskurses. Es handelt sich um die Wahrnehmung bzw. die *Perspektive*. Ein Erzähler teilt nicht nur einfach etwas mit, sondern er teilt mit, was er zuvor wahrgenommen hat oder beim Erzählen wahrnimmt. In *Sehen und Sagen* der Erzähltheorie wurde dieser Unterschied auf die Begriffe *Sehen* und *Sagen* gebracht und besonders von Genette in *Figures III* (1972) mit den Begriffen *voix* (Stimme, Ausdruck) und *focalisation* genauer beschrieben. Der Ausdruck *focalisation* entspricht nur ungefähr den Ausdrücken Perspektive, Standpunkt (*point of view*) oder Blickwinkel, wie sie von Stanzel (1991) und der angelsächsischen Erzählforschung benutzt werden. *Fokalisation* bezeichnet den Sachverhalt, daß in der Wahrnehmung die Ereignisse nie rein als solche, sondern immer schon durch einen Filter vom individuell gewählten Blickwinkel der wahrnehmenden Person aus erscheinen. Was gesehen wird, ist dadurch bestimmt, *Der Fokus: Panorama und Detailsicht* von wem wahrgenommen wird. Ein Ereignis, Gefühl oder Zustand erscheint in Abhängigkeit vom jeweiligen *Fokus*; je nachdem, auf welchen Punkt die Scharfeinstellung der Wahrnehmung (der Fokus) gerichtet ist, kann eine Detailansicht oder eine panoramatische Übersicht vorliegen. Ein Erzähler teilt mit, was er oder die Protagonisten der Erzählung sehen. Entsprechend der Unterscheidung zwischen Wahrnehmen und Erzählen muß zwischen dem Arrangieren des Wahrgenommenen, also den Ereignissen, Empfindungen und Gedanken (zeitliche Ordnung des Erzählten), und dem Ordnen und Komponieren des Erzählens (Ordnung des Erzählens) differenziert werden. Ein Erzähler kann die handelnden Protagonisten selbst sprechen lassen, ohne deren *Fokalisation* vollständig zu übernehmen; er kann aber auch die *Fokalisation* der Protagonisten ganz in den Vordergrund treten lassen. Teilt sich eine Person im *inneren Monolog* selbst mit, dann ist nicht nur die Erzählerrolle auf die empfindende und reflektierende Person übergegangen, sondern es wurde auch der Wahrnehmungsfokus verändert. Im *inneren Monolog* wird die Außenwahrnehmung des Beobachters aufgegeben und durch die innengerichtete Wahrnehmung des Erlebenden ersetzt (interne Fokalisation). In Stifters Erzählung mit ihrem auktorialen Erzählmodell liegt eine panoramatische Beobachterposition mit Außenwahrnehmung auf die Ereignisse vor. Diese externe *Fokalisation* wird besonders am Anfang und am Ende der Erzählung deutlich, wo die Stimme des Erzählers die Leser anspricht und das selbst Gesehene und Erlebte beschreibt und kommentiert. Der Erzähler gibt jedoch mit dem Beginn der eigentlichen Geschichte die externe *Fokalisation* auf und verschwindet beinahe vollständig in der Darstellung des Geschehens. Dem entspricht die begrenzte Wahrnehmungsweise Clarissas. Dabei handelt es sich um einen Fall von »interner Fokalisation«. So setzt sich die Dominanz des Erzähldiskurses über die Geschichte über das Ende der Geschichte hinaus fort. Am Ende der Erzählung triumphiert der Erzähler über die Vergänglichkeit und das Vergessen der Natur, die in der Geschichte die Kultur überdauert. Das Erzählergedächtnis verfügt über ein umfassendes Wissen, das auch die Erinnerungen an die Geschichte und ihre Personen miteinschließt. Als autonomer Erzähler hält er die Fäden des Erzählens in der Hand.

»Mit Hilfe der Askese soll es manchem Buddhisten gelingen, eine ganze Landschaft aus einer Saubohne herauszulesen. Das hätten die ersten, die Erzählungen analysierten, gerne gekonnt: alle Erzählungen der Welt (sie sind Legion) aus einer einzigen Struktur herauszulesen.« (Roland Barthes)

Weiterführende Lektüre

Folgende Sammelbände enthalten wichtige Arbeiten der Erzähltheorie des französischen Strukturalismus in deutscher Übersetzung: Blumensath (1972), *Strukturalismus und Literaturwissenschaft*; Gallas (1972): *Strukturalismus als interpretatives Verfahren* und Ihwe (1972) (Hg.): *Literaturwissenschaft und Linguistik*.

   Gute Überblicksdarstellungen zur Erzähltheorie bieten u.a. Fietz (1982): *Strukturalismus. Eine Einführung*; Ludwig (1982) (Hg.): *Arbeitsbuch Romananalyse*; Rimmon-Kenan (1983): *Narrative Fiction. Contemporary Poetics* und Lodge (1993): *Die Kunst des Erzählens*.

   Neue Forschungsansätze zur Erzähltheorie bieten u.a.: Paul Ricoeur (1989): *Zeit und Erzählung* und *Zeit und Literarische Erzählung*; Hayden White (1990): *Die Bedeutung der Form*.

Gattung

Holt Meyer

Wie man die Literatur als Ensemble von lyrischen und narrativen Verfahren verstehen kann, so kann man sie ebenfalls als ein Ensemble von Gattungen betrachten, die keineswegs in den Verfahren aufgehen bzw. als Kombinationen von Verfahren beschreibbar wären (die Verfahren eines Textes stellen nur eines unter vielen Kriterien zu seiner Gattungsbestimmung dar). Während lyrische und narrative Verfahren außerhalb der Grenzen der Textsorte (und des Mediums) ›Literatur‹ zu finden sind (Lautäquivalenzen in der Werbung, narrative Mechanismen im Dokumentarfilm), kommen die literarischen Gattungen lediglich metaphorisch in anderen Textsorten und Medien zur Verwendung (z. B. Chopins ›Balladen‹, ein ›elegischer‹ Liebesbrief, ein ›tragischer‹ Vorfall).

Diese relative Begrenztheit des Wirkungsfeldes der literarischen Gattungen macht eine Bestimmung ihrer Funktion, der Gesetze ihrer Entstehung und Evolution und ihrer distinktiven Merkmale nicht einfacher. Im Gegenteil: Sie ruft Widersprüche und grundsätzliche logische Schwierigkeiten auf den Plan (Schnur-Wellpott 1983 spricht von ›Aporien‹). Wenn man also konstatiert, die Geschichte der Literatur sei die Geschichte ihrer Gattungen, so hat man die Verortung der literarischen Gattung in der Konfiguration der Elemente, die die Literarizität ausmachen, nicht beendet, sondern erst begonnen.

Historische Positionen: normative Konzepte vs. radikale Ablehnung der Gattungen

Die traditionellen, ansatzweise in der Renaissance entstandenen (vgl. dazu ausführlich Colie 1973) und im 18. Jahrhundert voll zur Geltung kommenden taxonomischen Literarturbestimmungen, die meist mit normativen Vorstellungen verknüpft sind, sind natürlich kein ausreichender Ansatz für die Behandlung des Aufzeichnungsmodells ›Gattung‹. Auch die sich in der ersten Hälfte des 19. Jahrhunderts davon absetzenden, aber aus den normativen Positionen des 18. Jahrhunderts hervorgehenden Konzeptionen, die die Gattungen als ›Naturformen‹ (Goethe 1976, 187ff.), ›Weltanschauungstypen‹ (Dilthey 1957) oder ›Archetypen‹ (Frye 1957) sehen, führen von einer sachlichen und zeitgemäßen Intrumentalisierung des Gattungsbegriffes weg. Aber die radikale Ablehnung jedweder Gattungstheorie zugunsten der ›Expression‹, des Stils oder der Genialität des Autors, die von Croce (1939) und seinen Schülern wie z. B. Karl Voßler (1902), sowie den amerikanischen ›new critics‹ (vgl. Hack 1916 und Spingarn 1931) befürwortet wurde, ignoriert literarische und v. a. literarhistorische Gegebenheiten, ohne die die Bestimmung der Literatur und die sachgemäße Arbeit mit literarischen Texten geradezu unmöglich gemacht wird. Man sieht, daß mit der Evolution der Gattungen eine Evolution der

Gattungskonzeptionen selbst stattfindet. Man stellt auch fest, daß diese beiden Evolutionsprozesse einander beeinflussen und bedingen.

Zwischen Ontologisierung und Normativität einerseits, und der völligen Verwerfung der Gattungen andererseits, kann und muß man einen Kurs ansteuern, der der nicht wegzudenkenden Rolle der Gattungen unter den Produktionsstrategien literarischer Texte Rechnung trägt.

Abgrenzungen nach Innen und Außen

Diese Aufgabe wird dadurch kompliziert, daß es eine schier unübersichtliche Vielzahl von Modellen gibt, die die Gattungsproblematik zu erfassen versuchen und dementsprechend die Gattung selbst definieren. Die Definition des Begriffes ›Gattung‹ bzw. ›Genre‹ selbst ist von einer doppelten, d.h. einer ›externen‹ und einer ›internen‹ Abgrenzbewegung gekennzeichnet.

Abgrenzbewegung

Die Aufgabe der ›internen‹ Abgrenzung ist es, die verschiedenen, zumeist hierarchisch aufgefaßten Aufteilungen in Gattung, Unter- bzw. Subgattung (vgl. z.B. Skwarczyńskas (1966): ›genre – espèce – sous-genre‹, Beispiele dafür wären Epik-Roman-Kriminalroman, Lyrik-Sonett-Liebessonett o.ä.) zu präzisieren, während die ›externe‹ Abgrenzung bemüht ist, literarische Gattung insgesamt von Konzeptionen wie ›Textsorte‹, ›Sprechsituation‹, ›Schreibweise‹ u.a. zu trennen. Einige Theorien und Traditionen – v.a. im angelsächsischen Bereich (vgl. Fowler 1982) – verwenden parallele Begriffe wie ›Modus‹ (*mode*) und ›Art‹ (*kind*), um vom historischen, literaturimmanenten Gattungsbegriff wegzukommen; die Stellung einer solchen Begrifflichkeit muß ebenfalls erläutert werden. Außerdem ist es notwendig, den logischen Status der Abstrakta zu klären, die jede Gattungstheorie hervorbringt, sowie den argumentativen Zugang (Induktion, Deduktion) festzulegen, im Rahmen dessen die Gattungsbegrifflichkeit entsteht.

Interne und externe Abgrenzung

Nur als Ergebnis dieser vielfachen Abgrenzungs- und Präzisierungsvorgänge kann sich eine Vorstellung von der Gattung als Produktionsstrategie herauskristallisieren. Die Notwendigkeit dieser Vorgänge ist v.a. dadurch gegeben, daß epistemologisch unkritische Gattungstheorien voller Inkonsequenzen sind, die z.T. durch bewußte oder unbewußte Literaturgeschichtsfälschungen untermauert werden. Das Paradebeispiel einer solchen Theorie ist ironischerweise das Kernstück der neuzeitlichen Gattungsbeschreibung, nämlich die Lehre von der grundsätzlichen Dreiteilung der Literatur in Epik, Lyrik und Drama (die klassische Trias). Genette hat nachgewiesen, daß diese Lehre nicht auf Aristoteles oder gar Platon zurückgeführt werden kann, sondern sich im Gegenteil erst im Laufe des 18. Jahrhunderts etablierte (bereits Hempfer (1973, 158) beklagt die Tatsache, daß »die Behauptung nicht auszurotten ist, die goethezeitliche Trias fände sich bereits in der Antike«). Dies hat, so Genette (1977, 389f.), ärgerliche Folgen für die Literaturtheorie, denn die relativ neue Theorie der ›drei funda-

Gattung als Produktionsstrategie.

Die klassische Fälschung: Epik, Lyrik und Drama

mentalen Gattungen‹ schreibt sich eine Art Ewigkeitsstatus zu, sichert sich bei den größten Autoritäten des westlichen Denkens ab und stellt sich als Teil einer vermeintlich natürlichen Ordnung dar.

Es wurden immer wieder Versuche gemacht, eine gewisse Schematik oder Symmetrie unter den drei Kategorien herzustellen. Geht Goethe mit seinen ›Naturformen‹ eher impressionistisch um (Epik ist für ihn »klar erzählend«, Lyrik »enthusiastisch aufgeregt« und Drama »persönlich handelnd«) so gab es auch Versuche, mit einer symmetrischen ›Rollenverteilung‹ zu arbeiten: Demzufolge reden ausschließlich die Protagonisten im Drama, ausschließlich der Verfasser in der Lyrik, und sowohl der Verfasser als auch die Protagonisten in der Epik. Diese

Platons Trias

Sichtweise wird von Todorov (1975, 176f.) als eine aus dem 4. Jahrhundert stammende Systematisierung von Platon seitens Diomeds dargestellt. Bei Platon selbst – im dritten Buch des *Staates*, in dem er die Ausweisung der Dichter aus der Polis befürwortet – werden drei Formen (*lexis*) der Dichtung (genauer gesagt, des Erzählens *diegesis*) definiert, und zwar 1. die narrative (*haple diegesis*), 2. die mimetische (*dia mimeseos*, es geht hier um das Drama bzw. um das Dialogische) und 3. die gemischte (sowohl Erzählen als auch Dialog, wie bei Homer). Als Beispiel für die reine Narrativik gibt er den Dithyrambos an. Bei Platon fehlt also die Lyrik. Außerdem geht es Platon, wie Hempfer (1973, 157) bemerkt, »nicht um eine Literatursystematik, sondern um die moralische Zulässigkeit verschiedener Ausdrucksformen.«

Aber auch wenn man eine bereits in der Antike erfolgte Umorientierung der platonischen Dreiteilung in die uns bekannte Trias akzeptiert, tauchen andere Probleme prinzipieller Art auf: Es wird hier zwar auf derselben Ebene argumentiert, aber es ist mehr als zweifelhaft, daß die ausschließlich für mimetisch-realistische Werke (d. h. diejenigen, die bei Platon beschrieben werden) gültige Frage ›wer redet?‹ als Hauptkriterium der Gattungsbestimmung dienen kann. In Wirklichkeit haben wir bei der Gattungstrias mit einer ausgesprochen heterogenen Konfiguration zu tun. Während normalerweise die Abhängigkeit der Sprache und der Verfahren des Dramas von denjeingen der Epik geltend gemacht wird (auch bei Käte Hamburger (1968), womit sie der Todorovschen Argumentation – allerdings aus einer völlig anderen Position – vorgreift), wurde im Rahmen des Prager Strukturalismus (vgl. Jiří Veltruský 1977) versucht, doch eine spezifische sprachliche und semantische Beschaffenheit des dramatischen Textes herauszuarbeiten. Hier werden die Gewährleistung der semantischen Einheit des Texte durch Regieanweisungen als herausragende Besonderheit erwähnt. Diese Konzeption wurde von Procházka kritisiert (1984, 118f.).

Historische oder analytische Kategorien

Man kommt zwangsläufig zu dem Schluß, daß die klassische Trias auf wackeligen Beinen steht und eine historische, aber keine analytische Berechtigung hat. Schaeffer faßt diese Situation so zusammen: »die in der Gattungsbeschreibung verwendeten Begriffe haben einen Mischlingsstatus. Sie sind keine reinen analytischen Termini, die sich von Außen auf die Geschichte von Texten beziehen, sondern nehmen in verschiedenen Stufen an dieser Geschichte selbst teil« (1989, 65). Auch wer Todorovs radikaler Auflösung der Literatur skeptisch gegenübersteht – lediglich die von den russischen Formalisten und von Jakobson durch Parallelismen, Lautwiederholungen u. ä. definierte Poetizität der Sprache einerseits, und die Fiktionalität bzw. die narrativen Verfahren andererseits werden von ihm als brauchbare und belegbare Kategorien akzeptiert), muß konstatieren, daß die ›drei fundamentalen Gattungen‹ nicht durch wesentliche und distinktive Merkmale auf derselben Verfahrensebene definiert werden können. Gerade deshalb wurden sie nachträglich mit spekulativen historischen oder metaphysischen Eigenschaften belegt (→ *Lyrische Verfahren*, S. 27).

Genette (1977, 391) führt die aufwertende Verbindung der Triade mit Aristoteles auf den Abt Batteux zurück, dessen Traktat *Les beux-arts réduits à un même principe* (1746) ein Kapitel mit dem Titel »Que cette doctrine est conforme à celle d'Aristote« beinhaltet. Bei Aristoteles fehlt aber ebenfalls die Kategorie des Lyrischen, was ungleich schwerwiegender ist, denn Aristoteles gibt im Gegensatz zu Platon vor, eine systematische Poetik zu formulieren. Am Ende des XXII. Kapitels der *Poetik*, in dem es v. a. um Stil (*lexis*) geht, gibt er die drei Dichtarten als Dithyrambos, Epos und Dialog im Drama an. Batteux behauptet, daß der Dithyrambos unserer Lyrik entspricht, aber die wenigen Informationen zum Dithyrambos, die wir besitzen, weisen ihn als Chorgesang zu Ehren von Dionysos aus. Wenn aber Aristoteles damit wirklich die Lyrik in unserem Sinne hätte beschreiben wollen, warum läßt er den Lyriker Pindaros und die Lyrikerin Sappho außer acht (sie werden an anderer Stelle in einem anderen Zusammenhang erwähnt)? Man erinnere sich, daß Platon den Dithyrambos zu den rein narrativen Varianten der Dichtung zählt.

Die Gattungseinteilung ist also immer auch das Produkt der Interessen der jeweiligen Epoche, in der sie entsteht. Die taxonomischnormative Gattungshierarchie des Klassizismus (v. a. der französischen Klassik des 17. und 18. Jahrhunderts, wovon Nicolas Boileau-Despréaux mit seiner *L'Art poétique* (1674) als der markanteste Poetologe anzusehen ist) ist ebenso typisch für seine Zeit wie später die spekulative Hypostasierung der Trias, war doch das Denken des späten 18. und frühen 19. Jahrhunderts von einer universalen Neueinteilung der Welt und des Wissens, was im Hegelschen System mit seiner ontologischen und teleologischen Verkettung der Gattungen als Stationen auf dem Weg zum ›absoluten Geist‹ einen vorläufigen Höhepunkt erreicht.

Die Geschichtlichkeit der Klassifikationen

Keine Gattungseinteilung hat Ewigkeitswert. Ohne die von Brunetière (1890) vertretene ›darwinistisch-organische‹ These von ›Geburt‹ und ›Tod‹ der einzelnen Gattungen unkritisch zu übernehmen, kann man v. a. den Prozeß der ständig, meist in Form der Umkodierung einer bereits existierenden Gattung stattfindenden Entstehung neuer Gattungen über die ganze Literaturgeschichte hinweg verfolgen. Schaeffer (1986, 187ff.) führt ein begrenztes aber lehrreiches Beispiel an, um die Macht einer Interessengemeinschaft, des Zeitgeistes, einer Ideologie o. ä. in der Bestimmung (besser gesagt, der retrospektiven

Interesse, Zeitgeist, Ideologie

Heldenepos

Projektion) einer historischen Gattung zu illustrieren: das ›deutsche Heldenepos‹ des 12. und 13. Jahrhunderts. Im späten 19. Jahrhundert entsteht in der deutschen Philologie die Konzeption einer Opposition zwischen dem höfisch-französischen (v. a. die Arthuslegende) und dem ›germanischen‹ Heldenepos (z. B. das *Nibelungenlied*), wobei ersteres als Produkt einer ›weiblich-verweichlichten‹ und letzteres als Verkörperung der männlichen ›germanischen Weltanschauung‹ angesehen wird. Es stellt sich aber beim näheren Hinschauen heraus, daß diese Opposition völlig unhaltbar ist. Keine solche Trennung ist aus der Entstehungszeit der Texte belegt. Der Vergleich selbst wird nicht auf einer Ebene gezogen (Definition durch Quellen im ›germanischen‹ Fall vs. Definition durch die Anwesenheit einer Figur im ›französischen‹ Fall). Außerdem weisen die beiden vermeintlich grundverschiedenen Texttypen eine dermaßen große Anzahl von formalen, thematischen und narrativen Gemeinsamkeiten auf, daß sich die Trennung bei näherem Hinsehen wie ein Phantom in Luft auflöst bzw. sich als fadenscheinige Ideologie herausstellt (vgl. dazu auch Rupp 1960). Das ›germanische Heldenepos‹ ist, so Schaeffer (1986, 190) »keine Gattung der Literatur des 13. Jahrhunderts, sondern eine metaliterarische Gattung des 19. Jahrhunderts, eine Gattung der Germanistik.«

Realismus, Nominalismus, Konstruktivismus

Kritik der extériorité und der apriorischen Position

Schaeffer kommt aufgrund dieser Ergebnisse zu dem Schluß, daß es unsinnig ist, von einer ›Äußerlichkeit der Gattung‹ (*extériorité générique*) auszugehen, die eine mehr oder wenig explizite Analogie zwischen dem Text und dem konkret-physischen Objekt postuliert oder sogar den Text als eine Art Organismus ansieht (der Begriff ›Gattung‹ in diesem Sinne stammt ja aus der taxonomischen Biologie des 18. Jahrhunderts). Was Schaeffer die *extériorité* der Gattung nennt, ist in vieler Hinsicht ein Sammelbegriff für die meisten epistemologischen Positionen, die Hempfer in seiner grundlegenden Arbeit zur Gattungsfrage vorführt. Dort wird ausführlich gezeigt, in welchem Maße die Gattungsproblematik grundsätzliche Probleme logischer Art aufwirft. Die bereits angesprochene Unterscheidung zwischen der Ontologisierung und der Verwerfung der Gattungskategorien entspricht einer Auseinandersetzung um den Status von Allgemeinbegriffen (›Universalienstreit‹), die man bis in die scholastische Metaphysik zurückverfolgen kann: die Auseinandersetzung zwischen Realismus (bzw. Platonismus) und Nominalismus. Während die erste Position vom objektiven Sein der Allgemeinbegriffe neben den individuellen Dingen ausgeht (in der Scholastik: entweder das platonische *universalia ante res* oder das aristotelische *universalia in rebus*), bestreitet die zweite Position die Referenz der Allgemeinbegriffe und betrachtet sie als bloß allgemein verwendete Wortzeichen. Neben diesen beiden klassischen Positionen gibt es auch einen mit Boethius und John Locke assoziierten Konzeptualismus, der das Bestehen von Allgemeinbegriffen zuläßt,

Realismus oder Nominalismus: Sind Gattungen Dinge in der Welt oder Konzepte im Kopf?

ohne ihnen einen ontologischen Status zuzubilligen (*universalia in mente* bzw. *post res*). Gemäß dieser Sichtweise werden die Allgemeinbegriffe erst durch ihre Definition geschaffen.

Die nominalistischen Gattungsauffassungen (Croce, Voßler, ›new criticism‹) sind in der Minderzahl. Sie machen außerdem oft einen Popanz aus den literarischen Gattungen, indem sie den Gattungsbegriff als notwendig normativ verstehen. Betrachtet man die literarischen Gattungen nicht als Vorschriften, sondern als faktisch produktionsteuernde Faktoren für die Entstehung literarischer Texte, so entkräftet man die meisten nominalistischen Argumente. Für die Nominalisten tritt der Individualstil (Spitzer 1928) oder sogar das ›Erlebnis‹ der Dichtung – Meschonnic (1969, 18) plädiert dafür, die Dichtung ›*comme un vécu*‹ zu betrachten – an die Stelle der Regelhaftigkeit. Die weiter oben erwähnten realistischen, d.h. naturalisierenden und ontologisierenden Positionen von Goethe, Dilthey u.a. sind aus geistesgeschichtlicher Sicht z.T. hochinteressant, werden aber nicht von literaturwissenschaftlichen, sondern von philosophischen (nicht einmal epistemologischen) oder ideologischen Prinzipien geleitet. Allen bisher benannten Positionen gemeinsam ist der apriorische Status der ihnen zugrundeliegenden Überzeugungen. Auch die an Edmund Husserl orientierte orthodox phänomenologische Gattungsbetrachtung bei Leibfried »kommt nicht über die Annahme apriorischer Wesenheiten hinaus«, denn sie geht vom Vorhandensein der Texttypen als ewige Wesen aus, die noch nicht voll erkannt worden sind (Hempfer 1973, 121). Da die Art der Entstehung bzw. der Formulierung der Gattungspositionen die entscheidende Rolle für ihre Brauchbarkeit in der literaturwissenschaftlichen Arbeit ist, sind die Unterschiede zwischen apriorischen Positionen Scheinoppositionen. Hempfer plädiert für eine an Piaget orientierte »konstruktivistische Synthese«. Piaget formuliert eine ›Entwicklungspsychologie‹, die sowohl die Psychogenese logischer Strukturen beim Kind als auch eine Soziogenese der Erkenntnisse im historischen Entwicklungsprozeß der Einzelwissenschaften beschreibt. In beiden Gebieten deckt Piaget Entwicklungstendenzen und -etappen auf, die für die Entstehung der Allgemeinbegriffe insgesamt von Belang sind. Laut Hempfer wären die literarischen Gattungen gemäß dieser Sicht nicht als evidente Tatsachen, sondern als »Normen der Kommunikation« zu betrachten, die »mehr oder weniger interiorisiert sein können«. Sie entsprächen dem, was Piaget als ›*faits normatifs*‹ bezeichnet, und könnten auch »kommunikative Universalien« genannt werden (Hempfer 1973, 126).

Die konstruktivistische Synthese

Es ist allerdings nicht ratsam, Fragen der Gattungsbestimmung auf die Epistemologie zu reduzieren. Näher an der uns unmittelbar beschäftigenden literaturwissenschaftlichen Methodologie ist die Unterscheidung zwischen dem induktiven und dem deduktiven Zugang. Es ist nämlich wichtig festzuhalten, daß sowohl die reine Induktion (die konkreten Texte als einziger zulässiger Ausgangspunkt für Kategorienbildung) als auch die reine Deduktion (Festlegung der Kategorien vor der Untersuchung der Texte) in eine (methodo)logische Sackgasse

Induktion und Deduktion: Methodologische Sackgassen und das dankbare Material der Texte

führt. Literarische Texte sind aus dieser Sicht ein dankbares Material, denn sie liefern oft ihre eigene Gattungsbezeichnung oder geben mehr oder weniger eindeutige Signale, um den Prozeß der Gattungsfindung in Gang zu setzen. Hier darf man allerdings nicht vergessen, daß die Selbstbezeichnung eines Textes etwa als ›Roman‹, wie Genette (1987, 15f.) schreibt, »nicht bedeutet ›dieses Buch ist ein Roman‹, eine Definitionsaussage, die niemand die Macht hat auszusprechen, sondern eher ›betrachten Sie dieses Buch als ob es ein Roman wäre‹«.

Kriterien:
Eine sich ändernde
Konfiguration

Ein weiterer, in der systematischen Literatur zur Gattung immer wieder anzutreffender Einwand gegen die Aufrechterhaltung der Vorstellung der ›drei großen‹ Gattungen und andere verbreitete Konzeptionen ist die Inkonsequenz der Argumentation, d. h. das Lavieren zwischen verschiedenen Ebenen bzw. Kriterien der Gattungsbestimmung. Welche Ebene, welches Merkmal der Texte hat man also zu berücksichtigen, um eine logisch einigermaßen einheitliche Abgrenzung zu gewährleisten? Bei Fowler (1982, 60ff.) etwa finden wir eine Liste von vierzehn Merkmalen, nach denen die Gattungen voneinander geschieden werden können bzw. worden sind. Diese sind: 1. der »representational aspect« (narrativ, dramatisch), 2. die externe Struktur (Kapitel, Strophen); 3. das Metrum; 4. der Umfang; 5. Beschaffenheit der Einheiten (Reihung von Skizzen im Richardsonschen Roman); 6. das Thema; 7. die im Werk vertretenen Werte; 8. die Stimmung bzw. Atmosphäre; 9. der Anlaß (Zusammenhang mit einem Ritual, wie z. B. in Shakespeares *Twelfth Night*); 10. die Haltung des Autors gegenüber dem Publikum (z. B. Unterordnung, wie etwa in einem Werk an einen Mäzen); 11. *mise-en-scène* (z. B. das Weltall in der *science fiction*); 12. Beschaffenheit der Figuren (der klassische tragische Held muß z. B. eine herausragende Persönlichkeit sein); 13. Zusammensetzung der Episoden (z. B. die lose Anreihung im pikaresken Roman); 14. der Stil. Man kann keinem dieser Kriterien den absoluten Vorrang geben, kann aber konstatieren, daß in bestimmten historischen Epochen gewisse Kriterien eine übergeordnete Rolle spielen, wie z. B. das Thema im Realismus des 19. und 20. Jahrhunderts (historischer Roman, Kriminalroman usw.) oder das Metrum im Klassizismus.

Intériorité: das Konzept
der Dominanten-
verschiebung

Die Betrachtung der Verfahren als Gattungskriterium ist für den frühen russischen Formalismus charakteristisch, führt aber in dieser Form zu keiner Systematik. Als eine spätere Systematisierung und Semantisierung einer solchen Sichtweise kann Igor Smirnovs (1991) Verknüpfung der Gattungen mit den rhetorischen Tropen (hier spielen Jakobsons, (1993) Theorien zur Verbindung der Prosa mit der Metonymie und der Poesie mit der Metapher eine Rolle) oder mit den in der Semantik des Textes enthaltenen logischen Operationen. Tynjanovs (1969c) Vorstellung von der Dominante, die von Hans-Robert Jauß (1970a, 83) als einem der ersten in der westeuropäischen Gattungsdiskussion aufgegriffen wird, ist deshalb für die Gattungstheorie von großer Wichtigkeit, weil sie, erstens, die frühformalistische Selbstbeschränkung auf formale Verfahren überwindet und ein dynamisches System von ›Reihen‹ postuliert, die unentwegt Verschiebungen und neuen Hierarchisierungen – sowohl unter den Gattungskriterien als auch unter den Gattungen selbst – unterworfen sind, und zweitens, die konstitutive Rolle der bereits angesprochenen (und von Jauß für das Mittelalter geltend gemachte) Gattungsmischung würdigt. Relevant für die heutige Gattungstheorie ist Tynjanovs (1969c) Vorstellung von der Entstehung des ›literarischen Faktums‹, das durch die eben beschriebene Dominantenverschiebung gewährleistet wird. Die Evolu- *Evolution* tion der Gattungskonfigurationen, von denen die normative Hierarchie des Klassizismus nur eine unter vielen Varianten ist, wird gemäß dieser Vorstellung dadurch vorangetrieben, daß bestimmte Textsorten, die bisher nicht zur Literatur gezählt wurde, sich in die Reihen bzw. an die Spitze der literarischen Gattungen ›vorkämpfen‹. So verwandelt sich die faktographische Prosaskizze (russ. *očerk*) im Rahmen des frühen russischen Realismus (z. B. bei Graf Vladimir Sollugub) von einer nicht-literarischen in eine literarische Textsorte, um im Laufe des 19. Jahrhunderts zu einer dominierenden Gattung zu werden (vgl. Döring-Smirnov 1980).

Ein anderes Beispiel ist die Geschichte des Aphorismus als literari- *Aphorismen:* scher Gattung. Von seinen Anfängen in der Medizin der Antike – das *Von der Wissenschaft* altgriechische *aphorismos* stammt von *aphorizein* (›bestimmen‹, ›ein- *zur Kunst* grenzen‹) und bezeichnet ursprünglich einen medizinischen Lehrsatz – über seine Integration in die Montaignesche Essayistik (seine *Essais* sind vorgebliche Erläuterungen von Aphorismen wie »Philosophieren heißt sterben lernen«, die aber durch eine ausufernde Antisystematik der *brevitas* des Aphorismus konterkarieren; → *Topik/Inventio*) bis zu seinen ersten Anwendung als Kunstform bei Gracian (*Oráculo manual*, 1637–53) legt der Aphorismus einen Weg von der Wissenschaft in die Literatur zurück, der sich in seinem ambivalenten Status zwischen dem Fiktionalen und Nicht-Fiktionalen (d. h. in seinem Status als ›literarisches Faktum‹) bis zum heutigen Tag bemerkbar macht. Obwohl er scheinbar durch die *Réflexions ou Sentences et Maximes* (1678) von La Rochefoucauld eine feste Stellung in der maßgeblichen Gattungskonstellation der französischen Klassik gewinnt, und die Fortsetzung in der Aufklärung bei Diderot (vgl. dazu Starobinski 1991), Vauvenargues, Chamfort u. a. hat, übt die Gattung des Aphorimus gerade wegen ihrer Stellung an der Grenze des Literarischen in jeder Epoche eine bemerkenswerte Anziehungskraft aus. Sowohl ›intern‹ gegenüber ›Maxime‹, ›Gnome‹, ›Sinnspruch‹, ›Apophthegma‹, ›Fragment‹, ›greguería‹, ›note‹ usw. als auch ›extern‹ gegenüber dem Epigramm, der erzählenden Kurzform oft schwer abgrenzbar, harrt der Aphorismus einer befriedigenden Bestimmung (Helmich 1991, 14 bietet die Formulierung: »kontextuell isolierte, konzise, pointierte literarische Prosaform«) und das, obwohl er ein ausgesprochen scharfes Gattungsbewußtsein mit sich trägt und herausfordert. Seine Weiterentwicklung bei Lichtenberg und Romantikern wie Schlegel und Novalis (vgl. Neumann 1976) fördert das Potential der Nicht-Abgeschlossenheit zu Tage und verbannt die saubere Abgeschlossenheit der aufklärerischen Version der Gattung aus der Hierarchie seiner Merkmale (d. h. von der

Position der Dominante). Gerade diese Eigenschaft macht den Aphorismus für Nietzsche attraktiv, der in der Tradition Hamanns und
Friedrich Schlegels die Textsorte der Philosophie ›literarisiert‹ (vgl.
Blanchot 1969 und Heller 1989). Bei all diesen Übergängen (die Geschichte der Innovationen geht natürlich – etwa bei Cioran und Perec –
weiter) sind es nicht einzelne Verfahren der Gattung, sondern die Gattung selbst als dynamische Konfiguration (nicht nur) dieser Verfahren,
die die treibende Kraft der Entwicklung ist.

Aktuelle Modelle im Lichte der Gattungslogik

*Michail Bachtin
und der alte Realismus*

Führen wir uns vor dem Hintergrund des bereits Gesagten einige aktuelle Gattungsauffassungen vor Augen. Das Stichwort von der ›Macht
der Gattungen‹ führt uns direkt zu den Konzeptionen von Michail
Bachtin, die in den letzten Jahren in breiten Kreisen Beachtung fanden.
Bachtins spektakuläre, in der Schaffensperiode der dreißiger Jahre entwickelte Gattungskonzeption geht z.T. aus der Kritik an der verfah-
rensorientierten Konzeption des russischen Formalismus hervor; die
Passagen zur Gattung im Dostoevskij-Buch (1971) sind in der ersten
Ausgabe von 1929 noch nicht vorhanden (dazu vgl. Morson/Emerson
1990, 271ff.). Bachtin lehnt eine Auffassung der Gattung als Produkt
der Verschiebung von Dominanten ab, und erhebt die Gattung zum
Movens der literarischen Produktion. Bachtin kommt zu der Überzeugung, daß die Gattungen Denkarten sind, die ein weltanschauliches
Potential enthalten. Am Beispiel von Dostoevskijs ›polyphonem‹ Roman versucht Bachtin zu zeigen, daß der große Romancier mit seiner
neuartigen Romansorte v.a. eine neue, mit Einsteins Relativitätstheorie
vergleichbare Sichtweise für die Welt entdeckt hat. Analog sieht er jede
andere neugeschaffene Gattung. Die Gattung als ›Form‹ ist in diesem
Sinne ein ›geronnener Inhalt‹. Bachtin (1986) erweitert seine Aufwertung der Gattung in einer Theorie der ›Redegattungen‹, die weit über
die Grenzen des literarischen Textes hinausgeht. Gemäß dieser Konzeption ist jede Aussage von bestimmten Redegattungen vorgeprägt,
die wiederum das Gedächtnis an menschlichen Erfahrungen enthalten.
Genette (1977, 390) verweist darauf, daß Bachtin in seiner Abhandlung
Epos und Roman aus dem Jahr 1938 die klassische Gattungstrias Aristoteles zuschreibt. Vor dem Hintergrund der bisherigen Ausführungen ist – bei aller richtigen Hervorhebung der Bedeutung der Gattungen – Bachtins stillschweigende Voraussetzung der ontologisierenden
Gattungsbetrachtung leicht erkennbar. Auf dieser Grundlage vertritt
Bachtin eine Art sozialen oder soziologischen Realismus, der die naturalisierenden Tendenzen seiner Vorbilder aus dem 19. Jahrhundert
durch das soziale Gedächtnis ersetzt.

*Der neue
Nominalismus von
Gérard Genette*

Von Genette stammt auch das zweite hier anzuführende aktuelle
Modell. Nach der weiter oben besprochenen Korrektur in der Historiographie der Gattungseinteilung unternimmt Genette in einer Reihe
von Arbeiten (1979, 1987, 1993) eine Umorientierung in der Gattungs-

definition, v. a. unter Bezugnahme auf die parallel laufende Intertextualitätstheorie, die mit den Namen Julia Kristeva und Michel Riffaterre verbunden ist. Genettes (1993, 9) Konzeption der Transtextualität, die weiter differenziert wird in den Paratext (Titel, Motto, Widmung usw.), den Intertext (der durch Allusionen und Zitate vorhandene fremde Text), den Hyper- bzw. Hypotext (Abhängigkeits- und Transformationsbeziehungen von ganzen Texten), den Metatext (das Verhältnis zwischen Text und Kommentar) und den die Gattung unmittelbar unterordnenden Architext (in früheren Arbeiten bezeichnete dieser Begriff die Transtextualität insgesamt), wird zum Oberbegriff, der die alte Gattungskonzeption durch eine globale Beschreibung der »textuellen Transzendenz« ersetzen soll (Genette 1993, 9; → *Intertextualität: Lektüre – Text – Intertext*, S. 366).

Gattungstheorie und Intertextualität

Der Paratext, dem Genette eine ganze Arbeit widmet (1987), dient der pragmatischen Orientierung des Textes im Zusammenhang mit anderen Texten, und wird dann – v. a., aber nicht nur im Falle des Titels – zum wichtigsten Beispiel dessen, was in der traditionelleren Gattungstheorie ein Gattungssignal genannt wird. Da sich aber Genette zu dieser Zeit nicht mehr für die Gattungstheorie an sich interessiert bzw. sie der ›Architextualität‹ unterordnet, wäre es irreführend, das Gattungssignal auf den Paratext zu reduzieren. So kann ein Paratext, wie etwa im Falle des Mottos, eine Textorientierung allgemeiner Art liefern, ohne Auskunft über die Gattungsfrage zu geben. Es sei denn, daß eine bestimmte Gattung, wie etwa der *gothic novel*, durch eine Vielzahl von Mottos gekennzeichnet ist, womit das bloße Vorhandensein der Mottos ein Gattungssignal ist. Umgekehrt beschränken sich die möglichen Gattungssignale – und dies ist für uns entscheidend – nicht auf Paratexte. So nennt Fowler die Eröffnungsformel (etwa die Anrufung der Muse am Anfang des Epos) und die Topik als mögliche Hinweise eines Textes auf seine eigene Gattungsorientierung (1982, 88). Fowler betont, daß auch romantische Texte, die keine Eröffnungsformel im engeren Sinne haben, implizite Gattungssignale in der Form des ersten Satzes versteckt halten.

Gattungssignale

Damit wird ein Punkt angesprochen, der gerade für die Gattung als Produktionsstrategie, und übrigens auch für das Schicksal der Gattung in der Romantik, von großer Wichtigkeit ist, nämlich das Gattungsbewußtsein als konstitutiver Faktor des literarischen Textes praktisch jeder Epoche, einschließlich derjenigen, die vorgeben und sich vornehmen, das Gattungssytem zu vernichten. Ersetzt man die Gattungskonzeption durch ein Netz von Archi- oder Intertexten, so hat man möglicherweise eine systematische Handhabe zur Erläuterung der Verhältnisse literarischer Texte und ihrer Teile untereinander, aber gerade die Absetzbewegungen und Einhaltungsversuche gegenüber der als durchaus konkret (manchmal auch normativ) aufgefaßten und sich wandelnden Gattungshierarchie, die für viele Texte den Schlüssel zum Verständnis liefern, werden dadurch unter den Teppich gekehrt.

Die Unhintergehbarkeit des Gattungs-bewußtseins

Während also Bachtin im alten Realismus haften blieb und damit seinen eigenen Weg zur methodologischen Neuerung in der Gattungstheorie blockierte, vetritt Genette im Endeffekt einen neuen Nominalismus, der zwar nicht die individuelle Stilistik als ausschlaggebend betrachtet – ganz im Gegenteil –, aber doch die Gattungen einem breit angelegten Konzept des Verhältnisses unter Texten unterordnet. Während Genette weitaus systematischer ist, bleibt seine Ausblendung der bei Bachtin apriorisch hervorgehobenen produktionssteuernden Macht der Gattungen folgenschwer. Ähnliche Einwände kann man gegen die Subsumierung der Gattung unter linguistische ›Textsorten‹ oder institutionell abgesicherte ›Diskurse‹ erheben.

Einwände und Beispiele

Einige Beispiele aus der Literaturgeschichte sollen die Funktionsweise dieser Steuerung schließlich noch einmal belegen. Wie Colie (1973, 26ff.) ausführt, macht sich in der Spätrenaissance (bzw. im Manierismus) die Tendenz einer Unterminierung des Gattungssystems bemerkbar, die aber gerade durch die Hervorhebung des Hintergrundes zu einem verschärften Gattungsbewußtsein (bzw. *généricité*) führt und von diesem um so abhängiger ist. Ein unmittelbar gegen die autoritative Sonettauffassung des Petrarca gerichteter Text wie Shakespeares 130. Sonett *My mistress' eyes are nothing like the sun* (hier werden die Petrarkistischen Topoi nacheinander negiert) bewirkt alles andere, als der Sonetttradition ein Ende zu setzen. Und die Entgrenzung des Epigramms und der Maxime – und auch des Mediums ›Text‹ selbst – im Rahmen der Emblematik, sowie die subtile Subversion der mit Erasmus verbundenen Autorität der Aphoristik bei Montaigne führen zu einer Umgruppierung, aber nicht zu einer Vernichtung der Gattungen. Sogar die klassische Gattungstheorie eines Julius Caesar Scaliger (*Poetices libri septem* 1561) läßt eine Mischung der Gattungen zu, auf die laut Colie (1972, 28) Sir Philip Sidneys (*The Defense of Poesie* 1595) Vorstellung von »mingled matters« zurückgeht. Dieser hatte bezüglich der Gattungen den berühmten Ausspruch getan: »sind sie für sich genommen gut, so kann ihre Verbindung nicht schädlich sein«. Cohen (1987, 244) verweist zurecht darauf, daß die für manchen ›postmodernen‹ Denker charakteristische Annahme, »daß die Vermischung der Genres für eine prinzipiell neue Denkweise kennzeichnend« sei, von einem schwachen historischen Bewußtsein zeugt.

»sind sie für sich genommen gut, so kann ihre Verbindung nicht schädlich sein«.

Ein ähnlicher Vorgang macht sich in romantischen Werken bemerkbar. So Aleksandr Puškins *Evgenij Onegin* (1823–1830), der den Untertitel *Roman in Versen* trägt, und ein Paradebeispiel der Gattungsentgrenzung bei gleichzeitig verschärftem Gattungsbewußtsein bildet. Puškins *Roman in Versen* treibt dieses Spiel auf fast jeder Ebene. Der Baustein des Textes ist eine immer gleichbleibende Strophe, die der Struktur nach stark an das Sonett erinnert (Reimschema A b A b C C d d E f f E g g), während die ausschweifende Semantik mehr oder weniger explizite Anklänge an gattungsentgrenzende Werke wie Lawrence Sternes *Tristram Shandy* und Byrons *Don Juan* aufweist. Diese sich immer wieder überbietende Hypostasierung und Vernichtung der eigenen Gattung(sreflexe) ist ein bewußtes Spiel mit der *généricité*, die durch eine auch so differenzierte ›Transtextualität‹ von Genette allein nicht erfaßt werden kann (das Modell ist zwar anwendbar, aber man muß seinen Anspruch auf Universalität etwas relativieren).

Roman in Versen

Betrachtet man die Hartnäckigkeit, Verwandlungs- und Anpassungsfähigkeit des Gattungssystems, so kann man leicht zu dem Schluß kommen, daß das literarische (und nicht nur das literarische) Schreiben untrennbar mit ihm verbunden ist, und in gewisser Weise mit ihm gleichzusetzen ist. Auch neuere Versuche, die Gattungen endlich aus dem Dichter- und Theoretikerhimmel zu verbannen, treffen auf unüberwindbare Barrieren und Paradoxa. Cohen (1987, 250) verweist darauf, daß Derrida in seiner energischen Auflehnung gegen die Gattung in einer Schrift über Maurice Blanchot mit dem symptomatischen Titel *La loi du genre* (1986a) eindeutig in der Gattung der Satire und der Parodie schreibt.

Die Aktualität der Gattungstheorie

Derridas Ausführungen und Cohens Kritik zeugen aber auch von einer Wiederbelebung des (kritischen) Interesses für die Gattungstheorie in den letzten zwanzig Jahren (dies schlägt sich in Zeitschriften wie *Genre* und *Zagadnienia rodzajów literackich* nieder, die der Gattungsproblematik gewidmet sind), was u. a. als Pendant zur gleichzeitigen Rehabilitierung der Rhetorik (etwa bei Paul de Man) betrachtet werden kann. So wie man den innovativ bzw. natürlich wirkenden Text auf den Effekt der ihm zugrundeliegenden, uralten rhetorischen Mechanismen zurückführt, nimmt man die im Formalismus ansetzenden Theorien von der Deformation und Beschränkung der Thematik des Werkes durch seine Verfahren (d. h. auch seine Gattung) wieder auf, nicht nur um allen Illusionen von unmittelbarer ›Expressivität‹ oder ›Mimesis‹ aus der Lektüre zu verbannen (das macht schon der Strukturalismus), sondern auch um die Naturalisierung der Gattungskonzeption durchzuspielen und zu dekonstruieren. Wenn sich Derrida in seinem Buch *Die Postkarte von Sokrates bis an Freud und jenseits* (1987a) immer wieder auf die doppelte Bedeutung des französischen Wortes *genre* als ›Geschlecht‹ und ›Gattung‹ anspielt, so geht es ihm nicht um eine organizistische Ermächtigung der Gattung, sondern um eine entmystifizierende Vorführung des Effektes des Organischen, der der Gattung innewohnt.

Exkurs:
Drama und Theater.

Wolfgang Struck

Das Drama im Kopf

»Wenn er die Begebenheiten seines Drama dachte, im Kopf wälzte, wie wälzen sich jedesmal Örter und Zeiten so mit umher!«

Die Rede ist von Shakespeare, dessen Rezeption im späten 18. Jahrhundert – hier am Beispiel Johann Gottfried Herders (zit. nach Turk 1992, XI) – die Frage nach dem Verhältnis von Drama und Theater virulent werden läßt. Wo eigentlich entsteht ein Drama und wo ist der Ort, an dem es stattfindet, an dem es rezipiert wird? Wenn Herder diesen Ort in den Kopf verlagert, bestätigt er implizit eine Sichtweise, für die Drama in erster Linie eine Spielart der Literatur, eine literarische Gattung ist.

In der Gattungstheorie des deutschen Idealismus tritt als dritte »Naturform« (Goethe) neben die »lyrische« und die »epische« die »dramatische Poesie«. Die *Ästhetik* Georg Wilhelm Friedrich Hegels erhebt sie zur höchsten Form der Poesie, denn sie verknüpfe »die beiden früheren zu einer neuen Totalität, in welcher wir ebensosehr eine objektive Entfaltung als auch deren Ursprung aus dem Inneren von Individuen vor uns sehen, so daß sich das *Objektive* somit als dem *Subjekt* angehörig darstellt« (Hegel 1818/1986, Bd. 15, 323). Diese Bestimmung hat bei Hegel eine geschichtsphilosophische Pointe, auf der viele spätere Definitionsversuche aufbauen. Als dialogische Kunstform par excellence ist die dramatische Poesie ästhetischer Ausdruck einer entwickelten Gesellschaft, in ihr entfaltet sich wesentlich der Bereich zwischenmenschlicher Kommunikation: »Der Mensch ging ins Drama gleichsam nur als Mitmensch ein« – so das Resümee Peter Szondis in seiner *Theorie des modernen Dramas* (1963, 14). Mitmenschlichkeit ist dabei nicht nur harmonisch zu verstehen. ›Dramatisch‹ sind in diesem Argumentationszusammenhang in erster Linie die konfliktträchtigen Situationen, die, nochmals in der Terminologie Hegels, aus »kollidierenden Umständen, Leidenschaften und Charakteren« (Hegel 1818/1986, Bd.15, 475) entstehen. Aus den Modi ihrer Auflösung ergeben sich die Grundformen, in denen sich dramatische Poesie realisiert: Tragödie und Komödie.

Das Drama auf der Bühne

Von Interesse sind hier jedoch nicht die klassifikatorischen Versuche an sich, die wie die Vorstellung von der Gattungstrias überhaupt historische Kontingenz idealtypisch festzuschreiben versuchen (→ *Gattung*, S. 66) Es geht vielmehr um ein weiteres Moment, das in das gängige Verständnis von Drama ebenso wie in viele Poetologien explizit oder implizit mit einfließt: die Vorstellung, für die wiederum Hegel als

Zeuge dienen kann, »das Drama, indem es eine abgeschlossene Handlung in deren gegenwärtiger Entwicklung vorüberführt, bedürfe wesentlich einer vollständig sinnlichen Darstellung, welche sie kunstgemäß erst durch die wirkliche theatralische Exekution erhält« (304). Aus der engen Verbindung mit der Aufführungspraxis des Theaters leiten sich eine Reihe von Kriterien ab, die in dramentheoretischen Überlegungen immer wieder eine zentrale Rolle gespielt haben und spielen. Umfang und Komplexität finden ihre Grenzen in dem, was vom Produktionsapparat des Theaters – schauspielerisch, technisch und organisatorisch, aber auch im Einklang mit geltenden Normen und Konventionen – ›auf die Bühne gebracht‹ werden kann und was von einem Publikum im Rahmen einer Aufführung aufgenommen und verstanden werden kann. Damit kann das Moment der *Konzentration* ebenso aus der unmittelbaren sinnlichen Präsenz der Theateraufführung abgeleitet werden wie das der *Absolutheit*: das Publikum wird mit Reden und Handlungen der *dramatis personae*, der auftretenden Figuren, konfrontiert in einem homogenen und kontinuierlichen Raum-Zeit-Gefüge, ohne daß es eine vermittelnde Instanz gäbe, etwa einen sich frei durch Zeit und Raum, bis ins ›Innere‹ der Figuren, bewegenden Erzähler (→ *Narrative Verfahren*) oder eine Kamera, die immer wieder andere Perspektiven einnimmt, die dann im Filmschnitt zueinander in Beziehung gesetzt und einander konfrontiert werden.

In der europäischen Theatertradition führt ein zentraler Strang, in dem die enge Verbindung von Drama und Aufführung belegt ist, zurück in die griechische Antike, speziell zur attischen Tragödie und deren kultischen Ursprüngen im ekstatischen Gesang und Maskentanz des Dithyrambus. Neben diesen im Lauf seiner Entwicklung immer stärker literarisierten, das heißt an feste Texte gebundenen Chorgesang tritt seit dem 6. Jahrhundert (v. Chr.) in Athen zunächst ein Schauspieler (Protagonist), im 5. Jahrhundert dann ein zweiter und schließlich ein dritter, so daß die monologische oder dialogische Rede gegenüber dem Chorgesang immer dominanter wird. So entsteht die Tragödie, die vor allem in Texten von Aischylos, Sophokles und Euripides überliefert ist, und die Aristoteles beschreibt als »die Nachahmung einer […] Handlung […] in gewählter Rede, derart […], daß gehandelt und nicht berichtet wird«. Ihre Aufführung bleibt jedoch an den kultischen Kontext gebunden. Jede Tragödie wird nur einmal gespielt, während der jährlich im Frühjahr stattfindenden Dionysien, einer mehrtägigen Feier zu Ehren des Gottes Dionysos. Drei Dichter präsentieren hier in einem Wettstreit jeweils eine Tetralogie (drei tragische Stücke und ein Satyrspiel), die sie in der Regel selbst mit Schauspielern und Chor (Bürgern von Athen) einstudiert haben.

Überliefert aber sind nur die schriftlich fixierten Texte, und sie sind es, die auf die weitere Entwicklung des Dramas gewirkt haben, seit sie im Spätmittelalter in Europa wieder bekannt geworden sind. Über die Aufführungspraxis dagegen ist relativ wenig bekannt, und was für einen Eindruck ihre »vollständig sinnliche Darstellung« auf die Bürger Athens gemacht haben mag, ist aus den überlieferten Dramenhand-

Das Drama auf dem Papier

schriften auch nicht annäherungsweise rekonstruierbar. Damit aber wird deutlich, daß es sich bei Dramen um literarische Texte handelt, die über ein historisch variables Distributionssystem, etwa den Buchmarkt, auch jenseits der Theater ein durchaus reges ›Eigenleben‹ als gelesene Texte führen (beispielsweise in literaturwissenschaftlichen Seminaren oder in diversen Dramentheorien, die nicht müde werden, die »Plurimedialität« ihres in gedruckter Form, in der Regel im Medium ›Buch‹ vorliegenden Forschungsobjekts zu behaupten). Es scheint daher terminologisch sinnvoll zu sein, den Begriff ›Drama‹ auf diese Texte einzuschränken, deren spezifische ›Medialität‹, im Gegensatz etwa zu ›Textsorten‹ wie der Emblematik oder der visuellen Poesie, sich allein im geschriebenen Wort realisiert.

Drama und ›theatralische Exekution‹

Auch bei Hegel darf die Rede von der Aufführungsbezogenheit nicht darüber hinwegtäuschen, daß es nicht um die Analyse von Aufführungen geht, sondern darum, Kriterien zu gewinnen, die der Charakterisierung literarischer Texte dienen sollen. Dazu kommt, daß es nicht *das* Theater schlechthin ist, auf das Texte hier bezogen werden, sondern eine bestimmte Aufführungspraxis, die Praxis einer stark literarisierten, sprachbetonten »Exekution« eines schriftlich fixierten Textes im festen Raum-Zeit-Gefüge der Kulissenbühne. Beschrieben wird also eine *bestimmte* Relation von Theaterbühne und dramatischem Text, denen andere entgegengesetzt werden könnten. So erlaubt die Bühnenform des englischen Renaissance-Theaters sehr viel schnellere Szenenwechsel und läßt damit eine Dramatik wie die Shakespeares zu, der aus der Perspektive Hegels und noch Peter Szondis kaum mehr das Prädikat ›dramatisch‹ zustände. Daneben finden sich Theaterformen, die überhaupt nicht durch die Relation zu einer bestimmten Art von dramatischem Text bestimmt werden können, beispielsweise die *commedia dell'arte*, das Stegreifspiel der italienischen Renaissance. Kein fixierter Text, sondern eine bestimmte Konfiguration typisierter und stilisierter Figuren und ein schematisch vorgegebenes Handlungsgefüge bilden hier den Rahmen für ein improvisiertes Spiel, in dem häufig tänzerisch-akrobatische Elemente dominieren.

Theater ohne Drama – Drama ohne Theater

Die Verbindung von Drama und Theater ist also nicht zwangsläufig. Nicht jede Theaterform ist dramatisch, nicht jeder dramatische Text ist für das Theater geschrieben worden. Aber selbst wenn man das als Randphänomene abtut und, wie im Regelfall des neuzeitlichen europäischen Dramas und Theaters, von einer relativ engen Bindung ausgeht, bewahren beide Sphären eine relative Autonomie gegeneinander, die erst die Voraussetzung für produktive Wechselwirkungen bildet. Wenn sich in Bertolt Brechts frühem Drama *Trommeln in der Nacht* der Regiehinweis »Das Licht verwest« findet, dann impliziert das offensichtlich mehr als eine bühnentechnische Anweisung, die sich durch Betätigung des Lichtschalters realisieren ließe. Zwar ist hier sicher ein Hinweis auf die ungekannte Fülle und Variationsfähigkeit von ›Lichtstimmungen‹ zu sehen, die die damals neue elektrische Beleuchtung ermöglichte, aber erst, indem die ›Anweisung‹ diese innovative Technik nochmals gezielt überfordert, fordert sie die inszenatorische Phantasie heraus.

Die Entwicklung bis zum gegenwärtigen – europäischen – Theater ist geprägt durch die systematische Entwicklung der verschiedenen Momente der Aufführung zu eigenen ästhetischen ›Zeichensystemen‹. Gerade die technisch immer weiter perfektionierte Kulissenbühne erschließt dabei Möglichkeiten der visuellen Gestaltung vom naturalistischen Illusionismus bis zur Imagination märchenhafter Phantasiewelten, die das Bühnenbild zum zentralen Bestandteil einer Inszenierung werden lassen. Auch die Schauspielkunst orientiert sich immer mehr auf den Körper statt auf die Stimme, wobei wiederum ein Spektrum zwischen vollständiger Einfühlung in die dargestellten Charaktere bis zu hochgradig artifiziellem, symbolisierendem Spiel möglich ist. Immer wieder fließen dabei Elemente fremder – vergangener oder außereuropäischer – Theaterformen ein, die, bewußt oder unbewußt, von europäischen Theatertheoretikern und -praktikern adaptiert und zur Erweiterung der Ausdruckmöglichkeiten genutzt werden. Seit dem Beginn des zwanzigsten Jahrhunderts hat sich das Konzept des ›Regietheaters‹ herausgebildet, in dem sich der Anspruch dokumentiert, in der Kombination der verschiedenen Gestaltungsmöglichkeiten des Theaters in der Inszenierung ein eigenes Kunstwerk zu schaffen, das nicht mehr als »Exekution« eines dramtischen Textes gelten kann, sondern allenfalls als dessen ›Übersetzung‹. Dabei kommen längst auch ›undramatische‹ Texte in Frage – von dem lange Zeit als ›unspielbar‹ geltenden *Faust II* bis zu Heiner Müllers sich jeder Einordnung in bestehende Gattungsraster entziehenden *Bildbeschreibung*. Andererseits vermag eine *Lektüre* von Dramen Aspekte hervorzuheben, die von keiner Inszenierung zu erreichen sind. Hier liegt der Ansatzpunkt für Literaturwissenschaft, die ihre Aufgabe nicht darin sehen sollte, das Nebeneinander von Kopf, Bühne und Papier von einer Seite her aufzulösen oder zu beherrschen, sondern mit ihrer speziellen Lektürenkompetenz an diesem Wechselspiel teilzunehmen.

»BILDBESCHREIBUNG kann als eine Übermalung der ALKESTIS gelesen werden, die das No-Spiel KUMASAKA, den 11. Gesang der ODYSSEE, Hitchcocks VÖGEL und Shakespeares STURM zitiert. Der Text beschreibt eine Landschaft jenseits des Todes.« (Heiner Müller)

Weiterführende Lektüre

Hans-Thies Lehmann zu *Theater und Mythos* in der antiken Tragödie (Lehmann 1991); zum Verhältnis von Theater und Drama in der europäischen Dramentheorie die von Horst Turk herausgegebene Sammlung über *Theater und Drama: theoretische Konzepte von Corneille bis Dürrenmatt*, vor allem auch das Vorwort des Herausgebers (Turk 1992); zur *Geschichte des Dramas* Erika Fischer-Lichte (1990); zur Theatergeschichte Manfred Brauneck: *Die Welt als Bühne* (1993); derselbe über »Programmschriften, Stilperioden, Reformmodelle« im *Theater im 20. Jahrhundert* (Brauneck 1982) und schließlich als eine theaterhistorische Studie in »vollständig sinnlicher Darstellung« der Film »*Molière*« von Arianne Mnouchkine und dem *Théâtre du Soleil*.

Topik / Inventio

Uwe Hebekus

Topische Literaturwissenschaft?

Topik ist gegenwärtig sicher kein Leitbegriff, den eine der diversen literaturtheoretischen Richtungen sich auf ihre Fahnen geschrieben hätte. Und auch wenn man sich an die Definitionen hält, wie sie kurrenten Handbüchern der Rhetorik zu entnehmen sind, stehen die Chancen eher schlecht, wissen zu können, warum die Kenntnis der topischen Tradition eine Orientierung des literaturwissenschaftlichen Geschäfts zu liefern vermag: Topik ist, nüchtern betrachtet, zunächst nichts weiter als ein Element der rhetorischen ›Findungslehre‹ (*heuresis/inventio*; vgl. Lausberg 1990, 25f., 146f., 201f.). Befaßt sich die *inventio* mit der Erschließung und Ausfaltung des Sachgehalts poetischer und nicht-poetischer Rede (*excogitatio*), so sorgt die Topik als deren Hilfsmittel, als Suchsystem zum Auffinden von ›Argumenten‹ dafür, daß die argumentative Durchschlagskraft rhetorischer ›Erfindungen‹ nicht dem Zufall (*tyche/casu*) überlassen bleibt, sondern zum verfügbaren Produkt einer Kunst und einer Methode (*techne / ars*) wird. Der rhetorische Topiker ist laut Cicero ein Jäger, der »die Gefilde kennt, in denen man das, was man sucht, zu jagen oder aufzuspüren hat« (Cicero 1976, 299). Die Kenntnis der »Gefilde«, der Orte (*topoi/loci*), an denen die Argumente ›sitzen‹, gibt der Topik ihren Namen. Topoi sind Suchformeln, Erschließungsgesichtspunkte, die helfen, den Gegenstand der Rede in möglichst all seinen Aspekten (*copia*) zu entfalten. Und die Verzeichnisse der Topoi, die Toposkataloge, werden zum Zwecke effizienter Regulierung der Suche mit mnemotechnischer Eingängigkeit ausgestattet – so im handlichen mittelalterlichen Hexameter-Merkvers, der die wichtigsten Suchorte auflistet: »quis, quid, ubi, quibus auxiliis, cur, quomodo, quando«. Wie gesagt, die bündiges Handbuchwissen aufnehmende Reduktion der Topik auf eine »rhetorische Maschine« (Barthes 1988, 52) zur Erleichterung und Regulierung der *inventio* vermag nicht darüber zu belehren, worin der literaturwissenschafltiche Nutzen fundierter Topik-Kenntnis liegen könnte. Eher fühlt man sich, namentlich durch den Blick auf die genannten Toposkataloge, an die triviale Richtigkeit des Erkennungsliedes erinnert, das die zahlreichen Folgen einer einstmals sozialisationsprägenden TV-Kinderserie eröffnete: ›Wer, wie, was, wieso, weshalb, warum! / Wer nicht fragt, bleibt dumm.‹

Am entschiedensten hat bislang Lothar Bornscheuer die Topik aus dem Korsett einer Handbuch-Rhetorik befreien wollen, indem er sie historisierend als »feldtheoretisches« Konzept (Bornscheuer 1976, 158)

Auf der Jagd nach dem treffenden Argument

Ciceros topischer Jäger

interpretiert, mit dem bis zum Beginn der Moderne beschrieben und geregelt werden sollte, wie soziales und kulturelles Wissen zirkuliert. Die ausgesprochen generalistische Fassung von Topik als Kulturmodell läßt sich durch den Blick auf den ersten Satz des Gründungsdokuments der topischen Tradition, den ersten Satz der *Topik* des Aristoteles eben, in der Tat rechtfertigen: »Unsere Abhandlung verfolgt die Aufgabe, eine Methode zu finden, mit deren Hilfe wir fähig sein werden, auf der Grundlage der herrschenden Meinungen (*endoxa*) über jedes aufgestellte Problem zu einem schlüssigen Urteil zu kommen und, wenn wir selbst einer Argumentation standhalten sollen, nicht in Widersprüche zu geraten.« (Ich folge unter geringfügigen Abweichungen der Übersetzung von Bornscheuer 1976, 26; Rolfes' Wiedergabe von »*endoxa*« durch »wahrscheinliche Sätze« ist irreführend.) *Endoxa* umfassen, als ›Denkgewohnheiten‹, den Bestand an ›semantischen‹ Elementen einer kulturellen Formation – von Vorurteilen bis zu Klassikerzitaten – ebenso wie die ›syntaktischen‹ Regeln ihrer Kombination – Handlungs- und Argumentationsformen. Aristoteles vergleicht sie – und mit ihnen die Topoi – deshalb den »Elementen« (*stoicheia*) der Geometrie, den »Grundzahlen« der Arithmetik, den Gedächtnisorten der Mnemonik (Aristoteles 1992, 201). Die Topik entwirft und beschreibt die Struktur eines gesellschaftlichen argumentativen Handelns, das die Elemente des Verfügungsraums von Topoi oder *endoxa*, von »fertigen Sprachstücken« (Barthes 1988, 77) kombiniert und das in seinem Erfolg von deren Plausibilität zehrt, sie lehrt die Modi der »Teilhabe an einer Kultur und deren Überlieferungen, an einem Traditionsschatz, an einem von den Inhalten und den Urteilsstrukturen der kulturellen Überlieferung bestimmten sensus communis« (Graevenitz 1987, 56; → *Memoria und Oblivio. Die Aufzeichnung des Menschen*, S. 378).

Topisches Denken ist entschlossen vorwissenschaftlich. Aristoteles grenzt die »dialektisch-rhetorische Freizügigkeit« (Graevenitz 1987, 57) ab von dem Zwang philosophischer Demonstration, von der *apodeixis* (Aristoteles 1992, 1). Als ›wildes Denken‹ (Lévi-Strauss) gewinnt es seine Plausibilität nicht aus der Verbindlichkeit formaler Logik, sondern aus der kontingenten *doxa*: »Was alle glauben, das behaupten wir, ist richtig« (Aristoteles 1972, 283). Weil Topik so koextensional ist mit dem gesamten Raum »gesellschaftlicher Einbildungskraft« (Bornscheuer), in dem Literatur nur als ein Element unter anderen zirkuliert, wird man sich skeptisch verhalten müssen gegenüber Versuchen, die Topik ihrerseits zu einem spezifisch literaturwissenschaftlichen Verfahren aufzurüsten. Indessen kann aber die Topik als lebensweltliches »Instrument [...] historischer und kontextueller Hermeneutik« (Bornscheuer 1976, 174) daran erinnern, daß der institutionalisierte Umgang mit literarischen Texten der Ideologie einer Verwissenschaftlichung aufsitzt, wenn in ihm darauf insistiert wird, an eine formalistisch oder strukturalistisch beschreibbare Autonomie des poetischen Gebildes zu rühren, komme der Mißachtung der vermeintlichen ›regionalen Ontologie‹ der Literatur gleich.

»Luftphotographien aus großer Höhe«:
Ernst Robert Curtius' Topik und die Toposforschung

Eine gewisse, wiewohl nicht eben steile literaturwissenschaftliche Karriere hat die Topik als Toposforschung in der Nachfolge von Ernst
Robert Curtius' *Europäische Literatur und Lateinisches Mittelalter* von
1948 (Curtius 1993) hinter sich gebracht. Curtius wollte – in antiklas-
sizistischer Einstellung – an den durch die vornehmlich germanistische
Fixierung auf Genie- und Originalitätsästhetik verdrängten »mittella-
teinischen« Produktionsmodus von Literatur erinnern, an Literatur als
kompilatorischen Umgang mit den Elementen eines vorgegebenen
Traditionsarsenals, der sich in Textsorten wie Florilegien, Exempla-
sammlungen, Kompendien, Enzyklopädien, Emblembüchern etc., aber
auch in den zeitgleichen Ausprägungen der hohen literarischen Gat-

Eine topische Einheit der   tungen niederschlug. Wenn er sich dabei auf die Tradition der Topik
westlichen Kultur   stützt (Curtius 1993, 89–115), dann in dem Sinne, daß er literarische
Themen und Motive (etwa *puer senex*, »Göttin Natura«, »Verkehrte
Welt«), Metaphern (Schiffahrt, Schauspiel etc.) und Ausdrucksformen
(z. B. Exordialtopik, Schlußtopik) als Topoi interpretiert, deren historische Konstanz die Integrität des europäischen Literatursystems, die
von Curtius etwas betulich ersehnte »Einheit [...] der westlichen Kultur« (9) verbürge.

Die Heterogenität von Curtius' Topos-Begriff ist häufig gesehen und
kritisiert worden – in der Tat läßt sein proteushafter Charakter nur
schwer den eigentlichen Fluchtpunkt von Curtius' Versuch erkennen,
die Topik wiederzubeleben. Er faßt den Topos als »Klischee« (79f.),
kennt spezifisch poetische Topoi, die mit ahistorischer Semantik, aber
historisch wechselndem stilistischem Ausdruck »Urverhältnisse des
Daseins« indizieren, registriert historisch bedingte Topoi, die »veränderten Seelenlagen« zum Ausdruck verhelfen, und gar Topoi, die sich
als »Archetypen im Sinne von C. G. Jung« (112), als »archaische Urbil-
der des kollektiven Unbewußten« (115) lesen lassen, schließlich topische literarische Formelemente (93ff.: Topos der »affektierten Beschei-
denheit«).

Wenn allerdings die Curtius-Kritik terminologische Eindeutigkeit
des Topos-Begriffs eingeklagt und gelegentlich bemerkt hat, Curtius'
Konzept habe mit antiker Topik schlichtweg »nichts mehr zu tun«
(Mertner 1956, 185), dann zeigt das vor allem die Reduktion der Topik
durch die Kritiker selbst, eine Reduktion, die literaturwissenschaftliche
Toposforschung, in wiederum oberflächlicher Curtius-Nachfolge, zu
weitgehend positivistisch operierender Stoff- und Motivgeschichte hat
absinken lassen. Kryptisch hingegen ist *Europäische Literatur und Lateinisches Mittelalter*, das sich über weite Strecken liest wie ein umge-
stürzter Zettelkasten, durchaus eine Variante der Topik im oben angedeuteten umfassenden Sinn. Wenn Curtius seine Registraturen als
»Luftphotographien aus großer Höhe« verstanden wissen will (Curtius
1993, 10) und die »zeitlose Gegenwart« aller Literatur von Homer bis
T. S. Eliot beschwört, dann entwirft er den Plan der Restitution eines

kollektiven Gedächtnisses, das die Diachronie der Literaturgeschichte *Kollektives Gedächtnis*
transformiert in die Kopräsenz ihrer Elemente, eines Gedächtnismo-
dells, das, wie zu zeigen sein wird, konstitutiv war für die topische
inventio. Curtius' verräumlichender wissenschaftlicher Stil findet seine
radikalere Version in Aby Warburgs *Mnemosyne*-Atlas (vgl. dazu Gombrich 1981, 375ff.). Warburg hatte darin, ohne jeden historisch-narrati-
ven Kommentar, auf Bildtafeln figurale Darstellungen antiker Reliefs
u. a. mit solchen zeitgenössischer Photographien in suggestive Analo-
giebeziehungen gerückt, um so die kulturelle Konstanz des Bestands
an Ausdrucksformen, an ›Pathosformeln‹ zu erweisen. Curtius wie *Curtius und der*
Warburg intendieren gleichermaßen eine Quadratur des Kreises: die *Historismus*
Reetablierung eines ahistorischen *sensus communis* unter der Bedingung der prinzipiellen Historisierung des europäischen Kultursystems
durch den Historismus des 19. Jahrhunderts.

Topik als Kulturproduktion: memoria, imaginatio, phantasia

Die antike Bestimmung der Topik als »Geburtshelferin des Latenten« *Geburtshelferin des*
(Barthes 1988, 69) ergibt sich systematisch daraus, daß *memoria, ima-* *Latenten*
ginatio und *phantasia* als Einheit gedacht werden, die als Einheit des
kollektiven Gedächtnisses allein den Spielraum rhetorischer *inventio*
absteckt. »Es gibt keine andere Phantasie als eine traditionsbewußte
und gesellschaftlich verbindliche«, keine Phantasie, die nicht auf die
Elemente des kollektiven Gedächtnisses rekurrierte (Bornscheuer 1976,
56). Latent sind die *endoxa* – die ›semantischen‹ und ›syntaktischen‹
Bruchstücke einer kulturellen Formation –, die die topische Phantasie
als eine Art generativer Grammatik aus dem kollektiven Gedächtnis
hervorholt, um sie, ohne diesem etwas ›Neues‹ hinzuzufügen, zu variieren und zu aktivieren. Aristoteles siedelt das Gedächtnis »im selben
Teil der Seele« an wie die Imagination/Phantasie (Yates 1990, 38). Phi-
losophiehistorisch gesehen stammt der Topos-Begriff aus der sophi-
stischen Gedächtnistheorie (vgl. Emrich 1973, 228). Noch bei Aristoteles ist eine Spur dieser Genese sichtbar (vgl. Aristoteles 1992, 201),
wenn er die ›Orte‹ der Mnemonik in direkte Beziehung zu den ›Orten‹
der topischen *inventio* rückt (vgl. Solmsen 1929, 170ff.). Wenn es richtig *Geschlossener*
ist, daß topische *inventio* »nicht eigentlich Neues erzeugen« kann *Energiekreislauf*
(Graevenitz 1987, 56), weil sie vom *sensus communis* als ihrem Quell- *innerhalb eines*
punkt ausgeht und zu ihm als ihrem Adressaten zurückkehrt, dann *kulturellen Systems*
läßt sie sich bestimmen als geschlossener Energiekreislauf innerhalb
einer kulturellen Formation. Indem sie deren Elemente variiert und
aktiviert, gewissermaßen den latenten *sensus communis* in die manifeste
Artikulation einer mächtigen Rede überführt, verschafft sie diesem
eine zusätzliche Beglaubigung, eine »gradmäßige Steigerung des von
Natur aus Gegebenen durch die Mittel der Kunst«, eine *amplificatio*
(Lausberg 1990, 145, 220–227).
  Mit dieser Fassung von Topik als *amplificatio* eines Kultursystems
läßt sich die rhetorische Theorie der *inventio* konsequent topisch lesen

(vgl. Barthes 1988, 54–78). Was im rhetorischen Dreieck von Redner, Rede und Adressat zirkuliert, sind die *endoxa* und Topoi des *sensus communis*, die aus diesem Kreislauf mit gesteigertem Glanz hervorgehen. Die *inventio* erinnert den *sensus communis* an seine eigenen konstitutiven Elemente, sie betreibt »Entdeckung [des latent bereits Vorhandenen; U. H.] und nicht Erfindung« (54). Das zeigt schon die topographische Metaphorik, mit der die Topik sich selbst beschreibt: »Die Metaphern, die den Ort (Topos) umschreiben, weisen deutlich darauf hin: die Argumente sind verborgen, in Regionen, Tiefen und Schichten verkrochen, aus denen man sie hervorrufen, zum Leben wiedererwecken muß: die Topik ist die Geburtshelferin des Latenten« (69). Die topisch-kultursemiotische Funktion der rhetorischen *inventio* läßt sich nicht zuletzt daraus ersehen, daß Aristoteles diese und gar die gesamte Rhetorik in auch sprachlicher Anlehnung an den bereits zitierten ersten Satz seiner Topik-Schrift, seiner Theorie der *endoxa* definiert hat: »Die Rhetorik stelle also das Vermögen dar, bei jedem Gegenstand das möglicherweise Glaubenerweckende zu erkennen« (Aristoteles 1989, 12).

Zwischen Redner, Rede und Adressat: das rhetorische Dreieck

Die technischen Mittel, die die *inventio* zur ›Erweckung des Glaubens‹ der Rede liefert, sind ihrer Form nach auf die Ermöglichung des Kreislaufs im rhetorischen Dreieck abgestellt. Sie folgen der Logik einer Notwendigkeit der Ergänzung durch den Adressaten, sie erzeugen in diesem die Illusion, im Vernehmen der Rede zu handeln. Zwei komplementäre Wege beschreitet die *inventio* zur ›Erweckung des Glaubens‹, sie trachtet danach, zu überzeugen (*fidem facere*) und zu ›rühren‹ (*animos impellere*). Um zu überzeugen, braucht man ›Beweisgründe‹, um zu rühren, muß man etwas von der Psychologie der Adressaten verstehen. Das Arsenal der ›Beweisgründe‹ (*pisteis/probationes*) ist aufgeteilt in außertechnische (*pisteis atechnoi/probationes inartificiales*), die der Redner vorfindet, die er seinem Diskurs lediglich einverleibt, ohne daß sie durch die rhetorische *techne* erst noch verwandelt werden müßten, und in technische (*pisteis technoi/probationes artificiales*), die zu finden man sich der rhetorischen *inventio* bedienen muß (vgl. Fuhrmann 1990, 89–93). Eine Hauptfigur der technischen Beweise ist das Enthymem, das auf eine sehr direkte Weise von der besagten Struktur der Ergänzungsbedürftigkeit geprägt ist. Das Enthymem als eine Technik des argumentativen Schließens bestimmt sich einerseits durch seinen Gegensatz zum wissenschaftlich-apodeiktischen Schluß (Syllogismus), der von unbezweifelbaren Prämissen ausgeht (»Alle Menschen sind sterblich.« – »Sokrates ist ein Mensch«). Es benutzt als Prämissen eben die kontingenten *endoxa*, es muß sich ihrer versichern, sie kennen, weil es »einzig und allein auf der Ebene des Publikums entwickelt wird […] und vom Glaubhaften ausgeht, das heißt von dem, was das Publikum denkt« (Barthes 1988, 60) – welches Publikum so wiederum erst vor Augen geführt bekommt, wovon es sich gewöhnlich leiten läßt. Andererseits ist das Enthymem als gekürzter Schluß durch seine Unvollständigkeit, seinen elliptischen Charakter definiert. Es erlaubt, eine der Prämissen oder auch die Konklusion auszulassen. Beide

Argumentatives Schließen

Merkmale verwandeln den latenten *sensus communis* der Adressaten in einen manifesten. Das erste läßt sie ihre eigenen *endoxa* entdecken, das zweite fordert sie heraus, aus den ihnen verfügbaren *endoxa* eines aufzubieten, das den elliptischen Schluß schließt. Das Enthymem ermöglicht den Kreislauf im rhetorischen Dreieck, weil es »dem Zuhörer die Lust am selbständigen Konstruieren des Arguments« auf der Basis der *endoxa* verschafft (62), eine Lust am Konstruieren freilich, die, weil der Redner auf dem gleichen Boden der *endoxa* steht wie der Adressat, nicht das Risiko des Abirrens vom intendierten ›Beweis‹ in sich birgt.

Die *inventio* kann auch ›Beweisgründe‹ aufbieten, die sich eher der Technik des ›Rührens‹ annähern, indem sie eine Sympathie oder eine Antipathie hervorlocken: beispielhafte Taten und Gestalten (*exempla*). Die eigentlichen Mittel zum ›Rühren‹, zur Erweckung der Passionen aber vermag rhetorische *inventio* zu ›entdecken‹, weil sie über eine Psychologie, eine Affektenlehre verfügt, die nicht wissenschaftlich-objektiv, etwa behavioristisch operiert, sondern ebenso wie das Arsenal der ›Beweisgründe‹ aus dem topischen Fundus der *endoxa* des *sensus communis* erwächst. Den rednerischen Diskurs interessiert nicht, was die Leidenschaften an sich sind, sondern wofür sie gehalten werden. Die inventorische Affektenlehre vertraut darauf, daß die Leidenschaften dem folgen, was alle über sie wissen: »Die Leidenschaft ist immer nur das, was über sie gesagt wird: ein reiner Intertext, ein ›Zitat‹.« (77) Der Redner muß den Sachgehalt der Rede (*res*) so darbieten, daß in ihr die Passionen – etwa des Inkulpaten, der eines Verbrechens bezichtigt wird – auf der Grundlage des konventionellen, vorwissenschaftlichen psychologischen Wissens geschildert werden, mit dem auch die Adressaten ihre eigene Ökonomie der Leidenschaften begreifen. Er darf die Leidenschaften niemals, um bei der Gerichtsrede (*genus iudicale*) zu bleiben, im Stil eines gerichtspsychiatrischen Gutachtens vorführen. So geht auch die Technik des ›Rührens‹, derer sich der rednerische Diskurs bedient, von einem topischen Wissen, von den psychologischen *endoxa* aus, die der Redner einsetzt, um die entsprechenden Affekte bei sich selbst erscheinen zu lassen und beim Publikum hervorzubringen.

Die topische Ökonomie der Leidenschaften

Die besagte enge systematische Bindung der *inventio* an die Einheit von *memoria* und *imaginatio/phantasia* wird freilich nicht nur in der dünnen Luft antiker Theoriebildung ventiliert – sie reicht zurück bis auf den Boden antiker Pädagogik (zum folgenden vgl. Marrou 1957, 197ff.). Über sämtliche Stufen des antiken Bildungssystems wird das Repertoire des kollektiven Gedächtnisses angeeignet, wird die Verfügbarkeit über dessen ›semantische‹ Bestandteile und über die ›syntaktischen‹ Regeln ihrer Kombinatorik kontinuierlich erweitert. In der Dressur des Elementarunterrichts erlernt man zunächst die Elemente des Alphabets (*stoicheia*), die Buchstaben, die zugleich Musiknoten und Zahlzeichen sind; und man memoriert sie nicht nur in der gewöhnlichen alphabetischen, sondern auch in der dazu gegenläufigen Abfolge und in ganz willkürlichen Kombinationen. Sodann schreitet man zur Bildung von Silben und Worten, und auch hier ist nicht die

Topische Pädagogik

Orientierung an einer vorgegebenen Ordnung, diesmal der gesprochenen und geschriebenen Sprache des Alltags, maßgeblich – die
strikte Lizenz zur Kombinatorik bringt ›Phantasie‹worte hervor, in denen sich gewissermaßen die Elementarstufe der *inventio* zeigt. Auf der
nächst höheren Ebene der Ausbildung wird das Arsenal an ›Elementen‹ erweitert, wird ein Zitaten- und Traditionsschatz angeeignet: Wort-
und Namensetymologien, der mythologische Apparat, ein Kanon an
klassischen Autoren. »Die Krone des Studiums« (288) schließlich, der

*Die hohe Schule des
Kombinierens*

Rhetorikunterricht der »hohen Schule« übt in den Einsatz und in die
Kombinatorik der Elemente dieses Schatzes ein, mit Deklamationen
und Disputationen über Standardthemen, aber auch über fiktive und
ganz ›phantastische‹ Problemkonstruktionen. Die Autoren indessen,
die aus dieser topisch-kombinatorischen Schule hervorgehen sollen,
sind nicht die ›Genies‹ des späten 18. Jahrhunderts, sie sind Kompila-
toren, Kommentatoren, Kombinatoriker, die das mit den Topoi be-
pflanzte Feld des überlieferten kulturellen Gedächtnisses nicht verlassen wollen und dürfen.

Topik zwischen ›Dialektik‹ und ›Ideologie‹

Bislang haben meine Bemerkungen über die Topik als Kulturamplifi-
kation, als ›Geburtshelferin des Latenten‹ vielleicht den Eindruck
nahegelegt, als ginge es in ihr darum, die Idee, die Substanz, die Essenz einer kulturellen Formation aufzudecken und zu bestärken. Dieser Eindruck würde aus zwei Gründen in die Irre führen. Zum einen

*Die feinen Unterschiede:
topische Bildung
als Instrument sozialer
Differenzierung*

ist die Topik als Repräsentation einer kulturellen Formation vor allem
Operator sozialer Binnendifferenzierung: mit ihm distinguiert sich in-
nergesellschaftlich die antike Bildungsschicht der Freien und noch die
barocke Gelehrtenrepublik, indem sie ihre Bildung demonstrieren als
»Wesenseigenschaften [...], [als] ein aus dem Haben nicht ableitbares
Sein, eine Natur, die paradoxerweise zu Bildung, eine Bildung, die zu
Natur [...] geworden« sei (Bourdieu 1970, 60). Topisches Wissen ist so –
soziologisch gesehen – nicht Ausweis einer ›Substanz‹, sondern Instrument einer ›Funktion‹ der Differenzierung. Andererseits ist, in interner Betrachtung, diese topische Bildung eines distinguierten gesellschaftlichen Segments, die sich für »Natur« ausgibt, nicht als eine Art
Parteiprogramm mit einer leitenden Idee mißzuverstehen. Die Topik
konstruiert nicht einen normativen platonischen Ideenhimmel, erschöpft sich auch nicht in der Repetition des pedantisch Erlernten,
sondern ist geprägt durch eine »agonaldialektische Mentalität«, durch
eine »Sucht des Differenzierens, Uminterpretierens, Korrigierens«, ist
die »Technik eines konsequenten Alternativwissens« (Bornscheuer
1976, 59f.). So erzeugt die Topik intern »keine Botschaft« (Graevenitz
1987, 109), ist es gewissermaßen ihre einzige Botschaft, daß sie eine
Funktion ist und keine Substanz.

*Die innere Leere: Einheit
ohne Botschaft*

Gerhart v. Graevenitz hat diese Doppelung von nach außen gerichteter Funktion und innerer ›Leere‹ exemplarisch an der topischen My-

thographie des römischen Mythographen Varro dargelegt (48–58). Wenn Varro mit nur ansatzweiser Systematisierung das mythologische Material der »römischen Überlieferung« zusammenträgt, dann stört es ihn nicht, wenn sich zwischen den verzeichneten Götterdeutungen Widersprüche ergeben, die exegetisch nicht auf einen Nenner zu bringen sind. Wichtig ist nur, daß die »semantische Leere« des topischen Götterinventars gleichwohl eine formale, eine im oben angedeuteten Sinn funktionale Einheit des »Römischen« statuiert: »Gleichgültig, wie man im einzelnen deutet, so lange man innerhalb der überlieferten Kategorien deutet, verwirklicht man die kulturell-theologische Einheit des ›Römischen‹« (54).

Auch wenn die Topik charakterisiert ist durch den Zusammenhang von nach ›außen‹ gerichteter funktionaler Einheit und interner Absenz der ›Botschaft‹, so kann sie doch der Versuchung erliegen, beides ineinanderzublenden, die funktionale Einheit der kulturellen Formation umzuinterpretieren in eine semantische Eindeutigkeit. Die Topik kann schwanken zwischen ›Dialektik‹ und ›Ideologie‹. Diese beiden Virtualitäten verdeutlicht exemplarisch die Divergenz zwischen Aristoteles' und Ciceros Topik-Modellen. Bei Aristoteles ist die Topik gerichtet auf die Erschließung der rhetorischen *quaestio*, des dem Redner vor- und aufgegebenen Problems, in möglichst großer Konkretion, Cicero entwirft die Topik als *consensus*-Metaphysik. Die »totale Empirie«, die Hegel Aristoteles attestiert hat (Hegel 1965, 341), wird in Ciceros *loci communes*-Topik ersetzt durch eine nachgerade mythische Vision, in der der versierte Topiker als Kultur- und Religionsstifter auftritt (vgl. Cicero 1976, 61).

›Agonaldialektische Mentalität‹ oder Sinnstiftung?

Der dialektische Charakter der aristotelischen Topik erwächst historisch und systematisch aus dem agonalen Denkmodell des platonischen Dialogs und prägt sich in zwei Momenten aus. Der Topiker muß fähig sein, jedes aufgegebene Problem, jede rhetorische *quaestio* nach divergenten Richtungen hin aufzulösen (*in utramque partem*-Prinzip). Er wählt als diskursiver Proteus, von immer neuen Standpunkten aus, überraschende Aspekte der strittigen Sache, um diese auf einem ständig anwachsenden Differenzierungsniveau zu reflektieren und um den realen oder imaginären Gegner in die Fallstricke des Selbstwiderspruchs zu locken. Topisch-dialektisches Denken entbehrt der philosophischen Stringenz, ist argumentatives Hakenschlagen. Dieses prägt auch den Darstellungsmodus der aristotelischen Topik-Schrift selbst. Topisches Denken ist in ihr zugleich Interpretandum und Interpretament: die Nomenklaturen, die sie ausbreitet, werden durch Begriffsäquivokationen immer wieder einem Prinzip der Unschärfe ausgesetzt, das die terminologischen Hierarchien durcheinanderbringt. Das topische Denken mit seiner Lizenz zum Mangel an logischer Trennschärfe aber, die das Sujet und die Darstellungsweise der *Topik* gleichermaßen bestimmt, bedarf seiner Tendenz zur Differenzierungsexplosion wegen eines ›hermeneutischen Korrektivs‹, bedarf des subsidiären Prinzips des *iudicium*, der Kritik, der Urteilskraft, um der prinzipiell offenen topischen Kombinatorik eine Richtung anzuweisen, die

Differenzierungexplosion: argumentatives Hakenschlagen

zum Konsens der Argumentationen zu führen vermag (vgl. Kopperschmidt 1981) – das Vereindeutigungsprinzip der Topik ist so gewissermaßen außertopisch.

Die Differenz Ciceros zu Aristoteles läßt sich schon daran ermessen,
daß er die Kritik zugunsten der Topik depotenziert (Cicero, Topica 2,6).
Dies geschieht nun aber gerade nicht, um die besagte Differenzierungsexplosion zu verstärken. Vielmehr entwickelt er die Topik als
eine Technik der Ideologie, die den Schauplatz der dialektischen Pro-
blemerschließung mit der Arena einer Psychagogie vertauscht. Der
entscheidende Schritt dorthin ist die Zentrierung des rhetorischen Diskurses auf die *loci communes*, auf die – wenn man so will – Ideologeme
einer kulturellen Formation. Cicero empfiehlt, die konkreten Pro-
blemfälle (*quaestiones finitae*), von denen die rhetorische Praxis für
gewöhnlich ausgeht, in das mit den *loci communes* geschmückte strah-
lendere Gewand ›letzter Fragen‹ (*quaestiones infinitae*) – etwa nach »Tugend, Pflichterfüllung, Recht und Billigkeit, […] Ansehen, Nutzen,
Ehre, Schande« (Cicero 1976, 513) – zu kleiden, um im rednerischen
Diskurs den zumeist prosaischen besonderen Fall als allgemeinen trak-
tieren, um den Appell an das moralisch-politische Inventar der Adressaten ins erfolgversprechende rhetorische Kalkül ziehen zu können:
»Beim Vorwurf aufwendiger Lebensweise muß man von Verschwendung reden, bei dem des Strebens nach fremdem Gut von Habsucht
und bei dem des Aufruhrs von […] Staatsfeinden« (291). Auch und
gerade die ›letzten Fragen‹ könnten natürlich einer aristotelischen
»Sucht des Differenzierens« anheimfallen. Cicero aber marginalisiert
solche dialektische Problemerörterung, indem er die *loci communes*, mit
denen die *inventio* operiert, vor allem als Quellpunkte der *elocutio* interpretiert, eines Feldes, das die rhetorische *techne* gewöhnlich strikt
von der *inventio* getrennt hatte. Die *loci communes* bringen »aus eigener
Kraft« die Figuren der *elocutio* hervor (299), die selbst wiederum Vehikel der Affekterregung sind. Die Macht der Sache soll die Macht der
Rede erzeugen (*copia rerum et verborum*) – in den *loci communes* vollzieht sich die Ineinanderblendung von *inventio* und *elocutio*, fallen *res*
und *verba* zusammen. Ciceros Grenzverwischungen, die Übersetzung
der *quaestiones finitae* in ›letzte Fragen‹ und die Vermischung von *inventio* und *elocutio* in den *loci communes*, diese Grenzverwischungen im
Bereich der rhetorischen *techne* haben einen genauen, subtilen Sinn.
Die ›Dialektik des Konkreten‹, die bei Aristoteles die Möglichkeit eines
agonalen Dissenses enthält, wird bei Cicero nicht mehr vom *iudicium*
korrigiert, sondern von zwei anderen Seiten in die rhetorische Zange
genommen. Die *loci communes* zentrieren die ›Lektüre‹ des besonderen
Falles auf die Ideologeme der Adressaten. Zugleich erzeugt die Vermischung von *inventio* und *elocutio* in den *loci communes* den Anschein,
als seien die affektiven Qualitäten, die diese hervorbringt, Eigenschaften der Sache selbst, der Sache, die das doppelte Antlitz des besonderen Falles und der ›letzten Fragen‹ trägt. Der konkrete Fall, der zur
Verhandlung steht, hat so nur die Funktion eines Ausgangspunktes für
die Bestätigung der *loci communes*, hat die Funktion einer Re-

*Cicero: topische
Psychagogie*

*Eine Rhetorik der
›letzten Fragen‹*

ferentialisierung der »rhetorischen Maschine« (Barthes), die sich in einen »ideologischen Apparat« (Althusser) verwandelt hat.

Was lehrt uns das? Ich wage einen dreisten Sprung von Aristoteles und Cicero zu zwei Texten Roland Barthes'. Der eine entdeckt in den Strukturen moderner Massenkommunikation eine ciceronianische ideologische Topik der *loci communes*, der andere setzt einen klassischen Text der französischen Literatur, Balzacs *Sarrasine*, einer aristotelischen »Sucht des Differenzierens« aus. Ich hatte gesagt, eine der Funktionen der Topik Ciceros bestehe in der Referentialisierung der *loci communes*, der Ideologeme einer kulturellen Formation. Barthes deckt in seinem Essay über die *Rhetorik des Bildes* (zum folgenden vgl. Barthes 1990, 28ff.) eine ähnliche Struktur durch die semiologische Analyse einer französischen Werbeanzeige auf. In ihr wird geworben für eine Pasta-Sauce namens ›Panzani‹. Die Rhetorik der Anzeige resultiert aus dem Verhältnis dreier Ebenen von Zeichen: es findet sich in ihr am Rand ein Wort (eben: ›Panzani‹), das zugleich vermittels seines Lautmaterials, seiner Assonanz eine symbolische Vorstellung konnotiert (»Italianität«), es findet sich auf einer zweiten Ebene die Photographie einer Reihe realer, ›natürlicher‹ Dinge, die aber zugleich, dies die dritte Zeichenebene, vermöge ihrer Dreifarbigkeit (analog zur Dreifarbigkeit der italienischen Flagge) noch einmal den symbolischen Wert assoziieren lassen, den auch die erste semiotische Ebene der Anzeige, das Wort, konnotierte. Entscheidend ist nach Barthes, wie die drei Ebenen von Zeichen sich vermischen. Die zweite Ebene hat für sich genommen keinen eindeutigen Sinn, keine eindeutige Bedeutung, es handelt sich eben um eine Reihe von Dingen, die – analog zum besonderen Fall der *quaestio finita* des rhetorischen Diskurses – erst interpretiert werden wollen und deren Zusammenstellung, wiederum für sich genommen und gewissermaßen nach dem topischen *in utramque partem*-Prinzip, in ganz unterschiedliche Richtungen lesbar wäre – kein Werbegraphiker könnte das gutheißen. Man muß also in den Dingen einen Sinn erst verankern. Dies geschieht durch die erste und die dritte semiotische Ebene, die als »Schraubstock«, als »Kontrolle« (35) der unterschiedlichen Möglichkeiten der Lektüre wirken und diese auf Eindeutigkeit festlegen, auf den touristischen Topos, den *locus communis* der »Italianität«, einer französischen ›Italiensehnsucht‹. Zugleich aber stattet umgekehrt die Natürlichkeit der photographierten Dinge die beiden symbolischen Ebenen mit einer Art Realitätsindex aus, es ist, als entspräche dem topischen Inventar der Anzeige – ihrer Ideologie – eine unleugbare außersymbolische Wirklichkeit, eine Referenz: das »Bild naturalisiert die symbolische Botschaft«, die »Natur scheint spontan die dargestellte Szene hervorzubringen« (40). Gegen solche Möglichkeit der Topik, zur Ideologiebeglaubigung zu mutieren, hat Barthes in seiner Balzac-Lektüre die Topik als Verfahren der Entideologisierung, der – wenn man so will – Veruneindeutigung aufgeboten. Sein Begriff der Interpretation ist eine Variante des aristotelischen Modells der Differenzierungsexplosion, zu der nun kein hermeneutisches Korrektiv, kein *iudicium* mehr hinzutritt: »Einen Text in-

Rhetorische Maschine und ideologischer Apparat

Pasta

Barthes' Balzac-Lektüre: Interpretation ohne hermeneutisches Korrektiv

terpretieren heißt nicht, ihm einen (mehr oder weniger begründeten, mehr oder weniger freien) Sinn geben, heißt vielmehr abschätzen, aus welchem Pluralen er gebildet ist. [...] In diesem idealen Text sind die Beziehungen so vielfältig und treten so zueinander ins Spiel, daß keine von ihnen alle anderen abdecken könnte.« (Barthes 1987, 9f.) Um eine solche Lektüre zu ermöglichen, entwirft Barthes ein topisches Inventar von Thematisierungsgesichtspunkten, die er »Codes« nennt (in seiner Balzac-Lektüre sind es fünf, auf die ich hier aus Raumgründen nicht näher eingehe): »Die fünf Codes bilden eine Art Netz, eine Art Topik, durch den [sic!] der ganze Text hindurch geht [...]. Es soll ganz bewußt nicht versucht werden, den Code und die fünf Codes untereinander zu strukturieren, damit die Multivalenz des Textes, seine partielle Umkehrbarkeit Aufnahme findet« (25).

Topik zwischen
Ideologisierung und
Entideologisierung

Man kann die beiden an Barthes' Texten exemplifizierten Topik-Modelle für die literaturwissenschaftliche Arbeit in eine funktionale Beziehung zueinander setzen. Barthes' Lektüreverfahren in *S/Z* verhindert eine Reduktion der ›Dialektik des Konkreten‹, weil sie dem Einhalt gebietet, was Fredric Jameson eine allegorische Interpretation genannt hat, beispielsweise die Übersetzung eines vieldeutigen erzählerischen Textes – etwa Goethes *Wilhelm Meisters Lehrjahre* – in eine andere, eindeutige Erzählung von ideologischem Selbstbestätigungswert – Goethes Roman als Geschichte über die schwierige Emanzipation des Bürgers im ausgehenden Feudalzeitalter –; »das allegorische Interpretationssystem« reduziert laut Jameson »die Details einer Erzählung radikal [...], indem es sie nach dem Paradigma einer anderen Erzählung zurechtbiegt, die dann als eigentlicher Schlüsselcode oder als Ur-Erzählung gilt und als der eigentliche oder unbewußte Sinn der ersten Erzählung ausgegeben wird« (Jameson 1988, 17). Die Geschichte der Interpretation literarischer Werke stellt sich häufig dar als bloße Aufeinanderfolge solcher allegorischer Übersetzungen. Läßt man literarische Texte hingegen durch das »Netz« einer Topik nach dem Muster Barthes' ›hindurchgehen‹, so zeigen sie eine Vielzahl von Gesichtspunkten, die exegetisch auf einen Nenner bringen zu wollen, sehr schnell auf hermeneutische Überanstrengung hinausliefe. (→ *Ideologie und ihre Kritiker*).

Selbstreflexive
Ideologiekritik der
Literatur

Komplizierter und zugleich reizvoller wird die Lage, wenn literarische Texte eine ›ideologische‹ Lektüre zunächst nahelegen, um deren Plausibilität sodann in irritierendes Zwielicht zu tauchen. Goethes Autobiographie *Dichtung und Wahrheit* ist zumeist als literarische Veranschaulichung eines mit sich selbst identischen Subjekts gelesen worden (→ *Subjektbegriff und Autorschaft: Zur Geschichte und Theorie der Autobiographie, S. 263*). Gerhart v. Graevenitz hat dagegen gezeigt, daß in ihr der ›anthropologische‹ Zentraltopos bürgerlicher Ich-Identität zwar durchaus präsent ist, in seiner Bedeutung für das gesamte topische Beziehungsgeflecht des Goetheschen Textes jedoch zugleich marginalisiert wird (vgl. Graevenitz 1989, 25ff.). Literarische Texte können offenbar eine Kritik ihrer eigenen Ideologie betreiben. Sie können – als »komplexeste Informationsträger«, die wir kennen (Lotman) – das topische Inventar einer kulturellen Formation kritisch auf sich selbst beziehen, eine aristotelische gegen eine cicerionianische Topik ausspielen. Um das für einzelne literarische Werke sichtbar machen zu können, bedarf es freilich einer genauen Kenntnis dieses topischen Inventars, bedarf es der Topik als eines »Instruments historischer und kontextueller Hermeneutik«.

Ende der Topik?

Man hat sich angewöhnt, das historische Ende auch der zählebigen topischen Tradition, das Ende der Bindung der *inventio* an die Einheit von *memoria* und *imaginatio/phantasia* auf den vermeintlichen Urknall der Moderne ›um 1800‹ zu datieren. Mit Blick auf die idealistische Ästhetik hat das sicher seine Berechtigung – zu fragen ist, ob darüber hinaus. In der Tat hat die idealistische Ästhetik ›ein‹ Ende der Topik wirksam besiegelt, wenn etwa nach Kant der Produzent von Rede, nunmehr das »Genie«, schlicht nicht mehr wissen darf, wie und zu welchem Zwecke sich die »Ideen in seinem Kopfe hervor und zusammen finden« (Kant 1970, 244). Im Blick Kants verkommt auch für den Bereich der theoretischen Erkenntnis die Topik zur Schwatzbude, weil sie zu neuen ›Erfindungen‹ nicht verhelfen kann: die »Topik des Aristoteles« sei etwas gewesen, dessen »sich Schullehrer und Redner bedienen konnten, um unter gewissen Titeln des Denkens nachzusehen, was sich am besten für seine vorliegende Materie schickte, und darüber, mit einem Schein von Gründlichkeit, zu vernünfteln, oder wortreich zu schwatzen« (Kant 1787, 291). Der Geniestreich des »Mönchs Schwarz« sei eben eine »Erfindung« und nicht bloß eine »Entdeckung« (Kant 1798, 513) – seit Francis Bacon ist die Erfindung des Schießpulvers ein Topos der Kritik an der topischen *inventio* (vgl. Bacon 1990, Bd.2, 271). Weil die idealistische Ästhetik bei Kant und gesteigert bei Schiller sich des ästhetischen Scheins als eines geschichtsphilosophisch interpretierbaren Vorscheins der »Sittlichkeit« (Kant 1790, 124) und der »Freiheit« (Schiller 1984) versichern will, muß sich die Wirkungsdimension literarischer Produktion verändern: das »Schöne ist das, was ohne Begriffe als Objekt eines allgemeinen Wohlgefallens vorgestellt wird« (Kant 1790, 124). Getilgt ist mit solcher als allgemein vorgestellten Wirkung auf ein nicht minder allgemeines anthropologisches Substrat ein zentrales Element der topischen *inventio*, die Forderung und der Anspruch nämlich, jedwede Rede auf die Kontingenz einer konkreten Situation einstellen zu können. Wenn so jede topische Entdeckung schon ihrem Selbstverständnis nach der besonderen Situation verhaftet war, aus der sie erwuchs und in der allein sie zu wirken vermochte, dann konnte genau dies für eine geschichtsphilosophische Aufladung von Literatur, wie sie vor allem Schiller forciert hat, nicht mehr akzeptabel sein. Sollte Literatur utopisch werden, durfte sie topisch nicht bleiben.

Tod der Topik im Kopf des Genies

Produktive
Einbildungskraft und
Öffnung der Geschichte

Was hinter dieser Öffnung der Literatur auf eine Zukunft der Geschichte, auf ein »Nicht Wirkliches«, wie Wilhelm von Humboldt sagen wird (Humboldt 1916, 504), steckt: das Konzept einer produktiven Einbildungskraft, das erschüttert den systematischen Grund der topischen *inventio*, eben ihre Bindung an die Implikation von *memoria* und *imaginatio/phantasia*. Der Umschlag wird sichtbar, wenn man der theoretischen Bewegung von Vicos zu Humboldts Begriff der Einbildungskraft folgt (vgl. Trabant 1990, 147–155). In wünschenswerter Deutlichkeit ist die topische Dreiecksbeziehung von *memoria, imaginatio* und *inventio* Vicos *Neuer Wissenschaft* zu entnehmen: »Daher ist das Gedächtnis dasselbe wie die Phantasie, die deshalb bei den Lateinern ›memoria‹ heißt […]; und ebenso wird ›Phantasie‹ zur Bezeichnung von Genie (ingegno) gebraucht.« (Vico 1990, Bd.2, 463) – »und alle drei gehören zu der […] Tätigkeit des Geistes, deren regelnde Kunst die Topik ist, die Kunst des Erfindens« (398). Die topische *inventio* mag zwar wunderliche Wesen hervorbringen, die niemals gesichtet wurden: Hippogryphen, Kentauren, doch sind sie Montagen, ›Zitat‹kombinationen einstmals wahrgenommener Dinge (vgl. ebd.), nicht die idealistische Vision einer ästhetischen Versöhnung der Moderne am Endpunkt der Geschichte. Genau an dieser Hospitalisierung der Einbildungskraft im Gehäus der *memoria* hat Humboldt sich gestoßen. Bezogen auf Condillac, der, wenn auch mit abweichender Terminologie, im wesentlichen noch die gleiche Position vertritt wie Vico, klagt er die Notwendigkeit einer »productiven Einbildungskraft« ein, die eben auf die Möglichkeit einer »Schöpfung des Nicht Wirklichen« hinausliefe (Humboldt 1916, 504), eines »Nicht Wirklichen« freilich, das nicht nur unvorhergesehen ist, sondern getreu den idealistischen Versöhnungsphantasien als ›Synthese‹ bestimmt wird. Die Lizenz, ästhetische Einbildungskraft zur geschichtsphilosophischen Heilsbringerin zu befördern, erwächst aus dem Boden der Kantischen Transzendentalphilosophie. Kant hatte mit der Vorläuferschaft Baumgartens die drei anthropologischen Vermögen Sinnlichkeit, Einbildungskraft und Verstand erstmals aus ihrem überkommenen Hierarchisierungsverhältnis gelöst und sie autonom, wenn auch in eine komplementäre Bezüglichkeit gesetzt. Im Blick Schillers etwa (Schiller 1795) kann so fortan die ästhetische Einbildungskraft die Schäden ausbügeln, die der Verstand als Motor moderner Entzweiung angerichtet hat (→ *Soziale Funktion und kultureller Status literarischer Texte*, S. 182).

Verdrängung des
Topischen durch das
Utopische:
Erfinden statt Finden

Die »productive Einbildungskraft« vermag auch deshalb zum Agens von Geschichte zu werden, weil ›um 1800‹ die Geschichte selbst nicht mehr topisch verstanden wird (vgl. zum folgenden Koselleck 1989, 38ff., Moos 1988). Zuvor wurde nach dem Grundsatz *historia magistra vitae* Geschichte aufbereitet zu einem Inventar exemplarischer Taten, an denen nicht ihre Geschichtlichkeit interessierte, die als *exempla*, als *loci* menschlicher Erfahrung vielmehr dem kollektiven Gedächtnis eine Typologie von Handlungsformen einprägten. Von dieser ›ahistorisch‹-anthropologischen Auffassung der Geschichte legt etwa noch die Entwicklung der europäischen Historienmalerei weit bis ins

Transformation der
Geschichte

19. Jahrhundert hinein Zeugnis ab (vgl. die entsprechenden Beiträge in Mai 1990). ›Um 1800‹ dagegen wird die Vielzahl der topischen ›Geschichten‹ generell von der Vorstellung einer prinzipiellen Zeitlichkeit aller Ereignisse überwölbt – Droysen: »Über den Geschichten ist die Geschichte« –, wird damit der aus dieser Sicht ahistorischen Verknüpfung von Rhetorik, Historie und Moral der Boden entzogen, »wird die Geschichte selbst zu einem Subjekt [...], zu einem Agens, das die Menschen durchherrscht« (Koselleck 1989, 50).

Ich hatte gesagt, zu fragen sei, ob das Ende der Topik in der idealistischen Ästhetik zugleich das Ende der Topik überhaupt nach sich hat ziehen müssen. Ich kann diese Frage hier nicht beantworten, sondern durch den Hinweis auf mögliche Anwendungsfelder einer Topik nach dem Ende der Topik nur präzisieren. Der Verweis auf Barthes' *Rhetorik des Bildes* hat schon nahegelegt, daß zumindest moderne Massenkommunikation nicht ohne eine spezifische Form von Topik auskommen kann. Historisch gesehen ist aber auch das Pressewesen im 19. Jahrhundert noch weithin von topischen Strukturen geprägt, folgt etwa die Repräsentation von Geschichte in ihm eher dem Grundsatz der *historia magistra vitae* als dem Modell des idealistischen Kollektivsingulars ›Geschichte‹ (vgl. Graevenitz 1987, 196ff.). Zu fragen wäre darum, ob nicht eine Epoche wie die des literarischen Realismus, der zumindest in Deutschland in enger Tuchfühlung mit der zeitgleichen Institution journalistischer Wirklichkeitsaufbereitung agiert, ob nicht eine solche Epoche angemessen nur verstanden werden kann, wenn man sich der historischen Tradition der Topik vergewissert. Wenn es richtig ist, daß der programmatische deutsche Realismus sein Konzept der ›poetischen Verklärung‹ als Geschäft einer ideologischen Vereindeutigung der unübersichtlich gewordenen modernen ausdifferenzierten Gesellschaft betreibt (Plumpe 1985), dann läßt sich dazu leicht die Gegenrechnung aufmachen. Ein so kanonischer realistischer Text wie Kellers *Der grüne Heinrich* liefert schließlich ein topisches Inventar seiner eigenen Gegenwart, läßt in einer gleichsam aristotelischen »Sucht des Differenzierens« die Heterogenität und »Vielstimmigkeit« (Bachtin) der Wissens- und Meinungsdiskurse seiner Zeit aufscheinen (vgl. Rohe 1993). Eine gesteigerte Aufmerksamkeit auf die topische Struktur von Kellers Roman könnte so verhindern, ihn in germanistischer Blickverengung vorrangig im Zusammenhang des deutschen Bildungsromans zu betrachten, als dessen Schwanengesang er in der Forschung zumeist figuriert. Und, um damit zu schließen, auch für eine Theorie und Geschichtsschreibung bestimmter literarischer Gattungen könnte die Kenntnis der Topik von Nutzen sein. So liefert die Schreibweise des Kirchenvaters der essayistischen Tradition, die Schreibweise Montaignes, das Modell noch für den Essay der Moderne und läßt sich zugleich unabhängig von ihrem topischen Ursprung nicht sinnvoll analysieren (vgl. Tournon 1983, zum Essay in der Moderne vgl. Christen 1992).

Topik nach dem Ende der Topik

Journalismus, Realismus, Essayismus

Weiterführende Literatur

Die weiterführende Literaturempfehlung zur Topik, die an dieser Stelle die sicher wichtigste wäre, kann hier nicht gegeben werden: eine umfassende Darstellung der topischen Tradition, die dem Leser und der Leserin eine genauere Orientierung über die Geschichte der Topik zu bieten vermöchte, existiert bislang nicht. Darum schließe ich die empfindlichste historische Lücke in meinen Ausführungen behelfsmäßig mit dem Hinweis auf drei Titel, die die Rolle der rhetorischen *inventio*-Theorie bzw. die Funktion der Topik im Barock behandeln: Dyck (1966), Dyck (1972), Sieveke (1976). Die Topik hat als Umschlagsort des gesamten Wissens einer kulturellen Formation immer einem gewissen Hang zum Enzyklopädismus nachgegeben. Für die voraufklärerische Neuzeit hat das differenziert und perspektivenreich untersucht: Schmidt-Biggemann (1983). Wer einen Blick über die Grenzen der literaturwissenschaftlichen Disziplin hinaus wagen will, dem sei die Beschäftigung mit der Renaissance der Topik in der Rechtswissenschaft nahegelegt: Viehweg (1974). Theodor Viehweg hat die topische Tradition als Korrektiv gegen die überzogene Verwissenschaftlichung des Rechts im 19. Jahrhundert aufgeboten, mit der nicht unplausiblen Begründung, die Jurisprudenz könne die Notwendigkeit ihres Anschlusses an »gesellschaftliche Einbildungskraft« nicht ganz verleugnen.

Rhetorik

Elias Torra

Im heutigen Alltagsverständnis gilt Rhetorik als die Kunst des wir-
kungsvollen Redens. Die Rhetoriklehre schult die Fähigkeit, andere
Menschen durch sprachliche Mittel zu beeinflussen. Bereits die Antike
bezeichnete die Rhetorik als »Meisterin der Überredung« oder als »See-
lenführung durch Worte«. Wer sich genauer informieren will, stößt jedoch auf ein breites Spektrum divergenter Erklärungsangebote; es
sieht ganz so aus, als ob vom Standpunkt der Altphilologie, der Germanistik, der Philosophie, der Linguistik, der Politologie oder der Jurisprudenz die Rhetorik aus so unterschiedlichen Blickwinkeln betrachtet wird, daß die Rede von der *einen* Rhetorik sich als grobe Ver-
einfachung erweist. Die Pluralität, die sich hinter diesem schlichten
Singular verbirgt, ist zum einen das Ergebnis einer langen und heterogenen Rhetorikgeschichte, die sich einer vereinheitlichenden Darstellung widersetzt. Sie ist zum anderen eine Folge des im 20. Jahrhundert neu erwachten wissenschaftlichen Interesses an der Rhetorik,
das sich auf mehrere Disziplinen verteilt. Eine literaturwissenschaftliche Einführung in die Rhetorik kann sich heute daher nicht damit
begnügen, einfach das Rhetoriksystem zu beschreiben, sondern muß
darüber hinaus dessen funktionale Einbettung in historisch wechseln-
de Kontexte berücksichtigen. Die *theoretische* Komplexität der ›Rhetorik‹ ist nicht zuletzt ein Ausdruck der Vielfalt ihrer *historischen* Erscheinungsformen. Ohne Anspruch auf Vollständigkeit markiert die
folgende Darstellung einige prägnante Stationen und Wendepunkte
der Rhetorikgeschichte, um einiges von dieser Komplexität sichtbar zu
machen.

Die Pluralität der Rhetorik

Rhetorik wurde stets als System mit festen Gliederungsprinzipien
gelehrt, wobei dessen Grundzüge trotz vieler Detailveränderungen
über zwei Jahrtausende konstant geblieben sind. Das allgemeinste
Hauptschema, unter das alle anderen Teile gebracht werden können,
besteht aus den fünf Arbeitsgängen (*partes, officia oratoris*), die bei der
Verfertigung einer Rede zu beachten sind: *inventio, dispositio, elocutio,
memoria, pronuntiatio* (bzw. *actio*). Die *inventio* behandelt die Auffindung des Redestoffes (z. B. die Suche nach Argumenten); die *dispositio*
gibt Anweisungen zu dessen Strukturierung; die *elocutio* betrifft die
sprachliche Ausgestaltung im einzelnen (z. B. die Lehre von den Figuren und Tropen); die *memoria* zeigt, wie das Vorzutragende im Gedächtnis behalten werden kann; die *pronuntiatio* bzw. *actio* schließlich
gibt Anweisungen für den mündlichen Vortrag (Stimmführung, Mimik, Gestik).

Das Rhetoriksystem

Zur *inventio* gehört die Beweislehre (eine Art Argumentationstheorie) sowie die Stasislehre, in der juristische Fragen erörtert werden. Die
für die *inventio* zentrale Topik, die Lehre von den thematischen Gesichtspunkten oder ›Örtern‹ *(topoi)* rechnet mit der prinzipiellen Sy-
stematisierbarkeit aller Redegegenstände. So läßt sich ein Sachverhalt
nach dem Schema »wer, was, wo, wodurch, warum, auf welche Weise,
wann« analysieren und entsprechend darstellen (→ *Topik/Inventio*,
S. 82). Die *elocutio* umfaßt zum einen die Stilqualitäten (Sprachrichtig-
keit, Klarheit, Angemessenheit, Redeschmuck), zum anderen die Stil-
arten *(genera dicendi*: schlichter, mittlerer, erhabener Stil) sowie die
Wortfügungsarten (glatte, mittlere, rauhe Fügung). Ungeachtet des Sy-
stemcharakters wurden die fünf *partes* nicht immer scharf voneinander
getrennt; so wird die Lehre von den Redeteilen, die mindestens eine
Einleitung *(exordium)*, eine Erzählung *(narratio)*, einen Beweis *(argu-
mentatio)* und einen Schluß *(peroratio)* vorsah, von den Rhetorikhand-
büchern abwechselnd der *inventio* und der *dispositio* zugeordnet. Insgesamt zeichnet sich das Rhetoriksystem dadurch aus, daß die Aufgaben des Redners ebenso intellektuelle wie affektive Komponenten
einschließen: Vor dem Hintergrund eines durchaus realistischen Menschenbildes lehrt die Rhetorik nicht nur das Überzeugen durch Argumente, sondern auch das Überreden durch die Mobilisierung von
Emotionen.

Demokratie und Mündlichkeit

*Praktische Beredsamkeit
und Rhetoriktheorie*

Die Anfänge der Rhetorik liegen im Griechenland des 5. vorchristlichen Jahrhunderts. So sah es die Antike, und so sehen wir es noch
heute. Über diesem einmütigen Konsens wird leicht vergessen, daß der
historische Sachverhalt zur Verwunderung Anlaß gibt. Versteht man
nämlich unter Rhetorik die praktisch ausgeübte und wirkungsbewußt
eingesetzte öffentliche Rede, dann dürfte Griechenland wohl kaum die
einzige Kultur gewesen sein, in der die Rhetorik ein zentrales Element
des politischen Lebens war. Ethnologische Studien lassen jedenfalls
den Schluß zu, daß man bei fast allen traditionalen mündlichen Kulturen von der Existenz einer durch Regeln angeleiteten Redekunst sprechen muß (Bloch 1975). Das zwingt zur Präzisierung der Ausgangs-
behauptung: Was im 5. Jhd. v.Chr. im griechischen Kulturraum beginnt, ist nicht etwa die kunstvolle Rede an sich; es ist die systematisch
geordnete und mit einer spezialisierten Terminologie ausgestattete
Theorie der Rhetorik, die erstmals in Handbüchern festgehalten wird.

Demokratie

Es liegt nahe, die Singularität der griechischen Rhetorik mit der demokratischen Sonderstellung Griechenlands gegenüber den umliegen-
den, monarchisch organisierten Hochkulturen in Verbindung zu bringen. Die demokratische Grundidee der Griechen, die eine konsequente
Einbindung der Bürger in die Belange des Gemeinwesens, der Polis,
forderte, hatte sich schon im vorklassischen Griechenland angebahnt
(Meier 1982, 141f.). Demokratisches Institutionendenken festigte sich

sodann schrittweise durch das Gesetzgebungswerk Solons (594 v. Chr.) und die Kleisthenischen Reformen (507 v. Chr.), welche die lokalen Herrschaftsverhältnisse der alten Adelsgeschlechter brachen. Will man die außerordentliche Machtstellung der damaligen Rhetorik im öffentlichen Leben begreifen, dann muß man sich die Strukturen der demokratischen Institutionen, des Volksgerichts (*Heliaia*) und der Volksversammlung (*Ekklesia*) vergegenwärtigen.

Daß die Macht der Rhetorik im öffentlichen Leben der Griechen in *Volksgericht* erster Linie auf die *Mündlichkeit* der politischen Kommunikation zurückgeht, läßt sich exemplarisch an der wichtigen Funktion erkennen, die der Rede des Antragstellers im Volksgericht zukam. Dieser mußte nämlich seinen Fall in geschlossener Rede vor einem Gremium von mindestens 201 Personen vortragen, die alle denselben Rang als Richter einnahmen. Sie waren keine professionellen Juristen, sondern wurden durch ein Losverfahren berufen. Da der Beurteilung des jeweils anstehenden Falles kein Aktenstudium vorausging und die Entscheidung ohne Beratung getroffen wurde, kam alles auf das darstellerische Geschick des Antragstellers an. Damit besaß die Rhetorik einen Spielraum, der in einem heutigen Gerichtssaal kaum denkbar wäre. Die Notwendigkeit, den Fall im zusammenhängenden Vortrag verbindlich zu präsentieren sowie die Tatsache, daß jeder Antragsteller sein Anliegen persönlich vortragen mußte, schafften ein allgemeines Bedürfnis nach rhetorischer Schulung (Wülfing-v. Martitz 1969). Die ersten rhetorischen Handbücher befaßten sich nicht ohne Grund mit Gerichtsrhetorik. Sie enthielten Hinweise zu den Topoi und zur *eikos*-Lehre (Baumhauer 1986), die auf der Erfahrung basierte, daß plausible Hypothesen oft größere Überzeugungskraft besitzen als die Wahrheit selbst. Der Vorrang des Wahrscheinlichen vor dem Wahren gehört seither zu den Prämissen rhetorischer Beeinflussungsstrategien.

In der Volksversammlung waren nicht nur Reden zu hören; in ihr *Volksversammlung* wurden politische Entscheidungen auch unmittelbar getroffen. Man muß sich dies im Unterschied zu der weit schwächeren Rolle klarmachen, die das Parlament einer *repräsentativen* Demokratie eines modernen Industriestaats einnimmt: Während in der *direkten* Demokratie des klassischen Athen politisches Handeln vor den Augen der wahlberechtigten Öffentlichkeit geschah, finden die relevanten Entscheidungen heute in den nichtöffentlichen Ausschüssen statt, wo den Politikern hochspezialisierte Ministerialbeamte gegenübersitzen (Sontheimer 1989, 231ff.).

Auf die neuartige Bedürfnislage der sich demokratisierenden Politik *Sophistik* antwortete die *Sophistik* mit einer entsprechenden staatsmännischen Erziehungsform, in deren Zentrum das »gute Reden« (*eu legein*) stand. Die Sophisten waren aufklärerisch gesonnene Pragmatiker und Skeptiker, die die *doxa*, die subjektive Meinung, gegenüber der von ihnen für unerreichbar gehaltenen absoluten Wahrheit aufwerteten. Sie kontrastierten die ›Natur‹ (*physis*) mit der von Menschen gesetzten Konvention (*nomos*) und stellten mit dieser Unterscheidung Tradition und Religion in Frage. Als Rhetoriklehrer vermittelten sie den Politikern

Techniken geschickten Redens und vertraten ein rein erfolgsorientiertes, ethisch neutrales, formalistisches Bildungsideal (Gomperz 1912, 41f.).

Platon   Nicht zuletzt deswegen wurde Platon ihr erbittertster Gegner. Dieser hatte in seinen Dialogen *Gorgias* und *Phaidros* eine Rhetorikkritik entwickelt, die gleichermaßen auf die Zustände in der Athenischen Demokratie und auf die Weltanschauung der Sophisten zielte. Der Rhetor könne nur die unwissende Menge überreden; er brauche kein genaues Sachwissen, sondern erzeuge nur den Anschein wahren Wissens (Gorg. 459bc). Er suche das ›Angenehme‹ (*hedü*), statt sich an der Norm des ›Guten‹ (*agathon*) auszurichten (Gorg. 465a, 500d). Rhetorik sei daher keine ›Wissenschaft‹ (*techne*), sondern nichts weiter als eine opportunistische ›Übung‹ (*empeiria*; Gorg. 462bc) und stehe im Gegensatz zur Philosophie, die für Platon die höchste Erkenntnisform verkörperte. Mit Hilfe solcher Dichotomien kehrte Platon das rhetorische Prinzip vom Vorrang des Wahrscheinlichen über das Wahre ausdrücklich um (Phaidr. 267a). Seinem Philosophiebegriff zufolge, der einen »Aufstieg der Erkenntnis in die Transzendenz und sogar zu einem letzten Unbedingten« für möglich hielt (Krämer 1967, 259), zog er einen scharfen Trennungsstrich zwischen dem Konzept absoluter Wahrheit (*aletheia*) und dem nur Glaubwürdigen (*pithanon*) bzw. Wahrscheinlichen (*eikos*; Phaidr. 272de).

Die Rhetorikkritik Platons war darüber hinaus ein Plädoyer für eine spezifische Lebensform; der Dialog *Gorgias* verband die Frage nach dem Wesen der Rhetorik nicht von ungefähr mit der ethischen Frage nach dem richtigen Leben. Platon glaubte die öffentlichkeitszentrierten Wertvorstellungen des rhetorisch ausgebildeten Politikers prinzipiell verurteilen zu müssen und stellte ihnen ein ganz anders geartetes Lebensideal entgegen: die kontemplative Lebensweise des einsamen, nur den eigenen Moralprinzipien verpflichteten Philosophen (Gorg. 482bc). Die Schärfe dieser Kontrastierung resultierte aus dem dogmatischen Absolutismus der platonischen Metaphysik, mit der eine »ganz bestimmte Lebensordnung als die einzig richtige fraglos gegeben« zu sein schien (Krämer 1967, 261). Für Platon jedenfalls standen sich Philosophie und Rhetorik unversöhnlich gegenüber.

Aristoteles   War Platons Rhetorikverachtung einer antidemokratischen Haltung entsprungen, so ging das politische Denken seines Schülers Aristoteles im Gegenteil davon aus, daß das Leben der Polis auch für das philosophische Denken Verbindlichkeit beanspruchen dürfe: In seiner praktischen Philosophie, insbesondere in der Ethik und in der Politik, vertrat Aristoteles die These von der Vernünftigkeit jener Denk- und Lebensformen, die Platon als die unausgewiesene ›Meinung‹ (*doxa*) der ›ungebildeten Menge‹ aus dem Philosophiebegriff hatte verbannen wollen. Die *Rhetorik* des Aristoteles kann mithin als eine philosophische Aufwertung der Theorie der Beredsamkeit gelesen werden. Sie schlägt eine Brücke zwischen dem formalistischen, ethisch neutralen Pragmatismus der Sophisten und einem idealen Rhetorikbegriff, dessen Möglichkeit sogar Platon gelegentlich zugesteht (Phaidr. 277bc).

Aristoteles setzt sich allerdings von Platon ab, insofern er der Rhetorik den Status einer *techne* verleiht, also einer auf die Praxis gerichteten Theorie, und sie als gleichrangiges Seitenstück zur Dialektik definiert (Rhet. 1354a). Mit ihren drei Teilen, deren erster und zweiter der *inventio* gilt – der dritte behandelt die *elocutio* und die *dispositio* – ist die aristotelische *Rhetorik* in erster Linie eine philosophische Argumentationstheorie und keine poetologische Anleitung zur Produktion von Texten. Solche Hinweise hat er seiner *Poetik* vorbehalten.

›Literarisierung‹ der Rhetorik

Aristoteles hatte drei Redegattungen (*genera orationis*) unterschieden (Rhet. 1358b): die auf zukünftige Entscheidungen bezogene politische oder beratende Rede (*genus deliberativum*), die auf vergangene Ereignisse bezogene Gerichtsrede (*genus iudiciale*) und die auf Gegenwärtiges bezogene Lob- oder Festrede (*genus demonstrativum*). In den Anfängen der Rhetorik im klassischen Griechenland standen die ersten beiden Redegattungen im Vordergrund. Erst im Hellenismus, also in den ersten drei vorchristlichen Jahrhunderten seit den Eroberungszügen Alexanders d. Gr., verlor die Beratungsrede ihre zentrale Funktion als Bestimmungsinstrument politischen Handelns. Dies konnte geschehen, weil die demokratisch regierten Stadtstaaten im Zuge der Machterweiterung Alexanders ihre führende Rolle einbüßten. In der für den Hellenismus charakteristischen Staatsform der Monarchie mit ihrer Zentrierung auf die Person des Herrschers (Gehrke 1990) wurde stattdessen die der Repräsentation dienende Festrede (*epideiktische* Rede) zur rhetorischen Hauptgattung. Die öffentliche Beredsamkeit zog sich in die Schule zurück und transformierte sich dort zum »Instrument einer mittelständischen Allgemeinbildung« (Fuhrmann 1990, 37). Einen vergleichbaren Entpolitisierungsschub erlebte Rom in der Kaiserzeit (Fuhrmann 1990, 65). In diesen beiden Blüteperioden der epideiktischen Rede (Heldmann 1982, 4) stand die *elocutio* im Mittelpunkt des Interesses, was eine Aufwertung der Lehre von den Figuren und Tropen mit sich brachte.

Diese Gewichtsverlagerung von einer mündlichen, auf Persuasion zielenden Rhetorik zu einer solchen, die der Produktion von (schriftlichen) Texten dient (Kennedy 1980, 5), kann in ihrer Bedeutung für die nachfolgende Rhetorikgeschichte kaum überschätzt werden. Man sollte daher die Umfunktionierung der politischen Rede zur ästhetisierten, stilistisch ausgefeilten Deklamation nicht einfach zu einem Verfallssymptom herabstufen, wie dies häufig getan wird (z. B. Kühnert 1988, 596). Denn diese ›Literarisierung‹ bildete die wichtigste Voraussetzung dafür, daß rhetorische Kategorien bis ins 18. Jahrhundert hinein für die *Poetik* und damit für die Auffassung von *Literatur* maßgeblich wurden.

Im Streit um die Legitimität unterschiedlicher Lebensformen, der als Disput über den Wert oder Unwert der Rhetorik ausgetragen wurde, hatte Platon für die Philosophie plädiert. Damit entschied er sich zu-

Hellenismus

Rhetorik als Bildungskonzept

gleich für ein bestimmtes Bildungskonzept, das der philosophischen
Lebensform entsprach. Historisch setzte sich aber auf lange Sicht nicht
Platon, sondern der Vertreter des rhetorischen Bildungsideals Isokrates
durch (Marrou 1957,122). Freilich ging das Rhetorikkonzept des
Isokrates über die ethisch neutrale, formalistische Rhetorikschulung
der Sophistik hinaus. Rhetorik bedeutete für ihn mehr als nur ein Mittel der machttechnischen Steigerung persuasiver Geschicklichkeit; sie
war das »Bildungserbe, das den kultivierten Menschen vom Barbaren
unterschied« (ebd. 290). Wenn die hellenistische Rhetorik weiterhin der
»Hauptgegenstand der Hochschulbildung, die Krönung aller freien auf
Vollständigkeit gerichteten Erziehung« blieb (ebd.), so mochte dies
nicht zuletzt auf der Isokratischen Identifikation des guten Sprechens,
Denkens und Lebens beruhen.

Cicero und Quintilian

Cicero und Quintilian setzten dieses Rhetorikideal in der Folgezeit
durch. In Ciceros *De oratore* (Über den Redner, 55 v. Chr.) und in
Quintilians *Institutio oratoria* (Ausbildung des Redners, um 95 n. Chr.)
erreichte die Aufwertung der Rhetorik insofern ihren Kulminations-
punkt, als die rednerische Ausbildung mit den höchsten Bildungs- und
Erziehungsansprüchen Hand in Hand ging. Durch den Rhetorikunterricht sollte der Schüler zu einer gebildeten und moralisch hoch-
stehenden Persönlichkeit heranreifen. So forderte Cicero vom *perfectus
orator* Kenntnisse in Ethik, Recht, Verwaltung, Dichtung und Geschichte (Barwick 1963, 10ff.). Quintilian, der erste staatlich besoldete Rhetoriklehrer, der mit seiner *Institutio* die umfangreichste Rhetorikdar-
stellung der Antike hinterließ und über die rednerische Ausbildung
hinaus ein umfassendes erzieherisches Konzept entwickelte, legte auf
die ethische Seite besonderes Gewicht, wie seine Lehre vom *vir bonus
dicendi peritus,* vom redegewandten Ehrenmann, zeigt. Unter Berufung
auf Ciceros Wortgebrauch (Inst. or. II,21,9) bezeichnete er die Rhetorik
sogar als eine Tugend, *virtus* (Inst. or. II,21). Rhetorische und moralische Vollkommenheit gehörten notwendig zusammen (Inst. or. XII, 2);
der ideale Rhetor sei der ideale Mensch. Für Quintilian umfaßte die
Rhetorik, die er als »Wissenschaft, gut zu reden« (*bene dicendi scientiam*)
definierte, »alle Vorzüge der Rede und zugleich auch die sittlichen
Lebensgrundsätze des Redners (*mores oratoris*); denn gut reden kann
nur ein guter Mensch (*cum bene dicere non possit nisi bonus*)« (Inst. or.
II,15,34). Man hat diesem Rhetorikbegriff vielfach vorgeworfen, er sei
maßlos unrealistisch, verstiegen, ja ideologisch. Aber auch wenn die
Bewertung aus heutiger Sicht negativ ausfallen mag, sollte man darüber nicht vergessen, daß Ciceros und Quintilians Sichtweise auf die
Rhetorik das abendländische Konzept humanistischer Bildung sowie
das zugehörige Menschenbild nachhaltig beeinflußt hat.

*Christliches Mittelalter
und Renaissance-
humanismus*

Über weite Strecken ließe sich die Geschichte der Rhetorik tatsächlich am Leitfaden einer Wirkungsgeschichte Ciceros (Zielinski 1912)
und Quintilians (Wychgram 1921) schreiben. Auch im Mittelalter galt
Cicero als höchste rhetorische Autorität (Murphy 1974, 106ff.), und es
ist bezeichnend, daß die einflußreichste *christliche Rhetorik,* Augustinus'
De doctrina christiana (verfaßt zwischen 397 und 426), sich Cicero zum

Vorbild nahm. In den ersten drei Büchern seines Werks behandelte Augustinus *hermeneutische* Fragen der Bibelauslegung; erst im vierten Buch gab er *rhetorische* Anweisungen zur Darstellung der christlichen Lehre vor der Gemeinde der Gläubigen. Diese Kombination von Textauslegung und Vortrag wurde in der mittelalterlichen *ars praedicandi* systematisch zur Predigtlehre (Homiletik) ausgebaut (Murphy 1974, 269ff.). Eine spezifische Errungenschaft der Rhetorik des Mittelalters war außerdem die *ars dictaminis*, die aus den juristischen Erfordernissen der Verwaltungspraxis entwickelte Kunst des Briefeschreibens (Murphy 1974, 194ff.).

In der Schule wurde die Rhetorik durch ihre Stellung innerhalb der sieben ›Freien Künste‹ (*artes liberales*) tradiert (Hommel 1965, 2625), wo sie zum Trivium gehörte (Grammatik, Rhetorik, Dialektik), das im Lehrplan dem Quadrivium (Arithmetik, Geometrie, Musik, Astronomie) vorgeordnet war. Gemessen an dem Rang der antiken Bildungs- und Erziehungskonzepte spielte sie allerdings eine eher bescheidene Rolle (Kennedy 1980,176f.). Erst die Renaissancehumanisten griffen im Zuge der Wiederentdeckung der Antike das ciceronianische Bildungskonzept einer Einheit von Sachkenntnis und Redegewandtheit mit großer Emphase auf. Viele der uns heute leicht zugänglichen antiken Rhetorikdarstellungen wurden überhaupt erst von den Humanisten des 15. und 16. Jahrhunderts aufgespürt und mit philologischer Sorgfalt ediert. Im Jahre 1416 entdeckte man ein vollständiges Manuskript von Quintilians *Institutio oratoria*, 1421 folgten Ciceros *De Oratore* und sein *Orator*. Im Mittelalter hatte man diese drei Texte nur in verstümmelter Form lesen können (Murphy 1974, 357ff.).

Trivium und Quadrivium

Die humanistische Überzeugung von der Vorbildlichkeit und zeitlosen Gültigkeit der antiken Dichtung ging mit dem für die *normative Poetik* charakteristischen Stilprinzip der Nachahmung antiker Musterautoren (*imitatio*) einher. Für Renaissance und Barock galt der gelehrte Dichter (*poeta eruditus*) als das Ideal des Schriftstellers; Dichtung war »primär nicht Wiedergabe persönlicher Erfahrungen, vielmehr Auseinandersetzung mit den durch die Tradition vorgegebenen Inhalten und Formen« (Buck 1972, 21). Die Einordnung der Dichtung in die literarische Tradition, die durch die *imitatio* geschah, verriet nach damaligem Verständnis nicht etwa mangelnde Originalität, sondern steigerte den Wert des Geschriebenen (Buck 1952, 56). Die zentralen Momente, die das Literaturverständnis bis zum Barock bestimmten, lassen sich in der für die italienische Spätrenaissance repräsentativsten und wohl einflußreichsten humanistischen Poetik des Julius Caesar Scaliger (*Poetices libri septem*, 1561) ausmachen; sie reichen von der klassizistisch-humanistischen Verehrung der (römischen) Antike, die sich im Stilprinzip der *imitatio* ausdrückt, über die Modellhaftigkeit der Rhetorik für das Dichtungsverständnis (Vorrang des Wirkungsaspekts) bis zur grundlegenden Auffassung der *normativen Poetik*, welche die Beachtung allgemeiner Regeln zur Bedingung dichterischer Vollkommenheit erklärte.

Imitatio und normative Poetik

Rhetorikgeschichtlich wie poetologisch scheint es sinnvoll zu sein, die Kontinuität zwischen Renaissance und Barock insofern zu betonen, als die Durchdringung rhetorischer und poetologischer Kategorien für beide literarische Epochen gleichermaßen charakteristisch war. Martin Opitz etwa teilt in seinem von Scaliger beeinflußten *Buch von der Deutschen Poeterey* (1624) das 5. und 6. Kapitel nach der rhetorisch überlieferten *res/verba*-Unterscheidung ein: Auf das 5. Kapitel, das die *inventio* und *dispositio* enthält (»von der invention oder erfindung / und Disposition oder abtheilung der dinge«), folgt im 6. Kapitel die *elocutio* (»Von der zuebereitung vnd ziehr der worte«). Das 7. Kapitel befaßt sich mit den »reimen / ihren wörtern vnd arten der getichte« (Opitz 1963, 33). Opitz stellt einen Musterfall barocken Poetikverständnisses dar: Der Rhetorik kam in deutschen Barockpoetiken des 17. Jahrhunderts insgesamt eine modellbildende Funktion zu (Dyck 1969, 4ff.); typisch ist weiterhin, daß der Barock auf die Kriterien von Reim und Versmaß zurückgriff, um die Dichtkunst von der Beredsamkeit zu unterscheiden; die Zielsetzung beider war gleichermaßen rhetorisch: es ging um »Überredung und Beeinflussung des Hörers« (Dyck 1966, 33).

So verwundert es nicht, daß man das gesamte Barockzeitalter literarhistorisch durch seine »rhetorische Grundanlage« definierte (Müller 1930, 204) und mittels der »Feststellung des rhetorischen Grundzugs« (ebd. 205) zu erschließen suchte. Es ist üblich, die Besonderheit barocker Dichtung von der Seite der Rhetorik her sowohl literatursoziologisch als auch bildungsgeschichtlich zu erklären: Zum einen ergab sich der »Repräsentationscharakter« (ebd.) der Dichtung aus ihrer öffentlichen Funktion an den Höfen des Territorialabsolutismus (Braungart 1988); zum anderen wurzelte die Barockrhetorik in den humanistischen Bildungsinstitutionen, die die gelehrten Poeten durchlaufen hatten (Barner 1970).

›Ende‹ der Rhetorik?

Spätestens seit der zweiten Hälfte des 18. Jahrhunderts scheint sich die Rhetorik in einer Krise zu befinden, die sich von vorangegangenen Transformationsprozessen so stark unterscheidet, daß immer wieder vom ›Ende‹ oder vom ›Verfall‹ der Rhetorik gesprochen worden ist. Diese Begriffe sind insofern problematisch, als sie die Vorstellung nahelegen, die Rhetorik sei restlos und mit einem Schlag von der Bildfläche verschwunden. Davon kann aber nicht die Rede sein: Im Zuge von Demokratisierungstendenzen im Liberalismus der ersten Hälfte des 19. Jahrhunderts lebte die *politische Beredsamkeit* in den Parlamenten wieder auf (Jens 1969; Fauser 1986). Gleichzeitig wirkte die Schulrhetorik weiterhin als kontinuitätsstiftender Faktor, da an den Schulen bis ins 19. Jahrhundert hinein die Rhetorik Unterrichtsgegenstand blieb (Breuer 1974; Jäger 1981).

Eine differenziertere Analyse zeigt indessen, daß diese Kontinuität der Schulrhetorik durchaus Raum ließ für tiefgreifende Umakzentuierungen, die ein neues Verständnis von Rhetorik zu erkennen geben (Bosse 1978). Im übrigen kann nicht geleugnet werden, daß sich um 1800 die rhetorikkritischen Stimmen mehrten und an Intensität zunahmen (Goth 1970, 4ff.; Fuhrmann 1983, 14ff.): Von Goethe, Kant, Schelling, Hegel und anderen sind eine Reihe von Äußerungen überliefert, die der Rhetorik ihre ›Künstlichkeit‹ und Wirkungsabsicht vorwerfen, wobei man sich an den normativen Gegenbegriffen ›Natürlichkeit‹ und Wahrhaftigkeit orientierte. Es ist allerdings zweifelhaft, ob diese Stimmen, wie in der Forschung manchmal angenommen wird, den Bedeutungsverlust der Rhetorik mit allen Facetten ausreichend repräsentieren können. Angesichts der zu Beginn hervorgehobenen *Pluralität* der Rhetorik muß man ohnehin damit rechnen, daß nicht alle Transformationen der Rhetorik um 1800 auf denselben Nenner zu bringen sind. Deswegen sollten die bisherigen Erklärungsversuche nicht als konkurrierende Vorschläge gewertet werden; man versteht sie wohl besser als Analysen unterschiedlicher Aspekte eines in seiner Gesamtheit noch nicht befriedigend geklärten Phänomens.

Die Rhetorikkritik um 1800 wurde gelegentlich als ein spezifisch deutsches Phänomen begriffen (Goth 1970) und als Ausdruck eines Rückzugs des damaligen Bürgertums aus der Politik aufgefaßt (Jens 1977, 433). Dabei hat man jedoch nicht berücksichtigt, daß etwa in England und in Frankreich trotz anders gelagerter gesellschaftlicher Entwicklungen die Rhetorik ähnliche Transformationen erfahren hat. Manfred Fuhrmann hat demgegenüber eine allgemeinere institutionelle Erklärung bemüht, indem er den Bedeutungsverlust der Rhetorik im ausgehenden 18. Jahrhundert auf das Verschwinden des Lateinunterrichts zurückführte, welcher die Vorrangstellung der Rhetorik lange gesichert hatte. Mit Blick auf diese »einschneidendste Änderung«, die »das antik-europäische Bildungswesen seit dem Übergang von der heidnischen Antike ins christliche Mittelalter« erlebte (Fuhrmann 1983, 18), könne einzig die »Nationalisierung des gesamten europäischen Geisteslebens« eine zulängliche Erklärung für das (allmähliche) Verschwinden des Rhetorikunterrichts abgeben (ebd. 17f.).

Rhetorikkritik um 1800

Nun dürfen institutionelle Veränderungen in ihren Langzeitwirkungen gewiß nicht unterschätzt werden; aber es wäre überzogen, alle Transformationen der Rhetorik von der Schulrhetorik her erklären zu wollen. Es ist wohl eher der für Renaissance und Barock charakteristische Zusammenhang von Poetik und Rhetorik, der verständlich macht, warum die veränderte Einstellung zur Rhetorik mit einer neuen Auffassung von Literatur einhergehen konnte, die sich in der zweiten Hälfte des 18. Jahrhunderts durchsetzte. Von der Antike bis zum Barock sollte Literatur gemäß der Trias, die für die Rhetorik wie für die Regelpoetik galt, die Hörer oder Leser bewegen (*movere*), belehren (*docere*) oder erfreuen (*delectare*). Die Literatur diente ›außerliterarischen‹ Zwecken, so daß zwischen ihr und der Rhetorik ein einträchtiges Verhältnis bestand. Im Zuge der »Autonomisierung des Ästhetischen« (Weber 1991, 16) ging diese Verbindung verloren; fortan sollte die Literatur von pragmatischen Rücksichten auf Zwecke und Wirkungen

Von der Wirkungspoetik zur Autonomieästhetik

frei sein. Adam Müller trennte in seinen *Zwölf Reden über die Beredsamkeit und deren Verfall in Deutschland* (1812) eben jene Elemente voneinander, die für die Barockautoren noch eine Einheit gebildet hatten: Die Beredsamkeit, schrieb er, sehe es »allezeit auf einen bestimmten Zweck« ab, während die Poesie »überhaupt keinen Zweck« habe, jedenfalls keinen, »der im Bezirke unsrer irdischen Neigungen und Bestrebungen liegt« (Müller 1983, 49).

Der Übergang von einer Wirkungspoetik zu einer Ästhetisierung und Autonomisierung von Kunst und Literatur ist exemplarisch in Kants *Kritik der Urteilskraft* (1790) formuliert. Kants philosophische Ästhetik unterschied sich von der alten Regelpoetik darin, daß sie keine Herstellungsanweisungen für den Künstler geben wollte, sondern eine begriffliche Bestimmung von Kunst unternahm (Iser 1983, 33). Der ästhetische Paradigmenwechsel implizierte eine polemische Ablehnung der Rhetorik: Im Konkurrenzverhältnis von Dichtkunst und Rhetorik erweise sich die Rhetorik als eine degradierte Form von Dichtung; der Dichter halte mehr, der Redner weniger, als er verspricht (Kant 1790, 259); und als »vom Handwerke unterschieden« (ebd. 238) dürfe die Kunst prinzipiell keinem Zweck unterstellt werden.

Genie und Ausdruck   Kants Rhetorikkritik besaß ihr Komplement im ästhetischen Konzept des Genies: »die schöne Kunst ist nur als Produkt des Genies möglich« (ebd. 242). Das Genie definierte er als »angeborne Gemütsanlage«, »durch welche die Natur der Kunst die Regel gibt« (ebd. 241f.). Im Gegensatz zur »Gelehrigkeit« (ebd. 243) zeichne sich Dichtung also dadurch aus, daß man sie nicht erlernen könne. Damit verwarf Kant einen für Rhetorik und Regelpoetik gleichermaßen konstitutiven Grundsatz (ebd. 244). In seiner Vorrede zum 3. Teil seines *Poetischen Trichters* (1653) hatte Georg Philipp Harsdörffer die Idee, Poeten würden »geboren«, Redner hingegen »durch Kunst und Übung erzogen«, noch als »irrigen Wahn« deklariert (Harsdörffer 1975). Der Barockschriftsteller weigerte sich zu glauben, daß »einer ohne vorhergehenden Bericht und Unterricht ein wolklingendes Gedicht aufsetzen« könne (ebd.). Die Genieästhetik vertrat die gegenteilige Auffassung. Mit der Lyrik des Sturm und Drang, insbesondere mit der Erlebnisdichtung des jungen Goethe und mit den ästhetischen Reflexionen Herders kam nämlich die Vorstellung auf, daß der Dichter nur kraft seines Genies zu dichten vermöge und daß das dichterische Wort als der genuine Ausdruck eines individuellen Schöpfersubjekts gelten müsse, welches seinerseits Ausdruck einer bestimmten historischen Epoche sei. Ein Barockdichter konnte noch ohne Widerstreben auf das nicht durch individuelle Erfahrung beglaubigte allgemeine Regelwerk der *elocutio* zurückgreifen, weil für ihn Dichtung repräsentative, an eine Öffentlichkeit gerichtete Rede war und sich insofern von der wirkungsbewußten Rede des Rhetors nicht grundsätzlich unterschied. Die Lyrik nach Klopstock dagegen wollte intime Gefühlsaussprache sein, verstand sich als unmittelbarer, individueller und natürlicher ›Ausdruck‹ und glaubte infolgedessen die Mechanismen der Rhetorik aus ihrem ästhetischen Gesichtskreis verbannen zu müssen.

Der poetologische Geltungsverlust der Rhetorik scheint in letzter Instanz ein Reflex jenes historischen Verständnisses von Kunst und Literatur zu sein, das sich in der »Querelle des Anciens et des Modernes« anbahnte (Jauß 1964) und von den geschichtsphilosophischen Dichtungstheorien Herders, Friedrich Schlegels und Schillers konsequent weiterentwickelt wurde (Jauß 1970). Nach und nach hatte sich die Einsicht durchgesetzt, daß Kunstwerke unterschiedlicher Epochen in ihrem historischen Eigenrecht wahrzunehmen seien und sich nicht gegenüber der Norm einer zeitlos vorbildlichen Antike zu legitimieren brauchten. Damit wurde dem *imitatio*-Prinzip mitsamt dem poetologischen und rhetorischen Regelwerk die Berechtigung abgesprochen. Angesichts der unvergleichbaren Besonderheit jeder Epoche (und jedes Individuums) fiel die Rhetorik der Verdrängung anheim.

Historisches Bewußtsein

›Wiederkehr‹ der Rhetorik?

Die offensichtlich stark vereinfachende Formel vom ›Ende der Rhetorik‹ ließ eine Vielzahl recht unterschiedlicher Aspekte auf einen einzigen Punkt zulaufen, um die Situation um 1800 besonders scharf zu profilieren. Diese Zuspitzung ist nur dann zulässig, wenn man die mit ihr verbundenen Unschärfen nicht vergißt. Für die Formel von der ›Wiederkehr der Rhetorik‹, mit der die auffällige Konjunktur bezeichnet wird, die die Rhetorik im 20. Jahrhundert erlebt, ließen sich solche Vor- und Nachteile der Überdeutlichkeit gleichfalls namhaft machen. Auch hier muß man die Heterogenität der gesellschaftlichen, philosophischen, literarischen oder literaturwissenschaftlichen Kontexte sehen, in denen die Rhetorik ihre jeweilige Rolle spielt.

Das neu erwachte Interesse an der Rhetorik antwortete nicht zuletzt auf gesellschaftliche Veränderungen, deren Folgelasten unübersehbar geworden waren. Die Einsicht in die Analysebedürftigkeit der Funktionsmechanismen einer von den Massenmedien und ihren Beeinflussungsstrategien geprägten modernen Gesellschaft ließ in den USA die sogenannte *new rhetoric* entstehen, die sich die Erkenntnisse von Kommunikationswissenschaft, Soziologie, Psychologie, Politologie und Linguistik aneignete und dabei auf den alten rhetorischen Wissensbestand zurückgriff (Jens 1977, 444). Die *new rhetoric* orientierte ihre Forschung an der Leitidee, wonach jede sprachliche Äußerung rhetorisch (analysierbar) sei; es gebe keinen Gebrauch der Sprache ohne Wirkungsintention, deren Realisierbarkeit von dem Wissen über die Manipulationschancen in einer gegebenen Kommunikationssituation abhänge (ebd. 445).

›new rhetoric‹

Im 20. Jahrhundert wurde die Rhetorik auch philosophisch rehabilitiert, wie die verstärkte Hinwendung zu Aristoteles zeigt (Kopperschmidt 1991, 6–21). Dieser gewann für die moderne Sprachphilosophie deswegen wieder an Aktualität, weil er die These einer Mannigfaltigkeit von Rationalitätsstandards vertreten hatte, welche einem pragmatisch ausgerichteten Denken besonders aussichtsreich erschien.

Philosophie

Literarische Moderne

Mit der Annahme einer Vielfalt von Argumentationsformen ließen sich positivistisch und formalistisch verkürzte Rationalitätsvorstellungen durch flexiblere Kommunikationsformen überwinden, die die Rhetorik bereitstellte (Toulmin 1958 und 1986; Perelman / Olbrechts-Tyteca 1958). Das Darstellungsschema von ›Ende‹ und ›Wiederkehr‹ läßt sich am ehesten in literaturwissenschaftlicher Perspektive rechtfertigen, weil sich sachliche Bezüge zwischen der modernen Rhetorikkonjunktur und der Situation um 1800 nachweisen lassen. Sowohl die moderne Literatur als auch die moderne Literaturwissenschaft widersetzten sich nämlich jener Auffassung von Sprache und Dichtung, die für die rhetorikkritischen Tendenzen um 1800 verantwortlich gewesen war. Im Gefolge eines ästhetischen Credos, das die Literatur als unmittelbaren ›Ausdruck‹ eines seiner eigenen Verfahrenstechnik unbewußten ›genialen‹ Schöpferindividuums begriff, hatte man damals verdrängt, was die Dichter des Barock noch für selbstverständlich hielten: daß Gedichte Erzeugnisse des Kalküls waren, welche in erster Linie aus Wörtern bestanden, die nach dem lehrbaren Regelarsenal von Grammatik und Rhetorik kombiniert wurden. In der Lyrik der Moderne, die mit Charles Baudelaire und Stéphane Mallarmé begann, wurde dieses alte Wissen aktualisiert, um es gegen die hergebrachte ›romantische‹ Dichtungsauffassung auszuspielen. Bewußte Konstruktion, experimentelles Spiel mit den Möglichkeiten der Sprache und nicht etwa Inspiration aus dem vermeintlich vorsprachlichen Innenraum des Subjekts galten fortan als die Entstehungsbedingungen dichterischer Produktion: »Ein Gedicht entsteht überhaupt sehr selten – ein Gedicht wird gemacht« (Benn 1951, 6). Unter solchen Vorzeichen, die die »Struktur der modernen Lyrik« charakterisierten (Friedrich 1981), konnte die Rhetorik wieder in günstigerem Licht erscheinen.

Strukturalismus

An der literaturwissenschaftlichen Rehabilitierung der Rhetorik hatte Ferdinand de Saussures *Cours de linguistique générale* (Saussure 1916) entscheidenden Anteil. Der Begründer der strukturalen Linguistik (→ *Formalismus und Strukturalismus*, S. 43) revolutionierte die Sprachwissenschaft, indem er das im 19. Jahrhundert noch vorherrschende Prinzip der Diachronie durch das der Synchronie ersetzte, d. h. er untersuchte die Sprache nicht in ihrem historischen Entwicklungsverlauf, sondern als feststehendes System. Diese Bevorzugung der Synchronie, die einen Grundzug des literaturwissenschaftlichen Strukturalismus darstellt, trug erheblich dazu bei, das rhetorische Regelsystem wieder hoffähig zu machen, weil mit dem ahistorischen Zugriff auf die Sprache eine Voraussetzung der Rhetorikverachtung um 1800 entfiel – stand doch der ästhetische Geltungsverlust der Rhetorik mit dem geschichtlichen Verständnis von Dichtung in engem Zusammenhang. Es kam hinzu, daß der Strukturalismus vom russischen Formalismus eine mit der rhetorischen Vorgehensweise vergleichbare »technologische« Art der Literaturbetrachtung übernommen hatte (Coenen 1988, 47). Die Tatsache, daß die Formalisten die Literatur »unter dem Gesichtspunkt ihrer Verfertigungstechnik« (ebd.) analysierten, brachte die Lehre von den Figuren und Tropen wieder zu Ansehen. Literatur wurde als das

Ergebnis von ›Verfahren‹ in den Blick genommen, deren Regeln durch Rhetorik und Grammatik vorgegeben waren.

Der strukturalistische Rhetorikbegriff ist nicht der des alltäglichen Sprachgebrauchs. Der Terminus ›Rhetorik‹ meint in literaturwissenschaftlichen Kontexten nicht mehr nur die alte Persuasionsrhetorik, er meint auch nicht die Lehre zur Herstellung von Reden und Texten, sondern benennt das Instrumentarium literaturwissenschaftlicher Textanalyse. Seit dem Strukturalismus erhält ›Rhetorik‹ die zusätzliche Aufgabe, Beschreibungsprobleme an der Schnittstelle von Literaturwissenschaft und Linguistik zu lösen. Hierbei rückt die *elocutio* auf Kosten aller anderen *partes* ins Zentrum der Aufmerksamkeit, was vor dem Hintergrund der traditionellen Rhetorik vielfach kritisiert worden ist (Genette 1972; Vickers 1988).

Saussure hatte in seiner Linguistik, die er der Semiologie (Zeichentheorie) unterordnete, das Axiom von der Arbitrarität des Zeichens aufgestellt. Es besagte, daß zwischen den beiden Seiten des Zeichens, zwischen Signifikant (Lautkörper) und Signifikat (Bedeutung), keine natürliche, sondern nur eine ›willkürliche‹ bzw. konventionelle Verbindung bestehe. Die Arbitraritätsthese hatte eine Konzentration auf die formale, textuelle Seite der Literatur sowie eine Trennung von Sprache und Außersprachlichem zur Folge. Dies wurde für die literaturwissenschaftlichen Schulen des Strukturalismus und der Dekonstruktion (→ *Dekonstruktion. Lesen, Schrift, Figur, Performanz*, S. 116) bestimmend, wie man bei Roland Barthes und Paul de Man sehen kann. Beide entfalteten die Konsequenzen dieser radikalisierten semiologischen Differenz, indem sie ein Konzept von ›Rhetorik‹ entwickelten, das eine sprachlich reflektierte Form von Ideologiekritik darstellte.

Semiologische Ideologiekritik

Barthes reihte seine eigenen Arbeiten in die Nachfolge Saussures ein, dessen Semiologie ihm als die »grundlegende Methode der Ideologiekritik« (Barthes 1988, 9) erschien. In den »Mythen des Alltags« (Barthes 1964) machte er die Probe aufs Exempel, indem er den Versuch unternahm, die »Illusion des Natürlichen« zu entlarven (Barthes 1978, 142), genauer: die in Presse, Kunst und ›gesundem Menschenverstand‹ allgegenwärtige Neigung, historisch kontingente Phänomene zu naturhaft gegebenen aufzuwerten (Barthes 1964, 7), mithilfe der Semiologie zu analysieren. Die Semiologie bot sich hier deswegen an, weil sie ihre Aufmerksamkeit nicht auf die Bedeutung selbst, sondern auf den Modus der Bedeutungserzeugung lenkte und so die notwendige Distanz zum ideologisierten Objekt zu wahren verstand (→ *Ideologie und ihre Kritiker*, S. 207).

Barthes hatte das ›falsche Bewußtsein‹ des Bürgertums scharfsinnig zergliedert, ohne jedoch seinen eigenen theoretischen Standpunkt einer semiologischen Prüfung zu unterziehen. Diese Anwendung der Ideologiekritik auf die Position des Kritikers selbst holte die Dekonstruktion des amerikanischen Literaturwissenschaftlers Paul de Man nach. Mit seinem Begriff der »Rhetorizität der Sprache« (de Man 1991, 178), der in Friedrich Nietzsches Metaphysikkritik angelegt war, entwickelte de Man einen Begriff von Ideologie, der die Verwechslung

›Rhetorizität‹

von sprachlicher und natürlicher Realität meinte (de Man 1982, 11). Daß die Sprache (und nicht etwa nur ein spezifischer Sprachgebrauch) ›rhetorisch‹ sei, heißt nach de Man, daß sie sich nicht »repräsentativ oder expressiv auf eine referentielle, eigentliche Bedeutung« bezieht (de Man 1991, 173). Bereits Nietzsche hatte diese »vollständige Umkehrung der etablierten Prioritäten« vollzogen, indem er das Wesen der Sprache nicht in einer »Übereinstimmung mit einem außersprachlichen Referenten oder einer Bedeutung« fundiert sah, sondern in »innersprachlichen Tropenbeständen« (ebd. 174), in jenen Strukturen der Sprache also, die die Rhetoriklehre in der *elocutio* behandelte. Das »Spiel von Verkehrungen und Substitutionen« (ebd. 176), das etwa durch Metapher, Metonymie und andere Tropen und Figuren sich auf der autonomen Ebene des Signifikanten vollzieht, impliziere die »notwendige Subversion der Wahrheit durch Rhetorik als Charakteristikum aller Sprache« (ebd. 179).

Paul de Mans ›Rhetorizität‹ meint keine pragmatische Lehre zur Beeinflussung Dritter durch das Wort. Die rhetorischen Tropen und Figuren werden nicht als Instrumente verstanden, deren sich ein Sprechersubjekt bedient, sondern sind als Momente einer nicht subjektzentrierten, vielmehr anonymen und autonomen Sprachstruktur gefaßt. Dem Subjekt fällt dabei eher die Rolle eines durch die Sprache Beherrschten zu. Die Wiederaufnahme der Rhetorik durch Paul de Man nimmt dabei die Form einer radikalen Selbstreflexion und Infragestellung der literaturwissenschaftlichen Tätigkeit an, in der die ›Rhetorizität‹ der Sprache die unüberschreitbaren Grenzen literaturwissenschaftlicher Theoriebildung anzeigt.

Um Mißverständnisse zu vermeiden, empfiehlt es sich, de Mans ›Rhetorizität‹ auch terminologisch von dem üblichen Verständnis von Rhetorik abzugrenzen. Die Konjunktur strukturalistischer und dekonstruktiver Anverwandlungen der Rhetorik sollte jedoch nicht aus dem Bewußtsein verdrängen, daß auch heute neben der literaturwissenschaftlichen Diskussion eine Rhetoriklehre in *praktischer* Absicht existiert. Das aktuelle Wissen von der Beeinflussung des Menschen durch das Wort wird jedoch überwiegend außerhalb literaturwissenschaftlicher Seminare vermittelt, etwa in Trainingskursen für Führungskräfte. Die zeitgemäßen Rhetorikhandbücher verbergen sich heute hinter Titeln wie *Manipulation durch die Sprache* (Lay 1977), *Führen durch das Wort* (Lay 1991) oder *Dialektik für Manager* (Lay 1983).

Rhetorik für Literaturwissenschaftler und Führungskräfte

Weiterführende Literatur

Eine erste Orientierung geben die Lexikonartikel von Hommel 1965 und Jens 1977; gut lesbare und verläßliche Einführungen: Fuhrmann 1990, Göttert 1991 und Kennedy 1980.

Das Rhetoriksystem wird ausführlich behandelt von Lausberg 1960 und Martin 1974; Plett 1991a hat vor allem die rhetorische Textanalyse im Blick; den neuesten Stand repräsentiert das bisher größte, noch unvollständige Rhetoriklexikon: Ueding 1992ff.

Zur antiken Rhetorik: Hommel 1965 und Fuhrmann 1990; als Fundgrube für Detailangaben immer noch unerläßlich: Kroll 1940.

Eine ausgezeichnete Darstellung der Rhetorik des Mittelalters gibt Murphy 1974. Über Rhetorik und Poetik der Renaissance informieren Buck 1952, Kennedy 1980 und Vickers 1988.

Wichtige Darstellungen zur (deutschen) Barockrhetorik: Dyck 1966, Barner 1970, Braungart 1988.

Zum vielschichtigen Komplex vom ›Ende‹ der Rhetorik um 1800 seien empfohlen: Böckmann 1949, Fuhrmann 1983, Kaiser 1987 und 1988 sowie Campe 1990.

Über die strukturalistische Rhetorikkonjunktur informiert Coenen 1988 (mit umfangreicher Bibliographie); Dubois 1970 ist exemplarisch für das systematische Interesse des Strukturalismus an der Rhetorik; Genette 1972 kritisiert strukturalistische Verengungen des Rhetorikbegriffs.

Exkurs: Stilistik

Elias Torra

Stilistik ist die linguistische oder literaturwissenschaftliche Beschreibung der Strukturen des mündlichen bzw. schriftlichen Sprachgebrauchs; ihr Gegenstand ist der Stil, der als »Art und Weise des Sprachgebrauchs« definiert werden kann (Anderegg 1977, 15). Von der *deskriptiven* Stilistik ist eine *normative* Stilistik zu unterscheiden, die nicht wissenschaftlich orientiert ist, sondern eine Anleitung für die Schreibpraxis darstellt.

Geschichte

Der Begriff leitet sich etymologisch vom lateinischen *stilus* her (Schreibgriffel, dann im übertragenen Sinne auch für ›Schreibart‹). Die Lehre vom Stil war seit der Antike fester Bestandteil des rhetorischen Systems und behandelte als *elocutio* die Frage nach dem angemessenen sprachlichen Ausdruck (→ *Rhetorik*, S. 97). Im humanistischen Italien des 16. Jahrhunderts wurde die auch poetologisch relevante Stilkategorie auf die Musik übertragen, im 17. Jahrhundert auf die bildenden Künste. Winckelmann sorgte in der zweiten Hälfte des 18. Jahrhunderts für die Verbreitung des kunsthistorischen Stilbegriffs im deutschen Sprachraum. Etwa zur gleichen Zeit löste sich die Stilistik aus dem Rhetoriksystem heraus und konstituierte sich zu einer methodisch eigenständigen Disziplin (Linn 1963).

Stil und sprachliche Norm

Gegenwärtig erheben Linguistik und Literaturwissenschaft gleichermaßen Anspruch auf einen Forschungsgegenstand namens Stil. Dabei bleibt die literaturwissenschaftliche Stilistik auf die Linguistik insofern angewiesen, als jede Stilanalyse theoretisches Wissen über Sprachstrukturen voraussetzt. Die meisten Stilanalysen bestimmen einen Text in Relation zu einer allgemeinen Sprachnorm, als deren spezifische Ausprägung, Erfüllung oder Abweichung der Text dann gedeutet wird. Zwar ist die Abweichungs- bzw. Deviationsstilistik dafür kritisiert worden, daß sie eine prinzipielle Differenz von ›dichterischer‹ und ›normaler‹ Umgangssprache als Beschreibungskriterium von ›Poetizität‹ ansetze (Trabant 1974, 49); die konkrete Deutungspraxis zeigt indessen, daß die stilistische Eigenart eines Textes im Kontrast zu einer »wie auch immer gearteten Vorstellung des Normalen« tatsächlich »deutlichere Konturen« zu gewinnen vermag (Anderegg 1977, 29). Die theoretische Schwierigkeit der exakten Bestimmung dieser Sprachnorm als Hintergrund für die Stildefinition ist damit freilich noch nicht ausgeräumt. Sie ist der prinzipiellen Schwierigkeit vergleichbar, die die Linguistik angesichts der Definition von Sprache hat (vgl. Stechow/Sternefeld 1988, 27).

Nicht zuletzt aufgrund dieser Problemverwandtschaft haben sich einige literaturwissenschaftliche Ansätze zur Stilistik an der Lösungsstrategie der von Noam Chomsky entwickelten Generativen Grammatik orientiert (Ohmann 1972, Thorne 1981), die mit Hilfe des rekursiven Regelbegriffs die Unendlichkeit (möglicher) sprachlicher Äußerungen auf eine endliche Menge grammatischer Regeln zurückführt (Chomsky 1972,19). Ein besonderer Stil erschiene aus dieser Perspektive als »der spezifische Umgang mit einem unterschiedlich verwendbaren Regelsystem« (Anderegg 1977, 19), d.h. als Realisierung innerhalb des Rahmens grammatischer Normen (Seidler 1984, 205). Der hohe Abstraktionsgrad dieses Ansatzes ist literaturwissenschaftlich jedoch eher nachteilig; irreführend scheint der Grammatikbegriff für die literarische Stilanalyse auch insofern, als das literarische ›Normensystem‹ keine universale feste Bezugsgröße darstellt (wie in der Generativen Grammatik), sondern historischen Veränderungen unterworfen ist.

Übertriebenen Hoffnungen auf eine umfassende Systematisierung des Stils steht außerdem entgegen, daß die Literaturwissenschaft mit diesem Begriff sehr unterschiedliche Phänomene bezeichnet: den Individualstil (charakteristische Schreibweise eines Autors), den Stil eines literarischen Werks (Einzel- oder Gesamtwerk), den Stil einer Gattung (z.B. einer Ballade oder einer Ode, die jeweils typische Stilmerkmale aufweisen) oder einer (literarischen) Epoche. Selbst wenn man die klare Abgrenzbarkeit dieser Stiltypen auf der theoretischen Ebene voraussetzt, ist zu bedenken, daß ein (literarischer) Text stilistisch stets als Kombination oder Interferenz mehrerer Stiltypen beschrieben werden muß. In der gegenwärtigen Stildiskussion werden diese vier Typen ohnehin nicht als zusammenhängende Ganzheit behandelt: So ist der Gattungsstil Gegenstand einer eigenen Gattungstheorie (→ *Gattung*), und angesichts der Problematisierung literarhistorischer Konzepte (→ *Literaturgeschichte(n)*, S. 170) kann man der Kategorie des Epochenstils nur einen recht begrenzten heuristischen Wert beimessen. Die Konzepte Individualstil und Werkstil schließlich gelten heute vielfach als obsolet (→ *Memoria und Oblivio. Die Aufzeichnung des Menschen*, S. 378).

Das in den ersten Jahrzehnten des 20. Jahrhunderts besonders prominente Konzept des Individualstils ging davon aus, daß die Sprachform eines Textes das Ergebnis einer sprachschöpferischen Tat sei, in der die Persönlichkeit des Autorsubjekts zum Ausdruck komme. So stellte etwa der Romanist Leo Spitzer das Postulat auf, »daß einer *seelischen* Erregung, die vom normalen Habitus unseres Seelenlebens abweicht, auch eine *sprachliche* Abweichung vom normalen Sprachgebrauch« zugeordnet sei (Spitzer 1931, 4). Diese Position krankt daran, daß sie zu unfruchtbaren Spekulationen über die Beschaffenheit der Autorpsyche verleitet und somit vom Text ablenkt. In seinen späteren Arbeiten hat Spitzer seinen psychologistischen Ansatz denn auch um eine ›phänomenologische‹ (›strukturale‹) Dimension erweitert und die konkrete Textanalyse ins Zentrum der Aufmerksamkeit gerückt (Aschenberg 1984, 113).

Vier Stiltypen

Individualstil

Werkstil

Emil Staiger und Wolfgang Kayser, die Wortführer der sog. Werkinterpretation, forderten eine Verpflichtung der Stilanalyse auf eine »immanente Deutung der Texte« (Staiger 1951, 1), welche – ohne Rekurs auf die Dichterpsyche – einzig den »Werkstil« (Kayser 1948, 289) behandeln solle (→ *Zur Karriere des Close Reading: New Criticism, Werkästhetik und Dekonstruktion*, S. 354). Sie vertraten die Auffassung, Dichtung müsse »zunächst als ein Gebilde betrachtet werden, das völlig selbständig ist, das sich restlos von seinem Schöpfer gelöst hat und autonom ist« (Kayser 1948, 290). Die Stilkategorie schien sich für eine solche Betrachtungsweise besonders gut zu eignen (Staiger 1953, 16), was deren Konjunktur in der Germanistik der 40er und 50er Jahre erklärt.

Für Staiger war Stil »das, worin ein vollkommenes Kunstwerk – oder das ganze Schaffen eines Künstlers oder auch einer Zeit – in allen Aspekten übereinstimmt« (Staiger 1951, 4). Die Aufgabe der Interpretation bestehe darin, »nachzuweisen, wie alles im Ganzen und wie das Ganze zum Einzelnen stimmt« (ebd.); Kayser faßte Stil als »Einheit und Individualität der Gestaltung« (Kayser 1948, 292). Problematisch ist an dieser Konzeption die Vorentschiedenheit, mit der klassizistische Normen bruchloser Identität und harmonischer ›Stimmigkeit‹ zum Ideal erhoben werden. Nicht zuletzt die intertextualitätstheoretische Kritik am Begriff des geschlossenen Kunstwerks (→ *Intertextualität: Lektüre – Text – Intertext*, S. 366) hat die Unhaltbarkeit dieser Prämisse verschärft zu Bewußtsein gebracht.

Quantitative Stilanalyse

Im Gegensatz zu Staiger, der die unaufhebbare Subjektivität der Stilanalyse betonte, erhebt die quantitative Stilforschung einen hohen Objektivitätsanspruch, den sie durch mathematische Verfahren einzulösen versucht. Stil gilt hier als die »Gesamtheit aller quantitativ faßbaren Gegebenheiten in der formalen Struktur eines Textes« (Fucks/Lauter 1969, 109) und wird im Theorierahmen der Statistik verhandelt. Ungeachtet der besseren intersubjektiven Kontrollierbarkeit der Ergebnisse, die durch die mathematische Darstellungsform ermöglicht wird, muß auch die quantitative Stilistik bei der Definition ihres Gegenstandes auf Konzepte zurückgreifen, die nicht formal ableitbar, sondern allenfalls plausibel begründbar sind – z. B. auf die Definition des Stils als *Wahl* von Ausdrucksmöglichkeiten (Pieper 1979, 31f. → *Autorfunktion und Buchmarkt*, S. 147) oder als linguistische *Präferenz* (Bolz 1984, 196). Die quantitative Stilistik kann ›qualitative‹ Vorgehensweisen folglich nicht ersetzen, sondern bildet eine »sinnvolle Ergänzung der ›traditionellen‹ Stilistik« (Pieper 1979, 11).

Text als Handlung

Während die werkimmanente Interpretation das »Wesen des Kunstwerks« ausdrücklich nicht als »Ergebnis oder als Funktion« verstanden wissen wollte (Staiger 1953, 11), begreifen neuere linguistische Stiltheorien den Text zunehmend als Funktionselement innerhalb eines Kommunikationsprozesses (Spillner 1976, 20). So entwickelt die Linguistin Barbara Sandig ihr Stilkonzept auf dem Hintergrund einer Theorie des sprachlichen Handelns und leitet ihre »funktionale Auffassung von Stil« (Sandig 1986, 156) aus der Grundannahme her, daß

Texte (genauer: sprachliche Äußerungen) stets in einen Handlungskontext eingelagert sind. Stil erscheint mithin als »Art der Durchführung konkreter Handlungen mittels Texten/Äußerungen in Situationen« (Sandig 1986, 157). Die unterschiedlichen Stile lassen sich dann differenzieren als die unterschiedlichen »Arten von Formulierungen oder Formulierungsmustern, die Sprecher Adressaten gegenüber zu bestimmten Zwecken gebrauchen« (Sandig 1978, 26). Sandigs Modell erklärt also die ›interne‹ Struktur des Textes über seine ›externe‹ Funktion und macht damit deutlich, daß eine Stilanalyse sich nicht mit der Betrachtung der Textoberfläche begnügen darf.

Die Bestimmung des Stils im Rahmen einer Kommunikationstheorie, die den Text in seine Produktions- und Rezeptionskontexte einbindet, hat in der Forschung zu einer Dynamisierung des Stilbegriffs geführt: Der Stil wird nicht mehr als unveränderliche, ›objektive‹ Eigenschaft eines Textes aufgefaßt, sondern als das Ergebnis eines Zusammenspiels zwischen Text und Leser (Spillner 1974). Innerhalb der literaturwissenschaftlichen Stiltheorie hat vor allem Michael Riffaterre die Bedeutung der Leserinstanz herausgearbeitet. In seiner Kritik der berühmten Baudelaire-Interpretation von Roman Jakobson und Claude Lévi-Strauss (Jakobson/Lévi-Strauss 1962) weist er nach, daß die strukturalistische Prämisse der beiden Autoren, wonach jedes linguistisch beschreibbare Strukturelement (Grammatik) immer auch poetologisch (›literarisch‹) von Belang sei, aufgegeben werden muß (→ *Formalismus und Strukturalismus*, S. 43). Riffaterre kritisiert die stiltheoretische Bezugnahme auf »Konstituenten, die der Leser nicht in der Lage ist wahrzunehmen; diese Konstituenten müssen deshalb der poetischen Struktur fremd bleiben« (Riffaterre 1973, 240). Damit steht die Stilanalyse vor der Aufgabe, den Prozeß des Lesens zu berücksichtigen. Riffaterre analysiert den Lektüreverlauf mit Hilfe der Kategorien der Vorhersehbarkeit und Unvorhersehbarkeit von Stilmerkmalen (Riffaterre 1979a, 181). Er entfernt sich so von der alten deviationsstilistischen Entgegensetzung von ›Normalsprache‹ und ›literarischer Sprache‹, die der Analyse eines literarischen Textes äußerlich bleibt, und konzentriert sich stattdessen auf den »Kontrast zwischen Texteinheiten innerhalb der linearen Sequenz in der Kette sprachlicher Zeichen, so wie sie im Text aufeinanderfolgen« (Spillner 1974, 50). Als stilistischen Kontext bezeichnet Riffaterre ein »*linguistisches pattern, das von einem unvorhersehbaren Element durchbrochen wird*«, wobei der Kontrast, der sich aus dieser Interferenz ergibt, den stilistischen »Stimulus« ausmacht (Riffaterre 1979,184). Die literaturwissenschaftliche Fruchtbarkeit seines Ansatzes kann man aus dem Interesse ersehen, das ihm von der Rezeptionsästhetik (Jauß 1984) und der Wirkungstheorie (Iser 1976, 55f.) entgegengebracht wird.

Entdeckung des Lesens

Dekonstruktion.
Lesen, Schrift, Figur, Performanz

Bettine Menke

Der Begriff der Dekonstruktion wird – zunächst, aber natürlich nicht nur – mit zwei Namen verbunden: Jacques Derrida (1930) und Paul de Man (1919 – 1983); damit ist zugleich an zwei Orte zu denken: Frankreich und Amerika, und damit ist Dekonstruktion auf zwei verschiedene Kontexte bezogen und bekam zwei institutionelle Orte: Philosophie und Literaturwissenschaften (daran schließt sich eine Diskussion um das Verhältnis von ›Philosophie‹ und ›Literatur‹ an). Die Spezifität von »Dekonstruktion in Amerika«, wo Derrida 1966 mit *Die Struktur, das Zeichen und das Spiel im Diskurs der Wissenschaften vom Menschen* (1976) in die Diskussion eintrat und de Man der wohl wichtigste Protagonist der von Yale ausgehenden und einflußreichen dekonstruktiven Literaturkritik war (vgl. *Deconstruction and Criticism*), hat Derrida selbst mit der Frage nach Politik, Erinnerung, Gerechtigkeit verbunden (1988b). Mit »Dekonstruktion« werden einerseits die erwähnten Namen und mit diesen eine Theorieentwicklung assoziiert (die sich mit weiteren Namen verbindet, von denen einige auf den folgenden Seiten zu finden sind). *Dekonstruktion* bezeichnet aber anderseits eine Bewegung des theoretischen, des ›analytischen‹ Lesens, der Textmanöver gegenüber (und in) philosophischen Modellen – auch der Literatur. Derrida hat u. a. Platon, Rousseau, Kant, Hegel, Nietzsche, Freud, Heidegger, Lévi-Strauss, Mallarmé, Kafka, Artaud, Bataille, Joyce, Celan, Genet gelesen, de Man Rousseau, Nietzsche, Wordsworth, Shelley, Keats, Kleist, Baudelaire.

Dekonstruktion der Metaphysik

Dekonstruktion bezieht sich in einer doppelten Geste (der Umwertung und der Verschiebung) auf die Ordnung polarer und hierarchisierter Oppositionen, in der sich die Metaphysik der Präsenz formuliert. Sie schließt an die Metaphysik-Kritik Nietzsches, Heideggers und Freuds an. *Metaphysik der Präsenz* ist der ›Glaube‹ an die zeitliche und ontologische Priorität der reinen mit-sich-identischen Präsenz, die »Bestimmung des Sinns von Sein überhaupt als *Präsenz*« in Modellierungen wie: »*eidos, arché, telos, energeia, ousia, aletheia*, Transzendentalität, Bewußtsein, Gott, Mensch usw.« (Derrida 1972b, 424). Sie manifestiert sich in der Ordnung von intern hierarchisierten Dichotomien. Diese Anordnungen in Oppositionen wie: das Sein – das Nichts, Präsenz – Absenz, Wahrheit – Irrtum, Identität – Differenz, Geist – Materie usw. bestimmen den zweiten Term jeweils als die bloß negative, korrupte und unliebsame Version des ersten: So ist Absenz das Fehlen von Präsenz, das Böse der Abfall vom Guten, Irrtum die Störung der Wahrheit. Diese hierarchischen Oppositionen sprechen dem ersten der beiden Terme *Priorität* zu, privilegieren Einheit, Identität, Unmittelbarkeit und temporale sowohl wie räumliche Präsenz vor Abstand, Differenz, Verstellung und Aufschub. Um die Priorität der reinen Präsenz und der Identität(-mit-sich-selbst) zu sichern, bedarf es des komplementären, rein zu unterscheidenden und polar entgegengesetzten Anderen, das als ein ontologisch nach- und untergeordnetes *Außen* (für das zu sichernde reine Innen), als Komplikation, als Negation oder Zerstörung der ›Präsenz‹ gedacht wird. Was sie derart aus sich auscheidet und sich entgegensetzt, unterstellt sie sich im Modell der hierarchisierten Opposition und in den Schemata von: *Dialektik, Teleologie oder Eschatologie.* Wie Sarah Kofman diagnostisch formuliert,

> »geht es darum zu entscheiden, zu scheiden zwischen dem Guten und dem Bösen, zwischen dem Drinnen und dem Draußen, es geht darum, die unentscheidbare Ambivalenz zurückzuweisen; das Böse auszutreiben, das gute Objekt wieder instand zu setzen, den rechten Sinn wiederherzustellen [...] und zwar aus der Angst, vergiftet, verunreinigt, beschmutzt und zerstückelt zu werden« (Kofman 1988, 17).

Diesem Modell entspricht das für die Philosophie und das abendländische Denken charakteristische Ideal des sich selbst vollständig präsenten Sinns, das mit Derrida Logozentrismus genannt werden kann (1986, 96, Johnson 1981, IX, Culler 1988, 96f). Gegen dieses ›Ideal‹ intervenieren dekonstruktive Lektüren. Die Sprache und die Texte werden nicht nur von der Philosophie, sondern auch in Modellen der Literatur dem Primat der Wahrheit, eines Sinns, den sie zu sagen haben, unterstellt. Die Verpflichtung der Sprache auf den Sinn soll das ›Heilsein‹, die Reinheit, die Identität der Wahrheit sichern. Eine Garantie von Bedeutung und Wahrheit der Sätze ist aber so *gewaltsam* wie *unmöglich*: Denn insofern die Wahrheit in der Sprache ihre Repräsentation suchen muß, überläßt sie sich einem Aufschub der Präsenz. Das, was als Repräsentation fungieren, das heißt unter dem Gesetz der abwesenden Präsenz und des Re-Präsentierten stehen soll, kann sich stets schon aus dieser Unterstellung, aus der Kontrolle durch die abwesende Präsenz lösen. Und diese Möglichkeit tangiert auch das, was angeblich der Re-Präsentation als (vorübergehend abwesende) Präsenz vorausgehen sollte und nach ihr wieder erwartet wird. Die Ordnung reiner Oppositionen von Präsenz / Absenz und Identität / Differenz selbst ist unhaltbar. Wenn die hierarchisierenden Oppositionen, die die Priorität der Präsenz und der Identität begründen wollen, dekonstruktiv gelesen werden, dann wird nicht nur die traditionelle Wertung der beiden Pole umgekehrt. Als »doppelte Geste« nimmt Dekonstruktion (1.) »eine Umkehrung der klassischen Opposition und (2.) eine allgemeine Verschiebung des Systems« vor (Derrida, 1988c, 313). Die Ordnung der reinen Opposition und die Logik der Identität wird in »eine völlig andere Art von Hinterhalt« geführt (»Tympanon«, in 1988c, 17): in die Bejahung der Differenzen nicht zwischen ›reinen‹ Polen sondern *in ihnen*, von kontaminierenden Differenzen, die der

Hierarchisierende Oppositionen

Identität und der Opposition ›zugrundeliegen‹ und die in diesen verdrängt ist. »Die ›Dekonstruktion‹ einer binären Opposition [...] ist [...] der Versuch, den subtilen, mächtigen *Effekten* von Differenzen nachzugehen, die in der Illusion einer binären Opposition bereits am Werk sind« (Johnson 1980, X/XI, dtsch. Culler 1988, 273).

Wenn Begriffe wie der der Identität, oder auch der des Begriffs, wenn Werte wie Wahrheit und Subjekt dekonstruiert werden, so geschieht dies nicht aus Feindseligkeit gegenüber Werten überhaupt oder moralischen Werten der westlichen Zivilisation im Besonderen, sondern vielmehr, um zu ›verstehen‹, *wie* diese Werte schon immer von sich selbst differieren, also die Logik dieses Differierens (vgl. Johnson 1987, XVII).

Dekonstruktive Aufmerksamkeiten

Die Theorien, die unter den Stichworten *Lesen, Schrift, Figur* und *Performanz* nachgezeichnet werden sollen, können nicht als »Aufzeichnungsmodelle« verbucht werden: Sie geben das Modell von Aufzeichnungen, die nicht die ›von etwas‹ ihnen Vorausgehendem sind, und sie zeigen, daß Modelle der Aufzeichnung sich nicht systematisch zu schließen vermögen. Damit ist die doppelte Richtung der Dekonstruktion angezeigt, gegen die hermeneutischen Versicherungen der Bedeutung ebenso wie gegen die strukturalistische Sicherung eines homogenen Gegenstandsbereichs als ›reiner‹ Code (Weber 1986): Schrift und Figur stellen in ihrem dekonstruktiven Einsatz nicht nur die Schließung des Textes durch die Fixierung eines Sinnes infrage, sondern auch die Schließung der Sprache als Zeichensystem. Worum es damit geht, kann, mit einer Formulierung Derridas, die »Aufmerksamkeit« für die Arbeit der Texte genannt werden (Derrida 1986, 34–36). Die *Aufmerksamkeit* für die Sprachlichkeit oder Textualität unseres Wissens stellt ›als solche‹ die Stabilität jeder Bedeutung und jeden Wissens ›von etwas‹ infrage. Denn indem sie der Konstitution der Bedeutungen nachgeht, entdeckt sie zugleich, daß diese Produktivität die Bedeutung selbst irritiert: Die Arbeit des Textes, »die offene und produktive Fortbewegung der Textkette« insistiert gegen ihre Fixierung auf und in Aussagen (die aber stets geschieht). Sie kann der Vermutung nicht mehr unterstellt werden, daß sie in der produzierten Bedeutung aufgehe. Diese *Aufmerksamkeit* hält gegen philosophische oder hermeneutische Lektüre-Modelle an der Medialität der Texte, d.i. der Schriftlichkeit fest. Denn diese geht in keiner Mitteilung restlos auf.

> *Schriftrest*
>
> Der Text ist »notwendigerweise rissig«; er ist »mehr und etwas anderes als die zirkuläre Abgeschlossenheit seiner Darstellung. Er beschränkt sich nicht auf den Inhalt von Philosophemen, er erzeugt auch notwendigerweise einen gewaltigen Schreibvorgang, einen Schriftrest, dessen merkwürdige Beziehung zum philosophischen Inhalt man nochmals untersuchen müßte« (Derrida 1986, 148).

Im Text bleiben Reste, »*notwendigerweise*« sagt Derrida, von denen ›normalerweise‹, insofern der Text über ›etwas‹ spricht und ›etwas‹ meint, unterstellt wird, daß sie im Inhalt, der gemeint ist, aufgehen. Kein Inhalt kann aber den Vorgang, in dem er geäußert wird und in dem die Bedeutung erst produziert wird, *restlos* tilgen, sondern dieser Vorgang bleibt eine »Bewegung, mit der er sein Sagen-Wollen überschreitet«. Die Texte sind gegenüber der Intention ihrer Äußerung, wie gegenüber allen möglichen in ihnen gelesenen Aussagen »heterogen« (1986, 126). Schrift*rest* heißt also, was (jeweils) im Ausgesagten nicht aufgegangen ist, was, in jeder Lektüre, als ungelesener Rest übrig-bleibt; er widerspricht der Illusion von Sprache und sprachlicher Konstruktion als transparentem Medium für Wahrheiten, Bedeutungen, Mitteilungen; er bleibt und interveniert, wenn die Bedeutung des Textes schon gelesen worden sein soll. Was gemeint sein soll, kann also (immer) mit sich selbst, weil mit der Art seines Meinens, nicht einstimmig sein; dann ist aber jedes Verstehen notwendig »jenseits aller hermeneutischen virginité«, denn »stets gibt es ein Übergewicht an Schrift« (1980a, XVII), die das, was gesagt worden sein soll, verstellt. Das ist aber *nicht* das Unglück des Lesens. – Das wäre es nur gemessen am »Trugbild einer Lektüre«, dem »Glauben« an ein den Texten Vorhergehendes, wie Bedeutung, Intention, Erkenntnis oder Wahrheit, worin die Interpretationen sich selbst auslöschen müßten. Lesen ist ein unabschließbarer Prozeß, weil *mit* den Konstruktionen, die die Bedeutungsbildung abschließen sollen, dasjenige zu lesen ist, was dadurch ausgeschlossen wird. Dekonstruktive Aufmerksamkeiten richten sich, entgegen Konzepten des Bedeutens, die dieses teleologisch oder archäologisch finalisieren, einerseits auf das Funktionieren von Strukturen und deren Effekt der Fixierung und anderseits auf die diese auflösenden und unterlaufenden Momente. Es kommt darauf an, wie vordergründig Behauptetes in einem Text systematisch angewiesen ist auf nicht übereinstimmende bedeutungstragende Elemente, die der Text, um etwas zu behaupten, an seinen Rand gedrängt hat, was unter der Perspektive von Intentionalität, Bedeutsamkeit Repräsentativität als bloßes Randphänomen verbucht und ignoriert wird. Ein solches anderes Lesen gewinnt damit ›das Verlorene‹ wieder, insofern es analysiert, was geschieht, wenn ein Text allein in Funktion seiner Intentionalität und Bedeutsamkeit gelesen wird (vgl. Johnson 1987, 18). Die Heterogenität des Textes, die Ambiguitäten, die Inkohärenzen, Diskontinuitäten und Unterbrechungen werden von einem im genannten Sinne *aufmerksamen* Lesen artikuliert. Für diese treten Begriffe ein wie Derridas Schrift, *différance* oder *dissémination* und de Mans Rhetorik.

»Die Lektüre [...] muß ein bestimmtes, vom Schriftsteller selbst unbemerktes Verhältnis zwischen dem, was er an verwendeten Sprachschemata beherrscht, und dem, was er nicht beherrscht, im Auge behalten« (Derrida, 1974, 272f.). De Man hat dies auf die schlagende Formel gebracht von der Diskrepanz zwischen dem, was ein Text *predigt*, und dem, was er *praktiziert* (1988, 45); diese Diskrepanz hat mit Rhetorik zu tun, mit den Abweichungen, die Tropen und Figuren heißen,

Rhetorik

mit uneinholbaren Irritationen des Bedeutens. Das *rhetorisch aufmerk-*
same Lesen dekonstruiert, so de Man, jene Modelle, die die Einheit und
Identität der Texte als Werke oder die des Sinns voraussetzen, d.h.
restituieren, wie: Hermeneutik, Ästhetik oder auch philosophische Epistemologie. Rhetorisches Lesen ist ein destabilisierender Prozeß.

Die Diskrepanz – zwischen dem, was Texte meinen, und der Art,
wie sie dies tun und dabei stets auch schon etwas *anderes* tun, – und
damit etwas *anderes* sagen – wiederholt sich im und für den theoretischen Text: Dieser kann es nicht letztendlich ›besser wissen‹. Durch
diese Diskrepanz hängen »Einsicht und Blindheit« und »Blindheit und
Einsicht« (wie der Titel eines Buches de Mans angibt, ²1983) voneinander ab. Die von de Man gelesenen »Denker« Blanchot, Lukács, Jauss,
schließlich auch Derrida scheinen »sämtlich dazu verurteilt zu sein,
letztlich etwas ganz anderes zu sagen, als sie zu sagen beabsichtigen«
(de Man 1993, 189); gemeint sind damit nicht bloß zufällige Fehler,
obwohl es natürlich auch solche gibt. Darin manifestiert sich vielmehr
die Blindheit der Texte, insofern sie etwas meinen oder ›predigen‹,
dem gegenüber, was sie tun oder ›praktizieren‹. Diese Blindheiten der
Texte demgegenüber, was sie tun, um etwas zu meinen, können zu
unseren Einsichten werden. Aber: sind es denn ›unsere‹ Einsichten?
Und: können unsere ›Einsichten‹ Einsichten bleiben?

Die (strukturalistische) Trennung von Objektsprache und Metasprache der theoretischen Texte ist nicht haltbar. Denn das Sprechen
der gelesenen Texte sagt auch schon etwas *über* die Sprache; und umgekehrt muß jedes ›theoretische‹ Sprechen *über* die Sprache der Texte
sich von diesen noch etwas vorführen lassen, was es *verstellt*, insofern
es als theoretisches ›über etwas‹ spricht.

Der Aspekt Schrift, gramma, pharmakon, hymen

Schrift ist mit der vorgenommenen Akzentuierung schon der Name
für den Text, der nicht von einem Autor kontrolliert wird und nicht
einem Sinn untersteht (Derrida 1974, 273f., 1976, 21f.). Diese Akzentuierung unterstreicht *und* relativiert die Bedeutung der Schrift; denn es
geht gerade nicht um die Privilegierung von Schrift vor mündlicher
Rede, also nicht bloß um die Umkehrung der traditionellen Hierarchie
von Stimme über Schrift. Mit diesem Begriff, vor allem aber mit seinen
Interventionen in Derridas Lektüren von Texten der philosophischen
Tradition kann die Textarbeit der Dekonstruktion vorgestellt werden.

»Die Schrift ist zahlreich »Schrift« steht in den Texten Derridas in einer Kette von einander ab-
oder sie ist nicht« lösenden und sich kommentierenden Begriffen: Spur, *Gramma, marque:*
(Derrida) *Ritzung, Markierung, Pfropfung, pharmakon, hymen, Parergon.* »Die Schrift
ist zahlreich oder sie ist nicht«, sagt Derrida (1972b, 396) – und genau
dies macht sie aus. »Schrift« wird eingeführt im Umfeld ihrer Syno-
nyme: *marque, gramma,* Ur-*Spur,* Supplement; es sind dies Begriffe, die
das Paradox einer ›primären Abwesenheit‹, einer Abwesenheit, die der
Anwesenheit vorausgeht und sich löst von ihrer negativen Bestimmtheit durch diese.

Derridas Neu-Bestimmung der Schrift, die sie zu einer Vorgabe für »den gesamten Bereich des Zeichens« macht (1974, 78), ist bezogen auf eine Geschichte der Abwehr der *Schrift* in der Oppositionsstellung zur *Stimme*. Die Opposition von ›Stimme‹ und ›Schrift‹ setzt nicht nur beide einander entgegen, sondern enthält eine Wertung: die unmittelbare Aussprache eines Innern, eines Subjekts und seiner Intentionen wird der ›Schrift‹ entgegengesetzt, die sich im Veräußerlichen vom Innern und dem Leben der Intention ablöse und insofern tot, festgeschrieben und *unkontrollierbar* sei (vgl. Derrida 1979a). Die darin enthaltene Abwehr der verderbenden Schrift ist symptomatisch und exemplarisch für metaphysische Modelle. Derrida spricht von einem fundamentalen Phonozentrismus der Philosophie: Die »Privilegierung der Stimme« ist eine Formulierung des für die westliche Kultur grundlegenden Ideals einer sich selbst vollständig präsenten Bedeutung, das Derrida Logozentrismus nennt. Sie »verschmilzt«, so formuliert Derrida, mit der Metaphysik der Präsenz, »mit der historischen Bestimmung des Sinns von Sein überhaupt als Präsenz« (1972b, 424). Im *Phonozentrismus* manifestiert sich der ›Glaube‹ an den zeitlichen und ontologischen Vorrang der reinen mit-sich-identischen Präsenz. Dieser muß sich in der Ordnung hierarchisierender Oppositionen ausprägen; diese ordnen die Absenz (der Priorität) der Präsenz, den Irrtum (als deren Abweichung) der Wahrheit, die Differenz (der Kontrolle) der Identität unter, integrieren sie und wehren sie ab. Das Postulat des Vorrangs der authentischen Stimme vor der angeblich nur sekundären, die Sprachlaute abbildenden, aber *falsch* wiedergebenden und insofern verderbenden Schrift fügt sich diesem Modell ein: Um das Konzept der Unmittelbarkeit der Selbst-Aussprache (das ›Stimme‹ heißt), der Selbstpräsentation des Sinns (Logozentrismus) und um mit der Transparenz des Ausdrucksmediums die Bedeutung und Wahrheit der Sätze zu garantieren, werden unter dem Namen der ›Schrift‹ Differenz und Abwesenheit abgewehrt: 1. durch die *Unterordnung* der Schrift unter die Stimme als deren bloße Wiedergabe, 2. durch die *Verwerfung* der Schrift als *inadäquater* Wiedergabe. Die Illusion der Durchsichtigkeit der Sprache, die sich als bloßes Transportmittel möglichst restlos in der ›Botschaft‹ auflösen sollte, ist darum seit Platon (*Phaidros*, 274b–275e) mit dem Vorrang der Stimme und einer Abwehr der Schrift verbunden (Derrida, »Platons Pharmacy« 1972). Ihr steht die *Schrift* entgegen, die aus der Kontrolle durch Autor und die Intention stets schon entlassen ist und darum Distanz, Differenz und Tod einschließt. Schrift heißt die ›Gefahr‹, daß das, was als Re-Präsentation fungieren, das heißt unter dem Gesetz der abwesenden Präsenz und Re-Präsentierten stehen soll, sich aus dieser Unterstellung, aus der Kontrolle durch die abwesende Präsenz lösen kann, und d.h. die ›*Gefahr*‹, »daß die Verfahren, die nichts weiter als Ausdrucksmittel [als sekundäre Repräsentationen] sein sollten, die Bedeutung, die sie repräsentieren sollen, affizieren« (Culler 1988, 101). In der Abwehr der Schrift soll eine Unkontrollierbarkeit der Sprache abgewehrt werden, die mit dem repräsentationistischen Regime der Präsenz über eine angeblich bloß nachgeordnete

Phonozentrismus

Logozentrismus

Abwesenheit und Repräsentation bricht. Eine ›Heilung‹ durch Ausschluß ist aber ebenso *gewaltsam* wie *unmöglich*.

Derrida zeigt in seiner Lektüre Rousseaus, der eben an dieser Tradition der Stimme entscheidend mitgeschrieben hat (1974), daß auch Rousseau genötigt ist, die Einheit der Natur, die angeblich vorausliege: ›wo das Bewußtsein mit der Stimme der Wahrheit spricht‹, durch etwas dieser Vorhergehendes erst zu begründen und zu ›heilen‹. In dieser Ergänzung aber, die in jedem Rückgang auf eine erneut vorausgesetzte Einheit wieder notwendig wird, in jeder *Supplementierung* wird nicht Ganzheit erreicht, sondern eine Doppelung und eine Spaltung vollzogen. Die vorausgesetzte Einheit ist nicht, ist nie aufzufinden. Wenn Rousseau also »die Stimme als Ursprung der geschriebenen Sprache« bestimmt, so enthält »aber seine Beschreibung des *Sprechens* […], von Anfang an alle Elemente der Distanz und der Negation, welche [doch Rousseau zufolge gerade] die *geschriebene Sprache* daran hindern, jemals einen Zustand der unmittelbaren Anwesenheit zu erlangen.« – So zeichnet de Man Derridas Argument nach (1993, 199).

Derridas ›Schrift‹(-Begriff) ist eine dekonstruktive Intervention im Modell des *Logozentrismus*, dessen *Symptom* und dessen *Komplize* die phonozentrische Ordnung von Stimme und Schrift ist. Sie ist einerseits eine Umkehrung der *metaphysischen Hierarchie*, eine Vertauschung von ›oben und unten‹, insofern sie dem »von der Tradition am meisten in

*Die zwei Gesten
der Dekonstruktion*

Mißkredit gebrachten Gegenpol Allgemeinheit« verleiht. Diese *erste* der »doppelten Gebärde« der Dekonstruktion behält den alten Namen ›Schrift‹ bei, verschiebt aber durch die Generalisierung, die sie mit sich bringt, den Sinn. Ihre »*zweite Geste*« ist die »allgemeine Verschiebung des Systems« selbst der Oppositionen und der Rangordnung (Derrida 1988c, 313f., 293, »Hors Texte«, 1972; Kofman 1988, 31f.). *Schrift* bezeichnet mit der Abwesenheit, für die sie steht, also gerade *als* die ›Gefahr‹, daß die Sprache nicht auf die Wiedergabe des Gemeinten zu verpflichten ist, ein Funktionieren *aller* Zeichen (*gramma, marque*). Der dekonstruktive Einsatz der Schrift unterläuft das Projekt, an dem die Literatur wie die Philosophie teilhat, das Projekt nämlich, daß die Texte sich ›im Angesicht‹ des ›Inhalts‹, den sie meinen, transportieren und lehren, selbst auslöschen (Gasché 1979, 256). Dekonstruierende Fragen betreffen also auch die Literatur, denn sie betreffen jene Modelle, die die Literatur der Wahrheit oder der Idee unterstellten, wie das der Repräsentation oder das der Mimesis (1986, 30, 137, *La double séance*, 1972). Die Distanz, die für die Metaphysik der Präsenz ›Tod der Unmittelbarkeit in der Schrift‹ heißt, kann umgewertet und bejaht werden als produktive *Unkontrollierbarkeit* der Supplementierungen. Die Schrift setzt das Bedeuten einem Spiel der Ersetzungen aus, das der Kontrolle durch Intention und Sinn nicht untersteht.

Supplement

Die Schrift oder (mit dem Begriff Rousseaus) das Supplement, eine sich hinzufügende Ergänzung, spricht einen Mangel aus, für den es eintritt und den es wieder einträgt. Die Präsenz, die supplementierend wiederhergestellt werden soll (Derrida 1974, 266), wird in der Hinzufügung aufgeschoben und verstellt. Umgekehrt ist diese aber, die repräsentierend supplementiert werden soll und stets sich entzieht, allererst *Effekt* des Supplements, wie die Struktur der *Schrift* schon immer die Struktur dessen gewesen ist, was ihr angeblich vorausgeht und sie ›bloß‹ ersetzt: Was als ein nicht erreichtes Erstes, Ursprüngliches gedacht wurde, erweist sich als das Produkt und als ein Parasit seiner *Wiederholung*, seiner Ersetzung und Ergänzung (1974, 536f.). Diese ›befremdliche Struktur der Supplementarität‹ (Kofman 1988, 13; Derrida 1979b, 145ff.) subvertiert die »Logik der Identität«, die die Differenz und die Abwesenheit nur als das bedrohliche Draußen eines reinen, erfüllten, mit sich identischen Innern denken kann. Sprache – sagt die »Logik der Supplementarität« – kann nicht nach dem Modell der Re-Präsentation gedacht werden; sie untersteht nicht der Autorität der abwesenden Präsenz.

Insofern das Zeichen als Ersetzung und als Eintreten für eine abwesende Präsenz gedacht wird, bleibt die Abwesenheit immer nur eine vorübergehende: Innerhalb des Modells der Repräsentation wurde sie immer nur im Bezug auf eine vorausgehende oder auf eine – und sei sie noch so sehr verschobene – zukünftige Präsenz des Bezeichneten denkbar, vor der sich das Repräsentierende zu verantworten hat. Differenz wird in diesem Modell des Zeichens temporalisiert: als der Aufschub, der im Bezeichneten erfüllt wäre, oder als ökonomischer Umweg, der das Erreichen eines Ziels aufschiebt, aber gerade *um* dessen Erreichbarkeit zu sichern. Differenz in diesem Sinne (des französischen *différer*) genügt noch nicht, um zu bestimmen, was in der Sprache geschieht. Die Differenz, die das Zeichen macht, ist eine doppelte: 1. die Temporisation von Präsenz und Absenz und 2. die *Differenz-von-sich-selbst*, die Derrida Verräumlichung nennt («*différance*«, 1988c). Er beschreibt sie zunächst weitgehend mit Saussures Theorie der differentiellen Bildung der Signifikanten und Signifikate. »Verräumlichung« heißt, daß alle möglichen Gegebenheiten sich erst bilden in ihrer differentiellen Bezogenheit aufeinander. Wenn *Temporisation* darauf hinweist, daß der Mangel der Ursprung aller Zeichenbewegung ist, diese aber auf die Wiedergewinnung der Gegenwart (eines Bezeichneten) fixiert bleibt, so zeigt das Differieren als *Verräumlichung* im ›Innern‹ aller ›Entitäten‹ eine ›begründende‹ Differentialität auf. Jenes Gewebe von Differenzen und Verkettungen, das alle Entitäten – momentan, provisorisch – erst produziert, ist in diesen fixierend ausgeschlossen, bestimmt sie aber – *als* Ausgeschlossenes. Mit der *Verräumlichung* ist darum *nicht* (mehr) die Homogenität eines geschlossenen (Saussureschen) Systems der Zeichen angegeben. Die »Bewegung des Spiels, die durch den Mangel, die Abwesenheit eines *Zentrums* oder eines Ursprungs möglich wird, die Bewegung der Supplementarität« (1972b, 437) untersteht nicht der ›Logik der Identität‹ und deren Ordnung von An- und Abwesenheit. Die begründende unbegründbare, die undenkbare ›ursprüngliche‹ *Differenz* benennt Derridas Begriff *différance*, indem er diese Differenz inszeniert im Unterschied, den er unhörbar, schriftlich macht: e/a, (Derrida 1988c). Die »*différance*« mutet zu, eine »radikale Andersheit im Verhältnis zu jeder möglichen Gegen-

Aufschub

»différance«

wart«, zum Subjekt und zur Wahrheit zu denken, durch den »irreduziblen Effekt des Nachher, der Nachträglichkeit«, der damit für jede Gegenwart eintritt (hier wäre das Projekt der Psychoanalyse zu vergleichen; Derrida zu Freud 1972b, 1976, 29 und Lacan 1982/7 2. Lfg.).

Die Produktivität der Schrift, ihre *Verräumlichung*, eine ›primäre‹ uneinholbare *Zerstreuung*, eine ›erste‹ Befruchtung und Verausgabung, heißt auch *dissémination*. Die *Dissémination* ist eine *irreduzible* Polysemie, die dem Horizont der Einheit des Sinns und insofern dem hermeneutischen Zugriff entgeht; die nicht wieder anzueignende semantische *différance* ist als *dissémination* bejaht. – »Es gibt keine einfache und ursprüngliche Einheit vor dieser Teilung« (Derrida 1972, 337f., 1986, 94, 1988c, 299, Kofman 1988, 41f.).

Dissémination/ (Zerstreuung)

Der Zwischenraum *zwischen* Zeichen, in deren Ambiguität diese sich erst konstituieren, ist Differenz nicht *zwischen* Polen, sondern bearbeitet die Entitäten ›innen‹ als deren unheimliche, weil verdrängte, Differenz von sich. Die das Eigene mit dem Anderen infizierende Differenz kontaminiert die metaphysischen Oppositionen und die in diesen gegründete Logik der Identität. Andersheit zu denken, heißt nicht, dem Identischen dessen komplementäres Gegenteil entgegenzusetzen, sondern das angeblich Mit-Sich-Identische zu lesen in seiner Angewiesenheit auf und seine Infiziertheit durch sein angeblich polares Gegenteil. »Das Prinzip der Identität wird zusammen mit dem Prinzip der Opposition subvertiert«, wenn Identität durch Differenz (der sie vorauszugehen schien) bestimmt ist, wenn entdeckt werden muß, »daß das Selbe auf unheimliche Weise Anderes ist, und das Andere auf unheimliche Weise das Selbe ist« (so Felman in ihrer Diskussion der Opposition von Weiblichkeit und Männlichkeit; 1992, 57f., 55). Dekonstruktion exponiert und bejaht die »Gefahr« »einer parasitären Kontamination, einer nicht-oppositionellen *différance*« (Derrida 1988b, 189); sie liest in den polaren und hierarchischen Oppositionen die diesen zugrundeliegende Differentialität, die von diesen ausgeschlossene und subordinierte unentscheidbare Ambiguität.

parasitäre Kontamination

Dekonstruktion artikuliert die in allen Oppositionen verdrängte Differentialität; sie operiert als differentielle Lektüre. Denn die »Differenzen *zwischen* Entitäten (Prosa und Poesie, Mann und Frau, Literatur und Theorie, Schuld und Unschuld)« beruhen »auf Verdrängung von Differenzen *innerhalb* der Entitäten«, darauf also, »wie eine Entität von sich selbst differiert.« »Die Weise aber, wie ein Text derart von sich selbst differiert, ist niemals einfach: sie hat eine gewisse rigorose, kontradiktorische Logik, deren Wirkungen bis zu einem gewissen Grad gelesen werden können.« (Johnson 1980, Xf., vgl. 1987, 2, dtsch. Culler 1988, 273, vgl. de Man 1988, 46f.) Die differentielle Lektüre von binären Anordnungen erweist diese als ›illusionäres‹ Produkt von in ihnen verdrängten Differenzen. Und sie artikuliert, was der »Logik der Identität«, was den polaren Oppositionen entgeht (obwohl es diese begründet), was in den Texten (entgegen dem, was sie vielleicht behaupten wollen) als Ausgeschlossenes und in den binären Ordnungen Verdrängtes gelesen werden kann. Differentielle Lektüren sichern nicht die ›Grenze‹, die nach außen ausschließt und das Innere als ›heil‹ und ganz restituiert, sondern lesen den Text als Gewebe aus Differenzen, eingefaltet, verschlossen und entfaltet, geöffnet, innen durchzogen ›von der vielfachen Furche seines Randes‹, seiner Heterogenität, dem Anderen *im* Selben. Dieses kann nicht erneut in der Form einer Opposition gedacht werden – nicht einmal der von Metaphysik und *Nicht-Metaphysik* – und ebensowenig als ein Resultat, als eine *dritte* Position *jenseits* der Oppositionen. Die »doppelte Geste« der Dekonstruktion, die Priorität des Mangels und die Bejahung der differentiellen Kontamination, ist nicht in eine Position überschreitbar (für die *Unentscheidbarkeit* von Mangel und Bejahung, Derrida, 1972b, 441f., B. Menke 1990, 241ff.). Zu den Gesten der Dekonstruktion gehört nicht die des Verwerfens, ebensowenig das Schweigen, worin erneut die Instanzen dieser (Sprech-)Akte und die Positionen ihrer Erfüllung gesetzt würden. Derrida spricht darum sogar (mit de Man) von der »Unmöglichkeit« der Dekonstruktion (Derrida 1987b, 26). Für die ›theoretischen‹ Texte, in denen die differentielle Lektüre statthat, heißt dies: Es läßt sich keine ›Position‹ der Dekonstruktion in der Fiktion eines »absoluten Einschnitts oder Bruchs« stiften. ›Es gibt nicht‹ einen absolut außerhalb liegenden Ort zu erreichen; das Wieder-Eingeschriebensein kann ebensowenig vermieden werden wie die metaphysische Ordnung ihre eigene Subversion ausschließen kann, sondern diese im Ausschluß stets schon eingeschlossen hat. Dekonstruktion schreibt *innen*, von innen die »Position eines gewissen *Außen*« (1986, 37f.) mit – im ›analysierenden‹ Lesen.

Darum gibt es für die Texte (Derridas) keine Trennung von Objekt- und Metasprache. Was die Texte Derridas ›sagen wollen‹, kann nicht (bloß) als Aussage, sondern muß in der Exposition jener Elemente, die das Aussagen hintertreiben, gelesen werden; in ihnen tritt die Differentialität auf, insofern diese Texte verhindern, daß die beunruhigende kontaminierende *différe/ance* wieder angeeignet wird. Die ›Stile Derridas‹ (Johnson 1981, XVI) geben der Kontamination der différance, der nichtlokalisierbaren Differenz, als den Resten, die bleiben, nämlich im Gemeinten nicht aufgehen, einen ›Schau‹platz. Darum widersetzen sich Derridas ›Begriffe‹, von denen einige genannt wurden, wie *différance, dissémination, supplément*, nicht nur »dem philosophischen Oppositionsprinzip«, sondern sie unterlaufen als ›Scheineinheiten‹ auch die begriffliche Ab-Schließung ihrer selbst. In ihnen *vollzieht* sich die doppelte Gebärde der Dekonstruktion (Kofman 1988, 31f., Derrida 1986b, 153ff, 1986, 133ff).

Es gibt keine Metasprache

»Das Pharmakon, entnommen Platon, ›ist weder das Heilmittel noch das Gift, weder das gesprochene Wort noch die Schrift‹, das Supplement, entnommen Rousseau, ›ist weder ein Mehr noch ein Weniger, weder ein Draußen noch die Ergänzung eines Drinnen, weder etwas Akzidentelles noch etwas Wesentliches usw‹; das Hymen, entnommen Mallarmé, ist weder die Vereinigung noch die Trennung, weder die Identität noch die Differenz, weder der Vollzug, noch die Jungfräulichkeit, weder Schleier noch Entschleierung, weder das Drinnen noch das Draußen usw.; [...]. Weder/noch heißt *zugleich* oder *oder*.« (Derrida 1986, 90/1, dtsch. Kofman 1988, 32f.)

Die Rhetorik des *Weder/Noch* und *zugleich*: *zugleich* und (*entweder*) *oder*
ist nicht die eines Mangelns, sondern gibt einen a-topischen Ort des
»Un-Denkbaren« an, den sie der Ordnung der Oppositionen, die anderseits stets wiederaufgerufen ist, und den begrifflichen Wieder-
aneignungen *entzieht* (ohne daß dies je möglich wäre) – einer Bejahung
der Ent-Züge, der A-topie .

Der Aspekt Figur / Defiguration

Die Diskrepanz von Gemeintem und Bedeutungsbildung wird von de
Man in rhetorischen Termini erläutert. De Man zufolge expliziert Dekonstruktion die dissoziative *Selbst*beziehung der Texte: Sie ist der Bezug einer »Sprache über die Sprache« auf sich selbst, und das ist nichts
anderes als *Literatur* oder auch: Rhetorik. *Rhetorik* ist in ihrer rigorosen
Entfaltung durch de Man der Name für die Unzuverlässigkeit der
Sprache hinsichtlich eines Interesses an der Übermittlung von Erkenntnis; sie wird der Name für die Dissoziation innerhalb der Sprache zwischen der »Semantik und der nicht-signifizierenden, ›materialen‹ Dimension der Sprache«, für die Entfaltung und das Aushalten des Wi-
Destabilisierendes Lesen   derstreits von Gemeintem und Art des Meinens, Referentialität und
Figurativität. Literarisches, das heißt rhetorisches Lesen – zeigt de Man
– ist ein destabilisierender Prozeß (vgl. Hamacher 1988, C. Menke 1993,
280). Die Rhetorik der Figuren, mit der er an die strukturalistische
Figurenlehre anschließt, tritt dabei (aber) in die doppelte Perspektive
von Erkenntnis und Performanz, in der das System der Tropen gesprengt wird. Insofern verweist die Rhetorik-Konzeption de Mans den
Aspekt *Figur* an den Aspekt *Performanz*: Der Begriff der Rhetorik rückt
in eine Unentscheidbarkeit von Figur und Defiguration, Setzung und
Figur, Kognition und Performanz (de Man 1988, 176f.). Mit einem Begriffspaar wie Semiologie und Rhetorik, das einen Text de Mans betitelt (1988), ist nicht mehr ein Gespann von Begriffen angegeben, das
ein homogenes und geschlossenes System etablierte, wie in den strukturalistischen Beschreibungen (de Man nennt Barthes, Genette, Todorov, Greimas; 1988, 35), noch aber eine Opposition; vielmehr nennt es
zwei Dimensionen der Sprache, die als einander widerstreitende die
(Möglichkeit der) Schließung der Sprache als Kode oder als System der
Tropen dementieren.

De Man liest die rhetorische Figur als *die* Irritation des Verstehens,
nicht obwohl, sondern *weil* sie als Modus der Bedeutungskonstitution
gedacht wird. Die Dimension des Rhetorischen macht die Sprache »in
erkenntnistheoretischer Hinsicht äußerst fragwürdig und unbestän-
dig«. Dieser *Unzuverlässigkeit* in Hinsicht des Interesses an der Sicherung der Identität der Mitteilung und damit an der Kontrollierbarkeit
ihres sprachlichen Ausdrucks gelten die Lektüren de Mans: »*a loss of
control, and not just for the author but for the reader as well*« (1986b, 137).
Die ›tropologische‹ Dimension der Sprache tritt nicht nur als Aufschub
des Dekodierens auf: die Trope ist stets »geringfügige Abweichung«,

die über Konnotationen statt Denotation läuft, und damit »Subversion der festen Verbindung zwischen Zeichen und Bedeutung« (de Man 1988, 37, 40). Sie führt darüber hinaus jede Lektüre in Unentscheidbarkeiten der Bedeutungsbildung, die die Lesbarkeit als solche irritieren.

> »Verstehen heißt in erster Linie, den referentiellen Modus eines Textes bestimmen; und wir tendieren dazu, als selbstverständlich anzusehen, daß dies möglich ist [...]. Solange wir zwischen wörtlicher und rhetorischer Bedeutung unterscheiden können, können wir die rhetorische Figur in ihren eigentlichen Referenten zurückübersetzen.« (de Man 1979, 201, dtsch. Culler 1988, 282)

Wäre der rhetorische Modus entscheidbar, wäre zwischen wörtlich (literal) und figurativ zu entscheiden (etwa zwischen einer Frage, die nach dem Unterschied fragt und einer rhetorischen Frage, die ganz etwas anderes sagt: »›Was is'‹ der Unterschied?‹ fragt nicht nach dem Unterschied, sondern meint statt dessen: ›Ich pfeif‹ auf den Unterschied«; 1988, 39), dann wäre das figurative Sprechen in den Texten lokal zu begrenzen und ebenso lokal zu übersetzen wie auch auszuschließen; dann könnten für die figurativ ebenso wie für die wörtlich bedeutenden ›Stellen‹ semantische Übersetzungen angegeben werden. De Mans Lektüren aber zeigen, daß der Modus der Bedeutungsbildung *nicht entscheidbar* ist: Es gibt keine Möglichkeit, die Grenze zwischen einer eigentlich gemeinten Frage und einer Frage, die rhetorisch ist und etwas anderes meint, zu ziehen und zu sichern. Ein und dieselbe grammatische Struktur ermöglicht zwei Modi des Lesens. Komplizierter und weitreichender aber ist es »nicht einfach so, daß es einfach zwei Bedeutungen gäbe, eine buchstäbliche und eine figurative, und daß wir nur zu entscheiden hätten, welche von beiden Bedeutungen in dieser bestimmten Situation die richtige wäre. Die Verwirrung kann nur durch die Intervention einer außersprachlichen Intention aufgelöst werden.« (1988, 38f.) Dies geschieht ständig – ebenso wie umgekehrt gegen solche »außersprachlichen Intentionen« (*eine* Bedeutung durch Ausschluß zu sichern) die Verwirrung immer wieder einsetzen kann. Es geht also nicht darum, daß alles auch figurativ gelesen werden kann (darüber scheinen wir uns bei literarischen Texten sowieso einig zu sein), sondern um den gegenseitigen *Einspruch* von wörtlichem und figurativem Lesen. Gemeint ist auch nicht (bloß), daß etwas nach verschiedenen Leseweisen dies *und* auch noch jenes bedeuten kann, also *nicht* einfach Polysemie (de Man 1979, 201), die hermeneutisch zu integrieren wäre (Hamacher 1988, 7f.), sondern eine Unentscheidbarkeit von Leseweisen, die sich *widersprechen* und *aufeinander angewiesen* sind. Infragegestellt ist die Entscheidbarkeit über den »referentiellen Modus des Textes«, ohne daß diese Entscheidung je hintergangen werden könnte, weil die Referentialisierung (die »Repräsentation einer außersprachlichen Bedeutung«) im Verstehen und das Verstehen nicht ausgeschlossen werden können (1988, 43, vgl. 1979, 201ff., Hamacher 1988, 15ff.). »Unentscheidbarkeit« heißt: *daß* wir ent-

*Eine rhetorische Frage?
›Was is'‹ der
Unterschied?‹*

Unentscheidbarkeit

scheiden *müssen* über Bedeutungsmodi, daß wir es aber, *indem* wir entscheiden, *zugleich nicht können*, weil die Lektüre, wo sie entscheidet, stets in Anspruch nehmen muß, was sie ausschließt.

Das Sich-in-die-Quere-Kommen von Lektüren (also von Entscheidungen über den Modus der Bedeutungskonstitution), die aufeinander angewiesen und inkompatibel sind, hat de Man an Tropenpaaren wie Metapher und Metonymie und Symbol und Allegorie (/Ironie) verdeutlicht. Es ist nicht so, daß ein Text

> »einfach zwei Bedeutungen hätte, die Seite an Seite bestünden. Die beiden Lektüren müssen sich in direkter Konfrontation aufeinander beziehen, denn die eine ist genau der Irrtum, der von der anderen denunziert wird und von ihr aufgelöst werden muß. Wir können mit keinem Mittel eine gültige Entscheidung über die Priorität einer der beiden Lektüren über die andere herbeiführen; keine kann ohne die andere existieren.« (de Man 1988, 42)

Metapher/Metonymie Metapher und Metonymie geben den Ort einer Spannung innerhalb des Bedeutens an; metonymische Verknüpfungen sind nicht bloß syntagmatische Ergänzungen von paradigmatischen Figuren, sondern die Dekonstruktion des metaphorischen Scheins semantischer ›Notwendigkeit‹ durch semiologische Kontingenz: Die Metapher untersteht der Annahme (und unterstellt) »strenge(r) Kohärenz von Bedeutung und Struktur« (de Man 1988, 102ff.).

> »Ihre grammatische Struktur – die Vertauschung zweier Ausdrücke – erscheint als bloße Realisierung ihrer semantischen Komplementarität; imaginierter Sinn und wahrgenommene Sinneseigenschaften verknüpft ein ›notwendiges Band‹. Voraussetzung dieses Einklangs von Struktur und Sinn ist jedoch die ›Totalisierbarkeit‹ des Spiels zwischen an- und abwesendem Ausdruck [...], das die Metapher um ihres Bedeutens willen in Gang bringt. Da die Metapher über ihre Bedeutung nicht vorweg schon verfügt, kann sie sie nur gewinnen, indem sie sich auf dieses Spiel einläßt. Damit liefert sie sich aber zugleich einer Bewegung aus, die keiner semantischen Teleologie mehr folgt«. (C. Menke 1993, 281f.)

Die *semantische* Beziehung ist in den metonymischen Verknüpfungen, auf die sie angewiesen ist, »der reinen Arbitrarität syntagmatischer Beziehungen: Kontiguität« (de Man) preisgegeben. Die Metapher, die Trope, die den Schein der Substantialität der semantischen Beziehung zwischen wörtlicher und eigentlicher Bedeutung erweckt, ist in der Willkür buchstäblicher Verknüpfungen *dekonstruiert*: begründet *und* dementiert. Figuren bedeuten nicht nur, sondern sie bezeichnen (um dies zu tun) zugleich ihren rhetorischen Modus der Bedeutungsbildung (²1983, 136); sie haben also einen metafigurativen, metasprachlichen Status. Die Lesevorschrift, die die Metapher gibt, ist aber nicht kohärent, weil sich ihr Bedeuten einem verschwiegenen arbiträren Funktionieren der Sprache, den *epistemologisch* mit ihr unverträglichen Figuren der Metonymie oder Katachrese, überlassen muß. Die Bedeutungsbildung im Widerstreit von Metapher und Metonymie hat *Epistemologie der Rhetorik* sprachtheoretische Konsequenzen: Der Text *spricht von* der »Furchung zwischen der Semantik und der nicht-signifizierenden, ›materialen‹

Dimension der Sprache«. Die Disjunktion zwischen den Dimensionen der Sprache und die daraus folgende *Inkohärenz* oder *Lücke* zwischen Figurativität und Referentialität nennt de Man Rhetorik oder Literatur: »Sprache über Sprache« (1993, 250). Diese sprachtheoretische Einsicht der rhetorisch bewußten Lektüre wider-spricht der semantischen Bindung von Thematisiertem und Ausdrucksmittel, der metaphorischen ›Vereinigung der äußeren Bedeutung mit innerem Verstehen zu einer geschlossenen Totalität‹ (1988, 44), die Literaturtheorien wie die Hermeneutik unterstellen. Der dekonstruktive Gestus der Literatur oder Rhetorik betrifft die Ästhetik in ihren »metaphysischen Kategorien Gegenwart, Wesen, Handlung, Wahrheit und Schönheit« und fungiert als Dekonstruktion »zentraler Kategorien der Metaphysik«, »Kausalität, Subjekt, Identität, referentieller und offenbarter Wahrheit usw.« (1988, 45f.), die im Modus der Metapher, die als Figur der Totalisierung wirken kann, ›begründet‹ werden oder verführerisch und überzeugend auftreten sollen (1988, 94f.; vgl. 167ff.). Im Medium der *rhetorisch bewußten Lektüre* vollzieht sich die *Dekonstruktion* der ›Ideologie des Ästhetischen‹ (des totalisierenden Einschlusses und der Restitution der Einheit des Bedeutens) und der ›ästhetischen Ideologie‹ (der darin implizierten Substantialisierung, d.i. des Rückschlusses auf die Wirklichkeit) (vgl. C. Menke, 1993). »Der Schlüssel zu dieser Kritik der Metaphysik ist das rhetorische Modell der Trope oder – wenn man es vorzieht, die Sache bei diesem Namen zu nennen – die Literatur.« (de Man 1988, 46, 153ff).

Damit aber endet Dekonstruktion nicht bei einer neuen Einsicht, der »negativen Gewißheit« über die ›Ungewißheit der semantischen Verknüpfung‹. Diese könnte es so *scheinen* lassen, »als wollten wir die Behauptung aufstellen, Literaturkritik sei die Dekonstruktion der Literatur«, nämlich die Reduktion von (ästhetischen oder rhetorischen) Mystifikationen auf ein kontingentes (rhetorisches oder semiotisches) Funktionieren (1988, 47f.). Dann würde die Literaturwissenschaft es ›besser wissen‹ als die Literatur. »Es könnte scheinen« – aber »negative Gewißheit« ist *nicht* schon die These der Dekonstruktion (nur dann befände sie sich in einem performativen Selbstwiderspruch). Die »Negationskraft der Dekonstruktion« reicht weiter (1988, 171): 1. Nicht die Literatur wird durch deren Wissenschaft dekonstruiert, weil der Text nicht »einfach auf jene mystifikatorische Behauptung (der Überlegenheit der Metapher über die Metonymie)« hinaus läuft, »die durch unsere Lektüre dekonstruiert wird«. »Diese Lektüre ist insofern nicht ›unsere‹ Lektüre,« als sie nur anführt, was der Text selber tut: »selber darbietet«. »Ein literarischer Text *behauptet* und *verneint* zugleich die Autorität seiner eigenen rhetorischen Form« (1988, 48); sein Paradigma ist der Zusammenhang von einer Figur und ihrer Defiguration (1979, 205). 2. Das Lesen endet nicht mit der ›*Einsicht*‹ in eine Täuschung oder Mystifikation, die der theoretische Diskurs als die endgültige Form seiner Wahrheit bejahte. Einzusehen wäre vielmehr die »Furchung«, die aporetische Spannung selbst, die Rhetorik oder *Literatur* heißt. Stets wieder exponieren de Mans Lektüren an den von ihnen gelesenen Texten eine Wendung, die einer ›negativen Einsicht‹ als dem angeblich erreichten Stand der Dekonstruktion »eine entscheidende Komplikation« zufügen: die verschobene Wiederkehr der Kategorie, die mit der rhetorischen Dekonstruktion eliminiert zu sein schien (1988 47f., 156f.). Solche Refigurationen (bei Proust ist es die Wiederkehr einer Metapher, der des *Erzählers*, bei Nietzsche die der genealogischen Konstruktion) machen es »unmöglich«, auf die einfache Frage nach der rhetorischen Form des Textes »eine Antwort zu geben«. Rhetorik ist der Name für diese Unentscheidbarkeit, die das Lesen defiguriert.

Im *double-bind* (des Lesens) von Figur und Defiguration tragen Texte nicht nur die epistemologische Unzuverlässigkeit der Sprache aus, sondern *thematisieren* »was wir Ideologie nennen« als unvermeidbare »Verwechslung von Sprache mit natürlicher Realität« (de Man 1987, 92ff.). Darum ist die dissoziative Selbstbeziehung der Literatur, der »Sprache über die Sprache«, politisch, wie de Man vor allem in seinen letzten Texten betonte (vgl. C. Menke 1993, 273).

Lesen als negativer Prozeß

Aber auch der dekonstruktiven Einsicht in den Trugschluß der Referenz, also in die Unzuverlässigkeit des Rückschlusses von figurativer Bedeutungsproduktion auf Referentialität bleibt nichts anderes übrig, als erneut referentialisierend etwas festzustellen: *über* die Sprache zu sprechen; auch sie *muß* also – als theoretische Einsicht – der Täuschung wieder verfallen, deren Einsicht sie ist (de Man 1988, 170, Frey 1990). Jedes Lesen schließt ein, daß es unmöglich ist, bei *einer* Lektüre stehen zu bleiben; denn jede Lektüre wird zum einen schon von einer anderen konstituiert *und* für unwahr erklärt, zum andern aber ist auch ihre ›Falschheit‹ keine beruhigende (negative) Wahrheit, die das Lesen festhalten könnte (1988, 110). Wir können die einander ausschließenden Lektüren weder *thematisch* noch *figurativ* integrieren – auch nicht in einer *dekonstruktiven* ›Erzählung‹. Lesen bleibt dem *Oxymoron* unvermeidlich eintretender und inkompatibler Modi der Bedeutungsbildung, der Aporie ihrer epistemologischen Modelle ausgesetzt. Das Lesen, das rhetorisch aufmerksam ist, erzeugt keine (negative) Gewißheit, sondern – unerbittlich – einen »Zustand fortwährender Unwissenheit« (1988, 49f.). Lesen *vollzieht* als negativer Prozeß »die Unmöglichkeit wirklichen Verstehens« (1988, 105).

Was heißt dies nun für die theoretische Formulierung des Lesens? – wenn die Aufgabe (der Theorie) des Lesens die »ausgehaltene Ungewißheit [ist], die mit Gründen zur Wahl zwischen zwei verschiedenen Lektüren unfähig ist«. Kann denn eine Wissenschaft oder Theorie der Literatur, die das Lesen zum Gegenstand macht, überhaupt ›die Ungewißheit aushalten‹? Und, wenn das Verhältnis von rhetorischer Figur und ihrer Defiguration durch keine Lektüre endgültig abgeschlossen werden kann, kann dann der »negative Prozeß« des Lesens (de Man 1979, 100ff.) überhaupt thematisch werden? »Was [mit den Komplikationen der Bedeutungsbildung] auf dem Spiel steht, ist die Möglichkeit, die Widersprüche der Lektüre in eine Erzählung einzuschließen, die fähig wäre, sie zu ertragen. Solch eine Erzählung hätte die universelle Bedeutung einer Allegorie des Lesens.« (de Man 1988, 105f.)

Allegorie des Lesens

Eine »Allegorie des Lesens« ist sehr präzise aber stets die der Unlesbarkeit. Die Allegorie ist dadurch bestimmt, daß »ein einzelnes Ikon zwei Bedeutungen« erzeugt, »deren eine gegenständlich und wörtlich, deren andere allegorisch und ›eigentlich‹ ist, und *daß die beiden Bedeutungen einander mit der blinden Macht der Dummheit bekämpfen*« (1988, 109f). Die Allegorie ist antimimetisch (1986, 67f.), denn sie »bedeutet genau das Nichtsein dessen, was sie vorstellt« (de Man mit Benjamin in »Rhetorik der Zeitlichkeit«, 1993). Entgegen der Ästhetik des Symbols, das die Dissoziativität der sprachlichen Operationen (der Bedeutungsbildung) totalisierend restituiert, ist die *Allegorie* die (Meta)Figur der Kluft, die im allegorischen Bedeuten aufgerissen ist: der »Abgrund zwischen bildlichem Sein und Bedeuten« (Benjamin), zwischen wörtlicher und allegorischer Bedeutung, die sich im allegorischen Bedeuten gegenseitig blockieren (de Man zu Rousseaus *Julie* 1979, 205). Wenn der Kritiker in seinem Text von seinem Lesen des literarischen Textes »erzählt«, so muß seine Erzählung vom »unerzählbaren Chiasmus zweier sich bekämpfender Lektüren«, ›von der Unmöglichkeit des Lesens‹ handeln. Diese *Unmöglichkeit* »ratifiziert die Allegorie; anstatt die Lektüren narrativ zu integrieren, entfaltet sie ihren unversöhnlichen Konflikt« (C. Menke 1993, 280, de Man, 1388, 110f.). Die *Allegorie* des

Unlesbarkeit

Lesens ›erzählt‹ vom Lesen, das das Verhältnis von Figuration und De-Figuration negativ prozessiert; sie ist die der Unlesbarkeit aber gerade, insofern sie diese in der allegorischen Dissoziation und gegenseitigen Blockierung der Bedeutungen wiederholt: »Solange sie ein Thema abhandelt« – und sei es das Lesen –, wird die Erzählung vom Lesen »immer zu einer Konfrontation unvereinbarer Bedeutungen führen, zwischen denen es nötig, aber unmöglich ist, in Begriffen von Wahrheit und Irrtum zu entscheiden« (de Man 1988, 110). Daß die Allegorie des Lesens die der Unmöglichkeit des Lesens ist, heißt, daß Lesen nicht zum Thema, nicht zum Gegenstand thematischen Sprechens gemacht werden kann, *ohne* nicht stets noch etwas *anderes* gesagt zu haben, was den Zugang zur Lesbarkeit des ›Lesens‹ verstellt – wie alles, ›was‹ in einer solchen Allegorie *dar/vorgestellt* ist, vom »Akt des Lesens ablenken und den Zugang zu seinem Verständnis blockieren« wird. *Alles* »bezeichnet etwas anderes als das, was es darstellt«; »das Gemeinte ist stets etwas anderes. Man kann zeigen, daß der angemessenste Ausdruck, dieses ›etwas andere‹ zu bezeichnen, LESEN ist.«

LESEN bleibt für immer unlesbar

Aber eben darum bleibt »LESEN« (selbst), indem es zu lesen gesucht wird, »für immer« unlesbar. Das »Gemeinte ist stets etwas anderes«, dessen Erkenntnis allein im negativen Prozeß des Lesens selbst gesucht werden kann (1988, 110f.). Das ›Wissen‹ der ›Allegorie des Lesen‹ ist ein ironisches, das jedes Wissen und seine Figuren unterläuft, auflöst: »undoes« (de Man 1979, 301, Ray 1984, 203, Hamacher 1988, 12f.).

Indem de Man bei den entgegenstehenden Dimensionen verweilt, »um an ihnen die irreduzible Aporie«, das gegenseitige Blockieren der Lektüren zu beschreiben, gibt er durch die »Untersagung *hindurch*« ein anderes Versprechen; er verspricht – so akzentuiert Derrida – »ein anderes Denken, einen anderen Text, die Zukunft eines anderen Versprechens« (1988b, 180f.).

Der Aspekt Performanz

Die Einbeziehung der Dimension der *Performanz* ist in de Mans Formulierungen der internen Aporien des Etwas-Sagens und des Lesens
angelegt; sie führt zur Frage nach der Un/Möglichkeit des (sprachlichen) Ereignisses, die Derrida besonders an Signatur und Titel richtet.
Mit dem Begriff »Performanz«, der die Unterscheidung Performativ –
Konstativ (Derrida) oder – Kognition (de Man) macht, erfolgt ein Rückgriff auf die Sprechakttheorie Austins in einer »originellen Anwendung und zu gleicher Zeit subversiven Überarbeitung der Austinschen
Theoreme und der Theorie der Sprechakte (*speech acts*), die auf diesem
Weg zugleich sowohl einen Schritt voran macht und in die Krise gerät«
(Derrida (über de Man) 1988b, 150). Austin führte die Unterscheidung
ein zwischen einer Sprache, die beschreibt, und einer, die selbst etwas
ausführt; er begründet so die Möglichkeit, eine Aussage selbst als
Handlung, als ein *Ereignis* zu denken. Performative sind sprachliche
Ereignisse, »in which words make something happen«; sie vollziehen,
wovon sie sprechen: Gerichtsurteile *sind* die Verurteilungen, die sie
aussprechen, ein Versprechen stellt nicht fest, daß etwas ist, sondern
vollzieht das Versprechen – ›sagt‹ also gerade, daß das Versprochene
(noch) nicht ist, stellt einen Bezug auf eine Zukunft her, den es als
Performanz/Kognition   Versprechen dennoch nicht einlöst. Die sprechakttheoretische Unterscheidung des Performativs vom Konstativ bezeichnet aber – wie de
Man verdeutlicht – wiederum interagierende Dimensionen der Sprache. Er ›überarbeitet‹ diese mit dem doppelten Argument: 1. ihrer In-
kompatibilität:

> »Eine sprachliche Äußerung kann *logisch* nicht gleichzeitig performativ und
> konstativ sein, nämlich nicht sowohl die Entitäten erst produzieren (auf die
> sie sich ›bezieht‹: *afers*) als auch zugleich auf Entitäten als ihr vorausliegende,
> auf deren Grundlage sie (erst) Sinn macht, referieren.« (Miller 1990, 112/3)

und 2. ihrer Angewiesenheit aufeinander: Kognition, die angeblich
bloß konstatiert, ist gebunden an das Performativ einer Setzung, die sie
nicht ihrerseits noch einmal begründen kann. Wenn aber alle möglichen Aussagen (grundlose, arbiträre) Setzungen sind, womit die Möglichkeit von Sprache als Mitteilung von Erkenntnis dementiert ist, so
ist doch auch umgekehrt der Hypostase des Aktes (des Setzens) entgegenzuhalten, daß die performative und die kognitive Dimension eines Textes *einander radikal fremd* (de Man 1979, 298, Ray 1984, 200ff.)
und so aufeinander *angewiesen* sind, daß keine der beiden die Wahrheit über die andere ist. Daß keine der beiden Dimensionen der Sprache die andere begründen kann, zeigt de Man in seinen Lektüren
Nietzsches und Rousseaus:

de Man liest Nietzsche   *Zum einen* weist de Mans Lektüre gegen Nietzsches ›Gewißheit‹,
(negativ) daß Sprache »keine auf dem Identitätsprinzip beruhende Erkenntnis« gibt und (positiv) »daß Sprache ein Akt« (der Setzung) ist,
die verschobene Wiederkehr der de-konstruierten *Kognition* in dessen
Text nach (1988, 171, 174f.). Jeder Sprechakt produziert einen ›Exzeß an

Erkenntnis‹ – ohne daß er je vom Prozeß der eigenen Produktion wissen könnte (1979, 300). So wird auch der autobiographische Text, der (nur) durch das *Performativ* des Vertrages, daß der Text als die Stimme des Subjekts des Äußerns zu lesen ist, charakterisiert ist, stets auch *kognitiv* gelesen: auf das Subjekt des Geäußerten hin, das Ich *im* Text, (1993, 135/36). Die Setzung im Performativ (des Ich *des* Textes) impliziert ihre kognitive Ausfüllung in Figur und Bedeutung, die aber den *Akt* der Setzung besetzend *verstellt*. Es ist unmöglich, sich in der »Spannung von Kraft und Bedeutung« auf die Seite der »Kraft« oder des (Sprech)Akts zu schlagen (Derrida 1972b, 50).

    Zum andern aber kehrt umgekehrt in einem Text wie Rousseaus *contrat social*, der das Versprechen diskreditiert, das Performativ des Versprechens wieder; er verspricht eine Menge. Und diese Wiederkehr eines Performativs, nachdem und obwohl seine Unmöglichkeit festgestellt wurde, ist ein Faktum der *Sprache*; »language itself dissociates the cognition from the act«. »*Die Sprache verspricht (sich)* [dtsch. i. O.]«. Verfehlend gibt die Sprache – notwendig – das Versprechen ihrer eigenen Wahrheit (de Man 1979, 276f.). Und jedes Theorem und sei es eines über Sprechakte oder über eine Unterscheidung zwischen Konstativ und Performativ »bringt sich selbst bereits als Versprechen ein, als ein Versprechen der Wahrheit, mit allen Paradoxien und Aporien, die ein solches Unterfangen erwarten läßt« (Derrida 1988b, 160f.). Das ergibt keine (neue) Fundierung von »Wahrheit«, sondern führt in allen sprachlichen Mitteilungen von Erkenntnis die »aporetische Struktur« des Sprechakts des Versprechens an, das sich verspricht (vgl. über Verstehen, Versprechen, Setzung, Ausschluß: Hamacher 1988, 19f. und »Guter Wille zur Macht« Derrida 1984). Im Versprechen kann »das Performativum weder erfüllt noch von einem Konstativum unterschieden werden […], ohne doch jemals darauf zurückgeführt werden zu können. Das Versprechen ist unmöglich, aber unvermeidlich« (Derrida 1988b, 131).

    Derridas Lektüre Austins, die unterstreicht, daß es ein »einfaches Kriterium grammatikalischer oder lexikalischer Art« zur Unterscheidung »zwischen performativen und konstativen Äußerungen« nicht geben kann, betrifft den Sprechakt einerseits in seinem Charakter als »Ereignis«, also dessen Singularität und andererseits dessen Angewiesenheit auf seinen Kontext, Wiederholbarkeit: Ein Sprechakt gelingt als solcher nur *innerhalb* eines Kontextes, der allerdings nie geschlossen und nie totalisiert werden kann, der nie vollständig, nie absolut bestimmbar ist (1988c, 292f., 306). Die Absicherung einer Unterscheidung des Glückens und Miß-Glückens von Sprechakten kann sprechakttheoretisch nicht mehr im Rückgang auf Intentionalität gesucht werden. Die Sprechtheorie fällt aber darauf zurück, wenn sie die »Quelle« und die Authentizität der Äußerung zum Kriterium zu machen sucht (vgl. die Derrida-Searle-Debatte 1988c, 306f, Culler 1988, 123ff., Staten, 129f., Spivak 1980)

de Man liest Rousseau

»Könnte eine performative Äußerung gelingen, wenn ihre Formulierung nicht eine ›codierte‹ oder iterierbare Äußerung wiederholte, mit anderen Worten, wenn die Formel, die ich ausspreche, um eine Sitzung zu eröffnen, ein Schiff oder eine Ehe vom Stapel laufen zu lassen, nicht als einem iterierbaren Muster konform, wenn sie nicht in gewisser Weise als ›Zitat‹ identifizierbar wäre.« Das heißt auch: »Wäre eine performative Äußerung möglich, wenn kein Zitat als Double die reine Einmaligkeit des Ereignisses spaltete, von sich selbst trennte?« (Derrida 1988c, 309f.)

Damit haben 1. performative Akte stets nur eine relative Reinheit (als Ereignis) innerhalb einer allgemeinen Iterabilität, einer Wiederholbarkeit, die mit dem *wieder* stets das *anders*, die Differenz in der Wiederholung impliziert und für die Wiederholung oder Zitieren und eigentliches *Ereignis* nicht (mehr) zu trennen sind; vielmehr wäre eine »differentielle Typologie von Iterationsformen zu konstruieren«. Dann haben wir es »mit verschiedenen Arten von iterierbaren Zeichen (*marques*) und Zeichenketten zu tun, und nicht mit einer Opposition von zitathaften Äußerungen einerseits, von einzelnen und einzigartigen Äußerungen-Ereignissen anderseits«, und nicht mit unernsten, parasitären, sekundären Äußerungen einerseits und ernst gemeinten, an Intentionalität (wiederum) zurückgebundenen anderseits. Die »Kategorie der Intention« wird damit aber »nicht verschwinden, sie wird ihren Platz haben, aber von diesem Platz aus wird sie nicht mehr den ganzen Schauplatz und das ganze System der Äußerung beherrschen können« (1988c, 310). 2. Auch die Frage des Gelingens eines Sprechaktes, des ›Eintretens‹ eines sprachlichen Ereignisses stellt sich anders, wenn das Ereignis »in seinem *angeblich gegenwärtigen und einmaligen Auftreten* die *Intervention* einer Äußerung voraussetzt, die an sich nur eine *wiederholende* oder *zitathafte*, oder vielmehr [...] iterierbare Struktur haben kann« (1988c, 309f.). Wenn die Unterscheidung zwischen ernsthaft auf der einen Seite und zitiert oder parasitär auf der andern Seite nicht letztlich getroffen werden kann, so ist die zwischen Gelingen und Mißglücken eines Sprechaktes so entschieden nicht, wie es scheinen mochte. Aber auch wenn über das Eintreten eines Sprechaktes nicht zu entscheiden ist, so ›gibt es‹ doch »*Effekte* des *performative*«. Diese Effekte

schließen allerdings das nicht aus, was »ihnen im allgemeinen« entgegengesetzt wird: die Iteration, die Kette der Wiederholungen, »sondern setzen es auf eine unsymmetrische Weise als den allgemeinen Raum ihrer Möglichkeit voraus« (1988c, 311). Dies zeigt Derrida in Weiterführung des Schrift-Begriffs für die Signatur (vgl. Bennington, 156ff.):

»Die Auswirkungen des Unterzeichnens sind die gewöhnlichste Sache der Welt. Aber die Bedingung der Möglichkeit dieser Auswirkungen ist gleichzeitig [...] die Bedingung [...] der Unmöglichkeit ihrer strengen Reinheit. Um zu funktionieren, das heißt um lesbar zu sein, muß eine Unterzeichnung eine wiederholbare, iterierbare, nachahmbare Form haben; sie muß sich von der gegenwärtigen und einmaligen Intention ihrer Produktion lösen können.« (1988c, 313)

Infrage steht, ob »die absolute Einmaligkeit eines Unterzeichnungs-
ereignisses [des Signierens] jemals vor«komme. Damit stellt Derrida
die Möglichkeit der Intentionalität und Autorität einer »Quelle« der
Äußerungen zur Disposition – und fügt mit einer ironischen Geste
seine Signatur, die »unwahrscheinlichste Unterschrift« bei (hier: 1988c,
314).

Die Performative der literarischen Texte diskutiert Derrida mit der
Frage, was einen Text der Literatur angehören lasse (zur Institution
Literatur vgl. Weber 1987, Derrida 1992b). Die Antwort darauf kann
ebensowenig in dessen Gegenstand (in einer thematischen Lektüre)
wie in der Form oder Signifikantenstruktur (in einer strukturalen Lektüre) gefunden werden, sondern dafür stehen »axiomatische Konsense«
über die Selbstidentität des Textes und des Unterzeichners (Autors)
und die Zugehörigkeit zum Gebiet der Literatur. Mit diesen ›Rahmen‹,
in den Performativen der ›Rahmungen‹ schreiben die Texte sich der
Literatur zu; diese Randlinien und ihre Gesetze werden aber umgekehrt von den Texten überschritten. Wie andere »Randbedingungen«,
die die Texte als literarische und damit ihre Lesbarkeit sichern, ›erklären‹ Titel (als Pendant zu Autor-Eigennamen oder Signatur) die be-
titelten Texte zu singulären. Sein Fall aus der deutschen Literatur ist   *Kafkas Gesetz*
Kafkas *Vor dem Gesetz*, ein Text, den Kafka aus seinem Roman *Der
Prozeß* herausgelöst und unter diesem Titel separat veröffentlicht hat
(Derrida 1992). Der Titel fungiert als Performativ *und* Konstativ – und
in der Konkurrenz beider: Der Titel kann (wie jedes Wort), nur im
Bezug auf die »immer offenen, niemals zu sättigenden Kontexte« gelesen werden, so daß er »die Bedeutung aller potentiellen Sätze hat, in
die man es wird einschreiben können« und also wird dieses Wort »beginnen, zu versprechen und sein eigenes Recht und andere Konventionen gewaltsam zu begründen« (1988b, 155f.). Der Titel sichert (performativ) mit dem Effekt des Eigennamens des Textes seine Singularität
und seine Grenzen nur, insofern er zugleich *etwas* sagt, ohne daß entschieden werden könnte, ob er von sich und für sich selbst oder *als*
Titel vom Text spricht, den er überschreibt.

> »Das betitelnde Ereignis [»Vor dem Gesetz«] verleiht dem Text sein Gesetz
> und seinen Namen. Und dies ist ein Gewaltstreich, zum Beispiel im Hinblick
> auf den Prozeß [den Roman *Der Prozeß*], dem es diese Erzählung entreißt, um
> aus ihr eine andere Institution zu machen« (Derrida 1992, 63, vgl. 1980, 18ff.).

Am Fall von Kleists »Unwahrscheinlichen Wahrhaftigkeiten« kann die,   *Kleists unwahrschein-*
mit de Man zu entwickelnde, *radikale Fremdheit von Bedeutung und Per-*   *liche Wahrhaftigkeiten*
formanz eines jeden Textes gelesen werden (vgl. die amerikanische Dis-
kussion von Jacobs, Chase, Warminski), der unreduzierbare
Widerstreit: von die Wahrheit-sagen und Lügen, Erzählen und Nicht
Erzählen (das *im* Text und das *des* Textes selbst), dem, was der Text
predigt, und dem, was er praktiziert, von dem, was die Erzählungen
im Text predigen, und dem, was sie praktizieren, den metatextuellen
Behauptungen *im* Text *über* das Erzählen (im Text) und einer rhetorischen Praxis *des* Erzählens (und des Kommentierens des Erzählens),

die diese Behauptungen irritieren, von der erzählten Un/Wahrschein-
lichkeit und der Un/Glaubwürdigkeit des Erzählers, von der *Wahrheit*
(oder der Wahrhaftigkeit) des Erzählens vom Unwahrscheinlichen und
(der Glaubwürdigkeit) der *Unwahrscheinlichkeit* des Erzählten, von einem Programm des Erzählens, das von der Unwahrscheinlichkeit (der
Wahrhaftigkeit) *überzeugen* will, und der Behauptung von der *Unglaub-
würdigkeit* (der Unwahrscheinlichkeit), von der erzählenden Demonstration einer ›*Kraft*‹ der Sprache und dem Erzählen von der Ab-
lenkung und vom Verpuffen *aller* Krafteinwirkungen ... – Wie nachzulesen bleibt.

›Die Unmöglichkeit   Die Dekonstruktion sichert keine »Stabilität – den Dogmatismus oder
einer Dekonstruktion‹   das Dogmatische – , sondern *öffnet* als Verräumlichung den von keiner
                         festen Grenze umgebenen Raum der Stabilisierungen« (Düttmann
                         1992, 68). Darum konnte Derrida sagen, »daß die Dekonstruktion
                         nichts verliert, wenn sie sich für unmöglich erklärt«.

> »Die Gefahr für eine Aufgabe der Dekonstruktion wäre eher die Möglichkeit;
> es wäre die Gefahr, als eine Gesamtheit von geregelten Vorgängen, metho-
> dologischen Praktiken und zugänglichen Wegen verfügbar zu werden.«
> (Derrida 1987b, 26 mit Bezug auf de Man 1988, 177; deutsch bei Martyn 1992,
> 668)

Diese Gefahr der möglichen Fixierung als Methodologie liegt schon in
der Verwendung von ›Dekonstruktion‹ als Begriff (vgl. Derrida 1988b,
165–67), die unvermeidlich ist, wenn oder solange über ›Dekonstruktion‹ geschrieben wird – wie hier, auf den voranstehenden Seiten. Das
Aushalten der Unentscheidbarkeit der Lektüren (nach de Man: die Unlesbarkeit) ist die Zumutung und die Aufgabe des Lesens und Schreibens, das dekonstruktiv genannt werden kann. Die irreduzible Unentscheidbarkeit, die das dekonstruktive ›Verweilen‹ bei der Logik der
Oppositionen exponiert, die jede der angeblich polaren und reinen Einheiten auf die andere verweist und damit den verstehenden Zugang zu
den beiden Polen ebenso wie den Ausweg in eine dritte Position blokkiert, führt weder in eine Ontologie der Negativität, noch aber »auf
eine gegenüber der Opposition ›ältere‹ Einheit zurück« (vgl. Derrida
1988b, 180f.). Vielmehr eröffnet sich eine *andere* Möglichkeit, die unreduzierbare Differenz und eine Singularität zu denken, die sich von
sich selbst unterscheidet und von sich selbst abweicht, um das zu sein,
was sie ist (Derrida 1992b, 47).

Weiterführende Lektüre

Zur Ein- und Weiterführung:
- Zu Derrida: Johnson (1981); Derrida (1986); Kofman (1988); Culler (1988); B. Menke (1990); Bennington (1994); vgl. auch: Lacoue-Labarthe / Nancy (Hg.) (1981); Krupnick (Hg.) (1983); Wetzel/ Rabaté (Hg.) (1993).
- Zu de Man: Derrida (1988b); Hamacher (1988); Culler (1988b), Frey (1990); C. Menke (1993); vgl. auch: Comparative Literature, Reading de Man Reading.

Dekonstruktion-Strukturalismus:
> Derrida: »Die Struktur, das Zeichen und das Spiel in den Wissenschaften vom Menschen« und »Kraft und Bedeutung« (1972), »Semiologie und Grammatologie« (Gespräch mit Julia Kristeva) (1986) 52ff., de Man: »Semiologie und Rhetorik« 1988; Deleuze (1992); Weber (1986).

Dekonstruktion-Hermeneutik:
> Derrida (1984); de Man, »Reading and History« (zu Jauß) (1986); Forget (Derrida – Gadamer) (1984).

Literatur – Philosophie:
> Gasché (1979); de Man (^{2}1983); de Man (1983); Gearharts (1983); de Man, An Interview (1986); Derrida (1988b); Gasché »In-Difference to Philosophy: de Man on Kant, Hegel, and Nietzsche« (in »Reading de Man Reading«, 1989); de Man »Rhetorik der Persuasion« (1988); Attridge (Hg.) (1992); Ellrich (1994).

Metapher:
> de Man (1983), (1988); Derrida »Die weiße Mythologie. Die Metapher im philosophischen Text« (1988c) u. (1987); Kofman (1972); Haverkamp (1984); Gasché (1986).

Figuren des Lesens:
> Hertz (1989); Hillis Miller (1989).

Literaturkritik:
- z.B. Kleist: Ray (1979); Warminski (1979); Hamacher (1985); Chase: Mechanical Doll, Exploding Machine. Kleist's Model of Narrative (1986); de Man: Ästhetische Formalisierung: Kleists »Über das Marionettentheater« (1988); Jacobs u.a. zur »Penthesilea« (1989); Miller: Just Reading: Kleist's »Der Findling« (1990).
- z.B. Hoffmann: Kofman (1976), (1986); z.B. Celan: Derrida 1986b,

Das Denken des Politischen, der Gerechtigkeit, des Feminismus:
- Gesetz und Gerechtigkeit: Derrida (1991); Derrida (1992); Haverkamp (1993); Weber (1987), Düttmann 1993.
- ›Heideggers Politik‹: Derrida (1988e).
- ›De Mans Krieg‹: zur Diskussionslage C. Menke (1993, 265–274); Derrida (1988f.); Johnson (1990); Hertz (1990).
- »Dekonstruktiver Feminismus« (hg. Vinken, 1992) darin: Felman, Jacobus, Johnson, Spivak; Yale French Studies (62); Diacritics 5 (1975); Derrida/ Mc Donald (1982); Felman (1975); Kofman (1985); Derrida (1986c); Johnson (1987).

II. Vermittlungsmodelle

»Der Doppelcharakter der Kunst als eines von der empirischen Realität und
damit dem gesellschaftlichen Wirkungszusammenhang sich Absondernden,
das doch zugleich in die empirische Realität und die gesellschaftlichen Wir-
kungszusammenhänge hineinfällt, kommt unmittelbar an den ästhetischen
Phänomenen zutage. Diese sind beides, ästhetisch und faits sociaux. Sie bedürfen einer gedoppelten Betrachtung, die so wenig unvermittelt in eins zu
setzen ist, wie ästhetische Autonomie und Kunst als Gesellschaftliches. Der
Doppelcharakter wird physiognomisch lesbar, wann immer man Kunst,
gleichgültig, ob sie als solche geplant war oder nicht, von außen sich anhört
oder ansieht, und allerdings bedarf sie stets wieder jenes Von außen, um vor
der Fetischisierung ihrer Autonomie beschützt zu werden.« (Adorno 1973,
374f.)

Wenn die *Ästhetische Theorie* Theodor W. Adornos den Doppelcharakter der Kunst betont, dann nimmt sie eine doppelte Grenzzie-
hung vor: gegenüber einer idealistischen Autonomieästhetik, die ihr
Interesse allein auf die monumentalen, für sich stehenden Werke richtet, und gegenüber einer materialistischen Kunstsoziologie, die sich für
Kunst allenfalls als Dokument geschichtlicher Rahmenbedingungen interessiert. Der damit formulierte Anspruch betrifft auch die Literaturwissenschaft. Weder die Vorstellung reiner Autonomie, die beispielsweise einen literarischen Text aus dem Barock aus seinem zeitgenössischen Rahmen löst, um ihn in unmittelbarer, spontaner ästhetischer
Erfahrung zu ›genießen‹, noch die Vorstellung vollständiger Heteronomie, die einen solchen Text aus seinem sozialen und historischen
Kontext ableiten zu können glaubt, wird diesem Doppelcharakter gerecht. Die immanenten Gesetze der Sprachlichkeit, der Schriftlichkeit
und der Textualität, denen die *Aufzeichnungsmodelle* nachgegangen
sind, unterlaufen die Vorstellung, ein literarischer Text sei der unver-
fälschte, authentische Ausdruck einer subjektiven Intention ebenso wie
diejenige, er sei die direkte, unvermittelte Widerspiegelung einer außer
ihm – und außer der Sprache – zu findenden Realität. Neben die Systeme, die beispielsweise durch Schrift, Gattungen, Topiken und Rhe-
toriken gebildet werden, treten jedoch andere, die die Eigendynamik
der sprachlichen Bewegungen überhaupt erst ermöglichen und die ihr
zugleich ihre Grenzen vorzeichnen. Damit ein Text zum literarischen
Werk – und damit zum Gegenstand von Literaturwissenschaft – werden kann, muß er zunächst einmal produziert werden. Das bedeutet
nicht allein, daß er aufgeschrieben werden muß, er muß auch abge-
schrieben werden. Das ist zunächst einmal wörtlich zu verstehen: ohne
die Schreibstuben mittelalterlicher Klöster etwa wäre wenig von dem
erhalten, was vor der Erfindung des Buchdrucks den fragilen Medien
Pergament oder Papier anvertraut wurde; hier entschied sich also, was
überliefert wurde und in welcher Form, so daß etwa Aussagen über
›die Literatur des Mittelalters‹ kaum möglich sind ohne Kenntnis dieser zentralen Instanz der Vermittlung. Mit der Distribution von Literatur, nun allerdings im Zeitalter des Buchdrucks, beschäftigt sich
daher das erste Kapitel der *Vermittlungsmodelle*. An Beispielen aus dem
Barock und der Goethezeit werden die Bedingungen für den Eintritt in

die offizielle Zirkulation der Wörter erkundet, wobei anhand der Verschränkung von *Autorfunktion und Buchmarkt* deutlich wird, wie diese Bedingungen bereits die Produktion bestimmen: es ist nicht zuletzt die vertragsrechtliche Notwendigkeit, ›geistiges Eigentum‹ zu definieren, die dem Konzept des souveränen Autors als genialem oder zumindest originellem Schöpfer zugrundeliegt. Den theoretischen Rahmen für eine solche Untersuchung der Rückkopplungseffekte zwischen der Entstehung einzelner Äußerungen und dem System ihrer Distribution und Zirkulation bildet die *Diskursanalyse.* Nicht so sehr eine Methode der Literaturwissenschaft als eher eine spezielle Form der Geschichtsschreibung, versucht sie, die Regeln nachzuzeichnen, nach denen Aussagen generiert, bestimmten Systemen (dem der Wissenschaft etwa oder dem des Wahnsinns) zugeordnet, verbreitet und aufbewahrt werden – Regeln, die in keinem Gesetzbuch niedergelegt werden müssen, um wirksam zu werden. Solche Regeln generieren auch *Literaturgeschichte(n).* Was sie als Material auswählen und wie sie es kombinieren und präsentieren, folgt immer auch einer – ausgesprochenen oder unausgesprochenen – Idee der Literatur. Dabei taucht auch die anfängliche Frage nach Autonomie oder Heteronomie wieder auf: Hat die Literatur eine eigene, abgeschlossene Geschichte oder ist sie nur zu verstehen als mehr oder weniger abhängiger Teil anderer Geschichten – etwa der bestimmter Gesellschaftsformationen oder einzelner Nationen oder auch der Welt als multikultureller Gemeinschaft? Antworten darauf – seien sie explizit ausgesprochen oder in scheinbar theorieloser Darstellung verborgen – verraten gleichzeitig etwas über die Vorstellungen von Literatur und Geschichte, denen sie folgen und die sie prägen. So rückt eine Geschichte der Literaturgeschichtsschreibung die Relativität des Literaturbegriffs selbst in den Blick und sie gibt Hinweise auf die unterschiedlichen Funktionen, denen Literatur jeweils unterworfen wurde. Vor allem an dem Beitrag, den Literaturgeschichten bewußt oder unbewußt an der Formierung eines Kanons normativ ›wertvoller‹ Welt- oder Nationalliteratur leisten, kann sehr deutlich die jeweilige Auffassung von der kulturellen Funktion von Literatur wie Literaturwissenschaft abgelesen werden. Das zeigt sich gerade auch in den Kämpfen um eine Neudefinition dieses Kanons, die zum strategischen Einsatz feministischer oder postkolonialistischer Wissenschaften gehört (*Feministische Literaturwissenschaft; The Racial Turn: ›Race‹, Postkolonialität, Literaturwissenschaft*). Eine Historisierung, die die Relativität der jeweiligen Paradigmen sowie deren gesellschaftliche Funktionalität erkennbar werden läßt, wirkt als Selbstreflexion auf die aktuellen Versuche, Literaturgeschichte zu schreiben, zurück. Das Bewußtsein, daß es keinen unveränderlichen Gegenstand gibt, dessen Geschichte dann objektiv nachgezeichnet werden könnte, sondern daß dieser Gegenstand erst in der eigenen Arbeit definiert und konstituiert wird, sensibilisiert auch für die politischen Dimensionen dieser Arbeit. Selbst die anfängliche Alternative – autonome Literaturgeschichte oder Gesellschaftsgeschichte – muß dabei noch hinterfragt werden: wenn es keinen einheitlichen Gegenstand (mehr) gibt, gibt es auch keine einheitliche Geschichte, sondern eine Vielzahl sich überkreuzender oder sich niemals treffender, allmählich auftauchender oder abrupt abreißender Tendenzen, die sich nicht zu einer einheitlichen Entwicklungslinie bündeln lassen. Nicht nur in Geschichten finden die sich ändernden Vorstellungen über Literatur ihren Ausdruck. *Soziale Funktion und kultureller Status literarischer Texte* werden auch an anderen Orten explizit und implizit immer wieder neu ausgehandelt. Seit Platons provokantem Ausschluß der lügenhaften Dichter aus dem idealen Staat gehört die Frage nach der Legitimität des ästhetischen Scheins, des ästhetischen Spiels zum Repertoire des Nachdenkens über Literatur. Eine für die literarische Moderne folgenreiche Antwort bildet die Gründung des ›ästhetischen Staates‹ bei Schiller. Indem hier bewußt literarische Autonomie gegen gesellschaftliche Entfremdung ausgespielt wird, wird in *einer* Bewegung die radikale Andersheit von ›Kunst‹ und ›Wirklichkeit‹ und ein notwendiger Bezug postuliert. Zum ersten Mal ist damit der anfangs angesprochene Doppelcharakter explizit zum Gegenstand dichtungstheoretischer Reflexion geworden. So läßt sich das für die Entwicklung der modernen Kunst und Ästhetik so zentrale Autonomie-Postulat zurückverfolgen bis zu seiner Genese im späten 18. Jahrhundert. Dabei zeigt sich, daß Gesellschaftstheorie und Autonomie-Ästhetik von Beginn an miteinander vermittelt sind: ihren systematischen Ort hat die Kunsttheorie Schillers in einem Modell gesellschaftlicher Entfremdung. Während diese Konstellation im Prinzip bis in die Moderne hinein erhalten bleibt, erweist sich der Schillersche Optimismus, in der autonomen Sphäre der Kunst die sozialen Widersprüche nicht nur reflektieren, sondern auch heilen zu können, schon bald als aporetisch. Eine marxistisch fundierte Ideologiekritik zeigt, wie mit dem gesellschaftlichen Aufstieg des Bürgertums auch seine Kunst – die im Autonomie-Postulat ihre programmatische Fundierung gefunden hat – sich vom subversiven zum affirmativen Instrument gewandelt hat. Allerdings erweist sich auch der von Wissenschafts-Pathos getragene Optimismus materialistischer Literaturtheorien als verfrüht. Überzeugende Modelle der Ableitung literarischen Sinns aus der materiellen Basis gibt es – bis heute – nicht, stattdessen zeigt sich nicht nur Literatur, sondern der ganze Bereich gesellschaftlicher Sinnproduktion wesentlich autonomer als angenommen. Aufheben läßt sich der starre Gegensatz von Autonomie und Heteronomie in einer Konzentration auf den ›textuellen‹, semiotischen bzw. ›poetischen‹ Charakter von Kultur, wobei, wie bereits in der Betrachtung der *Literaturgeschichte(n)* eine Fluchtlinie wiederum in den *New Historicism* führt.

Mit Literaturgeschichte(n), Editorik, aber beispielsweise auch der *Literaturkritik* sind Institutionen oder Diskurse angesprochen, die explizit zwischen der Literatur und ihren ›Umwelten‹ vermitteln. Aber, auch das ist hier schon deutlich geworden, der Begriff der Vermittlung umfaßt mehr als diese explizite, intentionale Verbindung. *Vermittlungsmodelle* spüren den Phänomenen nach, an denen sich – wie für die Diskursanalyse formuliert – die Rückkopplung von Text und Kontext beobachten läßt. Mehr oder weniger deutlich teilen sie daher den Ausgangspunkt mit dem Projekt einer *Archäologie der literarischen Kommunikation*: den Rekurs auf das der Literatur historisch, aber auch systematisch Vorausliegende, und sie teilen auch dessen Interdisziplinarität. Gegenstand einer solchen Archäologie ist nicht der literarische Text für sich, sondern seine ›Eingebundenheit in den Gesamtprozeß der kulturellen Sinnproduktion‹. Unter dem hier eingeführten Begriff der *Kultur* lassen sich nicht nur die Interessen und Fragestellungen vieler Einzelwissenschaften vereinigen, er scheint auch am ehesten geeignet, den schroffen Dualismus von literarischem Text und gesellschaftlichem Kontext oder von Werk und Wirklichkeit und die damit auftretenden Aporien der Vermittlung zu überwinden.

Konzepte wie das der Kultur oder der Diskursformationen scheinen eine Denkform zu verdrängen, der die Pionierarbeit bei der Formulierung der Vermittlungsproblematik zukommt: Ideologiekritik. Wenn soziale Wirklichkeit sich grundsätzlich in kulturellen Diskursen konstituiert, also nicht, jedenfalls nicht unmittelbar abhängig ist von materiellen Realitäten, wie kann man und warum soll man dann noch zwischen falschem und richtigem Bewußtsein, zwischen Verblendung und Aufklärung unterscheiden? Wenn Wahrheiten nur strategische Einsätze in den Spielen und Ritualen der Macht sind und der Wille zum Wissen deren Ordnungsprinzip, wird dann nicht das Beharren auf dem besseren Wissen zur schärfsten Form der Unterdrückung? Die Debatten um *Ideologie und ihre Kritiker* bieten jedoch gerade solchen Fragen ein Forum. Literaturwissenschaftlich interessant sind dabei vor allem zwei Aspekte: eine kommunikationstheoretisch gefaßte Sozialwissenschaft bietet die Möglichkeit einer Verortung von Literatur innerhalb von Gesellschaftsformationen, die trotz ihrer Heterogenität in einem systematischen Zusammenhang stehen; zugleich liefert ein Modell literarischer Produktion Hinweise auf die Mechanismen, in denen gesellschaftlich verbürgter Sinn primär im Ausschluß widerstrebender Materialien und Impulse entsteht. Angesprochen wird dabei auch die Frage nach dem affirmativen oder subversiven Potential der Literatur, ihr Beitrag im ›Projekt der Moderne‹. Dabei wird es möglich, die bereits mehrfach gestellten Fragen wissenschaftskritischer Selbstreflexion zu bündeln und neu zu perspektivieren – im Blick auf eine sich ihrer gesellschaftlichen Funktion bewußte Literaturwissenschaft.

An den Rändern kultureller Systeme siedelt sich eine literarische Formation an, deren Prinzip gerade die Subversion eingespielter Konventionen ist: die *Phantastik*. Im Bruch mit dem Vertrauten entsteht hier eine neue Perspektive, die allererst die Konventionen erkennbar werden läßt, die der Alltagskommunikation, aber auch ›normalen‹ Formen der Fiktion zugrundeliegen. Zu solchen Konventionen zählen auch die großen Fiktionen des abendländischen Diskurses: *gender* und *race*. Fiktionen, weil sie – unter anderem literarisch entwickelte und abgestützte – kulturelle Konzepte sind und (nur) als solche wirksam werden. *Feministische Literaturwissenschaft* arbeitet das an der für unsere Kultur grundlegenden Opposition von ›männlich‹ und ›weiblich‹ heraus.

Nicht als biologische, sondern als soziale Differenz prägt sie die Geschlechterverhältnisse, und als solche wird sie auch in literarischen Texten ›lesbar‹. Die darauf basierenden Lektüremodelle des *Dekonstruktiven Feminismus*, wie sie vor allem in den USA unter dem Titel *gender studies*, in jüngster Zeit aber auch in Deutschland entwickelt wurden, bilden den Fluchtpunkt eines historischen Überblicks über Theorie und Geschichte der Geschlechterverhältnisse. Dabei geht es nicht nur um eine inhaltliche Kritik von Geschlechterstereotypen, hinter denen sich selbst dort, wo sie scheinbar wertneutral erscheinen, immer wieder Mechanismen der Macht verbergen. Strategisches Spiel, etwa in der Suche nach einer dritten Position jenseits von Mann und Frau, die sich gerade auch an Elemente einer Semiotik des Phantastischen anschließen läßt, ist vielmehr das Aufbrechen der binären Logiken selbst, deren Leitdifferenzen sich allzuleicht die gesellschaftlichen Hierarchien, das Spiel von Herrschaft und Unterdrückung, einprägen. Das bestätigt in aller Drastik auch die andere große Hierarchie, die die abendländische Kultur ausgebildet hat: die zwischen sich selbst und dem von ihr ›entdeckten‹ und unterworfenen Anderen, die von Kolonisatoren und Kolonialisierten. Rassendifferenzen übernehmen in dieser Relation eine zentrale Rolle, die auch dann nicht ausgespielt ist, wenn sich herausstellt, daß solche Differenzen keineswegs objektiv, sondern historisch, gesellschaftlich und kulturell geprägt sind, daß ihre Grundlage nicht biologisch, sondern ökonomisch ist. Das heißt nicht, daß es keine biologischen Unterschiede zwischen Menschen gäbe; nur ist daraus keineswegs ableitbar, welche Unterschiede als signifikant wahrgenommen werden. Wie im Fall der *gender studies*, so ist auch das Interesse an Fragen nach *race* und *ethnicity* vor allem im angelsächsischen Sprachraum mit Fragen der Literaturwissenschaft verbunden worden. *The Racial Turn: ›Race‹, Postkolonialität, Literaturwissenschaft* ist daher als Titel kaum ins Deutsche zu übersetzen. Rekonstruiert wird hier das Wechselverhältnis von politischer und ästhetischer Repräsentation, das dann am Beispiel von Shakespeares *A Midsummer Night's Dream* auf eine Struktur der literarischen Figuration von *race* bezogen wird, in der Beschreibung und Unterdrückung unlösbar miteinander verbunden sind. Nachdem dabei insbesondere der Widerspruch zwischen Anspruch und Realität des aufklärerischen Universalitätsideals in den Blick gekommen ist, werden Strategien postkolonialistischen Schreibens entworfen, die der kulturell unterschiedlichen Konstitution menschlicher Subjektivität Rechnung tragen, ohne daraus überzeitliche, allgemeingültige Differenzen abzuleiten.

Die letzten Vermittlungsmodelle, die hier angesprochen werden, nehmen nochmals eine Akzentverschiebung vor. Während die *Literaturkritik* traditioneller- und idealerweise eine zentrale Instanz literarischer Öffentlichkeit darstellt, in der Leseerfahrungen zur Diskussion gestellt und Werturteile ausgehandelt werden, war es Aufgabe philosophischer Ästhetik, eine prinzipielle Antwort zu geben auf die Frage, inwiefern individuelle Reaktionen auf Kunstwerke eine gewisse Objektivität als ästhetische Urteile beanspruchen können. Daß das nicht (mehr) unproblematisch ist, dokumentiert das Kapitel *Begriffe und An-schauungen oder: Wozu noch Ästhetik?* schon im Titel. Ursprünglich Teil einer Theorie der sinnlichen Wahrnehmung und der affektiven Erfah-rung, scheint Ästhetik eine Unmittelbarkeit im Verhältnis der Le-serinnen und Leser zum literarischen Kunstwerk zu unterstellen, die in den weitgehend dem *linguistic turn* verpflichteten Vermittlungs-modellen gerade unterlaufen werden soll. Andererseits, so könnte ein Einwand aus ideologiekritischer Richtung lauten, tendieren Modelle ästhetischer Erfahrung dazu, gerade das zu ignorieren, was auch die ideologische Arbeit aus den Kunstwerken selbst verdrängt. Beide Vor-würfe aber werden innerhalb der Tradition der Ästhetik selbst for-muliert. Darüber hinaus versucht sie, Kriterien für einen Aspekt im Umgang mit Literatur zu entwickeln, der in alle Vermittlungsmodelle hineinragt, der sich aber einer Theoretisierung ebenso entzieht wie ei-ner konsequenten Historisierung. Es ist wiederum die *Ästhetische Theo-rie* Adornos, die nachhaltig daran erinnert.

> »Unnaivetät der Kunst gegenüber, als Reflexion, bedarf freilich der Naivetät
> in anderem Betracht: daß das ästhetische Bewußtsein nicht seine Erfahrungen
> vom kulturell Geltenden regulieren läßt, sondern die Kraft spontanen Rea-
> gierens auch fortgeschrittenen Schulen gegenüber sich bewahrt. [...] Naivetät
> zur Kunst ist ein Ferment der Verblendung; wer ihrer ganz ermangelt, ist erst
> recht borniert, befangen in dem ihm Aufgenötigten.« (Adorno 1973, 401)

Autorfunktion und Buchmarkt

Stefan Rieger

Die Physiognomie der Bücher I: Lohenstein

Der Status der Autorfunktion im Barock ist uns heute fremd. Zu sehr weicht er vom vertrauten Bild ab, das wir uns von demjenigen machen, der hinter den Texten steht. Dieses Bild ist ein Konstrukt der Goethezeit, die den Autor mit den uns vertrauten Zügen entläßt. Ausstaffiert mit den Attributen einer Originalität, die für die Möglichkeit immer neuer Texte sorgen wird, und im Glanze einer Biographie, deren Spuren Literaturwissenschaft mehr oder minder verstellt aus den Texten nachzeichnet oder nachzeichnen zu können glaubt, ist der Autor vor allem eine Garantie. Mit seiner Unterschrift und in seinem Namen haftet er dafür, daß man es mit einer verläßlichen Größe und einem kalkulierbaren Risiko zu tun hat. Als Organisationsprinzip für die »Gruppierung von Diskursen, als Einheit und Ursprung ihrer Bedeutungen, als Mittelpunkt ihres Zusammenhalts« (Foucault 1974, 19) soll der Autor über seine Schriften herrschen und ihre Lesbarkeit sicherstellen. Im Zentrum der Buchstaben prangt ein Souverän.

Was ist ein Autor?

Veränderte Konzepte der Autorschaft haben Konsequenzen für die Inszenierung der Textrahmen und die Buchgestaltung. Und umgekehrt erlauben solche Äußerlichkeiten Rückschlüsse auf das jeweilige Autorkonzept. Signifikant für eine solche Physiognomie der Bücher sind immer wieder erste und letzte Seiten. Schlägt man einen Roman wie Daniel Casper von Lohensteins (1635–83) *Grossmüthigen Feldherrn Arminius* auf, kann man jenseits von circa 3000 Quartseiten oder 10 Millionen Buchstaben Romanhandlung die Ordnung des Wissens und die Politik ihrer Adressierung lesen. Der Verfasser, im Hauptberuf Jurist und Politiker, dekoriert mit den Titeln eines kaiserlichen Rats und Syndikus der Stadt Breslau, beginnt und endet seinen *Arminius* im Zeichen von Sichtbarkeiten und Markierungen, die uns heute fremd vorkommen. Lohensteins Titelblatt, mit dem dieser Versuch einer Buchphysiognomik beginnen soll, verspricht in aufwendiger typographischer Gestaltung, im Wechsel unterschiedlicher Drucktypen und Farben (schwarz / rot), und zentriert um die Mittelachse neben dem Verfassernamen einen weitläufigen Titel, der erst durch zwei vertikale Striche zu einem Ende kommen wird. Unter dem ersten Strich findet die Buchhaltung ihren Platz: der Erscheinungsort Leipzig, das Jahr 1689, die Namen der verlegenden Buchhandlung und des Druckers. Unterm Strich ein neuer Strich und die folgende Unterordnung »Unter Ihrer Röm. Käyserl. Majestät sonderbaren Begnadigung.« Mit ihr erfolgt jene *Approbation*, die Schutz vor Nachdruck versprach und im Namen damaliger Majestäten oder territorialer Landesfürsten erging.

Die *sonderbare Begnadigung* durch den Kaiser (Leopold I.) markiert, was vor der Einführung eines Urheberrechtes im Umgang mit Büchern Recht war. Bevor der Rechtstitel des *geistigen Eigentums* am Ende des 18. Jahrhunderts das Buch zum Gegenstand sowohl vermögens- wie personenrechtlicher Interventionen machte und damit seine Bedeutung als Wirtschaftsfaktor ausbaute, fand eine Regulierung von Zirkulation und Wertnutzung durch Privilegien statt. Ausgesprochen von Landesherrren oder dem Kaiser sicherten sie ihrem Gegenstand eine Schutzfrist für einen bestimmten Zeitraum zu. »Sie waren Schutzbriefe, also eine öffentliche Benachrichtigung, daß jemand für die angegebene Zeit unter dem unmittelbaren Schutz des Souveräns stand« (Bosse 1981, 27). Antragssteller für dieses Verfahren, das in der Regel für den Absatz *einer* Auflage bemessen ist und bei Verstoß durch unerlaubten Nachdruck mit Beschlagnahme oder Geldbuße eingreifen kann, sind die Verfasser und die Drucker-Verleger. Der Autor hatte keinen Rechtsvorsprung vor dem Drucker-Verleger, und so sind die beiden Bereiche – materiale Produktion und geistige Erfindung – juristisch gleichgestellt. Doch der Schutz ist weder vollständig, noch kann er flächendeckend sein. Zum einen, weil sich der Geltungsbereich nur auf die registrierten Einzelfälle erstreckt, zum anderen weil ein Hoheitsrecht an das Territorium der schutzbewilligenden Instanz gebunden ist.

Dem Titelblatt und seiner Adressierung an den Kaiser folgt die Zueignung an Friedrich den Dritten, Markgraf zu Brandenburg: der eigentlichen Zuschrift geht jedoch in aller Ausführlichkeit ein Extrablatt vorweg, das nichts anderes tut, als vorab sämtliche Ämter und Würden ihres Adressaten aufzuzählen, ihn auf der Karte der Macht territorial zu verorten. Erst nach Sicherung der Adresse und dem Ceremonial der Anrede kann Lohenstein die Zuschrift folgen lassen, einen inhaltlichen Bezug zum Markgrafen herstellen und ihn an das römische Reich anschließen, von dem der Roman handelt. Das System der typographischen Markierung wird verdoppelt und diese Logik in die Zeilen der Zuschrift eingetragen: große Lettern sind dem Fürsten, den Abbreviaturen seiner Macht und den Kürzeln seiner Genealogien, kleinere Drucktypen dem Rest vorbehalten. Als »Allerunterthänig=gehorsamster Knecht« zeichnet schlußendlich und wie erwartet Daniel Caspar von Lohenstein. Doch Lohensteins Unterschrift unter die Zuschrift ist problematisch: kein Mensch weiß, ob er es tatsächlich selbst war, der diese Zuschrift an genau diese Adresse ge- und unterschrieben hat. Die Forschung jedenfalls hat Zweifel und erwägt sowohl die Möglichkeit einer anderen Autorschaft (Lohensteins Sohn wird vermutet), als auch die eines anderen Adressaten. Lohenstein soll – so eine Stimme der Forschung – den Text an Friedrich Wilhelm von Brandenburg adressiert haben, der bereits 1688 starb, weswegen der undurchsichtige Herausgeberverbund aus Lohensteins Sohn und/oder Bruder die Zuschrift kurzerhand an Friedrich III. umgeleitet und somit einen noch Lebenden adressiert hat.

Mit einer noch kleineren Drucktype wird schließlich die nächste Textsorte – der Vorbericht an den Leser – bedacht. Und selbst dort wird das Spiel der Markierungen noch einmal wiederholt. GOTT und Kaiser LEOPOLD, der als österreichischer Hermann apostrophiert wird, kommen typographisch am besten weg. Im Rüstzeug von Fettdruck, Majuskel und einer wundersam großen Type wird einmal mehr ein Souverän gefeiert, der Herr über Untertanen wie über Texte ist. Wer aber spricht? Es sind die Herausgeber, die den vorzeitigen Ausfall des seligen Verfassers und damit den »Geleits= oder Beglaubigungs=Brieff« aus dessen höchsteigener Hand bedauern. Die Leserzuschrift erklärt den Text zu einer Nebenarbeit Lohensteins, entstanden im Jenseits seiner eigentlichen Amtsgeschäfte und – so will es die Topik eines nebenberuflichen Schreibens weiter – auf Ansuchen hoher Standes-Personen und vertrauter Freunde. Doch die Zuschrift an den Leser ist nicht der einzige Ort, an dem der Text andere Stimmen ganz unbekümmert zu Wort kommen läßt. Lohenstein, der seinen Zeitgenossen als Legende aller barocken Gelehrsamkeit galt, konnte sein Romanmonster schon aus zwei sehr einfachen, weil biographischen Gründen nicht autorisieren: erstens war er bei seinem Erscheinen längst an einem Schlaganfall gestorben, zweitens, weil er den Text, der unter seinem Namen zirkuliert, gar nicht selbst fertiggestellt hat. Der Roman konnte nur deswegen 1689/90 in Leipzig erscheinen, weil andere ihn zu Ende geschrieben haben. Barocke Textverarbeitung umgeht Originalität, Genie und Autorschaft, und so können Familienmitglieder oder gedungene Registermacher den großen Feldherrn auf den Weg und damit unter die Leute bringen.

GOTT und KAISER im Glanz der Buchstaben

Was also ist dieses sonderbare Wesen, das wir Autor nennen und von dem wir glauben, daß *seine* Wörter schon allein deswegen ihm gehören können, weil er – und eben nur er – in ihnen zu einem unverwechselbaren Ausdruck gelangt? Michel Foucault rekonstruiert den Autor als einen Knotenpunkt und Zuschreibungsfaktor in der Zirkulation von Reden. Mit dem Begriff oder Titel *Autor* bekommt die Individualisierung des Schreibens einen Ort. Erst mit seiner Einsetzung ist sichergestellt, daß der Autor jenseits aller metaphysischen Wesenheiten zu jenem »Angelpunkt für die Individualisierung in der Geistes-, Ideen- und Literaturgeschichte« (Foucault 1988, 10) wird, der für unser Verständnis den Ausschlag gibt. Mit ihm steht und fällt der Begriff des *Werkes*, dieses moderne und uns leitende Organisationsprinzip für Texte: »Wenn nicht ein Individuum Autor wäre, könnte man dann sagen, daß das, was es geschrieben oder gesagt hat, das, was man aus seinen Äußerungen anführen kann, ›Werk‹ genannt werden könnte?« (Foucault 1988, 13) Foucaults Frage ist rhetorisch und die Antwort somit klar. Mit der Funktion des Autors, dessen Aufkunft er zwischen dem Ende des 18. und dem Anfang des 19. Jahrhunderts situiert, erhalten Texte jene Eindeutigkeit, die sie von allen anderen Texten aller anderen Autoren unterscheidbar, damit auch (rechts)verbindlich macht. »Die Funktion Autor ist also charakteristisch für Existenz-, Verbreitungs- und Funktionsweise bestimmter Diskurse in einer

Die Autorfunktion und die Individualisierung des Schreibens

Gesellschaft« (Foucault 1988, 17f.). Eindeutig zuschreibbar wird damit auch, was den Text überhaupt erst ermöglicht: die unverwechselbare Ingenialität und der individuelle Ausdruck ihres Schreibers.

Doch zurück zu Lohenstein. Überschlägt man die 3000 Seiten der Handlung, so ist der *Arminius* dennoch nicht zu Ende. Bevor das Wort »*Ende*« endlich oder tatsächlich das Ende markiert und bevor eine Druckfehlerliste den Leser zu Ersetzungen oder Richtigstellungen auffordert, erfolgt unter dem Titel *Anmerckungen* ein weiteres Ceremonial: das Ceremonial des Wissens und die Logik der Referenzen. In wundersamer Genauigkeit werden sämtliche Quellen der Gelehrsamkeit aufgezählt, die dem *Arminius* eingeschrieben sind, und ein aufwendiger Registerapparat sorgt dafür, daß der Leser auf die Partikel dieses Wissens mühelos zugreifen kann. Qualität ist im Barock abzählbar und nicht abhängig von genialen Dichterköpfen. Die Fülle sanktionierten und auch als sanktioniert ausweisbaren Wissens ist Qualität (genug). Zuständig für die Referenz sind aufwendige Apparaturen, die das Wissen dem Alphabet unterstellen: sichtbar wie die Macht der Titelblätter wird so ein Wissen inszeniert, das zum höheren Ruhm der Gelehrsamkeit dem Text immer schon eingeschrieben ist und ihn durchsetzt. Eine Praxis, die im Barock üblich ist. Wenn Lohenstein Dramen schreibt, können und werden die Anmerkungsapparate im Anhang bis zu 50 Prozent des Gesamttextes ausmachen. Und kein Gedanke wird daran verschwendet, daß der zugestandene und markierte Rückgriff auf das versammelte Wissen, auf die *copia verborum et rerum* dem Verfasser zum Schaden gereichen könnte und deswegen verschleiert werden müßte.

Barocke Produktion ist gelehrte Datenverarbeitung, die aus einem regulierten Zusammenspiel von gesammelten Daten, rhetorischen Befehlen und Adressen besteht. Sammelschriften halten unter dem Namen von poetischen Schatzkammern, Thesauri, Blütenlesen, Florilegien, Realien- oder sonstigen Sammlungen das gelehrte Wissen als *copiae* bereit und aufwendige Registrierungstechniken stellen sicher, daß und wie die gespeicherten Partikel ganz mühelos von kunstfertigen *Autoren* in den geregelten Kreislauf des Wissens eingespeist werden (→ *Topik/Inventio*). Und natürlich ist auch Lohenstein von solchen Zirkulationen nicht frei: Johann Christoph Männling, einer der größten Bewunderer seines schlesischen Landsmannes, wird den *Arminius* nebst den Dramen wieder in ihre gelehrten Bestandteile rückübersetzen und das Resultat als *Arminius enucleatus* oder *Lohensteinius sententiosus* unter seinem, also Männlings Namen, bereit halten. In der Textflut seiner umfänglichen Sammelschriften wird Männling so weit gehen, daß er Lohenstein, der ob seiner Gelehrsamkeit unvergleichlich heißen durfte, gar nicht mehr nach dem Original, sondern nach einer seiner zahlreichen Aufarbeitungen zitieren wird. In einem *Curiositäten=Cabinett* von 1713 kann als Referenz ein *Arminius meus enucleatus* auftauchen, mit dem Männling erst im Rückgriff auf die unter seinem Namen herausgegebene Sammlung auf Lohenstein verweist: sinnenfällige Markierung von *mein* und *dein* im Barock. Die Nachweise der

Die Apparaturen des Wissens

copia verborum et rerum

Arminius meus enucleatus

Macht und des Wissens umrahmen den *Arminius*, weisen ihn in doppelter Hinsicht aus: als Produkt, das ein kaiserliches Privileg dürftig schützt und als poetologisches Verfahren, das einem universellen Schutz die Legitimation, damit die Rechtsgrundlage entzieht. Für barocke Datenverarbeitung kann es keinen Urheberschutz geben. Was uns veraltet anmutet, die typographische Sichtbarkeit der Macht und die dem Text eingeschriebene Inszenierung des Wissens, wird erst durch die Einführung eines Rechtstitels, der Schutz eines geistigen Eigentum verheißt, und die Einführung des Urheberrechts in die uns gewohnte Gestalt übergehen. Die Neuordnung dessen, was im Barock ein Verbund aus Techniken und den *copiae* war, erfolgt im Zeichen von Genie und *copyright*.

Copiae und copyright

Vor dem Hintergrund barocker Aufzeichnungspraktiken werden verschiedene Spielarten einer Polemik ablesbar, die den Weg in diese Neuordnung der literarischen Dinge oder Märkte markieren. Die 3000 Seiten Text sind nicht jedem Leser und nicht jeder Lektüre gleichermaßen zuzumuten, Lohensteins Romanmonster wird Anlaß zu einer Lesepolemik, die neben dem numerischen Faktum der Fülle immer wieder die mangelnde Innovation barocker Textverarbeitung einklagt. Neben der Überforderung, die eine Arminiuslektüre an das Lesegedächtnis stellt und die einen Kritiker zur Rede vom *monstrum memoriae* des Lesers veranlaßt, wird mit der Frühaufklärung die Inszenierung der Gelehrsamkeit zum Problem. Die poetologische Legitimationsinstanz gerät unter die Räder, soll neuen Organisationsprinzipien, die um Foucaults Konzeption des Autors zentriert sind, Platz machen. Der Ästhetiker Georg Friedrich Meier bringt in den *Anfangsgründen aller schönen Wissenschaften* von 1754/55 die Diskussion auf den Punkt und damit eine radikale Form der Datenlöschung ins Spiel: sein Resümee der barocken Datensammlungen und der Praxis ihres erlernbaren und regulierten Zusammenspiels gerät dem Aufschreibesystem Lohenstein zum Verdikt: »Daher sind die Schatzkammern, die Blumen lesen usw. entstanden. Wenn man eine Sache verwerfen müste, die mehr Schaden verursacht als Nutzen, so müsten alle solche Schriften mit einem male verbrant werden« (Meier, 327f.). Was also der Innovation und damit dem Autor im Weg steht, gehört auf den Scheiterhaufen.

»so müsten alle solche Schriften mit einem male verbrant werden« G. F. Meier

Das Aufkommen des Autors, von Meier hier im ästhetischen Kontext diskutiert, ist Sache juristischer Interventionen. Das »geistige Eigentum« – ein Terminus, der – so Bosse – 1784 ausgerechnet von einem Ungenannten erstmalig ins Spiel gebracht wird, soll am Medium Buch etwas unter Schutz stellen, was nicht veräußerlich ist und damit Rechtsgrundlage für einen universellen Schutz abgeben kann. Was aber soll das sein? Autoren, Verleger, Buchhändler, Juristen und Philosophen melden sich zu Wort, um dem Wort zu (s)einem Recht zu verhelfen. Johann Gottlieb Fichte, eine der vielen prominenten Stimmen in der breit angelegten Diskussion um die Möglichkeit eines Urheberrechts, bezieht 1793 mit seinem *Beweis von der Unrechtmäßigkeit des Büchernachdrucks* nachdrücklich Stellung gegen die unkontrollierte Freigabe der Zirkulation. Deren Befürworter sehen mit der erstmaligen

Beweis von der Unrechtmäßigkeit des Büchernachdrucks (1793)

Veröffentlichung die Forderungen der Autoren vollständig gedeckt. Mit der Veräußerung der Wörter seien die Gedanken ein Allgemeingut geworden, das es aus Gründen der Aufklärung (und des eigenen Profits) mit allen nur denkbaren Mitteln zu verbreiten gilt. Fichte versucht dagegen in einer verzwickten Argumentation um den Status des Buches Differenzen einzuziehen, die für den juristischen Zugriff Konsequenzen haben. In einem ersten Schritt trennt er den körperlichen Bestandteil des Buches, dessen Status als Handelsware problemlos ist, von einem geistigen Rest, den er in einem zweiten Schritt in Materie (Inhalt) und Form (Stil) zerlegt. Da die Menschen nun, wie der Philosoph Fichte sehr richtig bemerkt, Bücher kaum kaufen, »um mit seinem Papier und Drucke Staat zu machen, und damit die Wände zu tapeziren« (Fichte 1964, 411), so muß der Kauf auch ein Recht am Geistigen beinhalten. Der Käufer erwirbt mit dem Kauf die Möglichkeit, sich durch die eigene Arbeit der Lektüre das Materielle, den Inhalt und die Gedanken, anzueignen, sie »in die eigene Ideenverbindung« auf-

Eigentum und Eigentümlichkeit

zunehmen. Und genau die Individualität dieses Ideenverbunds – auf Autoren- wie auf Rezipientenseite – ist es, die jenen unveräußerlichen Rest begründen soll: als die Form der Gedanken, oder als Stil. »Jeder hat seinen eignen Ideengang, seine besondere Art sich Begriffe zu machen, und sie unter einander zu verbinden« (Fichte 1964, 412).

Weil aber nur original sein kann, was individuell ist, und weil wiederum nur individuell heißen darf, was sich dem statistischen Zugriff entzieht, kann Fichte die Mathematik der Wahrscheinlichkeit ins Feld der Ästhetik führen. Der Informationstausch zwischen Menschen, die schlicht Autoren und Leser heißen dürfen, steht für ihn unter dem

»unwahrscheinlicher als das Unwahrscheinlichste...«

Zeichen der Einmaligkeit. Es sei »unwahrscheinlicher als das Unwahrscheinlichste, daß zwei Menschen über einen Gegenstand völlig das Gleiche in eben der Ideenreihe, und unter eben den Bildern, denken sollen, wenn sie nichts von einander wissen, doch ist es nicht absolut unmöglich«. Dagegen wird es eine Unmöglichkeit geben, die dem Philosophen Fichte absolut heißen darf: »daß aber der Eine, welchem die Gedanken erst durch einen Andern gegeben werden müssen, sie in eben der Form in sein Gedankensystem aufnehme, ist absolut unmöglich« (Fichte 1964, 412). Dieser Rest »bleibt auf immer sein AUSSCHLIESSENDES EIGENTHUM« und ist deswegen unveräußerlich. Es ist die Individualität des Stils, die Individualität in der Verbindung – in der Selektion und Kombination – von Wörtern, die ein »natürliches, angebornes, unzuveräußerndes Eigenthumsrechts« des Autors begründet.

Unter dem Zugriff juristischer Argumentation werden Eigentümlichkeit und Eigentum auf eine Stufe gestellt, die zur Bedingung der Möglichkeit markwirtschaftlicher Operationen wird. Geld und Geist können eine Allianz eingehen, die manchem Zeitgenossen zwar immer noch als moralisch anrüchig gelten mag, aber so immerhin juristisch begründbar ist. Solche Bedenken gegen den damit möglichen Stand eines Berufschriftstellers bringt 1795 Johann Georg Heinzmann auf den Punkt: *Unsre Geldautoren* – und namentlich Christoph Martin Wieland –

kommen schlecht weg: »Wer Schriftstellerey zu seinem Beruf und Amt macht, und auf keine andre Art in der bürgerlichen Gesellschaft angestellt ist, kann erwarten, daß man ihn Hungers sterben lasse« (Heinzmann 1795, 160). Auf der Rechtsbasis einer Innovation, die über Unverwechselbarkeit und Statistik läuft, können ungeschadet solcher Appelle die eigentümlichen Autoren der Goethezeit nach der Zahl gedruckter Standardbogen entlohnt und durch die Kopplung der Autorenhonorare an den Absatz ihrer Texte beteiligt sein. Heinrich Ludens Text *Vom freien Geistes=Verkehr* von 1814 bringt die Allianz auf den Punkt. »Die Menge der Zeilen, die Fläche des Papiers entscheiden sowohl beim Ankaufe des Werks, als beim Verkaufe« (Luden 1814, 331). Damit ist eine genuin juristische Lösung gefunden, die – so Gerhard Plumpe – »keineswegs eine Applikation kontemporärer Theoreme aus dem Umkreis der sog. ›Genieästhetik‹« ist. Die juristische »*Formierung* des geistigen ›Gemeinguts‹ als *Inschrift des Individuellen*« ist die Antwort auf ein *juristisches* und kein ästhetisches Problem« (Plumpe 1988, 335). Der Geist ist verrechenbar und seinem freien Verkehr steht nichts mehr im Wege. Wer hier – in das Gefüge der Distribution – durch unerlaubten Nachdruck eingreift, begeht einen *Nießbrauch* am Eigentum des anderen.

Vom Verkehr
freier Geister

Fichtes Argument wird eine lange Karriere beschieden sein und selbst jüngste Versuche der Juristen folgen der numerischen Argumentation eines sonst so wenig zahlenfrohen deutschen Idealismus. Benvenuto Samson etwa, der 1970 *Das urheberrechtlich schützbare Werk* des Juristen Max Kummer zum Aufhänger eigener Überlegungen zum schwierigen Verhältnis von Kunst und Urheberrecht im allgemeinen und zur besonderen Verschärfung dieser Frage durch die Rolle des Computers im besonderen nimmt, bringt das Verhältnis von Individuum und Statistik auf eine denkbar lakonische Form. Für Max Kummer, den Samson in seinem Aufsatz *Die moderne Kunst, die Computer-»Kunst« und das Urheberrecht. Zugleich kritische Notizen zu Max Kummers Buch über »Das urheberrechtlich geschützte Werk«* zitiert, gilt als urheberrechtlich schützenswert, »was individuell (statistisch einmalig) und insbesondere nicht Gemeingut ist« (Samson 1970, 120). Übersieht man einmal das mathematische Unding einer statistischen Einmaligkeit, so bleibt die Anbindung an ein sich ausdrückendes Individuum der juristische Definitionsstandard für ein 20. Jahrhundert, dem der allgegenwärtige Siegeszug technischer Medien so sehr den Stempel aufgedrückt hat. Irritationen wie jener Zufallsgenerator moderner Datenverarbeitungsanlagen, dessen Rolle bei der Anordung beliebiger Ausgangsmengen von Buchstaben, Silben oder Wörtern die Juristen zu den wundersamsten Kapriolen verführt, braucht es in Fichtes Menschenreich nicht zu geben.

Kein Autor, kein Text

Doch die Eigentümlichkeit der Gedankenkombinationen hat spiegelverkehrt zu ihrer juristischen Begründung auch Konsequenzen für das Lesen. Wenn gilt, daß die Eigentümlickeit eben jedem Text eigen sein soll, kann in den Konzeptionen der Goethezeit das Verstehen nicht mehr selbstverständlich sein. Das Netz der Buchstaben fixiert die

*Schleiermachers
Combinationsweisen*

*Die
Combinationsweisen
des jungen W.*

*»Das Publikum
ist mir jetzt alles,
mein Studium,
mein Souverän,
mein Vertrauter«
(Schiller)*

Ideenkombinationen, auf deren Einmaligkeit Fichte sein Argument stützt. »Sie halten die Wörter fest, so daß sie das Eigene des Autors und das Fremde des Lesers werden können. Da sie erst mit Geist gefüllt werden müssen, sichern sie, die Schriftzeichen, die Differenz zwischen dem eigenen Geist und dem fremden Geist« (Bosse 1981, 62). Um von den toten Buchstaben zu einem Geist zu kommen, muß die individuelle und damit fremde Rede des anderen interpretiert werden. Eine allgemeine Hermeneutik, wie sie Friedrich Schleiermacher unternimmt, wird genau das zu ihrem Inhalt machen. Im Namen differenter »Combinationsweisen« und individueller Sprachen ist nicht mehr das Mißverstehen jener Ausnahmezustand, den ältere Hermeneutiken zu beseitigen suchten, sondern umgekehrt markiert das Mißverständnis selbst die Regel (→ *Verstehen konstruieren*, S. 324).

Wie genau die philosophische Theorie die Praxis des Lesens trifft, zeigt die zeitgenössische Lesetheorie. Johann Adam Bergk verordnet im Zeichen des Genies, »Alles Mechanische muß uns ein Greuel seyn« (Bergk 1799, VI), um sodann die Lektüren aus den Klauen jeglicher Mechanik zu befreien. Goethes Geniestreich *Die Leiden des jungen Werthers* bescheinigt er in exakt den Formulierungen von Fichte bis Samson, »durch Originalität in der Anlage, durch neue Combinationen in den Gedanken« zu glänzen (Bergk 1799, 212) und Daniel Jenisch darf 1797 anhand der *hervorstechendsten Eigenthümlichkeiten von Meisters Lehrjahren* einen ästhetisch-moralischen Versuch darüber wagen, *wodurch dieser Roman ein Werk von Göthen's Hand ist*. Gegen solchen Glanz der Eigentümlichkeit hilft nur eine veränderte Lesetechnik und ein mündiger Leser, der mit der Gedankenkombinatorik goethezeitlicher Genies im Original umzugehen weiß. Als Zeichen dieser Mündigkeit drückt Bergk seinem Leser ein Schreibwerkzeug in die Hand und fordert ihn auf, »alles, was Wichtig, Interessant und Neu ist«, anzumerken und niederzuschreiben. Zu diesem Zwecke müssen wir »die Feder immer bei der Hand haben« (Bergk 1799, 408).

Und jene Feder, die fortan alle meine Lektüren soll begleiten können und auch heute noch – als Drehbleistift im Fall der (hoffentlich eigenen) Bücher und als Stabilo-Boss-Text-Marker im Fall der (hoffentlich rechtmäßig gezogenen) Kopien – alle professionell lesenden Hände ziert, bereitet der Passivität ein Ende. »Das Buch, das wir lesen, darf uns nicht als Sklaven behandeln, sondern wir müssen als freies Wesen über seinen Inhalt herrschen« (Bergk 1799, 63). Auf allen Ebenen formieren sich die Imperative einer Freiheit, die Autoren wie Leser gleichermaßen soll betreffen dürfen. Im Wechselschluß jeweiliger Kombinationsweisen in all ihrer Originalität gibt es – neben dem Autor – einen weiteren und neuen Souverän in der Zirkulation der Reden: das zahlende und lesende Publikum. Friedrich Schiller löst die (gewohnten) Bande und unterstellt sich einer neuen Souveränität, einem neuen Souverän:

> »Nunmehr sind alle meine Verbindungen aufgelöst. Das Publikum ist mir jetzt alles, mein Studium, mein Souverain, mein Vertrauter. Ihm allein gehör

ich jetzt an. Vor diesem und keinem andern Tribunal werd ich mich stellen. Dieses nur fürchte ich und verehr ich. Etwas Großes wandelt mich an bei der Vorstellung, keine andere Fessel zu tragen als den Ausspruch der Welt – an keinen andern Thron mehr zu appellieren als an die menschliche Seele« (Schiller nach Bosse 1981, 78).

Die Physiognomie der Bücher II: Novalis

Der Status der Autorfunktion in der Romantik scheint uns heute vertraut. Ein kurzer Text von Novalis (Friedrich von Hardenberg) skizziert denkbar genau sämtliche Rahmenbedingungen, die den Autor zwischen Ästhetik, Marktwirtschaft und Rechtssprechung verorten. Unter der sehr lakonischen Überschrift *Dialogen* startet 1798 auf einer Handschrift, deren Drucklegung Novalis nicht mehr erleben wird, ein sonderbares Gespräch zwischen zwei Partnern A. und B. Der Titel nimmt den Text beim Wort und läßt außer Dialogpartnerstimmen niemanden sonst zu Wort kommen. Deren Sätze stehen am Anfang und am Ende des Textes. Eine physiognomische Lektüre, der Blick auf erste und letzte Blätter, wird damit denkbar schwer. Wenn romantische Protagonisten sprechen, dann tun sie es in der Regel ohne jene Apparaturen des gelehrten Wissens, die bei Lohenstein so sehr ins Auge fielen. Was auf Novalis' Handschrift ausfällt, ist die (markierte) Inszenierung des Wissens ebenso wie die Inszenierung der Souveränität. Doch wer glaubt, physiognomische Lektüren wären damit hinfällig, der irrt. Denn die *Dialogen* machen eine Physiognomik der Bücher zu ihrem eigenen Gegenstand und werden so zu ihrem Metatext: im Inneren der *Dialogen* wird eben genau jene Theorie entworfen und begründet, die aus technischen Gründen Bücher wie Buchmärkte unabhängig von der Last ihrer Buchstaben zu lesen erlaubt. So können die *Dialogen* des Novalis zum Gründungstext dessen werden, was bei dem Literaturwissenschaftler Friedrich Kittler, seit 1993 selbst Verfasser *technischer Schriften*, schlicht *romantische Datenverarbeitung* heißt (Kittler 1987a).

Romantische Datenverarbeitung

»A. Der neue Meßkatalog?
  B. Noch naß von der Presse.
  A. Welche Last Buchstaben – welche ungeheure Abgabe von der Zeit –«.
(Novalis 1981, 415)

Meßkataloge

Was da – noch naß von der Presse – den Dialog eröffnet, ist das Verzeichnis aller Schriften und damit die Registratur aller Bücher, die bei einer der turnusmäßig stattfindenden Buchhändlermessen vorliegen. Und weil Buchmessen Synopsen sind, die Einblick in Zahl wie inhaltliche Streuung von Büchern erlaubt, ist der *Dialogen*eingang strategisch bestens gewählt. Er trifft punktgenau in das logistische Zentrum der deutschen Literatur. Heinrich Luden, immer noch besorgt um den Verkehr freier Geister, feiert den wichtigsten Messeort Leipzig ausgerechnet im Namen der Vollständigkeit jener Meßkataloge, die Gesprächspartner A. so sehr seufzen machen. »Nirgends ist eine Buchhändler=Messe; nirgends ein solcher Mittelpunkt für die Literatur, wie Leipzig, nirgends sind so vollständige Verzeichnisse von allen Büchern, die je gedruckt sind, nirgends stehen die Buchhändler in einer solchen Verbindung, die ihnen möglich macht, alles, was verlangt wird, ohne Verzug zu liefern« (Luden 1814, 334). Als Stapelplatz sind Buchmessen der Verkehrsknotenpunkt freier Geister und der Meßkatalog für A. ein bequemer Anlaß, ob all der Buchstapel seine Überforderung kund zu tun. Mit seinem Stoßseufzer kommt zur Sprache, was um 1800 zahlreiche Gemüter erhitzt. Die Rede ist vom allmächtigen Gespenst einer Buchproliferation, die nicht aufhören wird, sich immer weiter fortzuschreiben. Was dem einen Partner A. Indiz für eine grassierende *Bücherseuche* und die Last der Lektüre ist, beschreibt der andere in der kaufmännischen Sprache von Import und Export, von freiem Waren- und Gedankenaustausch und er scheut sich nicht, den »baren Gewinn« einer solchen Zirkulation auch eigens ins Feld zu führen. »Die Entdeckung dieser mächtigen Minen«, die eine größere Revolution machen und machen werden, als die Entdeckung von Amerika«, datiert B in die Mitte des 18. Jahrhunderts, in dem die Polemik gegen barocke Verfahren ihren Höhepunkt erreicht haben wird. Was Novalis ob all der technischen Details seiner Rede erst gar nicht eigens zu benennen braucht, ist die Auflösung seiner Minenmetaphorik: man kann sie getrost mit jenen Menschenköpfen gleichsetzen, die den Juristen als Rechtsgrund für ein geistiges Eigentum dienen wird.

Bücherseuche

Die physiognomische Lektüre des *Arminius* – seiner ersten und letzten Seiten – hat die beiden Garanten eines barocken Textes benannt: die Inszenierungen der Souveränität und des Wissens umrahmen den Text, geben Rechenschaft über Zirkulation und Poetologie. Bei Novalis fallen beide Bereiche in *einer* Systemstelle zusammen. Ihr Titel ist *der Mensch* schlechthin und in seinem Namen wird ausgewiesen, was im Barock über die Achsen von Gelehrsamkeit und Souveränität läuft. Menschen, die schreibend anderen Menschen ihren individuellen Ausdruck zustellen, werden zur Quelle einer Innovation, für die genau nicht mehr gelten kann, was der Ästhetiker Johann Jacob Bodmer verordnet hat. Im Kontext seiner Regelpoetik kann Bodmer 1740 die Literatur als Programm beschreiben, bei dem der Mensch schon deswegen verwechselbar ist, weil »ein jeder anderer Mensch in gleichmäßigen Umständen eben dergleichen Werk hätte verfertigen können« (Bodmer 1740/1966, 6). Eine Haltung, die – so Plumpe – »für die juristische Problemlösung ruinös war, da sie das ›geistige Werk‹ als Ergebnis generalisierender Fähigkeiten verstand« (Plumpe 1988, 335). Unter den Prämissen der Einmaligkeit und unter dem Titel des Menschen ist also erstens ein unendliches Datenreservoir für immer weitere Literatur gefunden und zweitens dafür gesorgt, daß durch die Bindung an die Autorfunktion das Buch, das in anderen Systemen Gegenstand territorialer Schutzmaßnahmen war, nun zur freien Ware mit einem quantifizierbaren Eigenwert werden kann.

Wie individuell ist der Mensch?

Und genau das darf Gesprächspartner B. dem überforderten A. ins Gesicht sagen. A. beklagt den Mangel an Zeit, die selbst für die Lektüre vortrefflicher Bücher nicht hinreichend ist, und redet von dem Ungenügen, »überall zu nippen und so mit vielen oft sich widersprechenden Genüssen zeitig genug sich die Sinne abzustumpfen« (Novalis 1981, 418) Doch mit solchen Klagen, die sehr genau die moralischen Argumente gegen das veränderte Leseverhalten, gegen den Typ einer exzessiven anstelle der intensiven Lektüre benennt, und die ein Johann Gottfried Hocke 1794 mit *Vertrauten Briefen über die jetzige abentheuerliche Lesesucht und über den Einfluß derselben auf die Verminderung des häuslichen und öffentlichen Glücks* zeitgleich und strukturanalog auf den Punkt bringt, kommt er bei B. gerade an den richtigen. B. jedenfalls redet dem freien Kommerz der Gedanken und dem ungehinderten Verkehr der Geister das Wort, die nach dem Muster dessen funktionieren, was die Kybernetik sehr genau als positive Rückkopplung beschreibt. »Die Büchermacherei wird mir noch bei weitem nicht gehörig ins Große getrieben«, hält er A. entgegen und skizziert ein eigenes und sehr speicherextensives Programm. Was Goethe als Entwicklungsgeschichte für seinen Protagonisten Wilhelm Meister aufgeschrieben hat, will B. auf die Menschheit überhaupt ausgedehnt wissen.

»Wilhelm Meisters Lehrjahre – haben wir jetzt allein – wir sollten soviel Lehrjahre, in demselben Geist geschrieben, besitzen, als nur möglich wären – die sämtlichen Lehrjahre aller Menschen, die je gelebt hätten –« (Novalis 1981, 418).

« – die sämtlichen Lehrjahre aller Menschen, die je gelebt hätten –« (Novalis)

Dialogpartner A. dürfen ob solcher Pläne, die erstens jedem Menschen eine Biographie, und zweitens jeder Biographie ihr Aufgeschriebenwerden verordnen, erst einmal die Sinne schwinden. Dabei nennt B. nur, was gängiges Programm werden wird. Sein Plan einer universalen Menschendatenbank sichert ein Anwachsen der Kapazität ins schier Unermeßliche und impliziert, daß es eine neue Datenquelle gibt, die von der Wissenspolitik barocker Texte ganz wundersam absticht: eben der Mensch selbst. Und weil genau jener Mensch – wenigstens seit dem *Allgemeinen Landrecht für die Preußischen Staaten* (1794) – ein verbrieftes Anrecht darauf hat, 1. ein geistiges Eigentum zu produzieren und 2. einen Schutz vor allen anderen Produkten aller anderen Geister zu genießen, ist B.'s rückgekoppelte Schleife perfekt. Moralische Einwände A.'s, die den Kostenaufwand um den Luxus der Bücher betreffen, läßt B. nicht gelten. Buchstaben und Geld sind zu nichts anderem als eben zur Zirkulation bestimmt. Und genau deswegen ist es kein Beinbruch, wenn Bücher auf dem Markt nur ein kurzes Gastspiel haben und auch wieder spurlos von ihm verschwinden (können). Ein Gedanke, den Johann F. Reitemeier unter dem Titel *Über die höhere Kultur, deren Erhaltung, Vervollkommnung und Verbreitung im Staat* 1799 zirkulationstheoretisch löst.

Zirkulationen

Reitemeier bringt die Nöte A's auf den Punkt: angesichts der Explosion der Bücher ist es nicht mehr möglich, »nur die Existenz derselben vollständig zu kennen, und über die Litteratur ordentlich Buch zu halten« (Reitemeier 1799, 395). Und so kann es durchaus passieren, daß

wegen Speicher- oder Verarbeitungsengpässen Bücher »ungeachtet
bleiben und gleich vergessen werden.« Was für Reitemeier aber kein
Problem ist, einfach weil durch die bloße Zirkulation der edle Trieb der
Schriftstellerei »die Säfte fortdauernd im Umlaufe erhält, und der Stok-
kung vorbeugt« (ebd., 396). Verkehr und Zirkulation der Geister haben
einen Eigenwert. Und für beide ist gesorgt: Verlags- und Sortiments-
buchhandlungen sichern einen ebenso flächendeckenden wie zeiteffi-
zienten Vertrieb der Texte auch über die Hauptstädte oder Messesta-
pelplätze hinaus. Institutionen wie Leihbibliotheken und Lesegesell-
schaften, öffentliche Büchersammlungen und Lesekabinette sorgen unabhängig vom Privatankauf für die nötige Zustellung. In solch un-
scheinbaren Dingen schlägt sich nieder, was der erste Sortimentsbuch-
händler und nachmalige Gründer des einflußreichen deutschen
Börsenvereins Friedrich Christoph Perthes denkbar genau als Titel

Der deutsche
Buchhandel als die
Bedingung des Daseins
einer deutschen
Literatur

über eine anonyme Schrift von 1816 setzen wird: *Der deutsche Buchhandel als die Bedingung des Daseins einer deutschen Literatur.* Perthes
Schrift, die seine These belegen wird, führt musterhaft vor, wie mit den
politischen Veränderungen nach dem Zusammenbruch des Heiligen
Römischen Reiches deutscher Nation auch der literarische Markt neu
zu formulieren ist.

Ort des Geschehens ist der Wiener Kongreß, auf dem folgenschwer
Buchpolitik betrieben wird. Perthes Sohn skizziert in der Biographie
seines Vaters die Umstände. Eine Commission aus 81 Buchhandlungen
hat die Verleger Bertuch und Cotta mit eine Denkschrift aus der Feder
Kotzebues nach Wien geschickt, »um für das Eigenthumsrecht der
Schriftsteller und Verleger gesetzlichen Schutz zu verwirken« (Nachwort zu Perthes 1816/1967, 80). Sie finden bei Metternich, dem preußischen Minister Hardenberg und seinem Beamten Wilhelm von Humboldt ein offenes Ohr. Die deutsche Bundesakte wird daher mit der
Absichtserklärung versehen, daß die Bundesversammlung »sich bei ihrer ersten Zusammenkunft mit Abfassung gleichförmiger Verfügungen
über die Sicherstellung der Rechte der Schriftsteller und Verleger gegen den Nachdruck beschäftigen« (ebd.) wird. Perthes Schrift ist als
»eine Art Eingabe an die Bundesversammlung« anzusehen, zu der vor
allem Friedrich Schlegel rät. Als österreichischer Legationsrat empfiehlt er Perthes die Drucklegung, und bietet seine Dienste an, um die
Broschüre unter den Staatsmännern zu verteilen. Der strategische Zu-
sammenschluß wird mit der Wahl des Mottos belohnt, das wohl kaum
zufällig Schlegels *Geschichte der alten und neuen Literatur* von 1815 be-

»Die Literatur umfaßt
beynahe das ganze
geistige Leben des
Menschen«

müht: »Die Literatur umfaßt beynahe das ganze geistige Leben des
Menschen.« Perthes redet – diesem Universalismus folgend – einem
straff organisierten deutschen Buchhandel das Wort, der allein in der
Lage sein soll, die drei Grundbedingungen einer Nationalliteratur zu
erfüllen:

»1. Aufbringen der Kosten zum Druck der Schriften,
  2. Entschädigung der Autoren für Bekanntmachung und Herausgabe ihrer
Schriften,

3.eine Anstalt, um über alle Länder, wo das Deutsche Muttersprache ist, die Druckschriften so zu verbreiten, daß allenthalben möglichst gleichartig lebhafter Anteil an Sprache, Wissenschaft und Literatur erregt und erhalten werde« (Perthes 1816/1967, 7).

Die Möglichkeit, »daß Werke des Geistes erscheinen«, ist einzig dem deutschen Buchhandel zu verdanken, der von Leipzig, seinem Stapelort, die Vertriebslogistik bis in die verstecktesten Winkel organisiert und garantiert. Im Gegensatz zu den Verhältnissen in Frankreich und England, wo der Geist in den Hauptstädten logiert und damit *ein gleichartig lebhafter Anteil* verhindert ist, dürfen die »herrlichsten Geistesblüten und tiefsten Erforschungen« in Deutschland normalverteilt heißen. Perthes fordert einen (Rechts)Schutz der Autoren und Verleger, Sanktionen gegen den Nachdruck und beschwört die deutsche Literatur als zentrales Bindeglied der Nation. Adressat dieser Polemik ist Frankreich, das im Zuge der Revolution nicht nur den bis dato herrschenden Dachverband, eben jenes Heilige Römische Reich deutscher Nation, zum Einsturz gebracht hat, sondern am 19. Juli 1793 erstmalig ein Urheberrecht kodifiziert, das »nach der Erklärung der Menschenrechte die Grundrechte des Genies« zum Programm erklären kann (Bosse 1981, 11). Für die Staaten des Deutschen Bundes wird es bei unterschiedlichen Entwicklungen erst 1835 zu einer Vereinbarung kommen, »das schriftstellerische Eigenthum nach gleichförmigen Grundsätzen festzustellen und zu schützen« (Bosse 1981, 9).

Aber unsere Gesprächspartner sind mit ihren *Dialogen* noch nicht zu Ende. Erneut beschwört A. mit dem Anwachsen der Literatur die Unmöglichkeit ihrer sachdienlichen Verarbeitung und prophezeit, daß man am Ende »keine ganze Wissenschaft mehr« wird studieren können. Gegen solche Sorgen führt B. die Physiognomie der Bücher und mit ihr eine veränderte Lesetechnik ins Feld. Statt jene Last der Buchstaben – mit der die *Dialogen* so programmatisch beginnen – auf sich zu nehmen, soll die Physiognomie der Bücher als *Buchmesser* dienen dürfen. »Übung macht den Meister«, eine Erkenntnis, die B. gerade für das Bücherlesen einfordert. »Du lernst dich bald auf deine Leute verstehn – man hat oft nicht 2 Seiten dem Autor zugehört, so weiß man schon, wen man vor sich hat. Oft ist der Titel selbst physiognomisch lesbar genug. Auch die Vorrede ist ein subtiler Büchermesser« (Novalis 1981, 417). Ein veränderter Umgang mit den Büchern, der den Leser vom einzelnen Buchstaben (er)löst, um ihn in der Pragmatik ganzer Textsorten zu schulen wird um so nötiger, weil der Prozeß einer Buchexplosion erst an seinem Anfang steht. Der Befund über die deutsche Literatur, ihre Kapazität sei ungeheuer, beschreibt den *status quo.* Doch romantische *Dialogen*partner wollen mehr und betreiben die Zukunftsforschung ihres eigenen Trägermediums. Auf die mathematisch sehr genau gestellte Frage seines Gegenübers, ob »ihre Geschwindigkeit und Kraft noch im Zunehmen, oder doch wenigstens noch im Zeitraum der gleichförmig beschleunigten Bewegung« sei, antwortet B. mathematisch nicht minder präzise. Dem linearen Wachstumsverhalten der Frage redet seine Antwort einem uneingeschränkten, damit exponentiellen Wachstum das Wort.

Die Verteilung des Geistes

»Oft ist der Titel selbst physiognomisch lesbar genug. Auch die Vorrede ist ein subtiler Büchermesser.«

*Das Produkt schreitet
hyperbolisch fort*

»Bei einem Wesen, wie eine Literatur findet der Fall statt, daß die Kraft, die ihm den Stoß gab, die erregende Kraft, in dem Verhältnis wächst, als seine Geschwindigkeit zunimmt, und daß sich also seine Kapazität eben so vermehrt. Du siehst, daß es hier auf eine Unendlichkeit abgesehn ist. Es sind 2 veränderliche Faktoren die im wachsenden Wechselverhältnis stehn und deren Produkt hyperbolisch fortschreitet« (Novalis 1981, 419).

Doch auch romantische Unendlichkeiten fußen auf diskursiven Rahmenbedingungen und auf Technik: das ist zum einen die juristische Sicherung eines geistigen Eigentums, der Imperativ einer Eigentümlichkeit, der aus jedem Menschen ein Subjekt und Objekt des Schreibens macht. Und da ist auch eine veränderte Logistik des Buches, die Vetriebswege, Kommunikationswesen und natürlich auch die Buchherstellung selbst betrifft. Eine verbesserte Fertigung erfaßt sämtliche Teilbereiche des Druckwesens und ihrer Zuliefererbetriebe. Mit der Einführung von Schnellpresse, Langsiebdruckmaschine und Endlospapier ist den Wörtern der Weg ins Industriezeitalter gebahnt. Und nichts kann sie mehr aufhalten. Dafür sorgen schon die zahllosen Patentschriften, die um 1800 sämtliche Teilbereiche des Druckwesens verbessern wollen. Lord Stanhope ersetzt 1800 die Holzdruckpresse durch eine Eisenkonstruktion, Verfeinerungen ersetzen die vielen vertikalen und horizontalen Einzelschritte in eine kreisförmige Bewegung und so ist es nur noch eine Frage der Zeit, die Antriebskraft nicht mehr Menschenhänden, Pferdestärken oder dem Wasser zu entnehmen. Was rotiert, ist schließlich auch dampfmaschinenkompatibel.

Friedrich König, Erfinder der Schnellpresse und Inhaber zahlreicher Nebenpatente, wird mit seiner dampfbetriebenen Cylinderpresse Zeitungsgeschichte schreiben. An einem Dienstag, dem 29. November 1814, darf die Botschaft des Mediums eben das Medium selbst sein. Ort ist die englische Zeitung *Times*, die von den Wundern des industrialisierten Wortes reden wird. »Der Leser dieses Abschnittes hält jetzt einen von den vielen tausend Abdrücken in der Hand, die vorige Nacht durch einen mechanischen Apparat gedruckt wurden« (Faulmann 1882, 662). Und das, was da »alle menschlichen Kräfte an Schnelligkeit und Wirksamkeit weit hinter sich zurücklässt«, kann nur noch effizienter werden. Setzmaschinen, maschinelle Papierprodukion, Rotationsdruck mit Endlospapier nebst zahlreichen Nebenprodukten auf dem Feld der Nachrichtentechnik sorgen dafür, daß immer mehr Wörter immer schneller zu ihrem Adressaten gelangen: zu einem Publikum nämlich, das seit Einführung allgemeiner Schulpflichten und der Massenalphabetisierung auch in der Lage ist, die Fülle der Lettern sowohl zu empfangen, als auch sachdienlich zu verarbeiten. Und weil die Kapazität der Lektüren ihrerseits bemessbar ist, darf und wird Johann Christoph Hoffbauer in seinen *Untersuchungen Über die Krankheiten der Seele und die verwandten Zustände* (1802ff.) als kognitive Glanzleistung die statistischen Mittelwerte eines goethezeitlichen Standardnormallesers bekannt geben. Wenn die Lektüre unter das allmächtige Diktat der Zeitökonomie fällt, darf und muß einmal mehr gezählt werden. Das Resultat von Hoffbauers Selbstversuch ist beeindruckend:

*Das Medium ist die
Botschaft*

*Die Frequenz des
Lesens*

sein Standardnormalleser kann »in einer und einer Viertel=Minute oder fünf und siebzig Sekunden neun hundert Buchstaben anerkennen und den einen von den andern unterscheiden« (Hoffbauer 1803, 268f., dazu Kittler 1985). Mit einer Frequenz von 12 Vernunftschlüssen ist für den nötigen Anschluß an die Gutenberggalaxis nachhaltig gesorgt.

Doch jene *Vernunftschlüsse,* von denen der Jurist und Psychiater Hoffbauer redet, werden nicht nur dem Rezipienten abverlangt. Die Bindung eines Textes an das Subjekt einer urheberrechtlich geschützten Autorschaft bringt mit der Position des Autors und dem Organisationsprinzip des Werkes Wesenheiten ins Spiel und markiert genau damit auch Ausschlüsse. Subjekte, die Verstehbares produzieren, das im freien Tauschhandel der Gedanken zirkulieren und natürlich auch bezahlt werden soll, unterliegen selbst einem allmächtigen Diktat der Verständlichkeit. Wer mit seinem Namen nicht verantwortlich zeichnet, hat es auf einem Buchmarkt, der nach dem Kriterium des Personenstands funktioniert, denkbar schwer. »Literarische Anonymität« – so schreibt Foucault – »ist uns unerträglich; wir akzeptieren sie nur als Rätsel« (Foucault 1988, 19). Doch selbst zum Rätselspiel ist nicht jeder gleichermaßen zugelassen. In der *Ordnung des Diskurses* rekonstruiert Foucault, daß eine der Zulassungsbedingungen zum Medium Buch mit der Ordnung hermeneutischer Vernunft zusammenfällt. Wer seine Rede den Anforderungen der Hermeneutik entzieht, dem wird selbst die Stimme entzogen.

Doch für Texte, die in der offiziellen Zirkulation der Reden keine Chance haben, gibt es Schleichwege. Die Anliegen der namenlosen N. N.s und die Schriften vieler Irrer – sie seien so prominent wie die *Denkwürdigkeiten eines Nervenkranken* (1903), deren Verfasser Daniel Paul Schreber immerhin Senatspräsident und Sohn des berühmteren Kleingartenanlagenerfinders war, oder so vergessen wie jener *Nothschrei eines magnetisch Vergifteten* namens Friedrich Krauß, sie alle verdanken ihre bescheidene Publizität dem Ausweichen in obskure Verlage, der finanziellen Eigenbeteiligung oder dem Selbstverlag. Wer verrückt ist und dennoch Autor sein will, der kann in die offizielle Zirkulation der Wörter meist nur auf eigene Kosten und um den Preis eintreten, als Fallgeschichte zu enden. Gelesen oder identifiziert wird in solchen Schriften nicht eine vermarktbare Ingenialität (oder gar eine schöne Seele), sondern ein Wahn. Und erst nach diesem Durchgang durch eine andere Lesbarkeit und eine vermittelte Autorschaft dürfen die Irren die Autoren ihrer eigenen Pathologien heißen: Den Autor Schreber und seinen Ruhm als Paranoiker gäbe es nicht, hätte Freud die Denkwürdigkeiten des nervenkranken Senatspräsidenten nicht 1911 in den *psychoanalytischen Bemerkungen über einen autobiographisch beschriebenen Fall von Paranoia (Dementia paranoides)* zum *Fall Schreber* festgeschrieben hat; ein Fall, den dann Elias Canetti in *Masse und Macht* wieder aufgreifen konnten. Dem magnetisch vergifteten Krauß war solche Popularität (bisher) versagt: sein *Nothschrei,* den er 1852 *im Selbstverlag des Herausgebers* auf den Markt brachte, blieb so unerhört wie eine *Nothgedrungene Fortsetzung* von 1867. Dabei hat der ruinöse

Denkwürdigkeiten eines Nervenkranken

Der Fall Schreber

Einsatz seines Privatvermögens einen für die Zeit einzigartigen Ausstattungsstandard ermöglicht: das heute fast verschollene Buch umfaßt 912 Seiten in aufwendiger typographischer Gestaltung; selbst für den Goldschnitt war Krauß das Geld nicht zu schade.

Walter Benjamin hat unter dem Titel *Bücher von Geisteskranken* die eigenartige Konfrontation von Buchmarkt und Wahnsinn beschrieben. Bei dem Versuch, eine Privatbibliothek zu ordnen, fallen die Bücher der Irren aus dem Rahmen genau der Ordnung, die Foucault als Zulassungsbedingung für den offiziellen Buchmarkt bezeichnet. Schreber, der bei Freud zu theoretischen Ehren und im Zuge dieses Interesses auch zu einem Nachdruck fand, darf natürlich neben unbekannten und anonymen Delirien nicht fehlen. Benjamin vermutet richtig, wenn er die Druckgeschichte solcher Werke als ähnlich bizarr wie ihren Inhalt ausweist. Den Einfall des Wahns in ein integres Reich der Schrift beschreibt er als bestürzendes Ereignis. »Wie ist er dahin gelangt? Wie hat er die Paßkontrolle dieses hunderttorigen Theben, der Stadt der Bücher, umgangen?« (Benjamin 1972d, 619) Der Einfall deliranter Reden in ein Theben, das durch einen emphatischen Autorbegriff und seiner Vernunft geschützt sein soll, erfolgt von einer Bastion, die ästhetischen und juristischen Zugriffen analoge Schwierigkeiten beschert wie der technische Vergleichsfall irgendwelcher Zufallsgeneratoren. Es ist die verfehlte Bastion des Autors, die verfehlte Bastion einer vernünftigen Signatur, die Texte handhabbar und damit auch praktikabel macht. Auf der Spiegelrückseite von Wahnsinn und Zufall, von deliranten und computergenerierten Reden, darf das individuelle Gesicht dessen strahlen, den die Goethezeit zum Autor, damit zum alleinigen Souverän seiner Texte, ihrer Vervielfältigung und des erzielten Gewinnes macht. Und nur wer Souverän seiner Rede ist, kann verfahren wie ein inkrimierter Berufsschriftsteller namens Wieland. Der nämlich vermarktet schlicht die Spuren seiner jeweils letzten Hand (dazu Wolf Kittler 1991). Um gegen unerlaubte Nachdrucke einen Marktvorteil zu behaupten, verändert Wieland seine Werke und spielt das Markenzeichen »von letzter Hand« als Trumpf gegen die jeweils vorletzte Hand der Nachdrucker aus. Für Wieland bedeutet das (letzte) Drehen am Signifikanten genau jenen Vorsprung an Innovation, den seine Nachdrucker schon allein deswegen nie haben können, weil eine letzte Hand nur dem Autor eigentümlich ist.

Die Eigentümer letzter Hände

Wenn Ästhetik und Jurisprudenz an der bescheidenen Möglichkeit scheitern, Zufallszahlen zu generieren und diese Zufallszahlen wie im Fall von Computerlyrik und anderen computergenerierten Texten zum Anordnungsprinzip von Buchstaben, Silben oder Wörtern zu machen, sind sie vom technischen Stand der Dinge weiter denn je entfernt. Es markiert die Ironie der Geschichte, daß ausgerechnet der Computer zum Gegenstand des Schutzes werden soll, den er auf dem Feld des freigeistigen und zweckfreien Ästhetischen – so die Formulierungen der Juristen – so vehement untergräbt. Während die Reden von Irren und die Reden von Computern aus dem Netz der Bedeutung fallen, tobt allerorts der Streit um den Schutz an Computerschaltplänen und

Softwareprodukten. Im Kampf um Copyright und Kopierschutz, um Patentansprüche, Lizenzen und Weltmärkte, hat das deutsche Strafrecht »den Begriff des geistigen Eigentums an einer ebenso immateriellen Software fallengelassen und Software stattdessen als ›Sache‹ definiert. Die Feststellung des Bundesgerichtshofs, derzufolge kein Computerprogramm ohne entsprechende elektrische Ladungen in Siliziumschaltkreisen je laufen würde« (Friedrich Kittler 1993, 236), beantwortet die Frage nach der Funktion des Autors materialistisch zugunsten einer allmächtigen Hardware. Wenn die Geister Buchstaben und die Buchstaben Siliziumschaltkreise sind, ist Fichtes sorgsam eingezogene Differenz zwischen Materie und Geist hinfällig. Damit würde gelten, was Friedrich Kittler über einen Aufsatz seiner *technischen Schriften* schreibt: Es gibt keine Software.

Es gibt keine Software

Weiterführende Lektüre

Zur historischen Entwicklung des Urheberrechts Ludwig Giesecke (1957) und Walter Bappert (1962). Eine *Sammlung der Gesetze und internationalen Verträge zum Schutze des literarisch-artistischen Eigenthums in Deutschland, Frankreich, England* bietet Eisenlohr (1856). Michael Giesecke thematisiert die Frage nach dem Urheberrecht im Rahmen seiner *historischen Fallstudie über die Durchsetzung neuer Informations- und Kommunikationstechnologien* (1991). Zu den Mühseligkeiten, zwischen Texten von Menschen und Maschinen zu unterscheiden vgl. ausführlich Plumpe 1988 (mit Beispielen und weiterführender Literatur) und zur Kodierung von (moderner) Kunst Plumpe 1993. Weitere Literatur zur historischen Entwicklung und unter Beachtung territorialer Unterschiede liefert Bosse 1981. Eine umfangreiche Materialsammlung zur *Geschichte des deutschen Buchhandels* bieten Kapp / Goldfriedrich (1866ff.) und Widmann (1965). Quellen zur Geschichte des Buchwesens stellt die gleichnamige Reprintreihe von Reinhard Wittmann zur Verfügung. Die Bände 8 und 11 (1981) haben die Eigentumsproblematik und die Leserevolution zum Inhalt. Die literaturhistorische Bedeutung der Messekataloge im 18. Jahrhundert untersucht Fontius (1961). Zur Lektüre eines romantischen Textes und den Folien eines zum Teil unmarkierten Wissens vgl. ›*Heinrich von Ofterdingen*‹ *als Nachrichtenfluß* (F. Kittler 1986a). Eine an der der romantischen *Charakteristik* (und weniger an der Mathematik) orientierte Bestimmung des Eigentümlichen unternimmt Oesterle (1990).

Das Verhältnis von neuen Informationstechnologien und Gesellschaft behandelt Wilhelm Steinmüllers *Einführung in die Angewandte Informatik*. Zu den Bemühungen um einen urheberrechtlichen Schutz an Computerprogrammen und Algoritmen vgl. Haberstumpf (1983).

Exkurs: Diskursanalyse

Stefan Rieger

Das historische Apriori

Die Diskursanalyse Michel Foucaults (1926–1984) ist eine historische Transzendentalwissenschaft: mit ihrer ungewohnten Kopplung des Transzendentalen und des Historischen, die zur Formel von einem *historischen Apriori* führt, fragt die Diskursanalyse nach den Realitätsbedingungen für Aussagen, nicht aber nach der »Gültigkeitsbedingung für Urteile« und damit nicht nach Wahrheitsansprüchen. Die methodologische Selbstreflexion in der *L'archéologie du savoir* aus dem Jahre 1969 (*Archäologie des Wissens*, 1981) versucht stattdessen, »die Bedingungen des Auftauchens von Aussagen, das Gesetz ihrer Koexistenz mit anderen, die spezifische Form ihrer Seinsweise und die Prinzipien freizulegen, nach denen sie fortbestehen, sich transformieren und verschwinden« (Foucault 1981, 184). Mit dem Terminus einer *diskursiven Formation* bündelt Foucault Aussagemengen über deren spezifische Realitätsbedingung. Sein Diskursbegriff, dem er selbst eine gewisse Unschärfe zugesteht, bezeichnet »eine Menge von Aussagen, die einem gleichen Formationssystem zugehören« (Foucault 1981, 156). Die Liste der dort aufgezählten Beispiele ist eine Untermenge von Arbeitsfeldern, und so kann man den einzelnen hier angeführten Diskursen Buchtitel zuweisen: 1963 dem Diskurs der Klinik *Naissance de la Clinique* (*Die Geburt der Klinik. Eine Archäologie des ärztlichen Blickes*, 1972), 1961 dem Wahnsinn *Histoire de la folie* (*Wahnsinn und Gesellschaft. Eine Geschichte des Wahns im Zeitalter der Vernunft*, 1973) und den Diskursen von Naturgeschichte und Ökonomie 1966 *Les mots et les choses* (*Die Ordnung der Dinge. Eine Archäologie der Humanwissenschaften*, 1990).

Die Aussage und das Archiv

Die Summe der Aussagesysteme benennt Foucault mit einem Wort, das den Analytikern solcher Diskurse zugleich ihr Arbeitsfeld zuweist: das Archiv. Seine Beschreibung erfolgt in der *Archäologie des Wissens* rein strukturell oder strategisch. Um nämlich sein Archiv gegen Positivitäten und Verfestigungen (wie Buch, Werk und andere von ihm abgelehnte Begriffe) abzuschotten, listet Foucault Negativpositionen auf. Damit entzieht er einem naiven Leservorverständnis, das ihn in Verbindung mit einem exklusiven Materialumgang bringt, erst einmal den Boden. Das Archiv sei weder »die Summe aller Texte, die eine Kultur als Dokumente ihrer eigenen Vergangenheit oder als Zeugnis ihrer beibehaltenen Identität bewahrt hat«, noch »die Einrichtungen, die in einer gegebenen Gesellschaft gestatten, die Diskurse zu registrieren und zu konservieren, die man im Gedächtnis und zur freien Verfügung behalten will« (Foucault 1981, 187). Stattdessen – positiv gewendet – sei das Archiv »das Gesetz dessen, was gesagt werden kann, das System, das das Erscheinen der Aussagen als einzelner Ereignisse beherrscht« (ebd.).

Das Archiv als *historisches Apriori* und im Singular ist – jedenfalls in der Konzeption der *Archäologie des Wissens* – weder gegenstandsneutral noch vollständig und schon gar nicht auf die registrierenden Hilfsdienste institutioneller Archiveinrichtungen von Gericht, Psychiatrie, Krankenhaus und anderer Diskurse zu beschränken. Es wäre naiv zu glauben, die realen Archive in ihrem disparaten Plural würden einen ergangenen Aussagestrom ungefiltert archivieren und uns damit zu einer – womöglich noch objektiven – Rekonstruktion befähigen. Gegen die blinde Speicher- und Gedächtnistätigkeit der Archive hat Foucault einen zentralen Einwand: das Archiv selbst unterliegt immer schon dem, was er in *L'ordre du discours* als die Mechanismen einer »diskursiven ›Polizei‹« (Foucault 1974, 25) beschrieben hat: Mechanismen wie Verknappung, Selektion, Ausschließung, Diskursökonomie und -disziplin. Ferner gilt, daß die Inhalte einer Archivierung nicht in neutraler Vorgängigkeit vorhanden sind, sondern daß Aussagen im Hinblick auf ihre Archivierung allererst generiert werden. Zwischen Archiv und Aussage besteht ein Verhältnis permanenter Rückkopplung. Die Aussage ist damit mehr als ein vorgängiges Partikel, dessen nachträgliche Kombination zur Formierung bestimmter Diskurse beiträgt. Vielmehr werden Aussage und Diskurs in ein Verhältnis der Rückkopplung gestellt, das Archiv wird damit zum Ort einer Verschränkung von Wissen und eben jener Macht, die dieses Wissen produziert (dazu Plumpe / Kammler 1980). Statt der Vorgängigkeit der Aussage ist ihre diskursive Produktion Gegenstand seiner Theorie; eine Denkfigur, die gerade für den Machttheoretiker Foucault zentral wird.

Die Ordnung des Diskurses

So stellt er im ersten Band von *Sexualität und Wahrheit. Der Wille zum Wissen* jener Repressionshypothese, die von der Unterdrückung aller Reden über das Begehren ausgeht, entgegen, was er in einer Kapitelüberschrift *Die Anreizung zu Diskursen* nennt. »Um das 18. Jahrhundert herum entsteht ein politischer, ökonomischer und technischer Anreiz, vom Sex zu sprechen. Und das nicht so sehr in Form einer allgemeinen Theorie der Sexualität, sondern in Form von Analyse, Buchführung, Klassifizierung und Spezifizierung, in Form quantitativer oder kausaler Untersuchungen« (Foucault 1983, 35). Anstatt eine Rede zu unterdrücken, sind Analyse, Buchführung, Klassifizierung und Spezifizierung für die Programmierung neuer Aussagen verantwortlich (→ *Memoria und Oblivio. Die Aufzeichnung des Menschen*, S. 378). Die Leute werden sprechen gemacht und über genau diese Eigenproduktion des Wissens an die Macht zurückgebunden. Foucault hat den Weg von der christlichen Beichte zu einem sich scheinbar selbst auferlegten Geständniszwang beschrieben und damit die Flut an Selbstaussagen motiviert, die ab dem 18. Jahrhundert konkret über die Sexualität ergehen. Das Archiv verzeichnet deswegen nicht nur diese Reden (Autobiographien, Tagebücher, Briefe und andere Modalitäten der Selbstaufschreibung), sondern zugleich das Faktum ihrer Ermächtigung: an die Stelle der Repression setzt Foucault jenen *Willen zum Wissen*, der für die Produktion immer neuer Reden zuständig sein soll. Für Foucault

Reden machen oder der Wille zum Wissen

»Im Abendland ist der Mensch ein Geständnistier geworden«

ist der Mensch des Abendlandes in einer zentralen Formulierung zum *Geständnistier* geworden, das freiwillig dem Zwang gehorcht, alles über sich und sein Begehren zu sagen. Damit entzieht er gerade solchen Konzepten den Boden, die eine Rede über sich selbst als Selbstbefreiung oder Subversion ausweisen. Mit dem Schlußsatz von *Sexualität und Wahrheit* bringt Foucault das subversive Selbstmißverständnis auf den Punkt. »Ironie dieses Dispositivs: es macht uns glauben, daß es darin um unsere ›Befreiung‹ geht« (Foucault 1983, 190).

Dispositive

Der zentrale Begriff ›Dispositiv‹ wird in einer Übersetzeranmerkung als die (materiellen) Vorkehrungen bezeichnet, »die eine strategische Operation durchzuführen erlauben«. Mit ihm liegt ein Differenzkriterium etwa gegenüber der Mentalitätsgeschichte vor. Foucault veranschlagt eben gerade »nicht eine kollektive Neugierde oder Sensibilität, keine neue Mentalität« für das Auftauchen all der neuen Redeweisen, sondern rekonstruiert die zugrundeliegenden Machtmechanismen und Dispositive als deren *historisches Apriori*. Analog nimmt Foucault die Abgrenzung zur Ideengeschichte vor. Hat »die Ideengeschichte die Aufgabe, die existierenden Disziplinen zu durchqueren, sie zu behandeln und neu zu interpretieren« (Foucault 1981, 196), so will seine Archäologie genau das nicht. Sie versucht nicht, »die Gedanken, die Vorstellungen, die Bilder, die Themen, die Heimsuchungen zu definieren, die sich in den Diskursen verbergen oder manifestieren; sondern jene Diskurse selbst, jene Diskurse als bestimmten Regeln gehorchende Praktiken« (Foucault 1981, 198).

Diskursanalyse betreiben, heißt, sich nicht blind den Daten in ihrer Exklusivität zu überlassen, es heißt vielmehr, sie unter Kenntnisnahme ihrer jeweiligen Erhebung auszuwerten. »Wäre nicht eine Diskursanalyse möglich, die in dem, was gesagt worden ist, keinen Rest und keinen Überschuß, sondern nur das Faktum seines historischen Erscheinens voraussetzt?« (Foucault 1976a, 15): Dieser Anspruch – ohne Rest und ohne Überschuß, jenseits von Signifikant und Signifikat – auf Redeweisen zuzugreifen, führt zu einer polemischen Absetzung gegenüber Interpretation, gegenüber Immanenz und Allegorie. Dieser Trend ist neben der allgemeinen Materialnähe Foucaults für einen auffälligen performativen Zug in der Präsentation dieses Materials verantwortlich: immer wieder stellt Foucault Texte aus unterschiedlichen historischen Formationen gegenüber und rekonstruiert dann die jeweiligen Absetzbewegungen und Möglichkeitsbedingungen, also ihr *historisches Apriori*.

Die Performanz der Texte

Einen solchen Gegenstandsbereich umreißt *Surveiller et punir. La naissance de la prison* (1975), dessen Einleitung den performativen Gestus für das ganze Buch vorwegnimmt und wie in einer *mise en abyme* verdoppelt: *Die Geburt des Gefängnisses* – so der Untertitel – beginnt unvermittelt, kommentarlos und beinahe schroff mit zwei Texten, die auf den ersten Blick scheinbar nichts miteinander zu tun haben: der erste handelt peinlich genau von Tortur und Hinrichtung eines Vatermörders aus dem Jahre 1757. Der Text endet abrupt, kein Kommentar unterbricht das beschriebene Martyrium und es erfolgt ein Zeiten-

sprung um ein Dreivierteljahrhundert mit einem Reglement »für das
Haus der jungen Gefangenen in Paris.« Foucault zitiert daraus die
Artikel 17. bis 28. und führt mit ihnen die Disziplinierung eines Ge-
fängnisalltags von 1838 vor: Wecken durch den Trommelwirbel, das
Gebet mit Anstaltsgeistlichen, das detaillierte Regelwerk von Arbeit,
Mahlzeit und Erholung. Damit ist an unterschiedlichen Redeweisen
vorweggenommen, was Foucault als den Übergang von einer manifesten Theatralik alter Körpermartern hin zu einer weniger auffälligen
Form möglicher Disziplinarkontrollen beschreiben und zum Thema
des ganzen Buches machen wird. Foucault spielt dazu im weiteren
Verlauf kontrastiv eine Vielzahl neuer Texte ein: Texte, die von der
direkten Intervention am Körper handeln, etwa Protokolle über Folter
und Hinrichtung, werden in seiner eigenen Darstellung abgelöst durch
die Textsorten dessen, was Foucault als die neue Disziplinarmacht beschreibt: *Medizinische Polizeyen* kommen dabei ebenso zu Wort wie
Stundenpläne aus Schulen und Arbeitshäusern, Verordnungen über
Gefängnisse und Krankenhäuser, Handbücher über militärische Taktik
und Exerzierwesen.

»Die ›Aufklärung‹, welche die Freiheiten entdeckt hat, hat auch die Disziplinen erfunden.« (Foucault)

Eben dieses Einspielen bestimmter Textsorten, die für die jeweiligen
Formationen konstitutiv sind, und die damit verbundene Rearchivie-
rung immer neuen Materials hat Foucault die Zuschreibung eingebracht, er sei der einzige Historiker, »der schriftliche und interpretierende Reden unverdoppelt ließ« (Kittler 1985a, 143). Foucaults ex-
klusiver Materialumgang gründet in dem, was er in einer Selbstbe-
schreibung als glücklichen Positivismus ausweist. Doch er redet keinem blinden Positivismus das Wort, fordert er doch – stattdessen und
vielmehr – ein methodisches Regulativ ein. Es besteht in einer wechselseitigen Verschränkung von Kritik und Genealogie. »Der kritische
Teil der Analyse zielt auf die Systeme, die den Diskurs umschließen; er
versucht, die Aufteilungs-, Ausschließungs- und Knappheitsprinzipien
des Diskurses aufzufinden und zu erfassen« (Foucault 1974, 47f.). Gilt
also die Kritik der archivalischen Ordnung des Diskurses, zielt die
Genealogie – eine Anleihe bei Nietzsche – »auf die Serien der tatsächlichen Formierung des Diskurses«. Wenn man, wie Foucault vorschlägt, jene zu konstituierenden Gegenstandsbereiche eben Positivitäten nennt, ist der Weg gebahnt, um der Diskursanalyse nicht ohne
Emphase einen Charakter zuzuschreiben: »Ist der Stil der Kritik die
gelehrte Ungeniertheit, so ist das Temperament der Genealogie ein
glücklicher Positivismus« (Foucault 1974, 48).

Kritik und Genealogie

Das Glück des Positivisten scheint nicht unbegründet: was jene
ruhmlosen Archive beinhalten, »in denen das moderne System der
Zwänge gegen die Körper, die Gesten, die Verhaltensweisen erarbeitet
worden ist« und in denen »die Geburt der Wissenschaften vom Menschen« ihren epistemologischen Ort fand, ist für Foucault versehen mit
einer Option für den Zufall und einer Option für die Schönheit seiner
Materialien (Foucault 1977, 246). Im *Leben der infamen Menschen* beschreibt Foucault seine Lektüre eines Internierungsregisters zu Beginn
des 18. Jahrhunderts: »Es ist eine Anthologie von Existenzen. Leben

von wenigen Zeilen oder etlichen Seiten; Unglücke oder Abenteuer ohne Zahl, zuammengerafft in eine Handvoll Wörter. Kurze Leben, angetroffen im Zufall der Bücher und der Dokumente« (Foucault 1982, 41). Was ihm bleibt, ist die Sorgfalt in Präsentation wie Anordnung der Texte und die Erfahrung eines Ungenügens, das ihn immer wieder jener »kargen Lyrik des Zitierens überantwortet« (Foucault 1982, 43).

Die Logik und Systematik des Archivs bringt hervor, was von außen wie die Kontingenz im Materialumgang aussieht. Im *Fall Rivière* veröffentlicht Foucault mit seinen Studenten den Textsortenverbund eines spektakulären Vatermordprozesses von 1835: Protokolle, Gutachten, Zeugenaussagen und ein von Rivière selbst geschriebenes Dossier werden abgedruckt mit der immer wiederkehrenden Erklärung, Texte Texte sein zu lassen und »nicht zu interpretieren«, »keinen psychiatrischen oder psychoanalytischen Kommentar überzustülpen« (Foucault 1975, 12). Als Foucault von einem Gesprächspartner befragt wird, wie er »diesen erstaunlichen Text überhaupt gefunden« hat, antwortet er mit einer Konsequenz, die nur für Diskursanalytiker und Archivare nicht paradox zu sein braucht: »Zufällig. Bei der systematischen Suche nach gerichtsmedizinischen und psychiatrischen Gutachten in den Zeitschriften des 19. und 20. Jahrhunderts« (Foucault 1976, 42).

Weiterführende Lektüre

Von der Subversion des Wissens Foucault (1987) enthält eine Bibliographie seiner Schriften. Genuin literaturwissenschaftliche Aspekte liefern die *Schriften zur Literatur* (1988) und ein Buch über *Raymond Roussel* (1963/1989). Anschlüsse an Foucault geben die Bände von Dreyfus / Rabinow (1987) und Erdmann / Forst / Honneth (1990). Ferner sei auf die Monographie von Gilles Deleuze (1992) und die Biographie von Didier Eribon (1991) verwiesen. Eine alternative Lektüre zu *Wahnsinn und Gesellschaft* unternimmt programmatisch Derrida in *Cogito und Geschichte des Wahnsinns* (1967/1985). Eine Gegenreaktion enthält *Mon corps, ce papier, ce feu* (übersetzt und mit einem Nachwort von Rüdiger Campe 1992).

Zu Geschichte und Aufklärung (in Auseinandersetzung mit Kants *Was ist Aufklärung?*) vgl. *Vom Licht des Krieges zur Geburt der Geschichte* (1986) und *Was ist Kritik?* (1992); Foucaults Rolle als Historiker untersucht Paul Veyne (1992). Zur Archivkonzeption von Arlette Farge, mit der Foucault *Familiäre Konflikte: Die ›Lettres de cachet‹* (1982/1989) herausgegeben hat, vgl. Farge (1984) und den Beitrag *Soziale Funktion und kultureller Status literarischer Texte. Autonomie als Heteronomie* im vorliegenden Band.

Paradigmatisch für Foucaults Analyse von Individualisierung und Macht ist sein Beitrag »*Omnes et Singulatim. Zu einer Kritik der politischen Vernunft*« in dem Band *Gemeinschaften. Positionen zu einer Philosophie des Politischen* (Vogl 1994). Zu einer literaturwissenschaftlichen Umsetzung dieser Konzeption vgl. *Der gute Hirte oder die Mikrophysik der Macht (Friedrich Spee von Langenfeld)* (Rieger 1993).

Eine kritische Relektüre von *Der Fall Rivière* unternimmt die Polemik von Philippe Lejeune in »Le Débat« (Heft 66, 1991). Auf eine mögliche Diskrepanz zwischen Foucaults eigener Forschungspraxis und seiner Theorie des Archivs macht Friedrich Kittler im Nachwort der 2. Auflage der Aufschreibesysteme 1800/1900 aufmerksam. Das Publikationsorgan *Diskursanalysen* (1987ff.) liefert weitere Applikationen.

Literaturgeschichte(n)

Miltos Pechlivanos

Geschichte und Literatur

Was ist Geschichte? Wie läßt sie sich erforschen? Welches Maß an Objektivität und Wissenschaftlichkeit kann Geschichtsschreibung beanspruchen? Außerdem: Ist der Diskurs der Geschichte mit dem Diskurs der Literatur kompatibel? Ist es möglich, Literaturgeschichte als »Geschichte literarischer Imagination im Kontext sozialer Verständigungsprozesse« (Jan-Dirk Müller 1982, 197) anzuvisieren, oder ist man gezwungen, Literatur als »Unmöglichkeitserklärung der Literaturgeschichtsschreibung« (Hamacher 1986, 15) zu behaupten? Ist Literaturgeschichte unweigerlich eine »Flucht vor der Sprache«, ein Versuch, »Fragen literarischen Bedeutens mit den Modellen nichtsprachlicher Referenz anzugehen« (de Man 1988, 118), oder kann sie als eine immer noch aktuelle »Provokation der Literaturwissenschaft« gewürdigt werden, als Versuch, »die Kluft zwischen Literatur und Geschichte, zwischen historischer und ästhetischer Erkenntnis zu überbrücken« (Jauß 1970, 207)? Und ferner: Wie dichtet die für die Literaturgeschichte zuständige Muse Klio? Welches sind die adäquaten literaturgeschichtlichen Schreibtechniken? Wie läßt sich das Verhältnis zwischen literarischer Praxis und Historie beschreiben, z. B. zwischen den ästhetischen Kategorien des historischen Romans und der Geschichtsschreibung von Georg Gottfried Gervinus oder zwischen dem Paradigma des modernen Romans, der die Teleologie der epischen Fabel abbaut, und den Bemühungen des selbstreflexiven Historikers, der Kontingenz der Geschichte gerecht zu werden (Jauß 1970, 230)?

Konfrontiert werden wir auf einen Schlag mit Fragen und Problemen einer Theorie der Geschichte, einer Theorie der Literatur wie einer Theorie der Darstellung der Literaturgeschichte. Am Kreuzpunkt dieser Diskurse erweist sich die Theorie der Literaturgeschichte am Ende als eine immer wieder erneuerte, spezifische Sehweise und Problemstellung gegenüber Literatur: »Wie ist Literatur in historische Prozesse eingelassen (von ihnen bedingt, auf sie wirkend, sie interpretierend) und wie ist sie selbst als historischer Prozeß beschreibbar, als ›Geschichte des Imaginären‹, das in bestimmter Weise auf Realität ›antwortet‹ (sie überhöht, nachahmt, verzerrt, negiert) und auf das umgekehrt die Realität reagiert (es verfremdend, es autonomisierend, in Dienst nehmend usw.)?« (Jan-Dirk Müller 1982, 197).

Ist Literatur-geschichte möglich?

Die Frage nach der Möglichkeit der Literaturgeschichte wird kontrovers diskutiert. Als symptomatisch dafür kann der Titel einer der neuesten Monographien zu ihrer Theorie gelten: *Is Literary History Possible?* (Perkins 1992). Ähnlich betitelt die Zeitschrift *New Literary History* ihr inzwischen klassisch gewordenes Heft von 1970 – mit Aufsätzen unter anderem von Hans Robert Jauß, Michel Riffaterre, Stanley Fish und Hayden White – mit der komplementären Frage: »Is Literary History Obsolete?«. Die Beispiele lassen sich ohne Schwierigkeit vermehren und belegen eine generelle Skepsis des 20. Jahrhunderts gegenüber der Literaturgeschichte. (Vgl. zu Benedetto Croce und I. A. Richards: Russo 1991). Roman Jakobsons frühe Verurteilung der außerliterarischen Wege der Literaturgeschichte – »Bis heute ähneln die Literaturgeschichtsschreiber […] jenen Polizisten, die, in der Meinung, einen Verbrecher zu verhaften, gleich alle festnehmen, die sie im Haus oder auf der Straße antreffen« (Jakobson 1971, 290) – hat Epoche gemacht und bei den Bemühungen des russischen Formalismus Pate gestanden, aus der Literatur einen selbständigen Gegenstand der Forschung zu machen (→ *Formalismus und Strukturalismus*, S. 43). Solche Skepsis hat auch im Fall von René Wellek – für den bezeichnenderweise Literaturgeschichte als Evolutionsgeschichte der Literatur zu den »innerliterarischen Methoden« der Literaturwissenschaft gehört (Wellek / Warren 1958, 287f.) – zu einer Prophezeiung vom Ende der Disziplin geführt: »Vor etwa dreißig Jahren habe ich ein Buch geschrieben, *The Rise of English Literary History*. Heute könnte man ein Buch über den Niedergang und Verfall der Literaturgeschichte schreiben« (Wellek 1983, 427). Oft genug jedoch wird die Skepsis von einer neuen Emphase abgelöst. Die Argumentationsfigur, die unsere Gegenwart beherrsche, konstatiere zunächst eine Krise der Geschichte und der Literaturgeschichte, um daraus und dagegen ihre – erneute – Notwendigkeit zu erweisen (Japp 1980, 24). Die letzten fünfzehn Jahre – man denke an die steigende Konjunktur der historischen Studien (z. B. *New Historicism*) in den amerikanischen Universitäten nach dem Siegeszug des *New Criticism* und der Dekonstruktion – haben diese Diagnose bestätigt (→ *Zur Karriere des Close Reading: New Criticism, Werkästhetik und Dekonstruktion*, S. 354).

Ist Literaturgeschichte obsolet?

Man muß freilich zwischen Theorien der Literaturgeschichte und tatsächlich geschriebenen Literaturgeschichten unterscheiden. Denn nicht selten bleiben die Theorien bloße Projekte, die nicht realisiert werden, und man kann beobachten, daß die Literaturgeschichtsschreibung nicht immer einlöst, wozu sie sich programmatisch verpflichtet hat. Zwischen Theorie und Praxis der Literaturgeschichtsschreibung klafft die Lücke der Ungleichzeitigkeit; Konzepte zukünftiger Literaturgeschichten sind schnell entworfen, diese in der Regel umfänglichen und investitionsreichen Unternehmungen in die Tat umzusetzen, ist hingegen etwas anderes. Ein aktuelles Interesse an der Praxis der Literaturgeschichtsschreibung muß hier dennoch registriert werden. Die Welle der sozialgeschichtlich orientierten neuen Geschichten der deutschen Literatur (vgl. dazu Weber 1981) belegt ausdrücklich den Wunsch, der theoretischen und methodischen Neuorientierung der Literaturwissenschaft in der Bundesrepublik seit Anfang der siebziger Jahre durch eine angemessene Historiographie der Literatur zu begegnen. Denselben Wunsch belegen im englischsprachigen Raum die beiden Literaturgeschichten, auf die im folgenden ausführlicher eingegan-

Theorie und Praxis – Geschichte einer Ungleichzeitigkeit

gen wird: *Columbia Literary History of the United States* und *A New History of French Literature.* Die Tatsache, daß die zweite 1989 mit dem *James Russell Lowell*-Preis als das beste Buch aus dem Kreis der Mitglieder der *Modern Languages Association* ausgezeichnet wurde, spricht eine klare Sprache. Clément Moisan kann so mit Recht in der aktualisierten Monographie *L'Histoire Littéraire* der enzyklopädischen Reihe *Que sais-je?* die Behauptung aufstellen, die Literaturgeschichte komme wieder in Mode (Moisan 1990). Welche Literaturgeschichte aber?

Räumliche Metaphern

Neue
Literaturgeschichten
und ihre Metaphern

Im Vorwort der 1988 erschienenen *Columbia Literary History of the United States* veranschaulichen die Herausgeber des kollektiven Werkes mit Hilfe der Architekturmetaphorik, auf welche Weise sich ihr Projekt von früheren traditionellen Literaturgeschichten unterscheiden läßt. Die neue Geschichte – als »modestly postmodern« gekennzeichnet – sei konstruiert nach dem Modell einer Bibliothek bzw. Kunstgalerie; mehrere Eingänge sollen den Eintritt in die jeweiligen Korridore gewährleisten. Im Gegensatz zu älteren Literaturgeschichten, die ›monumental‹ seien und eine lineare wie einheitliche Darstellung des Vergangenen anstrebten, mache sie die Diversität, die Komplexität und die Kontradiktion zu ihren Strukturprinzipien und versuche, den Eindruck sowohl der Vollständigkeit wie auch der Homogenisierung der jeweiligen Standpunkte zu vermeiden. Die Herausgeber müssen deshalb die einzelnen Beiträge der Autoren und Autorinnen so wie sie sind, ohne synthetisierende Eingriffe aufnehmen, weil keine kohärente Erzählung einer einheitlichen Geschichte entstehen darf. Der Leser und die Leserin sollen dabei die »paradoxe Erfahrung« machen, sich »sowohl mit der Harmonie als auch mit der Diskontinuität der Bausteine« konfrontiert zu sehen (Elliott u. a. 1988, xiii).

Die Galerie

Zum einen wird dieses Projekt auf eine Zeitdiagnose zurückgeführt, die es ermöglicht und zugleich zwingend macht. Man liest schon auf der ersten Seite: »Es gibt heutzutage keine vereinheitlichende Vision einer nationalen Identität [in den Vereinigten Staaten, M. P.], wie eine solche von vielen Gelehrten nach jedem der beiden Weltkriege geteilt wurde. Wir müssen deswegen die Vielfalt der Blickpunkte repräsentieren, die die zeitgenössische Forschung kennzeichnet.« Neben der kanonisierten Ahnenreihe der Autoren und Autorinnen aus Neuengland werden so jene divergierenden Traditionen behandelt bzw. konstruiert, deren Vielfalt es verbietet, von einer *einzigen* Literaturgeschichte der Vereinigten Staaten sprechen zu dürfen: »American Indian writers, black writers, women writers, Asian American, Hispanic and Jewish-American writers« (→ *The Racial Turn: ›Race‹, Postkolonialität, Literaturwissenschaft*, S. 241). Zum anderen berufen sich die Herausgeber auf die »fundamentalen theoretischen Transformationen der Literaturwissenschaft [*literary criticism*] während der letzten fünfundzwanzig Jahre« (ebd., xvi), auf eine Reihe von theoretischen und

Vielfalt der Traditionen

methodologischen Provokationen aus Frankreich und Deutschland, die die akademische Landschaft verwildern ließen. Die philosophische Revision zentraler Kategorien der Ethik, Ästhetik und Epistemologie habe sowohl die damals herrschenden innerliterarischen Prinzipien des *New Criticism*, der werkimmanenten Interpretation, wie auch die »realistischen und positivistischen Fundamente« der traditionellen Literaturgeschichtsschreibung erschüttert.

Die methodologische Debatte über die Aufgabe der Literaturgeschichte – so Denis Hollier in »On Writing Literary History«, einem einleitenden Artikel zu *A New History of French Literature* (1989) – haben sich traditionellerweise auf die Frage beschränkt, wie die Beziehungen zwischen der *Innenwelt* und der *Außenwelt* des literarischen Werkes zu beschreiben wären. Entweder verfolgte der Historiker das Ziel, die Abhängigkeit des literarischen Werkes von außerliterarischen Zusammenhängen zu demonstrieren, oder er konzentrierte sich auf die eigengesetzliche Evolution der Literatur. In beiden Fällen schien es selbstverständlich, was innerhalb und was außerhalb sei, wo die Literatur anfange und wo sie ende. Im Gegensatz zu den substantialistischen Annahmen dieser Praktiken schreibt Hollier: »Es ist heute enorm schwierig einen klaren Trennungsstrich zwischen der Außenwelt und der Innenwelt des Kunstwerkes zu ziehen; es ist manchmal sogar unmöglich, zwischen Form und Hintergrund zu unterscheiden. Der Kontext selbst ist ›textualisiert‹: Georges Bataille und Maurice Blanchot bestimmen moderne Kunst als ›außerhalb des Werkes‹ Seiendes; Hans Robert Jauss verlegt das Werk nach außen, in die Richtung seiner Rezeption; Gérard Genette interessiert sich für die editorischen Verfahren, mit denen der Text von seinem Autor abgelöst wird – die ›paratextuelle‹, externe Präsentation, die aus einem Text ein Buch macht; Jacques Derrida beharrt auf den Rändern, den Rahmen, dem Parergon, dem ›hors-livre‹, den sein Übersetzer als ›outwork‹ überträgt« (Hollier u. a. 1989, xxv).

Innenwelt und Außenwelt der Literatur

Geht es also darum, Literaturgeschichte als Geschichte eines Diskurses zu schreiben, der unentwegt Grenzüberschreitungen inszeniert und sich zugleich nur innerhalb bestimmter Grenzziehungen als möglich erweist; und geht es darum, das Werk als »Zeichen für die Geschichte« und zugleich als »Widerstand gegen sie« zu verstehen (Barthes 1969, 13), so stellt sich die Frage nach der Darstellbarkeit dieser Relationen erneut. Die Herausgeber von *A New History of French Literature* lehnen konsequenterweise beide traditionellen Darstellungsmodelle ab, das einer alphabetisch geordneten Enzyklopädie und das einer kontinuierlichen Narration. Während das eine Literatur in linearen Genealogien homogenisiert, tauchen der Leser und die Leserin des anderen in die unüberschaubare Fülle der nicht selektierten Informationen unter.

Zeichen für die Geschichte und Widerstand gegen sie

Der dritte Weg, den sie vorschlagen, beruht auf dem Prinzip der Montage, eines Arrangements von Fragmenten, die kein einheitliches Bild anstreben. *A New History of French Literature* besteht aus etwa 200 Essays, die, betitelt nach dem Datum eines Ereignisses, in chronologi-

Enzyklopädie – Genealogie – Montage

scher Reihenfolge geordnet sind. Der erste Essay der Literaturgeschichte z. B. ist versehen mit dem Datum »778«, das Rolands Tod in Roncevaux anzeigen soll, und dem Titel »Entering the Date«; der letzte mit »1985, 27 September« und »Friday Night Books«. Werden im ersten das Problem der Datierung der mittelalterlichen Texte wie die komplementären Konzepte der Autorschaft in rezeptionsgeschichtlicher Perspektive erörtert, macht der letzte Essay die *Apostrophes* von Bernard Pivot zum Thema, eine populäre Talk-show über literarische Neuerscheinungen im französischen Fernsehen. Es gibt kaum einen Artikel, der der globalen Würdigung eines Autors oder einer Autorin gewidmet ist. Will man z. B. über Proust lesen, muß man öfters blättern (ein erschöpfender Index wie Verweise nach jedem Essay helfen dabei): etwa unter dem Datum 1898, bezogen auf den Anlaß der Affäre Dreyfus, unter 1905, in Verbindung mit der Trennung von Kirche und Staat, unter 1911, über Homosexualität im Vergleich zu Gide; im Artikel »1922, 18 November« schließlich, findet man bezüglich seines Todes einen brillanten Essay von Leo Bersani über »Death and Literary Authority«, über Kunst und Tod in *A la recherche du temps perdu*. Derselbe Wille zur Fragmentierung bestimmt den Umgang mit den traditionellen Ordnungskategorien einer Literaturgeschichte – Epochen, Perioden, Bewegungen, Schulen, Generationen; das Buch ist so konzipiert, daß es einen Effekt der Heterogenität produziert und die traditionellen Kategorien der meisten Literaturgeschichten problematisiert: »Essays, die einer Gattung gewidmet sind, folgen Essays, die einem Buch gewidmet sind, Institutionen werden behandelt in der Nähe der literarischen Bewegungen, der panoramatische Blick findet sich neben detaillierten Analysen spezifischer *landmarks*« (ebd., xix). Es überrascht nicht, daß auch dieses Projekt mit einer räumlichen Metapher veranschaulicht wird. Der Band, so liest man auf der selben Seite des Vorwortes, stellt die französische Literatur vor als »ein historisches und kulturelles Feld, betrachtet aus einem breiten Spektrum zeitgenössischer kritischer Perspektiven«.

Panorama und Detail. Der Blick auf das literarisch-kulturelle Feld

Der Wille zur Ordnung in der Zeit

Die Geschichte des Konzepts ›Literaturgeschichte‹ ist, so ein Vorschlag von Uwe Japp, »am paradigmatischen Wandel der Ganzheits-Vorstellungen zu messen und zu rekonstruieren« (Japp 1980, 15). Ansätze wie skizzenhafte Entwürfe zu entwicklungsgeschichtlichen Synthesen, die als Vorstufen heutiger Literaturgeschichtsschreibung gewürdigt werden können, finden sich freilich seit der aristotelischen Poetik und der Arbeit der alexandrinischen Philologen am *Kanon* der Überlieferung wie am chronologischen Gerüst. Um das Konzept ›Literaturgeschichte‹ jedoch denken zu können, gibt es mindestens zwei Vorbedingungen, die erst mit dem Erfahrungswandel des 18. Jahrhunderts möglich werden. Zum einen hat die Prägung des Kollektivsingulars ›Geschichte‹ als Ergebnis theoretischer Reflexionen der Aufklärung eine vorrangige

Bedeutung; zum anderen im Rahmen der Autonomieästhetik die »Herausbildung eines Bewußtseins vom Sondercharakter der ›Literatur‹ und ›Kunst‹ als Praxisformen, die von der Pragmatik des Alltagshandels abgerückt sind« (Gumbrecht 1984, 31; → *Soziale Funktion und kultureller Status literarischer Texte oder: Autonomie als Heteronomie*, S. 182).

Die ältere Pluralform von Geschichten, »die sich ereigneten, und die als Exempel zum Unterricht der Moral, der Theologie, für das Recht und in der Philosophie dienen mochten«, das topische Konzept der *historia magistra vitae*, ist mit dem Historismus des ausgehenden 18. und des beginnenden 19. Jahrhunderts zu einem singulären Leitbegriff verselbstständigt worden, der als »eine Art transzendentaler Kategorie« bezeichnet werden kann. Seitdem konvergieren der Prozeß der Ereignisse und der Prozeß ihrer Bewußtmachung in ein und demselben Begriff: ›Geschichte‹ ist das Geschehene nicht minder wie die Geschichtserzählung, *historia rerum gestarum* und die *res gestae* selbst, Ereignis und Erzählung (Koselleck 1989, 262ff.). Erst vor diesem neuen reflexiven Totalbegriff von ›Geschichte‹ findet nach Hans Ulrich Gumbrecht das neuzeitliche Konzept der narrativen ›Literaturgeschichte‹ seine Legitimation, denn die Rezeption der Literatur der Vergangenheit kann nunmehr als privilegiert gegenüber anderen Formen des Strebens nach Totalitätserfahrung gelten. Als universales Phänomen gesehen, kann die Literatur in ihren besonderen Ausprägungen als Symptom für verschieden konzipierte Totalitäten konstituiert werden: z. B. für die verschiedenen Volkscharaktere oder für die verschiedenen im Rahmen eines teleologischen Modells erreichten Entwicklungsphasen. Gepriesen als *Medien einer Totalitätsschau*, wurden die Texte der Vergangenheit in einem nicht überbietbaren Grad hypostasiert (Gumbrecht 1984, 33).

Geschichten und Geschichte

Die Chronik vor einer solchen Totalitätsschau war kein Ganzes, sondern eine Aufzählung, deren Verfahren bibliographisch bzw. biographisch war. Es ging ihr zwar als Teil der polyhistorischen Wissenschaftslehre darum, »das System einer universalen ›Gelehrsamkeit‹ zu entwerfen, das der Wissensansammlung und Wissensaneignung in Schulen diente« (Marsch 1975b, 13). Als Crux der Unternehmung einer *Historia Literaria Universalis*, einer *Litterärgeschichte*, erwies sich aber das Postulat der Vollständigleit, das Ausmaß der Anhäufung des zu kompilierenden Wissens. Jacob Friedrich Reimmans 1708/9 abgeschlossener *Versuch einer Einleitung in die Historiam Literariam* etwa definiert die *Historia Literaria Universalis* folgendermaßen: »Es ist eine solche Historie, darinn das gesamte Schicksaal der Gelehrten Welt überhaupt entworfen / und also in einer klaren / deutlichen / und gründlichen Erzehlung vorgetragen wird / was alle Wissenschafften derer Menschen zu allen Zeiten / und an allen Orten vor Auff= oder Abnahme gehabt / und was sie unter denen mannigfaltigen Völckern der Welt vor mannigfaltiges Glück oder Unglück erleben müssen«. Auf die naheliegende Frage: »Wer hat denn dergleichen *Historie* unter denen Gelehrten beschrieben?« kann die Antwort allerdings nur negativ ausfallen: »Noch Niemand« (zitiert nach Marsch 1975a, 50).

Die ganze Welt in einem Buch

Im Labyrinth

Die Undurchschaubarkeit dieser noch unerschlossenen Literaturgeschichte veranschaulichte im 18. Jahrhundert das Bild des Labyrinths. Der Blick auf die chaotische und labyrinthische Ansammlung der Einzelerscheinungen provoziert freilich die Frage nach dem geschichtlichen Zusammenhang. Im Titelkupfer des Reimmanschen *Versuchs einer Einleitung...* figuriert so konsequenterweise der Irrgarten und dessen Erschließung mit der Hilfe eines Ariadne-Fadens. Allerdings: nach dem Vorbild des mythischen Labyrinths auf Kreta muß der Gelehrte den Faden selbst abrollen, nachdem er ihn am Eingang des Irrgartens festgemacht hat. Im Gegensatz dazu begibt sich der Historiker, der etwa ein Jahrhundert später die synthetische bzw. ganzheitliche Literaturgeschichtsschreibung anstrebt, auf die Suche nach den objektiven Zusammenhängen, nach dem schon existierenden Leitfaden der Literatur *vor* der Literaturgeschichte, nach der von Friedrich Schlegel

Eine Idee des Ganzen

als notwendig anvisierten »Idee des Ganzen«. Die Ordnung, die so prätendiert wird, »ist nicht allein beliebige Anordnung des Einzelnen, sondern – im emphatischen Sinne einer metaphysischen Begründungstheorie – *Ordnung des Ganzen*« (Japp 1980, 66).

Die Literaturgeschichte des 19. Jahrhunderts suchte auf diesem Weg das Vermächtnis der idealistischen Geschichtsphilosophie einzulösen.

Geschichtsphilosophie, Historismus und Nation: Literaturgeschichte als Auswicklung

»Die Geschichte einer Nationalliteratur zu schreiben, galt zu Zeiten von Gervinus und Scherer, De Sanctis und Lanson als das krönende Lebenswerk des Philologen« (Jauß, 1970, 144). Durch einen spezifisch ideologischen Willen zur Ganzheit definiert, gründet dieses krönende Lebenswerk in der Annahme einer gesetzmäßigen Entwicklung, einer Teleologie. Denn neben der Vollständigkeit des Materials wird nun immer wieder die Ordnung als Ordnung in der Zeit, als »Entwicklung« eingefordert, die stets als »Auswicklung«, also Entelechie verstanden wird (Fohrmann 1991, 209). Die Leistung dieser substantialistischen Literarhistorie stand und fiel mit der Überzeugung, daß die Idee nationaler Individualität der *unsichtbare Theil jeder Tatsache* sei, und daß diese Idee auch an einer Folge literarischer Werke die *Form der Geschichte* (Wilhelm von Humboldt) darstellbar macht (Jauß 1970, 152). Zwischen Höhepunkten und Niedergängen, Blütezeiten und Verfall wird so die entelechische Literaturgeschichte »zur Wellenbewegung mit vorausgesetztem Kern und erhofften Ziel [...]: Die Nation wird zur Identität und der Nationalgedanke gibt der Entelechie jetzt ihre Konturen« (Fohrmann 1991, 210).

»...die Kunst der historischen Kritik besteht darin, genügend Zeit verlieren zu können...«

Zersplitterung

Zwischen dem Willen zur Fragmentierung, der sich z.B. niederschlägt in den räumlichen Metaphern von *A New History of French Literature* – verfaßt »von jeweils beiden Seiten möglichst vieler Grenzen« (Hollier u.a. 1989, xxv) –, und dem Willen zur Ordnung einer nationalen Entelechie lassen sich mehrere historische Konzepte der Literaturgeschichtsschreibung verorten. »Der Gedanke der Teleologie kann sich, wie bei Scherer, mit dem der Kausalität oder, wie später bei Lanson, mit dem des Einflusses verbinden; er bleibt für das gesamte Paradigma des Historismus gültig« (Japp 1980, 54). Bei Georg Lukács läßt er sich mit dem Prinzip der Typisierung und einem Totalitätsbegriff verbinden, der das Telos in der Nachahmung einer schon historischen Form anvisierte, nämlich des bürgerlichen Romans des 19. Jahrhunderts. Die aktuellen Kontroversen um die theoretische Möglichkeit einer Literaturgeschichte, von denen wir hier ausgegangen sind, können folglich im Rahmen der Depotenzierung oder gar Verabschiedung der Geschichtsphilosophien gedeutet werden. (Es sei hier jedoch davor gewarnt, diese Genealogisierung im Sinne einer wissenschaftsgeschichtlichen »Auswicklung« zu deuten. Es geht hier vor allem um die Transformationen des literarhistorischen Diskurses, um Umbesetzungen der literarhistorischen Arbeit im institutionellen Kontext der Literaturwissenschaft. Unweigerlich wird auch dieses Bild von der Ungleichzeitigkeit des Gleichzeitigen geprägt, verläßt man z. B. die vertrauten Seminare der europäischen bzw. amerikanischen Universitäten – vgl. zum Projekt einer indischen Literaturgeschichte: Mukherjee 1977)

Man kann mit Burkhart Steinwachs behaupten, daß – jenseits aller weitreichenden Differenzen zwischen strukturalistischen, semiotischen und hermeneutischen Theorievorgaben – diesen Paradigmen gemeinsam ist, daß sie jedweder Vorstellung von Totalitätsgeschichte definitiv entsagen; eine Wende vom *Epochalen* zum *Kontingenten* habe sich damit angebahnt. »Überspitzt kann man sagen, daß der Konkurs der Geschichtsphilosophie für den Bereich der Literaturtheorie und literarhistorischen Praxis Bedingungen geschaffen hat, unter denen – gleichsam kompensatorisch – poststrukturale Theorien der Intertextualität und Dialogizität oder der Frage-und-Antwort Hermeneutik als neue geschichtliche *Orientierungsparadigmen des Kontingenten* sich haben formieren können« (Steinwachs 1985, 318). Diese Umakzentuierung von den Problemen literarischer Entwicklungsprozesse auf Relationspotentiale von und zwischen Texten beschreibt Japp unter dem Stichwort einer ›Literaturgeschichte als Beziehungsgeschichte‹, als sinnkritische Transformation der verschiedenen Ideen des Ganzen. »Wir ›haben‹ die Geschichte nicht anders als in Form einer akzelerierenden Geschichte von interpretierenden Geschichten. D. h. wir haben sie in einem genauen Sinne niemals, sondern arbeiten beständig an ihr. Zudem ist eine perspektivische Retrospektion nicht einfach als umgekehrte Linearität oder Progressivität zu deuten, sondern als eine Dispersion in die Vergangenheit zurückstrahlender Perspektiven, als Streuung und Verstreuung von Verweisungen. Im Sinne einer so gedeuteten Vorstellung von Literaturgeschichte ließe sich sagen, Epochen, Werke, Bücher, Texte oder Sinnkonstellationen erschöpfen ihre Bedeutung nicht darin, daß sie aufeinander ›folgen‹, sondern daß sie aufeinander verweisen« (Japp 1980, 159f.).

Mit dieser Einsicht in die *relationale Auffassung* von der Sinnkonstitution, in die Arbeit der relationalen Reflexion wird ein Bewußtsein

Der Konkurs der Geschichtsphilosophie: Vom Epochalen zum Kontingenten

Literaturgeschichte(n) als Konstruktion

Literaturgeschichte konstruieren

markiert, das den Aspekt der *Konstruktion* betont. Die Literaturgeschichte nach der jüngsten literaturtheoretischen Selbstaufklärung kann nicht mehr als mimetischer Diskurs, als Abbildung einer ›wahren Wirklichkeit‹, des Vergangenen *wie es eigentlich gewesen ist*, verstanden werden. Der Historiograph muß erst seinen Gegenstand konstruieren oder konstituieren, nach bewußten oder unbewußten Erkenntnisinteressen muß er Entscheidungen über die Gestalt der Vergangenheit treffen: diese Einsichten verdanken wir der hermeneutischen Historik (→ *Verstehen konstruieren*, S 324). Die eigentliche literaturgeschichtliche Tätigkeit besteht also nicht in einer Wiederholung der Literatur im Medium des historischen Diskurses; man könnte dagegen mit Japp behaupten, daß es den Zusammenhang der ›Literatur‹ vor der Literaturgeschichte gar nicht gibt. »Die Literaturvorstellungen werden erst produziert in der diskursiven Herstellung einer bestimmten Ordnung der Werke« (Japp 1980, 17; → *Autorfunktion und Buchmarkt*, S. 147). Bleiben wir im Bildfeld des Irrgartens und des notwendigen Fadens, sind wir gezwungen zu akzeptieren, daß es den *einen* Faden und in diesem Sinne die *eine* zusammenhängende und ganzheitliche Literaturgeschichte nicht geben kann. Partialität und Pluralisierung der literarhistorischen Arbeit sind die Konsequenzen: literarische Produktion und Rezeption, Distribution und mediale Voraussetzungen der Literatur sind Teilaspekte und Arbeitsfelder der Literaturgeschichte neben Studien zu weiträumigen Zusammenhängen oder zur Historizität des einzelnen Werkes.

»Ein unendliches unendlich potenzirtes Lesen«
(Friedrich Schlegel)

Die Ebene der Konstruktion

So verstanden erweist sich die Literaturgeschichte als ein Studium, wie es von Friedrich Schlegel anvisiert wurde, als »ein unendliches unendlich potenzirtes Lesen« (Schlegel 1957, 77). Es lassen sich unterschiedliche Ebenen dieser relational aufgefaßten, literarhistorischen Sinnkonstitution hervorheben. Moisan trennt zwischen drei Konstruktionsebenen: einer semiologischen, die Texte und Institutionen als Zeichensysteme auffaßt, einer semantischen, die die Frage nach den sozialen und kulturellen Funktionen stellt, und einer phänomenologischen, die die Relationen zwischen den Texten und den Rezipienten unter die Lupe nimmt (Moisan 1990, 119). Je nach der Richtung der Fragestellung treten in den Vordergrund Beziehungen der »*intertextualité*«, der »*interdiscursivité*« und der »*interréceptivité*« (ebd., 27). Eine so artikulierte Fragestellung steht vor mehreren Aufgaben; sie muß aufklären z. B. über die Relationen, die zu einer bestimmten Zeit ein bestimmtes Textmaterial als Werk konstituieren, wie über die Relationen, aus denen sich die Ermöglichungsbedingungen der jeweiligen Rezeption ergeben (vgl. dazu Forget 1986, 40f.). Privilegiert man in dieser Richtung Dispersionsbewegungen vor Totalisierungsbewegungen, lehnt man einen substantiell oder prozessual zu verstehenden Totalitätsbegriff ab, muß man trotzdem hervorheben, daß beide Bewegungen in einem komplementären Verhältnis stehen. »Gerade die freilich *unreinen* Totalisierungsbewegungen sind als *konstruktive* Verfahren unerläßlich, um überhaupt Brüche, Sprünge, Vervielfältigungen, Dispersionen feststellen zu können« (Müller 1986, 27). Die Rubriken der

Literaturgeschichten, die Ordnungsprinzipien der literarhistorischen Narration – Epochen, Gattungen, Traditionen, Schulen, Bewegungen, Kommunikationssysteme – sind als solche konstruktive Verfahren zu verstehen, nicht als ›realistische‹ Entitäten.

Strenggenommen muß so eine Geschichte der Literatur als eine Geschichte der Idee der Literatur, und das heißt zugleich als eine Geschichte der Literaturgeschichtsschreibung einsetzen. Den entlarvenden Gestus in dieser Aufgabe des Historikers kann man nicht stark genug betonen. Was damit anvisiert werden kann, ist die Einsicht in die Proteusnatur des literarischen Diskurses, in die Historizität der ästhetischen Normen wie der ästhetischen Erfahrung überhaupt. Diese Geschichte kann uns vorführen, daß es so etwas wie eine zeitlose Substanz der Literatur nicht gibt, sondern daß ›Literatur‹ nur als ein dialogischer Prozeß von unterschiedlichen Formen, Funktionen, Institutionen und Praktiken beschrieben werden kann. Änderungen in Literaturgeschichten nachzugehen und nach ihren Gründen zu suchen, kann andererseits Einsichten in die Standortbindung ihrer Konzepte ermöglichen, in die Entstehungsbedingungen und Sinnbildungsprozesse, von denen sie nicht ablösbar sind. Denn die literaturgeschichtliche Vermittlung der Literatur ist immer funktional bestimmt. Sie gehört zu jenen Prozeduren der Kontrolle, deren Klassifikationsprinzipien die ereignishaften und kontingenten Dimensionen des literarischen Diskurses bändigen und die Michel Foucault als »Kommentar« beschreibt (Foucault 1974). Sie gestaltet Identitäten und nimmt teil an institutionellen Machtkämpfen (auf den nationalen Aspekt wurde eingegangen; zum Desiderat einer Literaturgeschichte der Frauen wie zu den Diskussionen zur Re-Kanonisierung im Rahmen der »post-colonial studies« vgl. → *Feministische Literaturwissenschaft*, S. 230; → *The Racial Turn: ›Race‹, Postkolonialität, Literaturwissenschaft*, S. 241). In der ersten Auflage der so populär gewordenen Literaturgeschichte von Fritz Martini etwa – so Karl Otto Conrady – ist 1949 im Abschnitt über Brecht zu lesen: »1938 wurden die äußerst präzis gesehenen und geformten Szenen ›Furcht und Elend des Dritten Reichs‹ in Paris aufgeführt; weitere politische Dramen gegen Kapitalismus und Nationalismus folgten mit der gleichen Entschlossenheit zur herausfordernden Wahrheit« (Ebd., 534). Kapitalismus und Nationalismus werden in der zweiten Auflage von 1950 folgendermaßen umgeschrieben: »weitere politisch-symbolische Spiele über die Not und Tücke des Irdischen folgten mit der gleichen Entschlossenheit zur herausfordernden Wahrheit«. Es liegt auf der Hand, daß diese Änderung nicht von Brechts Texten bewirkt werden konnte. »Die Metaphysizierung konkreter geschichtlicher Sachverhalte funktionierte wieder einmal germanistisch perfekt« (Conrady 1983, 28).

Das so konzipierte literarhistorische Studium ist somit als eine doppelte Arbeit am kulturellen Gedächtnis zu beschreiben: als Konstruktion eines Feldes wie auch als Metakritik der Formen diskursiver Identitätssicherung, die mit literarhistorischen Totalisierungsbewegungen verbunden waren bzw. sind. Zwischen zentripetaler Konstruktion

Die Historizität des Literarischen

Zentripetale Konstruktion und zentrifugale Kritik

und zentrifugaler Kritik der Konstruktion läßt sich diese prinzipiell unabschließbare Arbeit verorten, deren Aporien schlicht mit der Tatsache zusammenhängen, daß das »unendliche unendlich potenzirte Lesen« in seinen einzelnen Manifestationen unterbrochen bzw. abgebrochen werden muß. Ist das literarhistorische Studium nur in seiner Unabgeschlossenheit, in den Verschiebungen der relationalen Sinnkonstitution möglich, sind die Literaturgeschichten trotzdem notwendigerweise Werke mit einem Anfang und einem Ende und dienen einer spezifischen Pragmatik. Auch eine dezentrierte Literaturgeschichte, wie die *Columbia Literary History of the United States*, kann höchstens selbstreflexiv mit der Aporie umgehen; die Herausgeber beziehen sich auf den Begriff der »dialogischen Opposition« von Michail M. Bachtin, um diese Pattsituation zu benennen: »Weil dieses Werk eine Geschichte ist und weil seine Autoren und Autorinnen dazu tendieren, den Ereignissen eine Ordnung zu verleihen, zählt es in mehrfacher Hinsicht zu einem konvergierenden bzw. zentripetalen Diskursmodus. Weil es auf der anderen Seite auch kreative Momente im Sinne kritischen Interpretierens enthält, beinhaltet das Werk Versuche, die existierende Ordnung zu provozieren, Versuche, die sich als seine zentrifugalen Tendenzen und divergierenden Denkanstöße erweisen« (Elliott u. a. 1988, xxiii).

Wozu und zu welchem Ende studiert man fragmentarische Literaturgeschichten?

Unsere letzte Frage ist naheliegend: wie gespannt darf das Verhältnis zwischen der zentripetalen und zentrifugalen Strategie in einer Literaturgeschichte sein, damit das Werk den Erwartungen seiner Leser wirklich begegnen und seine pädagogischen Funktionen erfüllen kann? In einer Rezension von *A New History of French Literature* wird die komplementäre Frage direkt gestellt: wer sei der Adressat solch einer fragmentarischen Geschichte (*Philosophy and Literature* 14, 1990, 398). Überraschend genug bietet uns Louis Althusser den Horizont einer Antwort; als Schlußwort hier ausgewählt, könnte seine Engführung der Kunst der Erziehung und der Kunst der historischen Kritik auch Motto dieses Kapitels sein: »Zwar wissen wir, daß der Junge Marx eines Tages zu Marx werden wird, aber wir wollen nicht schneller leben als er, wir wollen nicht an seiner Stelle leben [...] oder an seiner Stelle Entdeckungen machen. Wir werden ihn nicht im voraus am Ende des Rennens erwarten, um ihm wie einem ans Ziel gelangten Läufer eine Decke umzuwerfen, weil endlich alles vorüber und er angekommen ist. Rousseau sagte, daß die ganze Kunst der Erziehung von Kindern und Jugendlichen darin bestehe, Zeit zu verlieren. Auch die Kunst der historischen Kritik besteht darin, genügend Zeit verlieren zu können, damit die jungen Autoren erwachsen werden. Diese verlorene Zeit ist nur die Zeit, die wir ihnen geben, um zu leben. Es ist die Notwendigkeit ihres Lebens, die wir durch unser Verständnis seiner Knotenpunkte, Verweise und Wandlungen strukturieren« (Althusser 1977, 25).

Weiterführende Lektüre

Zu einem kritischen Überblick der Aporien einer marxistischen und einer formalistischen Literaturgeschichte wie deren Überwindung in rezeptionsgeschichtlicher Perspektive vgl. H. R. Jauß' Antrittsvorlesung *Literaturgeschichte als Provokation der Literaturwissenschaft* (Jauß 1970, 144ff.). Zum Beitrag des russischen Formalismus vgl. Günther (1983, 265ff) und Hansen-Löve (1978). In die Richtung der Erneuerung der marxistischen Literaturgeschichte argumentiert Frow (1986).

Zur Geschichte der Literaturgeschichtsschreibung bis zum 19. Jahrhundert sei verwiesen auf Fuhrmann (1983); zum Prozeß der Kanonbildung auf Aleida und Jan Assmann (1987); zur institutionellen Engführung von Literatur und Geschichte unter historischer Perspektive Bahti (1992). Einen guten Überblick über aktuelle Ansätze und Modelle der Literaturgeschichtsschreibung bieten Jan-Dirk Müller (1982), 207ff., Clément Moisan (1987) und David Perkins (1992). Von der Buntheit der Forschung kann die Lektüre folgender Sammelbände überzeugen: Cerquiglini/Gumbrecht (1983); Gumbrecht/Link-Heer (1985) und Perkins (1991).

Soziale Funktion und kultureller Status literarischer Texte oder: Autonomie als Heteronomie

Wolfgang Struck

Es ist der Doppelcharakter literarischer Texte als autonomer Werke und als Produkt gesellschaftlicher Arbeit, den Modelle kultur- oder sozialwissenschaftlich orientierter Literaturwissenschaft zu erfassen suchen. Ihr Interesse gilt dabei der Frage, wie literarisch konstituierter Sinn und eine je spezifische Realität miteinander vermittelt sind. Gefordert ist somit auch eine doppelte Rekonstruktionsleistung, die die Texte in ihrer spezifischen Literarizität wie Historizität erfassen soll.

Stationen in einem alten Streit

Das Verhältnis von Autonomie und Heteronomie selbst erweist sich dabei als instabil. Die Verurteilung der lügenhaften Dichtung, mit der Platon den ›alten Streit zwischen Dichtkunst und Philosophie‹ endgültig entschieden zu haben glaubte, ihre Rehabilitierung unter dem Postulat ästhetischer Autonomie im späten 18. Jahrhundert und die Schwierigkeit, grundgesetzlich garantierte Kunstfreiheit mit den Erfordernissen von Strafrecht und Jugendschutz zu vereinbaren, bilden Varianten einer Debatte um Legitimität und Funktion ästhetischer, fiktionaler Literatur, die diese Literatur selbst wie ein Echo begleitet. Sie repräsentieren hier keine Geschichte der Dichtungstheorie, sondern sollen – quasi als eine Reihe von Momentaufnahmen – verdeutlichen, daß eine solche Theorie, genau wie der Gegenstand, auf den sie bezogen ist, Teil eines kulturellen oder ideologischen Zusammenhangs ist. *Vermittlung* wird damit zum universellen Phänomen: nur im Rahmen semiotisch organisierter Weltbilder entsteht soziale Wirklichkeit. Dies ist die gemeinsame Grundlage von Kulturtheorien in einem weitgefaßten Sinn wie Mentalitätengeschichte, Kultursemiotik, Diskursanalyse, Kollektivsymbolik oder einer reformulierten Ideologiekritik, etwa bei Althusser oder Jameson (→ *Ideologie und ihre Kritiker*). Sie machen, bei allen Differenzen, darauf aufmerksam, daß die Menschen der Welt, in der sie leben oder mit der sie konfrontiert sind, nicht unvermittelt gegenüberstehen, daß der Raum zwischen den Menschen und der Welt nicht leer ist. Erst dieses ›Dazwischen‹, bzw. das, was es ausfüllt, bestimmt den Platz der Menschen in der Welt, macht sie zu ›Subjekten‹ und läßt umgekehrt die Welt zu ihrer Welt werden, also zu etwas, das sie in bestimmter Weise (›als etwas‹) wahrnehmen, das sie interpretieren, über das sie sich mit anderen verständigen und in das sie handelnd eingreifen können. Unterschiede der Theorien beziehen sich auf die Frage, wie diese Zwischenräume zu vermessen sind – wie sie funktionieren, woher sie stammen, was sie beeinflußt; etwa, ob sie allein den quasi anthropologischen Fähigkeiten entstammen, zu erkennen und zu kommunizieren, ob sie sich zufälligen Entwicklungen verdanken, die sich irgendwie verfestigt haben und irgendwo – im Gedächtnis, in der Motorik der Körper, in Gesetzbüchern, in religiösen Riten, vielleicht auch in literarischen Werken – abgelagert wurden, ob sie die ›Erfindung‹ einer Kaste von klügeren oder mächtigeren Menschen sind, ob sie Ausdruck allgemeiner Dummheit oder raffinierte Verschleierung von Machtverhältnissen sind, ob sie einer bestimmten Form der Ökonomie, z. B. dem kapitalistischen Warenverkehr, notwendig folgen oder ob sich in ihnen die Lernerfolge der Menschheitsgeschichte niederschlagen.

Diese Sphäre des ›Dazwischen‹ – die auch der Ort der Literatur ist, selbst wenn diese sich immer wieder auch durch den Wunsch definiert, sich ihr zu entziehen in Gesten der Verneinung, der Subversion, der Irritation – soll hier unter dem Begriff der Kultur gefaßt werden. Auf sie bezogen ist eine Literaturwissenschaft, die beispielsweise als *Kultursemiotik* den an literarischen Werken explizierten Status »sekundär modellbildender Systeme« (Lotman 1972) auf kulturelle Systeme in ihrer Totalität überträgt oder die die *Poetics of Culture* aus einem Textuniversum zu rekonstruieren sucht, in dem sie die Zirkulation »sozialer und ästhetischer Energien« (Greenblatt 1990) beobachtet.

Kultur

Von lügenhafter Dichtung, dem Umgang mit Teufelsdreck und den Gefährdungen der Jugend. Drei Momentaufnahmen

1. *Im Namen der Vernunft (4. Jh. v. Chr.)*

> »Und gewiß, sprach ich, auch an vielem anderen bemerke ich in diesem Staate, wie wir ihn vortrefflich angelegt haben, nicht am schwächsten aber behaupte ich dies, wenn ich an die Dichtkunst gedenke. – An was doch? fragte er. – Daß wir auf keine Weise aufnehmen was von derselben darstellend ist« (Platon, *Der Staat* 595; ich zitiere die Übersetzung von Friedrich Schleiermacher).

Für Dichter oder gar Dichterinnen ist in der arbeitsteiligen Gesellschaft, die im 4. vorchristlichen Jahrhundert Platon durch den Sokrates seiner Dialoge über den vollkommenen Staat entwerfen läßt, kein Platz. Zwar wird ihnen zunächst unter dem Vorbehalt des didaktischen Nützlichkeitsnachweises ein befristetes Aufenthaltsrecht zugestanden, wenn sie sich der strikten Kontrolle durch die »Regierenden« unterwerfen. Aber selbst dann bleibt eine Kunst fragwürdig, die im besten Fall nur die Erkenntnisse der Vernunft wiederholt, im schlechteren aber die Wahrheit an die »gereizte und wechselreiche Gemütsstimmung« der »Menge« verrät, so, »daß der nachbildende Dichter jedem eine schlechte Verfassung in seiner Seele aufrichtet, indem er dem unvernünftigen darin, welches nicht einmal großes und kleines

Platon und die Dichtkunst ›Ein fast unerträglicher Aristokratismus‹

unterscheidet, sondern dasselbe bald für groß hält bald für klein, sich gefällig beweiset und ihm Schattenbilder hervorruft« (*Der Staat* 605).

In der Vehemenz der Verurteilung spiegelt sich die Macht des Angegriffenen. Der Vorwurf der Lügenhaftigkeit, der der Dichtung gemacht wird, bestätigt implizit die verbreitete Vorstellung, sie habe überhaupt mit Fragen der Wahrheit zu tun. Poesie ist im Athen Platons nicht einfach eine Form der Rede unter vielen. Aus seherischer Kraft, göttlicher Eingebung und weltlicher Weisheit geschöpft, ist sie als zentrale Instanz des kulturellen Wissens Träger praktischer Erfahrungen und Kenntnisse, kollektives Gedächtnis, Kosmogonie und kultische Praxis

Nützliches Können und ineins. Dem setzt Platon ein grundsätzlich anderes Wissen entgegen. In
unnütze Kunst der Philosophie beruht es auf Austausch und kritischer Prüfung von Argumenten, bei Kriegern, Handwerkern und Bauern auf dem je spezifischen, in praktischer Erfahrung begründeten Sachverstand. Sowohl im theoretischen Diskurs als auch in der praktischen Arbeit eröffnet sich dieser Vorstellung nach ein unmittelbarer Wirklichkeits- und Wahrheitsbezug, der durch die imaginativen Kräfte der Dichtung nur gestört und verzerrt werden könnte. Ist die Dichtung einmal ihres privilegierten Wahrheitsanspruchs beraubt, geraten ihre Künste schnell in die Nähe von Demagogie und schädlichem Irrationalismus.

> »In der Antike verlief der ›alte Streit zwischen der Philosophie und der Dichtkunst‹ heftiger, da sie sich um dasselbe Gebiet stritten. Denn die homerische Poesie wollte nicht anders als die ionische Philosophie von der Beschaffenheit der Natur Kenntnis geben. Platon konkurrierte mit Dichtern wie Hesiod, Simonides oder Pindar, wenn er eine Lehre von der rechten Lebensführung aufstellen wollte; er mißtraute den mimetischen Darstellungen der Tragödie und Komödie, gerade weil er ihnen eine moralische Wirkung auf Schauspieler und Zuschauer zutraute« (Schlaffer 1990, 20).

Was die Dichtung suspekt macht, ist ihr Nachahmungspotential, mit dem sie die Grenzen zwischen Wirklichkeit und Schein, zwischen klarer Erkenntnis und Täuschung verwischt. Doch nicht nur um Fragen
Vielstimmigkeit der Wahrheit geht es in dem Streit. Kritisiert wird etwa, wenn Homer anfangs mit seiner eigenen, erzählenden Stimme zu sprechen scheint, um dann unvermittelt andere, fremde Stimmen ertönen zu lassen und so – wie ein Schauspieler – ständig die Identitäten zu wechseln. Ein solches Rollenspiel aber »schicke sich nicht in unsere Verfassung, weil es keinen zweigestaltigen oder gar vielgestaltigen Mann bei uns gibt, da jeder nur eins verrichtet«. In der arbeitsteiligen Gesellschaft, in der alle ihren Platz haben, erscheint das Rollenspiel als Provokation. Gefährlich wird die Konfusion von eigener und fremder Identität etwa dann, wenn beim Schauspiel oder auch beim Vortrag von Dichtung männliche Jugendliche, die doch »tüchtige Männer werden sollen, ein Weib darstellen da sie doch Männer sind, mag es nun eine junge sein oder alte, oder die auf ihren Mann schimpft, oder die mit den Göttern eifert und gegen sie groß tut, weil sie sich einbildet glückselig zu sein, oder die sich in Unglück und Trauer und Jammer befindet; eine kranke aber gar oder verliebte oder gebärende noch viel weniger« (*Der Staat*

395). Diesem Pandämonium falscher Lebensformen, das durch Knechte, Feigherzige, Berauschte und Wahnsinnige vervollständigt wird, setzt Platon jene »Besonnenheit« entgegen, die die Voraussetzung stabiler, selbstverantwortlicher Persönlichkeiten sei. Sie bestehe nun aber »für den großen Haufen in dergleichen vornehmlich, daß sie den Herrschenden unterwürfig sind, selbst aber auch herrschen über ihre Lust an Speise und Trank und an den Liebessachen« (ebd. 389).

Der »alte Streit [...] zwischen der Philosophie und Dichtkunst«, den Platon durch seinen ›Sokrates‹ entscheiden läßt, erscheint im Athen nach der Katastrophe des Peloponnesischen Krieges vor allem als ein Kampf um Lebensformen und gesellschaftliche Ordnungsprinzipien. Platon entwirft seinen Staat als hierarchisch strukturiertes Netz von Herrschaftsverhältnissen: zwischen Vernunft und Sinnlichkeit (den Teilen der Seele) ebenso wie zwischen Männern und Frauen, zwischen Regierenden und Regierten, zwischen Philosophie und Handwerk. Dieser Staat braucht vor allem berechenbare Bürger und Bürgerinnen – und deshalb eine berechenbare Dichtkunst.

Philosophie und Dichtkunst: ein Streit

> »Deshalb nun werden wir in einer solchen Stadt allein den Schuster nur als Schuster finden, und nicht auch als Steuermann neben der Schusterei, und den Landmann nur als Landmann, nicht auch als Richter neben dem Ackerbau, und den Krieger nur als Krieger, nicht auch als Gewerbsmann neben der Kriegskunst, und so alle. – Richtig, sagte er. – Einem Mann also, wie es scheint, der sich künstlicherweise vielgestaltig zeigen kann und alle Dinge nachahmen, wenn uns der selbst in die Stadt käme und auch seine Dichtungen uns darstellen wollte, würden wir Verehrung bezeigen als einem heiligen und wunderbaren und anmutigen Mann, würden ihm aber sagen, daß ein solcher bei uns in der Stadt nicht sei und auch nicht hineinkommen dürfe, und würden ihn, das Haupt mit vieler Salbe begossen und mit Wolle bekränzt, in eine andere Stadt geleiten« (ebd. 397f.).

Mit einer Kunst, deren höchster Wert Vielstimmigkeit ist, droht der Einbruch unberrschbarer Kräfte in das Seelenleben der Einzelnen wie ins Machtgefüge des Staates. Deshalb verwirft Platon die dichterische Eingebung und Imaginationskraft als Medium der Vermittlung zwischen dem ›Bewußtsein‹ und einer ›Wirklichkeit‹, die philosophischer Erkenntnis, kämpferischem Mut und handwerklicher Fertigkeit direkter, unverzerrter zugänglich sein soll. Zugleich etabliert er jedoch ein anderes Medium: die Macht. So mündet der Vernunftstaat Platons, wie sein deutscher Übersetzer Friedrich Schleiermacher im frühen 19. Jahrhundert notiert, in einem »fast unerträglichen Aristokratismus«.

2. Im Namen der Freiheit (1790/1795)

Schleiermachers Irritation entspringt einer durch die Erfahrungen der Französischen Revolution und der monarchischen Restauration gleichermaßen geschärften Sensibilität für den Zusammenhang aus intellektueller Aufgeklärtheit und politischer Unmündigkeit. Friedrich Schiller hat den aporetischen Prozeß einer Emanzipation, der aus der

›Um 1800‹: »Von der Freiheit erschreckt, die in ihren ersten Versuchen sich immer als Feindin ankündigt« (Schiller)

Irrationalität in die Abhängigkeit von Macht führt, auf eine treffende Formel gebracht: »Er [der Mensch] kommt zu sich aus seinem sinnlichen Schlummer, erkennt sich als Mensch, blickt um sich her und findet sich – in dem Staate« (Schiller 1795).

Grundlage dieses Staates ist die von Platon als Innovation gepriesene Arbeitsteilung. Als das »große Instrument der Kultur« erscheint auch Schiller die Spezialisierung unverzichtbar, er registriert jedoch gleichzeitig, daß nun »nicht bloß einzelne Subjekte, sondern ganze Klassen von Menschen nur einen Teil ihrer Anlagen entfalten, während daß die übrigen, wie bei verkrüppelten Gewächsen, kaum mit matter Spur angedeutet sind« (ebd. 582f.). Zerstreut und verzerrt wird dadurch sowohl das Bild, das sich die Menschen von sich selbst machen, als auch die Wirklichkeit als Ganzes, die immer mehr ist als der jeweils sichtbare Ausschnitt. Mit der Fragmentierung und Ideologisierung ihres Bewußtseins bezahlen die Individuen den kulturellen Fortschritt der »Gattung« (→ *Ideologie und ihre Kritiker*, S. 207). So ergibt sich das düstere »Gemälde der Gegenwart«, das Schiller im 6. seiner Briefe *Über die ästhetische Erziehung des Menschen* zeichnet:

Ein düsteres Bild vom Fortschritt

> »Jene Polypennatur der griechischen Staaten, wo jedes Individuum eines unabhängigen Lebens genoß und, wenn es not tat, zum Ganzen werden konnte, machte jetzt einem kunstreichen Uhrwerke Platz, wo aus der Zusammenstückelung unendlich vieler, aber lebloser Teile ein mechanisches Leben im Ganzen sich bildet. Auseinandergerissen wurden jetzt der Staat und die Kirche, die Gesetze und die Sitten; der Genuß wurde von der Arbeit, das Mittel vom Zweck, die Anstrengung von der Belohnung geschieden. Ewig nur an ein einzelnes kleines Bruckstück des Ganzen gefesselt, bildet sich der Mensch selbst nur als Bruckstück aus, ewig nur das eintönige Geräusch des Rades, das er umtreibt, im Ohre, entwickelt er nie die Harmonie seines Wesens, und anstatt die Menschheit in seiner Natur auszuprägen, wird er bloß zu einem Abdruck seines Geschäfts, seiner Wissenschaft. Aber selbst der karge fragmentarische Anteil, der die einzelnen Glieder noch an das Ganze knüpft, hängt nicht von Formen ab, die sie sich selbsttätig geben (denn wie dürfte man ihrer Freiheit ein so künstliches und lichtscheues Uhrwerk vertrauen?), sondern wird ihnen mit skrupulöser Strenge durch ein Formular vorgeschrieben, in welchem man ihre freie Einsicht gebunden hält« (ebd. 584).

Die Fragmentierung der Wirklichkeit, die Zerstückelung der Individuen und der Verlust einer unvermittelten Erkenntnis werden von Schiller in einen direkten Zusammenhang gebracht. Damit gerät auch das platonische Ideal unvermittelten Wirklichkeitsbezugs ins Wanken. Fragmentiert und fragmentierend, verdinglicht und verdinglichend, erscheint die »Wirklichkeit« selbst als eine »schlechte Gesellschaft«, der es zu entkommen gilt. Das öffnet eine neue Perspektive für die Kunst, die mit ihrer Widerständigkeit gegenüber dem empirischen Alltagsbewußtsein wie gegenüber den verdinglichten Wissensformen der Moderne gerade die von Platon verurteilten Eigenschaften hervorhebt. Den Gedanken, daß die Kunst ein Medium der »Immunität« bieten könnte gegenüber der »despotischen Meinung«, den »bizarren Gebräuchen« und »Verführungen« der »Gesellschaft«, entwickelt Schiller in einer Auseinandersetzung mit den Gedichten Gottfried August Bürgers. Dessen Konzept einer betont antielitären »Volkspoesie« strebte eine Synthese aus ›volkstümlichen‹ und ›hochkulturellen‹ Elementen und damit eine Allgemeingültigkeit an, wie sie etwa die Homerischen Epen für die griechische Antike besessen hätten, betont aber zugleich die kulturspezifische Verankerung einer solchen Kunst: »Gäbe es ein ganzes Volk, dessen Nasen so organisiert wären, daß ihnen Teufelsdreck besser röche als die Rose, dem besinge man Teufelsdreck, statt der Rose« (Bürger 1987, 728).

Schiller vs. Bürger oder: wie volkstümlich ist das Volk?

Schiller, der die Dichtung gerade gegen die Vorurteile und Befangenheiten seiner Zeitgenossen mobilisieren möchte, polemisiert vehement gegen diese Konsequenz. Nicht in der Befriedigung der ideologisch verzerrten Bedürfnisse und in der Reproduktion des verdorbenen Geschmacks der »breiten Masse«, sondern im Widerstand gegen diese rechtfertigt sich die Beschäftigung mit Kunst. Bürgers Berufung auf »die echte wahre Popularität, die mit dem Vorstellungs- und Empfindungsvermögen des Volkes im ganzen am meisten harmoniert« (Bürger 1987, 730), unterläuft Schiller mit dem Hinweis auf den unwiderruflichen Zerfall einer einheitlichen Kultur. Während »das gemeine Wesen das Amt zum Maßstab des Mannes macht«, habe Kunst nach den Konturen wahrer Menschheit zu suchen, die unter dem Diktat solcher Verdinglichung verloren gegangen sind. Diese Suche führt zurück in die griechische Antike, deren Kunstwerke die Spuren ganzheitlichen Lebens bewahren. Allerdings gilt es deren Muster nicht einfach nachzuahmen – ein zentraler Kritikpunkt an Bürger besteht gerade darin, daß dieser die grundsätzliche Unvergleichbarkeit des homerischen Zeitalters mit der Gegenwart verkannt habe –, sondern von ihnen zu lernen. So wird der Schillersche Künstler zum Zeitreisenden: »unter fernem griechischen Himmel zur Mündigkeit« gereift, »kehre er, eine fremde Gestalt, in sein Jahrhundert zurück [...]. Den Stoff zwar wird er von der Gegenwart nehmen, aber die Form von einer edleren Zeit, [...] aus dem reinen Äther seiner dämonischen Natur [...], unangesteckt von der Verderbnis der Geschlechter und Zeiten« (Schiller 1795, 593). Auch wenn Schiller eine genauere Bestimmung der vieldeutigen Begriffe von Form und Inhalt schuldig bleibt, ist der Gebrauch, den er von dieser Dichotomie macht, interessant. Gewonnen wird im Zusammenspiel von Vergangenheit und Gegenwart, von Fremdheit und Vertrautheit zunächst ein neuer, ungewohnter Blick auf die eigene Realität. Die ästhetischen Formen, entstanden in einer vergangenen, nun fremd gewordenen Kultur, leisten Widerstand gegen die Verdinglichungen der Moderne und eröffnen so einen neuen, gleichsam fremden Blick auf den »Stoff [...] der Gegenwart«. Ästhetische Autonomie meint in Schillers Konzeption also nicht (nur) Unabhängigkeit vom Wohlwollen adliger Mäzene oder den Forderungen des Marktes (beides Dinge, die für Schillers eigene Produktion sehr wohl relevant waren), sondern von der Kultur, den Vorurteilen und Denkgewohnheiten der eigenen Zeit. In dieser Autonomie begründet sich die gesellschaftliche Funktion der Kunst, und so kann Schiller die Frage, mit der er

Auf der Suche nach den Konturen wahrer Menschheit

Auf Zeitreise – Kunst als Verfremdung der Gegenwart

seine Briefe *Über die ästhetische Erziehung* eingeleitet hatte, positiv beantworten: gerade in Zeiten politischer Unruhe ist die Beschäftigung
mit der Ästhetik nicht obsolet, sondern unverzichtbar.

Gerade in ihrer Autonomie begründet sich also für Schiller die gesellschaftliche Relevanz der Kunst. Erkenntnis der eigenen Zeit und
der Anspruch, deren Aporien zu überwinden, verbinden sich dabei.
Dazu konzipiert Schiller die Kunst als ein menschheitsgeschichtliches
Gedächtnis, in dem die Spuren jener »Würde« und »Einheit« bewahrt
sind, die die Menschheit im Laufe ihrer Geschichte verloren hat, und
zugleich als das Medium, das Verlorene zu neuem Leben zu erwecken.

Ein Gedächtnis der   Was aber, wenn die Erinnerungen auf das postulierte Ideal nicht
Menschheit: Kultur und stoßen? Zwar ist sich Schiller der Virtualität seines Erinnerungskon-
Barbarei   zepts bewußt, aber dennoch basiert dieses auf der Verdrängung eines
anderen Gedächtnisses, der etwas Gewaltsames anhaftet. Vergessen
wird, worauf Walter Benjamin in seiner 7. geschichtsphilosophischen
These aufmerksam macht: »Es ist niemals ein Dokument der Kultur,
ohne zugleich ein solches der Barbarei zu sein« (Benjamin 1972a).

Den ›neuen Blick‹ will Schiller gewinnen aus der Perspektive einer
idealisierten Kunst, die immunisiert ist gegen die Verdinglichungsef-
fekte der eigenen Gegenwart. Diese Immunisierung tendiert jedoch
dazu, über das Ziel hinauszugehen und den Blick auf vergangene wie
gegenwärtige Realitäten überhaupt zu verlieren. So wie aus dem Gedächtnis all das verdrängt wird, was nicht von der Möglichkeit der
Harmonie zeugt (und das heißt: die gesamte Geschichte), so wird auch
der ästhetische ›Vorgriff auf Glück‹ zum Surrogat, der das zunächst so
präzise beschriebene Unglück überdeckt.

Fragwürdig erscheint aber auch, gerade auf der Folie der von Schiller so präzise beschriebenen gesellschaftlichen Ausdifferenzierung, der
postulierte Stellvertreteranspruch der Kunst. Wie nah hier Erziehung
und Unterwerfung beieinanderliegen, lassen die Anforderungen an
den »Volksdichter« deutlich erkennen: »Als der aufgeklärte, verfeiner-
te Wortführer der Volksgefühle würde er dem hervorströmenden,
Sprache suchenden Affekt der Liebe, der Freude, der Andacht, der
Traurigkeit, der Hoffnung u. a. m. einen reinern und geistreichern Text
unterlegen; er würde, indem er ihnen den Ausdruck lieh, sich zum
Herrn dieser Affekte machen und ihren rohen, gestaltlosen, oft tieri-
schen Ausbruch noch auf den Lippen des Volks veredeln« (Schiller
1791, 974). Nicht nur die fremde, auch die eigene Leidenschaftlichkeit
muß solchermaßen idealisierend ›durchgearbeitet‹ werden. Wahre Ver-
edelung ist »schlechterdings nur durch eine Freiheit des Geistes, durch
eine Selbsttätigkeit möglich, welche die Übermacht der Leidenschaft
aufhebt« (ebd. 982). So legt der Schillersche Dichter sich selbst jene
Diziplinierung auf, die bereits Platon gegen die Kunst eingeklagt hatte
– »Und malt mit lieblichem Betruge / Elysium auf seine Kerkerwand«
(*Die Künstler*).

3. *Im Namen des Volkes (1985)*

»Gerade die zeitgenössische Kunst ist vielfach nicht leicht verständlich. Sie enthält Elemente der Provokation und Aggression.« Das ist nicht das Urteil eines wertkonservativen Feuilletons, sondern eine Feststellung, die das Bundesverwaltungsgericht 1971 getroffen hat, um daraus eine mögliche Gefährdung insbesondere der jugendlichen Rezipientinnen und Rezipienten zu folgern: »Die durch die Begegnung mit derartigen Kunstwerken ausgelösten Eindrücke können für die geistig-seelische Entwicklung einer noch nicht ausgereiften Persönlichkeit nicht nur belastend und niederdrückend, sondern auch gefährlich im Sinne des §1 Abs. 1 GjS [Gesetz über die Verbreitung jugendgefährdender Schriften] sein« (BVerwGE 39, 208).

»Und malt mit lieblichem Betruge / Elysium auf seine Kerkerwand.«

Es geht um die Frage, welche Konsequenzen Artikel 5, Absatz 3, Satz 1 des Grundgesetzes – »Kunst und Wissenschaft, Forschung und Lehre sind frei« – für die Arbeit der Bundesprüfstelle für jugendgefährdende Schriften (BPS) hat, die »den der Jugend zustehenden Anspruch auf Schutz vor ihr nicht gemäßer Kunstbegegnung« (BVerwGE 39, 208) zu vertreten hat. Bei der Abwägung zwischen Kunstschutz und Jugendschutz entscheidet das Gericht, »daß nicht jedes Ergebnis künstlerischen Bemühens dem Jugendschutz schlechthin vorgeht, sondern nur ein solches, das ein bestimmtes Maß an künstlerischem Niveau besitzt. Dies beurteilt sich nicht allein nach ästhetischen Kriterien, sondern auch nach dem Gewicht, das das Kunstwerk für die pluralistische Gesellschaft nach deren Vorstellungen über die Funktion der Kunst hat« (BVerwGE 39, 207). Das Urteil entbindet die BPS nicht davon, zu entscheiden, was Kunst ist und was nicht, es koppelt diese Entscheidung aber ab von der ›Institution Kunst‹ selbst. Was dort gilt, muß nicht automatisch auch für die Gesamtheit der ›pluralistischen Gesellschaft‹ gelten. Nicht die Urteile von Experten – seien dies Künstlerinnen selbst oder z. B. Literaturwissenschaftler – entscheiden also darüber, was als Kunst schützenswert ist, sondern, wie es in einer analogen Entscheidung des *US Supreme Court* heißt, »contemporary community standards«. Im Fall der BPS wird solcher Gemeinsinn repräsentiert durch Vertreter und Vertreterinnen aus »den Kreisen der Kunst, der Literatur, des Buchhandels, der Verlegerschaft, der Jugendverbände, der Jugendwohlfahrt, der Lehrerschaft und der Kirchen sowie anderer Religionsgemeinschaften«. An ihren Entscheidungen – die den Vertrieb der betreffenden, ›indizierten‹ Schriften weitgehenden Beschränkungen unterwerfen – ist also quasi definitorisch ablesbar, was *außerhalb* einer Literatur- und Literaturwissenschafts-›Szene‹ über die Funktion ästhetischer Literatur gedacht wird.

Gesellschaftliche Urteilskraft

Eine Indizierung hat die BPS 1985 für die deutsche Übersetzung von Kathy Ackers Roman *Blood and Guts in High School* ausgesprochen: »Das Taschenbuch ›Harte Mädchen weinen nicht‹ ist weder Kunst noch dient es ihr« (Die Indizierung ist mittlerweile wieder aufgehoben und der Heyne-Verlag hat den Roman erneut herausgebracht. Das Urteil von 1985 ist dokumentiert in einer im Merve Verlag erschienenen

›Harte Mädchen weinen nicht‹

Ausgabe von Texten Ackers, nach der ich zitiere: Acker 1990). Weder daß es sich bei Acker um eine der renommiertesten amerikanischen Avantgarde-Autorinnen handelt, noch daß sie »viel und gern« als »Frauenrechtlerin [...] apostrophiert wird«, ließen die Prüfer der BPS (die einzige am Verfahren beteiligte Frau war die Protokollantin) als Zeichen gesellschaftlicher Relevanz gelten. Ihr Roman setze »sich nicht mit der Rolle der Frau auseinander« – wie es für ein ›feministisches Werk‹ zu erwarten gewesen wäre – er habe »vielmehr ganz überwiegend mit männlicher Macht und Potenz zu tun«. Was dabei herauskäme, sei reine Pornographie. »Deviante krankhafte Sexualhandlungen«, Kindersex und Inzest würden »verherrlicht«, wobei der Autorin »über traditionelle Männerphantasien keine hinausgehenden Varianten und Exzesse eingefallen« wären: »Inhaltlich werden gesellschaftliche Strukturen lediglich reflektiert. Originelle wie kreative Passagen fehlen«.

Nimmt man das wörtlich, dann wären es die gesellschaftlichen Strukturen selbst, die als deviant und krankhaft aus der Kunst – und aus dem gesellschaftlichen Normengefüge – ausgegrenzt werden müßten (während künstlerische Kreativität sich im Erfinden von »Varianten und Exzessen« erfüllen würde?). Auch könnte man grundsätzlich einen Widerspruch darin sehen, daß ›Devianz‹, Abweichung von der Norm also, verurteilt, gleichzeitig aber ›Originalität‹ und ›Kreativität‹ gefordert wird. Zumindest artikuliert sich darin ein sehr spezifisches Kunstverständnis, demzufolge, zugespitzt formuliert, die Kunst ihre grundgesetzlich zugesicherte Freiheit selbst verwirkt hätte, wenn sie sie nicht als *ästhetischen* Spielraum nutzt, um die schlechte Wirklichkeit zu transzendieren. Einer Literatur, die weder »Provokation« noch »Aggression« vermitteln darf, bleibt im Verhältnis zu einer provozierenden und aggressiven Wirklichkeit nur, was auch das Bundesverwaltungsgericht 1971 als ihr Wesen ausgemacht hat: »Sublimierung« (BVerwGE 39, 206).

Die BPS steht jedoch vor wesentlich konkreteren Problemen. Das kann ein Blick auf die harte Interpretationsarbeit zeigen, die zu leisten war, bevor *Blood and Guts in High School* das Prädikat Kunst ab- und das der Pornographie zugesprochen werden konnte, da doch, wie die Prüfer selbst festgestellt haben, die Handlungsstrukturen »teilweise recht schwierig zu durchschauen« sind und insbesondere von der »Protagonistin« ein irritierend unscharfes Bild entsteht. Trotzdem lautet der erste Satz der Feststellung des »Sachverhalts«: »Titelheldin ist ein frühreifes, zehnjähriges Mädchen, Janey«. Aus einer Fülle sich widersprechender Informationen werden ein Name und eine Altersangabe herausgefiltert (wobei das Attribut ›frühreif‹ offenbar dem Einwand begegnen soll, daß die so konstituierte Person über Erfahrungen, Verhaltensmuster und eine Sprache verfügt, die auch bei größter Anstrengung der Phantasie nicht einer Zehnjährigen zugeschrieben werden können). In dieser »Titelheldin« machen die BPS-Prüfer das Zentrum des Textes dingfest, von dem aus die Vieldeutigkeit seiner Perspektiven aufzulösen ist. Sie »denkt sich in andere Personen hinein, zum Beispiel in die Schriftstellerin Erica Jong« heißt es, und auch wenn manchmal verschwimmt, »ob es sich um Phantasien oder tatsächliche Geschehnisse der Protagonistin handelt«, bleibt doch für die Gutachter immer klar, daß es dieselbe Janey ist, die Sex hat mit ihrem Vater, die masochistische Praktiken liebt, mehrfach abtreiben läßt, sich in Paris anarchistischen Terroristen anschließt und mit Jean Genet »auf den Feldern der Reichen« arbeitet. Nur dann nämlich, wenn es sich um *eine* Protagonistin handelt, die Namen und Alter hat, sind die justiziablen Sachverhalte wie Inzest und Kindersex nachzuweisen. Diese Lektüre ignoriert hartnäckig die von den im Text zitierten literarischen Traditionen und anderen, textuell vermittelten Identitätsmustern ausgehende dezentrierende Wirkung, denen Acker sich und ihre Leserinnen und Leser aussetzt. Die Prüfer konstruieren stattdessen einfach das Gegenbild des pädagogisch in Auftrag gegebenen Erziehungsideals: die mit vollem Willen und Bewußtsein dem Bösen hingegebene, sich dabei selbst völlig transparente Persönlichkeit – und sei es die eines zehnjährigen Mädchens. Genauso willkürlich wie eine Fixierung dieser Bedeutung wäre natürlich ihr Ausschluß. Genau darauf könnte sich die BPS berufen. Dennoch liegt hier ein Zirkel. Mit ihrer Interpretation machen die Prüfer deutlich, daß die Grenzen der Kunstfreiheit weniger durch das pädagogische Ideal einer freien, selbstbestimmten und selbstverantwortlichen Persönlichkeit gezogen sind, als vielmehr durch die juristische Notwendigkeit, eindeutige Sachverhalte zu ermitteln und verläßliche Urteile fällen zu können. Dabei wird dem Text selbst der Nachweis seiner Harmlosigkeit auferlegt oder umgekehrt seine Unverständlichkeit als böser Wille – der pornographieversessenen Autorin – ausgelegt.

Genau die geforderte Eindeutigkeit verweigert Kathy Ackers Roman, was sich gerade auch im Blick auf den zentralen Inzest-Vorwurf verdeutlichen läßt. Der Text kennt viele Väter und viele Töchter, wenn er patriarchalischen Strukturen nachspürt, die sich immer wieder – sei es in kleinstädtischen Mittelstands-Familien, im Punk-Millieu New Yorks oder im imaginären Verhältnis zu ›Lieblingsschriftstellern‹ – in Beziehungen ›einschreibt‹. Die Schreibmetapher ist wörtlich zu nehmen: Explorationsobjekt von *Blood and Guts in High School* sind (literarische) Texte, denen Identitätsmuster abgelesen werden, die sich dann in Situationen ungewohnter Drastik bewähren müssen (auf diese Weise ›umgeschrieben‹ werden u. a. *The Scarlet Letter* von Nathaniel Hawthorne und *Die Geschichte der O*). Das geschieht nun aber nicht in einem distanzierten, beherrschten Spiel, in dem ›trivialliterarischen‹ Rollenklischees ebenso wie deren ›hochliterarischen‹ Brechungen die ideologieverzerrten Masken abgerissen würden. Ackers Text überläßt sich dem Sog, der von den divergenten Identitäten ausgeht und zeigt dabei, daß das Spiel den in den Spielmarken inkorporierten Kräften nicht entgeht, daß es aber auch keine Möglichkeit gibt, aus ihm einfach auszusteigen. Es ist situiert in einer von Texten konstituierten Welt, die nun in der Tat, wie die BPS beobachtet, »ganz überwiegend mit männlicher Macht und Potenz zu tun« hat. Ähnlichkeiten mit wirklichen Verhältnissen rein zufällig?

»›Make sense,‹ Fielding said. ›Tell the real story of your life. You alone can tell the truth!‹
›I don't want to make any sense,‹ I replied.«
(Kathy Acker, The Adult Life of Toulouse Lautrec)

Von der Literatur- zur Kulturgeschichte:
New Historicism und Kultursemiotik

*»Worte, die aus drei
tiefen,
aufeinanderfolgenden
Nächten auftauchen:
aus der Nacht der Zeit
und des Vergessens,
der Nacht der
Unglücklichen und aus
jener noch dunkleren
Nacht, die unseren
Verstandeskräften
trotzt, der Nacht der
Konstitution und des
Reichs der Verfehlung.«
(Arlette Farge: Das
brüchige Leben)*

Vielstimmigkeit – Verfremdung – Provokation: die Argumente, die in
dem seit über zwei Jahrtausenden anhängigen Prozeß für oder gegen
die Dichtkunst vorgebracht werden, scheinen sich zu ähneln. Das darf
aber nicht zu dem vorschnellen Schluß verleiten, es wäre immer das
gleiche Gericht, das über immer die gleiche Kunst verhandelte. Die
Gemeinsamkeit beschränkt sich zunächst darauf, daß in den Versuchen, Status und Funktion der Kunst auf den Begriff zu bringen, jeweils auch, wie Hans Blumenberg gezeigt hat, »die versteckteste Implikation einer Epoche, nämlich ihr Wirklichkeitsbegriff« zur Disposition steht (Blumenberg 1964, 19). Eben das, was innerhalb des Zusammenhangs einer Epoche und einer Kommunikationsgemeinschaft als
das Voraussetzungsloseste erscheint, erweist sich dabei als instabil und
veränderlich. Wenn Platon die unmittelbare Evidenz von Wirklichkeit
voraussetzt, Schiller dagegen ihr Verborgensein, ihr Angewiesensein
auf Repräsentation betont, dann stehen nicht individuelle Meinungen
einander gegenüber, sondern Ausschnitte aus umfassenden Systemen
von kollektiven Praktiken, Überzeugungen und Normen, die so selbstverständlich erscheinen, daß sie normalerweise gar nicht bis ins Bewußtsein vordringen und deshalb auch nicht Gegenstand kritischen
Nachfragens werden. Erst aus einer gewissen Distanz zeichnen sich die
Konturen epochen- und kulturspezifischer Weltbilder ab, in denen sich
›Wirklichkeit‹ als das Ergebnis sprachlich und kulturell bedingter gemeinschaftlicher Deutungsleistungen konstituiert und die einzelne Äußerungen erst möglich und ›signifikant‹ werden lassen. Nicht nur
Theorie über Dichtung, sondern auch deren Gegenstand, die fiktionale
Literatur, ist abhängig von selbst veränderlichen Wirklichkeiten und
Wirklichkeitsverständnissen. In dem Versuch, diese Abhängigkeitsver-
hältnisse zu beschreiben, löst sich der Zusammenhang einer autonomen Literaturgeschichte auf in eine Reihe von ›Momentaufnahmen‹,
deren Ziel es ist, die jeweiligen sozialen und kulturellen Kontexte in
ihrer Zeit- und Ortsgebundenheit mitabzubilden (→ *Literaturgeschich-
te(n)*, S. 170).

Text und Kontext

(Literarischer) Text und (historischer) Kontext verhalten sich nicht
wie ›Überbau‹ und ›Basis‹ oder wie ›Abbildung‹ und ›Urbild‹, sondern
sie bilden gleichsam Fäden, die in »ein dichtes Netz veränderlicher
und oftmals widersprüchlicher sozialer Kräfte« verwoben sind (Greenblatt 1991, 15). An den Knotenpunkten in diesem Netz läßt sich dann
beispielsweise ablesen wie eine literarische ›Aussage‹ sich formt in einem Wechselspiel aus Genregesetzmäßigkeiten, Publikumserwartun-
gen und einer individuellen Intention, in der wiederum die Erfahrung
eines historischen Ereignisses interferieren kann mit ›privaten‹ und
›kollektiven‹ Ängsten, Hoffnungen und Lüsten und mit den Effekten
politischer und sozialer Macht. Text und Kontext sind nicht getrennt zu
behandeln, zugleich aber erscheint das, was als Kontext gelten soll,
außerordentlich heterogen – soziale und ökonomische Strukturen ge-

hören ebenso dazu wie z. B. Mentalitäten –, während Texte selbst viel-
fältige Möglichkeiten eröffnen, sich zu diesen Kontexten zu verhalten.
So scheint es wenig erfolgversprechend, Literaturgeschichte einfach an
andere, ›übergeordnete‹ Geschichten, z. B. an Sozialgeschichte anzuschließen.

Ein Modell, das die synchronen kulturgeschichtlichen Zusammenhänge in ihrer Komplexität zum Gegenstand der Literaturwissenschaft
macht, hat sich unter dem Etikett *New Historicism* und der programmatischen Formel von der »Geschichtlichkeit der Texte und der Textualität von Geschichte« (Montrose 1989, 20) formiert. Die zweite Hälfte
des Chiasmus, also Textualität von Geschichte, meint dabei nicht nur,
daß (Kultur-) Geschichte auf (Quellen-) Texte angewiesen ist, sondern
daß der Gegenstand solcher Geschichte *wie ein Text* verfaßt ist. Betont
wird also der sinnhafte Zusammenhang einer Kultur, die sich in ihrer
Gesamtheit als symbolisch strukturierte Praxis, als System von Zeichen
darstellt. ›Kultur‹ ist hier nicht mehr – wie etwa im traditionellen Historismus des 19. Jahrhunderts, aber auch z. B. in den impliziten Voraussetzungen der BPS-Urteile – bestimmt durch eine »Vision von
Hochkultur als einem harmonischen Bereich der Versöhnung« (Greenblatt 1991, 13), sondern sie wird verstanden als der gesamte semiotisch
organisierte Bereich der ›Wirklichkeit‹. Dazu gehören Gedichte ebenso   *lifestyle*
wie Wahlkämpfe, Fußballspiele ebenso wie Quantenmechanik, ge-
schlechterspezifische Einkommensverhälnisse, Gottesdienste oder Ba-
demoden. So unsystematisch und zufällig diese wenigen Elemente zu-
sammengestellt sind, besitzen sie doch eine Gemeinsamkeit: sie alle
sind Teil eines ›Kulturkreises‹, der ›westlichen Welt‹ im zwanzigsten
Jahrhundert, und dessen Konturen zeichnen sich nirgendwo anders ab
als in der spezifischen Kombination aller seiner Elemente. Zugleich gilt
für sie alle, daß sie zwar in irgendeiner Weise mit materiellen oder
ökonomischen Grundlagen ebenso wie mit individuellen ›Intentionen‹
zu tun haben, ohne aber notwendig daraus ableitbar zu sein. Die Betonung solcher Zusammenhänge zerstört die Illusion, einzelne Fragmente ›fremder‹ Kulturen wären unmittelbar zu verstehen, und erzeugt einen Aufmerksamkeitsindex gerade dem Unverständlichen gegenüber.

Diese kulturwissenschaftliche Orientierung impliziert eine theoretische Vorentscheidung für die Untersuchung von Text-Kontext-Relatio-
nen: es geht nicht in erster Linie darum, wie der Text ›Rohmaterial‹ so
(um-)formt, daß es im Schöpfungsakt einer Dichterin oder eines Dichters erst ›Gestalt empfängt‹ und ›zum Leben erwacht‹, sondern um
das, was in ihn als bereits vorgeformtes, symbolisch strukturiertes Material eingeht, was sich ihm als kollektiver Sinn ›einschreibt‹. (Dazu
gehört auch das Wissen darum oder eine Vorstellung davon, was ästhetische Literatur überhaupt leisten soll – die Fragen also, denen sich
die ›Momentaufnahmen‹ anzunähern versuchten.) »Die Neuen Hi-   *Rohes und Gekochtes*
storisten begreifen kulturelle Ausdrucksformen wie Hexenbeschuldi-
gungen, medizinische Handbücher oder Kleidung weniger als rohes,
denn als ›gekochtes‹ Material – als komplexe symbolische und ma-

terielle Artikulationen der imaginativen und ideologischen Strukturen jener Gesellschaft, die sie hervorgebracht hat« (Greenblatt 1991, 14).

Stephen Greenblatt hat den Begriff der Zirkulation sozialer Energie geprägt, um zu beschreiben, daß kein literarisches Werk voraussetzungslos entsteht. Die angestrebte »Poetik der Kultur« verfolgt die »dynamische Zirkulation von Lüsten, Ängsten und Interessen« als »Austausch und Handel« (Greenblatt 1990). Einen solchen Handel schließen beispielsweise während der englischen Reformation die protestantischen Kirchenstürmer und die Theater ab: die Protestanten verkaufen katholische Priestergewänder und andere sakrale Gegenstände, die dann als Kostüme und Dekorationen ihren Weg auf die Theaterbühnen finden. Eine drastischere Demütigung der katholischen Kirche scheint kaum denkbar, darüberhinaus wird aus protestantischer Sicht der ›theatralische‹ Charakter des Katholizismus deutlich entlarvt. Die Theater dagegen erwerben mehr als nur prächtig zugeschnittene, wertvolle Stoffe: im Kitzel der Profanisierung lebt etwas von der kultischen Aura weiter. Die Theater bewahren damit aber zugleich jenes Moment von Sinnlichkeit, das die Protestanten nicht nur aus der Religion, sondern aus der Kultur überhaupt verbannen wollten. So ›zahlen‹ auch

Kulturelle Kapitalien

diese ihren Preis in dem ›Handel‹. Nicht in erster Linie materielle Gegenstände, sondern mit symbolischen Energien aufgeladenes »kulturelles Kapital« wird dabei bewegt. Diese Energien finden ihren Weg dann auch in die literarischen Texte des englischen Renaissance-Theaters, beispielsweise in Shakespeares *A Midsummer Night's Dream*, das – Greenblatts Interpretation zufolge – ein raffiniertes und provokantes Spiel mit der symbolischen Bedeutung des Weihwassers inszeniert (wie ein anderer ›Handel‹ in Shakespeares Werk koloniale Machtpolitik, geographisches und ethnologisches Wissen zirkulieren läßt, verfolgt *The Racial Turn* (→ *The Racial Turn: ›Race‹, Postkolonialität, Literaturwissenschaft*, S. 241). Einen ›Handel‹ betreibt auch Kathy Ackers Roman. Aufgeladen mit den destruktiven ›Energien‹ von Pornographie und Plagiat, zwingt er – um den ›Preis‹ seines Verbots – die gesellschaftlichen Institutionen zu einer Geste, die den repressiven Gehalt ihrer Pädagogik enttarnt (das ›Muster‹ für eine solche Provokation als »soziologisches Experiment« hat übrigens in den zwanziger Jahren Bertolt Brechts *Dreigroschenprozeß* vorgegeben).

Die mit den drei ›Momentaufnahmen‹ eröffnete literaturtheoretische Debatte lenkt also selbst von ihrem Gegenstand, ästhetisch-fiktionalen Texten, weg auf ein breiteres Feld. Die historische Relativierung des Literatur-Begriffs – sowie der literarischen Praxis – bindet Literaturwissenschaft an die Erforschung von Kulturen, Mentalitäten, Diskursen und Sozialformationen, die aber nun ihrerseits Methoden li-

Die Poetik einer Kultur

teraturwissenschaftlicher Analyse adaptiert. In einer Welt der Symbole, »geteilt wie die Luft, die man atmet«, erscheint beispielsweise eine spontane, anarchische Entladung von Gewalt, die im Paris des 18. Jahrhunderts einige Dutzend Katzen das Leben kostete, »genauso komplex wie ein Gedicht und bedurfte einer gleichartigen Untersuchung« (Bourdieu/Chartier/Darnton 1985, 36, 29; diese Untersuchung über

Das große Katzenmassaker findet sich in Darnton 1984). Entworfen ist damit das Konzept einer Geschichtswissenschaft, wie sie Arlette Farge – in Anlehnung an Michel Foucault – beschrieben hat. Ihre Grundlage ist das Archiv – »die Archivalie als Bruchstück, Teil eines Satzes, Fragmente des Lebens, gesammelt in diesem ausgedehnten Sanktuarium toter und gleichwohl einmal ausgesprochener Worte« (Farge 1989, 7) –, z. B. die Aufzeichnungen von Polizeispitzeln im vorrevolutionären Paris (→ *Diskursanalyse*, S. 164). Je für sich erscheinen die meisten dieser Quellen ebenso banal wie unverständlich. Gelingt es aber, den Modus ihrer Aufzeichnung zu verstehen, vermitteln sie vieles von den Ängsten, Nöten und Hoffnungen der Menschen unter Lebensumständen, die keine Exploration von vermeintlich ›Allgemein menschlichem‹ aufzuschließen vermag. Die ›Poetik der Kulturen‹, in deren Rekonstruktion Literatur- und Geschichtswissenschaft konvergieren, fördert die Einsicht in die Fremdheit anderer Kulturen, deren Ojektivationen und Relikte, seien es ›Monumente‹ oder ›Dokumente‹, sich einem vorschnellen Verstehen widersetzen, aber sie eröffnet auch die Möglichkeit, ›Spuren‹ außerhalb des Kanons der Hochliteratur als bedeutsame Dokumente menschlichen Lebens wahrnehmen zu können. Farge betont dabei zwei Aspekte, die auch die im ›New Historicism‹ entworfene rekonstruierende Darstellung von Kulturen anleiten: die Voraussetzung, daß es sich um weitgehend geschlossenen Systeme handelt, deren Funktionsmechanismen quasi wie die Grammatik einer Sprache zu untersuchen sind, und die Beobachtung, daß es innerhalb solcher Systeme Reservate des Widerstands gibt, Randzonen, an denen sich die Brüchigkeit – und damit auch die Dynamik – kultureller Systeme erkennen läßt (vgl. White 1989).

New Historicism delegiert also die Frage nach Status und Funktion fiktionaler Literatur an eine weiter gefaßte Kulturwissenschaft und verlagert sie zugleich in den Binnenraum epochaler »Verhandlungen«, in die der Historiker oder die Historikerin auf eine methodisch nicht vollständig zu klärende Weise mit eintreten können. Diese Teilnahme bleibt aber virtuell. Vergangenen, fremden Kulturen gegenüber ist weder eine Position neutraler Äußerlichkeit möglich und angemessen (die könnte sie überhaupt nicht *als Kultur* wahrnehmen) noch eine der selbstverständlichen Teilhabe. Der Zugang ist limitiert durch Artefakte, die immer zweierlei vermitteln: »Resonanz und Staunen« (Greenblatt 1991).

Das gilt insbesondere auch für literarische Texte. Reformuliert wird dabei die Frage nach ›ästhetischer Autonomie‹: sie richtet sich auf die spezifischen Techniken, die innerhalb eines Kulturzusammenhangs die Differenz zwischen künstlerischen und anderen sozialen Praktiken erzeugen, und die für die Rekonstruktion der Poetik dieser Kultur wertvolle Hinweise liefern können. »Es geht nicht darum, den bezaubernden Eindruck ästhetischer Autonomie zu verabschieden, sondern vielmehr darum, die objektiven Bedingungen dieser Bezauberung zu untersuchen, herauszufinden, wie die Spuren der sozialen Zirkulation in den Texten ausgelöscht werden« (Greenblatt 1990, 11).

Resonanz und Staunen

Durch das betont kontingente, die eigene Konstruktivität hervor-
hebende Verfahren, das ihrer Rekonstruktion von ›Kulturpoetiken‹ zugrunde liegt, tendieren ›neuhistoristische‹ Lektüren zu einer gewissen
– bewußt in Kauf genommenen – Unverbindlichkeit oder Verspieltheit.
In ihrer Unabgeschlossenheit begründet sich jedoch auch eine An-
schlußfähigkeit an stärker systematisierende Theorien. Dabei scheinen
zwei Wege erfolgversprechend: eine stärkere Konkretion der vagen
Metaphorik der Zirkulation von Macht und sozialer Energie in einer
reformulierten Ideologiekritik, wie sie das folgende Kapitel vorschlägt
(→ *Ideologie und ihre Kritiker*, S. 207), und eine stärkere Systematisierung des Zeichencharakters der Kulturen, eine Semiotisierung der
›Kulturpoetik‹. Grundlage dafür bietet eine Kulturtheorie, die das vor
allem im russischen Formalismus und Strukturalismus an der Analyse
literarischer – »sekundär modellbildender« – Texte entwickelte und er-
probte semiologische, zeichentheoretische Instrumentarium zu einer
›*Kultursemiotik*‹ weiterentwickelt.

Die Betrachtung von Kulturen als synchrone Zeichensysteme impliziert nicht, daß ›Geschichte‹ hier nicht relevant wäre. In einer erweiterten, kultursemiotischen Perspektive erweisen sich diese Systeme
selbst als Produkt historischer Prozesse, genauer: »als *nicht-erblich* ver-
mitteltes *Gedächtnis* eines menschlichen Kollektivs, das in einem bestimmten System von Verboten und Vorschriften zum Ausdruck
kommt« (Lotman / Uspenskij 1986, 856). Dieses Gedächtnis bildet ein
konservatives Gegengewicht gegenüber der Kontingenz und Sprung-
haftigkeit kurzfristiger politischer und ökonomischer Prozesse. Riten,
Symbole, Namen sind dabei nicht nur Zeichen für gemachte historische Erfahrungen, die in ihnen quasi aufgespeichert sind, sondern sie
strukturieren in ihrem systematischen Zusammenhang auch die Erfahrung der Gegenwart. ›Sinn‹ entsteht erst, wenn ein heterogenes Kontinuum von ›Daten‹ durch Mechanismen der Selektion und Kombination in einer bestimmten Weise strukturiert wird; formuliert in der
Metaphorik des Gedächtnisses heißt das: in einem *bestimmten* Zusammenspiel aus Vergessen und Erinnern (→ *Archäologie der literarischen
Kommunikation* S. 200; S →*Topik/Inventio*, S. 82). Eine »semiotische Analyse« soll, so Lotman und Uspenskij, diesen Prozeß freilegen können.
Sie verfolgen beispielsweise, wie die Reformpolitik Peters des Großen,
die einen zentralen Schritt gesellschaftlicher und ökonomischer Modernisierung in Rußland markiert, vor allem bemüht ist, die altrussi-
schen Traditionen auszulöschen und durch eine neue, ›verwestlichte‹
Symbolik zu ersetzen – bis hin zu detaillierten Vorschriften der Kleider-
und Bartmode, deren Mißachtung mit drakonischen Strafen belegt
wird: so »wurde 1714 befohlen, die Petersburger Händler, die russische Kleidung der nicht erlaubten Art verkauft hatten, auszupeitschen
und zur Zwangsarbeit zu verschicken« (Lotman/Uspenkij 1986, 876).
(Ein aktuelleres Beispiel für die Bedeutung, die kulturelle Symbolik in
Zeiten politischer Veränderung erlangen kann, bietet der Streit um das
von der DDR in Form von Straßennamen u. ä. hinterlassene ›Erbe‹.
Eine vom Berliner Senat eingesetzte Historikerkommission ist bei-

spielsweise im Frühjahr 1994 zu dem bemerkenswerten Ergebnis gelangt, daß eine zum Reichstag führende Straße keinesfalls länger den Namen der Kommunistin und Frauenrechtlerin Clara Zetkin tragen dürfe und deshalb wieder nach der zweiten Frau des ›Großen Kurfürsten‹ ›Dorotheenstraße‹ heißen solle. Ein Geheimnis der Kommission bleibt dabei, warum ausgerechnet eine brandenburgisch-preußische Fürstengattin eine geeignetere Repräsentantin des deutschen Parlamentarismus sein soll.)

Die Funktion des kulturellen Gedächtnisses liegt, wie Renate Lachmann betont hat, weniger in der Speicherung von Daten, sondern in der Systembildung. Es sind Gedächtnis*modelle*, die kulturelle Kontexte strukturieren (Lachmann 1990), und die sich zugleich in der Aufnahme neuer Informationen selbst umstrukturieren. Ein Modell für ein solches aktives kollektives Gedächtnis bildet die Literatur, genauer: literarische Texte. Sie besitzen selbst ein Gedächtnis: ihre Intertextualität verbindet die Texte der Gegenwart mit denen der Vergangenheit (→ *Intertextualität: Lektüre – Text – Intertext*, S. 366). In dem Grad, in dem ein Text die vorangehende Literatur zur Grundlage seiner eigenen Möglichkeit hat, ist er involviert in Leistungen des Gedächtnisses und der Erinnerung: »Schreiben ist Gedächtnisleistung und Neuinterpretation der (Buch-) Kultur ineins« (Lachmann 1990, 36). Kultursemiotik leitet hieraus eine ihrer zentralen Prämissen ab: daß ein Zusammenspiel von Erinnern und Vergessen den homogenen Erinnerungsraum erzeugt, der das Funktionieren gesellschaftlicher Kommunikation gewährleistet. Am Modell der Literatur läßt sich zugleich der Mechanismus der Transformationen beobachten, denen dieser Erinnerungsraum unterliegt. Ein Text »schreibt« das kulturelle System nicht nur ab, sondern auch weiter; er schließt die literarische Reihe, in der er steht, nicht ab, sondern öffnet sie für neue ›Bearbeitungen‹. Dabei wird der Mechanismus der Überlieferung zumindest teilweise transparent. In literarischen Texten, stärker noch aber in dem Raum, der zwischen ihnen liegt, in den Strategien, die zwischen Texten vermitteln, bildet sich virtuell die Grammatik einer Kultur ab.

Die Grammatik einer Kultur

Eine zentrale Leistung dieser Grammatiken ist die Herstellung von Einheitlichkeit. Kulturen gewinnen Konturen, indem sie ihre Grenzen ›modellieren‹, also indem sie bestimmen, was in ihnen möglich ist und was nicht, was ›kultiviert‹ und was ›unkultiviert‹ ist. Zu den entscheidenden Oppositionen gehört dabei die zwischen zulässigen und nicht-zulässigen Aussagen, die Festlegung dessen, was Foucault »seriöse« Sprechakte nennt. Wie die drei dichtungstheoretischen ›Momentaufnahmen‹ gezeigt haben, steht das ›Erfundene‹, das Fiktionale hier unter einem besonderen Legitimationsdruck. Das heißt nicht, daß es ohne Wert für die jeweilige Kultur wäre. Selbst Platon war ja bereit, Dichtung unter pädagogischen Gesichtspunkten partiell zu tolerieren, Schiller hat ihr gar unter bestimmten Bedingungen einen höheren Erkenntniswert als der profanen Alltagswelt zugeschrieben. Deutlich wird aber, was für ein »voraussetzungsreiches Geschäft« jener »fiktionale Vertrag« ist, der laut Aleida Assmann die »Legitimität der Fiktion«

begründet (Assmann 1980; → *Intentionalität, Wahrnehmung, Un-Be-stimmtheit*). Er wird in den dargestellten Dichtungstheorien nicht ›erfunden‹; sie machen nur explizit, was bindend ist für alle, die am ›kulturellen Leben‹ teilnehmen wollen. Darin ähnelt der Diskurs über die Kunst denen über (andere) gesellschaftliche Randzonen wie etwa Wahnsinn und Kriminalität.

Kulturelle Grenzziehungen verweisen jedoch immer auch auf das Ausgegrenzte. Michail Bachtin hat am Modell des Karnevals untersucht, wie auf die zentrierenden Bestrebungen hegemonialer Kultur komplementäre Gegenkulturen antworten, in denen Dezentrierung an die Stelle von Zentrierung, Vieldeutigkeit an die Stelle von Eindeutigkeit, Vielstimmigkeit an die Stelle von Monologizität tritt (Bachtin 1969). Diese Gegenkultur ist nicht als schlichtweg ›subversiv‹ zu verstehen; keine Kultur kann sie völlig verdrängen – sie würde sonst nicht nur ihre eigene Bestimmtheit verlieren, sondern vor allem auch die Quelle ihrer Dynamik, die für ihr Überleben unverzichtbar ist. Gerade das aber dokumentiert sich in den Debatten über die Dichtung, die von der Schwierigkeit zeugen, diese Quellen zu kanalisieren, ohne sie zu verstopfen.

Daß insgesamt die Rigidität der Ausgrenzungen abzunehmen scheint, zeugt von einer größeren Flexibilität, die unsere Kultur in einem langen Lernprozeß gewonnen hat. Es zeugt aber auch davon, daß moderne Gesellschaften möglicherweise auf die kulturellen Regulierungsmechanismen immer weniger angewiesen sind, weil sie wirkungsvollere Äquivalente entwickelt haben. Die Grenzen der Kultur markieren auch die Grenzen von Kulturwissenschaft. Gerade kultursemiotische Modelle tendieren selbst zu einer Totalisierung, tendieren dazu, die Widerständigkeiten nichtsemiotischer Bereiche der Welt (und dazu gehören weite Teile der materiellen und ökonomischen ›Basis‹) zu marginalisieren, denen *New Historicism* mit seiner betonten Unsystematizität Rechnung zu tragen versucht. Auf andere Weise setzt dort auch das Konzept der Ideologie an, das im folgenden Kapitel vorgestellt werden soll. Sein Thema ist das »Schicksal des ästhetischen und kulturellen Bereiches im Kapitalismus« (Jameson 1982, 128).

»Leicht zugespitzt kann man sagen, daß der mittelalterliche Mensch gleichsam zwei Leben lebte: ein monolithisch-ernstes, düsteres, streng hierarchisch geordnetes, von Furcht, Dogmatismus, Ehrfurcht und Pietät erfülltes offizielles Leben und ein zweites, karnevalistisches Leben: frei, voll von ambivalentem Lachen, von Gotteslästerung und Profanation, von unziemlichen Reden und Gesten, von familiärem Kontakt aller mit allen.« (Bachtin)

Weiterführende Lektüre

Zur Begriffsdifferenzierung: Peter Schöttler, *Mentalitäten, Ideologien, Diskurse* (1989); zu Dichtung und Philosophie bei Platon: Heinz Schlaffer, *Poesie und Wissen* (1990); über die Historizität und *Die Legitimität der Fiktion*: Aleida Assmann (1980); als ein Beispiel für die Ausdifferenzierung der Kultur während der Entstehung des Kapitalismus in Deutschland: Dieter und Karin Claessens, *Kapitalismus als Kultur* (1979); als Plädoyer für eine radikale Historisierung Friederike Hassauers »Streitschrift« über *Textverluste* (1992); zum *New Historicism* die Sammelbände von Harold Veeser (Hg.; 1989; mit zentralen Texten von Greenblatt, Montrose und White) und von Hartmut Eggert, Ulrich Profitlich und Klaus

Scherpe (Hg.; 1990; dort speziell die Beiträge von Kaes und Lützeler); zum Zusammenhang von *Gedächtnis und Literatur* Renate Lachmann (1990) und über »Formen und Funktionen der kulturellen Erinnerung« Aleida Assmann / Dietrich Harth (Hg.): *Mnemosyne* (1991).

Exkurs: Archäologie
der literarischen Kommunikation

Aleida und Jan Assmann

Aleida und Jan Assmann

Theorie – Geschichte – Archäologie

Den Begriff ›Archäologie‹ im etwas umständlichen Titel dieses Projekts muß man als Antonym von ›Theorie‹ verstehen. Als wir Mitte der siebziger Jahre den Plan zu diesem Unternehmen faßten, hatte die Konjunktur der Theoriebildung in den Sprach- und Literaturwissenschaften ihren Höhepunkt erreicht. Die historische Dimension drohte darüber vollkommen aus dem Blick zu geraten. Gegenüber dieser Tendenz zu ahistorischer Systematisierung erschien uns ›Geschichte‹ als Gegenbegriff noch viel zu schwach. Archäologie: das bedeutete nicht nur die zeitliche Abfolge literarischer Diskurse, sondern die Frage nach Anfängen und Ursprüngen, Vorstufen und Vorschulen, also über die Literatur in einem wie immer zu fassenden engeren Sinne hinaus in das, was ihr voraus- und zugrundeliegt, sie hervorbringt und ermöglicht. So wie der Kunsthistoriker Hans Belting eine ›Geschichte des Bildes vor dem Zeitalter der Kunst‹ vorgelegt hat (Belting 1991), geht es einer Archäologie der literarischen Kommunikation um eine ›Geschichte des Textes vor dem Zeitalter der Literatur‹ oder doch zumindest darum, solche ›vorliterarischen‹ Zeitalter und Nebenlinien in ihre Betrachtung einzubeziehen. Der neuzeitliche Sonderstatus der Literatur ist eine Errungenschaft der jüngsten abendländischen Entwicklung und kann nicht unbesehen auf ältere und außereuropäische Literaturen übertragen geschweige denn universalisiert werden.

Forschungsrahmen

Wir verwenden daher den Begriff ›Literatur‹ im weitesten Sinne von ›schriftlicher Überlieferung‹ und lesen auch die neueren literarischen Texte nicht in ihrer Einzigartigkeit und Ausdifferenziertheit – man denke an Stichworte wie ›Fiktionalität‹ oder ›Ästhetizität‹ –, sondern in ihrer Eingebundenheit in den Gesamtprozeß kultureller Sinnproduktion. Literatur, in diesem weiten Sinne, der die Ausdifferenzierung des Ästhetischen ignoriert, wird gleichbedeutend mit ›Schrift‹, und zwar nicht im Sinne von Schrift*system*, sondern von Schrift*kultur*: Schrift in der Fülle ihrer gesellschaftlichen Einbettungen, als ein Medium des kulturellen Lebens, der Produktion, Speicherung, Überlieferung und Kommunikation von Sinn. Man könnte daher das Projekt auch als eine *historische Phänomenologie der Schriftlichkeit* bezeichnen. Diesem erweiterten Begriff von Literatur, dem die Literaturwissenschaft mit ihren

Historische Phänomenologie der Schriftlichkeit

Methoden nicht gerecht werden kann, galt das Interesse eines interdisziplinären Arbeitskreises, den wir Ende der siebziger Jahre ins Leben gerufen haben. Dieser Arbeitsgemeinschaft von Fächern gehören
außer den Literaturwissenschaften noch verschiedene Kulturwissenschaften (z. B. Ägyptologie, Assyriologie, Sinologie usw.), Religionswissenschaft (sowie Ethnologie, Philosophie, Judaistik) und Wissenssoziologie an.

In der folgenden Skizze möchten wir versuchen, die Intention dieses
Projekts und die Besonderheit seiner Fragestellungen in der Form eines
Rückblicks auf die bisherigen Schritte zu charakterisieren. Die beiden
ersten Tagungen der Arbeitsgruppe widmeten sich unter dem Titel
»Mündlichkeit und Schriftlichkeit« dem Zentrum der anvisierten Thematik; aus ihnen ging der 1983 publizierte Band *Schrift und Gedächtnis*
hervor. Er knüpfte an ein Interesse am Wesen von Schrift und Schriftlichkeit an, das, von neuen Ansätzen in der Klassischen Philologie und
den Kommunikationswissenschaften ausgehend, in den sechziger Jahren alle Bereiche der Geisteswissenschaften in der Form eines regelrechten Paradigmenwechsels ergriffen und die Frage nach dem Anteil
der Medien bei der Produktion und Kommunikation von Texten ins
Zentrum gestellt hatte. Für diesen Paradigmenwechsel kann man zwei   *Medien und Kultur*
recht unterschiedliche Forschungsrichtungen namhaft machen (vgl.
Aleida und Jan Assmann 1990). Die eine ist die historische Medienfor-
schung nach dem Muster der sogenannten Toronto-Schule in Kanada,
die sich mit Namen wie Harold Innis, Eric Havelock und Marshall
McLuhan verbindet (McLuhan 1962/1968). Eric Havelock, z. B., ist ein
Altphilologe und Erforscher der »Kulturrevolution des Alphabets«. Er
verstand sein Werk als Fortsetzung der Untersuchungen Milman Par-
rys, der in den zwanziger und dreißiger Jahren der Homerforschung
einen neuen Anstoß gab, als er die Kompositionsgesetze mündlicher
Epik an lebendigen Traditionen auf dem Balkan studierte (Parry 1928,
1971; Lord 1960/1965; Whallon 1969). Die zentrale These dieser Richtung lautet: Kulturen sind durch die Kapazität ihrer Medien, d. h. ihrer
Aufzeichnungs-, Speicherungs- und Übertragungstechnologien definiert. Mit dieser These rücken Dinge wie Schriftsysteme und -institu-
tionen, Kommunikationsformen, Transmissionskanäle von Nachrichten sowie die Speicherungstechniken von Wissen in den Mittelpunkt
der Aufmerksamkeit. An die Schule von Toronto und ihre harte Technikgeschichte der Kommunikation schließt insbesondere F. A. Kittler
an (Kittler 1985). Die Pointe und Provokation dieser Richtung besteht
darin, daß sie aus der Literaturwissenschaft eine Ingenieurwissen-
schaft macht. Auf seiten der Ethnologie gehört in diesen Zusammenhang die kulturanthropologische und entwicklungssoziologische Frage
nach den Folgen »der Schriftlichkeit«, wie sie insbesondere von Jack
Goody entfaltet wurde (Goody 1981, 1986, 1987; Ong 1982). Diese Perspektive auf die Medienbestimmtheit der Kultur hat in einer Zeit ra-
sant beschleunigter technologischer Evolution ihre Brisanz offenbart.
Als ein zweiter Strang ist die französische poststrukturalistische
Schriftphilosophie zu nennen, die sich mit den Namen Michel Fou-

cault, Jacques Lacan und vor allem Jacques Derrida verbindet. Hier geht es nicht mehr um Medien und ihre historischen Ausprägungen, sondern ganz allgemein und grundsätzlich um die unhintergehbare Medialität der Schrift. Dieses neue Paradigma wollten wir sowohl von den Höhen der reinen Theoriebildung, als auch aus der Abgeschlossenheit fachinterner Debatten herausholen und zu einem Thema historischer und interdisziplinärer Forschung machen, um dadurch eine neue, ethnologisch, anthropologisch, religionsgeschichtlich und archäologisch informierte Literaturwissenschaft zu fundieren.

Kulturelles Gedächtnis

Die Archäologie des Textes

Die Frage, von der das Projekt seinen Ausgang nahm, betrifft die Archäologie des Textes, näherhin: des literarischen Textes. Konrad Ehlich definiert den Text als eine »wiederaufgenommene Mitteilung im Rahmen einer zerdehnten Situation«. Die Kommunikationssituation kann räumlich und zeitlich zerdehnt werden, wenn eine Zwischenspeicherung der Rede in der wechselseitigen Abwesenheit von Sprecher und Hörer gesichert ist. Die mündliche Form der zerdehnten Kommunikation ist das Boteninstitut (»Der Bote ist wie der, der ihn schickt«). Der Bote memoriert im Wortlaut die Mitteilung eines Absenders und ermöglicht so, daß sie an einem anderen Ort zu späterer Zeit von einem Empfänger wieder aufgenommen werden kann. Was der Bote vermag, kann Schrift in einem ganz anderen Umfang leisten. Literatur unterscheidet sich vom Brief darin, daß sie auf die zerdehnte Kommunikation hin angelegt ist. Da ihre Wahrheiten von vornherein ›insubstantiell‹ sind, kann diese Mitteilung zu jeder beliebigen Zeit wiederaufgenommen werden. Wenn der ›Bote‹ zur Schrift greift, wird er zum Schreiber und »der, der ihn schickt«, zum Autor. Das ist die Situation der israelitischen Schriftpropheten, die ihre Zuflucht zur Schriftlichkeit nehmen müssen, weil sie dem verstockten Volk ihre Botschaft nicht ausrichten können:

> »Jetzt gehe hinein und schreibe es vor ihnen auf eine Tafel und verzeichne es in ein Buch, daß es für einen künftigen Tag zum Zeugen werde auf ewig. Denn ein widerspenstiges Volk ist es, verlogene Söhne, Söhne, die nicht hören wollen auf die Weisung des Herrn« (Jes 30.8–9).

Der Begriff der zerdehnten Situation sollte sich als ungemein fruchtbar erweisen. Wenn wir ›zerdehnte Kommunikation‹ mit Formen identitätsstabilisierender ›Langzeitkommunikation‹ in Verbindung bringen, gelangen wir zum Begriff des ›Kulturellen Gedächtnisses‹.

Schrift und Gedächtnis

Zerdehnung der Kommunikationssituation erfordert Möglichkeiten der Zwischenspeicherung. Das Kommunikationssystem muß externe Speicher entwickeln, in die Mitteilungen ausgelagert werden können, sowie Formen der Auslagerung (Kodierung), Speicherung und Wiedereinschaltung (*retrieval*). Das erfordert institutionelle Rahmen, Spezialistentum und im Normalfall auch körperexterne Notationssysteme wie Knotenschüre, *churingas*, Zählsteine und schließlich Schrift (→ *Buchstabe, Schriftbild, Bild als Schrift*, S. 7). Die Schrift ist überall aus solchen Notationssystemen hervorgegangen, die im Funktionszusammenhang zerdehnter Kommunikation und externer Zwischenspeicherung entwickelt worden waren. Damit war ein funktioneller Rahmen gefunden, der über die Ära der Schriftkulturen hinausreicht. Die Schriftkultur ließ sich jetzt als ein Sonderfall des kulturellen Gedächtnisses und der Perfektionierung seiner Zwischenspeicher begreifen. Damit war eine neue Möglichkeit gewonnen, kulturelle Transformationen zu beschreiben und die Rolle zu bestimmen, die der Schrift als einem Medium sowohl der Kommunikation als vor allem auch der Speicherung zufällt.

Speicher

Ausgehend von dem Begriff der zerdehnten Situation und dem Bedürfnis nach Überlieferung lassen sich die (mündliche) ›Sicherungsform der Wiederholung‹ und die schriftliche ›Sicherungsform der Dauer‹ unterscheiden. Vereinfacht gesagt beruht die Speicherungstechnik oraler Gesellschaften auf Wiederholung, die von Schriftkulturen auf dauerhafter Speicherung. Gesellschaften, die nicht über Schrift verfügen, müssen das zum Wiedergebrauch bestimmte Wissen in lebendigen Gedächtnissen speichern und periodisch auffrischen. Dafür stellen Riten und Feste die äußeren Anlässe dar. Die außerordentliche Neuerung schriftlicher Aufzeichnung besteht darin, daß sie einen Inhalt ein für alle Mal festzuhalten vermag und damit eine vom Wiederholungszwang der Riten unabhängige Dauer schafft. Das Prinzip kultureller Kontinuität wandelt sich von ritueller zu textueller Kohärenz (Assmann 1992).

Wiederholung und Dauer

Dieser Übergang wird aber noch keineswegs mit der Erfindung und Verwendung von Schrift vollzogen. Die altägyptische Kultur verwendete Schrift über Tausende von Jahren, ohne ihre Kontinuität mehr als allenfalls ansatzweise von ritueller auf textuelle Kohärenz umzustellen. Es gibt so etwas wie Steigerungsformen von Schriftlichkeit, die den alten Ägyptern fremd waren, und deren Entwicklung wir in Israel, Griechenland und China beobachten. Sie haben alle mit der Zerdehnung von Kommunikationssituationen zu tun. In bestimmten Fällen nämlich dehnt sich diese Situation über Jahrtausende. Das vermag aber die Schrift als solche nicht, denn sie ist kein Gedächtnis, sondern nur ein Speicher im Dienst der Erinnerung. Zum Medium des kulturellen Gedächtnisses wird sie erst in Verbindung mit einer entsprechenden *Erinnerungskultur*, und das heißt in diesem Fall: einer Auslegungskultur, die die gespeicherten Zeichen wieder in Sinn rückzuübersetzen

Erinnerungskultur

vermag. Solche Auslegung wird aber nur Texten zuteil, die nicht nur verschriftet, sondern darüberhinaus auch noch ›kanonisiert‹, d. h. in den Rang überhistorischer Verbindlichkeit und Maßgeblichkeit versetzt wurden. Der kanonische Text ist ein Text zweiter Stufe, und der Kommentar ist notwendiges Korrelat solchermaßen gesteigerter Textualität (→ _Literaturgeschichte(n)_, S. 170; → _The Racial Turn: ›Race‹, Postkolonialität, Literaturwissenschaft_, S. 241).

Kanon und Zensur

Gesteigerte Schriftlichkeit – Normen und Formen

Den Prozessen der Kanonisierung galt der zweite Tagungszyklus des Projekts (Aleida und Jan Assmann 1987). Hier ging es um die Phänomenologie des kanonischen und des klassischen Textes, um die Formen und Funktionen gesteigerter Schriftlichkeit. Kanonische und klassische Texte sind erstens fundierend und zweitens festgelegt, d. h. unfortschreibbar. Mit dem Begriff des Fundierens ist eine normative und formative Verbindlichkeit gemeint. _Normative_ Verbindlichkeit schreibt Richtlinien des Handelns vor. Der normative Text legt fest, was zu tun ist, fundiert also Recht, Brauch, Sitte, Verhalten. _Formative_ Verbindlichkeit fundiert das Selbstbild der Gruppe, durch Erzählungen über Vorzeit und Geschichte, Mythen, Sagen, Legenden, die die Ordnung der Welt narrativ entfalten und die Stellung des Menschen in ihr beleuchten. Wenn der fundierende Text in seinem Wortlaut festgelegt wird, entsteht der kanonische Text und mit ihm der Kommentar. Denn jetzt ist die exegetische Akkomodation des Textes in Form redaktioneller Eingriffe unmöglich geworden. Der Text ist unantastbar, unfortschreibbar und damit unverständlich geworden. Er erschließt sich dem Verständnis nur noch durch den Interpreten, der zwischen ihn und den Leser tritt und dem Leser den Weg weist. So kommt es zur Ausbildung von Auslegungskultur. Das ist die Geschichte des Themas _Text und Kommentar_, dem sich das vierte Projekt des Arbeitskreises widmete (Jan Assmann / B. Gladigow 1994; → _Verstehen konstruieren_, S. 324).

Auslegungskultur

Wissen: Weisheit, Geheimnis, Neugierde

Neben den Fragen der Medialität gewann aber auch die Frage nach zentralen Inhalten der literarischen Kommunikation immer größere Bedeutung (Aleida Assmann 1991a). Genauer geht es hier um die Frage nach ›poetogenen‹ Situationen: welche wissenssoziologischen Rahmenbedingungen erweisen sich im interkulturellen Vergleich als besonders produktiv hinsichtlich der Entstehung und Entfaltung mündlicher und schriftlicher Textwelten oder ›Diskurse‹? Unter dem Thema _Weisheit_ ging es um die Bewertung des Wissens und die Frage nach den Möglichkeiten und Formen, höchstbewertetes Wissen, also _Weisheit_ zu speichern und im Medium der Schriftlichkeit zu vermitteln. Das Thema _Weisheit_ erwies sich in ganz besonderem Maße als geeignet,

Poetogene Situationen: Wann und wo entstehen Textwelten?

einen zu engen Begriff von Literatur aufzusprengen und verschiedenartigste Phänomene, von Sprichwörtern bis zu philosophischen Abhandlungen, von schamanistischen Seancen bis zur Psychoanalyse und von altägyptischen Lebenslehren bis zu bürgerlichen Romanen in einer gemeinsamen komparatistischen Perspektive zu integrieren.

An die Frage nach dem höchstbewerteten Wissen schloß sich eng die Frage nach dem vorenthaltenen Wissen an. Der Themenkomplex *Weisheit* und *Geheimis* hat verschiedene Aspekte, die sich letztlich auf den Dualismus von ›Secretum‹ und ›Mysterium‹ reduzieren lassen. Mit *secretum* ist das vorenthaltene, mit *mysterium* das unergründliche und daher nicht versprachlichbare und nicht kommunizierbare Wissen gemeint. Auch das Geheimnis ist eine poetogene Kategorie par excellence. Es gibt Texte, die sich als Enthüllung eines Geheimnisses inszenieren, und es gibt andere, die in ihrem Handlungsaufbau die Enthüllung eines Geheimnisses abbilden. In beiden Fällen spielen die Texte mit der Neugierde des impliziten Lesers. Das Thema *Geheimnis* hat gezeigt, wie sinnvoll die Zusammenarbeit der Literaturwissenschaft gerade mit Religionswissenschaft und Wissenssoziologie sein kann. Zu den besonderen Möglichkeiten dieser Kombination gehört es, auch die biblischen Texte in die Frage nach den Entstehungsbedingungen von ›Literatur‹ und der Typologie ›poetogener Situationen‹ einzubeziehen und auf diese Weise für kultur- und literaturwissenschaftliche Lektüren neu zu erschließen.

Quellenbereiche von Literatur

Einsamkeit

Das neueste Projekt der Arbeitsgruppe heißt *Einsamkeit*. Auch hier geht es wieder um eine poetogene Situation, um ›Quellenbereiche von Literatur‹ *par excellence*. Sowohl Schreiben wie auch Lesen begünstigen Einsamkeit, und zwar durch Ermöglichung »interaktionsfreier Kommunikation« (Luhmann). Das Paradox der Einsamkeit des Schreibens und Lesens liegt in der irreduziblen Geselligkeit der Sprache. Ohne den Umgang mit anderen hätte niemand ein Bewußtsein, ein Gedächtnis, ein Selbst. Trotzdem ereignet sich in der Geschichte der Menschheit immer wieder der Umschwung, der darin besteht, daß das durch Kommunikation konstituierte Ich sich als unkommunizierbar erfährt, daß die Konnektivität, in der allein ein Selbst sich aufbaut, von diesem Selbst als entfremdende Verstrickung angesehen und daß erst im Aussteigen aus der Konnektivität der wahre Weg zum Selbst gesehen wird. Hinter der Einsamkeit des Denkens und des Schreibens steht die allgemeinere anthropologische Fragestellung nach solchen Wandlungen des Menschenbildes.

Die Einsamkeit des Schreibens und die irreduzible Geselligkeit der Sprache

Die Archäologie der literarischen Kommunikation, um es noch einmal zusammenzufassen, ist keine Methode, sondern ein Forschungsrahmen und eine thematische Perspektive. Der Forschungsrahmen ergibt sich aus der Konstellation der kooperierenden Fächer und aus dem Prinzip, einerseits keine Konzession an die Solidität und Fundiertheit der einzelwissenschaftlichen, aus Original-Quellen erarbeiteten Forschung zu machen, und andererseits auf Transparenz, gemeinsamen Fragen und einer gemeinsamen Sprache zu bestehen. Die thematische Perspektive ergibt sich aus der Fragestellung einer historischen Phänomenologie der Schriftlichkeit und der Suche nach den kulturellen Rahmenbedingungen literarischer Kommunikation.

Ideologie und ihre Kritiker

Shankar Raman/Wolfgang Struck

Warum er versuche, das Wort *Ideologie* zu vermeiden, begründet Pierre Bourdieu in einer 1991 mit Terry Eagleton geführten Diskussion mit dem Hinweis auf die enge Beziehung zwischen Ideologietheorien und einer kartesianischen Tradition, von der sich die Orientierung auf Bewußtsein, falsches Bewußtsein, Unbewußtsein usw. ableite. Diese Privilegierung der Kategorie ›Bewußtsein‹ verhindere die Einsicht in »die wichtigsten ideologischen Wirkungen, die meistens durch den Körper übermittelt werden«. Als Alternative – und um »Gebrauch und Mißbrauch [des Ideologiebegriffs] zu kontrollieren« – schlägt Bourdieu die Begriffe *doxa, habitus* und verwandte Kategorien wie symbolische Domination, symbolische Gewalt und symbolische Macht vor (Bourdieu/Eagleton 1992, 112ff.). Der Richtungswechsel der Perspektive – vom Feld der subjektiven Ideen zum Raum der symbolisch strukturierten Macht, auf das, was Martin Jay »die psychosozialen Mechanismen des Gehorchens und die Quellen der Gewalt« nennt (Jay 1973, 166) – markiert dennoch weniger eine Verabschiedung als eine Neukonstitution der vom Konzept der Ideologie selbst eröffneten Problematik – einer Problematik, die bereits in den ambivalenten, aber für die Entstehung eines kritischen Ideologiebegriffs zentralen Formulierungen von Marx zu finden ist. Die Distanz gegenüber der Kategorie des Bewußtseins, die Bourdieu zum Kriterium erhebt, zeigt sich deutlich auch in Marx' Suche nach einer Position, die die theoretischen Mängel der idealistischen Philosophie einerseits und eines mechanistisch verkürzten materialistischen Bewußtseinsbegriffs andererseits umgeht.

> *Vom Feld der subjektiven Ideen zum Raum der symbolisch strukturierten Macht*

Destutt de Tracy, der das Wort als erster gebraucht und in den Kontext materialistischer Philosophie im Vorfeld der Französischen Revolution eingebracht hat, bezeichnet mit Ideologie eine systematische wissenschaftliche Untersuchung der Herkunft von Ideen. Die revolutionären »Ideologen« verstehen den Begriff also positiv: als eine – in der Tradition von Condillac stehende – aufklärende Wissenschaft, die Ideen auf Gefühle zurückführt und damit religiöses und metaphysisches Denken seines ›überweltlichen‹ Fundaments beraubt. Eine Bedeutungsverschiebung erfährt der Ideologiebegriff erst in der marxistischen Theorie, die solche Wissenschaft selbst der Kritik unterzieht. Auch bei Marx steht am Anfang der Ideologietheorie eine systematische Kritik sowohl der Religion als auch der – idealistisch-hegelianischen – Philosophie, deren Subjektbegriff den materiellen Lebensprozeß auf das Bewußtsein reduziere. Zugleich greift Marx jedoch den zeitgenössischen Materialismus Feuerbachs an, der die Spaltung zwi-

> *Von der Religionskritik zur Ideologiekritik*

schen materieller Existenz und menschlichem Bewußtsein so radikalisiere, daß keinerlei bewußte Praxis mehr denkbar sei. Demgegenüber konzipiert Marx einen Praxisbegriff, der sinnliche Welt und Bewußtsein vermittelt und dadurch den Unterschied zwischen den Polen bewahrt, ohne ihn unüberwindbar erscheinen zu lassen. »Der Hauptmangel alles bisherigen Materialismus«, so Marx, »ist, daß der Gegenstand, die Wirklichkeit, Sinnlichkeit nur unter der Form *des Objekts oder der Anschauung* gefaßt wird; nicht aber als *sinnliche menschliche Tätigkeit, Praxis*; nicht subjektiv. Daher die tätige Seite abstrakt im Gegensatz zu dem Materialismus von dem Idealismus – der natürlich die wirkliche, sinnliche Tätigkeit als solche nicht erkennt – entwickelt« (Marx 1845, 5). Diese Betonung von Praxis als Instanz der Vermittlung indiziert einen Bruch mit der bisherigen Problemstellung. Aus heutiger Perspektive liegt der revolutionäre Anspruch im Denken Marx' gegenüber der traditionellen bürgerlichen Philosophie im Entwurf einer völlig neuen Problematik. An die Stelle des Versuchs, die Spaltung zwischen Subjekt und Objekt bzw. Bewußtsein und Existenz zu schließen, stellt Marx die Frage nach einer menschlichen, geschichtlichen Praxis, die Bewußtsein und Existenz als solche produziert und in ein Verhältnis zueinander bringt.

Für uns erscheint die Antwort, die Marx auf diese Frage gibt, weniger wichtig als die Frage selbst – zugespitzt auf ihre Konsequenzen für eine ideologiekritisch formulierte Literaturtheorie. Die Rezeptionsgeschichte marxistischer Philosophie zeigt jedoch, daß diese Frage nicht leicht zu formulieren ist. Statt das aufgerissene Problemfeld weiter zu entwickeln und die zentrale *Fragestellung* bürgerlicher Philosophie zu unterminieren, habe, Perry Anderson zufolge, die erste Generation von Marxisten – insbesondere Antonio Labriola, Karl Kautsky, Georgy Plekhanov und Franz Mehring – versucht, »historischen Materialismus als eine umfassende Theorie des Menschen und der Natur zu systematisieren, um konkurrierende bürgerliche Disziplinen zu ersetzen« (Anderson 1976, 5). Das bedeutet aber eine folgenschwere Verschiebung. Die Orientierung marxistischer Kategorien auf von der bürgerlichen Philosophie und Ästhetik aufgeworfene Probleme und die Hoffnung, daß der Marxismus solche Probleme erfolgreicher lösen könne als seine bürgerliche Alternative, verkürzt das Marxsche Denken um seinen revolutionären Anspruch: Marxismus sollte »neue Antworten auf alte Fragen liefern, statt eine ganz neue, unerwartete Gruppe von Fragen innerhalb eines selbst konstituierten theoretischen Raums zu erzeugen« (Bennet 1979, 102).

Der Versuch, eine vom marxistischen Ideologiebegriff ausgehende Literaturtheorie zu formulieren, bewegt sich im Spannungsfeld zwischen historischem Materialismus und bürgerlichem Idealismus. Er kommt nicht ohne Anleihen bei avancierten bürgerlichen Kulturtheorien aus – was die Schwierigkeiten einer konsistent marxistischen Annäherung an kulturelle und ästhetische Probleme deutlich hervortreten läßt –, im beharrlichen Fragen nach Zusammenhängen fügt er ihnen jedoch eine weitere Ebene der Reflexion hinzu.

Vom Denken des Subjekts: ästhetische Fundamente der Ideologiekritik

»Denn woher diese noch so allgemeine Herrschaft der Vorurteile und diese
Verfinsterung der Köpfe bei allem Licht, das Philosophie und Erfahrung auf-
steckten? Das Zeitalter ist aufgeklärt, das heißt, die Kenntnisse sind gefunden
und öffentlich preisgegeben, welche hinreichen würden, wenigstens unsre
praktischen Grundsätze zu berichtigen. Der Geist der freien Untersuchung
hat die Wahnbegriffe zerstreut, welche lange Zeit den Zugang zu der Wahrheit verwehrten, und den Grund unterwühlt, auf welchem Fanatismus und
Betrug ihren Thron erbauten. Die Vernunft hat sich von den Täuschungen
der Sinne und von einer betrüglichen Sophistik gereinigt, und die Philosophie selbst, welche uns zuerst von ihr abtrünnig machte, ruft uns laut und
dringend in den Schoß der Natur zurück – woran liegt es, daß wir noch
immer Barbaren sind?«

Die Bilanz, die Friedrich Schiller gegen Ende des 18. Jahrhunderts (im
8. seiner Briefe *Über die ästhetische Erziehung des Menschengeschlechts*)
für das Jahrhundert der Aufklärung aufstellt, ist ernüchternd. An erster Stelle unter den großen Desillusionierungen steht der Versuch der
Französischen Revolution, die Theorie einer menschenwürdigen Gesellschaft in Praxis zu verwandeln. Gebrochen wurde zwar die Macht
der Institutionen, die einem solchen Ziel am erbittertsten zu wider-
stehen schienen: das absolutistische Königtum und eine weltlich-poli-
tisch aktive Kirche; das Ziel selbst aber scheint – es ist die Zeit der
Jakobinerdiktatur und der *terreur* – weiter entfernt denn je. Der Verlauf
der Revolution ist für den Beobachter in der ruhigen deutschen Pro-
vinz aber nur ein Symptom für ein grundlegendes Defizit innerhalb
der »Fortschritte des menschlichen Geistes« selbst, deren unaufhaltsamen Gang etwa gleichzeitig der französische Aufklärer Condorcet –
schon im Schatten des Gefängnisses, in dem er sich wenig später das
Leben nehmen wird – noch einmal in aller Radikalität postuliert: »Alle
politischen und moralischen Irrtümer nehmen ihren Ausgang von philosophischen Irrtümern, die ihrerseits wieder an physikalische Irrtümer anknüpfen. Es gibt kein religiöses System, keine über die Natur
hinausstrebende Schwärmerei, die nicht in Unkenntnis der Natur-
gesetze begründet wäre« (Condorcet 1963, 325). Das Gefängnis aber ist
nicht mehr das des *ancien régime*, sondern bereits das der Revolu-
tionstribunale.

*Im Gefängnis der
Aufklärung (»SOMETHING
IS ROTTEN IN THIS AGE
OF HOPE«, Heiner Müller,
Die Hamletmaschine)*

Auf diesen Sachverhalt lenkt Schiller, der eine Beschäftigung mit der
Kunst zu legitimieren versucht in einer Zeit, in der politische Fragen
ungleich drängender scheinen, die Aufmerksamkeit und läutet damit
eine neue Phase der Aufklärung ein. In deren eigenem Medium, der
Vernunft, macht er einen systematischen Fehler aus, um von dieser
Kritik aus die Antwort auf die Ausgangsfrage zu entwerfen. Das Problem liegt nicht mehr in den großen »Irrtümern«, in denen ganze Völker oder Gesellschaften befangen sind, sondern gerade in dem Prozeß,
in dem diese überwunden werden. Zunehmende Aufklärung wird erkauft durch eine immer weiter getriebene Spezialisierung, die zwar
das Wissen um Details ständig vergrößert, zugleich aber den Überblick

*Ein »künstliches und
lichtscheues Uhrwerk«:
mit Friedrich Schiller in
der Vorhölle der
Moderne*

über das Ganze immer schwieriger werden läßt. Die Arbeitsteilung, »die strenge Absonderung der Stände und Geschäfte«, ermöglicht erst den Fortschritt der Gesellschaft als ganzer, erzwingt aber zugleich, daß »nicht bloß einzelne Subjekte, sondern ganze Klassen von Menschen nur einen Teil ihrer Anlagen entfalten, während daß die übrigen, wie bei verkrüppelten Gewächsen, kaum mit matter Spur angedeutet sind« (Schiller 1795, 582f.). Diese Theorie gesellschaftlicher Entfremdung, die bei Schiller eine ihrer klassischen Formulierungen findet, legitimiert nicht nur die Kunst als Erinnerung und Vorschein einer verlorenen und wiederzugewinnenden Harmonie (→ *Soziale Funktion und kultureller Status literarischer Texte*, S. 182), sondern gibt auch wesentliche Hinweise für eine Selbstreflexion der Aufklärung. Zwei Punkte sind dabei relevant: es gibt kein – unmittelbares, individuelles – Bewußtsein des Ganzen, das die Totalität der Lebensverhältnisse in der modernen Gesellschaft umfassen könnte; die Menschen sind vielmehr so in ihre Lebensumstände verstrickt, daß sie nurmehr immer kleinere Ausschnitte einer immer komplexer werdenden Wirklichkeit wahrnehmen können. Gerade deshalb vermag diese Wirklichkeit – das »Uhrwerk« des modernen Staates – wie eine mythische Kraft auf die einzelnen Individuen einzuwirken und ihnen eine Bewegungsrichtung vorzuschreiben, auch wenn in Wahrheit diese Kraft nichts anderes ist als die Summe der individuellen Anstrengungen. Gleichzeitig – und aufeinander bezogen – findet also eine Fragmentierung der Gesellschaft wie der Individuen und eine Totalisierung statt, in der die fragmentierten Kräfte gleichsam aufgesogen werden von einem anonymen Mechanismus, der nicht von Herrschern oder Priestern, sondern vom kulturellen Fortschritt selbst in Gang gesetzt wurde: »Die Kultur selbst war es, welche der neuern Menschheit diese Wunde schlug« (ebd. 583).

Dieser Satz könnte auch als Motto über der ein Jahrhundert nach Schiller von Max Weber ausgearbeiteten Theorie der Moderne stehen.

Beschrieben werden hier komplementäre Prozesse der Ausdifferenzierung (in der einerseits Teilbereiche wie Wissenschaft, Recht und Kunst von der Kultur abgespalten und in getrennten »Wertsphären« institutionalisiert werden, andererseits der Verwaltungs- und Machtapparat des Staates und die kapitalistisch organisierte Wirtschaft weitgehend autonome Handlungsbereiche bilden), der »Entzauberung« (der Auflösung geschlossener ideologischer Systeme) und der »Verdinglichung« (der (zweck-)rationalen Organisation aller Lebensbereiche). Unter dem Diktat instrumenteller Vernunft werden dabei Probleme, die vormoderne Gesellschaften ideologisch lösen mußten – so war laut Weber das zentrale Thema aller Religionen die Rechtfertigung der ungleichen Verteilung der Glücksgüter –, einfach ›wegrationalisiert‹. Die durchorganisierten Funktionsabläufe in Wirtschaft und Bürokratie, aber auch die objektiven Wissenschaften grenzen ›irrationale‹ Gefühle, Ängste und Nöte erfolgreich aus, ›ernst genommen‹ werden sie, wenn überhaupt, nur noch in zunehmend marginalisierten Nischen von Kunst und Kultur.

Der marxistische Philosoph Georg Lukács knüpft an diese Beschreibung des okzidentalen Rationalismus an, kritisiert aber dessen unterstellte Autonomie. Nicht in der Eigendynamik der (autonomen) kulturellen Entwicklung schlechthin, sondern in der Spezifik der zugrundeliegenden Wirschaftsform, des kapitalistischen Tauschverkehrs, sieht Lukács den Motor der beschriebenen Phänomene. So wie die Produkte nicht mehr Ausdruck unmittelbarer Bedürfnisse der Menschen sind, die sie herstellen, sondern nurmehr einen abstrakten Tauschwert repräsentieren, so werden auch die menschlichen Eigenschaften und Fähigkeiten zur Ware. Statt sich »zur organischen Einheit der Person« zu verknüpfen, erscheinen sie »als ›Dinge, die der Mensch ebenso ›besitzt‹ und ›veräußert‹, wie die verschiedenen Gegenstände der äußeren Welt« (Lukács 1923/1970, 194). Je erfolgreicher die Menschen dabei sind, um so mehr werden sie von dem jeweiligen Arbeitsfeld aufgesogen, bleiben jedoch in der Illusion befangen, sie selbst wären Protagonisten einer Entwicklung, in der ihnen mit der übernommenen gesellschaftlichen Funktion auch eine spezifische Form der Subjektivität aufgezwungen wird. Das Modell, um diesen Zirkel beschreiben und aufbrechen zu können, bietet die Marxsche Metakritik der aufklärerischen Religionskritik: eine Kritik, die auf intellektuellem Wege das Bewußtsein aus seinen Täuschungen und Wahngebilden zu befreien sucht, löst, so Marx, nicht nur den Schleier, sondern auch das unter ihm verborgene Bedürfnis nach wahrer Wirklichkeit auf; ein Bedürfnis, das durch die »phantastische Verwirklichung des menschlichen Wesens«, wie sie die ideologischen Opiate anbieten, gleichzeitig *vertreten* und *verstellt* wird (Marx 1844, 378). Die Entzauberung der Welt zehrt auch die Widerstände gegen die ökonomische, zweckrationale Verdinglichung auf und öffnet dabei den Raum für neue, dem Kapitalismus angemessenere Ideologien: etwa der Fiktion, die abstrakte Gleichheit juristischer Subjekte garantiere die Gleichheit der Chancen auf dem ›Markt‹. Demgegenüber wäre es nach Marx nur möglich, den ›wahren‹ Gehalt zu bewahren und aus den Fesseln seiner falschen Form zu befreien, wenn es gelingt, ihm die Wirklichkeit zu öffnen. Ideologiekritik ist keine Sache der Philosophie, sondern der politischen Praxis: »Die Philosophen haben die Welt nur verschieden *interpretiert*; es kömmt drauf an, sie zu *verändern*« (Marx 1845, 7). Die Welt zu interpretieren heißt für Marx, ihr einen vorgegebenen, autonomen Sinn oder eine eigene, quasi natürliche Gesetzmäßigkeit zu unterlegen – was im Fall von Gesellschaftstheorie bedeutet, als »zweite Natur« zu betrachten, was Kultur, Produkt menschlicher Arbeit ist. Sie zu verändern setzt dagegen voraus, die Dichotomien von Theorie und Praxis, Vernunft und Sinnlichkeit, Objektivität und Subjektivität zu überwinden. Lukács beharrt gegenüber der Weberschen Analyse der Moderne auf der zentrierenden Wirkung der Ökonomie, von der die Verdinglichung auf die anderen Sphären ausstrahlt, er sieht darin aber zugleich die Kehrseite eines Konzepts von Totalität und versucht, sich dessen Positivität in einem Rückgriff auf den deutschen Idealismus zu versichern. Von Hegel übernimmt er den Gedanken, daß eine Ganz-

Auswege aus der Dialektik der Aufklärung? Geschichte und Klassenbewußtsein (Lukács)

Theorie und Praxis

heit, die von keinem einzelnen ihrer Teile repräsentiert werden kann, die aber auch niemals ungeteilt zur Erscheinung kommen kann, nur zu verstehen ist als Prozeß, als ›Geschichte‹, die im Moment ihres Bewußtwerdens ›aufgehoben‹ wird; von Schiller inspiriert ist die bereits in der *Theorie des Romans* entwickelte Vorstellung, daß in der Kunst so etwas wie der erinnerte Vorschein dieser Totalität aufbewahrt ist (vgl. Lukács 1920/1971). Neben die erste (materielle) und zweite (gesellschaftlich-verdinglichte) Natur tritt ein »dritter Naturbegriff«, der in einer über Schiller zu Rousseau zurückführenden Reflexionslinie steht: »Natur bedeutet hier echtes Menschsein, das wahrhafte, von den falschen, mechanisierten Formen der Gesellschaft freigewordene Wesen des Menschen: den Menschen als in sich vollendete Totalität, der die Zerrissenheit in Theorie und Praxis, in Vernunft und Sinnlichkeit, in Form und Stoff innerlich überwunden hat« (Lukács 1923/1970, 248). Diese emphatisch verstandene Natur konkretisiert sich in der Kunst, und zwar in der Neuzeit vor allem in der *Konzeption* der Kunst, wie sie der Idealismus entwickelt hat. Nicht eine »objektiv-künstlerische Blütezeit« konstatiert Lukács (er schließt sich eher Hegel an in der Vorstellung, daß die Kunst ihren Höhepunkt längst überschritten hat), sondern eine systematische Bedeutung, »die dem *Prinzip der Kunst* für diese Epoche zukommt« (ebd. 249). Indem sie auf ihre eigene Unmöglichkeit verweist, bewahrt die Kunst das Andenken an das, was in der Geschichte verloren gegangen ist. In der ästhetischen Fragestellung formuliert sich die Beschränktheit der bürgerlichen Erkenntnisform und zugleich das Bedürfnis nach Totalität. Dieselbe Ambivalenz prägt das von Hegel konzipierte philosophische Bewußtsein, das sich seiner eigenen Harmonie versichert, indem es die weltgeschichtlichen Widersprüche und Kämpfe als notwendige Stufen seiner eigenen Entwicklung begreift. Es bedarf dazu eines Aktes kontemplativer Distanzierung, der die Leiden und Nöte der empirischen Menschen zur – gleichwohl notwendigen – Nebensache erklärt. Der ästhetische wie der philosophische Traum, in dem »der gesellschaftlich vernichtete, zerstückelte, zwischen Teilsystemen verteilte Mensch gedanklich wieder hergestellt werden soll« (ebd., 252), schwankt zwischen ohnmächtigem Protest und zynischer Überheblichkeit.

Praktisch auflösen läßt sich die scheinbare ›Schicksalhaftigkeit‹ der verdinglichten bürgerlichen Kultur nur von einem Ort außerhalb dieser – d.h. für Lukács vom Standpunkt des Proletariats. Dieses allein kann nicht den Schein seiner Subjekthaftigkeit in der bisherigen Geschichte erzeugen, sondern muß sich radikal als ihr Objekt empfinden; damit aber kann auch das in der Struktur der Persönlichkeit verankerte Widerstandspotential nicht mehr von dem ideologischen Mißverständnis vermeintlicher autonomer Subjektivität aufgesogen werden. Indem sich das Proletariat als das Objekt der Geschichte erkennt, erkennt es sich auch als ihr mögliches Subjekt: ohne jede Chance, die eigene Situation sublimierend mißzuverstehen, bewahrt es gerade im Zustand radikaler Verdinglichung ein Bild wahrer Humanität und wird zugleich zu dessen Verwirklichung getrieben.

Der Angriff auf das Webersche »Dogma der Rationalität« (ebd. 252) – das den Irrationalismus nicht überwinden kann, indem es ihn aus dem Denken vertreibt – hat Lukács zur idealistischen Kunst zurück und zum – historisch zu realisierenden – proletarischen Klassenbewußtsein voraus geführt. Die Grenzen der Rationalität sind die Grenzen der verselbständigten Teilsysteme, in deren unkontrolliertem, ›anarchischem‹, Wechselspiel der irrationale Charakter des Ganzen um so deutlicher hervortritt. Eine Bestätigung hierfür findet Lukács in der Krisenanfälligkeit des Kapitalismus und der kapitalistischen Staaten. Eben hier zeigt sich aber auch das Scheitern seiner Theorie. Sie bleibt nicht nur gegenüber den Effekten der Macht, die von einem totalitären Staatsapparat ausgehen können, weitgehend unsensibel – was sich in Lukács' späterem Verhältnis zum Stalinismus auf fatale Weise bestätigt – sondern sie unterschätzt auch die Fähigkeiten des ›organisierten Kapitalismus‹ (Hilferding), Krisen produktiv zu verarbeiten und Klassenkonflikte sozialstaatlich zu pazifizieren. Während in nachindustriellen kapitalistischen Gesellschaften die Konturen sozialer Klassen weitgehend verschwimmen, bilden sich neue Konfliktfelder, die nicht mehr allein von ökonomischen Verteilungskämpfen, sondern eher von Auseinandersetzungen auf der Ebene von Kultur und »Ideologie« geprägt sind.

Um »Kapitalismus als Kultur« (Claessens 1979) adäquat erfassen zu können, scheint die Rückversicherung bei der idealistischen Ästhetik, die Lukács' Theorie ebensosehr prägt wie die Orientierung auf proletarisches Klassenbewußtsein, nicht hinreichend. Lukács hält am Bild eines Subjekts fest, das sich in der Vollständigkeit und Harmonie seines Wesens entfalten kann, wenn die gesellschaftlichen Voraussetzungen dafür geschaffen sind; und analog zu Schiller (→ *Soziale Funktion und kultureller Status literarischer Texte*, S. 182) – und in expliziter Anlehnung an diesen – versichert er sich dieses Bildes in einer Art menschheitsgeschichtlicher Erinnerungsarbeit, für die die Kunst paradigmatisch ist. Strukturell verknüpft mit den nostalgischen Vorstellungen von der Idealität vormoderner Lebensräume, scheint dieses Modell nicht verdinglichten Lebens jedoch von der Komplexität der modernen Welt hoffnungslos überfordert. So könnte es – wenn es denn tatsächlich der idealistisch-klassizistischen Kunst abzulesen wäre – doch nur um den Preis seiner eigenen Ideologisierung zur normativen Folie von Alltagsleben erhoben werden. Aber nicht erst die Ästhetisierung der Lebenswelt erweist sich unter den Bedingungen der Moderne als »erpreßte Versöhnung« (Adorno 1981a); auch umgekehrt würde ein solcher lebenspraktischer Anspruch an die ästhetische Literatur die Entfaltung ihrer immanenten Rationalitätspotentiale (wie auch immer man die definieren wollte) blockieren. Adäquate Aussagen über die ›Grammatiken‹ moderner Lebensformen sind von Texten, deren eigene Grammatik gewaltsam auf einem relativ niedrigen Komplexitätsniveau festgeschrieben wird, kaum zu erwarten.

»Die neuen Konflikte entstehen vielmehr in Bereichen der kulturellen Reproduktion, der sozialen Integration und der Sozialisation [...]. Kurz die neuen Konflikte entzünden sich nicht an Verteilungsproblemen, sondern an Fragen der Grammatik von Lebensformen« (Jürgen Habermas)

Erpreßte Versöhnung: die Ideologie des ›Ganzen‹ und die Prämissen einer marxistischen Ästhetik

Weg vom Alptraum der Basis:
Perspektiven einer marxistischen Texttheorie

Entscheidende Impulse für eine marxistische Ästhetik, die dem anfangs skizzierten Dilemma einer in den bürgerlichen Denkweisen befangenen Theorie entkommt, hat in den sechziger und siebziger Jahren der französische Marxist Louis Althusser gegeben. Nicht als eine (erfolgreichere) Alternative zu schon existierenden philosophischen Systemen, sondern als Aufriß eines neuen Problemfeldes, in dem sich die Umrisse einer veränderten Fragestellung abzeichnen, wird hier die marxistische Theorie reformuliert. In *Das Kapital lesen* erschließt Althusser ein Modell der Lektüre (»*la lecture symptomale*«), das er aus Marx' Interpretation zeitgenössischer ökonomischer Texte ableitet und dann auf die marxschen Texte selbst anwendet. Dabei erweist sich, daß dieser nicht einfach die von den bürgerlichen Ökonomen (Adam Smith, Ricardo, Proudhon u. a.) gebotenen Erklärungen widerlegt. Ganz im Gegenteil: er zeige, daß ihre Antworten zwar richtig sind, aber daß diese Antworten neue, *noch nicht gestellte* Fragen anschneiden, Fragen, die sie selbst nicht stellen konnten. Marx mache diese Fragen explizit – aber er selbst verkenne diese Neuartigkeit seines eigenen Lektüremodus, wenn er lediglich darauf beharre, richtigere Antworten auf die alten Fragen zu geben. Gegenüber dieser Blindheit, in der die nachfolgenden marxistischen Theorien befangen bleiben, arbeitet Althusser die Originalität der Marxschen Lektüre heraus, die sie ein neues, zuvor nicht erkennbares Forschungsgebiet produzieren läßt (Althusser 1972, 1974).

»la lecture symptomale«
(Althusser)

Mit dem von Althusser vorgeschlagenen Lektüremodus sind auch die neuen Anforderungen an eine marxistische Ästhetik konturiert. Ihr Ziel kann nicht darin bestehen, neue Interpretationen zu liefern. Literaturkritik und Literaturwissenschaft als Interpretation zu verstehen heißt, wie Pierre Macherey kritisiert, an die Stelle des literarischen Texts ein Äquivalent in der Form seines Sinns zu setzen (Macherey 1978, 75). Der Text wird dabei als ein schon gegebenes Objekt behandelt, in dem eine externe, aber gleichwohl im Text enthaltene Wahrheit verborgen ist – eine Wahrheit, die der Interpret oder die Interpretin in der Form von Bedeutung begreifen. In einem Akt der »befreienden Gewalt« nehmen sie den Text auseinander, um ihm an Bedeutung abzuringen, was er in seiner ›ursprünglichen‹ Form nur unvollkommen ausdrückt. Dieser Interpretationsprozeß sei nicht nur reduktiv und normativ, insofern er den Text auf einen externen Sinn reduziert, einen Sinn, der dem Text dann als Norm oder Modell gegenübergestellt wird. Gravierender sei, daß dieses Verfahren nur nach einer Antwort auf die Frage »Was sagt der Text?« suche und deshalb nicht bis zur entscheidenderen Frage nach dem Verhältnis zwischen dem, was der Text sagt, und dem, was er nicht sagen kann, vordringe.

Interpretation:
befreiende Gewalt

Um diese Frage stellen und beantworten zu können, muß sich der Textbegriff selbst radikal ändern. ›Text‹ kann nicht mehr als ein schon gegebenes, geschlossenes Werk gelten, dessen Essenz die Interpreta-

tion zu extrahieren versucht. Statt ihn als organische Totalität zu rekonstruieren, befaßt sich marxistische Literaturtheorie mit der *Produktion des Textes als kritisches Objekt*. Sie versteht ihn also erstens als Produkt von Arbeitsprozessen und Praktiken, die einen bestimmten Rohstoff unter spezifischen Bedingungen transformieren (vgl. Althusser
1968). Weil sie selbst durch historische Prozesse formiert sind, kann der
Text der in seinen Materialien sedimentierten Geschichte nicht entge-
hen: er kann seine Unabhängigkeit nur reklamieren im Versuch, seine
Materialien aus ihren sie determinierenden Kontexten zu lösen, um sie
dann in der Form einer autonomen Totalität miteinander zu versöh-
nen. Interpretation im traditionellen Sinn akzeptiert diese konstruierte
Totalität als die ausgesprochene und zugleich verborgene Wahrheit.
Aber der Totalitätsanspruch ist selbst das Symptom der Unüberwind-
barkeit der von den Materialien transportierten Widersprüche. Betonung der Produktion heißt zweitens, daß der kritische Diskurs selbst
als ein Arbeitsprozeß aufgefaßt werden muß, der den Text transformiert. Weil der Text keine kohärente Totalität konstituiert, stellt er
selbst Konflikte und Widersprüche unterschiedlicher Sinngehalte aus,
und genau diese Bedeutungsdifferenzen werden für Literaturkritik
wichtig. Ihre Aufgabe liegt dann nicht mehr darin, die textinhärenten
Lücken zu füllen, um Geschlossenheit und Vollkommenheit zu sug-
gerieren, sondern die irreduzible Konfliktstruktur herauszuarbeiten
»und zu zeigen, wie dieser Konflikt durch die Beziehung des Werkes
auf Ideologie produziert wird« (Eagleton 1976, 35; vgl. Macherey 1978,
39ff., 75ff.). Anders gesagt: der kritische Diskurs macht das Prinzip der
Textproduktion sichtbar; er zeigt die Bedingungen auf, die dem Text
zugrunde liegen und die ihn ermöglichen, indem er »zur Sprache«
bringt, wovon der Text auf signifikante Weise ›schweigt‹: nämlich die
ihn fundierende Ideologie. Das ›Schweigen‹ begründet sich in der Un-
sichtbarkeit von Ideologie, die wiederum Resultat ihrer Alltäglichkeit
und scheinbaren Selbstverständlichkeit ist. Nur implizit wird dieser
Nahbereich von literarischen Texten ›bearbeitet‹, und genau diese »Arbeit an der Ideologie« (Eagleton 1993, 58) versucht die Kritik zu rekonstruieren. Der hier auftauchende Ideologiebegriff steht im Zentrum
der Argumentation Althussers und muß daher zunächst erläutert werden, um die Text-Ideologie-Beziehung näher bestimmen zu können.

Die Arbeit der Ideologie und das Schweigen der Texte

Ideologie ist nach Althusser keine Maske, die mit Gewalt abgerissen
werden könnte, um die reale Welt der Warenstruktur und Verdinglichung zu offenbaren. Sie muß vielmehr als strukturell notwendig für
die Reproduktion einer sozialen Formation betrachtet werden, die darauf angewiesen ist, daß konkrete Individuen freiwillig die für eine
funktionierende, differenzierte Arbeitsteilung erforderlichen Positionen übernehmen. Ideologie erziele dies, so Althusser, indem sie die
Individuen in Subjekte transformiere, d. h. durch die Produktion von
Menschen, die bereit und fähig sind, von der Gesellschaftsformation
konstituierte und für ihren Fortbestand unentbehrliche strukturelle Positionen zu besetzen. Damit ist sie nicht als die imaginäre Repräsentation der realen Bedingungen menschlicher Existenz zu begreifen

(sei diese wahr oder falsch), sondern als die Repräsentation des *imaginären Verhältnisses* der Individuen zu ihren realen Existenzbedingungen. Dies bedeutet einerseits, daß Individuen nie über die Realität direkt verfügen, da diese nur durch die imaginäre Vermittlung der Ideologie zugänglich ist. Andererseits ist imaginär hier nicht mit ›im Bewußtsein erzeugt‹ oder mit ›Ideen‹ gleichzusetzen; eher hat das imaginäre Verhältnis eine reale, ›materielle‹ Existenz, weil es nicht als ein subjektiver Reflex äußerlicher Bedingungen entsteht, sondern durch Praxis erzeugt wird. Das imaginäre Verhältnis ist immer ein erlebtes, und erlebt genau in der Form einer Praxis, die sich notwendigerweise dem Bewußtsein entzieht – einer strukturierten Praxis, die von Institutionen reguliert wird und gleichzeitig diese Institutionen als Sedimentierung bestimmter Ensembles von Praktiken generiert. Außerdem konstituiert die subjektive Repräsentation dieses imaginären Verhältnisses konkrete Individuen als Subjekte, denen nicht bewußt wird, wie sie sich durch Übernahme einer strukturellen Position der Sozialordnung unterworfen haben.

Literarische Texte lassen sich innerhalb dieser Theorie verstehen als bestimmte, historisch spezifische Formen der *ideologischen Verarbeitung von Ideologie*, durch die ein gewisser Abstand gegenüber Ideologie gewonnen werden kann, ohne daß ein völlig ideologiefreier Zustand angenommen werden müßte. Eagleton hat diese Position mit einer suggestiven Analogie charakterisiert: das Verhältnis zwischen literarischem Text und Ideologie läßt sich dem Verhältnis einer Theateraufführung zu einem dramatischen Text vergleichen. Diese Aufführung stellt weder eine bloße Widerspiegelung des Textes dar noch ist sie Ausdruck seines ›Wesens‹, weil Text und Aufführung »distinkte – reale und theoretische – Räume besetzen« (Eagleton 1976). Die Verbindung zwischen beiden ist eher als ein historisch spezifisches *Produktionsverhältnis* zu bestimmen, als ein Arbeitsprozeß, in dem die theatralischen Werkzeuge (schauspielerische Geschicklichkeit, Inszenierung usw.) den Rohstoff – ›Text‹ – in ein besonderes Produkt – ›Aufführung‹ – verwandeln. Aber diese Verarbeitung wiederum wird produziert vom Text, der ja kein wirklich ›roher‹ Stoff ist, sondern selber das bestimmte Produkt einer bestimmten Geschichte darstellt. Auch dieses Verhältnis des Textes zur Geschichte wird in der theatralischen Verarbeitung erneut (mit-) produziert; anders gesagt: sie konstituiert diesen Text so, daß sein internalisiertes Verhältnis zur eigenen Geschichte überhaupt ans Licht treten kann. In gleicher Weise *produziert* der literarische Text Ideologie: »Das Verhältnis des literarischen Textes zu Ideologie«, so Eagleton, »konstituiert jene Ideologie so, daß sie etwas von ihrem Verhältnis zur Geschichte offenbart«. In diesem Sinne »tritt Geschichte in den Text *als Ideologie* ein«. Aber auch dies ist keine Frage bloßer Widerspiegelung oder des Ausdrucks schon vorgegebener ideologischer Formationen. Daß der Text Ideologie produziert, heißt, daß er der Materialität seines ›Rohstoffs‹ – der durch den Geschichtsprozeß sedimentierten materiellen Bestimmungen seiner eigenen Möglichkeit – eine Gestalt gibt, in der deren ideologischer Status und Historizität

Die Inszenierung von Ideologie

verhüllt sind. Ideologie kann sich nur in der vom Text gegebenen Gestalt darstellen – insofern verdankt sie ihm ihre Existenz –, sie zwingt
den Text aber zugleich, sie in seiner Arbeit der Gestaltung *als Ideologisches* zu tilgen – insofern markiert sie die unreflektierte Beziehung
des Textes zu dem die Bedingungen seiner eigenen Möglichkeit konstituierenden historischen Kontext. Dieses Verhältnis zwischen Offen-
barung und Maskierung sucht die marxistische Literaturkritik herauszuarbeiten, indem sie nicht nur danach fragt, was der Text sagt, sondern auch nach dem, was er nicht sagen kann.

Diese Frage ›produziert‹ einen Text, der sich grundsätzlich unterscheidet von dem in sich geschlossenen, vollkommenen literarischen
Werk. Dessen trügerische Einheitlichkeit entsteht in einer Art Komplizenschaft von ästhetischer Produktion und literaturwissenschaftlicher Interpretation, die beide Teil eines ideologischen Arbeitsprozesses
sind, der die Widersprüchlichkeit der Materialien nicht auflöst, sondern versteckt. Aber auch die Enthüllung dieser Widersprüche liefert
zunächst nicht mehr als eine weitere Interpretation, die an die Stelle
unterschiedlicher totalisierender Konstruktionen des geschlossenen
Werks den dissonanten, in sich widersprüchlichen Text setzt. So kann
etwa Machereys Versuch, ›dem Text‹ die Dissonanzen immanent und
formal abzulesen, nur immer wieder den unauflösbaren Widerstreit
semantischer Codes konstatieren, während die einzelnen Texte jede
Eigenständigkeit und historische Spezifität verlieren. Die Textzentriert-
heit der Lektüre legt eine erneute Mystizierung des ›Kontextes‹ nahe,
in der ›Dissonanz‹ reduziert wird zum Effekt der Sprache an sich
(Poststrukturalismus) oder zur unvermittelten Reflexion einer wirt-
schaftlichen Basis an sich (orthodoxer Marxismus). Fredric Jameson hat
demgegenüber die Aufmerksamkeit auf die ›falschen‹ Überwindungen
der Widersprüche und den Anteil, den Literaturwissenschaft daran
hat, zurückgelenkt. Aus der Aufklärung über die Komplizenschaft von
ideologischer ästhetischer Arbeit und vereinseitigender, harmoni-
sierender Interpretation erwartet er Aufschlüsse über die »semantischen Möglichkeiten [...], die bereits von vornherein gegeben sein
mußten, damit der untersuchte Text in seiner einmaligen historischen
Spezifik erschafften werden konnte« (Jameson 1988, 50). Die von Jameson anvisierte »politische Interpretation literarischer Texte« bildet
keine »fakultative Ergänzung« zeitgenössischer theoretischer und methodischer Optionen, sondern versteht sich »als der absolute Bezugs-
horizont allen Lesens und aller Interpretation« (ebd., 13), als Rahmen
also, in dem konkurrierende Interpretationen verortet und die (Diffe-
renz-) Beziehungen zwischen ihnen spezifiziert werden können. Jede
Einzelinterpretation stellt nach Jameson einen begrenzten Versuch dar,
bestimmte mögliche Vermittlungen zwischen Text und Welt zu analysieren. Ihre Begrenztheit besteht genau darin, die eigenen theoretischen bzw. methodischen Voraussetzungen und Standards soweit
zu verallgemeinern, bis die analysierte Vermittlung als einzig mögliche
erscheint, als der zentrale Code, zu dessen Allegorie der Text reduziert
wird (ebd., 51–66). Dennoch scheint es möglich – und hier liegt für

*Totalität und Dissonanz:
Auf dem Weg zu einer
politischen
Interpretation
literarischer Texte
(Jameson)*

*Das politische
Unbewußte*

Jameson die Spezifik des marxistischen Ansatzes –, die einzelnen Analyseverfahren in ein Wechselspiel zu bringen und sie damit einer umfassenderen Analyse quasi zu inkorporieren – »die Grenzen dieser inkorporierten Systeme können immer überwunden und ihre brauchbaren Ergebnisse beibehalten werden, sofern man ihre Denkoperationen radikaler Historisierung unterzieht. Dies hat in solcher Weise zu geschehen, daß nicht allein der Inhalt der Analyse, sondern auch die Methode selbst sowie das Subjekt, das sie zur Anwendung bringt, ihrerseits in den ›Text‹ bzw. in das zu erklärende Phänomen einbezogen werden« (ebd., 41).

Das Postulat radikaler Historisierung verlagert den Ort, an dem die Wiedervereinigung der widersprüchlichen Bedeutungsdimensionen des Textes möglich sein soll, von der Ebene des Werks auf den Produktionsprozeß, es hält aber grundsätzlich an der Möglichkeit einer solchen Totalisierung fest. Auch die anfänglich herausgearbeitete Dissonanz der Texte bleibt daher nur ein provisorisches, transitorisches Moment im Interpretationsprozeß, der die heterogenen Fragmente im Modus von »struktueller Differenz und entschiedenem [bestimmtem, d.h. sozial determiniertem] Widerspruch« erneut in Beziehung zueinander setzt (ebd., 49). Ersetzt wird der synthetische und synthetisierende Code, der die Sprache des »Werks« bildet, durch eine Vielzahl differenter Codes, in denen so heterogene Dinge wie »politische Einstellungen, ideologische Gesichtspunkte, Rechtskategorien, historische Eckdaten und ökonomische Prozesse« (ebd. 50) ›zur Sprache kommen‹. *Ihre* Konflikte schreiben sich als Widersprüche in den literarischen Text ein und werden weitertransportiert von seinen Interpretationen – und zugleich weisen sie ihm seinen sozialen Ort zu. Insofern Literatur selbst ein Effekt historisch lokalisierbarer gesellschaftlicher Widersprüche ist, kann die Einheit der Texte nur als Symptom aufgefaßt werden, als eine notwendige Illusion, die ihren eigenen Status leugnet, um unversöhnbaren gesellschaftlichen Differenzen eine verlagerte Ersatzform zu geben. Literatur fungiert als die »imaginäre Lösung ideologischer Widersprüche« (Balibar / Macherey), nicht weil sie solche Widersprüche« repräsentiert, sondern weil sie sie zur Aufführung bringt und ihnen dadurch eine konstitutive Form verleiht. Der Unterschied von Repräsentation und Aufführung ist hier von zentraler Bedeutung. Wenn wir Literatur als Repräsentation einer gegebenen Realität verstehen, dann verorten wir sie selbst außerhalb dieser Realität, und ihre verlagerte Versöhnung gesellschaftlicher Konflikte

reflektiert dann ebenfalls eine schon existierende Lösung. Aber die Konflikte, die strukturell der Gesellschaft angehören, sind nicht überwindbar, weil »nichts existiert, was nicht gesellschaftlich und geschichtlich ist«, auch nicht »im mikroskopischen Erfahrungsraum von Wörtern in einem Text oder im ekstatischen und intensiven Erleben der diversen Privatreligionen« (Jameson 1988, 16).

Was literarische Texte – wie ideologisch auch immer – leisten, ist eine Umkodierung, die zwischen verschiedenen Ebenen einer fragmentierten und doch in sich strukturierten gesellschaftlichen Totalität zu vermitteln vermag. Der Schein der Kohärenz, in dem dies geschieht, begründet sich in einem spezifischen Status der Texte, den Jameson mit Althusser als *Semiautonomie* bezeichnet. Angesprochen wird er in der Frage, die laut Jameson explizit oder implizit jede Interpretation eines literarischen Textes stellen muß: »Ist der Text ein eigenständiges, freischwebendes Objekt, oder ›widerspiegelt‹ er einen Kontext oder Motivgrund? Und falls letzteres zutrifft: Ist der Text lediglich ideologisches Replikat des Kontexts, oder besitzt er eine autonome Kraft, vermittels derer er solchen Kontext negieren könnte?« (32). Mit dem Konzept semiautonomer Sphären, das auf diese Frage reagiert, wird Literaturwissenschaft gleichzeitig als ein Teil von Gesellschaftstheorie und als deren Paradigma definiert: ersetzt man beispielsweise Text und Kontext durch Staatsapparat und Produktionsbedingungen, dann läßt sich am Schicksal sozialistischer Revolutionen ›ablesen‹, daß eine ›Vergesellschaftung‹ der Produktionsmittel keineswegs ›automatisch‹ den ›abhängigen‹ Machtapparat des Staates zum ›Absterben‹ bringt, sondern im Gegenteil dessen (semi-)autonome Eigendynamik hypertrophieren läßt. Der Widerstreit literaturwissenschaftlicher Interpretationen verdeutlicht paradigmatisch den – ideologischen – Mechanismus, nach dem sich nicht nur literarische Texte, sondern auch andere semiautonome Sphären zur gesellschaftlichen Formation als Ganzes verhalten. Ideologie wird jetzt verstehbar als »Eindämmungsstrategie«, »die all das zuläßt, was innerhalb der eigenen Rahmenbedingungen für intern kohärent gelten kann, während sie das Undenkbare unterdrückt, das außerhalb ihrer Grenzziehungen liegt« (46). So wie die verschiedenen Interpretationen die »semiautonome Kohärenz« (55) isolierter Textbereiche herausarbeiten, so funktionieren beispielsweise auch die einzelnen Wissenschaften als geschlossene Systeme, indem sie sich gegenüber einer nichtintegrierbaren Außenwelt abschotten. Diese Fragmentierung ist aber nun nicht in einer umfassenderen Perspektive aufzuheben (wie sie z. B. die idealistische Ästhetik einzunehmen versuchte), denn diese könnte ja selbst wiederum nur durch (noch striktere) Ausgrenzungen Kohärenz gewinnen: »Totalität« meint nicht »eine Art positiver Vision«, sondern einen »methodologischen Standard« (45). Anders gesagt: Jameson »rettet« den Lukácsschen Totalitätsbegriff, indem er ihn in ein »Instrument der Erzählanalyse« transformiert (47) und auf den gesamten Geschichtsprozeß richtet – als ein ideales methodologisches Prinzip, das wir annehmen müssen, um interpretieren zu können, d. h. um überhaupt von Differenzen sprechen zu können. In dieser Reformulierung (R*einterpretation*) wird der Totalitätsbegriff zur »abwesenden Ursache«, die sich in ihren Effekten als vermittelnde Instanz zwischen den verschiedenen Ebenen der Gesellschaftsformation realisiert.

Ideologischer Mechanismus

Jamesons Entwurf einer universalistischen Hermeneutik stellt den Versuch dar, die Möglichkeit marxistischer Literaturtheorie durch eine radikale Steigerung ihrer Ansprüche zu retten. Sie integriert die in widerstreitenden Interpretationen und Bedeutungen ausgedrückte Heterogenität des Textes, indem sie sie als bestimmten, d. h. sozial determinierten Effekt der Geschichte identifiziert, deren gesamte reale Widersprüchlichkeit sich in den einzelnen interpretativen Codes äußert, und die nur durch diese Codes verfügbar ist. Zugleich entwirft sie damit eine Theorie der Vermittlung, die in der Lage sein soll, Zusammenhänge zwischen den verschiedenen Sphären der Gesellschaft aufzuzeigen, ohne diese als bloße Abhängigkeitsrelationen zu bestimmen; eine Theorie, die Ideologie als Grammatik von Lebensformen beschreibt – genauer als Grammatik, die zwischen verschiedenen Sphären und Ebenen gesellschaftlichen Lebens zu vermitteln versucht und die (unter anderem) der von Texten geleisteten »Arbeit an der Ideologie« abzulesen ist.

Fragmentierung und Universalisierung:
Aporien im Projekt der Moderne

Damit sind aber auch die Grenzen der Kritik selbst benannt, die weder hypertrophe Universalwissenschaft noch bloßes Überbauphänomen innerhalb einer – nicht besonders bedeutsamen – Teilsphäre (sei dies die Universität, der literarische Markt oder eine der marginalisierten kommunistischen Parteien spätkapitalistischer Staaten) sein will.

Sprache als Medium der Ideologie (Balibar/Macherey)

Der Ideologie, die in den Institutionen verkörpert ist, kann auch die Kritik nicht entkommen, sie kann höchstens versuchen, sich über ihren eigenen Status klarzuwerden. Selbst die Sprache ist Teil dessen, was Althusser als »ideologische Staatsdispositive« bezeichnet. Etienne Balibar und Pierre Macherey haben das herausgearbeitet an der Rolle, die die Entwicklung einer einheitlichen Nationalsprache im Formationsprozeß der bürgerlichen Gesellschaft in Frankreich spielt. Sie ist gleichermaßen das Medium bürgerlicher Demokratie und kapitalistischer Wirtschaft, indem sie den Ort der Begegnung, der Kommunikation zwischen prinzipiell gleichartigen Subjekten darstellt: die gemeinsame, ›neutrale‹ Sprache ist die Voraussetzung für freie und symmetrische Beziehungen in der politischen Willensbekundung ebenso wie beim Abschluß von Verträgen. Als künstliche Vereinheitlichung unterschiedlicher Dialekte und Redeweisen ist diese Sprache jedoch auch das Produkt und das Instrument eines elitären, exklusiven Bil-

Die feinen Unterschiede: Sprache und Macht

dungssystems, in dem das Bürgertum das Erbe des *Ancien Régime* antritt. Ihre scheinbare Neutralität impliziert tatsächlich eine strikte Hierarchie von dominanter bürgerlicher Kultur und Sprache und dominierten Dialekten etwa der ländlichen und städtischen Unterschichten. Gerade auch literarische Sprache als idealisierte Form der abstrakt universalisierten Sprache trägt so zur Markierung der Differenz bei, die das Bürgertum von anderen Klassen trennt. Das definiert ihre Wertschätzung und ihren sozialen Ort, selbst wenn einzelne Texte anderes aussagen (Balibar/Macherey 1992; analog beschreibt Aleida Assmann, wie sich die als »Ideal integraler Menschenbildung« konzipierte ›deutsche Bildungsidee‹ während des 19. Jahrhunderts in »distinkte, kollektive, exklusive Menschbilder« transformiert; vgl. Assmann 1993).

Das strategische Ziel des Vermittlungskonzepts – das mit dem Konzept semiautonomer Sphären direkt verbunden ist: Semiautonomie betont gleichermaßen die Trennung und die Verbindung – besteht darin, die ausdifferenzierten Sphären von Kultur und Gesellschaft gegeneinander zu öffnen, ohne dabei von einem theoretisch oder praktisch übergeordneten Prinzip – etwa der ›Geist‹, die ›Wirtschaft‹, die ›Partei‹ usw. – ausgehen zu müssen. Der von Althusser analysierte Mechanismus ideologischer Subjektbildung beispielsweise zeigt, wie schwer es ist, eine ›gute‹ von einer ›schlechten‹ Totalität zu trennen – in dem Sinne, daß ›gut‹ für ein ›vollständiges‹, ›unzerrissenes‹ Subjekt innerhalb eines ›authentischen Kollektivlebens‹ steht, ›schlecht‹ für ein Universum zirkulierender, in Geldwert übersetzbarer Waren, für den ›universellen Verblendungszusammenhang‹ einer industrialisierten Kultur oder eines totalitären Staatsapparates. Die Menschen waren nicht einfach glückliche, harmonische Individuen, bevor der Kapitalismus gekommen ist und sie in ein Bündel markttauglicher, käuflicher und verkäuflicher Eigenschaften und Fähigkeiten zerrissen hat. Individualität wie Kapitalismus sind vielmehr korrelative Größen in einem Prozeß, der sich allgemein als Komplexitätssteigerung charakterisieren läßt.

Im Anschluß an Max Weber beschreibt Jürgen Habermas diesen Prozeß gesellschaftlicher Modernisierung als doppelte Differenzierung: Aus einem umfassenden Kontext einer sozial konstituierten und kulturell integrierten Lebenswelt löst sich der Bereich der materiellen Reproduktion ab und konstituiert Wirtschaft und staatliche Bürokratie als autonome Subsysteme zweckrationalen Handelns, die nur über die funktionalen Medien ›Geld‹ und ›Macht‹ mit der Lebenswelt verkoppelt bleiben. ›Lebenswelt‹ meint dabei den Zusammenhang internalisierter und intuitiv verfügbarer kultureller Gewißheiten, sozialer Praktiken und individueller Fähigkeiten, der den Erfahrungshorizont vergesellschafteter Individuen bildet. Je homogener dieser Zusammenhang ist, um so fester scheint die Integration einer Gesellschaft; umgekehrt jedoch beruht ihre Entwicklungsfähigkeit und ihr Komplexitätspotential, damit aber auch ihre materielle Reproduktion darauf, die Fraglosigkeit des in ihr zirkulierenden Wissens aufzubrechen und dessen einzelne Elemente im Hinblick auf differenzierte Geltungsansprüche instrumenteller Wirksamkeit bzw. kognitiver Wahrheit, normativer bzw. moralischer Richtigkeit und subjektiver Wahrhaftigkeit bzw. expressiver Authentizität zu hinterfragen. In dieser Differenzierung wird allerdings der Rahmen einer geschlossenen Lebenswelt gesprengt; es bilden sich *kulturelle* Subsysteme für Wissenschaft, Moral/Recht und Kunst, denen die Aufgabe der Ausbildung »argumentativ gestützter, durch Dauerkritik verflüssigter, aber zugleich professionell abgesicherter Traditionen« zufällt (Habermas 1985, Bd. 1, 109). Damit entsteht jedoch auch die Frage, wie die in solchen autonomen Wertsphären entbundene Rationalität in eine funktionierende Lebenspraxis zurückzubinden ist, die doch der einzige *gemeinsame* Bezugspunkt bleibt. Denn die kulturelle Differenzierung vermittelt sich dem orientierungsbedürftigen Alltagsbewußtsein als Fragmentierung:

Neue Formen von Ideologie: Die Fragmentierung des Bewußtseins und die Kolonialisierung der Lebenswelt (Habermas)

»Das Alltagsbewußtsein sieht sich an Traditionen verwiesen, die in ihrem Geltungsanspruch bereits suspendiert sind, und bleibt doch, wo es sich dem Bannkreis des Traditionalismus entzieht, hoffnungslos zersplittert. An die Stelle des falschen tritt heute das *fragmentierte* Bewußtsein, das der Aufklärung über den Mechanismus der Verdinglichung vorbeugt. Erst damit sind die Bedingungen einer *Kolonialisierung der Lebenswelt* erfüllt: die Imperative der verselbständigten Subsysteme dringen, sobald sie ihres ideologischen Schleiers entkleidet sind, *von außen* in die Lebenswelt – wie Kolonialherren in eine Stammesgesellschaft – ein und erzwingen die Assimilation; aber die zerstreuten Perspektiven der heimischen Kultur lassen sich nicht soweit koordinieren, daß das Spiel der Metropolen und des Weltmarktes von der Peripherie her durchschaut werden könnte.« (Habermas 1985, Bd.2, 522)

Traditionalismus wie Zersplitterung verhindern gleichermaßen die Entstehung eines kritischen Bewußtseins, von dem aus die sich verselbständigenden Subsysteme von Wirtschaft und Staat in ihrer Komplexität adäquat erfaßt und einer sozialen Kontrolle unterworfen werden könnten, während diese Subsysteme selbst – weitgehend unbemerkt, aber mit für das Individuum zerstörerischen Konsequenzen im Bereich der symbolischen, sozialen Reproduktion – als funktionale Zwänge auf das Alltagsleben einwirken.

Das Drama des okzidentalen Rationalismus

Webers Moderne-Theorie wird von Habermas so reformuliert (und mit einer marxistischen Theorie verbunden), daß das Drama des okzidentalen Rationalismus sich nicht in den ausdifferenzierten Expertenkulturen, sondern auf der Bühne der Lebenswelten (kommunikativ Handelnder) abspielt. Die These einer Kolonialisierung der Lebenswelt beschreibt, wie eine Alltagspraxis den ökonomischen Imperativen (oder komplementär denen der von totalitären Staatsapparaten ausgehenden Macht) unterworfen wird, ohne daß es dazu noch eines ideologisch fundierten ›falschen Bewußtseins‹ bedarf. Keine wo auch immer institutionalisierte Ideologiekritik kann diesen Vorgang aufheben; sie kann allenfalls die Bedingungen benennen, die ihn kontrollierbar machen: Das Gelingen des ›Projekts der Moderne‹ hängt davon ab, in welcher Form es einer Gesellschaft gelingt, sowohl »die objektivierenden Wissenschaften, die universalistischen Grundlagen von Moral und Recht und die autonome Kunst unbeirrt in ihrem jeweiligen Eigensinn zu entwickeln«, als auch »die kognitiven Potentiale aus ihren esoterischen Hochformen zu entbinden und für die Praxis, d. h. für eine vernünftige Gestaltung der Lebensverhältnisse zu nützen« (Habermas 1980/1981, 453).

Demgegenüber erscheinen sowohl der Versuch, *einen* Bereich der Kultur (z. B. die Ästhetik) hegemonial zu entgrenzen, als auch die Eindämmung kritischer Potentiale auf die jeweiligen Expertenkulturen gleichermaßen untauglich, um den Imperativen verselbständigter Subsysteme adäquaten Widerstand leisten zu können. Deren Zwänge auch nur *als Zwang* durchschauen zu können, bedarf es einer in ihrer ganzen Rationalität und Komplexität entfalteten Kultur. Damit sind auch die Imperative für eine kritische Theorie der Gesellschaft festgelegt. »Statt der Ideologiekritik zu dienen«, hätte eine der Gegenwart

spätkapitalistischer Gesellschaften angemessene Analyse der Verdinglichung die »kulturelle Verarmung und die Fragmentierung des All-
tagsbewußtseins zu erklären; statt den verwehten Spuren eines revolutionären Bewußtseins nachzujagen, hätte sie die Bedingungen für
eine Rückkoppelung der rationalisierten Kultur mit einer auf vitale
Überlieferungen angewiesenen Alltagskommunikation zu untersuchen« (Habermas 1985, Bd.2, 522).

Weiterführende Lektüre

Grundlegend ist Terry Eagletons Einführung *Ideologie* (1993); weiterhin: Jorge
Larrain, *The Concept of Ideology* (1979) und John B. Thompson, *Studies in the Theory of Ideology* (1984); zum »Verhältnis von Marxismus und Ästhetik« – am Beispiel Bertolt Brechts: Klaus-Detlef Müller *Die Funktion der Geschichte im Werk
Bertolt Brechts* (1967); zu Althusser das ihm gewidmete Heft von *kultuRRevolution* (Nr. 20, 1988).

Exkurs: Anmerkungen zur Phantastik

Renate Lachmann

Die zwiespältige Einschätzung von Phantastik hat eine Geschichte, die der Herausbildung der phantastischen Schreibweise in der Literatur Ende des 18. und dem ersten Drittel des 19. Jahrhunderts vorausgeht. Es ist eine Geschichte von Urteilen, die den Leistungen der Einbildungskraft in einem Spannungsfeld zwischen Darstellung und Entstellung gelten. Dabei geht es um eine Phantastikwertung, die deren Exzentrik zu zügeln versucht. Während die Entfesselung der Einbildungskraft die exzessive Produktion von Bildern bedeutet, trägt deren Zähmung Züge des Bildersturms, Züge des Ikonoklasmus.

In einer Rezension der Erzählungen E.T.A. Hoffmanns hat Walter Scott 1822 in der Gegenüberstellung einer gesunden und angemessenen Einbildungskraft, *imagination,* mit einer ungesunden, übertriebenen, *fancy,* jenen Zwiespalt auf den Punkt gebracht, der bereits in der Antike die Bestimmung des Phantasmas charakterisiert. So weist Aristoteles in dem Traktat *De memoria et reminiscentia* dem Phantasma einen prekären Status zu: Es steht als Bild für ein Abwesendes, mit dem es durch eine erfundene Ähnlichkeitsbeziehung verbunden ist. Dabei ist es von der Spannung zwischen ›anwesend‹ und ›abwesend‹, ›referenzlos‹ und ›referierend‹, ›wahr‹ und ›trügerisch‹ bestimmt. In der Tradition, die von Cicero in *De oratore* und Quintilian in *Institutio oratoria* repräsentiert wird, erscheint Phantasma als *effigies, simulacrum, imago.* Dies sind Varianten eines Bildbegriffs, der nicht mehr auf Ähnlichkeiten insistiert. Im Konzept des Herstellens von *imagines* und *simulacra* ist die Entähnlichung enthalten, die sich einer – von Quintilian dezidiert pejorativ bestimmten – *visio insana* verdankt. Aus der *visio insana* entsteht das *simulacrum* als Trugbild und als Gedankenfigur einer Pseudologik, die eine oszillierende Bewegung zwischen ›wahr‹ und ›unwahr‹, ›real‹ und ›irreal‹ in Gang setzt. An der Bewertung der Äquivozität des *simulacrums,* des Phantasmas, scheiden sich in der Folge die Poetologien.

An Scotts Gegenüberstellung von *imagination* und *fancy* ließe sich diejenige von ›Normal‹-Fiktion und Phantastik anschließen. Die Phantastik erscheint dabei als Fiktionshäresie: Sie spielt mit den Regeln, die eine Kultur für ihren Fiktionsdiskurs geltend macht, indem sie die Normen der mimetischen Konvention überschreitet, ihre Kategorien von Zeit, Raum und Kausalität entstellt und die ästhetischen Prinzipien der Angemessenheit und Ähnlichkeit verletzt. Gemäß den Modi ihrer Auseinandersetzung mit der Fiktion präsentiert sich die Phantastik in drei Formen. Als Usurpation der Fiktion, dabei wird mit Hilfe fiktionaler Parameter das Phantasma motiviert; als Überschrei-

tung, wobei die fiktionalen Parameter zwar noch gelten, aber über-
dehnt werden und als Gegenfiktion, in der die fiktionalen Parameter
ihre Geltung verlieren. Neben das legitimierte Phantasma im ersten
Fall treten die fiktionale Hyperbel im zweiten und das absolute
Phantasma im dritten Fall.

Der phantastische Diskurs entwickelt divergierende Varianten je
nachdem, welche literarischen und außerliterarischen Diskurse historischer und aktueller Provenienz (z. B. Mythos, Märchen, Legende,
Abenteuerroman, *gothic novel* u. a. oder Diskurse der Naturwissenschaft, Esoterik, Philosophie u. a.) intertextuell verarbeitet werden (→
Intertextualität: Lektüre – Text – Intertext, S. 366). Differenzen in der
Sinnkonstitution erlauben es, von zwei Typen phantastischer Literatur
zu sprechen, bei deren Unterscheidung ausschlaggebend ist, in welche
Sinnperspektiven das Phantasma gerückt wird, bzw. ob solche überhaupt zugelassen werden.

Phantasma und Sinn

Die semantische Differenz des Phantasmas, die es durch komplexe
Verfahren der Sinnzuweisung, aber auch durch Sinnverweigerung gewinnt, ist an die Thematisierung oder Nicht-Thematisierung von Verwunderung oder Zweifel gebunden. Wird das Phantasma Gegenstand
innertextlicher Reflexion, dann wird es zumeist an akzeptierten Reali-
tätskriterien gemessen, als deren Verfechter Held oder Erzähler fungieren. Da diesen personalisierten Kontrollinstanzen das Sich-Wun-
dern über das Unerklärliche obliegt, – was das Phantasma als Täuschung oder Geheimnis auszulegen berechtigt –, wird die innertextli-
che Perspektive mit einer außertextlichen, die an denselben Kriterien
partizipiert, vermittelbar. Dabei werden einerseits Motivierungen konstruiert, die auf Traum, Wahnsinn, Halluzinationen und Sinnestäu-
schungen rekurrieren (beispielsweise E. T. A. Hoffmann, Gérard de
Nerval, Fedor Dostoevskij u. a.), andererseits aber eine Unschlüssigkeit
bezüglich des Status des Phantasmas zwischen ›natürlich‹ und ›über-
natürlich‹ aufrechterhalten, deren innertextlich scheiternde Klärung
die Deutungsarbeit der Textinterpreten stimuliert (z. B. Jacques Cazotte, Jan Potocki, Aleksandr Puškin, Henry James u. a.). Von diesem
Typ phantastischer Texte, der dem Phantasma innerhalb eines Re-
ferenzrahmens einen, wenn auch prekären, Ort zubilligt, ist jener zu
unterscheiden, der das Phantasma ortlos läßt, indem er ihm alle
Koordinaten entzieht und damit auf sich selbst zurückverweist und
hermetisiert. Die im Akt des Lesens produzierten Deutungsmodelle,
die das hermetische Phantasma nachgerade herausfordert, können sich
auf keine innertextlichen Vorgaben berufen (z. B. Franz Kafka, Bruno
Schulz, Vladimir Nabokov, Bioy Casares, Jorge Luis Borges, Flann
O'Brien).

Die nicht-hermetischen Texte der Phantastik entwickeln Strategien
der Sinnprüfung, denen sie das Phantasma, das als kontingentes Ereignis, als Einbruch des Unerklärlichen in die bestehende Ordnung sich
manifestiert, unterwerfen. Dabei erscheint die Grenze zwischen Uner-
klärlichkeit und Erklärlichkeit, Unbekanntheit und Bekanntheit eines
Ereignisses oder Phänomens als diejenige zwischen Kontingenz und

*Phantasma und
Kontingenz*

Sinn. Allerdings geht es nun gerade darum, diese Grenze in ihrer Durchlässigkeit und Überschreitbarkeit darzustellen. Und dies wiederum erlaubt, den Zufall der Erscheinung oder des Ereignisses entweder als Kontingenz oder als Fügung, als sinnlos oder als sinnvoll zu interpretieren. Es ist insbesondere die ›klassische‹ Variante der Phantastik (vorromantische Phantastik z. B. Jacques Cazotte, Jan Potocki; romantische Phantastik z. B. E. T. A. Hoffmann, Prosper Merimée, Aleksandr Puškin; nachromantische Phantastik z. B. früher Fedor Dostoevskij, Henry James), der es um die Konstruktion einer Ambivalenzsemantik zu tun ist, die stets beide Pole im Blick behält, keine eindeutige Klärung zuläßt und dennoch die Deutungsarbeit selbst zum Movens des Erzählens macht. Dem unerklärlichen Ereignis, der seltsamen Erscheinung, den sich häufenden Störungen der Sinneswahrnehmung wird auf doppelte Weise ein Effekt zugeschrieben; entweder ihre Kontingenz erzeugt das Unheimliche und Wunderbare, oder aber ihre Deutbarkeit als nichtkontingente Erscheinungen und planvolle Verursachungen einer außerirdischen Intelligenz führt diese Wirkung herbei. Es gibt Strategien, die das Kontingente rational aufrechterhalten und dennoch die Kontingenz zu bewältigen versuchen. Dabei spielen zwei Weisen, Kausalität herzustellen, eine Rolle. Die eine Kausalität wird aus aufklärerisch-rationalistischem Denken bestritten und weist das kontingente Phänomen einer natürlichen Ordnung zu, die andere äußert sich als eine Art ›Beziehungswahn‹. Im phantastischen Diskurs überwiegt jene zweite Art von Kausalitätsdenken, die als Manie bezeichnet werden kann, Kontingentes als geheimes Zeichen zu interpretieren und aus Wahrgenommenem und Halbwahrgenommenem Verknüpfungen herzustellen, um damit den geheimen Gründen und Verursachungen auf die Spur zu kommen. Das unvermittelt eintretende fremdartige Ereignis, die unerklärliche Erscheinung kollidieren mit dem Erwartungshorizont, den die für eine bestimmte Weltwahrnehmung (Kausalität, Finalität, Wahrscheinlichkeit, Wiederholung) verantwortliche Instanz, die meist durch den aufgeklärten Erzähler verkörpert wird, abgesteckt hat. Die Brüskierung dieses Horizonts durch das Unvorhersehbare, Plötzliche und Unerklärliche führt zu einer Desautomatisierung der im Rahmen der erzählten Welt geltenden Interpretationsmechanismen. Das Ereignis als Zufall stellt die Verläßlichkeit der Geschehens- und Handlungsabläufe ebenso auf die Probe wie deren Begründ- und Planbarkeit. Die Kunst der Phantasie usurpiert die Funktionen des Begründens und Planens, stellt künstliche (nie dagewesene) Verbindungen zwischen den Handlungen, zwischen den Ereignissen, zwischen den Erscheinungen und zwischen den Dingen her. Die Ambivalenz der Kontingenz wird argumentativ und narrativ genutzt. In der Zwittergestalt und Doppelfunktion des kontingenten Vorfalls werden Aufklärung und Wunderglaube, Täuschung und Enttäuschung so miteinander ins Spiel gebracht, daß die Barriere, die sie trennt, in beiden Richtungen übersprungen wird. Nur scheinbar wird die Logik von ›richtig‹ und ›falsch‹, ›irreal‹ und ›real‹ ausgereizt, denn es geht ja gerade um den Effekt der Unsicherheit, den die Oszillation

Konstruktion der Ambivalenz

Desautomatisierung des Verstehens: Unsinn im Sinn, Sinn im Unsinn

zwischen den beiden Polen hervorruft. Prominente Beispiele dafür sind wiederum Jacques Cazotte, Jan Potocki, Aleksandr Puškin, Henry James.

In der vor- und nachromantischen nichtklassischen Phantastik, besonders in ihrer grotesken oder absurden Variante, wird die Ambivalenz des Zufalls gelöscht. Hier wird das zufällig Eintretende sinnkritisch gedeutet, um Arbitrarität und Inkohärenz als Indiz für die defizitäre Verfaßtheit der Welt erscheinen zu lassen. Das schier Unmögliche, Grundlose und Unbegründbare wird erzählt und beschrieben ohne Zwischeninstanz des Staunens und des Zweifelns. Die Phantastik in ihrer klassischen Variante dagegen arbeitet mit dem Zweifel auch da, wo ihr Semantisierungswille auf Klärung setzt. Sie arbeitet an der semantischen Konversion des Zufalls, ohne daß es ihr daran läge, das Arbiträre in den Bereich der Motiviertheit zu überführen. Dennoch bleibt in Sinnzuweisung und Sinnverweigerung die Orientierung am Sinn für den phantastischen Text bestimmend. Dabei tritt das zufällige, unerklärliche Ereignis, die mysteriöse Erscheinung entweder als Träger negativen Sinns, als Repräsentanz der Sinnentleertheit der Welt, oder als Träger positiven Sinns auf, als imaginäre Präsenz aller Alternativen und ihrer Unmöglichkeiten – oder aber der Schwebezustand, in dem das Mysteriöse gehalten wird, verweist auf das Prekäre jeder Sinnordnung. Die Phantastik inszeniert den Trugsinn, um den Scheinsinn der Phänomene und ihrer Verknüpfungen aufzudecken. Dabei entsteht das Phantasma aus der Sinnbindung des Zufalls, bzw. aus der Einbindung des Zufalls in eine Ordnung geht das Phantasma des Sinns hervor.

Zwei Varianten der Phantastik

Gleich ob im phantastischen Text das Phantasma aus dem von außen kontingent hereinbrechenden Wunderbaren, Furchtbaren oder Geheimnisvollen entsteht oder durch Traum, Vision, Halluzination, Fieberwahn oder psychische Erkrankung des Protagonisten von innen nach außen getragen wird, es wird eine phantastische Kausalität, eine phantastische Zeit- und Raumvorstellung entwickelt, die eine phantastische Handlungslogik motiviert. Die Überschreitung des *common sense* legitimiert die Störung der Wahrnehmung (Auge, Ohr und Tastsinn betreffend) sowie der Verhaltensnormen. Doch depotenzieren die Legitimierungs- und Motivierungstechniken das verbal hergestellte Phantastische in keiner Weise, sondern kaschieren es nur, oder anders: sie verschleiern seinen wahren Status und dämpfen damit die Aggressivität seines Appells an Sinne und Verstand. Selbst Texte, in denen Erzähler oder Protagonist dem entwaffnenden Zauber des Phantasmas erliegen und ihre Distanz dazu schmilzt, geben jene letzte in einer Rahmenkomposition bestehende Schutzzone ihm gegenüber nicht preis.

Ein aggressiver Appell an Sinne und Verstand

Im Entwurf abweichender (alternativer) semantischer Paradigmen, die in der Deutung der exorbitanten Ereignisse, der unheimlichen Erscheinungen und der Geheimnisse sich manifestieren, sind häufig die Spuren eines geheimen Wissens verborgen. Das Geheimwissen tritt nicht nur als esoterisches Wissen, sondern auch als Spezialistenwissen

*Aufklärung und
Geheimnis*

oder als vergessenes Wissen magischer Praktiken auf und konfligiert in dieser Funktion mit dem Standardwissen einer dem *common sense* verpflichteten Instanz, die in phantastischen Texten häufig durch einen aufgeklärten Erzähler repräsentiert wird. Das geheime esoterische Wissen erscheint als ein durch bestimmte Defizite der Aufklärung erzeugtes antiaufklärerisches Wissen, das soteriologisch in bezug auf eine falsch interpretierte, d. h. verkannte Welt oder explorativ in bezug auf eine noch nicht erkannte Welt funktioniert. Dieses Wissen ist entweder gefährdend oder verheißt Erkenntnis und Erlösung. Der Erzähler selbst steht für einen bestimmten Wissensstand, und das abweichende Wissen, von dem er berichtet, wird innertextlich auf der Folie dieses Horizontes bewertet. Der Erzähler kann z. B. die Aufklärung repräsentieren, bzw. bestimmte aufklärerische Positionen in bezug auf Aberglauben, nicht überprüfbare Phänomene, nicht allgemein akzeptierte neue Wissenszweige usw. beziehen, er kann aber gleichzeitig ein in geheimes Wissen skeptisch Eingeweihter sein. Oft ist der Erzähler als eine Figur entworfen, die aufklärerische Positionen allmählich aufzugeben gezwungen ist, weil die Evidenz der ungewöhnlichen Erscheinungen erdrückend ist. Damit ist der Erzähler nicht nur Repräsentant des Normalwissens, sondern unterliegt, wenn auch zögernd, der Faszination, die das durch geheimes Wissen Verheißene darstellt.

*Phantasma und
kulturelles Gedächtnis*

Phantasmagenese und die Verarbeitung bestimmter Elemente aus Geheimwissenstraditionen stehen in engem Zusammenhang. Nicht nur Kabbala, Alchemie und Gnosis stellen den Fundus, aus dem die Phantastik ihr Geheimwissen bezieht, auch Wissen der Naturwissenschaft und Technik, das auf Grund seines hohen Komplexitätsgrades als hermetisch erscheint und wegen seiner Unverständlichkeit ein Moment des Bedrohlichen hat, kann im phantastischen Text als arkanes Wissen entfaltet werden. Das gilt mutatis mutandis für die Radioskopie, die Daguerreotypie, die Photographie, die Astrophysik, Atomphysik, die Gentechnologie, Kybernetik u. a. Das Phantasma-Moment besteht als Geheimnis fort für den Nichtexperten. Die Träger dieses Wissens sind mit geheimer Macht ausgestattete Initiierte. Sie werden im phantastischen Text dämonisiert und remagisiert.

Die der Phantastik innewohnende Tendenz zur Übersteigerung und Exzentrik führt auch dazu, daß sie den von Geheimwissen und Spezialistenwissen besetzten Rahmen übersteigt, indem sie phantastisches Wissen hervorbringt und damit gewissermaßen ›Leerstellen des Wissens‹ besetzt. Gerade im Entwurf von Logophantasmen wird deutlich, worum es der Phantastik im Extrem geht: um eine A-Topik des Alternativwissens. Hierin aber äußert sich das Verhältnis der Phantastik

*Die Konstruktion
komplexer
Wissensalternativen*

zum kulturellen Gedächtnis. Indem die Phantastik zum einen vergessene oder tabuisierte, verdrängte oder noch nicht zum Allgemeinwissen gehörende Alternativen aufruft und zum anderen Präzedenzloses vorstellt, kann sie (archäologisch) die Kultur mit ihrem Vergessen oder (futurologisch) mit ihren ›Noch-Nicht-Wirklichkeiten‹ konfrontieren. Die Konstruktion komplexer Wissensalternativen, in denen verworfene, nichtzugelassene Gedankenmodelle mit Logophantasmen sich mischen, die irreale Systeme mit monströser Alogik zu begründen scheinen, gilt besonders für den Klassiker moderner Phantastik, Jorge Luis Borges. Hier tritt die Phantastik als Gegenprojekt zum kulturellen Gedächtnis und dessen festverankerter Imaginationstradition auf und erscheint somit als Repräsentationsmodus nicht nur des Noch-Nicht-Gesehenen, sondern auch des Noch-Nicht-Gedachten.

Die Literatur des Phantastischen ist eine Literatur des Begehrens, die Verlust und Abwesenheit in den Konfigurationen des Anderen präsent macht. Die Phantastik ist ein Alteritätsgenre, das in der Konstruktion von Bereichen des Gegenwirklichen und Gegenfaktischen auf die konstitutive Dimension des Lebensrealen und Lebensfaktischen verzichtet. Die Inszenierung des Anderen der Kultur bedeutet nicht nur die Projektion alternativer Welten, sondern auch die Wiedergutmachung von Mängeln, die aus den Zwängen der faktischen Kultur entstehen. Doch die Reduktion der Phantastik auf pure Defizitbilanzierung greift zu kurz. Denn sie läßt ihre ludistische Dimension ebenso außer Acht wie ihre Tendenz zu semantischer Verschwendung, zu Sinnüberschuß.

Eine Literatur des Noch-Nicht-Gedachten: die kulturelle Funktion des Spiels mit dem ›Anderen‹

Feministische Literaturwissenschaft

Gabriele Rippl

Women Studies –
Gender Studies

In den siebziger Jahren dieses Jahrhunderts entwickelte sich eine feministisch orientierte Forschungsrichtung, deren erklärtes Ziel es war,
die Gleichstellung der Frau in allen gesellschaftlichen Bereichen, auch
an den Hochschulen, zu erreichen:

> »Der Konvergenzpunkt aller feministischen Forschungsansätze, so unter
> schiedlich sie im einzelnen auch sein mögen, besteht in ihrem Anliegen, die
> patriarchalen Strukturen innerhalb einer Gesellschaft aufzudecken und den
> darin eingeschriebenen Ort der Frau oder des ›Weiblichen‹ zu analysieren,
> sowie langfristig auf eine Abschaffung oder zumindest eine Veränderung
> dieser Strukturen hinzuwirken« (Fischer / Kilian / Schönberg 1992, 19).

In den USA sind Frauen- und Geschlechterforschung seit Jahren ein
nicht mehr wegzudenkender Teil der Geisteswissenschaften. In
Deutschland dagegen kann auch heute – bis auf wenige Ausnahmen –
von einer Etablierung dieser Forschungsgebiete keine Rede sein: Trotz
zwanzig Jahren feministischer Arbeit zeigt sich die Marginalisierung
von Frauen und ›Frauenthemen‹ an den ihnen zugewiesenen Randpositionen innerhalb der Institutionen. Feministische Literaturwissenschaft beispielsweise ist ein »Mittelbauphänomen«, weil sich die Habilitation für Frauen als »kaum überwindbare Hürde« erweist (Hahn
1990, 223). Die Zahl der Professorinnen an deutschen Hochschulen ist
folglich trotz politischer Maßnahmen zur Erhöhung des Professorinnenanteils immer noch verschwindend klein. Gegen die von einigen
Akademikerinnen geforderte Einrichtung von Professuren für Frauen-
und Geschlechterforschung machen sich zudem kritische Stimmen unter den feministisch orientierten Wissenschaftlerinnen breit: Sie befürchten, daß der Ghettoisierung der feministischen Wissenschaft so
gerade Vorschub geleistet und das irritierende, kritische Potential des
Feminismus in bezug auf die institutionellen Strukturen verschenkt
wird, weil feministische Literaturwissenschaft dann nicht mehr alle
Bereiche des Faches durchziehen würde, sondern in einer Enklave, au
ßerhalb der Mainstream-Wissenschaft statthätte.

Frauenforschung wird heute in angloamerikanischen Ländern
Women Studies, Geschlechterforschung *Gender Studies* genannt. Gehen
die *Women Studies* vom biologischen Geschlecht (engl. *sex*) aus und
folglich von einer einheitlichen, homogenen Gruppe von Frauen mit
identischer Erfahrung, die biologisch bestimmt ist, so verstehen die
Gender Studies, die sich aus den Women Studies entwickelten, Geschlecht als sozial-kulturell konstruierte Kategorie (engl. *gender*, vgl.
Hof 1992). Damit tragen die *Gender Studies* zur De-Essentialisierung

des Konzepts ›Frau‹ insofern bei, als sie Raum schaffen für die Berücksichtigung unterschiedlicher Vorstellungen dessen, was eine bestimmte Epoche oder eine bestimmte Kultur meint, wenn sie von ›Frau‹ und ›Mann‹ spricht. Das Konzept *gender* und die Anführungszeichen bei Wörtern wie ›Mann‹, ›Frau‹, ›männlich‹, ›weiblich‹, markieren die zugrundeliegende Überlegung, daß es keine natürlichen, angeborenen geschlechtsspezifischen Eigenschaften von Mann und Frau gibt, sondern immer nur kulturspezifische Zuschreibungen von Rollen und Verhaltensstereotypen, die historischen Veränderungen unterliegen. ›Frau‹ konnotiert in unserer westlichen Kultur heute nur deshalb Passivität, Gefühl, Körper, Natur und Anpassungsfähigkeit, weil ›Mann‹ Aktivität, Rationalität, Geist, Kultur und Individualismus verkörpert. Dies macht deutlich, daß sich die Positionen ›männlich‹/ ›weiblich‹ gegenseitig bedingen und keine unabhängigen Kategorien sind.

Trotz der skizzierten Differenzierung der Positionen ›Mann‹ und ›Frau‹ durch die *Gender Studies* läuft seit ein paar Jahren eine feministische Debatte darüber, ob die Differenzierung nicht noch radikaler aussehen müßte. So nämlich, daß in das Konzept der Geschlechtsidentität selbst Differenzen hineingetrieben werden und von Geschlecht folglich nicht mehr als Positions-, sondern als Relationsverhältnis gesprochen wird, dessen Herstellung und Funktionieren dann Untersuchungsgegenstand wäre. Neueste Forschungsrichtungen in den USA, wie beispielsweise die Transvestismus-Forschung rückt momentan von der üblichen Vorstellung von den zwei Geschlechtern ab und spricht von einem dritten Geschlecht, das der Transvestit verkörpert. Mit dem dritten Geschlecht als dritter Position wird versucht, das schwierige Problem des Denkens in binären Oppositionspaaren wie *männlich/weiblich* zu umgehen (Garber 1993). Wie nun literarische Texte Geschlechtsidentitäten und -differenzen ins Spiel bringen, sie inszenieren, travestieren, u.U. unterlaufen und ein differentielles Geschlechts- und Textmoment einspielen (Greber 1992), damit beschäftigt sich die feministisch orientierte Literaturwissenschaft mit unterschiedlichen Schwerpunkten seit den siebziger Jahren. Im allgemeinen unterscheidet man drei Hauptrichtungen feministischer Forschung innerhalb der Literaturwissenschaft:

Die drei Geschlechter

1. die Frauenforschung,
2. die feministische Literaturwissenschaft und
3. den dekonstruktiven Feminismus.

Es ist jedoch wichtig, sich zwei Dinge klarzumachen. Erstens, diese Richtungen folgen nicht aufeinander: Die feministische Literaturwissenschaft, wie sie sich am Ende der siebziger Jahre herausgebildet hat, löst die Frauenforschung der siebziger Jahre nicht ab, genausowenig wie sie selbst vom dekonstruktiven Feminismus am Ende der achtziger Jahre verabschiedet wird. Vielmehr bestehen diese Richtungen bis heute nebeneinander und ergänzen sich gegenseitig, was, zweitens, bedeutet, daß es *den* Feminismus nicht gibt. Die feministische Bewegung gewinnt ihre Lebendigkeit und Stärke gerade aus der Tatsache, daß sie sehr unterschiedliche *Feminismen* und feministische Forschungsschwerpunkte aufweist. Generell kann man sagen, daß sich die Frauenforschung auf Fragen konzentriert, die eher den Gegenstandsbereich betreffen, das heißt, sich mit Texten von Frauen und Repräsentationen von Frauen in literarischen Texten auseinandersetzt. Dagegen beschäftigen sich die feministische Literaturwissenschaft und der dekonstruktive Feminismus stärker mit methodologischen und theoretischen Fragestellungen und Problemen.

1. Die Frauenforschung

Mit dem Aufkommen der *Zweiten Frauenbewegung* entwickelt sich in den siebziger Jahren die Frauenforschung, die sich zunächst an den Forderungen des liberalen Feminismus orientiert, der unter dem Stichwort »Gleichheit der Geschlechter« vor allem gleiche Chancen für Frauen in Beruf, Wissenschaft und Politik fordert. Theoretische Grundlage dieser Forderung ist Simone de Beauvoirs Feststellung, daß man nicht als Frau geboren, sondern zur Frau gemacht wird (Beauvoir 1968). Für die Literaturwissenschaft bedeutet diese Forderung nach Gleichheit, daß vergessene Schriftstellerinnen wiederentdeckt werden (Brinker-Gabler 1978; Showalter 1977; Todd 1987) und ihre Texte in Frauen-Literaturgeschichten (Gnüg / Möhrmann 1985; Brinker-Gabler 1988) Eingang finden. Dies trägt zu einer verstärkten Rezeption der Texte von Autorinnen bei und führt im Idealfall dazu, daß sie in den herrschenden, von Männern geprägten Literaturkanon aufgenommen werden (→ *The Racial Turn: ›Race‹, Postkolonialität, Literaturwissenschaft*, S. 241). Die Beschäftigung mit den bislang ›verdrängten‹ Autorinnen geschieht zunächst aus biographischer Perspektive: Meist steht das ungewöhnliche Leben der Autorinnen im Mittelpunkt, die literarische Qualität der Texte wird dagegen vernachlässigt.

Männerphantasien

Parallel dazu richtete sich das Interesse der Frauenforschung auf die in Literatur und philosophischen Werken vorkommenden Frauenbilder und Weiblichkeitskonzeptionen (Bovenschen 1979), was eine Reihe von Untersuchungen männlicher Mythen über Frauen, die Frau als Heilige oder Hexe, als Maria oder Eva, als Jungfrau oder Hure, hervorbringt (Weigel / Stephan 1983). Heftige Kritik wurde an phallozentrischen Annahmen oder frauenfeindlichen Aussagen in literarischen Texten geübt (Millett 1977). Nicht reflektiert werden hingegen die eigenen ideologischen Voraussetzungen, die sich besonders deutlich am Begriff des ›weiblichen Lesers‹ zeigen: Die Annahme einer »Kontinuität zwischen der weiblichen Erfahrung familiärer und sozialer Strukturen und der Erfahrung als Leserin« (Culler 1988, 49) basiert auf dem problematischen Postulat, daß weibliche Erfahrung als Basis der Interpretation betrachtet werden kann. Problematisch ist diese Annahme, weil hier von einer einheitlichen, natürlichen weiblichen Erfahrung ausgegangen, Frau als metaphysische Kategorie begriffen und übersehen wird, daß ›weibliche Erfahrung‹ immer schon kulturell geprägt ist.

2. Feministische Literaturwissenschaft

Ende der siebziger Jahre entwickelt sich die feministische Literaturkritik, die wie die Frauenforschung zunächst von einer genuin weiblichen Erfahrung ausgeht, deren nachdrückliche Aufwertung sie vornimmt bei gleichzeitiger Ablehnung der männlichen symbolischen
Ordnung. Postuliert wird eine »weibliche Schreibweise und Ästhetik«
(Gilbert / Gubar 1979), ein weibliches »metonymisches Schreiben« als
»Gegendiskurs« (Lachmann 1983), das sich thematisch, strukturell und
stilistisch von einer männlichen Schreibweise unterscheiden soll. Im
Zuge dieser enormen Aufwertung des Weiblichen wird

> »Weiblichkeit‹ […] als Bezeichnung für eine Rede ins Spiel gebracht, deren
> Subjekt, die Frau, sich der vorgefundenen kulturellen Ordnung nicht über
> die Zentralperspektive nähert, sondern deren Blick von außen kommt, von
> der Peripherie, den abgestoßenen Randzonen, den dunklen Ursprüngen des
> Subjekts. Der Traum, die unkontrollierten Bilder der Imagination, die ex-
> pressive Zeichensprache des Körpers, Mimik und Gestik sowie die vorsym-
> bolischen Ausdrucksformen von Sprache und Intonation, Kristevas »Echola-
> lien« und »Glossolalien«, sind solche Randzonen, in denen das neuzeitliche
> Subjekt sich sondiert, ohne schon bei sich angekommen zu sein, und die
> darum aus seinem Bewußtsein als »moralischer, d. h. zurechnungsfähiger,
> identischer Person« auszuschließen geneigt ist« (Lersch 1988, 493f.).

Selbstkritisch wurden von der feministischen Literaturwissenschaft in
einem nächsten Schritt die Voraussetzungen der eigenen Theoriebildung hinterfragt und als Ergebnis konstatiert, daß alle »gynozentri-
stischen« Tendenzen (Showalter 1977), die das Weibliche als dem
Männlichen dem Wesen nach unterschiedlich definieren und dem
Weiblichen so eine intrinsisch überlegene Moralität zusprechen, als
essentialistisch-metaphysische Deutung der Kategorie ›weiblich‹ einen
Rückfall in biologistische Denkmuster darstellen. Dazu gehört z. B. die
Vorstellung, daß Texte von Frauen unmittelbar weibliche Erfahrung
ausdrückten, weil sie nicht reflektiert, »daß auch literarische Produk-
tionen von Frauen an der Geschichte der Weiblichkeitsmythen teilhaben« (Weigel 1992, 679), und daß »als-Frau-lesen« (Kolodny 1975, 1980;
Kamuf 1980) und »als-Frau-schreiben« nicht notwendigerweise das ist,
was geschieht, wenn eine Frau liest und schreibt (Meyer 1980), weil
auch Lesen und Schreiben erlernte, kulturell geprägte Tätigkeiten sind.

Als-Frau-Lesen
Als-Frau-schreiben

Zentrale Figuren der feministischen Literaturwissenschaft sind die
französischen Philosophinnen und Literaturwissenschaftlerinnen Hélène Cixous und Luce Irigaray, sowie die in Frankreich lebende Bul-
garin Julia Kristeva. Ihre poststrukturalistische Kritik wendet sich, in
Anlehnung an die Dekonstruktion und ihren Hauptvertreter Jacques
Derrida, gegen die phallo- und logozentristische, metaphysische Denkweise der westlichen Philosophie. Mit der Kritik des Phallogozentris-
mus geht eine grundlegende Kritik der Freudschen, aber auch der La-
canschen Psychoanalyse (Mitchell / Rose 1982; Jacobus 1986) Hand in
Hand, die das Weibliche an der männlichen Norm mißt und es aufgrund seiner anderen Anatomie als Mangel definiert.

Hélène Cixous betrachtet als wichtigste feministische Aufgabe die Dekonstruktion der patriarchalen, logozentrischen Metaphysik. Die von ihr proklamierte neue, der männlichen Schreibweise entgegenstehende Sprache der ›Frau‹, die *écriture féminine*, soll die binären Oppositionsbildungen wie *Mann/Frau, Logos/Pathos, Kultur/Natur, Aktivität/Passivität, Subjekt/Objekt* etc. sprengen helfen, weil diese Oppositionen nicht neutral sind. Das zeigt sich daran, daß der Opposition *männlich/weiblich* die Opposition *positiv/negativ* entspricht, und dieses inhärente Gefälle trägt dazu bei, negative weibliche Werte allererst zu schaffen: Weiblichkeit wird dann als Mangel, Abwesenheit von Bedeutung, Irrationalität oder Chaos definiert. Damit einer der Begriffe des Oppositionspaares Bedeutung erhalten kann, muß der andere zerstört werden, wobei unter dem Patriarchat der männliche Teil immer der Sieger, der weibliche der Verlierer ist. Innerhalb der feministischen Debatte wurde Cixous' Konzept einer *écriture féminine* heftig kritisiert, weil der Rückfall in einen biologischen Essentialismus droht, wenn Cixous beispielsweise die ›weibliche‹ Schreibweise zuweilen mit weiblicher Schreibweise, also der Schreibweise einer Frau, gleichgesetzt.

Speculum – Spiegel des anderen Geschlechts

Wie Cixous, so ist Luce Irigaray eine kritisch verhandelte Klassikerin der feministischen Literaturtheorie, weil auch bei ihr die Gefahr einer Idealisierung des weiblichen Körpers und seiner Anatomie besteht. In *Speculum – Spiegel des anderen Geschlechts* (1980), ihrer kritischen Neulektüre zentraler Texte der westlichen Geistesgeschichte (Freud, Marx und Platon), wiederholt Irigaray auf spielerisch-imitierende und ironische Weise deren zentrale Ideen und vermag so Differenzen in die männlichen Phantasiebildungen zu treiben. Indem die Schreibweise Irigarays eine fixierte, logische Bedeutungspraxis unterläuft und sie durch Wortspiele zu einer prozessualen macht, die die Syntax und Linearität des Textes durchbricht, parodiert sie die wissenschaftliche Sprache. ›Speculum‹, ›Spiegel‹, ist ein programmatischer Titel, gerade weil seit der antiken griechischen Philosophie der Blick konstitutiv für die männliche Theoriebildung ist, die insgesamt einer spekularen Logik folgt. Irigaray kann so mit dem Begriff *Speculum* den engen Zusammenhang zwischen Subjektbegriff, Reflexivität und Spiegelung aufzeigen und die männliche Identitätslogik kritisieren. Gegen den ›männlichen‹ Begriff des Blicks und der »skopischen Ökonomie«, die die Frau zum schönen Objekt männlicher Schaulust degradiert (Irigaray 1979, 25), führt Irigaray Berührung als ›weiblichen‹ Begriff an: Die Frau zeichnet sich durch eine andere Anatomie, ein anderes Lustempfinden (*jouissance*), ein anderes Imaginäres, eine andere Subjektkonstitution und Sprache aus. Konstituiert sich der Mann als das Eine, als Identität, als Eigenname, als Individuum und als Eigensinn, so die Frau durch die Berührung der zwei Lippen ihres Geschlechts, »das nicht eins ist« (Irigaray 1979), als von vornherein gedoppelte Identität. Diese schlägt sich in der differentiellen, mehrstimmigen Sprache der Frau und ihrer nicht-identischen, pluralen Subjektivität nieder. Folglich fungiert die Frau im westlichen, auf der Identitätslogik beruhenden Patriarchat als das Andere des Mannes (und nicht als ein unabhängig Anderes), als das negative Abbild des Mannes, als sein Spiegelbild: »Die Frau ist [...] nichts als eine mehr oder weniger gefällige Stütze für die Inszenierung der männlichen Phantasien.« (Irigaray 1979, 24) Weil die Frau im psychoanalytischen Diskurs Freuds über den sichtbaren anatomischen Mangel und dessen Folge (Penisneid) beschrieben wird, weil sie ein minderwertiger Mann, ein ›minus-Mann‹ ist, ist sie aus dem Diskurs ausgeschlossen und kann den Phallus, den Signifikanten sexueller Macht und Kennzeichen der Beherrschung der symbolischen Ordnung, nie erreichen. Im männlichen Diskurs ist die Frau sprachlos; spricht sie dennoch, so inszeniert sie, indem sie den Diskurs wie eine Hysterikerin mimt. Darin aber liegt ihre Stärke, denn der männlichen spekularen Logik setzt Irigaray ein positiv gefaßtes Mimikry und Mimen, den hysterischen und mystischen Diskurs der Frau entgegen, der auf Dialogizität und Mehrstimmigkeit, metonymischen Verfahren und gleitenden Signifikanten beruht und so den männlichen Diskurs zu sprengen vermag.

Mimikry

Weniger umstritten als die Positionen Cixous' und Irigarays ist die der als Theoretikerin der Intertextualitätsdebatte bekannt gewordenen Julia Kristeva (→ *Intertextualität: Lektüre-Text-Intertext*, S. 366). Das liegt zunächst daran, daß Kristeva nicht versucht, *die* Frau zu definieren und folglich einer Substantialisierung der ›Frau‹ entgeht. Darüber hinaus bewegt sich Kristevas Auseinandersetzung mit Hegel, Freud, Heidegger und Lacan in *Die Revolution der poetischen Sprache* (1978) im sanktionierten, traditionellen Wissenschaftsdiskurs und wirft zunächst keine geschlechtsspezifischen, feministischen Fragen auf. Wie bei den beiden anderen Theoretikerinnen, findet man jedoch auch bei Kristeva die enge Verknüpfung der Subjekt-, Logik- und Sprachproblematik. Gingen Irigaray und Cixous von einer anderen Sprache der Frau aus, die sich durch labile Signifikationsverhältnisse, metonymische Verfahren und differente Sinnbildungsprozesse auszeichnet, so hat bei Kristeva die Sprache, und nicht nur die Sprache der Frau, schon immer zwei Ebenen, die sie das *Symbolische* und das *Semiotische* nennt. Nicht außerhalb, wie Irigaray meint, sondern innerhalb der Sprache selbst liegt das Sprengpotential für die Identitätslogik der Sprache, indem es laufend zu Einbrüchen des Semiotischen in das Symbolische kommt (vgl. auch Meyer 1983). Das *Semiotische* bzw. die *semiotische chora* (= geschlossener Raum, Mutterleib) benennt das, was die Triebe artikulieren: Eine »ausdruckslose Totalität«, einen Ort der provisorischen Artikulation (und nicht der Repräsentation und Bezeichnung), die aus Bewegungen der Triebenergie und deren flüchtiger Stasen besteht. Die *semiotische chora* ist kein Zeichen und auf keinen Signifikanten zu reduzieren, sondern ist Vorsignifikant, vorsprachlich (gestisch, rhythmisch, gleitend, Ort der Spaltung und Zerstückelung), polymorphisch, frei-flottierend und prä-ödipal. Das Symbolische und das Semiotische der Sprache sind durch eine thetische Phase getrennt, die einen Bruch, einen Einschnitt im Prozeß der Sinngebung durch Setzungen darstellt (Kristeva bezieht sich hier auf Begriffe der Husserlschen Phänomenologie wie *doxa, Setzung* und *thesis*). Erst diese Setzungen in der thetischen Phase ermöglichen die Konstituierung der symbolischen Ordnung während der Zeit des Spracherwerbs, ohne das Thetische wäre weder eine signifikante Praxis (also Prozesse der Bedeutungsbildung) noch eine Identifizierung des Subjekts mit sich selbst und mit seinen Objekten möglich. Nachdem das Subjekt während der thetischen Phase in die symbolische Ordnung eingetreten ist und damit das ödipale Stadium hinter sich gelassen hat, wird die *semiotische chora* verdrängt und kann nur als Ansturm der Triebe auf die symbolische Ordnung, das heißt in sprachlichen Widersprüchen, Sinnlosigkeiten und Brüchen wahrgenommen werden.

Indem sich Sprache als Symbolisches erstellt, indem sie zum Ort der Signifikanten wird, führt umgekehrt das Phantasma vor, was der Sprache entgangen ist: die Triebheterogenität. Die Triebangriffe auf das Thetische können aber nicht nur Phantasmen oder Psychosen hervorrufen, sondern einem »Thetischen zweiten Grades« (Kristeva 1978, 59), einer Wiederaufnahme einer *semiotischen chora* in der Sprache stattgeben. Dieses Thetische zweiten Grades ist die poetische Sprache, die Kunst: »Die Kunst besteht gerade darin, mit der Negativität das Thetische zu überschreiten und aufzureiben und es dennoch nicht aufzugeben« (Kristeva 1978, 79). In den Praktiken der Kunst offenbart sich das Semiotische nicht nur als Bedingung des Symbolischen, sondern auch als dessen ständiger Aggressor, poetische Texte bezeugen gesellschaftliche Strukturen und unterlaufen sie gleichzeitig. Sinngebung innerhalb der Sprache ist laut Kristeva ein polyvalenter, heterogener, nicht-statischer Prozeß, der aus dem dialektischen Verhältnis der beiden Sinngebungsmodalitäten, dem *Symbolischen* und dem *Semiotischen* besteht. Der Text hat damit bei Kristeva keinen fixierten, einheitlichen oder eindeutigen Sinn mehr, sondern ist immer ein Doppeltes, ein *Double*, eine Vernetzung von Dyaden, hat gleichzeitig »die eine und die andere« Bedeutung. Gekoppelt ist dieser Sinngebungsprozeß und Textbegriff an ein Subjekt, das nicht mehr als ein mit-sich-identisches, kartesianisches, sondern als ein prozessuales Ich zu denken ist. Die *chora* ist der Ort, wo dieses Subjekt hervorgebracht und gleichzeitig negiert wird.

Die Essentialismus-Falle Eine spezifisch weibliche Schreibweise gibt es in Kristevas Modell nicht, weil es keinen ›anderen Ort‹ gibt, von dem aus die Frau spricht, höchstens einen von der herrschenden symbolischen Ordnung marginalisierten Ort, der nicht geschlechtsspezifisch ist, sondern gerade auch von Avantgarde-Künstlern wie Mallarmé, Lautréamont oder Artaud eingenommen wird. Dennoch konnte Judith Butler (1991) in ihrer Kristeva-Kritik nachweisen, daß Kristevas Modell doch ein inhärent geschlechtsspezifisches Moment besitzt und genausowenig wie Cixous' oder Irigarays Modell der ›Essentialismus-Falle‹ entgeht: Kristeva identifiziert das Semiotische mit dem Körper der Mutter. Das hat für die Frau – denkt man diese Idee konsequent zu Ende – zur Folge, daß ihre semiotische Rückkehr zum Mütterlichen in einer vordiskursiven, psychotischen Homosexualität enden muß.

Kristevas Unterscheidung der beiden Sinngebungsmodalitäten der Sprache, dem Semiotischen und dem Symbolischen, ist von der feministischen Debatte aufgenommen und geschlechtsspezifisch gewendet worden. Es kam zu der höchst problematischen Gleichsetzung des Symbolischen mit dem Männlich/Metaphorischen und des Semiotischen mit dem Weiblich/Metonymischen. Die feministische Literaturkritik hat deshalb immer wieder auf die Probleme hingewiesen, die sich aus der Identifikation des ›Weiblichen‹ mit der rhetorischen Figur der Metonymie, die »Berührung, Angrenzung, Teilhabe meint« (Lachmann 1984, 186), bzw. der (subversiven) ›metonymischen Schreibweise‹ bei gleichzeitiger Gleichsetzung des Männlichen mit der Metapher, die aufgrund ihrer Ersetzungsbewegung einer Repräsentationslogik folgt, ergeben. Das Weibliche als Metonymisches ist in diesem Modell ein Gegenentwurf, der das verdrängte Andere der Vernunft, das Vorsymbolische und Unbewußte, den marginalisierten Rand der herrschenden Ordnung metaphorisch repräsentiert. Tropologische Zuschreibungen und Re-Essentialisierungen des Weiblichen schreiben so ihrerseits das Weibliche als ein »Nicht-Entscheidbares«, »Nicht-Festlegbares« fest, was Weigel in ihrer Diskussion von Derridas Nietzsche-Lektüre gezeigt hat. Derridas *Sporen – die Stile Nietzsches* (1976) ist eines der vielen Beispiele, die deutlich machen, daß:

Eine rhetorische Figur des Weiblichen?

> »...das Weibliche schließlich zur Metapher für all das [wurde], was als der abendländischen Logik entgegengesetzt gedacht wird: für das A-Logische, das Dezentrische, das Uneindeutige und Uneinheitliche, für das Nicht-Festlegbare, oder zur Metapher für die Wahrheit, die sich nicht einnehmen läßt. [...] Indem sie [die Frau, G.R.] ins Spiel gebracht wird, garantiert sie die Bewegung des Fließens, Fluktuierens, des Metonymischen. Insofern wird die Frau als Metapher für die metonymische Bewegung gesetzt, was m.E. nur aus der Perspektive des Mannes möglich ist. [...] Der Widerstand gegen die Festlegung von Autor und Text vollzieht sich über die Einschreibung des Weiblichen als Anderes (das Andere des Einen), über seine Festlegung als Nicht-Festgelegtes. Wegen der ambivalenten Beziehung der Frau zur Sprache, zum Symbolischen macht der Mann sie zum universellen Bild der Ambivalenz. Aus der Perspektive der Frau aber muß diese Funktionsweise unterbrochen werden, indem ihre Zirkulation als Bild verweigert wird« (Weigel 1986, 108 und 117f.).

3. Dekonstruktiver Feminismus

Ende der achtziger Jahre formierte sich in den USA der dekonstruktive Feminismus, seine Vertreterinnen sind dort Cynthia Chase, Shoshana Felman, Mary Jacobus, Barbara Johnson, Naomi Schor und Gayatri Spivak, in Deutschland Bettine Menke und Barbara Vinken. Der dekonstruktive Feminismus rekurriert auf die theoretischen Überlegungen der Dekonstruktion und deren Weiterformulierung durch Cixous, Irigaray und Kristeva. Konsequent hinterfragt er die Oppositionsbildung *männlich/weiblich* und die essentialistische Vorstellung der Geschlechtsidentität, sei sie nun als biologische, gesellschaftliche, historische oder kulturell geprägte Positionalität gedacht. ›Weiblichkeit‹ ist weder eine natürliche Gegebenheit noch eine »selbstidentische Entität«, sondern ein »*Effekt* kultureller, symbolischer Anordnungen«, die in Texten lesbar werden (Menke 1992, 436) und wird durch kulturelle Performanz, Sprechakte, d. h. durch wiederholte »rituelle gesellschaftliche Inszenierungen« erzeugt (Butler 1991, 206), die den »Effekt des Natürlichen, des Ursprünglichen und Unvermeidlichen« hervorbringen. Geschlechtsidentität bezeichnet man – so die These Butlers – »als *Ursprung* und *Ursache* […], obgleich sie in Wirklichkeit *Effekt* von Institutionen, Verfahrensweisen und Diskursen mit vielfältigen und diffusen Ursprungsorten« (Butler 1991, 9), also gesellschaftliche Konstruktion ist, die den Glauben an ihre »Natürlichkeit und Notwendigkeit« fordert. Butler bezieht sich hier – so Barbara Vinken – auf die rhetorische Figur der Metalepsis, die »als rhetorischen Effekt eine vorausliegende Ursache [produziert], als deren Wirkung sie sich darstellt. Metaleptisch produziert gender das Geschlecht (sex), als dessen Konsequenz es auftritt« (Vinken 1993, 18).

Die rhetorische Verfassung der Geschlechter

Der dekonstruktive Feminismus geht nun davon aus, daß diese »rhetorische Verfassung« der Geschlechter und Weiblichkeit als Maskerade (Riviere 1986) in (literarischen) Texten lesbar wird:

> »Der entscheidende Schritt der dekonstruktiven Lektüre läuft auf ein tropenkritisches Unternehmen hinaus, in dem Sexualität und Textualität als differentielle Relationen und nicht als essentielle Gegebenheiten auftreten. Denn in solchen differentiellen Relationen wird die Illusion von essentieller Gegebenheit allererst produziert. […] Der dekonstruktive Feminismus hat eine Theorie des Lesens und eine Theorie der Frau, eine Theorie der Subjektivität und eine Theorie des Geschlechts entwickelt. Es liegt in der Konsequenz dieser wechselseitigen Supplementierung, daß Lesen durch ›Frau‹ und Subjektivität durch ›Geschlecht‹ revidiert wird. ›Wie eine Frau zu schreiben‹ bedeutet deshalb nicht, eine Identität oder eine Erfahrung zu wiederholen, sondern die Rolle, die ›Frau‹ als Identität konstruiert, als Frau zu spielen, die sie konstruiert. […] Weibliches Lesen ist als systematisch mitgegebenes Gegenmodell zum identifikatorischen männlichen Lesen eine literarische ›Erfindung‹, die als Identifikationsvorlage Verständnis auf Kosten eines tieferliegenden Mißverständnisses ermöglicht« (Vinken 1992, 19f.).

Die durch männliches Lesen verdrängte Differenz der Geschlechter, des Anderen, hinterläßt in den Texten Spuren ebendieser Verdrängung. Als-Frau-lesen heißt daher, diesen Spuren nachzugehen, ›männliche Lektüren‹ zu vermeiden und Korrekturen an den Verzerrungen der ›männlichen‹ Lektüren durchzuführen: ›Weibliches Lesen‹ revidiert die phallizistischen Weisen männlicher Falschlektüren und wendet sich gegen Repräsentationsmodelle und die von ihnen produzierten »gängigen Realismen« (Vinken 1992, 20).

Wie das vom dekonstruktiven Feminismus geforderte »andere Lesen«, »Wieder-« und »Gegen-Lesen« literarischer Texte aussehen kann soll abschließend Shoshana Felmans Interpretation von Balzacs *Adieu* und dessen Rezeption zeigen (Felman 1975). Ausgangspunkt ihrer fe-

ministisch-dekonstruktiven Lektüre ist die These, daß in Balzacs Text
›Frau‹ als das Andere, als Differenz eingeschrieben ist, aber nicht als
das Andere des Mannes, sondern als das Radikal-Andere und so die
blinden Flecke der männlichen Lektüre hinsichtlich der Differenzbil-
dung literarischer Texte herauszustellen vermag. Felman fragt danach,
wie sich das Denken aus der Logik der binären Oppositionen wie
*Identität/Differenz, Wesen/Erscheinung, Identisches/Anderes, Primäres/Se-
kundäres, Gesundheit/Wahnsinn, Realismus/ Phantastik* befreien kann, denen die Opposition *Mann/Frau* sowie eine Hierarchisierung der Pole
entspricht, die die männliche Seite positiviert und die weibliche ab-
wertet. Wie also kann man über Frau als das Radikal-Andere außerhalb der Opposition *männlich/weiblich* nachdenken? Und wie kann
›Frau‹ außerhalb der phallozentrischen Struktur sprechen?

In ihrem brillanten Essay führt Felman nicht nur das Fehlgehen der
männlichen Lektüre der Frau *im* literarischen Text vor (Philippes Lektüre von Stéphanie), sondern auch das Fehlgehen der Lektüre des Textes durch männliche Literaturwissenschaftler, die *Adieu* zum paradigmatischen realistischen Text gemacht haben. Sie kaprizierten sich auf
den zweiten Textteil, in dem Balzac das Kriegsgeschehen an der Beres-
ina beschreibt und eskamotierten so die anderen Textteile, die Sté-
phanies Wahnsinn thematisieren und mit ihren phantastischen An-
klängen das realistische Paradigma stören. Nicht durch Balzacs Text,
sondern durch diesen ›männlichen Realismus‹ wird Frau zur Nicht-
Existenz und hat am Unrealen teil. Balzacs *Adieu* – so die These Felmans – ist klüger als seine Kritiker, weil er sichtbar macht, wie das
Geschlechterarrangement funktioniert, und thematisiert, wie sich Frau
unter dem männlichen Blick erstellt: Als Wahnsinn nämlich, als Nicht-
Mensch, als Schauspiel, als Spiegelbild des Mannes. In dem Moment,
wo Philippe sein Spiegelbild, Stéphanie, die Königin der Pariser Ballsä-
le abhanden gekommen ist, weil sie zuerst wahnsinnig geworden und
dann gestorben ist, muß Philippe sich umbringen. Damit führt Balzacs
Text vor, inwiefern die männliche Selbstkonstitution eine narzißtische
ist, in der die Frau als Bestätigung für den Mann, als sein Spiegelbild,
fungiert, durch das der Mann sich zu definieren vermag. Weil die
Selbstidentität des Mannes auf der Verdrängung des Weiblichen beruht, ist sie eine metaphorische, genauso wie Weiblichkeit keine natürliche, sondern eine rhetorische Kategorie ist und damit an bestimmte
soziokulturelle Stereotypen gebunden (Frau als Geliebte, als Königin
des Ballsaals). Die wirkliche Bedeutung metaphorischer Weiblichkeit
ist männliches Eigentum: Die Frau ist die Glorie des Mannes und das
Maß seines Narzißmus (zur Frau als Muse des Dichters vgl. Greber
1992). Der Text Balzacs unterläuft aber die Repräsentationslogik, indem
er Philippes Glauben wie den der »realistischen Kritiker« an Identität,
Referenz und eine transparente, kommunikative Sprache, wo alles eine
Bedeutung hat, ein Signifikant auf ein Signifikat und einen Referenten
verweist, hinterfragt. Man kann also sagen, daß die feministisch-de-
konstruktive Lektüre des Balzacschen Textes durch Felman das beunruhigende Potential und die kritischen Fragen des Textes restituiert

Ein blinder Fleck im
männlichen Realismus

und so deutlich macht, worin die Stärke eines dekonstruktiven Feminismus besteht: In seinem radikalen Ernstnehmen der Rolle, die die Sprache in literarischen Texten wie in der Herstellung der gesellschaftlich sanktionierten Geschlechterpositionen und -differenzen spielt. Mit seiner Konzentration auf die Sprache, die auf der Einsicht der sprachlichen Verfaßtheit unserer Welt und der der Sprache inhärenten Machtstrukturen beruht, kann der dekonstruktive Feminismus andere feministische Ansätze sinnvoll ergänzen. Allerdings läßt die heute erreichte Differenziertheit und Komplexität der dekonstruktiv-feministischen Theoriebildung viele Feministinnen an der Operationalisierbarkeit dieses Ansatzes zweifeln, weil – wie sie meinen – nicht mehr ersichtlich ist, inwiefern der dekonstruktive Feminismus zur Veränderung der patriarchalen Gesellschaftsstrukturen beiträgt.

Weiterführende Lektüre

Einen idealen Einstieg in die feministische Literaturwissenschaft stellt *Sexus-Text-Herrschaft. Feministische Literaturtheorie* von Toril Moi dar (1989; engl.: *Sexual/Textual Politics: Feminist Literary Theory*, 1985), der sich mit den relevanten Ansätzen und Autorinnen der siebziger und achtziger Jahre beschäftigt. Mit der Frau als Leserin setzt sich Helga Meise in *Die Unschuld und die Schrift. Deutsche Frauenromane im 18. Jahrhundert* (1983) auseinander, mit der schwierigen Autorschaft von Frauen Barbara Hahns *Unter falschem Namen* (1991). Die Repräsentationsformen des Weiblichen in der Literatur untersucht Silvia Bovenschens *Die imaginierte Weiblichkeit* (1979). Als Rekonstruktion einer weiblichen Kulturgeschichte versteht Sigrid Weigel ihren Band *Topographien der Geschlechter* (1990); ihre und Inge Stephans Beiträge in *Die verborgene Frau* (1983) diskutieren die ästhetische Funktion des Weiblichen, die Geschichte weiblicher Schreibpraxis und den Geschlechtertausch. Mit dem ›weiblichen Schreiben‹ beschäftigt sich Eva Meyer in *Zählen und Erzählen. Für eine Semiotik des Weiblichen* (1983) versucht sie nicht nur deren wissenschaftliche Analyse, sondern gerade auch, diese andere Schreibweise im eigenen Diskurs umzusetzen. Ein bis heute äußerst lesenswerter Klassiker der amerikanischen Literaturkritik ist *The Madwoman in the Attic*, eine von Sandra M. Gilbert und Susan Gubar gemeinsam verfaßte Studie zum problematischen Verhältnis von weiblicher Autorschaft, literarischer Imagination und Kanonbildung. Einen guten Überblick über neuere feministische Ansätze in der amerikanischen Literaturwissenschaft bietet der von Barbara Vinken herausgegebene Sammelband *Dekonstruktiver Feminismus* (1992), mit Beiträgen u. a. von S. Felman, M. Jacobus, B. Johnson, G. Spivak. Interdisziplinär ausgerichtet ist Judiths Butlers Untersuchung zur Problematik der Geschlechtsidentität (*Das Unbehagen der Geschlechter*, 1991), die den Stand der feministischen Diskussion in den Nachbardisziplinen der Literaturwissenschaft wiedergibt.

The Racial Turn: ›Race‹, Postkolonialität, Literaturwissenschaft

Shankar Raman

›Race‹ bezeichnet eher ein Problem als eine feste Kategorie, über deren Existenz wir alle uns mehr oder weniger sicher sind, selbst wenn die genaue Bedeutung strittig bleibt. Geschichte markiert diesen problematischen Status mit einer Unübersetzbarkeit: das deutsche Wort ›Rasse‹ ist historisch so nachhaltig belastet, daß es als Äquivalent nicht mehr in Frage kommt. Aber auch das Englische erfordert Anführungszeichen, stumme Zeugnisse der Last kolonialer Vergangenheit, die das Wort trägt. Und selbst wenn wir die historischen Gebrauchsweisen und ihre Effekte ausklammern könnten, blieben die fundamentalen philosophischen Widersprüche bestehen, die eine Verwendung von ›race‹ als neutrale, deskriptive Kategorie zur Markierung geschichtlicher Unterschiede unter Völkern unterminieren. Ein widerspruchsfreier, analytisch befriedigender Begriff von ›race‹ läßt sich, wie Anthony Appiah (1986) gezeigt hat, weder mit Hilfe der Biologie oder Anthropologie noch auf der Basis einer gemeinsamen ›Gruppengeschichte‹ konstituieren. Der Konsens innerhalb der Naturwissenschaften bestätigt, daß eine genetische Definition ebensowenig wie eine Untersuchung von Verwandtschafts- oder Abstammungsbeziehungen hinreichende Kriterien zur Feststellung ›rassischer‹ oder ethnischer Differenzen liefern kann. Das Konzept einer gemeinsamen Geschichte schließlich führt in einen Zirkel: um einzelne einer Gruppe zuzuordnen, die ihren Zusammenhalt in einer von allen Mitgliedern geteilten Geschichte findet, müssen wir zunächst in der Lage sein, »die Gruppe zu identifizieren, um *deren* Geschichte identifizieren zu können« (Appiah 1986, 23).

Dennoch: die innere Inkohärenz berechtigt uns nicht, ›race‹ einfach als eine rein fiktionale und folglich irrelevante Konstruktion aus der Verantwortung zu entlassen. Denn diese Fiktion hat äußerst reale Konsequenzen: »Unzählige Menschen«, so Henry Louis Gates (1986, 6), »werden jeden Tag getötet im Namen von Differenzen, die allein ›race‹ zugeschrieben werden«. ›Race‹ zu ignorieren bedeutet, eine Art von Amnesie stillschweigend hinzunehmen, den geschichtlichen Prozeß zu vergessen, in dem das Wort seine widersprüchlichen Konnotationen erhalten hat – während gleichzeitig die Gegenwart beherrscht wird vom Kampf mit den realen Effekten dieser Konnotionen. Gefordert ist demgegenüber eine Reformulierung des geschichtlich situierten Begriffs zu einer signifikanten Kategorie innerhalb des umfassenden Prozesses, in dem ›Kultur‹ die Welt der Handelnden mit den durch ihre

»The Negro is not. Any more than the white man.« (Frantz Fanon)

Die kulturelle Realität von ›race‹

soziale Praxis geschaffenen Strukturen vermittelt (vgl. Gilroy 1987, 17). Literatur spielt eine bedeutende Rolle in diesem kulturellen Prozeß. Sie bildet den Ort, an dem sich ›race‹ zu festen Oppositionen sedimentiert, aber auch den Ort, an dem die Instabilität solcher Oppositionen erkennbar werden kann. Literarischen Texten kommt eine entscheidende Funktion zu bei der Bildung ideologischer Schemata, »Effekte von Gedächtnis und kollektiver Wahrnehmung« (Balibar 1989, 12), die bestimmte Formen von sozialer Praxis konsolidieren und legitimieren.

Die Arbeiten von Gates und anderen zeigen beispielsweise, wie im 18. und 19. Jahrhundert in Amerika die Differenz einer mündlichen und einer schriftlichen Kultur zugleich ein Bindeglied zwischen ›rassischer‹ Fremdheit mit wirtschaftlicher Entfremdung bilden konnte. Andererseits konstituiert der Akt des Schreibens in den Händen derer, die unter dieser doppelten Entfremdung litten, nichts weniger als die politische Arbeit, sich selbst aus dieser Entfremdung ›herauszuschreiben‹ (Gates 1986, 6–11). Der kulturelle Raum wird hier nicht als ein neutrales Feld beschrieben, wo sich die Beteiligten als Gleichgestellte miteinander auseinandersetzen, sondern er wird vielmehr, in Edward Saids prägnanter Metapher, bestimmt durch »ein ungleiches Verhältnis zwischen dem Kolonialisten und dem Kolonialisierten, dem Unterdrücker und dem Unterdrückten« (Said 1983, 48). Nur wenn wir diese Ungleichheit erkennen, können wir die durch die Barbarei der Zivilisation zum Schweigen gebrachten Stimmen wieder zum Sprechen bringen, »die *Laute* von Kaliban« (Baker 1986, 389) wieder hören.

»CALIBAN:
Ihr lehret
Sprache mich, und mein
Gewinn / Ist, daß ich weiß zu
fluchen. Hol' die Pest
euch / Fürs Lehren euer
Sprache« (Der Sturm, I/2)

Wir können also den Begriff ›race‹ nicht einfach gebrauchen und können doch auch nicht einfach auf ihn verzichten. Von dieser ambivalenten Position aus möchte ich die Notwendigkeit und die Form seiner Reformulierung und Umfunktionalisierung in der zeitgenössischen Literaturkritik skizzieren. Ziel dieses Versuchs ist es, aus ›race‹ auf der Grundlage geschichtlicher Widersprüchlichkeit ein kritisches Regulativ zu gewinnen, ein Konstrukt, das den objektiven Riß zwischen dem Begriff *menschlicher* Geschichte und ihrer ›rassischen‹ Wirklichkeit exponiert, gleichzeitig aber diese Disjunktion innerhalb des Geschichtsprozesses verortet und somit nicht zu einem anthropologischen Faktum erstarren läßt. Die erste Aufgabe gehört in den Bereich ideologiekritischer Entmystifikation von Diskursen, die zwar die Wirkungen eines strukturell oder institutionell eingeschriebenen Rassismus zu leugnen versuchen, jedoch selbst in ihm fundiert sind. Die zweite wirkt einer Reanthropologisierung der aufgespürten Mechanismen entgegen, in der ›race‹ als »ewiger, essentieller Faktor der Trennung innerhalb von Gesellschaft« (Gilroy 1987, 17) festgeschrieben würde. Da die Machtkonflikte zwischen verschiedenen Sozialgruppen die kulturelle Ausdifferenzierung einer Gesellschaft vorantreiben, könnten ›rassische‹ Differenzen in einen Funktionszusammenhang gestellt werden, in dem sie als natürlich oder gar notwendig erscheinen, so daß sich argumentieren ließe, kulturelle *qua* ›rassische‹ Trennung sei unerläßlich für das ›ordentliche‹ Funktionieren von Gesellschaften. Dieses tatsächlich vorgetragene Argument markiert, wie Étienne Balibar hervorhebt, »eine allgemeine Verlagerung der Problematik« von »einer Theorie der ›Rassen‹ [...] auf eine Theorie von ›Rassen‹-Relationen innerhalb der Gesellschaft, die nicht ›Rassenzugehörigkeit‹, sondern rassistisches Verhalten für natürlich erklärt« (Balibar 1991, 22) – die gegenwärtige Ersetzung des Wortes ›race‹ durch die Kategorie ›Immigration‹ läßt sich in genau diesen Rahmen verorten.

Daß menschliche Geschichte und Gesellschaft auf historisch sich entwickelnden Differenzierungen beruht, eröffnet gleichzeitig Möglichkeiten, alternative Geschichten zu schreiben, die den Spuren solcher sozialen Differenzen jenseits der herrschenden Kategorien folgen, in denen ›race‹ gewöhnlich gedacht wird. Das bedeutet natürlich nicht, daß alternative Geschichtsschreibungen völlig unabhängig von diesen Kategorien bleiben können. Stuart Halls (1980) Vorschlag folgend, sollten wir die herrschenden Kategorien als Artikulation politischer, kultureller und wirtschaftlicher Momente einer komplexen und widersprüchlichen Einheit betrachten, in der herrschende und unterdrückte Gruppen miteinander konfrontiert sind. Als kritisches Konstrukt stimuliert ›race‹ ein Umschreiben von Geschichte in der beharrlichen Kritik der überkommenen Binäroppositionen, die wir verwenden, um Realität zu beschreiben und zu verstehen (siehe Spivak 1989, 288).

Die folgenden zwei Teile dieses Kapitels entfalten diese hier grob umrissenen Thesen. An einem zentralen Text der Weltliteratur, William Shakespeares *A Midsummer Night's Dream*, soll nachgewiesen werden, wie durch eine nichtkanonische Lektüre eines kanonischen Textes die in der Aufklärung entstandenen Kategorien der Textanalyse problematisiert werden können. Durch die Fokussierung auf ›race‹ soll der Bruch zwischen den universalen oder transhistorischen Ansprüchen solcher Kategorien und dem geschichtlichen Prozeß der materiellen Unterdrückung aufgezeigt werden, von dem ihre Universalisierung abhängt. Der zweite Teil stellt dann Interpretationen bislang nicht kanonischer Texte vor, die alternative Geschichten und alternative Lektüremodi ermöglichen. Nachgezeichnet werden dabei Versuche, literarische Traditionen zu initiieren, die der kulturell unterschiedlichen Konstitution menschlicher Subjektivität Rechnung tragen, ohne dabei diese Differenzen transhistorisch und dogmatisch zu hypostasieren. Es werden ausgewählte Positionen ›Postkolonialistischer Theorie‹ skizziert und deren Stoßrichtung innerhalb des hier eröffneten Problemhorizontes verdeutlicht.

Der alte und der neue Kanon

Arbeit im Kanon

A Midsummer Night's Dream beginnt mit der Ankündigung einer Hochzeit: in vier Tagen will Theseus, Herzog von Athen, Hyppolita heiraten, die Amazonenkönigin, die er kurz zuvor unterworfen hat. Doch die freudige Stimmung wird gleich darauf getrübt: vier jugendliche Liebende beschwören, gefangen in einem Netz amouröser Verstrickungen, Konflikte herauf, die mit der Autorität des Herzogs und

Ein Sommernachtstraum

der patriarchalischen Struktur der Gesellschaft kollidieren. Das Feenreich des Waldes, das Zentrum der dramatischen Handlung, spiegelt die Krise zwischen individuellem Glück und sozialer Ordnung wider im Streit zwischen dem Feenkönig Oberon und der Feenkönigin Titania um den Besitz eines indischen Jungen. Auch die hieraus resultierenden »Beziehungsverwirrungen« produzieren, so Russell Berman, »Konflikte, die nicht anders denn als Krise der patriarchalischen Ordnung beschrieben werden können« (Berman 1989, 136). Die gleiche Konfliktstruktur kehrt schließlich nochmals wieder in der Handlung um die Handwerker, die eine Theateraufführung der tragischen Liebesgeschichte von Pyramus und Thisbe vorbereiten. *A Midsummer Night's Dream* präsentiert homologe Krisen und deren Auflösungen auf den vier verschiedenen Ebenen der Nobilität, des Bürgertums, der Feenwelt und der Arbeiter. Die dramatische Auflösung in der Schlußszene, in der die romantischen Konfusionen entwirrt und in gesellschaftlich legitimierte Ehen überführt werden, konstruiert eine spezifische Auffassung von Geschichte als Prozeß, in dem persönliches Begehren mit den übergreifenden Imperativen sozialen Zusammenhalts versöhnt wird. Diese Versöhnung aber kann nur zustande kommen, weil die entscheidenden Konflikte nicht ausgetragen, sondern verdrängt werden. »Es ist schwierig«, um noch einmal Russell Berman zu zitieren, diese »Flugbahn nicht als eine frühe Version der Aufklärungserzählung von Emanzipation und fortschrittlichem Optimismus zu erkennen« (Berman 1989,137).

»Eine frühe Version der Aufklärungserzählung von Emanzipation und fortschrittlichem Optimismus«: Harmonie und Hierarchie

Ein kurzer Blick in die *Arden*-Ausgabe bestätigt diese Behauptung. Dem Herausgeber zufolge ist das zentrale Thema dieser »festlichen Komödie« (der Ausdruck ist von C. L. Barber) »Liebe und Ehe [...]: eine nach Ehe oder nach einer harmonischen Partnerschaft innerhalb der Ehe strebende und in Ehe vollendete Liebe« (Brooks 1979, cxxx). Aber, wie Lysander, einer der jungen Höflinge, weiß, »rann nie der Strom der treuen Liebe sanft« – und dementsprechend wurde die Traumwelt im Stück in der Sekundärliteratur traditionellerweise als eine Äußerung der potentiell störenden Mächte der Leidenschaft, der Einbildungskraft und der Irrationalität gelesen, die dann später harmonisch mit der angeblich rationalen Ordnung der den Traum einrahmenden sozialen Welt versöhnt würden (siehe z.B Hunter 1967, Frye 1957, Barber 1959).

»Das Feenland kauft mir dies Kind nicht ab«: Poesie, Liebe und Ökonomie

Die gesellschaftliche Realität von ›race‹ scheint hier weit entfernt. Aber wir dürfen nicht vergessen, daß die Krise aus dem Streit zwischen Oberon und Titania um den indischen Jungen hervorgeht, den Titania nicht aufgeben will. Damit ist es in erster Linie eine ›rassische‹ Differenz, durch die die patriarchalische Hierarchie (als dessen Vertreter Oberon und Theseus fungieren) destabilisiert wird. Darüber hinaus hängt die Auflösung der Krise von der Tatsache ab, daß Oberon Titania betrügt, um den indischen Jungen von ihr zu bekommen; und erst in dieser Transformation des ›rassisch‹ Anderen in ein Objekt des Austauschs kann die soziale Ordnung wiederhergestellt werden. Und doch, auch wenn der indische Junge als Auslöser der dramatischen

Handlung fungiert, taucht er selbst niemals im Stück auf. So bildet er dessen abwesendes Zentrum; seine getilgte Präsenz sowie seine Austauschbarkeit bleiben auf paradoxe Weise unentbehrlich für die Wiederherstellung der patriarchalischen Herrschaft. Dieses Paradox motiviert die Frage, wie die literarische Darstellung basiert auf der Tilgung eines Subjekts, das explizit als fremd, als ›racially other‹ vorgeführt wird? Anders gesagt, welche Bedeutung besitzt der indische Junge – als ›abwesende Präsenz‹ – innerhalb der dominanten Strukuren dieser frühen Aufklärungserzählung?

Dieses Problem ist ein historisches: Shakespeares (Nicht-)Repräsentation des indischen Jungen beruht direkt auf den besonderen geschichtlichen Praktiken und Diskursen, in denen sich die Identität dieser fremden Figur konstituiert und die die Form bestimmen, in der eine marginale Figur innerhalb des kulturellen Raums der englischen Renaissance dargestellt werden konnte. Der grundlegende Diskurs ist *Das koloniale Indien:* in diesem Fall der des Kolonialismus, durch dessen Praktiken England *real und doch imaginär* schließlich in Kontakt tritt mit ›Indien‹ – ein reales Land, das dennoch ein imaginärer Ort bleibt, vage angesiedelt zwischen dem ›Indien von Kolumbus‹ (Amerika) und dem ›Portugiesischen Indien‹. Wenn Titania begründet, warum sie den indischen Jungen nicht aufgeben will, wird dieser kolonialistische Rahmen thematisch:

> Das Feenland kauft mir dies Kind nicht ab;
> Denn seine Mutter war aus meinem Orden
> Und hat in Indiens gewürzter Luft
> Gar oft mit mir die Nächte weggeschwatzt.
> Wir saßen auf Neptunus' gelbem Sand,
> Sahn nach den Handelsschiffen auf der Flut
> Und lachten, wenn vom üppigen Spiel des Windes
> Der Segel schwangrer Leib zu schwellen schien.
> Dies ahmte sie, mit kleinen Schritten wankend
> (Ihr Leib trug damals meinen kleinen Junker),
> Aus Torheit nach und segelt' auf dem Lande
> Nach Spielereien aus und kehrte, reich
> An Ware, wie von einer Reise, heim.
> Doch sie, ein sterblich Weib, starb an dem Kinde,
> Und ihr zulieb erzieh ich nun das Kind,
> Und ihr zuliebe geb ich es nicht weg.
> (*Ein Sommernachtstraum* (II/1); dt. von August Wilhelm Schlegel)

Titanias Beschreibung instrumentalisiert geschickt den Diskurs des merkantilen Kolonialismus, um ihren Anspruch auf das Kind zu rechtfertigen. Die wirkliche Mutter ist durch das Kind »reich«, genauso wie Indiens Luft reich ist an Gewürzen, nach denen die Handelsschiffe ausgesandt sind. Reichtum als natürliche Fülle und Fruchtbarkeit vermischt sich mit kolonialem Reichtum, einem materiellen Gut, gewonnen durch erzwungenen Handel. Wenn die Mutter das Handelsschiff *Kolonialwaren* nachahmt, imitiert ihr »schwangrer Leib« das schwellende Segel. Sie bewegt sich am Strand wie ein Schiff auf dem Wasser und kehrt »reich an Ware, wie von einer Reise« zurück. So überträgt sie Titania die destillierte Essenz des Ostens, den indischen Jungen, genau wie die Handelsschiffe die Schätze des Ostens nach Europa bringen. Die kolonialistische Unternehmung bildet hier einen metaphorischen Wertmaßstab, den Titania zugrundelegt, während sie zugleich ihren Anspruch auf das Kind metonymisch begründet. Das heißt, der indische Junge tritt für Titania – metonymisch – an die Stelle seiner abwesenden Mutter, während sein Wert – metaphorisch – den vom Abendland konsumierten indischen Waren entspricht. Seine Abwesenheit ist nichts anderes als die ungeheure Distanz, die Europa von Indien trennt, seine Anwesenheit nichts anderes als die Überbrückung dieses Abstandes in der Form der Konsumption östlischer Waren in Europa: Titania will das Kind nicht weggeben, weil sie es schon als Teil ihrer selbst internalisiert hat.

Gebrauchswert oder Tauschwert? Die Ökonomie der Gefühle und die Ökonomie des Kolonialismus

Oberon, der »Eifersücht'ge«, dagegen sieht in dem Jungen ein »Wechselkind« [changeling], das einem indischen König geraubt wurde und das er nun für sich als »Knappe« fordert. Er betrachtet ihn also als eine Art Spielmarke in einem Tauschprozeß, und diese Funktionszuschreibung bestimmt die Identität des Jungen als »Wechselkind«. Wenn Titania diese Sichtweise zurückweist, hebt sie die grundlegende Differenz zwischen den jeweils ausschlaggebenden Wert-Ökonomien hervor; wenn aber dann im vorletzten Aufzug der Austausch doch stattfindet, erhält Oberon nicht nur das Kind. Zugleich wird die von ihm vertretene Sozialordnung stabilisiert, die in Analogie zum merkantilistischen Kolonialismus auf der fiktionalen Basis eines gerechten und gleichwertigen Austausches beruht. Gegenüber diesem letztlich rein monetaristischen Wertsystem, in dem das Wechselkind nur als Signifikant des Tauschwerts funktioniert, befürwortet Titania eine Ökonomie des Gütertausches, die auf den ›Gebrauchswerten‹ von Gemeinschaft, Erinnerung und gemeinsamer Freude beruht. Das Kind symbolisiert für sie eine mit seiner Mutter geteilte Vergangenheit, eine Geschichte, ein Bündel sozialer Beziehungen. Aber auch sie legt den Maßstab der kolonialistischen Ökonomie von Handel und Austausch an. Tatsächlich basieren *beide* Wertsysteme auf einer Verdinglichung des Ostens, durch die dessen Andersheit den Strukturen okzidentalen Denkens assimiliert werden kann. Der Osten selbst wird dabei konstituiert als eine Leerstelle, die zu nichts anderem dient, als mit dem materiellen Begehren des Abendlandes gefüllt zu werden. Es sind die Waren, die von den europäischen Handelsschiffen in die ›Heimat‹ getragen werden, die diesen Osten im europäischen Bewußtsein nicht nur verkörpern, sondern definieren: er ist genau der Ursprungsort dieser Waren. Im Konflikt zwischen Oberon und Titania werden die Bedeutung dieser Materialität sowie die Form ihrer Beherrschung verhandelt.

Erpreßte Versöhnung

Indem Titania schließlich Oberon den Jungen freiwillig überläßt, schafft sie die Voraussetzung für einen scheinbar harmonischen Ausgleich von individuellem Begehren und sozialer Ordnung. Daher ist Oberons Sieg zugleich ein Sieg der Geschichtsversion, für die er steht, ein Sieg für die Erzählung der Aufklärung, die in der angestrebten

Harmonisierung enthalten ist. Aber die Figur des indischen Jungen verdeutlicht, daß sich diese optimistische Erzählung nur etablieren kann in der Herrschaft über seinen – zum Objekt gemachten – Körper. Die Übertragung des Kindes an Oberon ist ein dramatisches Bild für die materielle Unterwerfung des Kolonialisierten im kolonialistischen Tauschprozeß. Am Ursprung der Geschichte von der Aufklärung und ihren universalistischen Kategorien von menschlicher Liebe und Leiden markiert ›race‹ einen kritischen Riß zwischen solchen universalen Ansprüchen und ihrer Verankerung in Praktiken der materiellen Unterdrückung; in anderen Worten: ›race‹ fungiert als ein Moment der Differenz, die materiell eingeführt werden muß, um die ideologische Konstitution eines abendländischen Subjekts und einer Geschichte jenseits von Differenz zu ermöglichen.

Aber wenn die hier vorgeschlagene Lektüre versucht, die Problematik von ›race‹ gerade im Moment ihrer Auslöschung sichtbar zu machen, müssen wir uns der Gefahr bewußt bleiben, das wieder hervorgeholte Versteckte selbst zu einer universalisierbaren, ›natürlichen‹ Gegebenheit zu verfestigen. Das zeigt der Blick auf eine neuere Interpretation, die den indischen Jungen explizit ins Zentrum des Stückes rückt: Allen Dunns *The Indian Boy's Dream Wherein Every Mother's Son Rehearses His Part*. Dunn liest scharfsinnig das Theaterstück als »eine Psychologie der dramatischen Form«, deren beherrschendes Thema der sexuelle Konflikt ist, genauer der ödipale Konflikt, in dem Dunn die Urszene des »Zugangs zur erwachsenen Ordnung sozial sanktionierter Sexualität« identifiziert (Dunn 1988, 19). Dunns Einsicht ist spektakulär: der Traum insgesamt wird zur Fantasie des indischen Jungen, als die defensive Erwiderung auf das Trauma seiner Entführung von der ›Mutter‹ Titania durch Oberon (der als ›Vater‹ die normative soziale Welt repräsentiert). »Psychoanalytisch ausgedrückt wird [der indische Junge] gezwungen, auf seine ödipale Abhängigkeit von seiner Mutter zu verzichten […] und sich dem Gesetz des Vaters zu unterwerfen« (Dunn 1988, 21). Innerhalb dieses psychoanalytischen Rahmens repräsentiert die physische Abwesenheit des indischen Jungen seine zentrale Position als träumendes Subjekt: gerade weil es sein Traum ist, verlagere er, Dunn zufolge, defensiv seine Handlungsfähigkeit auf die anderen Figuren, insbesondere auf den Handwerker Zettel, der von Titania als sein Verteter infantilisiert und gehegt wird. Die Übertragung des Jungen, die die Versöhnung stiftet, repräsentiere seinen Eintritt in die patriarchalische Sozialordnung, die Annahme seiner Position innerhalb des kulturellen Systems. Diese Lektüre scheint mir zugleich hellsichtig und verführerisch, indem sie ein theoretisches Modell, die Psychoanalyse, auf subtile Weise benutzt, um die Abwesenheit des indischen Jungen als die notwendige Form seiner Anwesenheit zu erklären: seine Gegenwärtigkeit als träumendes Subjekt erfordert seine Entfernung als handelndes Subjekt.

Auch hier markiert jedoch der ›Osten‹ einen blinden Fleck in einer ansonsten überzeugenden Interpretation des Stückes. Ausgespart bleibt in Dunns Lektüre, daß der Junge *indisch* ist. Nahezu spurlos

Die Konstruktion des ›natürlichen‹ Subjekts oder: Wer träumt den Sommernachtstraum

Die Auslöschung des Ostens

wird diese Tatsache ausgelöscht, wird das Moment des *Indischen* zum Schweigen gebracht gerade da, wo Dunn den Jungen als Autor der ganzen Phantasie identifiziert. In dieser Verdrängung der ›rassischen‹ Konstituierung des Subjekts wiederholt sich die Logik genau der Kritiker, gegen die Dunn argumentiert (C. L. Barber, G. K. Hunter, H. Brooks u. a.). Während deren Verständnis des Stücks in der universalisierenden, aufklärerischen Version von Geschichte befangen bleibt, restituiert Dunns Uminterpretation seinerseits eine verlagerte Version dieser Geschichte, diesmal als die Erzählung des ödipalen Subjekts, das als das ›wahre‹ universale Subjekt menschlicher Geschichte fungiert. Und diese Restitution verdoppelt die Auslöschung des marginalisierten, ›rassisch‹ Anderen, in dessen Namen Dunns Interpretation zu sprechen behauptet: des indischen Jungen.

Shakespeares ambivalenter Umgang mit ›race‹ reflektiert in gewisser Weise die historische Unmöglichkeit, im 16. Jahrhundert das ethnisch Andere anders als ein vom abendländischen, imperialistischen Begehren projiziertes Objekt zu fassen. Die Auslöschung dient letztendlich den sich abzeichnenden eurozentristischen Konzepten von Subjektivität und Geschichte, die die Aufklärung entfaltet. Ihre Realität ist verankert in der materiellen Unterwerfung von Gruppen, die als ›anders‹ markiert sind, und diese Praxis ist es, die ›race‹ als Kategorie

Das Subjekt Europas: ein
»Rassismus ohne Rassen«
(Balibar)

konstituiert. Demgegenüber läuft Dunns Interpretation – ganz gegen seine Absichten – darauf hinaus, in der verlagerten Form eines universalisierten Subjekts der Psychoanalyse den aufklärerischen Subjektbegriff letztlich zu bestätigen – und das gerade zu einem Zeitpunkt, an dem dieses Subjekt der Aufklärung unrettbar unterminiert zu sein scheint durch die Angriffe der Gruppen, die in seinem Namen unterdrückt werden und die nun in einem Gegenzug den Begriff ›race‹ als Index ihrer kulturellen Identität sich anzueignen versuchen. Wenn Dunn an die Stelle des ›rassisch‹ konkretisierten, *indischen* Jungen stillschweigend das universalistische ödipale Subjekt stellt, vollzieht er auf der Ebene der »sekundären theoretischen Ausarbeitungen« implizit die Bewegung, die Balibar als »Rassismus ohne Rassen« beschreibt (Balibar 1991, 23). Anders gesagt: unter dem Schleier eines gesellschaftlichen Pluralismus, der bestehende kulturelle Differenzen anzuerkennen scheint, wird ein eurozentristischer Subjektbegriff als »nicht reduzierbare methodologische Voraussetzung« konsolidiert (Spivak 1988, 279).

Aporien der Interpretation

Interessant an dieser wiederholten Tilgung ›rassischer‹ Differenz sind für mich die Spuren, die der Akt der Tilgung hinterläßt – die Tatsache, daß eine solche Tilgung konstitutiv ist für die theoretischen Systeme oder Modelle, die wir benutzen, um literarische Texte zu lesen und zu verstehen. Während einerseits ›kanonische‹ Interpretationen häufig die Logik der interpretierten Texte reproduzieren in Form einer unreflektierten Übernahme von Kategorien, an deren Entstehung und Etablierung diese Texte selbst beteiligt waren, so setzen sich andererseits Lektüren, die von literaturtheoretisch reflektierter Position aus solche ›naiven‹ Interpretationen unterlaufen wollen, dem Risiko aus, ihre *eigenen* Voraussetzungen zu universalisieren.

Arbeit am Kanon

In der Lektüre von Shakespeares Text und einer seiner Interpretationen zeichnet sich ab, daß eine Tilgung von ›race‹ konstitutiv für solche theoretischen Orientierungen ist, die in der Interpretation kanonischer Texte der abendländischen Literaturtradition entwickelt wurden. Wenn dies tatsächlich der Fall ist, dann steht eine direkte Anwendbarkeit der entsprechenden Literaturtheorien auf Texte außerhalb dieser Tradition in Frage. Die Interpretation solcher Texte erzwingt vielmehr eine Transformation des theoretischen Apparates selbst. Das bedeutet nicht, daß abendländische Literaturtheorie auf nicht-abendländische Texte schlichtweg unanwendbar ist – aber wir können nicht erwarten, daß ihre Applikation den gleichen Mustern folgt und zu vergleichbaren Ergebnissen führt. In der Tat wäre es, woran uns Anthony Appiah erinnert, ein untrügliches Zeichen für eine von vornherein falsch ansetzende Theorie, wenn alle ›Anwendungen‹ die gleichen Ergebnisse zutage fördern würden. Anders gesagt: jede Applikation von Literaturtheorie verlangt in diesem Zusammenhang eine Reformulierung der Theorie selbst (Appiah 1984).

Die Reichweite von Theorien ist die Reichweite der sie tragenden Kulturen

Die Arbeit von Autoren wie Houston Baker oder Henry Louis Gates Jr. konzentriert sich darauf, einerseits das Verhältnis zwischen Literaturtheorie und afroamerikanisch-kultureller Produktion zu überdenken und andererseits eine literarische und ästhetische Tradition zu entwickeln, die durch genau das charakterisiert wird, was Gates als »signifyin(g) ›black‹ difference« bezeichnet. Er lokalisiert diese Differenz in der Tatsache, daß sich ›black‹Texte auf mindestens zwei unterschiedliche textuelle Traditionen beziehen. Wenn wir die lange und komplexe Geschichte des Kolonialismus berücksichtigen, wird klar, wie diese Texte von der abendländischen Literaturtradition notwendigerweise formiert werden und auf diese Tradition antworten. Aber weit davon entfernt, die Texte vollständig zu erfassen, offenbart sich diese Beziehung erst, wenn wir uns den anderen, einheimischen literarischen Traditionen zuwenden, auf denen ›black‹literature beruht. Der ›schwarze‹ Text verweist nicht auf irgendeine essentielle ›Schwärze‹, gebunden an die Hautfarbe des Autors, sondern er wird genau in diesem ›Dazwischen‹ lokalisiert, d. h. er wird definiert durch den Zusammenhang, der ihn sowohl mit der abendländischen als auch mit einheimischen Literaturtraditionen verbindet, ohne daß er auf das eine oder das andere reduziert werden könnte. Das Ziel einer ›black‹Literaturtheorie besteht nicht darin, solche Texte »durch ihre Einbettung in die europäische Kultur« (Appiah 1984, 146) verständlich zu machen, aber auch nicht darin, ihnen das Bild einer homogenen, ursprünglichen Indentität – begründet etwa in einer panafrikanischen Essenz – zu entnehmen.

»Signifyin(g) ›black‹ difference«

Wir können daher die literaturtheoretische Funktion von ›race‹ positiv bestimmen als Rückwendung auf einheimische textuelle Traditionen, mit dem Ziel, diese *als* Traditionen zu entfalten und daraus wiederum einen den Texten angemessenen theoretischen Rahmen zu erzeugen. Diese literaturkritischen Theorien würden sich im Blick auf die

Entkolonialisierung von Literatur und Literaturtheorie

Differenzen konstituieren, die ein bestimmter Text zur Sprache bringt und durch die er präzise, theoretisch verallgemeinerbare (aber nicht universale) Relationen zu einheimischen und okzidentalen Literaturtraditionen ausdrückt. Anvisiert wird hier die Dekolonisation von Literatur und Literaturtheorie.

Négritude

Diesem Entwurf ist die Gefahr inhärent, »Dekolonisation zu verwechseln mit der Wiederherstellung einer [idealisierten] präkolonialistischen Realität« (Ashcroft 1989, 30). Das von Aimé Césaire und Leopold Sedar Senghor entwickelte Konzept der *Négritude* stellt den einflußreichsten Versuch dar, die Eigenart der ›black‹culture und Identität herauszustellen: »›black‹culture ist eher emotional als rational; sie betont Integration gegenüber Totalität und Zergliederung; [...] sie beansprucht eine distinkte afrikanische Perspektive auf Raum-Zeit-Relationen, Ethik und Metaphysik« (Ashcroft 1989, 21). Die politische Relevanz dieser Ansprüche sollte nicht unterschätzt werden, insoweit sie dazu dienen, ›blackness‹ von seiner ›angeschwärzten‹ Position innerhalb kolonialistischer Strukturen zu lösen. Aber, wie Frantz Fanon nachhaltig geltend macht, war der Rückgriff des *Négritude*-Konzepts auf einen vom Kolonialismus zerstörten panafrikanischen Identitätsbegriff nicht weniger fiktiv als die aus kolonialistischer Perspektive vermittelten Bilder afrikanischer Kulturen. Darüberhinaus hing diese Fiktion selbst von Kategorien ab, die die Kolonialmächte erst eingeführt hatten: ›Afrikaner‹ gibt es nur, weil die Differenzen verschiedener afrikanischer Stämme mit ihren vielfältigen kulturellen Traditionen durch die gemeinsame Differenz zur herrschenden Kolonialmacht überdeckt wurden. »*Négritude*«, so Fanon, »war die affektive, wenn nicht logische Antithese zur Beleidigung der Menschheit durch den weißen Mann« (Fanon 1966, 163). Das Versagen der Dekolonisations- und der *Négritude*-Bewegung gründete für Fanon konsequenterweise in der Bereitwilligkeit, mit der der afrikanische Nationalismus sich der »Übertragung der aus der Kolonialperiode vererbten Vorrechte auf die Autochthonen« ergab (Fanon 1966, 128).

Signifying Monkey, Trickster: Zur Interpretation afroamerikanischer Literatur

Diesem Problem begegnet beispielsweise Gates mit der Weigerung, ›race‹ als die Figur einer »endgültigen, nicht reduzierbaren Differenz zwischen Kulturen, linguistischen Gruppen oder Angehörigen spezifischer Glaubenssysteme« zu behandeln (Gates 1986, 5). In seinem eindrucksvollen Aufsatz *The Blackness of Blackness: A Critique of the Sign and the Signifying Monkey* demonstriert Gates die untergründige Kontinuität zwischen den verschiedenen Betrügerfiguren (*Trickster*) in Volkslegenden zahlreicher afrikanischer, karibischer und südamerikanischer Kulturen und der Figur des *Signifying Monkey* in der afroamerikanischen Kultur. Diesen *Signifying Monkey* nutzt er dann als Archetyp für die Figurationsmodi, die für die afroamerikanische Tradition charakteristisch sind, als eine Figur für jene »Struktur der intertextuellen Revision« (Gates 1987, 242), in der ›black‹Texte ihre eigenen Vorgänger konstituieren, um formal eine ›black‹Literaturtradition zu begründen.

Mumbo Jumbo

Gates untersucht Ishmael Reeds Roman *Mumbo Jumbo* als Teil dieser Kette »aufeinander folgender Versuche, einen neuen narrativen Raum zu schaffen für die Darstellung des rekurrierenden Referenten der afroamerikanischen Literatur, der sogennanten ›schwarzen‹ Erfahrung« (Gates 1987, 248). Gates liest Reeds Roman als eine – in Form einer raffinierten Pastiche präsentierte – kritische Reflexion über kanonische Genres des Abendlandes ebenso wie über vorausgehende ›schwarze‹ Versuche, eine alternative »Gefühlsstruktur« außerhalb der metaphysischen Voraussetzungen abendländischen Schreibens zu positionieren. Wie der *Signifying Monkey*, der unablässig die anscheinend fixierten Sinn- und Identitätsordnungen öffnet, etabliere Reed sich als Teil einer bestimmten Herkunft, indem er die überkommenen und konventionellen Gefühlsstrukturen destabilisiert, die ihn mit dieser Herkunft verbinden.

Die Kraft von Gates' Analyse liegt nicht allein in seiner Lektüre von *Mumbo Jumbo*, sondern vielmehr in seiner Reflexion auf eine Theorie der Literaturkritik, die der Interpretation afroamerikanischer Texte angemessen ist. Auf der Ebene von Literaturkritik sucht er eine Position, die derjenigen Reeds analog ist: das in der Folge von Ferdinand de Saussure zum Standard zeitgenössischer Literaturtheorie gewordene Konzept der Signifikation reformulierend, identifiziert Gates alternierende Modi der Signifikation, in denen sich die Eigenheit einer ›black‹tradition begründet. Diese kann nun beschrieben werden als Prozeß eines »signifyin(g)«, d.h. einer doppelten Signifikation, die sowohl auf »eine ununterbrochene Linie von Figurationsmustern innerhalb ›black‹cultures« als auch auf die kanonischen Formationen abendländischer Literatur verweist (Gates 1987, 237). Nur als Zusammenhang dieser präzise zu vermessenden differentiellen Verhältnisse kann der ›black‹-Text definiert werden.

Ein Vergleich der *Négritude*-Theorie mit zeitgenössischen Trends der afroamerikanischen Literaturkritik – für die hier exemplarisch die Arbeit von Gates steht – erlaubt es, zwei zentrale Strategien postkolonialistischer Literatur und Literaturtheorie zu skizzieren, ihre eigene Identität zu definieren: *Aufhebung* (*abrogation*) und *Aneignung* (*appropriation*) (siehe Ashcroft 1989, 38ff.). Beide Modi setzen voraus, daß die Sprache kein neutrales System für die Übermittlung fixierter Bedeutungen bildet, sondern eher als ein Medium der Macht aufzufassen ist, in der die Vorherrschaft einer Bedeutung vor anderen, konkurrierenden entschieden wird. *Aufhebung* kann als Negation der normativen Kategorien verstanden werden, in denen eine imperialistische Kultur bestimmte interpretative Strukturen als die einzig gültigen und möglichen Formen des Denkens und Ausdrückens fixiert. Die Identifikation von ›Schwärze‹ mit Abwesenheit etwa spiegelt die historischen Verdrängungsprozesse wider, in denen imperialistische Mächte die semantischen Zirkulationen so den kolonialen Machtstrukturen unterworfen haben, daß kolonisierte Subjekte nur noch innerhalb dieser Strukturen ›erzeugt‹ werden können. Das Konzept der *Aufhebung* bestreitet den Wert derartiger Normen und verweigert ihnen die Anerkennung als einzig legitime Garantie von Sinn. Für die *Négritude*-Theorie folgt aus dieser Verweigerung, daß eine ›afrikanische Erfah-

Aufhebung und
Aneignung

*Ein Index der kulturellen
Identität*

rung‹ als ›authentisch‹ reklamiert wird, die als alternative Repräsentation der ›Afrikaner‹ den Gegenpol bilden soll zur herrschenden, von
einem imperialistischen Zentrum, zu dem die Afrikaner nicht gehören,
getragenen Repräsentation (siehe Ashcroft 1989).

Aneignung dagegen strebt eine Rekontextualisierung der kolonialistischen Sprache an, in der die impliziten geschichtlichen Verbindungen zwischen dem Schweigen innerhalb dieser Sprache und dem Zum-
Schweigen-Bringen des kolonialisierten Subjekts sichtbar werden. Hinter diesen Aneignungsstrategien steht die Einsicht, daß der Erfolg kolonialistischer Unterdrückung nicht nur auf ihrem direkten Zugriff auf
Eigentum und Leben beruht, sondern, wie Todorov zeigt, auch auf der
Kontrolle der Kommunikationsmittel (siehe Todorov 1974). Tatsächlich
konnten materielle Unterdrückung und Unterdrückung einheimischer
Sprachen nur systematisch durch die Produktion eines Diskurses und
eines Bereichs kultureller Symbolik aufrecht erhalten werden, in dem
determiniert wurde, *was* das kolonisierte Subjekt wissen konnte und
wie es wissen konnte. Ziel von *Aneignung* ist es daher, die Kontrolle
über die Mechanismen und Institutionen zu erlangen, in denen Sinn
erzeugt wird, das heißt, über die Strukturen, die die Erzeugung von
Wissen beherrschen. Strategien der *Aneignung* unterminieren den kolonialistischen Diskurs und seine Ansprüche der Universalität und
Zentralität, indem sie das Verhältnis von Sprache und der ideologischen Produktion einzelner Sinneffekte sichtbar machen. Aber jenseits
dieser Subversion benötigen wirkungsvolle Aneignungsstrategien eine
Form von Rezentralisierung, um die eroberte Kontrolle der kolonialen
Sprache durch die Kolonialisierten zu behaupten.

*Postkolonialität: Zurück
nach Afrika?*

Postkolonialistisches Schreiben entsteht in einem Raum, der zwischen Aufhebungs- und Aneignungsstrategien gespannt ist. Es muß
seine eigene Verschiebung durch die Strukturen des Kolonialismus
stets zweifach verhandeln: indem es eine in Sprache und institutionelle
Strukturen eingebettete koloniale Autorität negiert, während es zugleich diesen Hintergrund in eine produktive Quelle der eigenen, als
historische Form im Kampf um Bedeutung gewonnenen Identität
transformiert. Wir haben schon auf die inhärenten Grenzen hingewiesen, auf die das rein ›aufhebende‹ Konzept der *Négritude* stößt, wenn
es dem Kolonialismus allein den Rückgriff auf ein fiktives kulturelles
Wesen oder einen spezifischen Erfahrungsgehalt Afrikas als ›unverschmutzte‹ Quelle afrikanischer Identität entgegensetzt. Die Logik
des Kolonialismus wird hier lediglich in umgekehrter Form wiederholt. Aber es gibt komplexere Aufhebungsstrategien, die sich der Unmöglichkeit einer Rückkehr stellen, d. h. der Notwendigkeit, Hybridität als historischen Zustand des kolonialisierten Subjekts in der Zeit
der Dekolonialisation anzuerkennen (siehe Bhabha 1986;1989). Eine
solche Reaktion, für die Texte von Chinua Achebe, Gabriel Okara und
Amos Tutuola charakteristische Beispiele bieten, besteht darin, die vom
Kolonialismus priviligerte Sprache vom innen her zu unterlaufen in
der Transformation ihrer internen semantischen und syntakischen Formen.

Gabriel Okara beschreibt seine Position so: »Als ein Schriftsteller, der an die Verwertbarkeit afrikanischer Ideen, afrikanischer Philosophie und afrikanischer Volkslegenden im weitesten Umfang glaubt, bin ich der Meinung, daß der einzige Weg, sie wirkungsvoll zu benutzen, darin besteht, sie fast buchstäblich von der afrikanischen Muttersprache des Verfassers in welche auch immer von ihm als Ausdrucksmedium benutzte europäische Sprache zu übersetzen« (siehe Ngugi 1972). In seinem Roman *The Voice* überträgt Okara vorsichtig syntaktische und lexikalische Formen seiner Muttersprache Ijaw ins Englische, um die privilegierte Sprache des Imperialismus zu transformieren. Das Ergebnis ist eine hybride Sprache, die mittels des Ijaw das Englische auf neue Sinneffekte hin öffnet, um gelebte Wirklichkeit zu re-konstruieren, die selbst hybrid ist, d.h. aus einer Kombination von Fragmenten der Ijaw-Kultur mit einer kolonialistisch strukturierten Welt besteht. Das Rearrangement englischer Wörter innerhalb fremder syntaktischer und diskursiver Sprachstrukturen hebt den normativen Sprachgebrauch des Englischen auf und unterläuft dessen Verbindung mit überkommenen Formen kolonialistischer Praxis.

Postkoloniales Schreiben: Auf dem Weg nach Afrika

Für karibische Autoren wie Derek Walcott oder V.S. Naipaul stellt sich die Frage nicht, welche Sprache sie wählen sollen: in der Karibik haben die kolonialistischen Strukturen die ursprüngliche Kultur so vollständig aufgesogen, daß keine linguistisch unabhängigen Muttersprachen mehr existieren. Hier bleibt allein der Weg einer Reformierung des Englischen, einer umwandelnden *Aneignung* dieser die Karibik lange Zeit beherrschende Sprache, die eine neue Geschichte und eine neue Identität formulierbar macht. Anhand einer Szene aus V.S. Naipauls Roman *The Mystic Masseur* kann dieser Aneignungsprozeß exemplarisch veranschaulicht werden: eine Frau – die zukünftige Frau des Protagonisten Ganesh – hängt einen Zettel auf mit einem Hinweis, der englisch geschrieben ist und doch gerade durch seine Unlesbarkeit signifikant erscheint.

Postkolonialität als Sykretismus

»NOTICE!
NOTICE, IS. HEREBY; PROVIDED: THAT, SEATS!
ARE, PROVIDED. FOR; FEMALE: SHOP, ASSISTANTS!«
(Naipaul 1957, 43)

Satzzeichen, die diakritischen, geschriebenen Markierungen für die Arbeit des Schweigens in gesprochener Sprache, fungieren in Naipauls Text als Trennung zwischen der beherrschenden Sprache des Zentrums, der Metropolen und seiner Aneignung durch das kolonialisierte Subjekt. Unlesbar als ›richtiges Englisch‹, ist der Text zu lesen als Figur, die die Bedingungen seiner Unlesbarkeit verdeutlicht: die verstellten Satzzeichen verweisen auf die Entstellungen des Kolonialismus, auf eine für den Postkolonialismus konstitutive Entfremdung. Zugleich transformiert die ›Notiz‹ unabsichtlich das ›richtige Englisch‹ und produziert einen Sinn, der gesicherte Eigentumsstrukturen unterläuft. Nicht, daß Ladenassistentinnen Sitzplätze bekommen, ist entscheidend. Vielmehr deutet gerade die Art, in der die Aufnahme dieser

The Mystic Masseur

Information erschwert und eine einfache, ›mimetische‹ Interpretation der Aussage verhindert wird, auf die willkürliche und zugleich bewußte Unterwerfung der Sprache der kolonialistischen Metropolen. Die Frage, die sich hier stellt, ist nicht, ob die ›Notiz‹ den legitimierten Bedeutungsstrukturen gerecht wird, sondern wo die Quellen der Legitimation liegen. Anders – nämlich mit Humpty Dumpty – gefragt: wer hat die Herrschaft darüber, was Worte meinen?

Die von Okara propagierte Strategie der *Aufhebung* ähnelt den Modi der Aneignung, in denen im postkolonialistischen Schreiben – wie am Beispiel Naipauls beobachtet – »der Sprache [der kolonialistischen ›Metropolen‹] die Last einer eignen kulturellen Erfahrung [der kolonialisierten ›Peripherie‹] aufgebürdet wird« (Ashford 1989, 38). In der Tat können wir die Verschmelzung des Englischen mit Ijaw in Okaras Texten als eine *Aufhebung* durch *Aneignung* verstehen: der Gebrauch von Ijaw negiert die normativen Sprachstrukturen des Englischen, um dieses als Ijaw, als die eigene Muttersprache, zu reformulieren. Nichtsdestoweniger bekräftigt Okara in dieser Figur der Umwandlung die dominante Position der englischen Sprache noch einmal, weil er weder Notwendigkeit noch Richtung einer solchen Umwandlung hinterfragt. Die ideologischen Effekte des Kolonialismus manifestieren sich in dem unreflektierten Bedürfnis, Englisch zur Zielsprache von Übersetzungen zu machen. Mit dem ostafrikanischen Autor Ngugi wa Thiong'o läßt sich dagegen fragen: »Warum [...] sollte ein afrikanischer Schriftsteller oder irgendein Schriftsteller so besessen sein, seine Muttersprache herzugeben, ihr etwas wegzunehmen, um andere Sprachen zu bereichern? Warum sollte er dies als seine besondere Lebensaufgabe ansehen?« (Ngugi 1985).

Ngugis Kritik lenkt den Blick auf die historischen Differenzen von Erfahrungen des Kolonialismus. Im größten Teil der Karibik (und bis zu einem gewissen Grad auch in Indien) läßt die spezifische Form kolonialistischer Herrschaft (nur) die Möglichkeit, die Spannung zwischen ›ordentlichem‹ Englisch und lokalen Varianten für eine eigenständige Literatur produktiv zu nutzen. Die Konstellation, die Ngugi für Afrika beschreibt, sieht anders aus: während der »Imperialismus immer noch die Wirtschaft, die Politik und die Kulturen kontrolliert«, formieren sich »die unaufhörlichen Kämpfe des afrikanischen Volkes um eine eigene, kreative Rolle in der Geschichte mit Hilfe der tatsächlichen Kontrolle aller Möglichkeiten gemeinschaftlicher Selbstbestimmung in Raum und Zeit« (Ngugi 1985). Diese *Aneignung* geht aus von dem Versuch, das Verhältnis der Sprachen kolonialistischer (und postkolonialistischer) Verwaltungen zu den anderen afrikanischen Sprachen neu zu bestimmen. Ngugi bestreitet nicht den Einfluß der englischen, französischen oder portugiesischen Literatur auf moderne afrikanische Texte, er kämpft jedoch dagegen, diesen Einfluß als quasi ›natürliche‹ Gegebenheit zu akzeptieren und zu affirmieren. Seine Argumentation will die Texte afrikanischer Traditionen neu positionieren: statt etwa über den Ort afrikanischer Literatur innerhalb anglistischer Fakultäten zu diskutieren, sollte diese Literatur selbst »ins Zentrum

[rücken], damit wir andere Kulturen in Relation zu ihr betrachten können« (Ngugi 1972). Ngugi spielte selbst eine wichtige Rolle in einer
Debatte, die 1968 an der Unversität von Nairobi stattfand und in deren
Folge die Fakultät für ›Englisch‹ aufgelöst und durch eine sprach- und
eine literaturwissenschaftliche Abteilung ersetzt wurde (vgl. Gates
1984). Obwohl hinter dieser radikalen Umstrukturierung auf der Ebene
institutioneller Strukturen immer noch ein essentialistischer Begriff
von Literatur steckt, kann sie als Versuch verstanden werden, sich jener Problematik zu stellen, die Frantz Fanon immer wieder betont hat:
Das Joch des Kolonialismus abzuwerfen bedeutet noch nicht das Ende
des Kampfes gegen den Kolonialismus. Dieser besteht in einer post-
kolonialen Welt fort – in Form institutioneller Strukturen und ihrer
Internalisierung, in Form unreflektierter Kategorien und Praktiken, die
die Grenzen dessen bestimmen, was gedacht und erlebt werden kann.

Analog hierzu bedeutet die Realität dessen, was wir als postkoloniale Verfassung bezeichnen könnten – ein Charakteristikum nicht nur
der Einwohner ehemaliger Kolonien, sondern Index einer allgemeinen
Situation –, nicht, daß wir ›race‹ hinter uns gelassen haben. Eher
scheint es so, als hätten wir eine Problematik durch eine andere ersetzt.
An die Stelle der expliziten Formen der Unterdrückung ist deren im-
plizites, aber um so beharrlicheres Fortwirken innerhalb gelebter
Strukturen unserer sozialen Welt getreten. *The racial turn* beschreibt
eine doppelte Bewegung: von ›race‹ weg und auf ›race‹ zu, eine Reformulierung von Geschichte und Literatur mit dem Ziel, die Bedingungen der Unterdrückung in Bedingungen der Befreiung zu verwandeln. Die Spannungen, die aus dieser doppelten Bewegung resultieren,
sind auf der Ebene der Literaturtheorie unüberwindbar, denn sie sind
Symptome einer Krise innerhalb der Lebenswelt. Literatur und ihre
Kritiker tragen zur Überwindung dieser Krise bei, insoweit sie eine
Transformation der alltäglichen Praktiken und ihrer Bedeutungen ermöglichen. In diesem Sinne ist *the racial turn* ein Kampf um die Bedeutung von ›race‹.

Weiterführende Lektüre

Edward Said: *Orientalism* (1978) und *Culture and Imperialism* (1993).
Gayatri Chakravorty Spivak: *In Other Worlds: Essays in Cultural Politics* (1987).
Immanuel Wallerstein: *Geopolitics and Geoculture: Essays on the changing world-
  system* (1991).
Grundlegende Periodika: *Oxford Literary Revue* und *New Literary History*.

Begriffe und Anschauungen oder:
Wozu noch Ästhetik?

Neil Roughley

Das Ästhetische – eine ideologische Kategorie?

In einer Reihe aktueller theoretischer Ansätze wird ›das Ästhetische‹ primär als ideologische Kategorie bestimmt. In seiner *Ideology of the Aesthetic* beispielsweise vertritt Terry Eagleton die These, daß das ästhetische Denken von der Konstruktion der herrschenden ideologischen Formen moderner Klassengesellschaften untrennbar sei (Eagleton 1990, 3). Für Tony Bennett hat der Diskurs des Ästhetischen – inklusive der Diskurs der Literaturwissenschaft – die klassische ideologische Funktion, politische Widersprüche im einheitlich wertenden Subjekt zu harmonisieren (Bennett 1985, 28ff. → *Ideologie und ihre Kritiker*, S. 207). *Aesthetic Ideology* sollte auch eine posthum zu erscheinende Aufsatzsammlung Paul de Mans heißen, in der die Begrifflichkeit der Ästhetik als grundsätzlich ungeeignet für die Arbeit der Literaturwissenschaft dargestellt wird. Kern des mit dem Begriff des Ästhetischen bezeichneten ideologischen Syndroms ist für de Man der Versuch, eine a priori nicht zu schließende Kluft zwischen Literatur und Kategorien wie Erfahrung, Erkenntnis und Wahrnehmung zu überbrücken (de Man 1993, 55; 1986, 11).

Wahrnehmung, Kunst, Literatur

Erster Gegenstand ästhetischer Theorie bei ihrer Entstehung im achtzehnten Jahrhundert war in der Tat der Bereich der sinnlichen Wahrnehmung. Erst in einem zweiten Schritt wurden die Ansprüche der Ästhetik auf den Bereich der Kunst ausgedehnt, bevor in einem weiteren Schritt die Literatur als spezifischer Anwendungsfall dieser allgemeinen Perspektive betrachtet wurde. Dementsprechend könnte man sich drei Varianten der These der ästhetischen Ideologie vorstellen: Die Behauptung der prinzipiellen Ungeeignetheit ästhetischer Theoreme könnte sich entweder auf die Literatur, auf den ganzen Bereich künstlicher Produktion oder auf ihren ursprünglichen Gegenstand, die Wahrnehmung, beziehen. Die Begründung jeder der drei Thesen ließe sich möglicherweise auf Ergebnisse des ›linguistic turn‹ (Rorty 1970, 1ff.) stützen: Zunächst kann man versuchen, die Autonomie der Literatur geltend zu machen, indem man darauf aufmerksam macht, daß die Literatur die einzige Form der Kunst ist, die ausschließlich aus Sprache – in der Regel: aus Schrift – besteht, und daß daher alle Wahrnehmungskomponenten, die die Ästhetik unterstellt, Projektionen sind, die ein adäquates Erfassen des Gegenstands eher verhindern als ermöglichen. Dann sagt uns aber die auf sprachphilosophischen Grundlagen aufbauende Kunstsemiotik, daß der ganze Bereich der visuellen Künste auch durchgehend kodiert ist, daß wir es hier mit sprachanalogen Sinnkonstitutions- und -verteilungssystemen zu tun haben, deren analytische Durchdringung die Naivität jeder Annahme bloßlegt, daß hier unmittelbare Wahrnehmung zum Tragen käme. Die Kritik mit der größten Tragweite betrifft die Konzeptualisierung von Wahrnehmung überhaupt: Wenn das, was wir Realität nennen, nur in und mit der Sprache zu erfahren ist, dann brauchen wir eine sprach-theoretisch fundierte Wahrnehmungstheorie, die die vorkritischen physiologistischen Vorurteile der Philosophie überwindet. Wenn diese letzte, grundsätzliche Kritik zutrifft, dann könnte das Projekt der Äs-thetik von Grund auf so falsch angelegt sein, daß jede Übertragung ihrer Begrifflichkeit auf andere Gebiete Unheil stiften muß. Anzumer-ken sei aber schon an dieser Stelle, daß diese drei Argumente sich schlecht miteinander vertragen. Die zweite wie die dritte Kritik heben gerade die Autonomie des Literarischen auf, die die erste Kritik be-hauptet. Und wenn wir Realität prinzipiell so zu konzipieren haben, daß sie durch sprachliche Unterscheidungen konstituiert wird, dann sind wir bei den visuellen Künsten in keiner grundsätzlich anderen Situation als in der alltäglichen, unmittelbaren Wahrnehmung.

Im folgenden soll angesichts der skizzierten Lage in gewisse Grund-unterscheidungen und Argumentationen der ästhetischen Tradition eingeführt werden. Durch die Darstellung von Argumenten aus vier zentralen Positionen der neuzeitlichen Ästhetik – den klassischen von Baumgarten, Hume und Kant und der neueren von Adorno – soll ge-zeigt werden, daß die Tradition der Ästhetik sehr wohl nach wie vor brauchbare begriffliche Werkzeuge für unseren Umgang mit der Li-teratur zur Verfügung stellt. Angesichts der aktuellen, sprachphiloso-phisch gestützten Herausforderungen dieser Tradition, werden zur Ex-plikation der besagten Ansätze sprachphilosophische Überlegungen Ludwig Wittgensteins herangezogen. Ästhetik ist, wie jede andere Sparte der Philosophie, ohne Reflexion auf die linguistische Wende nicht zeitgemäß zu betreiben. Es soll gezeigt werden, daß die Ästhetik keineswegs, wie oft von ihren Kritikern unterstellt wird, eine homo-gene Theoriemasse ist, die immer in die Richtung einer unzulässigen Überspielung von Gegensätzen und Brüchen arbeitet. Argumente, die von Antiästhetikern gegen die Ästhetik eingebracht werden, haben oft in gerade dieser Argumentationstradition ihren ursprünglichen Sitz. Da die Schriften von Roland Barthes zu den einflußreichsten für die heutige Literaturtheorie zählen, soll auch er im Laufe dieses Textes wiederholt zur Sprache kommen, um von ihm zum Teil selbst festge-stellte Kontinuitäten zwischen seinen ›poststrukturalistischen‹ Begriffs-bzw. Argumentationsstrategien und denen der ästhetischen Tradition deutlich werden zu lassen.

Ästhetik

Sinnliche Erkenntnis

Die Entstehung der Ästhetik fällt historisch mit der sogenannten ko-
pernikanischen Wende, das heißt mit der Zentrierung der Philosophie
im erkennenden, handelnden und reflektierenden Subjekt zusammen.
Dies bedeutet, daß die Begrifflichkeit, die die Ästhetik uns heute noch
zur Verfügung stellt, um über Kunst und Literatur zu reden, einer
spezifischen Denktradition zunächst angehört, die man als ›subjekt-
philosophisch‹ bezeichnen kann und deren Zentrum die Erkennt-
nistheorie bildet. Die Definition der im 18. Jahrhundert neuen Disziplin der Ästhetik zeigt dies deutlich: »Die Ästhetik«, schreibt Alexander
Gottlieb Baumgarten, »ist die Wissenschaft der sinnlichen Erkenntnis«.
Diese umfasse sowohl »die untere Erkenntnislehre« als auch die »Theorie der freien Künste« (Baumgarten 1750/58/1988, 3). Für unseren Zusammenhang wichtig ist die Tatsache, daß letztere nicht nur die älteren
Disziplinen der Poetik und Rhetorik, sondern auch Musik und die
bildenden Künste umfassen soll (Baumgarten 1750/51/1983, 83). Man
möchte aber wissen, warum Wahrnehmungstheorie und Kunsttheorie
auf diese Weise systematisch miteinander verknüpft werden. Die Antwort ist zunächst eine philosophiehistorische: Deswegen nämlich, weil
für den Rationalismus sowohl die Wahrnehmung als auch die Kunst
unterhalb der Ebene der Wahrheit liegen, die für ihn nur mittels der
Logik, insbesondere durch Deduktion zu gewinnen ist.

Die spezifische Erkenntnisart, deren Logik Baumgarten durch diese
neue Wissenschaft herauszuarbeiten hofft, ist die des »unteren Erkenntnisvermögens«. Dieses wird als »die Fähigkeit, etwas dunkel und
verworren oder undeutlich zu erkennen« definiert (Baumgarten
1739/1983, 9). Die These, daß man hier überhaupt von Erkenntnis
sprechen soll, war ein gewaltiger Einspruch gegen den zur Zeit herrschenden Rationalismus von Descartes und Leibniz. Für Descartes war
Erkenntnis definitorisch auf das eingeschränkt, was klar und deutlich
erfaßbar ist. In seiner Nachfolge hatte Baumgartens Lehrer, Leibniz,
die Anschauung das »bloße Noch-nicht des Gedankens« genannt.
Baumgarten hingegen, obwohl er die klare Erkenntnis als »höherste-
hend« als die dunkle bezeichnet, plädiert für die Anerkennung der
sinnlichen Erkenntnisart, nicht nur als ›jüngere Schwester‹ der Logik
(vgl. Baumgarten 1750/58/1988, 9), sondern in einem anderen Sinne
auch als ihr überlegene. Quer zur Frage nach der Klarheit von Vorstellungen, wonach entschieden werden kann, ob wir es mit dem ober-
en oder dem unteren Erkenntnisvermögen zu tun haben, liegt die Frage nach ihrer *Stärke*. Die Antwort auf diese Frage hängt für Baumgarten von der Anzahl der Merkmale ab, die mit der Vorstellung verknüpft sind. Es könnte demnach durchaus sein – und es ist sogar
wahrscheinlich –, daß eine dunkle Vorstellung stärker als eine klare ist.
Vorstellungen von besonderer Stärke nennt Baumgarten »vielsagende
Vorstellungen« (*perceptiones praegnantes*) (Baumgarten 1739/1983, 9).
Baumgartens erkenntnistheoretische Apologie der Sinnlichkeit klagt
also Vorzüge dieser Erkenntnisart auf einer anderen Ebene als die der

Logik ein: Was Baumgarten gegen die Eindeutigkeit logisch-begrifflicher Erkenntnis geltend macht, ist die Macht der Vieldeutigkeit, des Konnotationsreichtums von ästhetischen Gebilden. Während wir im Bereich der strengen, an der Naturwissenschaft orientierten Erkenntnis zu einem jeweiligen Endpunkt unserer Erfahrung kommen wollen, sobald die Sache klar geworden ist, haben wir es im ästhetischen Bereich mit einer Unausschöpfbarkeit komplexer Vorstellungen zu tun. Baumgarten entwickelt also eine ›komplementaristische‹ Sicht der Erkenntnis: Kunst und Wissenschaft sind gleichberechtigte Partner eines gemeinsamen Unternehmens, dem beide ihre besonderen Vorzüge verleihen (vgl. Gabriel 1991, 202ff.). Gibt es aber gute Gründe, von einer mit Kunsterfahrung – insbesondere mit Literaturerfahrung – verbundenen Erkenntnis als ›sinnlich‹ zu reden? Als Antwort auf diese Frage sei hier auf Überlegungen verwiesen, die uns erlauben, die Rede von ›Vorstellungen‹ anders zu verstehen, als dies oft getan worden ist. Diese Überlegungen führen uns insbesondere weg von literaturtheoretischen Positionen, die an die Phänomenologie anknüpfen (→ *Intentionalität, Wahrnehmung, Un-Bestimmtheit*, S. 311).

Zunächst ist bei Kant der Begriff der Vorstellung nur der Oberbegriff für zwei Unterformen: erstens ›Anschauungen‹, die tatsächlich auf die sinnliche Präsenz eines Gegenstands angewiesen sind; zweitens ›Begriffe‹, die es nicht sind (Kant 1787, 69ff.). Im Anschluß daran läßt sich Baumgartens scheinbare Identifikation der Erkenntnisformen von Wahrnehmung und Kunsterfahrung sinnvollerweise als *analogisierende* Aufwertung von zwei Erkenntnismodi verstehen, die nicht durch Klarheit und Deutlichkeit charakterisiert sind. Kunsterfahrung wäre demnach rekonstruierbar als Erfahrung von Anschauungen und/oder Begriffen – in der Literatur hätten wir mit Begriffen zu tun –, die durch eine nicht zu vereindeutigende Komplexität gekennzeichnet sind. In einem zweiten Schritt kann man hier sprachphilosophische Überlegungen Wittgensteins heranziehen, die klarmachen, daß Wahrnehmung selbst kein Prozeß ist, der unabhängig von unseren Begriffsschemen abläuft (vgl. auch Gadamer 1993, 192ff.). Im Gegenteil: Auch unsere Wahrnehmungsfähigkeit ist Produkt der Einübung in eine gewisse Praxis, die untrennbar mit einem bestimmten Sprachgebrauch verwoben ist. Demnach ist es sinnvoll, auf die Frage, wie ich erkenne, daß etwas rot ist, zu antworten: ›ich habe Deutsch gelernt‹ (Wittgenstein 1936/49/1990, 400). An einer Stelle sagt Kant, daß unseren Begriffen grundsätzlich ›*bildliche* Vorstellungen‹ anhängen, ›deren eigentliche Bestimmung es ist, sie, die sonst nicht von der Erfahrung abgeleitet sind, zum *Erfahrungsgebrauch* tauglich zu machen‹ (Kant 1786, 267). Falsch an dieser Behauptung ist die These, daß zu einem sinnvollen Gebrauch der Sprache *Visuelles* hinzugedacht werden muß. Diesem *mentalistischen* Mißverständnis der Sprache liegt aber eine richtige Intuition zugrunde, die Wittgenstein zum Zentrum seiner Sprachphilosophie macht: Daß die Möglichkeit, einen Sinn mit einem Zeichen zu verbinden, davon abhängt, ob das Zeichen einen kulturell zugänglichen *Gebrauch* hat, hatte oder haben könnte. Begriffe ohne Zusammen-

Kants Begriff der Vorstellung

Wittgenstein: Wahrnehmung und Praxis

hang mit meinem ›Erfahrungsgebrauch‹ wären in der Tat ›leer‹ (Kant 1787, 98), aber nicht weil ihnen eine optische Komponente fehlte, sondern weil sie keinen möglichen Sitz in irgend einer von uns vorstellbaren Praxis hätten. Wenn dies stimmt, dann schießt die Kritik am sogenannten referentiellen Fehlschluß an ihrem Ziel vorbei: Die Bedeutung eines Zeichens wäre in der Tat kein ›Gegenstand [...], der mit dem Zeichen in Koexistenz ist‹, sondern: sein (möglicher) Gebrauch (Wittgenstein 1933–34/1991, 20f.). Dann hätte Kunsterfahrung weder zwangsläufig mit optischer Wahrnehmung zu tun – ›Sinn‹ ließe sich keineswegs ›nur als Bild fassen‹ (Iser 1976, 20; vgl. Jauß 1984, 88; 129; 164); noch verwiese Literatur die Leser umgekehrt auf eine Auseinandersetzung mit der Sprache vor jedem Erfahrungszusatz (de Man 1986a, 61ff.). Wenn Erfahrung nur in und durch Sprache möglich ist, und wenn sprachliche Bedeutung nur im Rahmen einer Praxis entsteht, dann verweisen die begrifflichen Konstellationen, aus denen sprachliche Kunstwerke bestehen, auf Erfahrungskontexte, die durch bestimmte Praxisformen konstituiert sind bzw. wären. Mit anderen Worten: Wenn ästhetische Erfahrung tatsächlich mit neuen ›Arten des Sehens‹ zu tun hat, dann heißt dies nicht, daß bei denjenigen, die ästhetische Erfahrung machen, irgend welche Bilder im Kopf produziert werden, sondern, daß sie dadurch in die Lage kommen, eine *veränderte* praktische *Einstellung* im Alltag einnehmen zu können.

Mißverständnisse des Praxisbezugs

   Diese Bezogenheit der ästhetischen Sphäre auf Praxisformen hat zu einer Reihe von Mißverständnissen geführt: von Georg Friedrich Meiers Behauptung, daß ›ein bloßer practischer Aestheticus unendlich mal volkommener sey, als ein bloßer practischer Logicus‹ (Meier 1748/1976, 9), über die romantische Vorstellung eines ›ästhetischen Staates‹ (Schiller 1795, 667) bis hin zu Marcuses These, daß die Kunst auf die Emanzipierung vom Druck eines repressiven Realitätsprinzips verweise (Marcuse 1977, 76; → *Soziale Funktion und kultureller Status literarischer Texte oder: Autonomie als Heteronomie*, S. 182). Es gibt aber keinen guten Grund, sich durch die Verstellung eines richtigen Verständnisses letzteres verbauen zu lassen. Die Form der praktischen – möglicherweise moralischen – Relevanz ästhetischer Erfahrung schließt solche Kurzschlüsse zwischen Kunsterfahrung und Lebenswelt geradezu aus (Habermas 1980/1981, 457ff.; Seel 1985, 325ff.). Weder fordert die Kunst zur Veränderung der Gesellschaft oder des moralischen Haushalts des Rezipienten auf, noch stellt sie Schemata solcher Veränderungen zur Verfügung. Sie enthält nicht mehr – aber auch nicht weniger – als ein Erfahrungspotential, das in praktische Entscheidungen einfließen *kann*.

   Halten wir als Fazit unserer Einführung in den Bereich der Ästhetik durch Baumgarten folgende Merkmale der ästhetischen Betrachtungsweise fest:

Merkmale einer ästhetischen Zugangsweise

   1. In einer ästhetischen Perspektive wird davon ausgegangen, daß den verschiedenen medialen Formen – der Malerei, der Bildhauerei, der Musik, dem Theater, der schriftlichen Literatur – eine gemeinsame Logik eignet, ein *Eigensinn* des Ästhetischen, der verlangt, daß trotz

der mannigfachen Unterschiedlichkeiten dieser Formen, sie mindestens in einem ersten Schritt gruppiert werden.

2. Eine ästhetische Perspektive setzt voraus, daß wir im Umgang mit Kunstwerken zu einer spezifischen Form von *Erkenntnis* gelangen können.

3. Zu diesem Umgang mit Kunstwerken gehört demnach eine *Urteilspraxis*. Für die ästhetische Einstellung gibt es bessere und schlechtere Kunst. In den Worten Adornos zwei Jahrhunderte später: »Wertfreie Ästhethik ist Nonsens. [...] Die Trennung von Verstehen und Wert ist szientifisch veranstaltet; ohne Werten wird ästhetisch nichts verstanden und umgekehrt« (Adorno 1973, 392).

4. Eine ästhetische Zugangsweise geht schließlich davon aus, daß trotz der Eigenlogik ihres Gegenstandsbereichs, die Sphäre der Kunst und Literatur nicht primär in ihrer Selbstreferentialität – etwa als ›autopoetisches Subsystem‹ (Luhmann 1983/84, 63) – interessiert. Grundlegend für die ästhetische Perspektive ist im Gegenteil die Voraussetzung, daß das, was eine Romanleserin oder ein Theaterzuschauer *erfährt*, eine – wie immer auch vermittelte – praktische Bedeutung für deren Leben hat. Im Umgang mit sprachlichen wie mit anderen Kunstwerken machen wir *Erfahrung*, und diese läßt nicht den Gegenstand unserer literatur-, theater- und kunstkritischen Bemühungen unberührt. Dadurch gerät die ästhetische Perspektive in unmittelbaren Konflikt mit positivistischen Zugangsweisen wie der eines *puren* Strukturalismus oder Historismus. Zusammmenfassend kann man sagen: Ästhetik klagt den Eigensinn, den Erkenntnischarakter, die Urteilsangewiesenheit und die Lebensweltbezogenheit ihres Gegenstandsbereiches ein.

Geschmack und Geltung

Hier könnte jemand folgendes einwenden: ›Was soll das Ganze mit der Erkenntnis? Wenn ich einen Roman lese oder Musik höre, tue ich es, um den jeweiligen Gegenstand zu *genießen*. Die Erfahrungen, die ich dabei mache, sind denjenigen analog, die ich mache, wenn ich mich in die Sonne lege oder wenn ich ein gutes Essen genieße. Da würdest Du mir auch nicht mit Erkenntnis kommen. Für mich‹, könnte insbesondere ein heutiger Mensch weiterfahren, ›sind die Erfahrungen, die ich in solchen Situationen mache, geradezu *Befreiungen* vom pragmatischen Zwang, immer erkennen zu müssen.‹ Der Einwand ist nicht von der Hand zu weisen; nicht zufälligerweise artikuliert er eine Perspektive, die in der Geschichte der Ästhetik eine große Rolle spielt. Der Begriff, mit dem man alltagssprachlich diesen Einwand heute noch auf den Punkt bringen kann – und der im 17. und 18. Jahrhundert auf weite Strecken zur Bestimmung des Verhältnisses des Rezipienten zur Kunst verwendet wurde –, ist der Begriff des *Geschmacks*.

Zweierlei charakterisiert den Geschmacksbegriff in seiner heutigen alltagssprachlichen Verwendung: Er ist erstens konstitutiv auf Genuß –

de gustibus et coloribus non est disputandum

und zwar zunächst in seiner physiologischen Verankerung – bezogen. Zweitens scheint er daher nur für jeden persönlich zu gelten und höchstens zufällig für jemand anderen: Wenn ich sage, daß *mir* etwas schmeckt, dann behaupte ich noch nichts über *Dein* Verhältnis zum gleichen Gegenstand. Der scholastische Satz *de gustibus et coloribus non est disputandum*, der dieses ›Prinzip der natürlichen Gleichwertigkeit der Geschmäcke‹ zum Ausdruck bringt, hatte in der Aufklärung bei David Hume zunächst eine empiristische Fundierung bekommen: Über eine minimale Reihe sogenannter primärer Eigenschaften hinaus (wie Ausdehnung und Gestalt), die als zu einem Ding selbst gehörend gedacht werden, bezeichnen nach dieser Auffassung alle anderen Prädikate, die einem Gegenstand zugeschrieben werden, Qualitäten, die nur die Wirkung des Gegenstands auf menschliche Sinnesorgane sind. Diese ›sekundären Qualitäten‹ sind demnach nicht real, sondern nur subjektiv erzeugt. Dazu gehören die Farben, aber auch das, was mit Prädikaten wie ›süß‹ und ›bitter‹ bezeichnet wird. Man kennt die Erfahrung, daß etwas, je nachdem, was man vorher schon gegessen hat, einen unterschiedlichen Geschmack haben kann. Hume setzt die Analogie zwischen »geistigem und körperlichem Geschmack« fort, indem er die Konzeption von so etwas wie ›realer Schönheit‹ als ein Irrtum von ähnlicher erkenntnistheoretischer Naivität wie die von realer Süße oder Bitterkeit darstellt (Hume 1741/2/1903/4, 235).

Heute mutet uns die Argumentation Humes an dieser Stelle vielleicht etwas merkwürdig an: Für uns sind möglicherweise Süße oder Bitterkeit viel realer als irgendeine Vorstellung von objektiver Schönheit. Wie dem auch sei: Für unseren Zusammenhang ist folgendes festzuhalten: Hatte Baumgarten durch die Erhöhung des Bereichs des ›Sinnlichen‹ zum Status einer gleichwertigen Erkenntnisform innerrationalistisch provoziert, so wird bei Hume durch den stringenten Ausgang von der Erfahrung das Postulat, daß es hier überhaupt etwas zu erkennen gäbe, grundsätzlich in Frage gestellt. Von dieser Situation aus gibt es verschiedene Möglichkeiten, weiterzudenken.

Eine Linie kulminiert in dem, was der späte Roland Barthes »Präferentialismus« nennt: die Kultivierung und der Genuß der eigenen individuellen Vorlieben im Dienste einer »Ästhetik der Existenz« (Barthes 1975/1978, 171). In *Die Lust am Text*, dem Entwurf eines auf physiologischer Metaphorik basierenden Lektüremodells, plädiert Barthes für einen genießenden Umgang mit jeder Kontur der Textfläche. Beim modernen Text empfiehlt er folgende Vorgehensweise: »nichts verschlingen, nichts verschlucken, sondern weiden, sorgsam abgrasen« (Barthes 1973/1974, 20). Paradoxerweise rekurriert Barthes auf die Geschmackskategorie, um den *Wert* eines gewissen Modernismus zu begründen, obwohl der Begriff seit seiner Anbindung durch Voltaire an das »siècle de Louis XIV« rückwärtsgewandte Perspektiven heranzuziehen scheint (vgl. Stierle 1974, 447f.). Es gehe darum, schreibt Barthes dann konsequenterweise, »ein aristokratischer Leser« zu werden. Barthes schlägt sogar explizit eine neue Konzeption von Ästhetik vor: Obwohl der Begriff etwas Konservatives und Idealistisches habe, sei er für seine Zwecke verwendbar, wenn man ihn konsequent in der Leiblichkeit fundiere. Dann hätte man einen Begriff von Ästhetik als einen »Diskurs, [...] der nicht im Namen von Gesetz und/oder Gewalt zur Aussage kommt« (Barthes 1975/1978, 91). Neu in der ›poststrukturalistischen‹ Position von Roland Barthes ist die Emphase der Lektüre (→ *Zur Karriere des Close Reading: New Criticism, Werkästhetik und Dekonstruktion*, S. 354). Die Logik der Argumentation ist aber schon in der Debatte des 17. und 18. Jahrhunderts angelegt und wird im Ansatz des Emotivismus ausdrücklich gemacht, demzufolge Urteile über Kunstwerke nichts anderes als Ausdruck oder Auslöser von Gefühlen sind (Ogden/Richards 1923/1976).

Aus der Konfrontation der Positionen Baumgartens und Humes kann man auch andere Schlußfolgerungen ziehen. Hume selber weist darauf hin, indem er auf eine Schwierigkeit seines empiristischen Ansatzes aufmerksam macht: Auch dann, wenn wir eine grundsätzliche Relativität des Geschmacks annehmen, scheint es, daß wir nicht umhinkönnen, wenn wir über Kunstwerke reden, Urteile zu fällen, die eine größere Allgemeingültigkeit beanspruchen, als wenn sie nur jeweilige persönliche Vorlieben zum Ausdruck brächten (Hume 1741/42/1903/4, 235). In einem bestimmten Sinne stimmt der Satz *de gustibus non est disputandum* gerade nicht: Wir *diskutieren* eben darüber, ob eine Theateraufführung gut, eine Musikaufführung brillant, ein Bild gelungen ist. Diese widersprüchliche Situation der ästhetisch Urteilenden wurde von Immanuel Kant in ihrer innerer Logik herausgearbeitet. In §§ 56 und 57 der *Kritik der Urteilskraft* wird sie unter der charakteristisch Kantischen Rubrik der »Antinomie des Geschmacks« behandelt. Daß Kants Auflösung dieser Antinomie unter anderem durch das metaphysische Ziel motiviert war, »die Vernunft mit sich selbst einstimmig zu machen« (Kant 1790, 283), darf uns nicht davon abhalten, die Bedeutung anzuerkennen, die seiner Präzisierung des Problems zukommt.

Die »Antinomie des Geschmacks«

Wir streiten über ästhetische Urteile, obwohl wir davon ausgehen, daß niemand in diesem Bereich so etwas wie schlagende Beweise wird anführen können. Kant löst diesen Widerspruch auf, indem er klarmacht, daß das Urteil, um das es uns in ästhetischen Zusammenhängen geht, von einem anderen Typ als ein wissenschaftliches Urteil ist. Für ihn heißt dies – gegen Baumgarten –, daß wir es hier gar nicht mit Erkenntnis zu tun haben. Erkenntnisurteile entstehen für Kant dadurch, daß die Anschauung eines Gegenstands unter einen bestimmten Begriff subsumiert wird. Die hier zum Tragen kommende »bestimmende Urteilskraft« ordnet das in der Anschauung gegebene Objekt als einen Fall von etwas Allgemeinerem ein. Im ästhetischen Urteil hingegen macht die »reflektierende Urteilskraft« die umgekehrte Bewegung. Indem sie von einem Gegenstand der Sinne ausgeht, sucht sie für die besondere Anschauung des Objekts einen allgemeinen Begriff (vgl. Kant 1790, 24ff.). In der ästhetischen Erfahrung geht es nach Kant um diese Bewegung, die eine Bewegung unseres Erkenntnisvermögens ist. Kunst wie Natur sind dann nur Anlässe dieser Bewegung. Über sie wissen wir als Folge der ästhetischen Erfahrung nichts. Diese Wende gegen Baumgarten kann man Kants ›Subjektivierung der Ästhetik‹ nennen.

An dieser Stelle sind zwei weitere Unterscheidungen Kants von Bedeutung: Erstens differenziert er zwischen »Verstandesbegriffen« und »Ideen«. Während mittels ersterer Erkenntnisse gewonnen werden können, sind Ideen Vorstellungen, die auf einen Gegenstand bezogen werden, die aber zu keiner Erkenntnis führen. Die Ideen teilt er wiederum in zwei Typen auf: »ästhetische« und »Vernunftideen«. ›Ästhetische Ideen‹ sind das heuristische Mittel, anhand dessen er die Eigenart ästhetischer Geltungsansprüche erklärt. Sie sollen klarmachen, warum es in diesem Bereich *keine Beweise* geben kann. Die Konstruktion ›Vernunftidee‹ hingegen soll für die *Allgemeingültigkeit* von Geschmacksurteilen bürgen.

»Ästhetische Ideen« und die Vieldeutigkeit ästhetischer Erfahrung

Kants Begriff der ästhetischen Idee zielt auf ein ähnliches Phänomen wie Baumgartens Begriff der vieldeutigen Vorstellung. In beiden Fällen geht es um eine der wesentlichen Komponenten der ästhetischen Erfahrung: eine, die in unterschiedlichen späteren Theorien unter immer neuen Beschreibungen auftaucht. Wenn Barthes z. B. zwischen univoken, moderat mehrdeutigen und radikal multivalenten, unentscheidbaren Texten differenziert (Barthes 1970/1987, 8ff.) und den Idealtyp der letzten Variante zum Maßstab gelungener Literatur erklärt, dann lenkt er unsere Aufmerksamkeit auf das gleiche Phänomen, auf das Kant mit seinem Begriff der ästhetischen Idee hinweist. Angesichts der Entwicklung der literarischen Moderne entwickelt Barthes aber eine radikalisierte Auffassung des Phänomens, dem jetzt ein theoriestrategisch anderer Stellenwert zukommt. Kant hebt durch den Gegensatz zu den Verstandesbegriffen hervor, daß das Ziel ästhetischer Kritik nicht sein kann, begrifflich eindeutige Verhältnisse herzustellen. Eine ästhetische Idee versetzt nach Kant die Urteilskraft – unser Vermögen, begriffliche Zuordnungen zu treffen – in eine Bewegung, die nie zu Ende kommt. Eine ästhetische Idee »[läßt] zu einem Begriffe viel Unnennbares hinzu denken« (Kant 1790, 253); sie »[eröffnet] [dem Gemüt] die Aussicht in ein unabsehbares Feld verwandter Vorstellungen« (ebd., 250). So expliziert hat die ästhetische Erfahrung semantische Konsequenzen. Durch sie wird der »Begriff selbst auf unbegrenzte Art ästhetisch erweitert« (ebd., 251). Interessanterweise sieht Kant diese Art von Grenzüberschreitung paradigmatisch in der »Dichtkunst« realisiert.

»Vernunftideen« und die Allgemeingültigkeit ästhetischer Urteile

Wenn der Begriff der ›ästhetischen Idee‹ eine Heuristik des nicht zu vereindeutigenden Charakters ästhetischer Erfahrungen anvisiert, so soll der komplementäre Begriff der ›Vernunftidee‹ die Grundlage der Allgemeingültigkeit ästhetischer Urteile explizieren. Kant meint, daß der unbestimmte Begriff der allen Menschen gemeinsamen Handlungsfähigkeit als Kriterium der Universalität von Geschmacksurteilen fungiert. Wie Martin Seel überzeugend argumentiert hat (Seel 1985, 207ff.), kann aber das Unbestimmte, in dem ästhetische Urteile gründen, kein Anthropolgikum (wie die Handlungsfähigkeit) sein, da wir keinen Anlaß haben, überzeitlich und überkulturell gültige ästhetische Urteile zu postulieren (→ *Kulturspezifische Lektüren: Interkulturelle Hermeneutik oder Ethnographie des Lesens?*, S. 340). Die Allgemeinheit der Geltung, die wir trotzdem unterstellen, hat nicht den Charakter der Universalität, sondern der »Mondialität«, d.h. sie bezieht sich auf eine bestimmte geteilte kulturelle Welt, auf miteinander verwobene Sprach- und Praxisformen. Kant hatte sich gezwungen gesehen, seine Subjektivierung der Ästhetik dadurch zu kompensieren, daß er die Objektivität ästhetischer Urteile im abstraktesten Aspekt einer Bestimmung des Menschlichen verwurzelt. Dadurch verliert ästhetische Erfahrung den Bezug zur lebensweltlichen Erfahrung, der Baumgartens Projekt motiviert hatte.

Andererseits hat die Kantische Subjektivierung der Ästhetik einen guten Sinn: Sie hebt nämlich hervor, daß der Gegenstand der Ästhetik nicht anders gegeben ist als in einer bestimmten *Einstellung* des Rezipienten. Es ist durchaus möglich, sich zu jedem Phänomen, das als Gegenstand ästhetischer Erfahrung auftreten kann, anders zu verhalten. Strukturalistische und historistische Ansätze tun dies, manchmal mit großem Gewinn. Es gibt aber, den Denkmöglichkeiten in diesem Bereich gemäß, verschiedene Positionen radikalisierter Vereinseitigung: Auf der einen Seite stehen Ästhetizisten, die jede Vermittlung von subjektiver Erfahrung mit der Beschreibung von historischen Zusammenhängen oder linguistischen Strukturen ablehnen. Sie führen die Kantische Dichotomie zwischen Verstandesbegriffen und Ideen ad absurdum und etablieren den Bereich der Unbestimmbarkeit als Zufluchtsort der Irrationalität, innerhalb dessen unhinterfragbare Vorurteile oder Herrschaftsansprüche ihr Dasein ungestört weiter fristen können. Wenn Hans Georg Gadamer jede Vermittlung der »Wahrheit« dessen, was durch Kunst transportiert wird, mit deren methodischen Erschließung ablehnt (Gadamer 1960/1990, 168; 465), dann schlägt er sich auf die Seiten der Ästhetizisten – obwohl bei ihm der gegen rationale Durchdringung abgesperrte Bezirk nicht der des Subjekts, sondern der der Tradition ist. Auf der anderen Seite der Dichotomie stehen Positivisten verschiedenen Schlags, für die die aktive Konstitutionsleistung der Rezipienten als nichtig erscheint. Hier bleiben Erfahrungen nur als »Effekte« von Diskursen (Foucault) oder von der »Bewegung des Signifikanten« (Lacan) übrig. Die ästhetische Perspektive verträgt sich in der Tat nicht mit einem solchen radikalen Positivismus; andererseits ist sie keineswegs mit dem komplementären Radikalismus des ästhetizistischen Standpunkts gleichzusetzen. Eine literarische Ästhetik heute hätte die Aufgabe, die erfahrbare Bedeutung von bestimmten Kunstwerken mit einer Analyse ihrer Strukturkomponenten – nicht kausalistisch – zusammenzudenken. Bemerkenswerte Versuche in diese Richtung sind beispielsweise von Hans Robert Jauß (1967, 173ff.; 1984, 813ff.) und Paul Ricoeur (1984, 49ff.) unternommen worden (vgl. Roughley 1984a).

Kants paradoxer Versuch, eine Objektivität des Geschmacksurteils durch die Subjektivierung der Ästhetik zu sichern, kann also als nur

Zwischen Ästhetizismus und Positivismus

Ästhetischer
Formalismus

partiell gelungen gelten. Sie wird um den Preis einer Entweltlichung der ästhetischen Erfahrung erkauft. Paradoxerweise ist diese Entweltlichung der Ästhetik durch eine Reihe von Theorien fortgesetzt worden, deren Selbstverständnis betont antisubjektivistisch ist. Nach Kants Verständnis ist die höchste Form der Schönheit nämlich die ›freie‹ Schönheit, bei der keine Verbindung zu einem bestimmten Zweck, unter anderem keine Abbildungsrelation besteht. Er nennt »Zeichnungen à la grecque, das Laubwerk zu Einfassungen, oder auf Papiertapeten«, »das, was man in der Musik ›Phantasien‹ (ohne Thema) nennt, ja die ganze Musik ohne Text«. All diese Kunstformen »stellen nichts vor« (Kant 1790, 146) und sind daher exemplarisch dazu geeignet, das freie Spiel der Erkenntnisvermögen in Gang zu bringen, das durch keinen empirischen Reiz auf lebensweltliche Interessen der Rezipienten gelenkt und dadurch erniedrigt wird. Wenn heute Barthes die Ästhetik bestimmt als »die Kunst [...] zu sehen, wie sich die Formen von den Ursachen und Zielen ablösen und ein ausreichendes System von Werten bilden« (Barthes 1975/1978, 183), dann ist das – gewollt oder ungewollt – auf der theoriegeschichtlichen Basis dieses Kantischen Formalismus. Dieser Formalismus ist aber ein Kompensationsphänomen des Kantischen Subjektivismus: Wenn die Allgemeingültigkeit ästhetischer Urteile nur noch über »das übersinnliche Substrat der Menschheit« garantiert werden kann, weil an Kunstwerken und durch sie nichts erkannt wird, dann ist das Korrelat ein Formalismus, der keinen Platz für lebensweltliche Erfahrung realer Individuen hat. Wenn aber Weltlichkeit an die Stelle von Kants Vernunftidee tritt, dann sind empirische Elemente nicht mehr streng herauszuhalten, und Erkenntnis muß nicht mehr ausgeschlossen werden. Eine solche Perspektive wird z. B. von Adorno immer wieder im Namen der Ästhetik gegen formalistische Vereinseitigungen geltend gemacht: »Daß einer Beethovensymphonie so wenig jemand gewachsen ist, der nicht die sogenannten rein-musikalischen Vorgänge in ihr versteht, wie einer, der nicht das Echo der französischen Revolution darin wahrnimmt; und wie beide Momente im Phänomen sich vermitteln, rechnet zu den ebenso spröden wie unabweisbaren Themen philosophischer Ästhetik« (Adorno 1973, 519).

Einheit und Dissonanz

Das Unbehagen am
Begriff der
Ästhetik

Das Unbehagen am Begriff der Ästhetik begleitet die Disziplin seit ihren Anfängen. Sowohl Kant als auch Hegel, deren *Kritik der Urteilskraft* und *Ästhetik* als Hauptwerke der Ästhetikgeschichte behandelt werden, lehnten das Wort in seiner kunsttheoretischen Bedeutung ab: Kant, weil die Verwendung des Wortes ›Ästhetik‹ – dessen Bedeutung er als »Wissenschaft der Regeln der Sinnlichkeit überhaupt« bestimmt (Kant 1787, 98) – in diesem Bereich fälschlicherweise nahelege, daß wir es mit einer Erkenntnisform zu tun haben (ebd., 70); Hegel, weil die Subjektbezogenheit, die bei Kant wie bei Baumgarten diese »Wissenschaft des Sinnes, des Empfindens« charakterisiert, zu einer Verfehlung der objektiven Bedeutung der Kunstwerke führen muß, so daß deren Erfassung »oberflächlich« bleibe. Hegel selbst behält trotzdem den Begriff als Titel seiner Vorlesungen über die Philosophie der schönen Künste mit der Begründung bei, daß er erstens »als bloßer Name für uns gleichgültig« ist und zweitens in der Alltagssprache inzwischen für den Kunstbereich verwendet wird (Hegel 1835/1986, 13). Hegel löst so den Begriff von seiner Etymologie und überliefert uns damit eine Bezeichnung, die die von ihr erfaßten Erscheinungen nur aufgrund ihres Gebrauchs zusammenhält. Für Hegel selbst wird sein Gegenstandsbereich durch seine Stellung innerhalb eines geschichtsphilosophischen Entwicklungsganges bestimmt. Wir, die wir nicht mehr diese Option haben, können ihn als Bezeichnung einer Reihe von Phänomenen betrachten, die nur lose miteinander zusammenhängen, deren Verbindungen – um mit Wittgenstein zu reden – die von »Familienähnlichkeiten« sind (vgl. Kambartel 1988, 104). Wir haben keine guten Gründe, ein »Wesen«, eine besondere »Seinsweise« des Ästhetischen zu postulieren, wie beispielsweise C. Menke dies tut (Menke 1991, 50f.; 81). Aber wenn es kein Wesen der Sache gibt, kein monolithisches Gebäude, das ein bestimmtes Bild des betreffenden Bereichs zwangsläufig mit der ästhetischen Begrifflichkeit transportiert, dann gibt es auch keinen guten Grund, sich von der Tradition der mit dem Begriff verknüpften Unterscheidungen und Argumentationen abzuschneiden. Im Gegenteil: Nötig ist gerade die kritische Auseinandersetzung mit bestimmten einzelnen Argumenten und Theoremen, damit ihre Tragfähigkeit und Grenzen angesichts neuerer Entwicklungen gesehen werden können.

Ein Beispiel einer solchen kritischen Anknüpfung an die inhomogene ästhetische Denktradition soll durch Überlegungen Theodor W. Adornos zu einem bestimmten Themenkreis gegeben werden. Adornos posthum veröffentlichte *Ästhetische Theorie* transportiert ununterbrochen das Bewußtsein der Fragwürdigkeit des ästhetischen Unternehmens. Sein historisch »Obsoletes« besteht nach Adorno darin, daß die großen idealistischen Entwürfe durch das Allgemeinheitsniveau ihrer Überlegungen die einzelnen Phänomene verfehlen mußten. Dazu kommt »das akademische Mißtrauen gegen die Ästhetik«, das, wie schon Baumgarten bemerkte (vgl. Baumgarten 1750/58/1988, 5ff.), auf der Schwierigkeit beruht, in diesem Bereich eindeutige Aussagen zu treffen. Adorno spricht hier von der schlechten »Alternative zwischen dummer und trivialer Allgemeinheit und willkürlichen, meist von konventionellen Vorstellungen abgezogenen Urteilen« (Adorno 1973, 494). Ein Grund für die Radikalisierung der Skepsis gegenüber der Tradition der Ästhetik liegt zweifellos in den ästhetischen Erfahrungen der Moderne. Inszenierungen von Brüchigkeiten und von desintegrierten Sinnzusammenhängen legen eine Perspektive nahe, für die eine zentrale Kategorie die des *Fragments* ist. In den Worten Barthes‹: »das Fragment ist ein Spielverderber, eine Diskontinuität, die eine Art Zerstäubung von Sätzen, Bildern, Gedanken initiiert, die nicht

Adornos Ästhetische Theorie

endgültig ›haften‹ können« (Barthes 1981, 198). Dies zu denken, scheint innerhalb der Ästhetik ausgeschlossen zu sein, da diese auf verschiedenen Ebenen immer auf Totalisierungen hingearbeitet hat.

Einheit und
Vollkommenheit

Auf eine erste Form der Totalisierung habe ich bei Kant schon hingewiesen: auf den Drang nach Systematisierung, für den die ästhetische Sphäre die bei der philosophischen Einteilung der Welt entstandenen Lücken schließen soll. Wenn wir heute keinen Anlaß haben, eine abgeschlossene Deutung der Wirklichkeitsstruktur als Voraussetzung unserer Kunstinterpretationen anzustreben, heißt dies aber nicht, daß der Nachweis einer solchen Motivation bei früheren Denkern die Geltung der Argumente außer Kraft setzen, die innerhalb eines solchen Projekts entwickelt wurden. Inzwischen zeigt die Systemtheorie, daß der Anspruch einer totalisierenden Beschreibung der Struktur menschlicher Wirklichkeit keineswegs vom Status oder von einer bestimmten Beschreibung der Sphäre ästhetischer Erfahrung abhängt. Von größerem Gewicht als solche Totalisierungsansprüche auf der makrotheoretischen Ebene sind zwei miteinander verwandte Einwände auf der Stufe der Einzelanalyse. Erstens gibt es eine starke Tendenz innerhalb der Ästhetik, entweder den Gegenstand selbst oder die Erfahrung des Gegenstands als eine *Einheit* zu beschreiben, die alle Brüche überwindet. Ob mit einem Begriff der ›Vollkommenheit‹ (Baumgarten 1750/58/1988, 141ff.; Gadamer 1960/1990, 299f.) oder mit einem Begriff der ›Harmonie‹ (Kant 1790, 38) operiert wird, wird ästhetische Gelungenheit oder Vorzüglichkeit immer wieder auf einen in sich geschlossenen Sinnzusammenhang zurückgeführt. Dagegen ist inzwischen sowohl *historischer* als auch *systematischer* Einspruch erhoben worden: Mit dem Begriff des ›Anti-Ästhetischen‹ verbindet beispielsweise Hal Foster eine grundsätzliche Infragestellung der Konzeption, daß die Kunst symbolische Totalitäten herzustellen vermag (Foster 1983, xv). Darüber hinaus soll dem Postulat eines solchen totalen Sinnzusammenhangs die Basis dadurch entzogen werden, daß die *Ontologie* seines Trägers in Frage gestellt wird: der Werk-Begriff wird aufgelöst (Barthes 1984, 69ff.).

Dissonanz

Adornos Ästhetik kann man als eine ästhetische Antwort auf diese ›anti-ästhetischen‹ Herausforderungen lesen. Im Zentrum seiner Theorie wie seiner Einzelanalysen steht der Begriff der *Dissonanz*: die immanente Negation von Sinn und Stimmigkeit. Für die ästhetische Perspektive ist es aber notwendig, wie Adorno betont, daß Kunstwerke durch eine gewisse interne *Kohärenz* gekennzeichnet sind, ohne die sie gar nicht als Kunst identifizierbar wären, d. h. ohne die die Rezipienten nur Erfahrungen machen würden, die von anderen lebensweltlichen ununterscheidbar wären. Darüber hinaus insistiert er darauf, daß Begriffe wie ›Unstimmigkeit‹, ›Brüchigkeit‹ und ›Fragment‹ nur dann eine Bedeutung haben, wenn sie negativ auf ihr Gegenteil bezogen sind: »Noch wo Kunst […] auf dem Äußersten von Unstimmigem und Dissonantem besteht, sind ihr jene Momente zugleich solche von Einheit; ohne diese würden sie nicht einmal dissonieren« (Adorno 1973, 235). Mit anderen Worten: Es stimmt zwar nicht, daß das Verstehen eines Kunstwerks die völlige Integration jedes Details unter einen Sinn verlangt (vgl. Gadamer 1960/1990, 296). Andererseits können wir aber nicht umhin, aus rein heuristischen – nicht onotologischen – Gründen, unsere Aufmerksamkeit auf einen bestimmten Ausschnitt konstituierten Sinns zu fokussieren (Roughley 1994, 168f.). ›Werk‹ ist ohnehin kein Begriff, der eindeutige Kriterien dafür an die Hand lieferte, wo sein Anfang und Ende wären: Ein einzelnes Gedicht, ein Gedichtband, ein Roman, eine Romanserie, das ›Gesamtwerk‹ einer Autorin sind alles ›Werke‹. Die von Kristeva und Barthes ausgehende Theorie der Intertextualität und die Foucaultsche Diskursanalyse haben auf die Nichtnatürlichkeit solcher ›Entitäten‹ aufmerksam gemacht (→ *Intertextualität: Lektüre – Text – Intertext*, S. 366; → *Diskursanalyse*, S. 164). Für die Literaturwissenschaft kann es demnach produktiv sein, den Fokus der Aufmerksamkeit auf eine höhere oder niedrigere Analyseebene zu richten. Die Entscheidung, dies zu tun, entbehrt aber – inzwischen – der Dramatik, die im theoriepolitisch wichtigen Aufsatz von Barthes, »Vom Werk zum Text« (Barthes 1984) unterstellt wird. Spezifisch antiästhetisch ist die Forderung nach Aufgabe des Werk-Begriffs ohnehin nicht: Innerhalb der Ästhetik ist – nicht zufälligerweise von einem Kantianer – die gleiche Forderung erhoben worden (Bubner 1989, 30ff.).

Wenn die Denktradition der Ästhetik sowohl einen Eigensinn als auch eine Lebensweltbezogenheit ihres Gegenstandsbereiches annimmt, dann dürfte es nicht überraschen, daß einige Ansätze innerhalb der Ästhetik die eine Seite, andere die andere Seite betonen. Wenn heute der Begriff der Ästhetik aus zwei entgegengesetzten Richtungen unter Beschuß gerät – weil er einen Bereich jenseits gelebter Widersprüche etabliere oder weil er zu Kurzschlüssen zwischen Literatur und Lebenswelt verführe – dann führen beide Vorwürfe Stränge der Ästhetikdiskussion fort. Insofern ist eine erste Antwort auf die Frage: Wozu noch Ästhetik? schlicht: Weil sie ohnehin betrieben wird. Betreiben können wir sie natürlich entweder bewußt oder unbewußt. Daher empfiehlt es sich, die Grundzüge der in ihr entwicklten Unterscheidungen und Argumente zu kennen, insbesondere wenn *begründet* werden soll, warum sie in einzelnen Fällen aufzugeben wären.

Weiterführende Literatur

Adorno, Theodor Wiesengrund (1969): Ästhetische Theorie. Frankfurt am Main 1973. Adornos ästhetische Antwort auf die Krise der Ästhetik.

Barthes, Roland (1971): ›De l'oeuvre au texte‹. In: Le bruissement de la langue. Paris 1984. Das inzwischen klassische Plädoyer für die Auflösung des Werkbegriffs.

Barthes, Roland (1973): Die Lust am Text. Frankfurt am Main 1974. Entwurf einer antikognitivistischen, am Genuß orientierten Perspektive auf die Literatur im Zeitalter der Psychoanalyse.

Baumgarten, Alexander Gottlieb (1750/58): Aesthetica. Die grundlegenden Abschnitte hg. von Hans Rudolph Schweizer als: Theoretische Ästhetik. Hamburg 1988.

Bubner, Rüdiger (1973): ›Über einige Bedingungen der gegenwärtigen Ästhetik‹. In: Ästhetische Erfahrung. Frankfurt am Main 1989. Argumentiert gegen Hegel, Heidegger und Adorno für die Aktualität der Kantischen Ästhetik.

Gabriel, Gottfried: Zwischen Logik und Literatur. Erkenntnisformen von Dichtung, Philosophie und Wissenschaft. Stuttgart 1991. Sieht im Anschluß an die Tradition Baumgartens die Literatur als eine Form nichtpropositionaler Erkenntnis.

Gadamer, Hans-Georg (1980): ›Anschauung und Anschaulichkeit‹. In: Gadamer: Kunst als Aussage. Tübingen 1993. Zu Gadamer: Roughley, Neil (1994): ›In der Überlieferung sein. Eine historisch-systematische Rekonstruktion der Hermeneutik‹ Gadamers. In: *Philosophisches Jahrbuch.* Jg 101. 2. Halbband. 1994.

Jauß, Hans Robert (1984): Ästhetische Erfahrung und literarische Hermeneutik. 4. Auflage. Frankfurt am Main. Hauptwerk des Romanisten, der die Überlegungen Gadamers für die Literaturtheorie fruchtbar machte.

Kambartel, Friedrich (1988): ›Zur Philosophie der Kunst. Über zu einfach gedachte begriffliche Verhältnisse‹. In: Kambartel: Philosophie der humanen Welt. Abhandlungen. Frankfurt am Main. Argumentiert gegen Versuche, den Bereich des Ästhetischen definitorisch zu vereinheitlichen.

Kant, Immanuel (1790): Kritik der Urteilskraft. In: Kant: Werkausgabe. Bd. X. Frankfurt am Main 1974. Eine hilfreiche Einführung in dieses Werk ist: Teichert, Dieter: Immanuel Kant: ›Kritik der Urteilskraft‹ Ein einführender Kommentar. Paderborn 1992.

Koppe, Franz: Grundbegriffe der Ästhetik. Frankfurt am Main 1983. Durch die Interpretation verschiedener literaturtheoretischer Ansätze als Beiträge zur Ästhetik stellt Koppe aufschlußreiche Verbindungen her, obwohl seine eigene Position nicht zu überzeugen vermag.

Koppe, Franz (Hrsg.): *Perspektiven der Kunstphilosophie. Texte und Diskussionen.* Frankfurt am Main 1991. Führt eine Reihe gegenwärtiger ästhetischer Ansätze zusammen.

Seel, Martin (1985): Die Kunst der Entzweiung. Zum Begriff der ästhetischen Rationalität, Frankfurt am Main. Anspruchsvoller Versuch, mitunter anhand von literarischen Beispielen die Bedeutung des Begriffs der ästhetischen Erfahrung zu bestimmen.

Exkurs: Literaturkritik

Jana Ziganke

1987 schrieb die Deutsche Akademie für Sprache und Dichtung einen Essay-Wettbewerb aus, dessen Preisaufgabe »Hat Literatur die Kritik nötig?« auf einen komplexen Problemhorizont referierte: Neben der theoretischen Legitimation von Kritik stehen nämlich sowohl ihre historische und aktuelle Stellung (und eine eventuelle Neubestimmung) zur Debatte als auch die prekäre Frage nach ihrem Verhältnis zur Literaturwissenschaft. Der Wettbewerb nahm damit eine seit den frühen siebziger Jahren angefangene Diskussion um die in Deutschland bestehende Kluft zwischen Kritik und Literaturwissenschaft auf, als deren Konsequenz erstere auf die Rolle einer marktstrategischen Vermittlerfunktion zwischen Verlag und Leserschaft reduziert wurde, während die akademische Literaturwissenschaft den Anschluß an die gesellschaftliche Praxis offenbar verpaßt hatte.

Hat die Literatur die Kritik nötig?

Dies war nicht immer so: In Aufklärung und Romantik waren Wertungspragmatik und ästhetische Theoriebildung noch eng miteinander verflochten. Gottsched, Herder, Lessing und die Brüder Schlegel entwarfen Kritikkonzepte, die zwar jeweils unterschiedlichen Paradigmen gehorchten, aber stets den Zusammenhang zwischen Kunst, Kritik und bürgerlicher Öffentlichkeit mitreflektierten. Der Begriff der Kritik entstand im 18. Jahrhundert im Zuge der sich entwickelnden Reproduktionsverfahren von Kulturgütern, die die Kunst zunehmend von der Funktion entbanden, sakrale Repräsentation kirchlicher und höfischer Institutionen zu sein, und sie als Warenform einem bürgerlichen Forum zugänglich machten. Das Laienurteil begann sich in Salons, Teehäusern sowie kunst- und kulturkritischen Journalen als öffentliches Gespräch zu organisieren (Habermas 1962, 42ff. u. 69ff.), in deren Folge sich die Rolle des Kunstrichters als Vertreter des bürgerlichen Publikums ausdifferenzierte. Die Künstler emanzipierten sich von der Abhängigkeit fürstlicher, städtischer oder bischöflicher Mäzenaten und traten zueinander in Konkurrenz auf dem Kunstmarkt, dessen Abläufe dem Einfluß der öffentlichen Meinung unterlagen.

Kritik und Öffentlichkeit

Der Kritikbegriff der Aufklärung ging aus der Debatte um das Geschmacksurteil hervor und löste die von Gottsched noch vertretene deduktive Regelpoetik zugunsten eines kritisch-ästhetischen Urteilsbegriffs ab, der sich durch Intersubjektivität auszuweisen versucht: »Das individuelle Geschmacksurteil des Kritikers ist zwar subjektiv, aber es legitimiert sich vor dem Forum der Leser, die sich als Öffentlichkeit konstituiert haben« (Hohendahl 1980, 277). Der von Kant in der *Kritik der Urteilskraft* entwickelte Geschmacksbegriff verpflichtete die nicht durch Regeln zu objektivierende Privatheit des ästhetischen

Urteils zum diskurrierenden Austausch über seinen Geltungsanspruch: »Alle Kritik steht unter dem Imperativ, so zu urteilen, daß ihre Bestimmungsgründe , d. h. ihre Kriterien die von jedermann sein könnten. Sie muß also das Kunststück vollführen, daß sie zugleich mit ihrem Werturteil die Kriterien plausibel macht, auf denen es basiert. Ihre Logik entfaltet sich in der Dialogik« (Mecklenburg 1977, 39). Kant erhob damit die Kritik zu einem formalen, traditionsunabhängigen Prinzip, das die Mündigkeit des Menschen garantieren sollte. Mit der fortschreitenden Bildung der bürgerlichen Schicht und der prosperierenden Buchindustrie vollzog sich allerdings schon bald ein Bruch zwischen dem kunsttheoretischen Anspruch einer kleinen Intellektuellengemeinde und den Bedürfnissen eines Massenpublikums nach konsumierbaren Kulturgütern. Als Adressaten der Literatur- und Kunstkritik kam immer weniger die bürgerliche Öffentlichkeit in Betracht als vielmehr eine um die Funktionsbestimmung von Ästhetik bemühte Bildungselite, die die Unterhaltungsliteratur kategorisch aus ihrem Gesichtsfeld ausschloß.

Der romantischen Kunsttheorie war das Konzept einer auf öffentliches Räsonnement ausgerichteten, pragmatisch konzipierten Kritik entweder nur noch als Reflex oder aber als utopische Forderung nach »einer Welt im Zustand vollendeter Bildung« (Gebhardt 1979, 432) geblieben: Zuweit hatte sich ihr geschichtsphilosphischer Kritikbegriff von der konkret gesellschaftlichen Vermittlungsfunktion entfernt und war in ihrem ästhetischen System zu einem transzendentalen Begründungsverfahren von Poesie geworden. Kritik ist für Friedrich Schlegel dem literarischen Werk selbst schon als Reflexion auf seine eigenen Entstehungsbedingungen eingeschrieben; dem Kritiker kommt weniger die Aufgabe zu, ein literarisches Werk auf seinen Wert hin zu beurteilen, als vielmehr dessen immanente Prinzipien zu rekonstruieren und über deren Erkenntnis antizipatorisch zur Selbsterkenntnis der Kunst fortzuschreiten. Somit ist Kritik »nicht sowohl der Kommentar einer schon vorhandenen, vollendeten verblühten, sondern vielmehr das Organon einer noch zu vollendenden, zu bildenden, ja anzufangenden Literatur« (Schlegel 1979, 133). Sie soll das zur Endlichkeit bestimmte individuelle Kunstwerk divinatorisch auf die »Systematik der Totalität des menschlichen Geistes, seiner Geschichte und seiner zukünftigen Möglichkeiten « (Weber 1973, 228) entwerfen.

Heines und Börnes »ästhetische Feldzüge«

Als Reaktion auf die erstarrte Kleinstaaterei und die absolutistischen Zustände in Deutschland versuchten im 19. Jahrh. Heine, Börne und Wienbarg die allgemeine Öffentlichkeit wieder am literarischen Gespräch zu beteiligen und das Publikum durch »ästhetische Feldzüge« (Wienbarg 1833/1964) zu politisieren. In der *Romantischen Schule* entwarf Heine ein neues Konzept von Kritik, dem es nicht mehr um Universalisierbarkeit von ästhetischen Urteilen ging, sondern das deren subjektives Moment selbstbewußt exponierte, da Kunst und Kritik ein notwendiges Interesse an politisch-gesellschaftlicher Realität haben müßten. Kritik hat polemisch zu sein und soll durch ihre transparent gemachte Subjektivität den Leser zum »Selbsturteil auffordern«

(Heine, Bd 7, 132). Im Vormärz wurde diese ideologiekritische Funktion von Kritik durch Marx und Engels verabsolutiert und auf das kulturelle System der bürgerlichen Öffentlichkeit selbst angewandt, da es für sie schon lange nicht mehr die gesellschaftliche Allgemeinheit repräsentierte und in der Autonomieforderung von Kunst deren Zusammenhang mit der materiell ausgerichteten sozialen Praxis schöngeistig verbrämte (→ *Ideologie und ihre Kritiker*, S. 207).

Von der Kritik zum Kulturjournalismus

Der Ideologieverdacht, unter dem die proliferierende Kulturindustrie bis in ihre spätkapitalistische Phase fortan stehen wird, umgreift auch das Subsystem der institutionellen Kritik: Diese spezialisierte sich auf die unterschiedlichen Ansprüche der jeweiligen Leserschichten und wußte so den Abstand zwischen Unterhaltungsliteratur und anspruchsvoller Belletristik marktwirksam zu nutzen. Die öffentlichkeitsbildende Kommunikationsfunktion der Kritik verlor in der ausdifferenzierten Kulturindustrie ihr Fundament und ›verkam‹ zum Kulturjournalismus: Ihre Kritiker werfen ihr vor, sich von der geschichtsphilosophisch-ästhetischen Diskussion abgekoppelt und auf das verselbständigte ›Geschäft‹ der feuilltonistischen Tageskritik verengt zu haben; eine Entwicklung, für die gleichermaßen eine an aktueller Literaturproduktion und -vermittlung weitgehend desinteressierte Literaturwissenschaft verantwortlich gemacht wird als auch eine im Dienste des Buchmarktes stehende, umsatzfördernd orientierte Kritik. Deren persuasive Rhetorik der Reklame sei, so etwa Mecklenburg (1977, 44), »noch im Verriß wirksam«.

Schon 1928 hatte Walter Benjamin konstatiert, daß die »Unbefangenheit des sogenannten freien Blicks Lüge« sei; der »heute wesenhafteste, der merkantile Blick ins Herz der Dinge heißt Reklame« (Benjamin 1972b, 131f.). Um aktiv die politische Entwicklung mitzugestalten und den »Katastrophenkontext der pragmatischen Geschichte« (Gebhardt 1976, 83) zu unterbrechen, entwickelte Benjamin einen operativen, dialektischen Kritikbegriff, der »der schrankenlosen Ausbildung einer Konsumentenmentalität« (Benjamin 1972e, 1506) entgegenzuwirken und die Trennung zwischen Produktion und Rezeption in den unterschiedlichen Medien aufzuheben anstrebt. Zusammen mit Brecht plante er eine gemeinsame Zeitschrift mit dem Titel *Krise und Kritik*, die sich gegen das bürgerliche, »kulinarische« Rezensionswesen richten sollte (Brecht 1967, Bd. 18, 97ff.) und deren bekanntester Vertreter der ›Großkritiker‹ Alfred Kerr war. In Anlehnung an Brechts Modell des epischen Theaters soll sich der Kritiker an die Masse, an das zerstreute Publikum wenden, »aus Lesern und Zuschauern Mitwirkende« (Benjamin 1971, 110) machen und Fragen aufwerfen, »die die bürgerliche Intelligenz als ihre eigensten anzuerkennen genötigt ist« (Benjamin 1966, 521). Der hochkomplexen Kulturkritiktheorie Benjamins und seinen exemplarischen Kritiken blieben allerdings in der Weimarer Republik jede Durchsetzungskraft versagt. Erst Ende der sechziger Jahre wurden seine Reflexionen über Kritik wieder rezipiert, als Hamm (1970) eine Aufsatzsammlung zur aktuellen Situation der Kritik herausgab. Gleich ein ganze Reihe prominenter Kritiker prangerten dort

Benjamins und Brechts Verachtung des »kulinarischen« Rezensionswesens

»den Zusammenbruch der speziellen Kritik« (Brock 1970) und den Anachronismus des bürgerlichen Großkritikers an. Sie forderten in Anknüpfung an Benjamins dialektisch-materialistisches Kritikkonzept neue Maßtäbe. Der Kritiker habe der aktuellen, gesellschaftlichen Realität Rechnung zu tragen und könne seine Kritik nicht länger an einem obsolet gewordenen Autonomiebegriff des Kunstwerks orientieren.

Kritik und Literaturwissenschaft

Parallel zu dieser Diskussion, aber aus anderen Zusammenhängen heraus, war in Frankreich einige Jahre zuvor eine Debatte um die Neubestimmung von Kritik zwischen Vertretern literatur*theoretischer* Ansätze und Verteidigern der traditionellen literaturkritischen Praxis geführt worden. Im Namen unterschiedlicher theoretischer Positionen (Psychoanalyse, Marxismus und inbesondere des neu aufgekommenen Strukturalismus) verteidigte Roland Barthes (1966/1988a) die sogenannte *nouvelle critique* gegenüber dem von Picard (1965) erhobenen Vorwurf des Jargons. Die alte Kritik stütze, so Barthes, ihren diffusen Maßstab des *vraisemblable* auf die drei Mythen: der Objektivität, des Geschmacks und der Klarheit; drei Ideologien, die dem 17. und 18. Jahrhundert angehörten. Gegen die dogmatische Festschreibung eines einzigen Sinns machte Barthes die Pluralität der Sinnebenen geltend. Analog zur deutschen Debatte wurde Kritik als Anwalt eines traditionellen Impressionismus abgelehnt. Während in Deutschland jedoch vor allem die gesellschaftlich aufklärerische Funktion von Literatur und Kritik eingeklagt wurde, erhoben französische Theoretiker die irreduzible Besonderheit eines jeden Textes zum Maßstab aller Kritik – sei sie akademischer oder feuilletonistischer Natur. In den romanischen und angelsächsischen Ländern ist der Begriff Kritik denn auch niemals auf das Rezensionswesen der Tagespresse eingeengt worden wie in Deutschland. Das englische *criticism* wie auch das französische *critique* beinhalten bis heute die Doppelbedeutung von literarischer Theorie und feuilletonistischer Wertungspragmatik. *New Criticism* bezeichnet beispielsweise eine amerikanische literaturtheoretische Schule, die auf immanente Textanalyse, dem sogenannten *Close Reading* zielt (→ *Zur Karriere des Close Reading: New Criticism, Werkästhetik und Dekonstruktion*, S. 354). Literatur*wissenschaft* als *science* gibt es in diesen Sprachen nicht.

Kritik der Kritik

Das Ärgernis der zeitgenössischen Kritik besteht für die meisten Kritiker in der Arbitrarität der Wertungskriterien, die sich ekklektisch »bald auf die rationalistische Richterrolle, bald auf den romantischen Begriff der produktiven Kritik, bald auf die publizistische Funktion im Sinne des Jungen Deutschland berufen« (Hohendahl,1980, 308). Interessensperspektiven und subjektiver Status des Werturteils werden nicht mitreflektiert, der Anspruch intersubjektiver Plausibilität gegen jargonhafte Überredungsstrategien eingetauscht. »Der Verfall von Kritik als eines Agens der [...] öffentlichen Meinung«, schreibt Adorno (1968, 158), »offenbart sich nicht durch Subjektivismus, sondern durch Schrumpfung von Subjektivität, die sich als Objektivität verkennt«.

Angesichts einer institutionell vereinnahmten Kritik, die ihre eigene Geltungsreflexion versäumt, und einer akademischen Forschung, die kein pragmatisch orientiertes Erkenntnisinteresse besitzt, mit der Problematik literarischer Wertung aber ebenfalls konfrontiert bleibt, wurde in den letzten Jahrzehnten verstärkt die Forderung laut, Kritik und Literaturwissenschaft als angewandte und theoretische Disziplin wieder zusammenzudenken (z. B. Loccumer Kolloquium 1971, Germanistentag 1976): Die verschiedenen literarischen Formen der Kritik (Essay, Glosse, Polemik etc.) sowie ihre spezifische Rhetorik könnten dabei einen Untersuchungsbereich bilden und mit literaturwissenschaftlichen Argumentationsstrategien verglichen werden; der Zusammenhang von Kritik und Rezeptionsverhalten bzw. von Gesellschaft und Rezensionswesen wäre ebenso zu analysieren wie Interessensschwerpunkt und Wirkungsbereich unterschiedlicher kritischer Modelle; schließlich müßte sich der auf der Deutschen Akademie für Sprache und Dichtung ausgeschriebenen theoretischen Frage nach der Notwendigkeit von Kritik gestellt werden, um Kritik wieder in eine ästhetische Diskussion zu überführen.

Weiterführende Lektüre

Zu Anspruch und Wirklichkeit der Literatur-Kritik vgl. vor allem das DFG Symposium zur Literaturkritik (Barner 1990). Grundlegend für die Geschichte der Literaturkritik: Wellek (1959ff). Ein kritisches Handbuch zum Literaturbetrieb in Deutschland hat Heinz Ludwig Arnold vorgelegt (1981). Eine neuere Perspektive bieten drei Antworten auf die Preisfrage der Deutschen Akademie für Dichtung und Sprache nach dem Verhältnis von Kritik und Literatur (Schmitz 1989).

III. Übersetzungsmodelle

Wie kann, so lautet die grundlegende Frage in den *Übersetzungsmodel-len*, der kognitive Gehalt von Literatur bestimmt werden? Welche Vor-aussetzungen machen Interpretationen, wenn sie Texte in die Meta-sprache des wissenschaftlichen Kommentars übersetzen? Ist eine Übersetzbarkeit von Literatur in einen solchen Kommentar überhaupt möglich? Gibt es Gewinn- und Verlustrechnungen? Wie haben sich die unterschiedlichen Hintergrundannahmen über Literatur, über das was so schwer und vielleicht gar nicht zu bestimmen ist, im Laufe der Zeit geändert, welche Vorstellungen kehren wieder, oder welche präsentie-ren sich nur in einem neuen wissenschaftlichen Gewand? Welche kon-kurrierenden Vorstellungen gibt es?

Zu den zentralen Konzepten, die in den letzten Jahrzehnten heftig diskutiert worden sind und einen grundlegenden Wandel erfahren ha-ben, gehören die des Subjekts und des Autors. Deshalb stehen am Anfang der Übersetzungsmodelle zwei Kapitel, die sich an konkreten Forschungsfeldern mit diesem Wandel auseinandersetzen (*Subjekt-begriff und Autorschaft: Zur Theorie und Geschichte der Autobiographie; Subjektivität in der Lyrik: 'Erlebnis und Dichtung'*). Gerade dort, wo die Instanz des Autors und die Epistemologie des Subjekts immer schon eine wesentliche Rolle gespielt haben, in der Lyrik und in der Auto-biographie, läßt sich gut ablesen, was es für die Praxis des Interpretie-rens bedeutet, wenn Texte nicht mehr als Wahrheit, Leben und Erleb-nisse eines sich selbst transparenten Subjekts verstanden werden, son-dern Wahrheit, Leben und Erlebnisse als Effekte von Texten erschei-nen. Die Kritik am Subjektbegriff und am Begriff des Autors, an den Kategorien des Menschen und des Selbst geht einher mit der Kritik an traditionellen Textauffassungen und an einer Praxis des Interpretie-rens, die, etwas vereinfacht gesagt, von der angeblichen Transparenz des Subjekts auf die Transparenz des Textes schließt. Das wird vor den unterschidichen Theoriehorizonten deutlich. Die Hermeneutik, die sich nach Schleiermacher mit der Konstruktion des Verstehens be-schäftigt, muß sich mit der Dekonstruktion auseinandersetzen. Die Psychoanalyse (*Exkurs: Psychoanalyse und Literaturwissenschaft*), die die Literaturwissenschaften so nachdrücklich beeinflußt hat, betont nach Lacans Freudlektüren mehr und mehr die Instabilität und Ver-tauschbarkeit von Subjektpositionen. Intertextualitätstheorien (*Intertex-tualität: Lektüre-Text-Intertext*), die ohnedies nicht mit einem autonomen und auktorialen Textbegriff operieren, haben dekonstruktive Momente in ihre Texttheorie aufgenommen. Betont werden Ambivalenz, Poly-valenz, Doppelkodierung und Überdeterminierung. Das phänomeno-logische Übersetzungsmodell, das vor allem von der Wirkung der Tex-te ausgeht, eröffnet auch Horizonte auf den Umgang mit Zeichen und Texten als Materialien, die sich in ihrer sinnlichen Unbestimmtheit der sinnhaften Bestimmung immer wieder entziehen. Derart setzt sich je-des Übersetzungsmodell auf seine Weise mit dem Problem der Un-übersetzbarkeit auseinander, das die Literaturwissenschaften seit ihren Anfängen beschäftigt. Solche Überlegungen zum Übersetzungspro-blem und das Nachdenken über die Möglichkeitsbedingungen des Interpretierens und des Lesens bilden den Horizont für sehr unterschiedliche Begrifflichkeiten und Konzepte, die die verschiedenen Übersetzungsmodelle zum theoretisch aufgeklärten Umgang mit Literatur bereitstellen. Was letztlich möglich ist oder auch nicht, versucht jedes Modell auf seine Weise zu beantworten.

Das Modell der Intertextualität (*Intertextualität: Lektüre-Text-Intertext*) entwickelt seine Begrifflichkeit aus unterschiedlichen Konzeptualisierungen von Text-Text-Bezügen. Es erlaubt, die unterschiedlichen Textdimensionen mit Hilfe eines Feldes von Differenzierungen des Textbegriffs zu erfassen. Es reflektiert aber auch auf die prinzipielle Unterschiedlichkeit des intertextuellen Arbeitens, zieht in Betracht die Differenz von deskriptiven, theoretischen, literatur- und kulturkritischen Ansätzen. Während die Intertextualitätstheorie mit einer Typologie von Text-Text-Bezügen am Textbegriff arbeitet, versucht das phänomenologische Übersetzungsmodell (*Intentionalität, Wahrnehmung, Un-Bestimmtheit*) zunächst jene Dimensionen zu erfassen, die über den Text hinausweisen. Deshalb differenziert die phänomenologisch orientierte Literaturwissenschaft zwischen Wahrnehmung und Vorstellung und spricht von dem ästhetischen Gegenstand als einem Korrelat des Bewußtseins. Das Bezugssystem des Textes ist nicht ein Textuniversum, sondern der Sinnhorizont, in den der Text übersetzt wird. Wiederum anders wird das Problem der Übersetzung in einem hermeneutischen Übersetzungsmodell (*Verstehen konstruieren*) angegangen. Mit dem Begriff der Konstruktion, der seit Friedrich Schleiermachers Hermeneutik zentral für Theorien des Verstehens ist, wird das Gewicht auf eine Auslegungspraxis gelegt, die anders als ältere Hermeneutiken das Problem des Verstehens nicht erst in den Blick nimmt, wenn sie mit sogenannten dunklen Stellen konfrontiert wird. Vielmehr geht es darum, das Verstehen als grundsätzliches Problem der Lektüre und der Exegese zum Thema zu machen. Schleiermachers Hermeneutik bietet dafür die begrifflichen und gedanklichen Grundvoraussetzungen. Von ihnen ausgehend werden in *Verstehen konstruieren* zentrale Stichwörter und Konzepte der Hermeneutik vorgestellt wie Dialog, der prozessuale Charakter des Denkens, die Zirkelstruktur des Verstehens, die Annahme einer Einheit des Werkes, die Differenzierung von Sinn und Bedeutung. Eingeführt wird aber auch in die Möglichkeiten der Kritik solcher Konstruktionen und damit ihrer Dekonstruktion. Was dieses Spannungsverhältnis von Konstruktion und Dekonstruktion für die wissenschaftliche Lektürepraxis bedeutet, wird besonders an der Geschichte des textnahen Arbeitens, der wechselvollen Karriere des *Close Reading* deutlich (*Zur Karriere des Close Reading: New Criticism, Werkästhetik und Dekonstruktion*). Was das textnahe Arbeiten der Dekonstruktion von den hermeneutischen Lektüreverfahren des *New Criticism* und der *Werkästhetik* unterscheidet, ist vor allem, daß die Lektüre nicht mehr schlicht die Einheit des Textes oder die Einheit von Kultur und Text unterstellt, sondern den Text als Gewebe von Bedeutungen begreift, die sich weder auf eine Bedeutung reduzieren, noch hierarchisieren, noch mit dem Hinweis auf Ambivalenz neutra-

lisieren lassen. Jede Lektüre wird als komplexer Selektionsprozeß verstanden, in dem notwendigerweise einzelne Partikel besonders beachtet, manche überhaupt nicht beachtet, viele sogar marginalisiert werden. Doch dieser Selektionsprozeß trägt wesentlich dazu bei, welche
Vorstellung von einem Text sich dem kulturellen Gedächtnis einprägt,
welche Bedeutung ihm in der Literaturgeschichte zukommt. Lesen
wäre dann immer wieder Arbeit an diesem kulturellen Gedächtnis,
wäre ein Prozeß, in dem der kulturelle Verstehenszusammenhang, die
wissenschaftliche Repräsentation des Textes, die Konstruktion von Geschichte immer wieder neu in Frage gestellt wird. Eine solche Betonung einer lesenden Arbeit am kulturellen Gedächtnis hat damit zu
tun, daß die Übersetzung von einem literarischen Text in einen wissenschaftlich plausibilisierten kulturellen Zusammenhang zunehmend
komplexer gedacht wird und daß dieser kulturelle Zusammenhang
wie der Text selbst nicht mehr als geschlossene Einheit verstanden
werden. Dies ist vor allem auch dort relevant, wo es um die lesende
Übersetzung von Kulturen in andere Kulturen geht. Die Interkulturelle
Germanistik versucht daher auch für solche interkulturellen Überset-
zungsprozesse Modelle zu finden, in denen im Fremden das Eigene
und im Eigenen das Fremde sichtbar wird. Reflektiert wird vor allem
die Gefahr, daß in der hermeneutischen Anverwandlung des Fremden
als Eigenes das Fremde zum Verschwinden gebracht wird. Ein historisches Beispiel für Probleme der Übersetzung und Aneignung, des
Um- und Weiterschreibens von Kultur bietet der Blick auf drei französische Reiseberichte aus der Neuen Welt zu Beginn des 16. Jahrhunderts (*Exkurs: Aufzeichnung und Entgrenzung kultureller Alterität. Topik
der Reiseberichte und Rousseaus zweiter Discours*). Obwohl als Reisebericht und damit als Gattung konzipiert, die Fremdheit registrieren
will, wird an diesen Berichten deutlich, wie im Blick auf Fremdes das
Fremde schlicht nicht wahrgenommen werden kann. Dafür läßt sich an
ihnen zeigen, inwiefern die Wahrnehmung und das Aufschreiben von
kultureller Alterität ein voraussetzungsvoller Prozeß ist und von welchen Größen er in dieser spezifischen historischen Situation abhängt.
Obwohl die Inter*kulturelle Germanistik* solche Denkmuster der Kolonia-
lisation, deren Spuren heutzutage immer noch zu finden sind, heftig
kritisiert, geht auch sie von der Möglichkeit aus, kulturspezifische Bedeutungslogiken über einen westeuropäischen Begriff des Verstehens
zu konstruieren. Eine Ethnographie des Lesens dagegen (*Kulturspezifische Lektüren: Interkulturelle Hermeneutik oder Ethnographie des Lesens?*) versucht nicht mehr die kulturspezischen Bedeutungslogiken zu
entziffern, sondern ihre Voraussetzungen in den Blick zu bekommen.
Das heißt, nach ihren materiellen, medialen, sozialen und institutionellen Voraussetzungen und nach den diskursiven und situativen Kontexten des Umgangs mit Literatur zu fragen. Damit schließt die Ethnographie des Lesens an solche literaturwissenschaftliche Versuche an,
die nicht mehr Bedeutungen eruieren und vornehmlich literarische
Texte interpretieren, sondern die nach den Möglichkeitsbedingungen
dessen fragen, was als literarischer Text in einer Kultur oder zu einer

bestimmten Zeit erscheinen kann, welche medialen Voraussetzungen gegeben sein müssen, damit ein Leser hermeneutisch liest oder auch damit es überhaupt Leser gibt. Freilich sind solche Fragestellungen nicht allein vor dem Horizont interkultureller Perspektiven relevant. Prinzipiell ist zu fragen nach den Medien und den Speichereinrichtungen, die bestimmte Wissens- und Redeformen ermöglichen oder auch gerade unmöglich machen. Für die Literaturwissenschaft ist dann interessant, daß solche Redeformen in der Literatur oder auch als Literatur wiederauftauchen. Ein diskursanalytisch orientiertes Übersetzungsmodell (*Memoria und Oblivio. Die Aufzeichnung des Menschen*) übersetzt deshalb weniger, als daß es Voraussetzungen erkundet. Aufgearbeit wird, wie sich ein kulturelles Gedächtnis allererst konstituiert, wie Speichermedien und Archive funktionieren, wie Dokumente organisiert sind und wie das Verhältnis von Mensch und Medien zu fassen ist.

Subjektbegriff und Autorschaft: Zur Theorie und Geschichte der Autobiographie

Almut Finck

Wie nie zuvor ist die Autobiographie heute Gegenstand literaturwissenschaftlichen Interesses. Die Forschung läßt sich kaum mehr überblicken. Es existieren einschlägige Publikationsorgane, renommierte literaturwissenschaftliche Zeitschriften widmen sich der Autobiographie in speziellen Themenheften, eine Auseinandersetzung mit ihrer Theorie und Geschichte findet auf großangelegten Symposien ebenso statt wie im universitären Alltag. Bemerkenswert ist an dieser Diskussion vor allem, daß sie erst seit etwa anderthalb Jahrzehnten derart lebhaft in institutionalisiertem Rahmen geführt wird. Ohnehin hat die Literaturwissenschaft die Gattung (→ *Gattung*, S. 66) spät zur Kenntnis genommen. Eine Beschäftigung mit autobiographischen Schriften setzte erst zu Anfang des 20. Jahrhunderts mit Georg Misch ein, der sich in seinem monumentalen Lebenswerk dann allerdings gleich die Gesamterschließung der *Geschichte der Autobiographie* zur Aufgabe machte. Daß eine gattungstheoretische Reflexion vor Misch kaum stattfand und sich die Autobiographie auch danach jahrzehntelang nicht als Forschungsgegenstand der Literaturwissenschaft etablieren konnte, ist umso erstaunlicher, als autobiographisches Schreiben eine lange Tradition besitzt. Augustinus' *Confessiones*, ein für die spätere Autobiographiegeschichtsschreibung kanonischer Text, entstand an der Wende vom vierten zum fünften Jahrhundert. In der Renaissance florierte autobiographisches Schreiben geradezu. Freilich dürfen diese frühen Beispiele nicht mit späteren Autobiographien verwechselt werden. Man verfaßte Stadtchroniken, Familiennachrichten, Berufsbiographien, es entstanden Reiseaufzeichnungen, die biographisch interessierten Humanisten hinterließen ihre Selbstzeugnisse. In der Frühaufklärung gehörte die Autobiographie in Gestalt des religiösen Bekenntnisses zur lebensweltlichen Praxis der pietistischen Brudergemeinden. Nicht lange darauf entstand mit Goethes *Dichtung und Wahrheit* ein Werk, das in der Folge zum Paradigma der Gattung stilisiert wurde, und man befand sich in jener Epoche, die die Autobiographietheorie in der Anknüpfung an Misch zum klassischen Zeitalter der Autobiographie verklärte. Doch selbst in dieser Blütezeit befaßte sich kaum jemand mit der Autobiographie als *literarischer* Gattung. Autobiographik galt nicht als Literatur.

Zurückzuführen ist eine solche Einschätzung auf das Vorherrschen der »nach dem Kriterium der Fiktionalität getroffene[n] aristoteli-

Autobiographie als Forschungsgegenstand

Autobiographie als historisches Dokument

sche[n] Unterscheidung von poetischer und historischer Erzählung« in den Poetiken des 18. Jahrhunderts (Niggl 1977, 36). Gottsched erteilte in seiner *Critischen Dichtkunst* dem Dichter die Aufgabe, die Einbildungskraft des Publikums anzuregen, wogegen der Geschichtsschreiber sich damit zu bescheiden hatte, »die nackte Wahrheit zu sagen, das ist, die Begebenheiten, die sich zugetragen haben.« Daß er dazu auf »alle[] Firniß«, auf »alle Schminke« zu verzichten hatte, macht deutlich, daß die Differenzierung zwischen fiktionalen und nicht fiktionalen Textsorten bis in den stilistischen Bereich hinein ihre Geltung behauptet hat (Gottsched 1730/1962, 226). Ein historischer Text mußte einem solchen Diktum zufolge einen Mangel an imaginativem Potential wie an poetischem Raffinement aufweisen; was Wunder also, wenn er unter literarischen Gesichtspunkten für nicht beachtenswert gehalten wurde. Ein gleiches Urteil traf autobiographische Schriften. Wo nämlich, wie es Johann Gottfried Herder forderte, dem Autobiographen oblag, die Geschichte »sein[es] selbst« einem »treue[n] Geschichtsschreiber« gleich zu verfassen (Herder 1877ff., Bd. 8, 181), da konnte dieser Geschichte keine andere Bedeutung eignen als die eines historischen Dokuments. Was an einer derartigen Zweckform interessierte, war ihr Inhalt. *Wie* die Information über eine Person vermittelt wurde, war mehr oder minder belanglos.

Herder: Der Geschichtsschreiber als Vorbild für den Autobiographen

Für Herder, der sich neben Wieland als einer der ersten dezidiert zur Autobiograpie äußerte, besaßen Selbstdarstellungen deutlich erkennbar diesen sekundären Charakter. Wenn er sie bisweilen enthusiastisch begrüßte, so tat er das aus psychologischem Erkundungsdrang. Er glaubte, mit ihnen den »Stoff zur wahren Seelenlehre« (ebd., 180) geliefert zu bekommen. Offensichtlich spielten auch didaktische Überlegungen eine Rolle. Die *Briefe, das Studium der Theologie betreffend* empfehlen bildungsfähigen Jünglingen im Sinne des alten Topos der *historia magistra vitae* die Hinwendung zu autobiographischen Schriften (vgl. ebd. Bd. 11, 85). Herder regte 1790 seinen Schüler Johann Georg Müller nachdrücklich zu einer Edition von »Bekenntnisse[n] merkwürdiger Männer von sich selbst« an. Aber selbst bei diesem Projekt kam Herder nicht der Gedanke, man könne autobiographische Texte auf ihre gattungsformalen Eigenarten hin untersuchen. Er wollte, wie sein Vorwort zu Müllers Sammlung deutlich macht, in den Selbstzeugnissen einen »vortreflichen[n] Beitrag zur Geschichte der Menschheit« erkennen, was ihm deshalb möglich schien, weil er sie nicht nur für »wahre Vermächtnisse der Sinnesart denkwürdiger Personen« hielt, sondern gleichzeitig für einen »Spiegel der Zeitumstände, in denen sie lebten« (ebd. Bd. 18, 375).

Dilthey: Autobiographie als ein »Höchstes von Geschichtsschreibung«

Herder hob die Verschränkung von Individuum und Geschichte hervor und zog daraus den Schluß, daß die Autobiographie nicht nur Ausdruck individueller Geistesart, sondern immer auch ein Zeitdokument sei. Mit dieser Auffassung sprach er als einer der ersten pointiert aus, was Wilhelm Dilthey (→ *Subjektivität in der Lyrik: ›Erlebnis und Dichtung‹, ›lyrisches Ich‹*, S. 299) ein Jahrhundert später zum Kerngedanken seiner erkenntnistheoretischen Grundlegung der Geisteswissenschaften werden sollte. Weil Dilthey das Individuum als »ein Element in den Wechselwirkungen der Gesellschaft« begriff (Dilthey 1922, 37), konnte ihm die »Erfassung der [...] Wirklichkeit eines Individualdaseins« immer auch ein »Höchstes von Geschichtsschreibung« sein (ebd., 33). Aus dieser Art des Historismus jedoch zu folgern, das einzelne Subjekt sei in Diltheys Konstruktion der »geschichtlich-gesellschaftlichen Wirklichkeit« (ebd., 36ff.) mehr oder minder passiv ausgeliefert, wäre falsch. Die Einsicht in die Bedeutung der gesellschaftlichen Wirklichkeit für den Einzelnen führte bei Dilthey nicht zu einer Schwächung der Machtposition, die das Subjekt als eines, das weniger in die Welt gesetzt wird, als daß es diese ursprünglich setzt, seit dem Idealismus innehatte. Subjektivität blieb für ihn Ursprung aller Historizität, nicht umgekehrt: »Ist doch die Welt nirgends anders als eben in der Vorstellung eines [...] Individuums« (ebd., 29).

Daß die historische Sehweise bei Diltheys Schüler Misch noch stärker in den Hintergrund gedrängt ist, zeigt dessen These, wonach die Gattungsentwicklung Ausdruck eines wachsenden Selbstbewußtseins des Individuums sei. Vermochte Misch in den Selbstbiographien der Renaissance bereits »Zeugnisse für den entwickelten Individualismus« (Misch 1969, 573) zu sehen, so kritisierte er darin ein noch statisches Menschenbild, bemängelte das Fehlen des Entwicklungsgedanken. Misch meinte damit die sich einer organischen Metaphorik bedienende Vorstellung, daß sich das Individuum erst langsam und unter wechselnden Einflüssen entfalte und reife, wobei aber schon in der Jugend, im Keim gleichsam, die Anlagen der Persönlichkeit vorhanden seien. Sie bestimmten die Entwicklung nahezu gesetzmäßig, so daß die Einheit des Individuums, seine unverwechselbare Identität, jederzeit gegeben sei. Mischs epochemachende Einschätzung von Goethes Autobiographie geht auf dieses entwicklungsgeschichtliche Verständnis von Identität zurück. In *Dichtung und Wahrheit* sah er es zum ersten Male, genialisch und hinfort unnachahmlich dargestellt.

Ihren paradigmatischen Charakter hat die Lebensdarstellung Goethes bis in die Gegenwart behalten. Noch Günter Niggls Untersuchung von 1977 weicht von Mischs Urteil über ihren exemplarischen gattungsgeschichtlichen Stellenwert nicht ab. Die Studie endet mit einem Kapitel, das überschrieben ist: »Ziel und Höhepunkt der Gattungsentwicklung im 18. Jahrhundert: Goethes ›Dichtung und Wahrheit‹.« Auch in Roy Pascals Arbeit von 1960, die zuerst im angelsächsischen Raum erschien, ist die Bedeutung von *Dichtung und Wahrheit* als Autobiographie *par excellence* unumstritten. Pascal übernimmt exakt Mischs Kriterien. Im Zentrum jeder »echte[n] Autobiographie« (Pascal 1965, 228), so verlangt der Kritiker, habe die Entwicklungsgeschichte eines einzigartigen Individuums zu stehen, dessen »im Wandel dauernde Identität« (Pascal 1965, 210). Für die Debatte der sechziger und siebziger Jahre bleibt mithin ein Identitätskonzept ausschlaggebend, das bis auf die Anfänge der Autobiographieforschung zurückgeht. Entscheidend ist dabei, daß die Realisierung dieses Identitätskonzeptes nicht erst im Text, sondern bereits im Leben des Auto-

Dichtung und Wahrheit der Autobiographie

biographen, noch bevor dieser sich an sein Erinnerungswerk begibt, erfolgen soll. Daß die Autobiographie lediglich Abbildfunktion besitze, hatte schon Dilthey explizit formuliert: »Die Selbstbiographie ist nur die zu schriftstellerischem Ausdruck gebrachte Selbstbesinnung des Menschen über seinen Lebenslauf« (Dilthey 1942, 201). Den Zusammenhang dieses Lebens müsse und dürfe der Autobiograph nicht erfinden, denn er sei schon »im Leben selbst gebildet« und brauche bloß noch »ausgesprochen« (ebd., 200) zu werden. Roy Pascal ist nicht minder deutlich. Von der Person des Autobiographen verlangt er ein »Gefühl der Verantwortung der inneren schöpferischen Kraft gegenüber.« Damit ein Mensch eine gelungene Autobiographie schreiben könne, müsse sich dieses Gefühl subjektiver Verantwortung »zuerst in seinem Leben eingestellt haben« (Pascal 1965, 228).

Lebenslauf und Ausdruck

Man geht also von der logischen Priorität eines spezifischen Lebenszusammenhanges oder -momentes vor dessen sprachlichem Ausdruck aus. Damit wird die konventionelle Absonderung autobiographischer von fiktionalen Textsorten beibehalten. Allein die Vorstellung von Lebensdarstellungen als privilegierter referentieller Textsorte, die sich durch einen höheren Wahrheitsgrad auszeichne als die Phantasieprodukte von Dichtern, weil sie auf etwas nicht Fiktionales verweisen könne, ermöglicht es, autobiographische Texte an einem Moment der sogenannten Lebenswelt, und nicht der im Text entworfenen, zu messen. Ein derartiges Autobiographieverständnis und ebenso die Diltheysche Ausdruckshermeneutik, auf die es zurückgeht, finden ihre erkenntnistheoretische Begründung zum einen in der Vorstellung des Subjekts als intentionalen Bewußtseins und zum anderen in der Auffassung von Sprache als dessen transparenten Ausdrucksmediums. Diese beiden metaphysisch verwurzelten Konzepte spielen eine fundamentale Rolle. Soll der Text eine wahrheitsgetreue Abbildung vom Leben des Verfassers sein, so darf nicht unterschieden werden zwischen dem Autobiographen in seiner Funktion als Autor und als Textgegenstand, mit anderen Worten, zwischen einem Subjekt des Textes und einem Subjekt im Text. Garantieren läßt sich eine solche *Identität* paradoxerweise nur durch deren radikale *Differenz*. In Anknüpfung an die idealistische Vorstellung des Subjekts als ein seine Welt autonom setzendes Selbstbewußtsein siedelt man den Autor *außerhalb* seines Textes an und verleiht ihm den Status einer unabhängigen Instanz, die den Text ursprünglich organisiert und ihm ultimativ seinen Sinn verleiht. Er soll seinem eigenen Diskurs grundsätzlich voraus und deshalb enthoben sein, denn allein unter dieser Bedingung vermag er über sich zu schreiben, ohne daß der autobiographische Diskurs ihn so veränderte, daß die Identität von autobiographischem Subjekt und autobiographischem Objekt nicht mehr gewährleistet wäre. Einem derartigen Subjektbegriff und Autorkonzept entspricht eine repräsentationslogisch naive Sprachauffassung, in der die Materialität des Sprachzeichens zurücktritt hinter dem von ihm Bezeichneten. Man geht vom sprachlichen Zeichen als durchsichtig aus, denn nur so kann das Medium der Sprache den Blick auf das Außersprachliche freigeben, anstatt ihn zu verstellen.

Das jahrhundertelange Fehlen eines autobiographischen Gattungsbewußtseins liegt in dieser Annahme eines sich selbst präsenten Subjekts jenseits einer Sprache, in der es sich als in einem transparenten Medium ausspricht, begründet. Denn wenn ein solcher Subjekt- und Sprachbegriff auch die Wahrheitsfähigkeit des Genres ermöglichte, so verhinderte er doch, daß der Gattung Respekt gezollt wurde anders denn als einem »Hilfsmittel« zur »Entwicklung einer wahren Realpsychologie« oder zur Erfassung der »geschichtlich-gesellschaftlichen Wirklichkeit« (Dilthey 1922, 34). Eine Textsorte supplementären Charakters läßt sich nicht mit gattungsimmanenten Kriterien messen. Zur Konsolidierung von Gattungsbewußtsein bedarf es zuallererst ihrer Wahrnehmung als einer eigenständigen literarischen Form, was in bezug auf die Autobiographie die Revidierung ihrer Hypostasierung als nicht fiktionalen Genres bedeuten würde. Merkwürdigerweise macht ausgerechnet der ansonsten traditionskonform argumentierende Roy Pascal als einer der ersten darauf aufmerksam, daß die *literarische* Wertschätzung der Autobiographie mit der Preisgabe ihres Anspruchs auf wahrheitsgetreue Darstellung verknüpft ist. Mit großer Skepsis beurteilt Pascal den tatsächlichen dokumentarischen Wert jeden autobiographischen Werkes, wie aufrichtig der Autor sich auch gerieren möge. Zu lückenhaft und irreführend sei die Arbeit des Gedächtnisses. »Die Verfälschung der Wahrheit durch den Akt der erinnernden Besinnung« hält Pascal für ein »so grundlegendes Merkmal der Autobiographie, daß man sie als deren notwendige Bedingung bezeichnen muß« (Pascal 1965, 90). Eine Autobiographie schreiben würde dann nicht heißen, die Vergangenheit objektiv zu rekonstruieren, sondern subjektiv aus der Perspektive der Gegenwart zu interpretieren. Sie wäre der fiktive Entwurf eines Lebens eher denn eine wahrheitsgetreue Reproduktion. Autobiographik rückte in die Nähe fiktionaler Gattungen.

Die Konsequenz daraus wäre eine Analyse, die autobiographische Texte nicht auf etwas ›Wirkliches‹ außerhalb von ihnen zurückführte und reduzierte, sondern den Blick auf die gattungsspezifischen Merkmale der fiktionalen Welt des Textes richtete. Die bis etwa Mitte der siebziger Jahre tonangebenden Kritiker ziehen diese Konsequenz nicht. Das entscheidende Kriterium für das Gelingen des autobiographischen Unternehmens bleibt, wie von Pascal erklärt, die Persönlichkeitsstruktur des Autobiographen, hat also ursprünglich mit dessen Text nichts zu tun. Die trotzdem geäußerte Einsicht in die Fiktionalität der Darstellung läßt sich insofern mit der traditionellen Inanspruchnahme eines außertextuell angesiedelten Identitätskonzepts vereinbaren, als die zu diesem Rekurs erkenntnistheoretisch notwendigen Begriffe eines autonomen Subjekts und einer transparenten Sprache unberührt bleiben. Der autobiographische Text erscheint zwar als wenig authentisch. Jedoch soll sein fiktiver Charakter aus nichts anderem als der subjektiven Färbung durch den Autobiographen resultieren. Das aber bedeutet die Rückführung des fiktiven Lebensentwurfes nicht anders als die einer vermeintlich wahrheitsgetreuen Lebensdarstellung auf ein in-

Gattungsbewußtsein

Autobiographie und Fiktion

tentionales Bewußtsein, dem mit der Sprache ein transparentes Medium zur Durchführung seines Vorhaben zur Verfügung steht.

Postrukturalistische Kritik des Subjektbegriffs

Den Angriff auf einen metaphysisch garantierten Subjektbegriff unternehmen verstärkt poststrukturalistische Kritiker, die auf der Verflechtung von Subjektivität und Sprache bestehen. Ausgangspunkt ihrer Argumentation ist die Infragestellung des klassischen Repräsentationsmodells von Sprache und dessen zugrundeliegendem transparenten Zeichenbegriff. Die Vorstellung von einer Dualität des Sprachzeichens, das aus einer sprachlichen Bezeichnung und einem nicht-sprachlichen, vorgängigen Referenten besteht, wird durch die Auffassung von Sprache als einer Kette von Signifikanten, die in einem komplizierten Verweisungszusammenhang den Referenten – als Signifikat – erst hervorbringen, ersetzt. Ein solches Signifikat, Effekt der Bewegung von Signifikanten, wäre nie ein außersprachlich lokalisierbarer Referent, sondern immer nur ein weiterer Signifikant. Als ein Vorgang, in dem sich Bedeutung erst – und nie endgültig – konstituiert, wäre der Signifikationsprozeß kein Akt der subjektiven Bedeutungsverleihung, sondern ein Verfahren, in dem, wie jede Bedeutung, auch die des Subjekts entsteht. Das Verständnis autobiographischen Schreibens würde durch die Annahme einer derartigen Interdependenz von Subjektkonstitution und Sprache radikal verändert. Der Autobiograph, der sich seiner Subjektivität sprachlich zu vergewissern suchte, brächte diese zuallererst hervor, und zwar in genau demselben Medium. Die traditionell postulierte Identität zwischen erkennendem Subjekt und Objekt der Erkenntnis würde gerade im Versuch, sie zu erlangen, unmöglich gemacht. Ein Zusammentreffen des reflektierenden, schreibenden Selbst mit dem reflektierten Selbst der Vergangenheit im autobiographischen Akt der Gegenwart wäre undenkbar, der autobiographische Diskurs ein prinzipiell unabschließbares Unterfangen, der erkenntnistheoretische Wert der autobiographischen Selbstbesinnung äußerst fragil.

Sprachliche Verfaßtheit von Subjektivität

Mit ihrem Insistieren auf der a priori *sprachlichen* Verfaßtheit von Subjektivität weist eine nachhermeneutische Metaphysikkritik genau das als fragwürdig aus, was der traditionellen Autobiographiekritik als *conditio sine qua non* autobiographischen Schreibens galt, nämlich die Vorstellung eines diskursenthobenen Autors, der sich nicht in Sprache entwirft und verwirft, sondern nach Belieben über sie verfügt. Die Reaktion vieler Kritiker scheint da nur konsequent. Sie halten die Autobiographie für obsolet. Nun widmet sich aber die Literaturwissenschaft, wie eingangs erwähnt, der Gattung gegenwärtig so intensiv wie noch nie. Das Interesse wird dabei keineswegs vorrangig von denen bekundet, die ein traditionsreiches Genre vor seiner dekonstruktionistischen Verunglimpfung retten wollen. Nicht zufällig findet die theoretisch avancierteste Auseinandersetzung genau dort statt, wo man auch »the end of autobiography« konstatiert (vgl. Sprinker 1980). Im Zentrum der aktuellen Autobiographiekritik stehen die paradoxalen Bedingungen und Möglichkeiten autobiographischen Schreibens, die sich aus dem hybriden Charakter dieser Textsorte zwischen Fakt und

Fiktion ergeben. Sie konnten erst dadurch sichtbar und zu einem brisanten forschungstheoretischen Schwerpunkt werden, daß man die genrespezifischen Vorgaben und ihre Begründung in einer strikten Differenzierung zwischen fiktionalen und nicht fiktionalen Texten zu hinterfragen begann.

Die Problematik dieser Infragestellung liegt auf der Hand: Wenn die Autobiographie eine fiktionale Gattung wie jede andere sein soll, wodurch unterscheidet sie sich dann noch von diesen? Die Autobiographie mag in den Rang eines literarischen Genres erhoben sein. Bezahlt sie diese Statusaufwertung aber nicht mit dem Verlust ihrer Eigenart? Dem begegnen einige Kritiker mit dem kuriosen, fast trotzigen Hinweis auf eine instinktive Ahnung seitens des Lesers: »Autobiographies do not really *feel* to the reader precisley like fiction« (Loesberg 1981, 175, Hervorhebung von mir). Auch Philippe Lejeune verläßt den erkenntnistheoretisch unzureichend gesicherten Bereich autobiographischer Produktion und richtet die Betrachtung auf die rezeptionsästhetische Ebene. Seine Theorie eines »autobiographischen Paktes« bezieht sich auf ein Übereinkommen zwischen Autor und Leser hinsichtlich des besonderen referentiellen Status' des autobiographischen Textes, auf einen Pakt, der besiegelt sei mit dem Namen des Verfassers, seiner Signatur auf der Titelseite. Jedoch resultiert ein solcher Ansatz in einer Verwischung der generischen Grenzen, die er errichten wollte. Wie viele Bücher führen auf dem Buchdeckel nicht den Autornamen? Auch der Versuch, dem Zweifel an einer verläßlichen Darstellung der autobiographischen Vergangenheit dadurch Rechnung zu tragen, daß man nicht mehr die erzählten Begebenheiten, sondern die narrative Struktur des Textes, »le style de l'autobiographie« (Starobinski 1970), anaylsiert, mündet in die generische Indifferenz. Wenn man nämlich davon ausgeht, daß »no matter how doubtful the facts related, the text will at least present an authentic image of the man who ›held the pen‹« (Loesberg 1981, 175), dann muß nicht nur von autobiographischen, sondern von allen Texten gelten, daß sie den Autor im Moment des Schreibens figurieren. Das Dilemma läßt sich auf folgenden Punkt bringen: Wenn kein Text autobiographisch sein kann, ist es letztlich jeder. Vielleicht sollte man, wie Paul de Man das neben anderen getan hat, aus diesem Paradox die Konsequenz ziehen und alle Versuche einer Unterscheidung autobiographischer von nicht autobiographischen Texten als absurd verwerfen. Die eigentliche Bedeutung der Autobiographie läge dann darin, daß sie »auf schlagende Weise die Unmöglichkeit der Abgeschlossenheit und der Totalisierung aller aus tropologischen Substitutionen bestehenden textuellen Systeme demonstriert (und daß es solche Systeme nicht geben kann)« (de Man 1993, 135). Die Autobiographie macht wie keine andere Gattung die grundsätzliche Problematik jeder Art von Referentialtät sichtbar . Darin läge ihr Spezifikum. Sie wäre Paradigma des Schreibens schlechthin.

Der Zweifel an der Autonomie des Subjekts wie an der Möglichkeit sprachlicher Referentialität hat dazu geführt, daß sich die Autobiographieforschung heute grundlegend von der Debatte der siebziger

Der autobiographische Pakt

Jeder Text eine Autobiographie?

Jahre unterscheidet. Revidiert worden sind die am klassischen, einem geschlossenen Werkbegriff orientierten formalen Kriterien (→ *Zur Karriere des Close Reading: New Criticism, Werkästhetik und Dekonstruktion*, S. 354), welche aus der überkommenen Auffassung einer linearen Abfolge von Leben und Schreiben abgeleitet sind. Das bedeutet den Verzicht auf eine chronologische, kausale Kohärenz suggerierende Erzählweise und auf die teleologische Ausrichtung der dargestellten Lebensgeschichte. Paradigmatischen Stellenwert hat in dieser Hinsicht unter den autobiographischen Texten der Gegenwart die Autobiographie von Roland Barthes. Er bekennt sich ausdrücklich zum fiktiv-assoziativen Charakter der Lebenserinnerungen und besteht auf der Irrelevanz eines biographischen Referenten. Sein Text setzt sich zusammen aus alphabetisch aneinandergereihten Fragmenten ohne sinnfälligen Anfang oder Schluß. Das autobiographische Subjekt ist in eine Vielzahl von Diskursen zerstreut, die nicht als entwicklungsgeschichtlich bedeutsame Stationen eines Lebenswegs interpretiert werden, sondern als willkürlich angeordnete Momente. Ein ›Ich‹ taucht lediglich als »shifter« auf, ein leerer Signifikant ohne essentielles Substrat, eine Relation nur zwischen Signifikanten.

Erneute Lektüre kanonischer Texte

Interessant wird eine Diskussion autobiographischen Schreibens, wo sie sich nicht auf zeitgenössische Texte beschränkt. Von besonderer Brisanz erweist sich nämlich dann die Frage nach dem Verhältnis von Text und Theorie. Eine Relektüre kanonischer Schriften wie der Augustinus', Rousseaus oder Goethes vermag zu zeigen, daß die autobiographische Praxis schon immer von einem ausgeprägten Problembewußtsein hinsichtlich der klassischen Konzepte von Sprache und Subjektivität gekennzeichnet ist. Die Praxis des Schreibens war ihrer Theorie weit voraus. Die Autobiographietheorie hat bis vor kurzem Kriterien aufrecht erhalten, die kaum je konsequent in den autobiographischen Texten eingelöst wurden. Goethes autobiographisches Hauptwerk besitzt hier einmal mehr exemplarischen Rang, jedoch weniger hinsichtlich der Vervollkommnung der Gattung nach klassischem Muster, als in bezug auf den Umgang der Kritik mit den Gegenständen der Praxis. In seinem Vorwort zum ersten Teil von *Dichtung und Wahrheit* problematisiert Goethe gerade jenes polare Verhältnis von Ich und Welt, dessen harmonische Ausbalancierung in der Folge zu einem entscheidenden Kriterium der Autobiographietheorie werden sollte. Es heißt bei Goethe: »Dieses *scheint* die Hauptaufgabe der Autobiographie zu sein, den Menschen in seinen Zeitverhältnissen darzustellen [...] Hierzu *wird aber ein kaum Erreichbares gefordert*, daß nämlich das Individuum sich und sein Jahrhundert kenne, sich, in wiefern es unter allen Umständen dasselbe geblieben, das Jahrhundert, als welches sowohl den Willigen als Unwilligen mit sich fortreißt, bestimmt und bildet, dergestalt daß man wohl sagen kann, ein Jeder, nur zehn Jahre früher oder später geboren, dürfte, was seine eigene Bildung und die Wirkung nach außen betrifft, ein ganz Anderer geworden sein« (Goethe 1950, 13f.). Besonders aus den letzten Zeilen spricht keineswegs die sichere Überzeugung von der Unveränderlichkeit des

Individuums oder der Macht des Einzelnen über seine Umstände, wie es die Autobiographietheorie gerne hätte. Daß Goethe sowohl Selbsterkenntnis als auch historische Erkenntnis für ein »kaum Erreichbares« hielt, hat die traditionelle Autobiographietheorie offenbar übersehen. Georg Misch beendet das Zitat dieser Stelle schon nach dem ersten Satz; Goethes *kaum Erreichbares* kommt bei ihm nicht vor (vgl. Misch Bd. 4, 2, 917).

Nicht die Geschichte der Autobiographie – die Geschichte der Autobiographietheorie ist als zunehmende Problematisierung ihrer Wahrheitsfähigkeit zu verstehen. Ihre Virulenz als Forschungsgegenstand verdankt die Autobiographie jedoch nicht bloß ihrer Literarisierung im Zuge dieser epistemologischen Verunsicherung. Ein Schwerpunkt der aktuellen Forschung besteht in der Entwicklung einer Poetik der weiblichen Autobiographie. Im traditionellen Kanon fehlen Texte von Frauen fast völlig, weil man ihnen aufgrund patriarchaler Vorstellungen von der Natur des Weiblichen und den daraus resultierenden Rollenzuweisungen allein schon die lebensweltliche Voraussetzung zum Schreiben einer Autobiographie absprach (→ *Feministische Literaturwissenschaft*, S. 230). Im Kontext von Bewegungen wie ›Neue Innerlichkeit‹ oder ›Neue Subjektivität‹ rücken nun in den siebziger Jahren autobiographische Texte von Frauen ins Blickfeld der Kritik, die sich nachdrücklich der Forderung widersetzen, eine Lebensdarstellung von Rang müsse immer auch ein Spiegel der Zeitumstände sein und könne daher nur von außergewöhnlichen Persönlichkeiten im Rampenlicht der Geschichte verfaßt werden. Die typisch weibliche Autobiographie, so schließt aus solchen Texten die Kritikerin Estelle Jelinek, beschreibe »family, close friends, domestic activities [...] the emphasis remains on personal matters – not the professional, philosophical or historical events that are more often the subject of men's autobiographies« (Jelinek 1986, XIII). Ein derartiger Themenkatalog beantwortet jedoch weder die Frage nach dem Spezifikum weiblicher Autobiographik, noch unterminiert er die konventionellen Geschlechterzuordnungen. Man schreibt die Klischees nur weiter fest, indem das Private zur »Substantialität« erklärt, damit aber der »ideologische Verkennungsmechanismus, dem sich das Gegensatzpaar ›privat‹/›öffentlich‹ verdankt, einfach reproduziert« wird (Kolkenbrock-Netz/Schuller 1982, 157). Auch die Behauptung, daß »in contrast to the self-confident, one-dimensional self-image that men usually project, women often depict a multidimensional, fragmented self-image« (Jelinek 1986, XIII), tastet den androzentrischen Subjektbegriff des Idealismus nicht wirklich an, wenn dieser als Kontrastfolie zur Definition weiblicher Subjektivität bestehen bleibt. Ebenso aufrechterhalten – mit einer auf den Kopf gestellten Wertigkeit – werden die Ausschlußmechanismen binärer Strukturen, wenn man die formalen Gestaltungsprinzipien weiblicher Autobiographik in Opposition zur traditionellen Forderung nach narrativer Kohärenz und Chronologie zu bestimmen sucht. Auf seiten der feministischen wie der etablierten Autobiographiekritik ist die Auffassung weit verbreitet, daß die häufig fragmentarische, offene, oftmals

Die Poetik weiblicher Autobiographie

episodische Form autobiographischer Texte von Frauen deren multidimensionalem, nicht fest umrissenen Subjektbegriff korreliere. Und beides, die Ausbildung eines nicht identischen Ich wie die disjunktive Gestaltung des autobiographischen Textes deutet man als Reflex zum einen der weniger exponierten Stellung der Frau in der Gesellschaft und zum anderen ihres Lebens- und Aufgabenbereiches, der keine singuläre, zielstrebig verfolgte, sondern eine Vielfalt unterschiedlichster Bestimmungen umfassse.

All diese auf *bios* und *autos* fixierten Theorien gehen von der Übersetzbarkeit sozialer bzw. psychischer Realität in eine textuelle – das *graph* – aus. In dieser Hinsicht unterscheiden sie sich nicht von der traditionellen Autobiographietheorie. Werden demgegenüber die erkenntnistheoretischen Voraussetzungen solcher in der klassischen Repräsentationslogik wurzelnden Argumentationsweisen in Frage gestellt, so muß die Annahme einer essentiellen Weiblichkeit der Vorstellung von Weiblichkeit als eines Entwurfs, welcher seine Entstehung einer spezifischen diskursiven Situierung verdankt, weichen. Zwar entkommt auch dieses Verständnis von – im übrigen nicht nur weiblicher – Subjektivität als »Bündel [diskursiver] Abhängigkeiten« (Hoesterey 1988, 166) nicht dem phallozentrischen Denken. Wenn sich Subjektivität in der symbolischen Ordnung der Sprache konstituiert, so ist sie damit in eine patriarchale Ordnung eingeschrieben. Eine spezifischen Variante der Allianz von Feminismus und Poststrukturalismus folgt deshalb der Argumentation Jacques Derridas, der die Frau als »non-identité, non-figure, simulacre [...] la distance elle-même« (Derrida 1978, 49) außerhalb des Logozentrismus plazieren will. Das Weibliche soll als das gelten, was nicht ist, das ganz Andere, die radikale Differenz in ihrer Nichtrepräsentierbarkeit. Man erklärt weibliche Subjektivität zum schlechthin Nichtdarstellbaren, weil sie nur so der repräsentationslogischen und also patriarchalen Fixierung entzogen bleibe. Als universalisierter Negativität aber widerfährt ihr die Totalisierung nicht weniger als in den patriarchalen Vorstellungen von einer essentiellen Weiblichkeit. Man hypostasiert Weiblichkeit zur Differenz an sich, anstatt die Spezifika weiblicher Differenzen zu lokalisieren; begibt sich mithin der Chance, die der poststrukturalistische Angriff auf das idealistische Subjekt als einer metaphysisch gesicherten Entität eröffnet hat. Wenn man nämlich davon ausgeht, daß Subjektivität keine präkulturelle Substanz ist, sondern sich erst in kultureller Diskursivität konstituiert, so wird es zum einen möglich, die Orte dieser diskursiven Verankerung und die daran beteiligten Mechanismen aufzudecken, also vermeintlich Natürliches, Selbstverständliches, Gegebenes oder Universelles als Fiktion erkennbar zu machen. Zum anderen wird die Möglichkeit einer differenzierten Positionalisierung innerhalb des Netzwerks korrelierender, sich bisweilen widersprechender und miteinander konkurrierender kultureller Diskurse, wie tentativ sie auch immer sein mag, nicht genommen, wie es bei einer Romantisierung reiner Negativität der Fall wäre. Sowohl innerhalb als auch außerhalb dominanter Diskurse können mit einer derartigen Positionalisierung die unterschiedlichsten Handlungsspielräume entstehen, ohne daß doch damit auf ein enttextualisiertes, essentielles Subjekt als Handlungsträger rekuriert würde. Sidonie Smith faßt das Verständnis von Subjektivität als Positionalität folgendermaßen zusammen: »Through the chafings of our conflictual centerings and marginalities and the interplay of our positionalities and mobilities, spaces of rupture and resistance, of reproduction and representation will emerge in our individual and collective webs« (Smith 1990, 16f).

Eine derartige Subversion der Subjektmetaphysik wäre kein Indiz einer geschlechtsspezifischen Schreibweise. Dafür aber entginge das (weibliche) Subjekt der totalisierenden Attribuierung, die sich der Opposition von männlich/weiblich verdankt, und zwar nicht, indem es jenseits der symbolischen Ordnung in der Negation entschwände. Mit der üblichen kontextuellen Situierung von Autor und Text ist das Verfahren der textuellen Positionalisierung nicht zu vergleichen. Die hermeneutische Text/Kontext-Opposition setzt die Souveränität des Autors zumindest potentiell voraus. Ebenso hält sie die Konturen des Textes für deutlich umreißbar und geht von festen kontextuellen Bezugspunkten aus, so daß die Möglichkeit einer eindeutigen Bezugnahme und eines finalen Sinns, auch wenn es sich dabei nur um ein theoretisches Postulat handelt, existiert. Ein poststrukturalistisches, antiessentialistisches Konzept von Subjektivität als Positionalität hingegen impliziert, wie Smith betont, die ständige Bewegung der Positionsfelder: »various phenomena marking our subjectivities inside the sinuous web position us inside and outside centers and margins [...] these competing marginalities and centerings chafe against one another as well as against the marginalities and centerings of others. They even change position on us as we move through different experiences [...] Let us, then, not insist on stable centers and stable margins but recognize constant instabilities, constant rumblings at the edges, boundaries, borders, horizons [...]« (Smith 1990, 16). Versteht man solchermaßen unter ›Kontext‹ keinen festen Rahmen, sondern offene und ständig die Umrisse ändernde textuelle Felder, die in ihrer je eigenen diskursiven Verfaßtheit zu beleuchten sind, tritt an die Stelle der autobiographischen Festschreibung von Sinn, an den Ort der Substantialisierung von Subjektivität, ihre Fortschreibung. Der autobiographische Text wäre dann ein Prozeß, der in der Rekonstruktion von Subjektivität ihre ständige Neuschreibung inszenierte. Weiter hätte sich ein Verständnis autobiographischen Schreibens wohl kaum von den traditionellen Vorstellungen entfernen können.

Das Subjekt und seine (Kon-)Texte

Weiterführende Lektüre

Zum Einstieg in die Debatte zwischen einer hermeneutisch orientierten und einer poststrukturalistisch und dekonstruktivstisch argumentierenden Autobiographietheorie empfiehlt sich die parallele Lektüre des Sammelbandes *Die Autobiographie: Zu Form und Geschichte einer literarischen Gattung* (Niggl 1989) und der Aufsätze von Paul Jay (1982, 1987), Michael Sprinker (1980) und Candace Lang (1980). Während der von Günter Niggl herausgegebene Band neben autobiographiegeschichtlichen Arbeiten ausschließlich Ansätze einer eher tradionellen Autobiographietheorie von Georg Misch bis in die 80er Jahre dieses Jahrhunderts enthält, zählen Sprinker und Jay zu den Pionieren einer radikalen Infragestellung der traditionellen Vorgaben vor dem Hintergrund nachhermeneutischer Sprachskepsis und Subjektkritik. Langs Aufsatz, so komplex wie luzide, ist eine äußerst scharfsinnige Analyse der Verstrickungen der einzelnen autobiographietheoretischen Konzepte in oppositionelle, allgemein literaturtheoretische Ansätze. Bedauerlicherweise gehen Lang, Jay und Sprinker nicht, beziehungsweise nur ganz am Rande auf die neuere feministische Autobiographietheorie ein. Der gleiche Mangel wiegt in Niggls Textsammlung umso schwerer, als diese den Anspruch erhebt, einen umfassenden gattungstheoretischen und gattungsgeschichtlichen Überblick zu leisten. Als sie 1989 erschien, existierte bereits eine reiche Forschungsliteratur zur Theorie und Geschichte weiblicher Autobiographik, die Niggl völlig ignoriert. Um eine Untersuchung der langen und lange verkannten Tradition weiblicher Autobiographik und um die Herausarbeitung einer Poetik weiblichen autobiographischen Schreibens geht es dagegen in folgenden Sammelbänden: *The Female Autograph* (Stanton 1984), *Life/Lines* (Brodzki, Schenck 1988), *The Private Self* (Benstock 1988) und *Revealing Lives* (Bell, Yalom 1990). Theoretisch avanciert und überzeugend ist auch Sidonie Smiths Entwurf einer weiblichen Autobiographietheorie, den sie ihrem ambitionierten Projekt einer Untersuchung autobiographischer Texte von Frauen zwischen englischer Renaissance und dem Ausgang des 20 Jahrhunderts in den USA voranstellt. Das Problematische an Smiths *A Poetics of Women's Autobiography* (Smith 1987) – die Betonung einer einzigen, der von *gender*, als identitätskonstituierender Kategorie in so disparaten Lebensläufen – hat Smith in jüngeren Arbeiten thematisiert (vgl. Smith 1990, Smith, Watson 1992). Exemplarisch für neuere Analysen, die sich weniger einer weiblichen Autobiographik in der Differenz zur männlichen als den Differenzen zwischen den vielfältigen Formen weiblicher Autobiographik widmen und dabei neben der Kategorie *gender* beispielsweise die von Nationalität, Rasse, sozialer Stellung, Religion oder sexueller Präferenz berücksichtigen, sind die dem Denken des Postkolonialismus verpflichteten Aufsätze in dem umfangreichen Band *De/Colonizing the Subject* (Smith, Watson 1992).

Exkurs: Psychoanalyse und Literaturwissenschaft

Ulla Haselstein

Seit den Arbeiten Sigmund Freuds zu spezifischen literarischen Texten, zur Phantasie, zur Institution der Literatur und zum (Liebes/Kon-
kurrenz-)Verhältnis von Literatur und Psychoanalyse (vgl. Kofman
1985) haben sich nicht nur mehrere psychoanalytische Schulen gebildet, sondern seine Ansätze sind in einer weit verzweigten Diskussion
zu unterschiedlichen Interessen- und Methodenschwerpunkten einer
psychoanalytischen Literaturwissenschaft ausgearbeitet worden, zu
der zunächst vor allem die psychologische Analyse literarischer Charaktere, die psychoanalytische Rekonstruktion des Verhältnisses von
Autorbiographie und Werk sowie eine psychoanalytische Wirkungstheorie literarischer Texte gehören (vgl. Übersicht bei Wright 1984). Im
Zuge einer psychosemiologischen Neulektüre Freuds durch Jacques
Lacan (Lacan 1966; vgl. Weber 1978; Felman 1977 und 1987; Haselstein
1991), einer dekonstruktiven Lektüre Freuds und Lacans (bes. Derrida
1967, 1980; Lacoue-Labarthe/Nancy 1973; Johnson 1977) und der fe-
ministischen Kritik (u. a. Mitchell 1974; Butler 1990; Felman 1993, vgl.
Wright 1992) wurden neue Forschungsansätze und -gebiete entwickelt.
Sie betreffen insbesondere eine Theorie der Psyche als Text, den
Phantasiebegriff und die kulturelle Funktion der Literatur.

Freuds Formel, der Träumer »weiß nicht, was er weiß; vielmehr: er
weiß es doch, aber er weiß nicht, daß er es weiß und glaubt daher, daß
er es nicht weiß« (Freud 1973a, 98) beschreibt die Dezentrierung des
Subjekts und zugleich den Anspruch der Psychoanalyse, in das Gleich-
gewicht miteinander im Konflikt liegender psychischer Kräfte, die dieses Nicht-Wissen produzieren, eingreifen zu können. Die Grundannahme der psychoanalytischen Theorie der Subjektivität besteht darin, dieses Nicht-Wissen, das der Rätselhaftigkeit des Traumes entspricht, als
Symptom eines allgemeinen Gesetzes des psychischen Apparats aufzufassen, das auch für diejenigen psychischen Produkte gilt, die in
ihrer Bedeutung scheinbar transparent sind und der Kontrolle des Bewußtseins unterliegen. Ausgehend von einer Praxis der Traumdeu-
tung, die den Traum als Hieroglyphenschrift oder Rebus liest und mithilfe der Assoziationen des Träumers zu entziffern sucht, konstruiert
Freud psychische Prozesse der Verdichtung und Verschiebung als Re-
gulative der Relation von Unbewußtem und Bewußtem, Prozesse, die
Lacan später im Rahmen einer Rhetorik des Unbewußten als Metapher
und Metonymie liest (Lacan 1966a, 1966b). Die psychoanalytische Bestimmung des Traums als Wunscherfüllung gibt dem Nicht-Wissen des

Träume als Texte

Träumers strukturelle Bedeutung: die Schrift des Traums markiert die
Verschlüsselung einer narzißtischen innerpsychischen Botschaft, die
gelesen wird (d. h. halluzinatorisch einen Wunsch erfüllt) unter der
Bedingung des Nicht-Wissen-Wollens des Subjekts. Der Traum gilt dabei jedoch nicht als Übersetzung oder Entstellung eines ursprünglichen, unzensierten Wunsches, sondern stellt sich originär als Ensemble
von Spuren von etwas dar, das als Wunsch immer nur nachträglich in
der Lektüre konstruiert werden kann. Lacans Ausarbeitung dieses
Konzepts beschreibt die Psyche als ein differentielles System, das Texte
generiert, übersetzt, bearbeitet, registriert, zirkuliert, zensiert, zitiert,
liest und übermittelt.

Das Subjekt ist Effekt dieser Texte; in jedem zerfällt es in verschiedene Positionen. Bezogen auf Akte intersubjektiver Kommunikation
ergibt sich daraus, daß erstens jeder als Akt der Wiederholung und
Verdrängung eines Wunsches zu gelten hat, daß aber zweitens außerdem die kulturell spezifischen Phantasien bestimmt werden müssen,
die die Subjektpositionen von Sprecher und Hörer füreinander identifizierbar machen, so daß ein bestimmter Akt des Lesens, nämlich ein
Verstehen, das notwendig Mißverstehen ist, regelmäßig zustande
kommt. Die Psychoanalyse macht sich diese Übertragungsphänomene
zunutze, setzt die Sprache als System, das die Identifizierung eines
Signifikanten mit einem Referenten verunmöglicht und zugleich herausfordert, und sucht die Rhetorik des Unbewußten und die nicht kon-
trollierbaren, aber regelmäßigen Subjektivitätseffekte dieser Texte zu
entziffern. Freud unterschied zwei Prinzipien psychischen Geschehens:
das Lustprinzip bestimmt jede psychische Tätigkeit als Wiederholung
eines frühen Befriedigungserlebnisses, wandelt sich jedoch nach Maßgabe äußerer Zwänge und kultureller Einschränkungen zum Realitätsprinzip um. Mithilfe der Prozesse der Verdichtung und Verschiebung
wird der obsolete Wunsch nach Wiederholung einer früheren, nicht
mehr zugänglichen Lust auf die mannigfachen kulturellen Objekte sozial verträglicher Befriedigung verlagert. Instanzen des psychischen
Apparates (Ich und Über-Ich) bewerkstelligen diesen Transfer und
blockieren zugleich systematisch die Bewußtwerdung der nach wie
vor insistierenden, die bewußten Ziele und Handlungen insgeheim
motivierenden Wünsche. Bereits der Begriff des frühen Befriedigungserlebnisses impliziert jedoch die Erfahrung eines ihm voraus liegenden
Mangels, so daß das Realitätsprinzip im Lustprinzip selbst angelegt ist.
Diese Einsicht wird in Freuds späterer Abwandlung dieser Konzeption
in der Theorie des Antagonismus von Eros und Todestrieb aufgegriffen
(Freud 1973b), die als Spekulation über einen Dualismus von Sexual-
trieben und einen in jedem Lebewesen wirksamen Trieb zur Desintegration angelegt ist. Sein wichtigstes Beispiel in diesem Zusammenhang, das Fort/Da-Spiel, wird von Lacan reinterpretiert und er-
hellt dann die ursprüngliche Nachträglichkeit aller psychischen
Darstellungen sowie die Dispersion der Subjektpositionen durch die
Performativität des Sprechens (Lacan 1966). Die Erfahrung der Abwesenheit der Mutter wird durch das Spiel mit einem Gegenstand so-

wie durch die Artikulation der Signifikanten »o-o-o/da« symbolisch wiederholt. Der Wunsch nach der Anwesenheit der Mutter wird auf ein Ersatzobjekt, die Garnspule, verschoben; Wut und Angst als Konsequenz der Enttäuschung des »Fort«-Seins der Mutter machen dem Stolz über die Kontrolle des Ersatzobjektes Platz, das nun anstelle der Mutter fort/da ist; schließlich vervielfältigt das Spiel mit der Spule die Positionen des Subjekts, da in ihm auch eine Identifizierung mit der Mutter angelegt ist; die narzißtisch behauptete Selbstsuffizienz ergibt sich unmittelbar aus dem Wunsch nach der Anwesenheit der Mutter zur Komplettierung des eigenen Seins und ihrer Inkorporierung in das Subjekt als einer Anderen. In der Bestimmung »fort/da«, die den Verlust der Mutter und das Ich als verlassenes benennt und verneint, verschiebt, in phantasmatisches Handeln (das Sprach/Spiel) übersetzt und schließlich im Hinblick auf ihre ersehnte Rückkehr zu perspektivieren erlaubt, sind das Objekt und (verschoben) das Subjekt als Effekte der differentiellen Relation von An- und Abwesenheit des Symbolischen markiert; sie sind voneinander getrennt und gleichwohl durch das Begehren aufeinander bezogen. Das Fort/Da-Spiel weist damit auf die psychoanalytische Grundfigur aller kulturellen Ordnung voraus, die Geschlechterdifferenz, Inzesttabu und normative Heterosexualität im Ödipuskomplex zusammenschließt: die symbolische Ordnung erzeugt in Szenen wie dem Fort/Da-Spiel nicht nur das Subjekt als gespaltenes, sondern transkribiert auch die kulturellen Regeln, die darüber bestimmen, wer und was fort oder da ist oder sein kann oder begehrt werden darf (vgl. Lacans Interpretation des Phallus als Signifikant des Mangels, z. B. in Lacan 1966c; vgl. Butler 1990). Von dieser Deutung des Fort/Da-Spiels aus lassen sich schließlich typische Phantasien beschreiben, die diese Effekte der symbolischen Ordnung interpretieren. Ihre grundlegenden Muster wie Identifizierung, Projektion, Paranoia erzeugen kulturelle und individuelle Identität als Abwehrformation (vgl. Freud 1973c, 1973d, 1973e; Burgin 1986, Butler 1993).

Die psychoanalytische Grundfigur kultureller Ordnung

Die Betonung der unbewußten Phantasien, die Hervorhebung von Instabilität, Ambivalenz, Vertauschbarkeit der Subjektpositionen in ihren Szenarien sowie das Konzept der Rhetorik des Unbewußten kennzeichnen eine psychoanalytische Texttheorie, derzufolge jede Äußerung die diskursiven Parameter der Repräsentation ausnutzt, um sie zu subvertieren. Literarische Texte bilden die kulturelle Institution, innerhalb welcher die Differenz des Begehrens, die den normativen Anspruch der kulturellen Ordnung der Repräsentation unterminiert, als solche markiert und ausgespielt wird; zugleich wiederholen und bekräftigen sie in ihrer Performanz den Gesellschaftsvertrag des Fort/Da-Spiels. Sie geben damit der Psychoanalyse die Kategorien ihrer analytischen Praxis vor, die ihrerseits als literarisches Unternehmen zu qualifizieren wäre, hätte sie nicht im Laufe ihrer Lektüre verändert, was als literarisch gelten kann, indem sie den Figuren der Rhetorik neuen Sinn gab. Psychoanalytische Literaturwissenschaft nach Lacan und Derrida versteht sich in ihrer vielfachen Berührung mit der De-

konstruktion zunehmend als Kulturwissenschaft, die gegen die hege-
moniale symbolische Ordnung das Verdrängte nicht des Autors oder
einer literarischen Figur, sondern der Texte liest, dabei jedoch zugleich
die Phantasien einer Kultur als Machtstrukturen entziffert (z.B.
Johnson 1987; Bhabha 1994).

Subjektivität in der Lyrik:
›Erlebnis und Dichtung‹, ›lyrisches Ich‹

Eva Horn

Das vieldiskutierte ›lyrische Subjekt‹ und das Schema von ›Erlebnis und Dichtung‹ sind noch immer zentrale Begriffe für die Interpretation und Theorie von Lyrik. Sie entstammen ursprünglich einer Vorstellung von Lyrik, die Gedichte als den Ausdruck einer individuellen, selbstreflexiven und erlebenden Seele begreift, als ein Zur-Sprache-Kommen des Inneren. Daß diese Vorstellung nicht nur angesichts der ›Enthumanisierung‹ in der modernen Lyrik prekär geworden ist, sondern auch den Bereich der Lyrik extrem verengt, hat dem Gebrauch dieser Begriffe aber keinen entscheidenden Abbruch getan. In der neueren Lyrik-Forschung seit 1970 werden sie allerdings eher heuristisch (und nicht mehr als Bestimmung der Gattung) gebraucht: sie dienen als Leitbegriffe für die Analyse lyrischer Subjektivität, ohne deren Wesen von vornherein festzulegen. Ihre problematische historische Angemessenheit schlägt sich in solchen Studien nieder als ein Schema von Aufstieg und Niedergang des lyrischen Subjekts: etwa bei Gryphius noch unentfaltet in religiöser Transzendenz und rhetorischer Regelhaftigkeit – bei Benn schließlich zerstört in der Desintegration und Entpersönlichung des Ich und seiner Sprache (vgl. z. B. Sorg 1984, Feldt 1991, Spinner 1975). Als Höhepunkt und vollste Entfaltungsform lyrischer Subjektivität gilt in der germanistischen Diskussion, auf die ich mich hier beschränke, die (frühe) Lyrik Goethes, der als Dichter, vor allem aber auch als Verwalter und Interpret seiner eigenen Texte dieses Verständnis von Dichtung prägte und seit Diltheys Studie *Das Erlebnis und die Dichtung* (1906) als »klassisches Beispiel« der ›Erlebniskunst‹ fungiert (Dilthey 1906/1957, 120). An einem solchen Gedicht aus den *Sesenheimer Liedern* und einigen Interpretationen dazu soll darum am Schluß dieses Textes das konkrete Funktionieren der ›Übersetzungsmodelle‹, die die Begriffe ›lyrisches Subjekt‹, bzw. ›lyrisches Ich‹ und ›Erlebnis‹ implizieren, genauer betrachtet werden.

Diese Begriffe lassen sich als *Figuren der Lektüre* verstehen, d. h. als die Namen für sehr spezifische Fragen, die an den lyrischen Text herangetragen werden können. Fragen, die etwa lauten könnten: »wer spricht?« und »wovon?«. Als *Figuren* der Lektüre sind diese Leser-Fragen jedoch in bestimmter Weise den Texten selbst (aber bei weitem nicht allen lyrischen Texten) eingeschrieben, d. h. in einer bestimmten Weise provozieren solche Gedichte die Frage nach einem sich in ihnen inszenierenden Subjekt und seinem ›Erlebnis‹. Das heißt nicht, daß die Texte diese Frage immer schon beantworten, sondern nur, daß sie ei-

›Erlebnis‹ und lyrisches Ich als Figuren der Lektüre

nen Raum öffnen für Interpretationen, die ihrerseits versuchen, diesen Raum mit einem spezifischen – eben subjekt-zentrierten – Sinn zu füllen (zur genauen Struktur dieses ›Raums‹ s. unten). Die ›Übersetzungsmodelle‹ von ›lyrischem Subjekt‹ und ›Erlebnis‹ haben immer mit einer doppelten Geschichtlichkeit zu tun: insofern sie eine dem gegebenen Gedicht eingeschriebene Figur verfolgen, ist die Art und Weise, wie der Text einen Raum für das ›lyrische Subjekt‹ eröffnet – oder aber auch verstellt – immer eine historisch bestimmte. Andererseits unterliegen auch Lektüren und ihre Begrifflichkeiten einer geschichtlichen Entwicklung ebenso wie literarische Texte: dabei reagieren nicht nur die Lektüren auf den historischen Wandel der Texte, sondern auch die Textproduktion reagiert auf die historischen Konjunkturen gewisser ›Übersetzungsmodelle‹, indem sie mit Erwartungen der Lesenden rechnet und spielt.

Die Subjektivitätstheorie der Lyrik: Hegel

Am Ursprung der Subjektivitätstheorie der Lyrik steht Hegel, der 1818–1826 in seinen *Vorlesungen zur Ästhetik* die ihm zeitgenössische Poesie der Klassik und Romantik als eine Kunst des subjektiven Ich-Ausdrucks faßte: In der Lyrik sei es »das Subjekt als Subjekt, was die Form und den Inhalt abgibt. [...] Als lyrischer Inhalt muß [...] auch das Sachlichste und Substantiellste als subjektiv empfunden, angeschaut, vorgestellt oder gedacht erscheinen« (Hegel 1818–26/1986 III, 431). »Als der Mittelpunkt und eigentliche Inhalt der lyrischen Poesie hat sich daher das poetische konkrete Subjekt, der Dichter, hinzustellen« (Hegel 1818–26/1986 III, 439). Im historischen System der Künste, das Hegels *Ästhetik* entfaltet, ist die neuzeitliche Lyrik die partikulare Kunstform schlechthin, in der das freie, seiner selbst bewußte Individuum auf sich selbst als Besonderes reflektiert, d.h. als nicht mehr eingebunden in die übergreifenden Ordnungen einer Ständegesellschaft oder eines göttlichen Heilsplans (vgl. zu Hegel ausführlich Gnüg 1983, 5ff.). Das Besondere, als das das Subjekt im Medium lyrischer Sprache zum ›Ausdruck‹ kommt, bedarf jedoch – darüber ist sich schon Hegel im klaren – einer Vermittlung zum Allgemeinen: das nur Persönliche kann nicht als solches von Interesse sein, sondern nur dann, wenn es lesbar wird im Hinblick auf ein »Allgemeinmenschliches«, das für den Leser »poetisch mit(zu)empfinden ist« (Hegel 1816–26/1986 III, 429). Die Vorstellung von Lyrik als Ausdruck von Subjektivität ist damit von Anfang an gebunden an die Idee der Vermittlung einer individuellen Ich-Aussprache im lyrischen Text hin zur Allgemeinheit einer Lektüre, die im verstehenden Nachvollzug des Individuellen eine über-individuelle Bedeutung herstellt.

Das Erlebnis und die Dichtung: Dilthey

Eine Version dieser Vermittlungsfigur bot Wilhelm Diltheys Theorie vom ›Erlebnis und der Dichtung‹ (Dilthey 1906/1957). »Poesie« – so Dilthey – »ist Darstellung und Ausdruck des Lebens. Sie drückt das Erlebnis aus, und sie stellt die äußere Wirklichkeit des Lebens dar« (Dilthey 1956/1957, 115). Wie Hegel setzt auch er das Subjekt der Lyrik mit der Autorin oder dem Autor gleich. Dennoch geht es ihm nicht um eine Abbildung von Wirklichkeit durch Literatur: das Erlebnis selbst ist schon Produkt einer Verwandlung und Umarbeitung der »angesammelten Erfahrung«, der Wahrnehmungen und Empfindungen in ein »Bild« (ebd., 116) mit Hilfe der »dichterischen Phantasie«. Damit wird das Erlebnis zum exemplarischen Moment, in dem sich das Ganze des Lebens, sein »Zusammenhang« so spiegelt, daß es als »Typisches« (ebd., 115) über sich selbst hinaus auf ein Allgemein-Menschliches verweist. Dichtung als ›Ausdruck‹ und ›Erfahrbarkeit‹ eines sinn-vollen »Zusammenhangs unserer Daseinsbezüge« (ebd., 113) – dies ist die Formel, in der sich die gesamte Metaphysik der Erlebnisdichtung verdichtet. Das Erlebnis ist also Element und kleinster Teil dieses Zusammenhangs, den Dilthey das »Leben« nennt, und verweist zugleich wie ein Zeichen auf dieses »Leben« als seine »Bedeutung«. Es ist eine *Einheit*, in der sich die Totalität des Lebenszusammenhangs wie in einem Brennspiegel konzentriert (vgl. dazu Gadamers kritische Rekonstruktion, 1960/1990, 72). Damit ist das ›Erlebnis‹ der Begriff für eine doppelte *Vermittlungs- und Einheitsfigur*: (1) es faßt den diffusen »Strom« subjektiven »Bewußtseinserlebens« (Gadamer) in einer exemplarischen und sinngebenden Einheit in sich, und (2) es liefert die Vermittlung individuellen Ausdrucks mit einer über-individuellen Allgemeinheit menschlicher Sinngehalte. Es ist diese Denkfigur, die – bei Hegel in ihrer gesellschaftlichen Dimension vorgezeichnet – das eigentlich Folgenreiche des Erlebnis-Begriffs ausmacht. Bei Emil Staiger oder Max Kommerell etwa liegt die Emphase ihres Lyrikverständnisses im Moment einer gelingenden Synthese, einer Vermittlung, die geradezu Verschmelzung ist: von »Welt und Dichter« (Staiger 1956), von »Leser, Dichter und Gedicht« in Kommerells Begriff der »Stimmung« (Kommerell 1943, 25). – Die Modelle des ›lyrischen Subjekts‹ und des ›Erlebnis‹-Begriffs sind also Figuren einer Lektüre, die im Text eine Einheit stiftet und ein *Zentrum* setzt. Diese um das Erlebnis-Subjekt herum zentrierte Einheit (als die der Text gelesen wird) verweist dann ihrerseits – in der beschriebenen Vermittlungsfigur – auf eine in ihr gefaßte Totalität, einen Sinnzusammenhang, der das ›nur Individuelle‹ überschreitet – sei es als »Allgemein-Menschliches« (Hegel, Dilthey), als Bezug von Subjekt und Gesellschaft (eingeklagt bei Adorno 1957/1981), als Psychisches (z. B. bei Kaiser 1988), als Anthropologisches (z. B. bei Böschenstein 1991) usw.

Die Einheits- und Vermittlungsfigur im ›Erlebnis‹

Die Rede vieler neuerer Ansätze von der ›dezentrierten‹, wenn nicht gar ›beschädigten‹ Subjektivität, die in moderner Lyrik zum Ausdruck komme, und den nur mehr artifiziellen Erlebnissen läßt sich vor dem Hintergrund dieser Denkfigur verstehen als eine zunehmende – und z. T. bewußt inszenierte – Resistenz der Texte gegen die Einheitsstiftungen und Vermittlungsleistungen solcher Lektüren. Es sollte darum nicht vergessen werden, daß Diltheys an Goethe orientierte Ausarbeitung des Schemas von ›Erlebnis und Dichtung‹ selbst aus einem ›Späthorizont‹ heraus entstanden ist (zuerst erschienen 1906), in einem Moment, wo die zeitgenössische Lyrik schon weit davon entfernt war, die Einheitsstiftung und Vermittlungsleistung auch nur noch zu simulieren, die Dilthey in Goethe zu finden glaubte. Schon Walter Benjamin wandte 1940 ein, daß die von Dilthey vorausgesetzte Form un-

Kritik der Einheitsstiftungen im Erlebnis-Begriff: Benjamin

›Chock‹ vs. Erlebnis

gebrochener und unvermittelter Erfahrung in der Moderne tendenziell unmöglich und damit die Vermittlungsfigur zunehmend prekär wird (Benjamin 1940/1972f, 608): »Die Frage meldet sich an, wie lyrische Dichtung in einer Erfahrung fundiert sein könnte, der das Chockerlebnis zur Norm geworden ist.« (ebd., 614) Das »Chockerlebnis« ist genau die Erfahrung, die nicht mehr wie Diltheys ›Erlebnis‹ überführbar ist in ein Kontinuum höheren Sinns (des »Lebens«) – eines Sinns, der – so eine grundlegende Kritik an Dilthey – aller geschichtlichen Kontingenz und gesellschaftlichen Entfremdung enthoben ist. Damit werden zwei Vorstellungen problematisch: einerseits die einer ›Erfahrung‹, deren Subjekt par excellence der ›Dichter‹ wäre und die in der besprochenen Vermittlungfigur auf ein Allgemeines verwiese – andererseits die eines dichterischen Ausdrucks, dessen sprachlicher Form ebendiese Erfahrung zugrundeläge. Dieses Verständnis von Ausdruck, das sich im 18. Jahrhundert ausbildet (vgl. zur Entstehung des Kon

Die Erfindung des Ausdrucks im 18. Jh.

zepts Campe 1990), verrechnet lyrische Sprache auf die Zustände, Emotionen und Intentionen eines ›zur Sprache kommenden‹ Subjekts und wendet sich gegen die im System der Rhetorik vorgegebenen Konventionen poetischer Affekt-Präsentation (→ *Rhetorik*, S. 97); es setzt voraus, daß die Sprache im Hinblick auf das Innenleben dieses Subjekts transparent ist, und daß sie somit Medium der Kommunikation dieses Innenlebens an eine mitfühlende oder verstehend nachvollziehende Leserschaft ist (→ *Verstehen konstruieren*, S. 324). Die innige Verbindung von Sprache und Subjektivität in diesem modernen Begriff von Ausdruck, die Emphase unmittelbarer ›Seelen-Aussprache‹, die in der Goethezeit ihren Höhepunkt fand (vgl. Kaiser 1988), wird besonders deutlich in der Metaphorik der Stimme, in der viele Gedichte ihren sprachlichen Gestus explizit als *mündlichen* inszenieren. Viele der älteren Lyrik-Theorien haben dankbar darauf rekurriert, indem sie das ›Wesen‹ oder den ›Ursprung‹ der Lyrik im ›Gesang‹ suchten: »Seele überhaupt ist es, was im Gedicht lebt und (in Hinsicht auf die [...] Musikalität der Sprache) in ihm tönend wird«, heißt es etwa bei Kommerell (1943, 15). Die Stimm-Metaphorik suggeriert eine unmittelbare Präsenz des Subjekts in der lyrischen Sprache, so wie man im konkreten Gespräch ja auch immer weiß, wer spricht; die Schriftlichkeit aller neuzeitlichen literarischen Produktion wird damit explizit negiert.

Die Unhintergehbarkeit der Sprache

Eine solche Verrechnung des Sprachlichen auf ein vorausgesetztes Subjekt durchzieht zwar als Denkfigur immer noch so manche Interpretation, gilt aber in den theoretischen Überlegungen zum Verhältnis von lyrischem Text und Subjektivität heute als überholt. Die Richtung der Fragestellung muß darum umgekehrt werden: ausgehend von der Struktur des Textes ist zu untersuchen, wie sich in ihm Subjektivität *als sprachliche* konstituiert und inszeniert. Die Blickrichtung ›vom Text her‹ öffnet aber nicht nur eine Perspektive auf die Sprachlichkeit der Subjektivität (vgl. grundlegend Benveniste 1972/1977, 287ff.) sondern auch auf Dimensionen des Textes, die in Termini von Subjektivität nicht mehr sinnvoll zu fassen sind: seine ›rhetorische‹ Struktur, d.h.

die Art und Weise, wie mittels rein sprachlicher Elemente (Sprachfiguren) im Text Bedeutung konstituiert wird (→ *Dekonstruktion: Lesen, Schrift, Figur, Performanz*, S. 116); seine intertextuelle Dimension, d. h. die Art und Weise, wie ein Text auf andere, auf ›Vorgänger-Texte‹ oder – weiter gefaßt – auf literarische Tradition Bezug nimmt (→ *Intertextualität: Lektüre – Text – Intertext*, S. 366); und schließlich seine funktionale Dimension, d. h. die Art und Weise, wie der Text sich in einen jeweiligen pragmatischen Kontext einpaßt, der ihm durch seine historische Entstehungssituation vorgegeben ist. In dieser Abhängigkeit jedes Textes von ›objektiven‹ Strukturen (Sprache, literarische Tradition, Geschichte) jenseits aller Subjektivität erweist sich die ›Identität‹ des lyrischen Subjekts als grundlegend problematisch. Gerade insofern die subjekt-zentrierte Lektüre die *Einheit* des Textes herstellt, wird das lyrische Subjekt zum (prekären) Konvergenzpunkt der vielfältigen Diskursschemata, die der Text sowohl erfüllt als auch durchbricht (vgl. grundlegend Stierle 1979). Prekär ist diese Konvergenz nicht nur durch die Pluralität der Diskursschemata, der figuralen Struktur, der traditionalen und pragmatischen Vorgaben des Textes, sondern vor allem, weil diese Schemata den Rahmen dessen, was man ›Subjektivität‹ nennen könnte, grundsätzlich sprengen. Die Identität des lyrischen Subjekts als dem *sujet de l'énonciation* im Text ist darum immer schon (aber mit zunehmender Virulenz in der Moderne) eine problematische und wird bevorzugt auch als solche thematisiert: es ist, so Stierle, »eine Subjektfigur, an der problematische Identität als Bedingung des problematischen Diskurses sinnfällig werden kann« (Stierle 1979, 520).

Die sprachliche Problematik, die dieses *sujet de l'énonciation*, in den lyrischen Text einführt, ist in der germanistischen Lyrik-Diskussion unter dem Stichwort des ›lyrischen Ich‹ behandelt worden. Natürlich liegt es nahe, Gedichte, die in der 1.Person Singular ›sprechen‹, als Paradigmen für die Konstitution lyrischer Subjektivität zu benutzen. Der Begriff des ›lyrischen Ich‹ selbst markiert bereits eine Hinwendung zum Text und weg von der historistischen Auffassung (die noch Hegel und Dilthey teilten), daß das »ich« im Gedicht die Instanz der sprechenden Autorin oder des Autors sei. Genaugenommen wurde der Terminus erfunden, um diese Differenz zu markieren (zuerst von Susmann 1910, Walzel 1912 u. 1926; die jahrzehntelangen Debatten um diesen Begriff, in denen es im Wesentlichen immer wieder um eine Gattungsbestimmung von Lyrik ging, sind in den angegeben Texten von Spinner, Müller, Sorg und Feldt ausreichend zusammengefaßt).

Gegen die Ineinssetzung von Autor und Text-Subjekt, bzw. die Rückführung eines im Text dargestellten Erlebnisses auf das biographische Erleben lassen sich natürlich grundlegende Einwände finden. Häufig wurde argumentiert, daß das, was der Text als ›Erlebnis‹ vergegenwärtige, unmöglich reales Erlebnis des Dichters sein könnte, mithin ›fingiert‹ sein müsse. Aber eine solche Abweisung biographistischer Lektüre verbleibt ihrerseits noch immer im biographistischen Schema. Ein anderes Argument greift die Struktur von Allgemeinem und Besonderem auf, die schon den Erlebnis-Begriff prägt: »Das ›Ich‹

Das lyrische Ich

der reinen Lyrik«, so Walzel (1926, 270), »ist sowenig persönlich und subjektiv, daß es eigentlich einem ›Er‹ gleichkommt. Denn Gegenstand der reinen Lyrik ist nicht ein vereinzeltes einmaliges Erlebnis, sondern etwas Allgemeines, immer Wiederkehrendes, das von der Persönlichkeit des Dichters sich rein und vollständig abgelöst hat.« Diese Argumentation wiederholt noch einmal jene Vermittlungsfigur von Individuellem und Allgemeinem, auf die bereits hingewiesen wurde. – Das

Die Abwesenheit des Autors in der Schrift

entscheidende systematische Argument gegen die biographistische Verwechslung von Text-Subjekt und Autor aber ist ein anderes: ein geschriebener Text impliziert immer schon die Abwesenheit seiner Schreiberin, bzw. seines Schreibers, anders als das gesprochene Wort. Durch den Akt der *Schrift* also trennt sich die oder der real Schreibende ein für alle Mal und kategorial von dem Gesagten, das sie oder ihn – in der Schrift – überdauert: die Person des Autors wird irrelevant für das, was der geschriebene Text sagt. In diesem Sinne löscht das Text-Subjekt den Autor (als sinn-konstituierende Größe) aus. Das heißt nicht, daß der Text nicht auch als Selbstaussage des Autors gelesen werden könnte. Aber als geschriebener ist der Text unwiderruflich von ihm getrennt; ihn im Hinblick auf den Autor zu lesen, bleibt damit eine illusorische und methodisch fragwürdige Einziehung dieser Trennung.

Problematische Identität: Wer ist »ich«?

Der Blick auf die Schriftlichkeit von Dichtung führt nun noch einmal zurück auf die Fragen, die in den Lektüre-Figuren ›Erlebnis‹ und ›lyrisches Subjekt‹ impliziert sind: »*wer spricht, und wovon?*« sind Fragen nach der Referentialität des lyrischen Textes. Wo aber niemand wirklich *spricht* und damit die Instanz der Rede nicht persönlich gegenwärtig ist wie in einem Gespräch, wird die Frage »wer?«, die das grammatische ›ich‹ im Text dem Leser zu stellen aufgibt, irritierend. Gegenstand der Irritation ist dabei die paradoxe Struktur des ›ich‹: die Rede in der 1.Person Singular hat einerseits einen ostentativ autobiographischen Gestus – der Text überdeterminiert die Person, die hier von sich selbst spricht, als selbstreflexives Individuum mit einer eigenen Geschichte, eigener Sprache, eigenem ›Erlebnis‹ etc.; andererseits ist die Verweisstruktur (Deixis) des Personalpronomens ›ich‹ leer: geschrieben verweist das Wort ›ich‹ nicht auf einen gegebenen Sprecher als fixierte Instanz der Rede, sondern auf jedermann. Ausgerechnet Hegel formuliert diese Crux, die in gewissem Sinne auch seine eigene Bestimmung von Lyrik affiziert, in der *Enzyklopädie*: »wenn ich sage: »Ich«, *meine* ich Mich als *diesen* alle anderen Ausschließenden; aber was ich sage, Ich, ist eben jeder;« wenige Zeilen vorher heißt es, vielleicht schon an die Adresse der zeitgenössischen Vertreter einer ›Seelen-Sprache‹ gewandt: »was ich nur *meine*, ist *mein*, gehört mir als diesem besonderen Individuum an; wenn aber die Sprache nur Allgemeines ausdrückt, so kann ich nicht sagen, was ich nur *meine*. Und das *Unsagbare*, Gefühl, Empfindung, ist nicht das Vortrefflichste, Wahrste, sondern das Unbedeutendste, Unwahrste« (Hegel 1817/1986a I,

Das ›ich‹ als Leerstelle

74). Das grammatische ›ich‹ im Text eröffnet somit eine Leere, die paradoxerweise nur der Text selbst füllen kann. So lassen sich die vielfältigen Theorien rund um das ›lyrische Ich‹ verstehen als Bemühungen, ein Feld für Interpretationen zu eröffnen, die diese Paradoxie des Textes aufheben und sie zum Stillstand bringen in einer Lektüre, die aus dem Text sozusagen das ›Füllmaterial‹ für die Leerstelle gewinnt, die das ›ich‹ dem Text einschreibt. Die verschiedenen Definitionen des ›lyrischen Ich‹ sind damit Versuche, den Ort zu definieren, an dem diese Erfüllung mit Sinn stattzufinden hätte: etwa als Rolle, als Verschmelzugspunkt von Subjekt und Welt (Staiger), als biographischer Autor (Dilthey), als Identifikationsentwurf für ein Leser-Subjekt usf. So gewinnt die subjektzentrierte Lektüre aus der sprachlichen Dürre eines grammatischen ›ich‹ die Fülle eines sich der lesenden Allgemeinheit mitteilenden Subjekts. In diesem Sinne versteht etwa Spinner, der als erster den Begriff der »Leerdeixis« für das ›lyrische Ich‹ benutzt, dieses als »Funktionsgröße innerhalb des Text- und Kommunikationszusammenhangs« (Spinner 1975, 26).

Die Frage ist nun, ob sich das Funktionieren dieser Leerdeixis des ›ich‹ wirklich ausschließlich im Hinblick auf einen »Kommunikationszusammenhang« zwischen Leser und Text-Ich beschreiben läßt. Es scheint nämlich fraglich, ob sich die lyrische Sprache vollständig in den Termini von Kommunikation zwischen einem ›zum Ausdruck kommenden‹ Subjekt und einem mitfühlenden oder verstehenden Leserinnen- oder Leser-Subjekt fassen läßt. Käte Hamburger hat 1957/1968 in ihrem sprachlogischen Ansatz versucht, ohne der überkommenen Ich-Autor-Gleichsetzung zu verfallen, das lyrische Ich als ein nicht-fiktives und doch rein sprachliches zu fassen. Hamburgers berühmte Formel lautet: »Das vielumstrittene lyrische Ich ist ein Aussagesubjekt« (Hamburger 1957/1968, 188). Als solches – und nicht durch seine Identifizierbarkeit mit einer geschichtlichen Person – ist das lyrische Ich ein ›reales‹. Es wird vom Text erzeugt und weist zugleich über den Text hinaus, es ist – mit Adorno – eine *Setzung*: »das grammatische Ich [ist] von dem latent durchs Gebilde redenden erst gesetzt, das empirische Funktion des geistigen, nicht umgekehrt« (Adorno 1973, 249). Eine Setzung ist rein sprachlich und hat doch den Anspruch, Realitäten jenseits der Sprache zu schaffen. Genau dies macht den merkwürdigen referentiellen Sog aus, den lyrische Ich-Diskurse auf ihre Leserinnen und Leser ausüben: das Ich im Text *setzt* sich als autobiographisches und bleibt durch diese Geste der Setzung doch immer nur sprachlicher Effekt (vgl. dazu grundlegend de Man 1979/1993 und weiterführend B. Menke 1993). Als sprachlichem Effekt aber ist ihm nur beizukommen, indem neben der referentiellen Lektüre des autobiographischen Gestus in einer zweiten Lektüre die Rhetorik dieses Sprechakts der Ich-Setzung in ihrer sprachlichen Struktur mitgelesen wird. Und diese Struktur liegt jenseits dessen, was als ›Ausdruck‹ noch auf die Selbstdarstellungsintention eines Subjekts zu verrechnen wäre. Es ist diese zweite Lektüre jenseits aller Kategorien der Subjektivität und der Erlebnis-Referenz, die nicht mehr der Einheitsstiftung und Vermittlung ins ›Allgemeine‹ verpflichtet ist, welche es erst ermöglicht, die sprachliche Konstitution dessen zu analysieren, was in einer ersten Lektüre als Inszenierung von Subjektivität und

›Ich‹ als sprachliche Setzung

Erlebnishaftigkeit nachvollzogen wird. Je gebrochener aber diese Inszenierungen in der modernen Lyrik werden, desto eher hat diese zweite, ›rhetorische‹ Lektüre die Tendenz, die erste, ›subjekt-zentrierte‹ gleichsam zu überholen.

Subjekt-zentrierte vs. rhetorische Lektüre: Beispiel: Goethe

Der größeren Prägnanz wegen möchte ich diese Bemerkungen abschließend am Beispiel eines Textes und einiger seiner Lektüren verdeutlichen, der wohl einen der prominentesten Fälle von Erlebnis-Dichtung und Ich-Aussprache darstellt, und in dem die besagte Inszenierung lyrischer Subjektivität ihre historisch höchste Entfaltung gefunden hat: Goethes Gedicht »Es schlug mein Herz« von 1771 (1.Fassung) (Goethe 1981, I, 27). Die sogenannten *Sesenheimer Lieder*, aus deren schmalem Corpus das Gedicht stammt, gelten als *das* Paradigma von Erlebnis-Lyrik: sie wurden schon von Goethe selbst in *Dichtung und Wahrheit* mit einem Entstehungsmythos versehen, der ihre Lektüre bis heute steuert, bündig auf den Punkt gebracht in Erich Trunz’ Kommentar der Hamburger Ausgabe: »Im Oktober lernte Goethe Friederike Brion in Sesenheim kennen (Bd.9, 426ff.); seine Liebesfähigkeit […] wurde tief angerührt. Es trieb ihn, sich auszusprechen und er bedurfte einer Sprache, die anders war als die der gängigen Tradition.« (Goethe 1981, I, 456) Ganz dem Erlebnis-Schema (s. o.) verpflichtet, wird hier die poetische Innovation, der Bruch mit der anakreontischen Tradition, den die frühe Lyrik Goethes zweifellos darstellt, auf eine persönliche Verfassung und einen »Trieb« zum Ausdruck zurückgeführt, der Authentizität statt Artifizialität, Unmittelbarkeit statt konventioneller rhetorischer Affekt-Präsentation fordert. Unverstellt bricht die Subjektivität (laut Trunz) hier hervor – gekennzeichnet durch Regelverstöße gegen die konventionellen Formen des Gedichtaufbaus: (Metrik, Reimschema, Topoi, Stillage etc.). Hier läßt sich eine wichtige weitere Funktion des lyrischen Subjekts festhalten: es dient nicht selten als *ultima ratio* der Literaturgeschichte; literarische Veränderungen werden beschreibbar als allmähliches ›Hervorbrechen‹ echter, unverstellter Subjektivität. – Allerdings hat auch diese Sprache der Unmittelbarkeit, die Trunz beim jungen Goethe feiert, durchaus bereits Tradition und ist, wie Marianne Wünsch argumentiert hat, Teil eines literarischen Systems, das ›Originalität‹ – und damit den Regelverstoß als Signal von Individualität, authentischem Gefühl, genialischer Inspiriertheit etc. – zum Ideal erhoben hat. Das »Erlebnispostulat« (Wünsch), das die Gedichte erheben, der ›autobiographische Gestus‹ und nicht zuletzt die insistenten Leseanweisungen als ›Gelegenheitsgedichte‹ und ›Erlebtes‹, die Goethe zeit seines Lebens seiner Dichtung beistellte, werden damit erklärbar als Elemente eines gegebenen Literatursystems, das die Poetik und Funktionalität ebenso wie die Lektüre und den Gebrauch von Dichtung regelt: wo im Ideal des Regelbruchs und des ›Unkonventionellen‹ kein »traditioneller Code« dem Leser mehr »Verstehbarkeit garantiert«, liefert der Text die »Suggestion«, die Leserin oder der Leser könne den Text genau dann verstehen, wenn sie oder er »die Situation kennen würde, in der das Ich, das zudem zu einer Identifikation mit dem Autor herausfordert, den Text produziert hat« (Wünsch 1975, 57).

Das Erlebnis als Leseanweisung

Diese ›Suggestion‹ als die dem Text eingeschriebene *Figur seiner Lesbarkeit* ist im Gedicht »Es schlug mein Herz« (1. Fassung) außergewöhnlich stark – und außergewöhnlich prekär. Ich kann hier natürlich keine befriedigende Lektüre dieses Textes liefern; worauf es mir vor allem ankommt, ist – anhand bestehender Lektüren – das Funktionieren und die Implikationen der Modelle ›lyrisches Ich‹ und ›Erlebnis‹ zu zeigen.

Es schlug mein Herz. Geschwind, zu Pferde!
Und fort, wild wie ein Held zur Schlacht.
Der Abend wiegte schon die Erde,
Und an den Bergen hing die Nacht.
Schon stund im Nebelkleid die Eiche
Wie ein getürmter Riese da,
Wo Finsternis aus dem Gesträuche
Mit hundert schwarzen Augen sah.

Der Mond von einem Wolkenhügel
Sah schläfrig aus dem Duft hervor,
Die Winde schwangen leise Flügel,
Umsausten schauerlich mein Ohr.
Die Nacht schuf tausend Ungeheuer,
Doch tausendfacher war mein Mut,
Mein Geist war ein verzehrend Feuer,
Mein ganzes Herz zerfloß in Glut.

Ich sah dich, und die milde Freude
Floß aus dem süßen Blick auf mich.
Ganz war mein Herz an deiner Seite,
Und jeder Atemzug für dich.
Ein rosenfarbes Frühlingswetter
Lag auf dem lieblichen Gesicht
Und Zärtlichkeit für mich, ihr Götter,
Ich hofft es, ich verdient es nicht.

Der Abschied, wie bedrängt, wie trübe!
Aus deinen Blicken sprach dein Herz.
In deinen Küssen welche Liebe,
O welche Wonne, welcher Schmerz!
Du gingst, ich stund und sah zu Erden
Und sah dir nach mit nassem Blick.
Und doch, welch Glück, geliebt zu werden,
Und lieben, Götter, welch ein Glück!

Die narrative Struktur des Textes zeichnet sich zunächst einmal durch Brüche und Unklarheiten aus: das ›ich‹ berichtet von einem nächtlichen Ritt, von dem nicht klar ist, wohin er geht. Es wird von keiner Ankunft gesprochen, sondern nur, unvermittelt, vom Treffen auf das Gegenüber: »Ich sah dich.« Auch der Abschied gibt Rätsel auf: das ›du‹ ist es, das geht. Dieses »du gingst« – das Goethe in der zweiten Fassung tatsächlich in »ich ging« ändert – gibt gerade den Interpreten Anlaß zu mancherlei Konjekturen, denen es auf die Geschlossenheit

Subjekt-zentrierte Lektüre

eines in seinem Ablauf nachvollziehbaren Erlebnisses geht. Es gilt zu
klären, was eigentlich passiert. »In der 1. Fassung«, so Trunz, »hat das
Mädchen den Geliebten ein Stück begleitet, dann geht sie zurück; sein
Blick zur Erde ist Besinnen, Schmerz (oder vielleicht ein Ahnen der
Tragik?)« (Goethe 1981, 1, 461). Nichts im Gedicht legt das nahe, aber
in der Tat muß – will man ein Erlebnis – die Sache irgendwie geklärt
werden: das Erlebnis erfordert eine logische Geschlossenheit. Es sind
offenbar also gerade diese Leerstellen des Geschehens als Durchbre-

chung des narrativen Diskursschemas (s. o., Stierle), die einen referentiellen Sog ausüben, den es zu füllen gilt (darauf zielen die auf-
schlußreichen Analysen von Wünsch 1975, 109ff. und Wellbery 1990).
Dafür gibt es nun verschiedene Möglichkeiten: einerseits kann man
versuchen, durch historische Forschung das tatsächliche Ereignis zu
rekonstruieren (auch dafür liefert Goethe Material in *Dichtung und
Wahrheit*) – oder aber man plausibilisiert die Brüche im Hinblick auf
einen »inneren Vorgang« (Trunz): die Integrität des Subjekts soll die
Integrität des Erlebnisses garantieren, trotz raum-zeitlicher Inkohärenz. Dafür spricht die tatsächlich extreme Zentrierung des Textes um
das ›ich‹: das ›du‹ bleibt konturloses Gegenüber, Spiegel, in dem sich
das ›ich‹ – sehend gesehen – konstituiert (vgl. Wellbery 1990, 15ff.).
Auch die anthropomorphe, mit Augen begabte Natur (Zeilen 7–10) ist
ausschließlich bezogen auf das ›ich‹. Sie schaut auf den Reitenden, tritt
ihm entgegen als ein »Riese«. Sie ist damit kenntlich als Projek-
tionsfläche, nach außen gewendetes ›Innenleben‹, und dieser Akt der
Projektion geschieht nach den Gesetzen der Anthropomorphie: der
Mensch schafft sich die Natur nach seinem Bilde. Gerhard Kaiser liest
diesen Vorgang aber gerade andersherum: das Außen ist das Innen,
»der Liebende reitet durch die Landschaft seiner Seelenstimmung«

(Kaiser 1988, 63). Diese anthropomorphe, emotionalisierte Landschaft
interpretiert Kaiser psychogenetisch als Ort der Konstitution des erwachsenen Subjekts (den Riesen als Instanz des Vaters, die wiegende
Bewegung als »Sog der Mutter«): »Das Ich reitet aus Kindheit und
Jugend in die Männerwelt ein.« (ebd., 64) So vollziehe sich im Gedicht
in der gegenseitigen Reflexion von »Seele und Landschaft« das
»Psychodrama der Adoleszenz« (ebd.). Damit aber fällt Kaiser hinter
seine eigene Affirmation zurück, daß Erlebnis und lyrisches Ich eine
rein sprachliche Existenz hätten: »das Erlebnisgedicht vergegenwärtigt
keine dem Gedicht vorausgehenden Erlebnisse; es schafft das Erlebnis,
das es ausspricht. So ist auch das sprechende Ich des Gedichts […]
nichts anderes als das Ich, das da sprechend erlebt und erlebend
spricht. [Das Ich] hat diese Erlebnisse so tief, weil es nichts anderes
hat;« (ebd., 69) So sehr Kaiser darin zuzustimmen ist, daß damit die
Dichtung der eigentliche Entstehungsort dessen ist, was dann – im
Gefolge Goethes – als Erlebnis auch außerhalb der Kunst als gleichsam
anthropologische Gegebenheit berühmt wurde, so sehr zeigt sich an
seiner eigenen Lektüre, wie der Dichtung lesend damit wieder etwas
unterstellt wird, was eindeutig über den Raum des Sprachlichen (und
vor allem des vorliegenden Gedichtes) hinausgeht: die Gesetze der

Psychogenese. Der Gestus des Textes, sprachlich etwas ›jenseits der Sprache‹ (Psyche) zu erzeugen, zu *setzen*, wird von Kaiser nachvollzogen, ohne Blick jedoch auf die Rhetorik dieser Erzeugung, ohne Blick hinter die Kulissen sprachlicher Inszenierung. Das nunmehr ›psychologisierte‹ Subjekt ist damit genau die Erfüllung jener deiktischen Leere, die das Pronomen ›ich‹ zunächst erzeugt. Und es fungiert hier ganz konkret als Prinzip der Einheit: der Einheit eines ›Erlebnisses‹ (die sich aus dem narrativen Geschehen heraus nicht herstellen ließ), der Einheit von Zeit und Raum (in der »Vergegenwärtigung« (Kaiser) innerer Vorgänge, als die der abschließende Übergang vom Präteritum zum Präsens gedeutet wird) und der Einheit einer Welt, die als Gegenüber (=geliebte Frau) und als Natur (=Vater und Mutter) immer schon auf das ›ich‹ bezogen ist. Damit ist auch die Vermittlung von Individuellem und Allgemeinem, die immer ein Postulat gelungener lyrischer Subjektivität war, gegeben: das Erlebnis wird lesbar auf die über-individuellen Strukturen psychischer Subjekt-Konstitution hin. Das ›lyrische Subjekt‹ ist der begriffliche Ort dieser gelungenen Vermittlung, der Name für eine Synthese, die nur in einer bestimmten Lektüre herstellbar ist, aber nachträglich als immer schon im Text gegeben behauptet wird.

Was aber würde es heißen, den Blick hinter die Kulissen zu werfen, in einer zweiten Lektüre vom Text her gerade die sprachlichen Strukturen zu analysieren, die die erste Lektüre überhaupt erst ermöglichen? Es würde zunächst bedeuten, die irritierenden Inkonsistenzen und Unbestimmtheiten des Textes als solche wahrzunehmen (vgl. Wünsch, Wellbery): der rückblickende Bericht (oder die »Vergegenwärtigung«, Kaiser) eines Vorgangs hat keinen denkbaren Bezug in der Wirklichkeit. Es ist ein Bericht von nichts – und wir können ihn erst als Vorgang oder ›Erlebnis‹ lesen, wenn wir die Lücken und Leerstellen des Textes (Grund und Richtung des Ritts, die Ankunft, das Verhältnis der Liebenden zueinander, die Dauer des Zusammenseins etc.) mit einer Erzählung füllen, die der Text selbst weder stützt noch dementiert. Die Zentrierung um das ›ich‹, die – wie zitiert – als ›Innerlichkeit‹ verbucht wird, präsentiert sich im Text als projektive Vermenschlichung der Natur in der Sprachfigur des Anthropomorphismus – eine Vermenschlichung, die ihren metaphorischen Gegenpart in der Naturwerdung der Geliebten hat (»ein rosenfarbes Frühlingswetter«, Zeile 21). Die Spiegelung der Blicke, in der die Identität (und Ganz-heit, Zeile 19f.) des Subjekts im reflektierenden Blick der Geliebten erst konstituiert wird (Wellbery 1990, 21) ist damit nur eine andere Version des ich-zentrierten Vorgangs der Bedeutungskonstitution: das Andere (der Blick der Geliebten) wird so auf das Eigene bezogen, daß dieses Eigene (das ›ich‹) erst als solches entsteht (von der Dezentriertheit des »verzehrenden Feuers« und schlagenden, zerfließenden Herzens zur Ganzheit und Zentriertheit an der Seite der Geliebten, die ihrerseits im »nassen Blick« des Abschieds in Unschärfe zerfließt). Die Asymmetrie zwischen Ich und Geliebter, zwischen Ich und Welt (vgl. dagegen Kaiser: »Erfahrung des realen Gegenüber auf gleicher Ebene«, ebd., 66) ist

Rhetorische Lektüre: die sprachliche Struktur der inszenierten Subjektivität

damit lesbar als die Asymmetrie zwischen einem bedeutungskonstituierenden Subjekt und einer Welt, die ihre Bedeutung nur als Reflex des Subjekts erhält. Das Gedicht führt damit auch die sprachlichen Bedingungen vor, unter denen das Text-Subjekt überhaupt erst als solches entsteht. Daß diese Bedeutungssetzung aber gerade nicht der Notwendigkeit von Gesetzen der Psychogenese (nach Kaiser) unterworfen ist, sondern wesenhaft kontingent, zufällig und – mit dem Text zu sprechen – pures »Glück« ist – auch das wird im Gedicht deutlich. Der Schlußchiasmus spielt noch einmal mit der explizit gesagten »Unverdientheit« des Geliebtseins (Zeile 24). In der Dopplung des Worts »Glück« wird seine doppelte Lesbarkeit hervorgetrieben: Liebe ist beglückend – aber schließlich reiner Zufall.

Goethes Kunst der Inszenierung von lyrischer Subjektivität, auf deren innovative Kraft die Interpreten unermüdlich hinweisen , läßt sich nun neu sehen: sie entstammt nicht einem genialischen Willen zum unmittelbaren Ausdruck, sondern ist die luzide Präsentation eines Ichs, das das sich als Zentrum einer Welt setzt. Die Luzidität Goethes aber besteht vielleicht weniger in dieser Imperialität des lyrischen Subjekts als darin, die Mittel seiner Inszenierung als sprachliche transparent zu machen.

Weiterführende Lektüre

Grundsätzlich versteht sich dieser Problemaufriß auch als Auswahlbibliographie: die hier genannten Texte sind dringend als weiterführende Lektüre zu empfehlen. Unverzichtbar für das Verständnis der Debatte sind die Klassiker Hegel (1818–26/1986 III, 415–473), Dilthey (1906/1957, bes. 111–128), Adorno (1957/1981) und Benjamin (1940/1972f). Für die literaturwissenschaftliche Diskussion als Klassiker zu empfehlen sind Friedrich (1956/1985), Kommerell (1943) und Hamburger (1957/1968). Neuere und theoretisch weiterführende Überlegungen liefern Stierle (1979), Iser (1979), Charpa (1985) und Haverkamp (1982), der die Lektürefigur lyrischer Subjektivität paradigmatisch an einem Beispiel diskutiert und einen Ausblick auf die neuere Lyrik bietet. Zur Geschichte eines auf Subjektivität und ›Ausdruck‹ bezogenen Lyrikverständnisses sind für den germanistischen Kontext Kaiser (1988), Campe (1990) und Kittler (1979/1990, 103–118) sehr erhellend. Auf die ausgiebige deutsche Diskussion um den Begriff des ›lyrischen Ich‹/›lyrischen Subjekts‹ wurde hier nicht eingegangen, weil sie in mancher Hinsicht als repetitiv erscheint. Verwiesen sei darum nur auf die einschlägigen Studien. Einen pointierten Abriß liefern Spinner 1974, 1–20, ausführlicher Müller 1979, 11–31, ferner Sorg 1984, 1–21, Feldt 1990, 35–44.

Intentionalität, Wahrnehmung, Vorstellung, Un-Bestimmtheit

Dagmar Buchwald

Wenn wir sagen, wir haben einen Roman gelesen, was ist es dann, worauf wir uns beziehen? Das Muster, das die Druckerschwärze auf dem weißen Papier bildet; Sätze, deren Klang oder Bild uns in Erinnerung bleiben; Räume und Personen, die sich darin bewegen; eine Geschichte oder die Stimmung, die nach der Lektüre in uns nachschwingt; etwa gar die Veränderung in unserem Leben, die durch die Lektüre bewirkt wurde? Was sehen oder hören wir bei der Lektüre eines Romans? Ist es das gleiche ›Sehen‹, wenn wir davon sprechen, daß wir die Buchstaben ›sehen‹, und wenn wir sagen, wir ›sehen‹ die Hauptperson der Buches ›förmlich vor uns‹?

In allen diesen Fällen wird nach der Wirkung von Texten gefragt. Wir können diesen Komplex nur in einigen Punkten näher erfassen, so zum Beispiel anhand der Wahrnehmung des Phänomens ›Text‹. Hierzu müssen verschiedene ›Schichten‹ oder Dimensionen eingeführt werden, um das ›Lesen‹ des Textes von seiner ›Wahrnehmung‹ zu unterscheiden. In einer logisch-phänomenologischen Dimension beschreiben wir den Text als ein Netz aus Meinungsakten und Setzungen. Dabei ist zwischen ›Wahrnehmung‹ und ›Vorstellung‹, dem ›Sehen‹ und dem ›Als-ob des Sehens‹ phänomenologisch zu trennen. Und ebenso ist eine Unterscheidung zu machen zwischen dem ›Verstehen‹ eines geschriebenen Satzes, unserer linguistischen Kompetenz also, und dem ›Verstehen‹ dieses Satzes innerhalb des Kontextes einer literarischen Fiktion, der literarischen Kompetenz – ganz zu schweigen vom ›Verstehen‹ des ›Sinns‹ eines – ganzen Textes, unserer hermeneutischen Kompetenz.

(Phänomeno-)logische Dimension

Linguistische Dimension

Fiktionale Dimension

Wahrnehmung und Vorstellung

Wird im Alltag oder in der ›Lebenswelt‹ ein Gegenstand wahrgenommen, so kann das ein mehr beiläufiges Registrieren sein, wenn der Gegenstand sich nicht durch etwas Ungewohntes bemerkbar macht oder wir durch unsere derzeitige Interessenlage nicht auf ihn eingestimmt sind, ihn sozusagen in der selektiven Wahrnehmung nicht bevorzugen. Oder aber wir nehmen diesen Gegenstand wahr, indem wir uns ihm mit einem erkennenden Interesse zuwenden, ihn in der Sprache der Phänomenologie aus dem passiv Vorgegebenen herausheben durch unsere ausgezeichnete Einstellung der Wahrnehmung ihm ge-

Wahrnehmung im Alltag

genüber. In solcher Einstellung sehen wir den Gegenstand *als Gegenstand*: getrennt von uns selbst, herausgehoben aus dem Alltag und seinem Funktionsvollzug, gerahmt durch unser Erkenntnisinteresse, im Wie seines Gegebenseins (Smuda 1979, 12). Diese Wahrnehmung ist in der Lage, immer Neues an ihrem Gegenstand zu entdecken. Sie ist daher potentiell unabschließbar. Der Gegenstand dieser Wahrnehmung ist präsentisch, gerade jetzt da und eigentlich nie als ganzer erfaßbar. Wiewohl wir intentional auf ihn bezogen sind, haben wir den Gegenstand nie völlig; seine allseitige Bestimmtheit bedeutet, daß es immer etwas an ihm zu entdecken gibt.

Wahrnehmung des Textes

Wenden wir uns in dieser wahrnehmenden Einstellung dem Text in einem Buch zu, so sehen wir das Buch, als ob wir sozusagen noch nie ein Buch gesehen hätten. Wir befühlen die Seiten, riechen das Papier, bestaunen die Muster, die das Druckbild ergeben. Das bedeutet, ein Buch als Gegenstand wahrzunehmen. Bereits das Kapitel »Buchstabe, Schriftbild, Bild als Schrift« hat deutlich gemacht, daß es auch Texte und Buchobjekte gibt, in denen diese Wahrnehmung wieder in den Vordergrund rückt. Wir aber haben meist schon im Vorschulalter gelernt, daß ›man‹ nicht auf diese Weise mit einem Buch umgeht. Noch ohne lesen zu können, haben wir eine Lesesozialisation hinter uns, das heißt wir wissen, daß ›man‹ nicht auf das Buch drauf, sondern in es hinein und auf merkwürdige Weise durch es hindurch sieht, wenn man liest. Was soll das heißen: durch das Buch hindurchsehen?

Text aus Glas?

Merkwürdigerweise wird in der Literaturwissenschaft manchmal über den fiktionalen Text so geschrieben, als ob er eine Glasscheibe wäre. Dies hat etwas damit zu tun, daß wir, um etwa einen Roman wirklich ›lesen‹ zu können, ihn nicht nur nicht als Buch-Ding wahrnehmen, sondern ihn auch noch anders lesen als etwa eine Visitenkarte. Unsere Kenntnis des »Repertoires« sowie der »Strategien« von Texten (Iser 1976, 115) leitet uns zu einem bestimmten Vorgehen an: wir ›klammern‹, phänomenologisch gesprochen, in einem ersten Schritt das Buch als Gegenstand, das Schriftbild auf der Seite und sogar den Klang der Worte, die wir beim lauten Lesen hören würden, ›ein‹, um uns auf das zu konzentrieren, was die Sätze sprachlich besagen. Danach aber ›klammern‹ wir sogar noch die sprachliche Bedeutung ›ein‹, um das ins Bewußtsein zu heben, was dadurch dargestellt oder besser: bedeutet wird. Es ist seine Darstellungsfunktion, die häufig mißverstanden den Text metaphorisch zur Glasscheibe erstarren läßt. Aber die Phänomenologie unterstreicht, daß kein literarischer Text (und auch kein anderer Text) eine Wirklichkeit ›abbildet‹ in dem Sinne, in dem eine Photographie dies zu leisten beansprucht, oder ›Durchblicke‹ bietet wie es ein Bildschirm trügerischerweise verspricht, sondern Ein- und Ansichten über diese Wirklichkeit bereithält, also Wirklichkeit konstituiert. Genaugenommen ist es auch nicht der Text, der dies vollzieht, sondern das *literarische Werk*, das am Ort der Konvergenz zwischen Text und Leser oder Leserin liegt und daher zwangsläufig einen virtuellen (Iser 1976, 38/39) Charakter hat.

In diesen Zusammenhang gehört auch der ›ästhetische Gegenstand‹, den wir in der ›ästhetischen Einstellung‹ als affektiv wirkenden, nicht-diskursiven erfahren. Das heißt: da in der Phänomenologie der Gegenstand ein Korrelat des Bewußtseins ist und unabhängig von einem Bewußtsein nicht sinnvoll denkbar, wird der Wahrnehmungsgegenstand in der wahrnehmenden, der ästhetische Gegenstand in der ästhetischen Einstellung konstituiert. Um es ganz deutlich zu sagen: wir können uns in ganz verschiedenen Einstellungen oder Bewußtseins-modalitäten intentional auf ›einen‹ Gegenstand beziehen; aber ein Schuhfetischist wird in einer sexualisierten Stimmung einen Schuh als anderen Gegenstand erfahren als etwa in der Kantischen Einstellung des »interesselosen Wohlgefallens« oder in der Rolle eines Schuhver-käufers. Auch bei Kunstwerken müssen wir eine bestimmte Einstellung einnehmen, um sie als solche überhaupt erfassen oder erst kon-stituieren zu können. Wird beispielsweise Handkes Gedicht, in dem er die Aufstellung einer Fußballmannschaft original aus der Zeitung übernimmt, nicht als Gedicht erkannt, sind wir enttäuscht, eine in-zwischen reichlich überholte Information von allenfalls historischem Interesse zu erhalten. Das heißt also: »Der Text als die Sache ist niemals als solcher, sondern immer nur in einer bestimmten Weise gegeben, die durch das Bezugssystem entsteht, das zu seiner Erfassung gewählt worden ist« (Iser 1976, 87). Um einen Text als Text verstehen und lesen zu können, um in Interaktion mit ihm das literarische Werk entstehen zu lassen, müssen wir von der wahrnehmenden Einstellung, die Druckbild, Papier und ähnliches betrachten würde und durchaus eine ästhetische Einstellung sein kann, übergehen zu einem vorstel-lungsmäßigen Sehen und einer bestimmten Wirkungsbereitschaft. In der Wahrnehmung von Gegenständen dieser Art (literarischen Texten, Kunstwerken allgemein usw.) ist bereits ein Übergang zum Vorstellen angelegt (Smuda 1979, 18).

Der ästhetische Gegenstand

Lesen

Einen Text lesen heißt also, die materielle Komponente des Textes le-diglich als Fundament eines Ausdrucks zu sehen, besser: gar nicht zu sehen. In dieser Perspektive ist das Sinnliche nicht einmal Bestandteil des Textes, sondern lenkt uns eher davon ab, ihn als solchen wahrzu-nehmen. Zwar ist der Ausdruck materiell fundiert und damit anschau-lich gegeben, aber wir sind darauf trainiert, ganz von den sinnlichen Gegebenheiten ab- und auf die ›Sinngegenständlichkeit‹ hinzusehen. So sieht es zumindest die philosophische Tradition, in der auch die phänomenologische Ästhetik steht, wenngleich es hier – zum Beispiel bei Maurice Merleau-Ponty – Bestrebungen gibt, den ›Sinn‹ und die ›Sinne‹ viel enger zu verschränken.

Sinngegenständlichkeit

Wohl ist unsere gesamte Lebenswelt für uns vorkonstituiert: sie bie-tet sich uns – außer in Grenzsituationen, wenn wir uns nicht mehr in der »natürlichen Einstellung« befinden – schon sinnhaft aufgeschlossen dar. Der Text ist dies indes zusätzlich, insofern er aus Zeichen besteht, also mehrfach vorkonstituiert ist, und zudem auch als ›Ausdrucksgegenstand‹ der Intention einer Autorin oder eines Autors erkennbar wird. Wir müssen uns ihm also zuerst in unserer Rolle als Lesen-Könnende nähern und ihn sprachlich verstehen, dann aber müssen wir mit dem gesamten Hintergrund unserer Lebens- und Lese-Erfahrungen und unseres kulturellen Wissens und Gedächtnisses den Text ›mit Leben erfüllen‹, kontextualisieren und konkretisieren. Wir

Interpretation als Textaktivierung

müssen ihn ›interpretieren‹ im Sinne eines ›Über-Setzens‹, ›Ver-Setzens‹ in unseren Sinnhorizont, den unserer Sprache und Kultur, unserer eigenen Biographie; wir müssen auch uns selbst, besser unsere »Ich-Origo« (Bühler 1965; Smuda 1979, 48, 50) in den entworfenen Raum, in die entworfene Zeit des Textes, aber auch in die Kultur und Epoche seiner Autorin oder seines Autors ›ver-setzen‹. Dieses Verständnis von Interpretation meint die generelle Aktivierung der ›Anschließbarkeit‹ des literarischen Textes an die Lebenswelt seiner Leser und Leserinnen, die durch ›Unbestimmtheit‹, also durch die Nicht-Deckung zwischen den im Text bereitgestellten Einsichten und den Einsichten der Leser und Leserinnen, angestoßen wird. ›Interpretation‹ soll hier nicht verstanden werden als die ›Enthüllung‹ einer ›im‹ oder ›hinter‹ dem Text oder ›unter‹ dessen ›Oberfläche‹ als ›Tiefenstruktur‹ versteckte, ›eigentliche‹, ablösbare Bedeutung; es geht hier nicht um die diskursive Aufhellung eines mystifizierten Inhalts oder die Reduktion einer Oberflächenkomplexität auf eine narrative Linie, sondern um die Verdeutlichung von Wirkungspotentialen, die der Text bereithält. Bedeutung hat hierbei viel eher die Struktur des Ereignisses, »sie ist selbst ein Geschehen, das sich nicht auf die Denotation empirischer oder wie immer angenommener Gegebenheiten zurückbringen läßt«. Bedeutung wäre dann »als das Produkt erfahrener und das heißt letztlich verarbeiteter Wirkung zu begreifen, nicht aber als eine dem Werk vorgegebene Idee, die durch das Werk zur Erscheinung käme« (Iser, 1976 41/42). Das decodierende Verständnis von ›Interpretation‹, dem es letztlich um die ›Zementierung‹ der Machtposition des Interpreten oder der Interpretin geht, wurde von Wolfgang Iser (1976) als Anmaßung der Leserschaft gegenüber einer zur Konsumierbarkeit verkümmerten Literatur zurückgewiesen.

Schrift

Begrenzter Geltungsbereich

Wie wir im ersten Kapitel gesehen haben, gibt es Schriftkonzeptionen, die jeden einzelnen Buchstaben, zumindest der ›heiligen Schriften‹, als Energieträger und Informationsspeicher (im Sinne einer Einformungskraft), auffassen, so daß der Sinn eines aus solchen Buchstaben oder Worten zusammengesetzten Gebildes gar nicht erkennbar zu sein braucht, um eine Wirkung zu erzeugen. Da die einzelnen Wörter oder da selbst die Schriftzeichen hier als motiviert gelten, also als nicht-zufällige Einheit von Form und Gehalt, kann ohne Vermittlung des

Bewußtseins der Gehalt direkt durch die Form oder durch das Material, verstanden als geformte Materie, wirken. Magische und kabbalistische Schriftkonzeptionen gehen von solchen Wirkungsverhältnissen aus, aber auch in der Rhetorik spielen derartige Überlegungen eine wenngleich marginale Rolle. Die phänomenologische Auffassung von Text handelt jedoch stets von Intentionalitäten und von Ausdruckshandeln; es ist immer eine Aktivierung oder Konstitution von Bedeutung und eine Lektüre des Sinns gemeint, selbst wenn die Verbindung zwischen Ausdruck und begrifflichem Inhalt als motivierte gilt, als »Konsubstantialität des Ausdrucks und Inhalts« (Smuda 1979, 46) oder als »Bild«, das nur noch als »Wirkung erfahrbar« (Iser 1976, 22) ist; auch dann wenn die Sprache nicht als bloßes Instrument, sondern durchaus als »*Inkarnation*« von Sinn (Merleau-Ponty 1967) verstanden wird. Eine Zauberformel aber läuft gerade nicht über den Sinn, sondern über die Sinne und wirkt womöglich besser, wenn die Bedeutung nicht bewußt und gewußt wird. Mit dem »Bildcharakter« des Sinns, den der figurale Text entwirft (Iser, 1967, 22) und der in seiner Nicht-Übersetzbarkeit in die diskursive Subjekt-Objekt-Spaltung dem hier gemeinten Effekt am nächsten kommt, ist diese Wirkung nicht ganz verrechenbar. Trotzdem ist m. E. diese Dimension auch in manchen, wenn nicht allen literarischen Texten virtuell gegeben. Die hier ausgeführten Überlegungen gelten also wohl nur für eine bestimmte Auffassung von literarischen Texten und für eine bestimmte Vorstellung von Signifikation, nämlich die der ausschließlich mittelbaren (A. Assmann 1980, 57ff.).

›Schichten‹ und ›Rahmen‹ literarischer Texte

Hier haben wir es in einer ersten Schicht mit »sprachlichen Lautgebilden« zu tun (Ingarden 1972, 30–54). Nach Ingardens Schichtenmodell sind wir bei der Lektüre nicht auf den individuellen Wortlaut, die »Lautung« des Wortes oder gar des einzelnen Klanges eingestellt, sondern auf die »*typische* lautliche *Gestalt*« (ebd., 33), die »nicht für etwas Reales gehalten werden« darf (ebd.). Die Wahrnehmung der reinen Lautmaterialität verhindert eine Konstitution von Vorstellungsgegenständen, insofern sie die Einstellungsmodifikation auf den Begriffsinhalt hin blockiert. Wir lesen den Wortlaut auf seinen ›Sinn‹ hin, wobei wir genauer trennen müssen zwischen der linguistischen Bedeutung einerseits, denn »Literatur als System setzt schon immer das System der Sprache voraus als System der Bedeutungen« (Smuda 1979, 47), und andererseits dem Sinn, den das Wort innerhalb größerer Zusammenhänge hat: im Text, für den Autor oder die Autorin, für den Leser oder die Leserin, innerhalb einer Kultur, einer Zeit.

Laut, Sinn und Bedeutung

Da die Wortgestalt, das Druckbild und der Wortlaut weitestgehend ausgeblendet sind, wird vor allem der Satz innerhalb eines literarischen Textes wichtig und als »funktional-intentionale Sinneinheit« (Ingarden 1972, 111), das heißt als über sich selbst hinausweisend verstanden. Wir können dabei Sätze als Setzungen auffassen. Im Gegen-

Der Satz als Setzung

satz zum Urteil erheben sie keinen Anspruch auf ›Wahrheit‹, wohl aber auf intentionale Bezogenheit auf eine Realität, sei es die ausgezeichnete Sinnprovinz der Lebenswelt im Alltag, sei es eine Realität zweiten Grades, eine fiktionale, deren Funktion nach Iser darin besteht, dem Subjekt ›Wirklichkeit‹ als ›Realisierung‹ zu vermitteln. Ein Satz als Meinungsakt verweist immer auf einen intentionalen Gegenstand; in der Phänomenologie gibt es keine ›Realität‹, die unabhängig von Leib und Bewußtsein eines Subjekts oder von Intentionalität in sich bergenden Gebilden, wie etwa Zeichen, zu denken ist. Der Unterschied zwischen ›Realität‹ und ›Fiktion‹ als Korrelat eines Satzes ist allerdings nicht unbedingt aus dem Satz selbst abzuleiten, sondern ist vor allem eine Frage der ›Rahmung‹ (Schütz, Goffman). Wenn wir ein Buch mit dem Untertitel ›Roman‹ in Händen halten, gibt uns diese ›Rahmung‹ Leseanleitungen, »Signale« (Anderegg 1977, 100–107), wie der ›Realitätsanspruch‹ dieses Textes, im Gegensatz zu einem Sachbuch etwa, einzuschätzen ist. Auch ist der Satz innerhalb eines fiktionalen Textes jeden Bezugs zu einer Alltagssituation entbunden und stattdessen in eine innertextuelle Verweisfunktion, in ein »Symbolfeld« (Bühler 1965, 121ff.) gesetzt. Der fiktionale Text verfügt also über Prozeduren, die als Strategien die Konstitutionsbedingungen des Textes für die Leserschaft vorzeichnen und die Evaluation des einzelnen Satzes lenken. Erkennen wir ihn als fiktionalen, so klammern wir die Frage nach seiner ›Wahrheit‹ aus, heben in einer »willing suspension of disbelief« (Coleridge in Iser 1976, 64) zumindest vorläufig die Zweifel an dem Dargestellten auf und lesen den Text als modellbildendes System zweiter (fiktionaler) Ordnung (Lotman). Wir sprechen also in diesem Fall nicht von »Sachverhaltsdarstellungen«, sondern von »Quasi-Sachverhaltsdarstellungen«. Bei diesen verzichten wir im Gegensatz zu expositorischen Texten auf eine Überprüfung und vollziehen stattdessen, wie wir noch sehen werden, die vom Text angebotenen Reaktionen mit (Iser 1971, 11).

»willing suspension of disbelief«

Da der Satz eigentlich nur eine linguistisch konstruierte Einheit ist, sprechen wir lieber von Meinungsakten, die größer oder kleiner als ein Satz sein können. Der Text wäre in dieser Schicht als ein Netz aus Meinungsakten darstellbar, die ›vermeinten Gegenstände‹ wären als intentionale Gegenstände zu verstehen. Angesichts der bereits betonten Korrelation von Sein und Bewußtsein in der Phänomenologie ist klar, daß der intentionale Gegenstand eines Meinungsaktes »in seinem gesamten Sein und Sosein – trotz seiner Transzendenz – auf das Sein und Sosein des zugehörigen Bewußtseinsaktes angewiesen ist. (...) Er wird – sagten wir – durch das intentionale Meinen ›entworfen‹, ›geschaffen‹; aber dieses Schaffen ist, dem eigenen Wesen des intentionalen Meinungsaktes nach, kein echtes Schaffen, Hervorbringen (...). Bei dem nur intentionalen ›Zugewiesen-Haben‹ von Bestimmtheiten enthält der rein intentionale Gegenstand in seinem Gehalte nichts, was ihm ein eigenes Seinsfundament geben könnte. (...) Der rein intentionale Gegenstand ist keine Substanz« (Ingarden 1972, 127/128). Dementsprechend ist klar, daß wir ihn auch nicht ›sehen‹, ›wahrnehmen‹ können.

Der Text als Netz aus Meinungsakten

Schema und Konkretisation

Daß wir ihn uns lesend ›vorstellen‹, soll nun nicht heißen, daß der Gegenstand ein Produkt unseres Bewußtseins ist, auch nicht ein Produkt des Bewußtseins des Autors oder der Autorin. Der Philosoph Roman Ingarden, dem es vor allem darum ging, den Seinsstatus des Kunstwerks und dessen Erkennbarkeit ontologisch zu fundieren, betont immer wieder, daß weder der ästhetische Gegenstand noch das literarische Kunstwerk selbst ein rein imaginativer, bildlich vorgestellter, psychischer Gegenstand ist. Da er im Text durch Sätze als Meinungsakte vermittelt wird, diese Sätze aber als Zeichenketten und Realisierungen sprachlich-grammatischer Gesetzmäßigkeiten durchaus intersubjektiven Charakter haben, auch ihre Semantik in ihrem ›Kern‹ nicht abhängig von unserem individuellen Bewußtsein oder dessen, der sie sagte, ist, ist der intentionale Gegenstand »seinsrelativ«. Diese »Seinsrelativität weist direkt auf die den Bedeutungseinheiten immanente Intentionalität und erst mittelbar auf diejenige der Bewußtseinsakte zurück« (Ingarden 1972, 131). Wir sind in der Lektüre nicht frei, das vor unserem ›inneren Auge zu sehen‹, was wir wollen, noch ›sehen‹ wir das, was der Autor oder die Autorin ›sah‹. Dadurch daß der Text sich der Systeme ›natürliche Sprache‹ und ›Schrift‹ bedient, ist er bereits kulturell und semiotisch encodiert, bevor an einen ›Kontakt‹ zwischen Autorsubjekt und Lesesubjekt überhaupt zu denken ist. Unsere Aktivierung des Textes im Lesevorgang ist dann wiederum ein delikates Oszillieren zwischen einer Reduktion der im Text bereitgestellten Ansichten und Reaktionen auf unseren eigenen Sinnhorizont und unsere Erfahrungen einerseits und einer radikalen Umgestaltung unserer Ansichten durch den Text andererseits. Ohne eigene Erfahrungen können wir den Text nicht aktivieren; wenn der Text nicht von unseren Ansichten abweicht, erfahren wir nichts durch ihn. Ohne unsere semiotische Kompetenz können wir die Zeichen nicht entschlüsseln; wenn die vertrauten Semiosen im Text nicht moduliert werden, erlangen wir keinen Erkenntniszuwachs.

Die semiotischen und kulturellen Codes des Textes

Von den konkreten, ursprünglichen Bewußtseinsakten in ihrer Lebendigkeit und Fülle sind die intentionalen Korrelate der Bedeutungseinheiten abgelöst und erfahren dadurch eine gewisse Schematisierung ihres Gehalts. In den Worten Ingardens erhalten sie dann zwar eine »unmittelbare Seinsstütze in der geliehenen Intentionalität einer Wortbedeutung« (1972, 133), sie verlieren jedoch ihre phantastische Anschaulichkeit, wie auch ihre Gefühls- und Wertcharaktere: »Es bleibt von dem ursprünglich vermeinten rein intentionalen Gegenstande sozusagen nur ein Skelett, ein Schema übrig« (ebd.). Diese Schematisierung ist es dann, die der Leserschaft die Aufgabe der Konkretisation zuweist.

Die intentionalen Korrelate eines Meinungsaktes sind keineswegs identisch zu setzen mit »objektiv bestehenden seinsautonomen Sachverhalten« (Ingarden 1972, 150) vom Typus: »Freiburg liegt in Baden«. Meinungsakte, vor allem die sie ausdrückenden Sätze oder Textpas-

Polysemie

sagen können vieldeutig, ja widersinnig sein, das heißt: offen für verschiedene Auslegungen oder sogar darauf angewiesen. Viele Textarten
definieren sich geradezu über diese Offenheit und Polysemie. In diesem Fall gibt es nicht genau ein intentionales Korrelat, sondern mehrere mit möglicherweise gleichem Geltungsanspruch. Die sprachlogi-
sche Interpretation einer Mehrdeutigkeit ist hierbei zu trennen von der
imaginativen Konkretisation einer schematischen Ansicht oder vom
Ausfüllen einer Unbestimmtheitsstelle, die eine Interpretation und
Vereindeutigung in anderem Sinne darstellen. Da im Gegensatz zum
allseitig bestimmten Gegenstand der Wahrnehmung, den es zu erfassen gilt, der intentionale Gegenstand, der im Text als schematisches
Gebilde entworfen ist, von der Leserschaft »zu den Bedingungen des
Textes« (Iser) erst konstituiert werden muß, ist er im Text gewissermaßen notwendig unvollständig. Komplettiert, und zwar mit einigem
Ermessensspielraum seitens der Leser und Leserinnen, wird er erst
durch die Konkretisation eben jener »Unbestimmtheitsstellen«, die ihn
nach Ingarden als schematischen bestimmen. Die Aktualisierung der
ästhetischen Werte des Textes und die Konkretisation seiner »Unbestimmtheitsstellen« konstituieren den ästhetischen Gegenstand, den
Text als literarisches Werk.

Unbestimmtheitsstelle und Leerstelle

Wolfgang Iser hat auf einige Ungereimtheiten in Ingardens Konzeption
der »Unbestimmtheitstellen« hingewiesen (1976, 267–280), die vor allem in der wenig überzeugenden Trennung von ›richtigen‹ und ›falschen‹ Konkretisationen einerseits und in der Abhängigkeit des Werkes von eben jenen Konkretisationen anderseits liegen. Die Tatsache,
daß ohne Unbestimmtheitsstellen ein Text gar nicht denkbar ist, wird
von Iser ins Positive gewendet: in eben jenen Unbestimmtheitsstellen
und in den »Leerstellen«, die der Text strategisch als Appellstruktur an
die Leserschaft einsetzt, sieht er dessen eigentliche kommunikative
Leistung. »Die Nicht-Identität von Fiktion und Welt sowie von Fiktion
und Empfänger ist die konstitutive Bedingung ihres kommunikativen
Charakters. Die mangelnde Deckung manifestiert sich in Unbestimmt-
heitsgraden, die zunächst weniger solche des Textes als vielmehr solche der im Lesen hergestellten Beziehung von Text und Leser sind.
Unbstimmtheitsgrade dieser Art funktionieren als Kommunikationsan-
triebe und bedingen die ›Formulierung‹ des Textes durch den Leser«
(Iser 1976, 282f.). Während für Ingardens Harmonieästhetik zu viele
Unbestimmtheitsstellen in einem Text dessen Konkretisation zu er-

Iser gegen Ingarden   schweren und damit seinen literarischen Wert zu mindern beginnen –
ein Ansatz, dem die gesamte moderne Literatur als mißlungen zum
Opfer fallen müßte –, stellt für Iser der strategische Einsatz von Leerstellen und Negationen als Antrieb zur Konstitutionsaktivität erst die
Kooperationsleistung der Leser und Leserinnen sicher und hat somit
gar emanzipatorischen Charakter. Dabei unterscheidet sich die Iser-

sche Leerstelle von der Ingardenschen Unbestimmtheitsstelle darin, daß letztere sich aus den Unbestimmtheitsbeträgen des Textes, also aus den Bestimmungslücken des intentionalen Gegenstandes bzw. der schematisierten Ansichten bestimmt, während erstere »die Besetzbarkeit einer bestimmten Systemstelle im Text durch die Vorstellung des Lesers« (Iser 1976, 284) meint. »Als Umschaltstelle funktioniert Unbestimmtheit insofern, als sie die Vorstellung des Lesers zum Mitvollzug der im Text angelegten Intention aktiviert. Das aber heißt: sie wird zur Basis einer Textstruktur, in der der Leser schon immer mitgedacht ist« (Iser 1971, 33). Iser geht es nicht um den Seinsstatus des ästhetischen Gegenstands oder des literarischen Kunstwerks wie Ingarden, sondern um seine Illusions- und Sinnbildungspotenz, besser: um seine Wirkung.

»Als Umschaltstelle funktioniert Unbestimmtheit insofern, als sie die Vorstellung des Lesers zum Mitvollzug der im Text angelegten Intention aktiviert. Das aber heißt: sie wird zur Basis einer Textstruktur, in der der Leser schon immer mitgedacht ist.«
(Iser)

Illusionsbildung

Damit es zu einer Illusionsbildung kommen kann, das heißt, damit wir während und in einem gewissen Maß auch nach der Lektüre die Gemachtheit des Textes vergessen und ihn als die ›Abbildung‹ einer fiktionalen Welt mißverstehen können, muß der Text nach bestimmten, wenngleich historisch variablen Regeln funktionieren. Er muß als illusionsbildender vor allem die Wahrnehmungs- und Sinnbildungsstrukturen unserer Alltagserfahrung modellieren. Wir nehmen zwar den Text nicht wahr, wir nehmen auch nicht mithilfe des Textes oder ›durch ihn hindurch‹ wahr; aber wir erhalten im Text »in der Aufeinanderfolge der Sätze ein der Sprache eigenes Darstellungsschema, das evokativ auf die Konkretisation seiner Vorstellungskorrelate wirkt« (Smuda 1979, 46). Uns begegnet also im Text ein Wahrnehmungs- und Sinnbildungsmodell zweiter Ordnung. Oder in den Worten Wolfgang Isers: »Der autoreflexive Charakter fiktionaler Rede stellt Auffassungsbedingungen für die Vorstellung bereit, die dann einen imaginären Gegenstand zu erzeugen vermag. Imaginär ist dieser Gegenstand insofern, als er nicht gegeben ist, sondern in der Vorstellung des Empfängers durch die Symbolorganisation des Textes hervorgebracht werden kann« (Iser 1976, 106). Vorstellung wäre hierbei als Wahrnehmungs- und Sinnbildungsmodell und nicht als Strukturäquivalent von Wahrnehmbarem faßbar, und die Funktion des »ikonischen Superzeichens« (Eco 1972, 213) ›fiktionaler Text‹ bestünde weniger in der Denotation fiktiver Signifikate als in der Organisation von »Instruktionen für das Produzieren von Signifikaten« (Iser 1976, 107).

Eine wichtige Rolle bei der Illusionsbildung spielen »Naturalisierungsstrategien« (Culler 1975, 134–160). Hierunter verstehen wir Text-Effekte (*«effet du réell«*, *»vraisemblance«*, *»verisimilitude«*) oder bestimmte Tropen als Transformationssysteme zwischen Wahrnehmung und Illusion (Gelley 1987, 22ff.), die die Leserschaft die sprachliche ›Gemachtheit‹, die Fiktionalität des Textes vergessen lassen – im Gegensatz zu den Regeln und Gesetzen, die für die ›Wirklichkeit‹ der Fiktion

»effet du réell«, »vraisemblance«, »verisimilitude«

in einer Art »fiktionalen Vertrags« (A. Assmann 1980, 152) einstehen. Bei dieser Unterscheidung geht es darum, ob dem Leser »in delirischem Zustand die Identität von Fiktion und Realität suggeriert werden (sic), oder ob dieser mit nüchternem Bewußtsein die Analogie von Fiktion und Realität kontemplieren soll« (A. Assmann 1980, 155). Die »Beschreibung durch Details« etwa, die insofern suggestiv ist, als sie die Konkretisation besonders anreizt (Smuda 1979, 69) und den Wahrscheinlichkeitsgrad («*verisimilitude*«) erhöht, gehört zu den illusions

»reliable narrator«

bildenden, der »*reliable narrator*« hingegen eher zu den fiktional vertraglichen Verfahren. Faßt die Ästhetik der Illusionsbildung den Text quasi als ›Simulationsmaschine‹ auf, so weist sie der Leserschaft eine eher passive Rolle zu; eine Rolle, in der sie fasziniert und gefesselt der Wirklichkeitssuggestion des Textes unterliegt. Eine Ästhetik, die so stark mit Manipulation arbeitet, scheint moralisch und politisch zumindest fragwürdig. Iser entwirft daher ein eher demokratisch-interaktives Modell: hier aktualisieren die Leser und Leserinnen den Text, das heißt im Lesevorgang gelangen die Strukturen der komponierten Textgestalt zur Wirkung; insofern diese Strukturen auf die Lektüre hin angelegt sind, kann man von »Appellstrukturen« sprechen (Iser 1971).

Thema und Horizont

Thema und Horizont sorgen dafür, daß die einzelnen Perspektivträger Erzähler, Figuren, Handlung und Leserfiktion aufeinander zugeordnet werden und letztlich trotz aller denkbarer Divergenz einen ästhetischen Gegenstand zu konstituieren erlauben. Als ›Thema‹ wird dabei das gefaßt, was durch Textoperationen der Aufmerksamkeit der Leser und Leserinnen angeboten und damit gewissermaßen vorselektiert ist. Das Thema steht dabei natürlich nicht isoliert, sondern verweist auf vorhergegehende und nachfolgenden Thematisierungen, die somit für das jeweils aktuelle Thema den ›Horizont‹ bilden. Auch ist das ganze Werk Verweishorizont für die einzelnen Thematisierungen. Lesen ist letztlich ohne ›Protentionen‹, also intentionale Bezüge gemutmaßter Art auf das noch folgende Geschehen, und ›Retentionen‹, also intentionale Bezüge auf das gerade Gelesene, kein wirkliches Lesen.

Text und Leserrolle

Es hat, phänomenologisch gedacht, keinen Sinn, von einem Text, gar von einem ästhetischen Gegenstand oder literarischen Werk zu sprechen, ohne ein darauf intentional bezogenes Bewußtsein, ohne eine implizierte Leiblichkeit und Zeitlichkeit, ohne den Horizont der Leserschaft mitzudenken. Der Text ist ein Wirkungspotential, das erst im Lesevorgang aktualisiert wird (Iser 1976, 7). Daher spielt der Leser

Der implizite Leser,
die implizite Leserin

oder die Leserin eine herausragende Rolle, und zwar nicht nur als Mensch aus Fleisch und Blut, sondern vor allem als ›impliziter Leser‹, das heißt in Aktualisierung einer Rolle, die bestimmte Strukturen des Textes anbieten. Die Anweisungen der intentionalen Satzkorrelate, von denen wir vorhin gesprochen haben, zielen ja auf keinen ›realen Referenten da draußen‹, sondern auf einen »Formgebungsakt« (Iser 1976, 183) seitens der Leserschaft. Noch mehr aufgefordert werden die Leser und Leserinnen dann, wenn sich Brüche ergeben, die durch keine bloße Syntheseleistung mehr zu beheben sind. Hier sind die Leser und Leserinnen in ihrer aktiven Sinngebungskompetenz gefordert. Vor allem der moderne und der zeitgenössische Roman machen so die Leserschaft zu Mitautoren. In ganz realem Sinne haben dies jedoch auch sogenannte ›klassische‹ fiktionale Texte getan, wenn wir beispielsweise an Dickens' oder Richardsons Romane denken, die als Fortsetzungen in Zeitschriften erschienen und der Leserschaft faktisch Mitspracherecht bei der Weiterführung des Textes einräumten.

Die Kooperationsbereitschaft ihrer Leser und Leserinnen erwerben sich Texte durch gewisse Vorleistungen. So bedarf es einer Einführung in den Text, wofür sicherlich der Romaneingang im realistischen Roman paradigmatisch ist (Smuda 1979, 49–51), der in prototypischer Weise ein Zeigfeld als Handlungsraum »und zwar als Aktionsfeld der Figuren im Kontext des Romans wie auch die Wirkungsbedingungen für eine Versetzbarkeit des Lesers in den imaginären Raum« (Smuda 1979, 49) entwirft und so als Schwelle für eine Einstellungsmodifikation funktioniert. Auch bedarf es einer gewissen Konsistenzbildung innerhalb des Textes, die das »Verstricktsein« der Leser und Leserinnen »als Erfahrungsbedingung« (Iser 1976, 210ff.) garantiert. Die durch den Text erzeugten Gestalten können nur aufgrund von Selektion und Exklusion anderer Möglichkeiten entstehen; je deutlicher die ausgeschlossenen Alternativmöglichkeiten rekonstruierbar sind, desto stärker wird die Leserschaft zur Konsistenzbildung und Ambiguitätsreduzierung aufgefordert. »Ambiguitäten im Gestaltbildungsprozeß (...) funktionieren als Antriebsenergie« (Iser 1976, 211) für die »Selbstverstrickung« der Leser und Leserinnen in das literarische Werk: je mehr sie es mitgebildet haben, desto stärker bleiben sie involviert: »wir sind in das verstrickt, was wir hervorbringen. Verstricktsein ist der Modus, durch den wir in der Gegenwart des Textes sind und durch den der Text für uns zur Gegenwart geworden ist« (Iser 1976, 214). In dem Maße, in dem der moderne Roman die Illusionsbildung verhindert oder mit ihr spielt, beispielsweise durch Störung des epischen Präteritum, der Erzählvergangenheit, die in besonderer Weise die Erzeugung glaubwürdig wirkender ›geschlossener Welten‹ ermöglicht (Smuda 1979, 62ff.), und Ereignisse eher *in statu nascendi* präsentiert, als sie im Modus der Abgelaufenheit zu repräsentieren, tritt ein stärkerer Appell zur Verstrickung ein.

So oder so geschieht etwas Merkwürdiges mit den Lesern und Leserinnen: ob sie sich nun auf den Fiktionsvertrag einlassen, sich selbst verstricken oder der Simulationsmaschine unterliegen – was sich da einläßt, verstrickt oder unterliegt, ist nicht das Subjekt ihrer Alltagsexistenz noch eine ihrer Rollen. Bei der Lektüre fiktionaler Texte geschieht etwas Zusätzliches zur Übernahme der Leserrolle: das Alltagssubjekt muß sich ›irrealisieren‹, bevor es in die ›fiktionale Welt ein-

Romaneingang

Verstricktsein im Roman

»Illusionsdementi« (Smuda)

treten‹ kann. Alfred Schütz hat in seinem Aufsatz »Über die mannigfachen Wirklichkeiten« (1971–72) beschrieben, wie unser Leben in eine
»ausgezeichnete Alltagswirklichkeit« und in verschiedene »Sub-Uni-
versen« als umgrenzte Sinnprovinzen unterteilt werden kann, in die
wir in verschiedenen Bewußtseinsmodalitäten und intentionalen
Gespanntheiten eintreten. Ähnliches gilt für das Modell der Fiktion als
finiter Sinnprovinz: die Ich-Origo des Lesers oder der Leserin, die
durch das literarische Werk wandert, ist genauso ein Konstrukt wie
das Werk selbst; während die Leserschaft das Werk konstruiert, konstruiert das Werk seine Leserschaft. Hieraus kann man mit einiger Vorsicht auch eine historisch-anthropologische Funktion der Fiktion wie
der Illusionsbildung ableiten; in einer Zeit, in der ritualisierte und
kulturell institutionalisierte Schwellenerfahrungen zunehmend seltener werden und es kaum mehr Ekstasen durch Erfahrungen von
Transzendenz gibt, können Texte des hier beschriebenen Zuschnitts
Möglichkeiten des Heraus- und Hineintretens, sie können Schwellenerfahrungen vermitteln.

Grenzen und Aufgaben

Es bleibt aber die Frage, ob solche Möglichkeiten nicht durch andere
Medien – Film, *Virtual Realities* und ähnliche – besser umgesetzt wer-
den. Damit kommen wir zu der notwendigen historischen Relativierung des illusionsbildenden (›realistischen‹, ›naturalistischen‹ u. ä.)
Textes und der damit korrelierenden Ästhetik. Der Begriff des ästhetischen Gegenstands müßte dabei so gefaßt werden, daß er auch für
Texte gilt, die keine schematisierten Ansichten bieten und nicht zur
Illusionsbildung auffordern, selbst für solche, die keinen Fiktionsvertrag offerieren, die keine Geschichte erzählen, keine Akteure und keine
Erzähler, ja tendenziell nicht einmal mehr eine Autorinstanz aufweisen. Solche Texte bedürfen keiner Konkretisation, denn sie verstehen
sich als in sich konkret (Buchwald 1989). Sie appellieren weit eher an
die Wahrnehmung in all ihren Charakteristika als an die Vorstellung
und profilieren gerade das Wie ihres Gemachtseins als ihren eigentlichen ästhetischen Gegenstand. Als Text-Ding erheben sie den Anspruch, selbst ›real‹ zu sein, anstatt intentionale Realitäten zu entwerfen. Damit ist nicht etwa der Gegensatz zwischen Roman und Lyrik
oder ähnliches gemeint, denn gerade dieser Gegensatz wird durch ästhetische Gegenstände der eben angedeuteten Art obsolet gemacht.
Vor allem in der sogenannten experimentellen Literatur, der Konkreten
Poesie, dem Lettrismus, der Visuellen Poesie und verwandten Strö-
mungen, aber auch in früheren Jahrhunderten (*carmina figurata*) und
anderen Kulturen sind ›Texte‹ anzutreffen, die auf ganz andere Weise
an die Visualisierung oder Verlautlichung appellieren als illusions-
bildende. Sie versuchen in der Tat, ein Strukturäquivalent zum Wahrnehmungsgegenstand zu entwerfen, ohne aber in reinem Mimetismus
aufzugehen. An der Beschreibung solcher ikonisierenden Texte, die in

erster Linie wahrnehmbares (Schrift)Bild oder gar Schrift-Ding, Laut-
notation oder Lautgestalt sind, scheitert das oben dargestellte Instrumentarium phänomenologischer Interpretation. Die allseitigen phänomenalen Qualitäten und die Wirkungen lit(t)erarischer Kunst genauso
von den Sinnen wie vom Sinn, von der Wahrnehmung wie von der
Vorstellung her zu bestimmen, könnte dem Komplex Interpretation   *Aura*
eine verlorene Dimension und dem Text eine ›Aura‹ der Unmittelbarkeit zurückgewinnen.

Weiterführende Lektüre

Die Grundlagen der Phänomenologie sind durch Edmund Husserl gelegt worden und dort nachzulesen; ergänzend dazu seien vor allem die Ausführungen
von Alfred Schütz und Maurice Merleau-Ponty zur Lektüre empfohlen. Die
Basistexte zur Ontologie des literarischen Kunstwerks stellt Roman Ingarden
(1968, 1972), zur Wirkungsästhetik Wolfgang Iser (1971, 1972, 1976) und zur
phänomenologischen Literaturbetrachtung Jean-Paul Sartre (1971). Zur Theorie
literarischer Illusionsbildung schreibt Eckhard Lobsien (1975). Einen Versuch,
das Instrumentarium des phänomenologischen Ansatzes bis zum zeitgenössischen Roman zu erweitern, hat Manfred Smuda (1979) unternommen.

Verstehen konstruieren

Joachim Jacob

Daß zum Umgang mit Literatur gehört, sie zu verstehen, scheint wenig bemerkenswert. Fragwürdig wird das Verstehen meist erst dann, wenn bei der Lektüre etwas Unverständliches begegnet – eine unbekannte Vokabel, eine überraschende Wortstellung oder der *Chorus mysticus* aus Goethes *Faust II.* Weil erst das Unverständliche Aufmerksamkeit für das Verstehen erregt, artikuliert sich auch das Bedürfnis, das Verstehen literarischer Texte zu reflektieren, in dem Moment, in dem die erste abendländische Literatur – das Werk Homers – beim Lesen fremd zu werden beginnt. In der Folge entsteht eine Fülle differenzierter Theorien zum Problem des Verstehens und Auslegens, die zum Verständnis einzelner Werke wie der *Ilias* des Homer oder der *Bibel* anleiten oder einzelnen Disziplinen, etwa der Geschichtswissenschaft, ein sachgemäßes Erfassen ihres Gegenstandes ermöglichen sollen. Doch erst zu Beginn des 19. Jahrhunderts unternimmt Friedrich D. E. Schleiermacher den Versuch, die Lehre vom Verstehen, die *Hermeneutik*, zu einer *universalen* Reflexion auf die Bedingungen des Verstehens überhaupt auszubauen und in einem begründeten Zusammenhang erkenntnistheoretischer, moralischer und ästhetischer Überlegungen zu beschreiben.

Nach dieser erheblichen Ausweitung der Fragestellung und Vertiefung des Problembewußtseins schien darum in der Folge für das literaturtheoretische Interesse zunächst wieder eine zweifach einschränkende Übersetzungsarbeit notwendig zu sein. Es galt, die Einsichten der *philosophischen* – ihrem Anspruch nach jeder weiteren Anwendung vorgelagerten – Hermeneutik Schleiermachers in eine *literarische* Hermeneutik zu übersetzen; d. h. eine Lehre des Verstehens zu entwerfen, die der Eigenart literarischer Texte entspricht. Daran mußte sich als zweite Übersetzungsleistung anschließen, die hermeneutische Reflexion in eine Praxis der Interpretation zu überführen. Die bisweilen unübersichtliche Theoriegeschichte seit Schleiermacher kann hier nicht rekonstruiert werden, stattdessen sollen im Rückgriff auf Schleiermacher selbst einige hermeneutische Grundbegriffe und Begründungszusammenhänge in der literaturwissenschaftlichen Praxis am Beispiel eines kurzen Textes von Robert Walser entwickelt werden, der in der 1925 von Walser publizierten Prosasammlung *Die Rose* enthalten ist.

> »Der Engel. So ein Engel tut gut, wenn er wartet, bis man ihm mitteilt, man bedürfe seiner. Das dauert manchmal länger, als er ahnt, er muß sich eben auch mäßigen, darf nicht meinen, er sei unersetzlich. Ich möchte nicht er sein, den ich zum Engel machte. Ich vergöttlichte ihn, damit er mir nirgends mehr begegne, bildhaft-unveränderlich sei, ich stets hinblicken dürfe, je nach Be-

dürfnis und Belieben, Mut aus dem Anblick holend. Er tut mir beinah' leid,
er hat geglaubt, ich sei neugierig, werde hinter ihm herlaufen, indes ich ihn
quasi in der Tasche habe oder wie ein Band um die Stirne. Ich geh nicht mehr
zu ihm, sein Wert umgibt mich, mit seinem Licht seh' ich mich umstrahlt.
Wer zu geben verstanden hat, wußte auch zu nehmen. Beides will geübt sein.
Er entstand aus Mitleid, doch kann geschehen, daß ich Flehender mit ihm
spiele. Er zweifelt, ihm bangt. Bald bin ich gläubig, bald ungläubig, und er
muß es dulden, der Liebe« (Walser 1978, 367).

Schleiermacher legt seinen Überlegungen die weitreichende These zugrunde, daß das Verstehen insofern eine *Kunst* sei, als es nach einer
methodisch gesicherten Anwendung von Regeln verlangt, obgleich
diese selbst nicht wieder auf Regeln gebracht werden kann (Schleiermacher [im folgenden = HK], 81). Damit verbietet sich – im Widerspruch zu Vorstellungen der Aufklärung – nicht nur die Formulierung
eines geschlossenen Regelsystems, aus welchem präzise die richtige
Auslegung schwieriger Texte abgeleitet werden könnte, sondern auch
die Behauptung endgültiger und notwendiger Resultate bei der Auslegung von Texten. Das Bedürfnis nach unumstößlicher oder gar unmittelbar zu fühlender Erkenntnis im Umgang mit Texten – eine Forderung, die etwa die zeitgenössische Inspirationstheologie für die Bi-
belexegese erhob – muß einem Begriff weichen, dem bei Schleiermacher eine prominente, wenn auch in der Rezeption zugunsten seines
Konzepts der *Divination* vernachlässigte Funktion zukommt, dem der
Konstruktion (Japp 1977, 46ff.).

*»Das volle Geschäft der
Hermeneutik ist als
Kunstwerk zu
betrachten [...]«*

Konstruktion des Verstehens

Die wesentliche Neuerung, die Schleiermacher mit dem Begriff der
Konstruktion gegenüber der hermeneutischen Tradition einführt, liegt
darin, daß die Reflexion der Auslegungspraxis sich nicht mehr nur auf
einzelne, sogenannte dunkle Stellen – etwa die Wendung »mit seinem
Licht seh' ich mich umstrahlt« – in Texten beschränkt, die sich einem
unmittelbaren Verständnis entziehen. Vielmehr ist nun durchgängig
jede auf Verständnis gerichtete Operation zu kontrollieren, d.h. eigens
zu konstruieren. Anders gesagt, nicht mehr das Verstehen soll als Regelfall im Umgang mit Texten angenommen werden, sondern das Mißverstehen. Die Möglichkeit des Mißverstehens aber ist für Schleiermacher nicht primär durch fremden oder veralteten Sprachgebrauch in
einem vorliegenden Text gegeben – derartige Probleme ließen sich mit
Lexika und Enzyklopädien lösen, in denen man die Bedeutung der
Ausdrücke »quasi« oder »in der Tasche haben« nachschlagen kann –,
sondern durch den Umstand, daß sprechende Menschen, die Texte
produzieren, *Individuen* sind, die auf je eigene Weise über ihren
Sprachschatz verfügen. »Die laxere Praxis in der Kunst«, so Schleiermacher, »geht davon aus, daß sich das Verstehen von selbst ergibt und
drückt das Ziel negativ aus: Mißverstand soll vermieden werden. [...]
Der Grund dieser Ansicht ist die Identität der Sprache und der Kom-

binationsweise in Redenden und Hörenden« (HK, 92; → *Autorfunktion und Buchmarkt*, S. 147). Solche Identität des Sprachgebrauchs bei »Redenden und Hörenden«, Schreibenden und Lesenden zu unterstellen, funktioniert in der »laxeren Praxis« der »kunstlosen« Alltagskommunikation meistens problemlos, ist hermeneutisch jedoch fragwürdig. »Die strengere Praxis« hat darum davon auszugehen, »daß sich das Mißverstehen von selbst ergibt und das Verstehen auf jedem Punkt muß gewollt und gesucht werden.« Kunstvolles Verstehen bedeutet nun bewußte Rekonstruktion der sprachlichen *Kombinationsweise* dessen, der geredet hat. Entscheidend für den Gestus dieses Verfahrens ist dabei, daß die Kunstlosen in der Beziehung von Mißverstehen und vollendetem Verstehen – und alle weiteren verwendeten binären Oppositionen – für Schleiermacher keinen sich logisch ausschließenden Gegensatz angibt, sondern nur zwei idealtypische Extreme markiert, *zwischen* denen das Verstehen operiert und die isoliert voneinander nicht bestehen können. Für den Umgang mit Texten heißt das, daß einerseits das Befremden, das ein Text auslösen kann – eines der zentralen Momente hermeneutisch geleiteter Kunsterfahrung – immer, sei es noch so gering, vermittelt sein muß mit Bekanntem, denn vollständig Fremdes könnte als solches gar nicht erst zu Bewußtsein kommen. Wie auf der anderen Seite vollkommen Vertrautes keine Aufforderung zum Verstehen enthielte. So kann die Konstruktionsarbeit nur beginnen, wenn sich der eigene Sprachgebrauch »auf jedem Punkt« zu irritieren bereit ist, um für fremden Sprachgebrauch aufmerksam zu werden.

»Der Unterschied zwischen dem Kunstmäßigen und Kunstlosen in der Auslegung beruht [...] immer darauf, daß man einiges genau verstehen will und anderes nicht.«

Dialog und Dialektik

Schleiermacher bestimmt als Gegenstandsbereich des Auslegens das kunstmäßige Verstehen *fremder Rede*. Schriftliche Dokumente sind in dieser Hinsicht zunächst nichts anderes als die Fixierung einer mündlichen Äußerung zur Unterstützung des Gedächtnisses. Nun geht Schleiermacher davon aus, daß Reden und Verstehen einander *korrespondieren* können – so, »daß jeder Akt des Verstehens die Umkehrung eines Aktes des Redens ist, indem in das Bewußtsein kommen muß, welches Denken der Rede zum Grunde gelegen« (HK, 76). Die (fremde) Rede eines anderen kann in dem Maße verstanden werden, in welchem dessen individuelle Gedankenkonstellation nachkonstruiert und damit angeeignet werden kann. Jeder Dialog kann nur gelingen, insofern Reden als erfolgreiche Vermittlung individueller Gedanken »für die Gemeinschaftlichkeit des Denkens« (HK, 76) funktioniert. Folgenreich ist nun, daß sich für Schleiermacher die Möglichkeit dieser Vermittlung nicht nur als Gespräch zwischen Personen realisiert, sondern auch im Denkenden selbst gleichsam als *Selbstgespräch* statthat. Das individuelle Denken gewinnt erst durch innere Rede seine fertige Gestalt, bis es geäußert werden kann. Die penible Durchführung des Vermittlungsgedankens hat eine entscheidende Pointe: das *Gewordensein*

»Je mehr einer aus sich selbst redet und der Grund seiner Kombinationen rein in ihm selbst liegt, desto mehr entsteht die Frage, wie derselbe wohl dazu gekommen sei.«

des Gedankens. Dieser prozessuale Charakter des Denkens und des ihm entsprechenden Verstehens prägt nach dem Verständnis Schleiermachers den gesamten menschlichen Wissenserwerb, er entfaltet ihn systematisch in seiner *Dialektik* (Schleiermacher 1988).

Vor diesem erkenntnistheoretischen Hintergrund wird eine ganze Reihe metaphorischer Umschreibungen möglich, die den hermeneutischen Prozeß oft illustrieren: es läßt sich mit einem Text ›ins Gespräch‹ kommen, ein Text kann ›antworten‹ oder ein Geheimnis verbergen, und vor allem kann er wieder und wieder befragt werden, bis man glaubt, ihn angemessen verstanden zu haben – nur eines kann ein Text für Schleiermacher nicht, sich verstellen. »Denn keiner redet oder schreibt etwas gegen seinen eigenen Geist außer in einem gestörten Gemützustand« (HK, 344) – wäre dies nämlich der Regelfall, bräche die Korrespondenz-Theorie von Reden und Verstehen zusammen. Hier kündigt sich jedoch ein Problem an, das bei Schleiermacher noch mit einer idealistischen Konzeption eines allgemeinen »Geistes« bewältigt wird: »dieses Geschäft des Verstehens und Auslegens ist ein stetiges, sich allmählich entwickelndes Ganze, [...] das allmähliche Sichselbstfinden des denkenden Geistes« (HK, 327f.), in der Folgezeit aber gerade eine literarische Hermeneutik weiter beschäftigen mußte. Die praktische *Unabschließbarkeit* des Auslegens dagegen ist in diesem Geiste noch nicht aufgehoben. Sie resultiert für Schleiermacher gerade aus der Rückbindung der hermeneutischen Operation an den individuellen Sprachgebrauch des Schreibenden, welcher nie vollständig nachkonstruierbar ist. So ist die »vollkommene Lösung« des Mißverstehens im Gespräch mit der Literatur nach Schleiermachers berühmter Formulierung nur »approximativ möglich in einem philologischen Zeitalter, durch vollkommene Philologen« (HK, 72).

Auffällig ist, wie häufig Schleiermacher den Umgang mit Texten an Beispielen aus dem Umgang mit Menschen erläutert. Seine Überzeugung, daß sich durch das Reden die Gemeinschaftlichkeit des Denkens erst herstellt, erhält so eine ethische Dimension, die über die philologische Arbeit hinausweist: »denn ich ergreife mich sehr oft mitten im vertraulichen Gespräch auf hermeneutischen Operationen, wenn ich mich mit einem gewöhnlichen Grade des Verstehens nicht begnüge, sondern zu erforschen suche, wie sich wohl in dem Freunde der Übergang von einem Gedanken zum andern gemacht habe [...]. Ja, ich gestehe,« resümiert Schleiermacher, »daß ich diese Ausübung der Hermeneutik im Gebiet der Muttersprache und im unmittelbaren Verkehr mit Menschen für einen sehr wesentlichen Teil des gebildeten Lebens halte« (HK, 315). »Die Auslegung des bedeutsameren Gesprächs« wird so zur Einübung in den achtungsvollen, einfühlsamen Umgang gebildeter Menschen untereinander, dessen historisches Vorbild Schleiermacher in den Berliner Salons gefunden haben mochte, in denen sich jenes gehaltvolle Modell der *Geselligkeit* entwickelt hatte (Altenhofer 1979). Im Hintergrund dieses ethischen Programms eines Ausbalancierens der Verständigungs- und Lebensverhältnisse steht Schleiermachers Auffassung der Sprachäußerung als eines *individuellen Allge-*

»Denn keiner redet oder schreibt etwas gegen seinen eigenen Geist außer in einem gestörten Gemützustand«

Ethik oder vom Umgang mit Texten

meinen (Frank 1977). Die Versöhnung dieser sich scheinbar ausschliessenden Momente ist keine utopische Hoffnung, sondern realisiert sich nach Schleiermacher in der *Form* jedes Sprechaktes. Individuell, insofern die Kombinatorik der Gedanken eine spontane Leistung des redenden Subjekts ist, dessen feinste Seelenregungen sich nach dem Korrespondenzprinzip auf unverwechselbare Weise in seinem Ausdruck – seinem »Stil« (HK, 168) – abbilden (→ *Stilistik*, S. 112). Allgemein, insofern jede sprachliche Äußerung an ein grammatisches Regelsystem gebunden ist, durch das überhaupt erst ein Zusammenhang der Gedanken hergestellt werden und sich anderen wie sich selbst vermitteln kann (HK, 77ff.).

Unterhaltung mit Texten

Das hermeneutische Gespräch ist zunächst jedoch keine Kommunikation zwischen Gleichberechtigten. Das literarische Werk ist seinem Interpreten in der Weise vorgeordnet, daß es ihm etwas zu verstehen gibt; auch wenn, wie noch zu zeigen sein wird, die Arbeit der Nachkonstruktion in Schleiermachers Sinn dialektisch aufzufassen ist und den Auslegenden dabei nicht unbeteiligt läßt. Soll *Der Engel* als Ausdruck der Gedankenkombination Robert Walsers verstanden werden, haben die Interpreten einerseits »sich selbst gleichsam in den andern verwandelt« *divinatorisch* in den Autor hineinzuversetzen und sein »Individuelle[s] unmittelbar aufzufassen«, andererseits *komparativ*, im Vergleich mit anderen sprachlichen Kombinationsweisen den eigentümlichen Stil Walsers nachzukonstruieren (HK, 169f.). Nun darf dieses Ausdrucksmoment aber nicht mit einer unmittelbar abgebildeten Autorintention verwechselt werden, die etwa direkt durch eine Selbstinterpretation des Dichters erschlossen werden könnte. Für Schleiermacher gilt, daß der Autor als Schöpfer strikt vom Autor als Leser seines Werkes unterschieden werden muß. In diesem Zusammenhang zitiert er die berühmte Formel für dieses Problem: Der Auslegende habe *einen Autor besser zu verstehen, als dieser sich selbst* (HK, 94). Es gibt keinen überzeugenden Grund, anzunehmen, daß Robert Walser seinem Werk gegenüber aufmerksamer sein sollte als seine Interpreten. Dementsprechend wenig konnte Therese Breitbach wahrscheinlich mit dem Kommentar des Dichters anfangen, als er ihr *Die Rose* als »eines meiner feinsten Bücher, das nur ältere und sehr vornehme Frauen in die Hand nehmen sollten« charakterisierte, um dann mitzuteilen, es sei »das ungezogenste, jugendlichste aller meiner Bücher, und ich finde bedenklich, daß Sie sich's angeschafft haben« (Walser 1979, 238f.).

Die Fremdheit der Texte

In dem Maße, wie die Praxis des Auslegens am jederzeit möglichen Mißverstehen orientiert ist, muß der Erfahrung des Fremden am Text primäre hermeneutische Aufmerksamkeit gebühren. Darüberhinaus kann die kontrollierte Konstruktion des Verstehens nur gelingen, insofern auch die Selbstverständlichkeit des vermeintlich Bekannten infrage steht. Nun lag die Fremdheit der Texte, an denen der Theologe und Altphilologe Schleiermacher vornehmlich interessiert war, vielleicht auf der Hand. Doch fremd dürfte bei einer ersten Lektüre des *Engel* höchstens der Umstand sein, daß überhaupt von einem solchen gesprochen wird. Weil Fremdheit, so verstanden, eine in hohem Maße willkürliche Beschreibung ist – den *Engel* »ungezogen« finden wird nur der, der den Bruch mit einer zeitgenössischen Erwartungshaltung nachvollziehen kann, die von himmlischen Wesen noch Erbauung erwartete –, läßt Schleiermacher die hermeneutische Aufgabe erst beginnen, *nachdem* sich der Interpret mit der ihm unter Umständen fremden Sprache und den spezifischen historischen Bedingungen, unter denen der ihm vorliegende Text entstanden ist, vertraut gemacht hat. Die Fremdheit, auf welche die Hermeneutik reflektiert, ist also in anderem begründet. Sie liegt in der Erwartung, daß der Sprachgebrauch des zu verstehenden Textes durchgängig anders sein könnte als der gewohnte. So ist die künstliche Einstellung, den Satz »So ein Engel tut gut, wenn er wartet, bis man ihm mitteilt, man bedürfe seiner« unverständlich zu finden, Vorbedingung dafür, ihm Aufmerksamkeit zu widmen und eine Interpretationsthese für den verblüffenden Umstand zu entwickeln, daß hier »So ein Engel« und nicht »Ein Engel« geschrieben steht. Nun wird schon deutlich, daß die Aufmerksamkeit für das Ungewöhnliche von der Gewohnheit des individuellen Sprachgebrauchs des Auslegenden abhängt. Der Auslegung selbst eignet also eine *Zirkelstruktur* insofern, als der Interpret immer schon *seinen* Sprachgebrauch und seine Begriffe an das fremde Werk heranträgt. Darum unterscheidet Schleiermacher, im Widerspruch zur traditionellen Hermeneutik, nicht mehr zwischen Verstehen und Auslegen von Texten, da jedes Verstehen immer schon eine Auslegung ist und jede Auslegung immer Ausdruck eines Verstehens. Und darum wird sich schließlich, auch wenn die Hemmnisse des Verstehens in »Folge der Übereilung oder der Befangenheit« (HK, 93) der Interpreten überwunden sind, das Nichtverstehen nie ganz auflösen (HK, 328).

»Aber [...] wie in jenem Falle, wenn alles schlechthin fremd wäre, die Hermeneutik ihr Werk gar nicht anzuknüpfen wüßte, ebenso in dem entgegengesetzten, wenn nämlich gar nichts fremd wäre zwischen dem Redenden und dem Vernehmenden.«

Einheit des Werkes, hermeneutischer Zirkel

Gerade im Hinblick auf neuere Texttheorien, ist die Orientierung hermeneutischen Verstehens am *Werk* festzuhalten und zu begründen. Mit der *Einheit* des Werkes verbindet sich der *hermeneutische Zirkel* (→ *Zur Karriere des Close Reading: New Criticism, Werkästhetik und Dekonstruktion*, S. 354), mit dem der spezifische Charakter von Textverstehen erläutert werden soll. Die Einheit des Werkes ergibt sich zunächst aus nichts anderem als aus der Beobachtung, daß *ein* Text einen Anfang und ein Ende hat, d.h. sich als ein Text aus der Fülle der Schrift abheben kann. *Der Engel* ist als ein solcher Text von den anderen Texten des Bandes *Die Rose* abgehoben. Doch wäre zu prüfen, ob er mit der Überschrift »Der Engel« beginnt oder ob diese etwa nachträglich von einem Herausgeber hinzugesetzt wurde. Schwierig wird die vermeint-

»Die Bestätigung des Verständnisses, welches sich am Anfang ergibt, ist vom folgenden zu erwarten. Daraus folgt, daß man den Anfang nicht eher versteht als am Ende.«

lich einfache Entscheidung über Anfang und Ende sofort auch dann, wenn die Überlieferung eines Textes nur fragmentarisch vorliegt, die Reihenfolge seiner Elemente unklar ist oder aber es zum Kompositionsprinzip eines Textes gehört, Anfang und Ende zu verwischen. So wenn Heinrich v. Kleists Text *Über die allmähliche Verfertigung der Gedanken beim Reden* etwa mit dem Hinweis »Die Fortsetzung folgt« schließt, ohne daß eine solche je gefolgt wäre. In allen diesen Fällen ist eine Einheit als Bezugsrahmen für die Auslegung mit Gründen zu konstruieren. Schleiermacher nennt diese Konstruktion unter dem Gesichtspunkt der philologischen Sicherung und Zuschreibung von Quellen *Kritik*. Daß diese sich selbst wieder zu einem guten Teil einer ersten Auslegung dessen verdankt, dessen Grenzen eigentlich erst noch zu bestimmen sind, läßt bereits auf der basalen Ebene der Textkonstitution ein zirkuläres Verfahren erkennen, von dem die Interpretation dann wiederum berührt wird.

Warum aber ist, um noch einmal zur *Einheit* des Werkes zurückzukehren, Einheit vorausgesetzt und angestrebt ? Neben der pragmatischen Notwendigkeit, für andere nachvollziehbar den Gegenstand zu bestimmen, auf den sich die Auslegung beziehen will, ist an Schleiermachers Bestimmung der hermeneutischen Aufgabe als Rekonstruktion von *Zusammenhang* zu erinnern. Wie die einzelnen Teile einer Rede erst ihren Zusammenhang ergeben, so konstituiert sich die Bedeutung dieser Teile wiederum aus diesem Zusammenhang: »überall, wo es darauf ankommt zu wissen, wie genau man es mit einer Reihe von Sätzen zu nehmen und aus welchem Gesichtspunkt man die Verknüpfung derselben zu betrachten hat, muß man zunächst das Ganze kennen, dem sie angehören« (HK, 330f.). Die unendliche Reichhaltigkeit der Bedeutungen, die die Worte in der subjektiven Kombinationsweise eines Textes annehmen, kann nach Schleiermachers Auffassung durch ihre Vermittlung im Ganzen des Werkes allmählich – und nie vollständig – eingeschränkt werden. So läßt sich sagen, daß die Konstruktion der Einheit des Werkes, ohne je vollkommen erwiesen werden zu können, gleichwohl vom Beginn der Auslegung an unterstellt werden muß, um dem Verstehen einen Stützpunkt zu geben, von dem aus es seine Konstruktion vornehmen kann. Dieser Stützpunkt gibt eine Perspektivierung vor, die sich je nach Auslegungsinteresse anders bestimmt und für die Interpretation zu begründen ist. *Der Engel* mag in seiner Autonomie als in sich geschlossenes Werk interessieren. Aber als Teil der Prosasammlung *Die Rose* ist aufschlußreich, daß *Der Engel* zwischen dem Bericht von einem Affen im Kaffeehaus und einem *Brief an Edith* plaziert ist, der mit der Mitteilung beginnt, »daß ich beim Mittagessen, das aus Kaffee und Kuchen bestand, drei Wespen tötete«. *Der Engel* läßt sich als Teil einer Geschichte der Schweizer National-Literatur verstehen, gehört zum Motiv des Heiligen in der Berner Zeit Robert Walsers, ist Element des Diskurses über Engel im 20. Jahrhundert oder ein Moment in der Lebensgeschichte seines Dichters. Regulativ für die Beliebigkeit der Konstruktion des Stützpunktes ist jedoch die Forderung des *Zusammenhangs* der vorgestellten Beobachtungen in

»überall, wo es darauf ankommt zu wissen, wie genau man es mit einer Reihe von Sätzen zu nehmen und aus welchem Gesichtspunkt man die Verknüpfung derselben zu betrachten hat, muß man zunächst das Ganze kennen, dem sie angehören.« (Schleiermacher)

der Komposition des Textes, dessen Triftigkeit die Interpretation zu erweisen hat und aus dem sich der *Sinn* des Einzelnen wie der des gewählten Rahmens bestimmt. Als Zirkelschluß ist dieser *Vorgriff*, den die Wahl des Stützpunktes darstellt, nicht statisch im Sinne einer vorgefertigten Sinnunterstellung zu verstehen, sondern vielmehr als Vermutung aufzufassen, daß es etwas zu verstehen gibt. So beginnt die Konstruktion lediglich mit einer »Ahndung des Ganzen«, worauf »das ganze Geschäft des Auslegens [...] vom Anfang eines Werkes an allmählig fortschreitend das allmählige Verstehen alles Einzelnen und der sich daraus organisierenden Teile des Ganzen immer nur ein provisorisches ist, etwas vollkommner, wenn wir einen größeren Teil übersehen können, aber auch wieder mit neuer Unsicherheit und wie in der Dämmerung beginnend, [...] bis dann am Ende erst wie auf einmal alles Einzelne sein volles Licht erhält und in reinen und bestimmten Umrissen sich darstellt« (HK, 331).

Sinn

Die Einsicht in den vorläufigen Status hermeneutischer Auslegungen, die in Schleiermachers Würdigung der Individualität des Sprachgebrauchs und dem dadurch praktisch nicht abzuschließenden hermeneutischen Zirkel zum Ausdruck kommt, führt zur Frage nach dem Reiz einer Beschäftigung mit Texten, deren Ertrag bislang nur negativ als nicht eindeutige, nicht notwendig beweisbare Explikation eines bestimmten Zusammenhangs von Sätzen beschrieben wurde. Die Antwort auf dieses herausfordernde Problem wird in der hermeneutischen Tradition unter einem schwierigen Begriff diskutiert: dem *Sinn*. Die gebräuchliche analytische Unterscheidung von Sinn und Bedeutung, die der Logiker Gottlieb Frege Ende des 19. Jahrhunderts eingeführt hat, demnach Bedeutung dasjenige zu nennen ist, was ein sprachlicher Ausdruck als den einen existierenden Sachverhalt in der Welt bezeichnet, sein Sinn dagegen nicht an ein tatsächliches Objekt gebunden ist – so daß die Bedeutung der Ausdrücke ›Abendstern‹ und ›Morgenstern‹ identisch ist, nämlich den Planeten Venus zu bezeichnen, ihr Sinn aber ein ganz unterschiedlicher sein kann – , gibt einen ersten Hinweis. Die Erschließung der Bedeutung eines Ausdruckes wäre dann, mit Schleiermacher, eine vorhermeneutische Klärung auf der Ebene der Sachinformation. Der Sinn dagegen ließe sich vorerst als immanentes Textgeschehen begreifen, das durch die Unendlichkeit möglicher individueller Sprachprägung durch den Stil der Schreibenden und vielmehr noch durch die Unendlichkeit interner Bezüge im Zusammenhang des Werkes geprägt ist. Daß man einen Engel »wie ein Band um die Stirne« haben kann, ist zunächst ein Beispiel für die originelle Erfindungskraft eines Autors. Komplexer aber ist die Frage, welche Funktion dieses Bild für die Charakterisierung dieses Engels hat, wenn es dem Ausdruck »quasi in der Tasche« folgt oder von einem Engel ausgesagt wird, von dem es einige Sätze vorher geheißen hat: »den ich

»Allein auch die größte Konstruktion, [...] um das einzelne Werk des Einzelnen besser aufzufassen, findet doch mit diesem zugleich ihre Verklärung zunächst darin, daß sie unser eigenes Selbst und andere befruchtet«

zum Engel machte.« Jedes dieser Worte führt eine Vielzahl von Vorstellungen, Verwendungstraditionen, Assoziationen und Weltbezügen mit sich, welche darum niemals von dem poetischen Gestaltungswillen eines Autors regiert werden könnten. So korrespondiert der Unendlichkeit interner Bezüge eine ebensolche externer Verweise. Damit ist deutlich, daß der Sinn nicht abgeschlossen in dem auszulegenden Text verborgen sein und als solcher gehoben werden kann, sondern einen *Zusammenhang* zwischen Text und Interpreten fordert, der sich als Schnittstelle zweier individueller Sprachgebräuche darstellt. Jede Lektüre des *Engel* wird unterschiedlichste Details der Sprachverwendung realisieren und hermeneutisch kontrolliertes Sinnverstehen wäre dann mit Schleiermacher die begründete »Konstruktion eines endlichen Bestimmten aus dem unendlichen Unbestimmten. Die Sprache ist ein Unendliches, weil jedes Element auf eine besondere Weise bestimmbar ist durch die übrigen. Ebenso aber auch die psychologische Seite [die Ausdrucksfunktion; J. J.]. Denn jede Anschauung eines Individuellen ist unendlich« (HK, 80). So gehören für Schleiermacher Einheit und Unendlichkeit des Sinns zusammen. Die erkannte Unendlichkeit löst Begeisterung und nicht Resignation aus (HK, 94), weil sie von der letztlich unergründlichen Einheit der schöpferischen Individualität zusammengehalten ist. Der Einsicht in die Begrenztheit der Aneignungsmöglichkeit fremden Sinnes korrespondiert die Erfahrung der Fülle, aus der die Auslegenden schöpfen können. Darum beschreibt der Begriff der Konstruktion bei Schleiermacher nicht, wie Hans-Georg Gadamer es einmal formuliert hat, »nur die Mitteilung eines erstorbenen Sinnes« (Gadamer 1960/1990, 172), sondern hält das Bewußtsein der Unendlichkeit der hermeneutischen Aufgabe wach. Damit greift der Sinn immer schon aus der Geschlossenheit des Textes aus und erfordert neben der Konstruktion des internen Zusammenhangs des Textes die Reflexion auf das Moment seiner Lektüre.

Produktive Lektüre

»Was aber nur schon vorhanden Gewesenes wiederholt, ist an sich nichts. Wettergespräche.«

Der *hermeneutische Zirkel* ließ bereits erkennen, daß die Konstruktion des Verstehens den Konstrukteur nicht unberührt läßt. Seine »Verklärung« findet der verstehende Umgang mit Texten darin, daß er »unser eigenes Selbst und andere befruchtet« (HK, 340). Befruchtend ist der Umgang mit Literatur insofern, als die Auseinandersetzung mit nicht reduzierbar individuellem Sprachgebrauch das eigene Sprachvermögen und damit das artikulierbare Verhältnis zur Welt unendlich bereichert. Der Anschein, daß damit der Reiz des Umgangs mit Literatur für Schleiermacher eher in dem formalen Moment der Erweiterung des eigenen Sprachvermögens als in dem materialen Interesse an der Bedeutung des Geschilderten liegen müsse, trügt nicht. Während Schleiermacher in seiner Hermeneutik nur eine allgemeine Theorie des Verstehens entwirft, heißt es in der *Dialektik* spezifisch über das künstlerische Denken – als »freies Gespräch« beschrieben, dem eine *litera-*

rische Hermeneutik zu entsprechen hätte: »Das freie Gespräch ist nun
die auf diesem Wege durch gegenseitige Mitteilung sich entwickelnde
Wechselwirkung, wobei das Verhältnis der Gedanken des einen zu denen des andern ihrem Inhalte nach so gut als gar nicht in Betracht
kommt, sondern nur die allerdings durch das Wohlgefallen an der
Mitteilung zu unterstützende erregende Kraft, welche die Gedan-
kenerzeugung des einen auf die des andern ausübt« (HK, 415).

Die eingangs zitierte Bestimmung der Hermeneutik als einer *Kunst*,
deren Anwendung ihrer Regeln nicht wiederum auf Regeln zu bringen
ist, gab schon zu erkennen, daß das Verstehen immer auch ein schöp-
ferischer Akt ist. Schöpferisch im Sinne eines mannigfalti sich entwickelnden Prozesses der Sprachbildung, der die durch Konvention
vorgeprägte Kombination der Gedanken immer wieder überschreitet.
Das Verhältnis zwischen Verstehenden und Werk kann damit jetzt als
Zusammenspiel von *Subversion* und *Identifikation* beschrieben werden.
Identifikation, insofern in der Auslegung der eigene Sprachgebrauch,
eigene Gedanken und Erfahrungen im Prozeß der Interpretation ins
Spiel gebracht werden. Subversion, insofern die Auseinandersetzung
mit dem fremden Stil des Textes die eigene eingespielte Sprachkonvention und Sinnerwartung durchkreuzt. Die Offenheit der hermeneutischen Operation, die durch Begriffe wie *Spiel* und *Konstruktion* angezeigt wird, ist damit auch eine Erfahrung der *Entzweiung* in der Lektüre. Gleichwohl gibt die Hermeneutik die Suche nach dem einen Sinn,
nach der Versöhnung im Gespräch nicht auf. Identifikation, die vielleicht besser mit *Aneignung* übersetzt ist, in der das produktive Moment der Lektüre aufgehen kann, steht auch mit dem Bewußtsein der
Unabschließbarkeit ihres Bemühens noch im Horizont der Einheit. Für
Schleiermacher war es die Einheit des Werkes, das zum individuellen
Lebensmoment der Einheit einer Person werden konnte, welche die
Rede immer schon als Versöhnung von Individuellem und Allgemeinem denken ließ.

*»Die Irrationalität der
einzelnen muß begrenzt sein
durch die Identität der
Sprache, weil jeder mit
seinem Denken in der
Sprache aufgeht. Dies ist der
Damm gegen die skeptische
Tendenz, die sie als
unbegrenzt darstellen
möchte«*

Konstruktion / Dekonstruktion

Genau diese Einheit – als Einheit der Person, als Einheit von Sprache
und Gedanken, als Einheit von Denken und Sein – ist es nun, die
nachidealistisch in Zweifel gerät. Ein Spätausläufer dieser Skepsis läßt
sich mit einem Theoriekomplex fassen, dessen problematische Verwandtschaft mit den erläuterten Zusammenhängen schon im Titel auf-
scheint: die *Dekonstruktion* (→ *Dekonstruktion. Lesen, Schrift, Figur, Performanz*, S. 116). Dekonstruiert wird in den Arbeiten des Literaturwissenschaftlers Paul de Man – aus denen hier stellvertretend für ein
durchaus nicht homogenes Feld dekonstruktiver Ansätze zitiert wird –
die Strukturanalogie zwischen Reden und Verstehen, die für Schleiermacher das hermeneutische Geschäft als rekonstruktiven Nachvollzug
der Rede eines Anderen begründete. An die Stelle der Korrespondenz
von Gedanke und Text, Individuellem und Allgemeinem tritt eine an

der sprachkritischen Philosophie Nietzsches, Heideggers, Derridas geschulte Aufmerksamkeit für die Effekte der Eigendynamik der Sprache in der literarischen Rede. »Wann immer dieses autonome Potential der Sprache durch die Analyse aufgewiesen werden kann, haben wir es mit Literarizität zu tun, als dem Ort, an dem dieses negative Wissen von der Verläßlichkeit sprachlicher Äußerung erwiesen werden kann« (de Man 1987, 91). Das stilbildende Merkmal poetischer Ausdrucksweise, Worte in übertragener, ›uneigentlicher Bedeutung‹ zu verwenden, also beispielsweise sein Verhältnis zu einem himmlischen Beschützer als »ein Band um die Stirne« zu charakterisieren, gerät in ein Spiel, in welchem sich der Sinn dieser Übertragung verwirrt. Der eine Sinn der kontrollierten Ersetzung – sie nennt de Man *metaphorisch* – entweicht der Autorität des sinnstiftenden Zusammenhangs des Textes zugunsten einer zweiten – *metonymischen* – Lektüre, welche die ursprüngliche Übertragung verschiebt.

Der Engel kann als Inszenierung eines solchen Spieles gelesen werden. Der Titel nennt ein Wesen, das nach kultureller Tradition – zumindest für christlich erzogene Kinder – im Himmel beheimatet ist und dem in der Regel die auf der Welt in Not Geratenen zum Schutz befohlen sind. Doch schon der erste Satz des Textes kehrt dieses vertraute Verhältnis um. Es ist der Engel, der zu warten hat, bis er bestellt wird. Damit hat allerdings die Demontage dieses Himmelsboten erst begonnen: nicht nur darf er »nicht meinen, er sei unersetzlich«, also genau genommen überflüssig, sondern er ist einer, den »ich zum Engel machte.« Nach traditionellem Verständnis entspricht die Struktur eines Werkes seinem Werkmeister. Bei Schleiermacher war dies die Voraussetzung dafür, daß von der fixierten Rede, dem Text, auf den Gedanken des Schöpfers zurückgeschlossen werden konnte. Hier jedoch sagt sich der Poet von seiner Schöpfung los, möchte der Dichter »nicht er sein, den ich zum Engel machte.« Darum wird der Engel flugs wieder »vergöttlicht«, die überkommene Distanz wieder hergestellt – »je nach Bedürfnis und Belieben«. Nun erregt der Engel, den der Dichter »quasi in der Tasche« hat, demselben »beinah‹« Mitleid wie er doch »entstand aus Mitleid«. Das Spiel mit Wirkung und Ursache, das der bald gläubige, bald ungläubige Flehende entfesselt, muß »der Liebe« dulden. Es greift über auf Leser und Leserin, mit der Frage, was denn hier ernstgenommen werden will.

So verunsichert die Literarizität oder *Rhetorizität* der Sprache beständig das Bemühen des Subjektes vor dem Text um die Suche nach dem Subjekt und seinem Sinn hinter dem Text. Dies hat Folgen etwa für Status und Interpretation der *Autobiographie* (de Man 1993, 131ff. → *Subjektbegriff und Autorschaft: Zur Theorie und Geschichte der Autobiographie*, S. 283). Einer klassischen Hermeneutik – etwa bei Wilhelm Dilthey (Dilthey 1970, 235ff.) – erschien sie als der Gipfelpunkt der Versöhnung von Individuellem und Allgemeinem in einem abgerundeten Lebensganzen, worüber der rückblickende Dichter sein eigenes Leben auslegend Zwiesprache mit sich und seinem Publikum hält. Für de Man dagegen besteht »die Bedeutung der Autobiographie

[...] nicht darin, daß sie eine verläßliche Selbsterkenntnis liefert (was sie auch gar nicht tut), sondern darin, daß sie auf schlagende Weise die Unmöglichkeit der Abgeschlossenheit und der Totalisierung [...] demonstriert« (de Man 1993, 134f.). Doch die Dekonstruktion trifft nicht nur die gelingende individuelle Ausdrucksleistung, sondern beispielsweise auch den einen Horizont der Tradition, der hinter einem historisch-kontinuierlichen Entwicklungsmodell von Sprache und Literatur angesiedelt ist. So steht nicht nur die Verläßlichkeit der Autobiographie auf dem Spiel, sondern auch der Glauben an eine Literaturgeschichte (de Man 1988, 118 ff.).

Wie Schleiermacher weist auch de Man dem Mißverstehen eine systematisch vorrangige Position zu – nur leitet sich diese nicht mehr aus der Individualität des Sprachgebrauchs her, sondern aus der Sprache selbst. So ist es kein Zufall, daß sich de Man gerade für die literarischen und rhetorischen Formen interessiert, an denen eine ausdrucksorientierte Hermeneutik scheitern muß: Allegorie und Ironie. Das subversive Moment der literarischen Rede, welches mit Schleiermacher als eine Erweiterung der Ausdrucksmöglichkeiten der Sprache beschrieben werden konnte, greift nach den Überlegungen de Mans auf ihre *Verläßlichkeit* über, ohne darum auf Konstruktion verzichten zu können. *Unentscheidbarkeit* ist darum das Charakteristikum aller Literatur, das die Dekonstruktion den Lesenden zumutet. Die Einheit des Sinnzusammenhanges wird nicht zerschlagen, sondern seine Konstruktion über den hermeneutischen Zirkel hinaus in Frage gestellt und damit in der Schwebe gehalten. Die Konstruktion der Einheit, die bei Schleiermacher schon nicht mehr fraglos war, sondern in eine unendliche Einheit überführte, die jede Rede symbolisiert, wird mit de Man noch einmal kritisch auf ihre Stützpunkte befragt, dekonstruiert. Dekonstruktion läßt sich in dieser Tradition als »unglückliches Bewußtsein« (C. Menke 1993) verstehen, als Reflexion einer Entzweiung, die sich in der Unendlichkeit nicht mehr beruhigen kann.

Unentscheidbarkeit

Weiterführende Literatur

Als erster Einstieg in die Hermeneutik Friedrich Schleiermachers empfehlen sich die beiden sogenannten *Akademie-Reden* von 1829: *Über den Begriff der Hermeneutik mit Bezug auf F. A. Wolfs Andeutungen und Asts Lehrbuch* (HK, 309–346). Das *Seminar: Philosophische Hermeneutik* (Gadamer 1979) vereinigt Quellentexte zur Geschichte der Hermeneutik in Auszügen, einführende Aufsätze zu einigen der dort aufgeführten Positionen hat Ulrich Nassen herausgegeben (Nassen 1982). Hilfreich für die eingehendere Beschäftigung mit Schleiermacher ist Manfred Franks Monographie *Das individuelle Allgemeine. Textstrukturierung und -interpretation nach Schleiermacher* (Frank 1977) und für aktuelle Bezüge und Kritik anderer Texttheorien vom selben Autor: *Das Sagbare und das Unsagbare. Studien zur deutsch-französischen Hermeneutik und Texttheorie* (Frank 1990). Die historischen Formationen der ästhetischen Erfahrung und ihren Niederschlag in literarischen Texten untersucht Hans Robert Jauß mit dem Interesse einer Konkretisation literarischer Hermeneutik in dem Band *Ästhetische Erfahrung und literarische Hermeneutik* (Jauß 1982). Ein interessantes Beispiel für den Versuch, phänomenologische und strukturalistische Einsichten in die Hermeneutik zu integrieren, sind die Arbeiten des französischen Philosophen Paul Ricoeur. Gerade die neueren Studien *Die lebendige Metapher* (Ricœur 1986) und *Zeit und Erzählung* (Ricoeur 1988) sind auch literaturtheoretischen Problemstellungen gewidmet. De Mans Verfahren der Dekonstruktion literarischer Texte ist mittlerweile in zwei Sammelbänden in deutscher Sprache dokumentiert: *Allegorien des Lesens* (De Man 1988) und *Die Ideologie des Ästhetischen* (De Man 1993). Einen Überblick verschafft Jonathan Culler: *Dekonstruktion. Derrida und die poststrukturalistische Literaturtheorie* (Culler 1988).

Exkurs: Literarische Hermeneutik

Joachim Jacob

»Die altehrwürdige Hermeneutik (als Lehre der Auslegung) ist heute in Deutschland nicht mehr ein in den Geisteswissenschaften lebendiges Gedankengut« (Betti 1962, 5), konstatierte Emilio Betti noch zu Beginn der sechziger Jahre dieses Jahrhunderts. Indes ist die Hermeneutik nach drei Jahrzehnten philologischer Reflexion und historischer Forschung als Thema der Literaturwissenschaft zwar etabliert, doch zeigt ihre Diskussion innerhalb der Disziplin, daß Begriff, Funktion und Geltung einer literarischen Hermeneutik stets umstritten waren und weiterhin sind. Schon Betti setzte sich in der zitierten Schrift kritisch mit einem 1960 erschienenen folgenreichen Versuch auseinander, den Geisteswissenschaften mit der Hermeneutik wieder einen wahrheitsfähigen Begriff des *Verstehens* zu gewinnen, der sie von der nur erklärenden *Methode* der Naturwissenschaften unterscheiden sollte: Hans-Georg Gadamers *Wahrheit und Methode* (1960/1990). Betti *Wahrheit und Methode* wandte sich gegen Gadamers seiner Meinung nach subjektivistische Verzerrung der hermeneutischen Auslegungslehre (Betti 1962, 38ff.). Gadamer hatte gezeigt, in welcher Weise das Verstehen die Auslegenden immer selbst mit ins Spiel ihrer Auslegung bringt. Dagegen sollte die Norm historischer Objektivität die Interpreten literarischer Texte verpflichten, allein »den beseelenden Schöpfergedanken wiederzuerkennen« (Betti 1962, 12), den der Autor in sein Werk einst gelegt habe. In ähnlicher Weise wandte sich auch E.D. Hirsch kritisch gegen Gadamer (Hirsch 1972, 301ff.). Mit Hilfe seiner *Prinzipien der Interpretation* (1972) sollte es gelingen, der Literaturwissenschaft das Ideal objektiver, methodisch gültiger Rekonstruktion zu erhalten und den einen gültigen, intendierten Sinn eines Werkes zu bestimmen. Ganz anders war dagegen die Auseinandersetzung mit Gadamer gelagert, die unter dem Titel *Hermeneutik und Ideologiekritik* (Apel u.a. 1971) geführt wurde. Sie bezog sich auf den von Gadamer herausgestellten Aspekt der geschichtlichen Bezogenheit des Verstehens, mit dem die Begriffe der Autorität, der Tradition und des Klassischen rehabilitiert waren und das »naive Selbstgefühl der Gegenwart« (Gadamer) korrigieren sollten. Demgegenüber drang eine »kritische Hermeneutik« (Peter Bürger) auf die rationale Prüfung solcher Geltungsansprüche des Vergangenen innerhalb der Methodologie der Literaturwissenschaft, die zur Konstruktion eines kritischen Gegenwartsstandpunktes gerade auch gegenüber dem literarischen Kanon und dessen historischer Bedingtheit führen sollte. Damit einher ging die Reflexion auf die gesellschaftliche Vermitteltheit der Werke der Literatur in ihrer Entstehung, wie auch in ihrer Funktion innerhalb der bürgerlichen Gesellschaft als »Institution

Kunst« (Bürger 1979, 173ff.; → *Soziale Funktion und kultureller Status literarischer Texte*, S. 182). Gadamers Prinzip der Wirkungsgeschichte, das die vermeintliche Unmittelbarkeit des Verstehens im Umgang mit überlieferten Werken destruierte, initiierte andererseits eine neue Aufmerksamkeit für Rezeption und Rezeptionsgeschichte literarischer Werke. Hans Robert Jauß' Konstanzer Antrittsvorlesung *Literaturgeschichte als Provokation* (Jauß 1970) formulierte diese hermeneutische Einsicht zu einem neuen literarturtheoretischen Paradigma – der Rezeptionsästhetik – aus. So entstand das Programm einer Rezeptionsforschung, in der sich die Geschichte der ästhetischen Erfahrung mit der literarischen Hermeneutik so zu vermitteln suchte, daß der Sinnhorizont des literarischen Werkes erst im Zusammenspiel von Autor, Werk und Leser zu entwerfen war (Jauß 1981; 1991). Für Peter Szondi stellte sich das Problem einer literarischen Hermeneutik vordringlich in Hinsicht auf die Spezifizität ihres Gegenstandes: es sei »vom Höhenflug einer Philosophie des Verstehens zur irdischen Praxis der Auslegung und ihrer Methodenlehre […] zurückzukehren« (Szondi 1978, 108). So verfolgte Szondi für sein Projekt einer *materialen Hermeneutik* (Nassen 1979) die Tradition der Texthermeneutik bis ins 18. Jahrhundert zu Johann Martin Chladenius und Georg Friedrich Meier zurück (Szondi 1975). Vor allem aber erinnerte er an Friedrich Schleiermachers methodologisch ausgearbeitete Verstehenslehre als einer »neuen auf die Beobachtung des Sprachmaterials gegründeten Hermeneutik« (Szondi 1978, 109). Damit lag eine verstärkte Hinwendung zu sprachanalytischen Verfahren nahe, die Szondi in detaillierten Interpretationen an Werken verschiedenster Nationalliteraturen und Gattungen entfaltete. Die »drei Skandale der Hermeneutik, die Polysemie, die Schrift und die Zeit« (Japp 1977, 10) wurden mit der Rezeption des Strukturalismus und Poststrukturalismus wiederbelebt und verlangten danach, in der hermeneutischen Tradition eingespielte Begriffe wie Werk, Autor, Intention oder Subjekt erneut zu diskutieren. Die Versuche, sich die strukturalistischen Erkenntnisse als »korrespondierende Inanspruchnahme divergierender Verfahren« (Japp 1977, 11) anzueignen, mußten jedoch ihre Grenze in den erkenntnistheoretischen, bzw. erkenntniskritischen Modellen haben, die diese grundierten. Hier sind die Debatten zwischen Gadamer und Jacques Derrida (Forget 1984; Gadamer 1986b; Gadamer 1988) oder Paul de Man und Jauß (de Man 1986; Jauß 1989) aufschlußreich. Die von Manfred Frank in dieser Auseinandersetzung markierte Position knüpft ebenfalls an die Hermeneutik Schleiermachers an, deren Relevanz für die gegenwärtige Diskussion um die Interpretierbarkeit von Texten er mit seiner Monographie *Das Individuelle Allgemeine* (1977) heraushob. Frank hält dabei gegen die strukturalistische Bestreitung des hermeneutischen Subjekts an diesem als unhintergehbare *Individualität* fest (Frank 1990). In jedem literarischen Text sei immer auch ein sprachschöpferisches, individuelles Moment am Werk, das seine strukturale Beschreibung in Frage stelle, wie andererseits jeder originelle Sprachgebrauch eines Autors durch eine strukturell geprägte Sprachkonvention vermittelt sei: »Die Arbeit

»Vom Höhenflug einer Philosophie des Verstehens zur irdischen Praxis der Auslegung und ihrer Methodenlehre«

Die Skandale der Hermeneutik

Unhintergehbarkeit der Individualität

des Interpreten wird unter dieser Voraussetzung darin bestehen, in jedem Strukturmoment des Textes den ›individuellen Beisatz‹ zu entdecken und umgekehrt im individuellen Stil des Autors die Spuren der aufgehobenen symbolischen Ordnung nachzuweisen« (Frank 1979, 75). Die Absicht, das von Frank hervorgehobene sprachschöpferische Moment des individuellen Sprachgebrauchs im Horizont des *Wirklichkeitsbezuges* der Sprache zu reflektieren, charakterisiert schließlich den hermeneutisch-phänomenologischen Ansatz Paul Ricœurs. Mit der poietischen, schöpferischen *Einbildungskraft*, die sich in der Dichtung darstellte, verbinde sich, so Ricœur, immer auch *Erkenntnis* über die *Welt* des Textes, wie über Welt und *Existenz* des Interpreten. Das Auslegen sprachlicher Gebilde verlangt darum nach einem gehaltvollen Begriff der *Interpretation*, der sowohl gegen seine existentialistische wie gegen seine formalistische Vereinseitigung zu verteidigen ist (Ricœur 1973). Gadamers Alternative von »Wahrheit« und »Methode« vermittelt sich so in der Interpretation sprachlicher Gebilde, die nun als »Zusammenhang des Schöpferischen mit der Regel« (Ricœur 1986, I) begriffen werden. Dieser Zusammenhang erfordert eine systematische Analyse der semantischen Innovation und Sinnproduktion in der Sprache selbst, wie auch die welterschließende Funktion des Textes zu würdigen ist. So öffnet sich die Welt des Textes als *Lebendige Metapher* (Ricœur 1986) auf sein Außen – die Welt des Lesers – in der Lektüre der Geschichte, in der *Zeit und Erzählung* (Ricœur 1988) untrennbar verschränkt sind.

Weiterführende Lektüre

Über die Hermeneutik als Kunst des Verstehens im allgemeinen, innerhalb derer die literarische Hermeneutik nur einen unter verschiedenen Problembereichen darstellt, orientieren inzwischen eine Reihe eingehender Handbuchartikel, deren ergänzende Lektüre empfohlen wird (Ebeling 1959; Gadamer 1974; Pépin/Hoheisel 1988; Schreiter 1990; Veraart/Wimmer 1984; Apel 1955). Ferner sei auf den Beitrag *Verstehen konstruieren* in diesem Band verwiesen.

Kulturspezifische Lektüren.
Interkulturelle Hermeneutik
oder Ethnographie des Lesens?

Hans-Walter Schmidt

Kulturgebundenheit
von Lektüren

Im September 1991 versammelten sich im oberfränkischen Thurnau Germanisten aus unterschiedlichen Ländern zu einem bemerkenswerten Experiment. Sein Ausgangspunkt war folgende ebenso schlichte wie spontan einleuchtende These: »ein US-Amerikaner oder ein Schweizer [...] liest einen deutschen oder deutschsprachigen literarischen Text anders als ein arabischer Leser oder eine Japanerin« (Wierlacher / Eichheim 1992, 375). Gottfried Kellers Novelle *Pankraz, der Schmoller* sollte nun als Nagelprobe auf die Frage dienen, ob und wie sich bei der Interpretation eines literarischen Textes »kulturell unterschiedliche Lektüren identifizieren lassen« (ebd., 380). Die Teilnehmer wurden aufgefordert, zu diesem Zweck nicht nur eine Interpretation der Novelle vorzulegen, sondern zugleich eine Interpretation dieser Interpretation, die ihren kulturspezifischen »Referenzrahmen [...] in seiner bedeutungskonstitutiven Qualität transparent« (ebd., 379) machen sollte.

Die Konferenz machte damit zumindest einen interessanten Teilaspekt jenes elementaren Problemkomplexes zum Thema, den eine ethnozentrisch befangene Literaturwissenschaft lange Zeit fast vollständig verdrängt hat: Die Frage nach kulturell unterschiedlichen Rezeptionsweisen von Literatur und ihren medialen, sozialen und epistemologischen Determinanten. Von Belang ist sie zum einen aus pragmatischen Gründen, weil entsprechende Forschungen helfen könnten, den weltweit an Bedeutung gewinnenden fremdsprachenphilologischen »Literaturunterricht besser zu begründen, als es bislang gelungen ist« (ebd., 377), zum anderen aber auch in theoretischer Hinsicht, weil sie die noch näher auszulotende Relativität und Variabilität einer allzu oft als anthropologische Konstante verkannten zentralen Kulturtechnik vor Augen führen kann. Bestrebungen, die Praxis interkultureller Literaturvermittlung theoretisch zu reflektieren und zu fundieren, spielen eine ausschlaggebende Rolle bei der Anfang der achtziger Jahre einsetzenden Diskussion um eine ›interkulturelle Hermeneutik‹. Fast ausschließlich in ihrem Umkreis entwickelte sich bislang systematisches Interesse für die Kulturengebundenheit von Rezeptions- und Verstehensprozessen; sie war es auch, die den theoretischen Rahmen für das Treffen in Thurnau lieferte. Geführt wurde und wird die Diskussion hauptsächlich von Vertretern der sogenannten ›Interkulturellen Germanistik‹, jener jüngsten Variante universitärer Germanistik,

Interkulturelle
Hermeneutik

die sich als kultur- und literaturwissenschaftliche Erweiterung des traditionellen Faches Deutsch als Fremdsprache präsentiert und die »Erforschung und Vermittlung deutschsprachiger Kulturen unter der Bedingung und in der Perspektive ihrer Fremdheit« (Wierlacher 1987, 168) zu ihrem Programm gemacht hat. Für diese ihrem Anspruch nach ›praktische‹, Literaturforschung und Literaturlehrforschung integrierende Wissenschaft, die ›adressatenorientiert‹ verfahren will, sind zwangsläufig Fragen nach spezifischen Verstehensprozessen ihrer Klientel und nach Möglichkeiten zu deren Verbesserung und Effektivierung von zentralem Interesse. »Literaturdidaktik und literarische Hermeneutik erweisen sich als benachbarte, aufeinander angewiesene Argumentationsbereiche« (Krusche 1985, 8).

Interkulturelle Germanistik

Rekapituliert man die bisherigen Ansätze Interkultureller Hermeneutik, so zeigt sich, daß diese sich im wesentlichen aus der Verschränkung zweier methodischer Paradigmen entwickelt hat: aus der romantisch-universalistischen Hermeneutik Schleiermacher-Dilthey-Gadamerscher Provenienz zum einen, aus der Rezeptionsästhetik zum anderen (→ *Exkurs: Literarische Hermeneutik*, S. 337). Ihr Ausgangspunkt ist das Manko ›traditioneller‹ Hermeneutik, nur solche Verstehensprobleme zu berücksichtigen, die sich aus dem zeitlichen Abstand der zu rezipierenden Texte ergeben. Dagegen konstatiert die Interkulturelle Hermeneutik einen Bedarf an systematischer Aufarbeitung auch solcher Verstehensprobleme, die sich als Effekt kultureller Distanz einstellen.

Für die Hermeneutik Gadamers wird das *Wunder* des Verstehens nicht-zeitgenössischer Texte prinzipiell dann möglich, wenn der Rezipient in der gleichen Tradition steht wie das Werk, das er liest, wenn er eingerückt ist in dessen ›Überlieferungsgeschehen‹: »in allem Verstehen« ist »die Wirkung dieser Wirkungsgeschichte am Werke« (Gadamer 1990, 303). Das wirkungsgeschichtliche Kontinuum zwischen Subjekt und Objekt des Verstehens garantiert, daß der Verstehende sich in den geschichtlichen Horizont des fremden Textes hineinversetzen, seinen eigenen Horizont mit dem des Werkes »verschmelzen« kann und dabei »zu einer höheren Allgemeinheit« (ebd., 310) gelangt.

Distanz der Zeiten und Distanz der Kultur-Räume

Auch wenn die Tradition, um die es dabei geht, ihrer sprachlichen und kulturräumlichen Herkunft nach durchaus heterogen sein kann (gehören doch Texte der Bibel und der hellenisch-römischen Antike seit jeher zum hermeneutischen Problemkanon), gibt es für Gadamer keine kulturellen Grenzen, die das wirkungsgeschichtliche Kontinuum störend intermittieren. Fremdkulturelle Hermeneutik dagegen erklärt sich für gerade jene Texte zuständig, bei denen ein solches verbindendes Kontinuum nicht existiert. Die Frage nach dem Verbindenden, nach der Gemeinsamkeit im Verhältnis zwischen Eigenem und Fremdem ist folglich für sie von zentraler Bedeutung. Da es ihr gerade um Betonung kultureller Unterschiede geht, ist ihr der noch für Schleiermachers allgemeines Verstehenskonzept konstitutive Rekurs auf anthropologische Universalien, auf eine allgemein-menschliche ›Grundausstattung‹ (vgl. Brenner 1989a, 44) als Ermöglichungsgrund transkulturellen Verstehens verbaut.

Bis jetzt hat sich die Interkulturelle Hermeneutik selbst den hermeneutischen Aporien fremdkulturellen Verstehens kaum gestellt. Statt die von ihr selbst aufgeworfenen Fragen nach dessen grundsätzlichen Möglichkeitsbedingungen zu verfolgen, hat sie sich daran gemacht, das Verhältnis der Schlüsselkategorien ›Fremdes‹ und ›Eigenes‹ im Verstehsprozeß in ethischen Kategorien zu erörtern. So kritisiert Wierlacher bei Vertretern ›traditioneller‹ Hermeneutik »Denkmuster europäischen Kolonialverhaltens«, wenn sie das Ziel hermeneutischer Bemühungen darin sehen, »durch kontrollierte methodische Besinnung [...] das Fremde [...] auszuschalten« (Gadamer, in: Wierlacher 1985, 10), oder definieren, »das Fremde« sei so auszulegen, »daß es sich in das Vertraute einfügt«, weil »Verstehen [...] notwendig auf restlose Anverwandlung aus« sei (Bubner, in: Wierlacher 1985, 11f.). Als Antwort auf solche Gesten der Vereinnahmung und des Nicht-ernst-Nehmens des Fremden machen Wierlachers Theorie-Prolegomena die Helmuth Plessner entlehnte Formel stark, interkulturelles Verstehen sei »Vertrautwerden in der Distanz, die das Andere als das Andere und das Fremde zugleich sehen läßt« (Plessner, in: Wierlacher 1985, 20).

Folgenreicher als diese Überlegungen sind für die Praxis der Lektüre Maximen und Theoreme, die die Interkulturelle Hermeneutik der Rezeptionsästhetik entlehnt hat. Worum es dabei im Kern geht, ist eine systematische Aufwertung der Rolle des Lesers. Aus der Einsicht, daß die Konkretisierung des literarischen Werks im Akt des Lesens eine Funktion der ›hermeneutischen Ausgangslage‹ und der Perspektive des Lesers ist und es folglich eine prinzipiell unendliche Zahl unterschiedlicher Lektüren gibt, schlägt die Interkulturelle Hermeneutik methodisches Kapital: Indem sie den fremdkulturellen Leser deutscher Literatur »als Subjekt zu Wort kommen« lassen (!) und »die Vielfalt kulturrelativer Bedeutungszuweisungen nicht bloß respektieren, sondern ermöglichen« will, wähnt sie, sich »sowohl ein Dauerpensum als auch eine reiche Palette hermeneutischer Applikationen« zu verschaffen (Wierlacher 1985, 6f.). Dank der wissenschaftlichen Dignität, die damit fremdkultureller Lektüre verliehen ist, sofern sie nur »die Möglichkeiten, die ihre hermeneutische Ausgangslage bietet, auszuschöpfen« wagt, kann der Auslandsgermanistik zugleich pauschal die Fähigkeit attestiert werden, zu »interessanten, die Inlandsgermanistik ergänzenden oder gar infragestellenden Lese-Erfahrungen und Deutungs-Ergebnissen (zu) kommen« (Krusche 1985, 140). Der Verdacht liegt hier nahe, daß allein seine fremdkulturelle Ausgangslage den Interpreten legitimiert, dem Text Bedeutungen zuzuweisen, ohne daß deren historische Stimmigkeit noch begründet werden muß (vgl. Ndong 1990, 48). Die Theorie der Interkulturellen Hermeneutik gerät in diesem Punkt in die Nähe zu »Apologien zufälliger Lektüre«, wie sie für poststrukturalistische Literaturtheorien charakteristisch sind (Schmidt 1991).

Mag an dem skizzierten Konzept progressiver Universalhermeneutik immerhin noch der Gedanke überzeugen, der ›fremde Blick‹ von Außen könne Aufmerksamkeit auf blinde Flecken der Selbstreflexion

Der Imperialismus des Verstehens

Apologien zufälliger Lektüre

lenken, so befremdet umso mehr ihre gleichzeitige Berufung auf »allgemeine [...] Bedingungen des Lese-Akts«: »In der Reaktion auf Texte fiktionaler Kunst [...] erfahren wir uns in besonderem Maße als Subjekte. [...] Der Text ist [...] als Ganzes eine subjektive Äußerung, eine vertextete Subjektposition [...]. Indem wir diese »andere« Subjektivität auf uns ziehen, tun wir zweierlei: wir vollziehen dieses Andere in uns nach und wir erleben, indem wir das Andere konkretisieren, uns selbst.« (Krusche 1985, 141). Wer so argumentiert, verabsolutiert eine Rezeptionspraxis, die das historische Produkt eines jahrhundertelangen abendländischen Domestizierungsprozesses des Lesens ist (vgl. Assmann 1985): eine Rezeptionspraxis, die auf der Vorstellung beruht, Lesen sei die ›verstehende‹ Wiederbelebung des Geistes eines Autors aus den toten Buchstaben des Textes durch ein kongeniales Leser-Ich, das sich dabei als nachschaffender ›zweiter Autor‹ selbst affiziert und ›selbst liest‹. Zugrundegelegt wird das aufklärerische Programm einer literarischen Kultur, die Interpretation als Verschriftung subjektiver Leseerfahrungen definiert, damit Deutung und Selbstdeutung ineins setzt und ein ebenso selbstbewußtes wie Sinn produzierendes Leser-Ich generiert, ›das alle meine Lektüren muß begleiten können‹.

Selbst wenn die interkulturelle Hermeneutik noch so sehr eine Vielfalt kulturell unterschiedlicher Interpretationen beschwört: Tatsächlich läßt sie, ohne es zu bemerken, Pluralität nur insoweit zu, als es sich um unterschiedliche *inhaltliche* Lektüreergebnisse handelt. Was dagegen Rezeptions*verfahren* anbelangt, präsentiert sich Hermeneutik, unberührt von aller Interkulturalität, als universale Norm. Mit größter Selbstverständlichkeit wird davon ausgegangen, fremdkulturelle Leser litten an Sinn- und Identitätsdefiziten, sie läsen Literatur um der Sinnproduktion willen und um von ihr als »Medium prozessualer Selbstverständigung« (Wierlacher 1980, 149) Gebrauch zu machen. Damit wird freilich schlicht der pädagogische Diskurs der Aufklärung fortgeschrieben, der sowohl Zweckbestimmungen wie Prozeduren von Lektüre vorgibt. Ironischerweise ist es gerade ein afrikanischer Germanist, der hier einhakt: »In dem Augenblick aber, wo der rezeptionsästhetisch geschulte Theoretiker zum Literaturdidaktiker – also Vermittler der eigenkulturellen Literatur – wird, verwickelt er sich in einen Widerspruch. Man kann sagen, daß die Rezeptionstheorie den Leser emanzipiert, während die Literaturdidaktik ihn einweist« (Ndong 1990, 49).

Hermeneutik als Norm

Daß Lesen selbst aber keine anthropologische Konstante ist, sondern daß jeder »Leser, der Bedeutungen überhaupt erst generieren soll, hat selber generiert werden müssen« (Kittler 1985, 206), hätte der Interkulturellen Hermeneutik bereits ein Blick auf die abendländische Geschichte der Lektüretechniken eindringlich vor Augen führen können – man denke nur an die spezifischen Praktiken so unterschiedlicher ›Lesekulturen‹ wie der höfischen des Mittelalters, in der Lesen als soziales Vorleseritual statthatte, oder der des Barock, für die Lesen vor allem der Wissensanhäufung diente und in nichts anderem bestand, als Bücher nach Wissenswertem, Kuriosem und rhetorischen Glanzpunkten zu durchforsten.

Erzeugung von Lesern

Lesemodelle

Besonders aufschlußreich für den Vergleich unterschiedlicher Lesekulturen sind stets solche Texte, die sich ausdrücklich die Generierung
und Normierung von Lesern zum Ziel setzen: praktische Leseanweisungen also, pädagogische Maßregeln für den ›richtigen‹ Umgang mit
Texten. So hätte die Interkulturelle Hermeneutik in Johann Adam
Bergks einschlägiger *Kunst, Bücher zu lesen* aus dem Jahre 1799 wesentliche Maximen ihres eigenen Lektürekonzepts in kaum zu übertreffen-
der Prägnanz vorweggenommen finden können. Bücher sind für den
Kantianer Bergk das zweckmäßigste Mittel, um den Menschen zu
Mündigkeit, »Selbstthätigkeit« und Selbsterkenntnis zu erziehen. Verurteilt werden passive Leser, die wie eine »todte Maschine« oder wie
»Nachbeter [...] Buchstaben und Sylben zählen« (Bergk 1799, 62),
ebenso wie solche, die sich »bloß die Zeit vertreiben« und »amüsieren«
wollen, ohne daß ihnen »beim Lesen ein höheres Ziel« – sprich: Reflexion und Verstehen des Sinns – vorschwebt (ebd., 86). Lektüre wird
ganz in den Dienst der Entfaltung von Individualität und Subjektivität
gestellt: »Wir müssen das Buch, das wir lesen, durch unsere eigene
Thätigkeit lebendig machen und zum Sprechen bringen [...]. Wir müssen das *in uns* lesen, worüber nachzudenken uns ein Buch Gelegenheit
giebt. [...] Alles, was ist und geschieht, muß sich um unser Ich drehen,
wie die Erde um die Sonne« (ebd., 61f.). Weil »wir« es sind, die das
gelesene Fremde in uns als ›Eigenes‹ erzeugen, muß gelten: »in geist-
reichen Büchern lesen wir uns selbst« (ebd., 3). Die didaktische Pointe
Interkultureller Hermeneutik reduziert sich angesichts dieses Programms darauf, die von Bergk beschriebenen Prozeduren und Effekte
auf den Umgang mit fremdkulturellen Texten übertragen zu haben.

    Von noch größerer Bedeutung als die historische Bedingtheit von
Lektüretechniken ist für eine um Überwindung ihres Ethnozentrismus
bemühte Literaturwissenschaft freilich die Tatsache, daß Lesekonzepte
und -praktiken sich auch von Kultur zu Kultur unterscheiden. Hier

*Ethnographie des
Lesens*

liegt noch ein weites Feld für künftige Forschungen vielfältiger Art.
Ansätze finden sich unter anderem in den USA, wo sich eine Lese-
kulturenforschung unter der Bezeichnung *Ethnographie des Lesens* etabliert hat (vgl. den aktuellen Sammelband von Boyarin 1993). Dabei ist
Ethnographie, lange Zeit bekanntlich definiert als Wissenschaft von
den ›schriftlosen‹ Kulturen, freilich in einem weitgefaßten Sinn zu verstehen, der nicht mehr an der unhaltbar gewordenen Opposition von
oralen und schriftmächtigen Kulturen festhält. Ausgehend von der
doppelten Prämisse, daß Lesen auf einer Stufe mit anthropologischen
Universalien wie Essen, Kleidung, Sexualität steht und daß es zu den
wesentlichen Zielen von Ethnologie gehört, das Varianzspektrum
kultureller Manifestationen solcher Universalien zu dokumentieren,
vereinigt die Ethnographie des Lesens höchst unterschiedliche Studien:
Postkoloniale Lesekulturen der Gegenwart in kalifornischen Indianer-
reservaten oder im Hochland von Kolumbien werden in Feldstudien
ebenso untersucht wie am Beispiel von New Yorker Juden die ›Erben‹
jahrtausendealter Interpretationstraditionen. Selbst eher philologisch
fundierte Versuche zur Rekonstruktion historischer Lesekulturen – an-

tiker wie mittelalterlicher – finden im Rahmen so verstandener Ethnographie ihren Platz.

Bislang eher Sammelbecken für methodisch wie thematisch heterogenste Beiträge, hätte eine so weit gefaßte Lesekulturenanalyse zu allererst ihre Methoden zu systematisieren und ihre Kategorien zu differenzieren. Im Unterschied zur Interkulturellen Hermeneutik hätte sie weniger nach der kulturspezifischen Logik der Bedeutungszuweisung zu fragen, sondern vielmehr zunächst nach materiellen, medialen, sozialen und institutionellen Voraussetzungen der jeweiligen Lesekultur, sodann nach diskursiven und situativen Kontexten des Umgangs mit Literatur. Grundsätzlich ist beispielsweise zu klären, wie sich der Gebrauch unterschiedlicher Schriftsysteme und die damit verbundenen Lese- und Leselerntechniken auf die Sinnproduktion während des Rezeptionsprozesses auswirken. So ist zu vermuten, daß Literatur in einer Wortschrift wie der chinesischen, die sich von phonetischen Schriften durch ihren immensen Zeichenvorrat und durch ihre Signifikation unter Umgehung der lautsprachlichen Ebene unterscheidet, anders verarbeitet und »verstanden« wird als alphabetisch verfaßte Texte.

Lesekulturenanalyse

Neben vor allem empirisch-soziologischen Methoden verpflichteten Studien wären auch Arbeiten wünschenswert, die (wie bereits in Einzelfällen geschehen) an mentalitätsgeschichtliche Rezeptionsforschungen anknüpfen, also jenes kollektive Konglomerat kognitiver und affektiver Dispositionen (Gewohnheiten, Fertigkeiten, Vorstellungen, Werturteile usw.) untersuchen, das die funktionale Einbettung des Umgangs mit Literatur in die Totalität eines ganzen Lebenszusammenhangs bestimmt (vgl. Schön 1987, 28f.). Eine solche Ethnographie des Lesens könnte dann Beiträge zu jener Grundlagenforschung leisten, deren die Interkulturelle Hermeneutik als Komplement bedarf, um sich vor der Verabsolutierung des abendländisch-hermeneutischen Umgangs mit Literatur zu bewahren.

Um abschließend anhand eines Beispiels zumindest anzudeuten, wie stark sich die etablierten Normen einer Lesekultur von den propagierten der Interkulturellen Hermeneutik unterscheiden können, sei hier auf Kaoru Noguchis Untersuchung zur Tradition japanischer Lese- und Deutungspraktiken verwiesen. Noguchi beschreibt zunächst die Lektüreweise von Ito Jinsai, einem der großen japanischen ›Meister der Lesekunst‹ des 17. Jahrhunderts, die ein Gegenmodell zum oben dargestellten Bergkschen Konzept repräsentiert: »Lesen war kein analytisches Vorgehen, sondern eher ein geduldiges, vertrauensvolles und ich-loses Hinhören auf den Text. Jinsai las z. B. 40 Jahre lang in den Gesprächen des Konfuzius, bis Stimme, Atmen und Husten von Konfuzius selbst hörbar wurden« (Noguchi 1991, 81). Diese Form intensiver Lektüre scheint zwar ebenso auf umfassende Einfühlung in den Geist des Autors abzuzielen wie die Hermeneutik, den ›Lesemeistern‹ geht es dabei jedoch um alles andere als um Erfahrung ihres Selbst: »Daß sie die Klassiker mit ihrer eigenen Kraft lesen wollten, heißt nicht, daß sie eine eigene, individuelle Lesart suchten. Sondern sie hofften ernstlich, von der Ichsucht und unreinen Gedanken befreit,

Lesetraditionen in Japan

einen direkten Weg zu den Klassikern zu finden. [...] Ihnen ging es darum, [...] wie sie zu dieser Ich-losigkeit gelangen könnten« (ebd., 80). Wo neuzeitliche Theoretiker des Abendlandes vehement die Emanzipation des Lesers aus der ›Sklaverei‹ des Buches (vgl. Bergk, 1799, 63) propagieren, ist für die japanischen Meister die Hingabe an den Text so total, daß der Prozeß des Lesen zum Prozeß sukzessiver Selbstauslöschung geraten muß.

Das Verschwinden des Fremden

Noguchis Untersuchung ist noch in anderer Hinsicht aufschlußreich: Sie zeigt, daß die Entwicklung japanischer Lesetheorien zunehmend zur Angleichung an westliche Verhältnisse und im 20. Jahrhundert zu einem akademischen ›Methodenpluralismus‹ führt, wie man ihn auch in Yale, Paris oder Berlin findet. In der Literaturdidaktik treten schon in der Taishô-Zeit (1912–26) Konzepte auf, für deren Beschreibung sich Begriffe wie ›Horizontverschmelzung‹, ›Leseremanzipation‹ und ›Selbsterfahrung‹ aufdrängen: »Das Ziel des Literaturunterrichts ist Sich-Selbst-Lesen-Lassen. Sich-Selbst-Lesen heißt, durch die Lektüre der Sätze eines anderen im eigenen Inneren die verschiedenen Ideen und Gedanken (des anderen) nachvollziehen, sich über die ihm bis dahin unbekannte Wahrheit freuen, bei traurigen Geschichten mitleidende Tränen vergießen, und auf diese Weise daran Freude haben, ein neues Selbst in sich erweckt werden zu sehen. [...] Wenn es einhundert Leser gibt, gibt es einhundert Lesarten.« (Ashida Keinosuke, zit. nach Noguchi 1991, 96f.).

Die kulturelle Hegemonie des Abendlandes hat das Fremde tendenziell zum Verschwinden gebracht. Zweifellos betrifft die weltweit zu beobachtende Orientierung an europäischen Standards auch Kulturtechniken wie Lesen und Interpretieren. Dieses Verschwinden der ›Fremde‹ im Zuge einer eurozentrisch-›weltkulturellen‹ Homogenisierung ist, wie Brenner darlegt, die tatsächliche Voraussetzung interkulturellen Verstehens (vgl. Brenner 1989a, 48). Zumindest unter den ›professionellen‹ akademischen Lesern wirken sich längst methodische Differenzen gravierender aus als kulturelle. Daß in jenen Kulturen, in denen Schrift erst im Zuge der Kolonialisierung Einzug hielt, das Verhältnis zu (geschriebener) Literatur wesentlich durch die kolonialen Bildungssysteme vermittelt ist, liegt auf der Hand (vgl. Lüsebrink 1990). Was die an literarischer Überlieferung reichen außereuropäischen Schriftkulturen wie China, Indien, Arabien anbetrifft, ist davon auszugehen, daß deren ›traditionelle‹ Lektüretechniken ähnlich wie im Falle Japans längst von westlichen Einflüssen überlagert sind. Für eine Literaturwissenschaft, die sich die Erfassung kultureller Unterschiede von Leseweisen zum Ziel setzt, bleibt deren Rekonstruktion – die von Leseanweisungen ausgehen könnte, aber auch von literarischen, autobiographischen und ähnlichen Dokumenten – ein Desiderat von größter Bedeutung.

Exkurs: Aufzeichnung und Entgrenzung kultureller Alterität. Topik der Reiseberichte und Rousseaus zweiter Discours

Markus Krist

Der Themenkomplex ›die Fremdheit der anderen Kultur‹ spielt in ver- *Kulturelle Alterität:*
schiedenen Zusammenhängen eine Rolle, wie etwa in der philosophi- *Voraussetzungen und*
schen Diskussion um die Möglichkeiten des Fremdverstehens, die vor *Uminterpretationen*
einigen Jahren von einem Text Richard Rortys wieder angefacht wurde
(Rorty 1988), oder in den Forschungen zu kulturspezifischen Lektürepraktiken (→ *Kulturspezifische Lektüren: Interkulturelle Hermeneutik
oder Ethnographie des Lesens*, S. 340). Die Fremdheit der anderen Kultur
ist dabei weder eine ahistorische noch eine voraussetzungslose Größe.
Kulturkontakt hat es wohl immer gegeben, aber erst in der Neuzeit
wurde die fremde Kultur zu einem vielschichtigen Problem und ihre
Aufzeichnung zu einem großangelegten Unternehmen, das sich vor
allem in den Reiseberichten niedergeschlagen hat. Auch ist die Fremdheit der anderen Kultur nichts, das die eigene Kultur einfach auf sich
beruhen lassen würde, nachdem sie sie einmal wahrgenommen und
aufgezeichnet hat. Sie wird weiter bearbeitet, interpretiert und in unterschiedliche Problemstellungen einbezogen. Der vorliegende Beitrag
beschäftigt sich in einer historischen Fallskizze mit diesen beiden
Aspekten kultureller Alterität. Er behandelt *Voraussetzungen* für die
Wahrnehmung und Aufzeichnung von kultureller Alterität an vier
ausgewählten französischen Reiseberichten des 16. Jahrhunderts und
die *Uminterpretation* der in den Reiseberichten dokumentierten kulturellen Alterität in eine historische Anthropologie im 18. Jahrhundert
am Beispiel von Rousseaus zweitem Diskurs. Insofern verfolgt er in
einem zweifachen Sinn eine Entgrenzung der kompakten Größe
›kulturelle Alterität‹: als Bestimmung ihrer ›Untergrenze‹, das heißt
der historischen Voraussetzungen ihrer großangelegten Aufzeichnung
und als Bestimmung ihrer ›Obergrenze‹, das heißt ihrer Verarbeitung
in einer anthropologischen Disziplin, die sich auf diese Daten stützt,
dabei aber ihre Fremdheit und ihre Kulturgebundenheit tendenziell
wieder tilgt.

Reiseberichte und die Aufzeichnung kultureller Alterität

Der Reisebericht hat ein besonderes Verhältnis zu kultureller Alterität (Neuber 1991; Brenner 1991). Als Text, der aus dem Kontakt mit der anderen Kultur entsteht, scheint er direkt auf ihre Fremdheit bezogen zu sein. Die drei hier behandelten französischen Texte aus der Neuen Welt zu Anfang des 16. Jahrhunderts, Paulmier de Gonnevilles Reisebericht (1503/1505) und die Berichte von Jacques Cartiers beiden Reisen (1534 u. 1535/1536), geben aber ein etwas anderes Bild. In ihnen ist eine Wahrnehmung der spezifischen *Fremdheit* der anderen Kultur noch fast nicht vorhanden. Diese macht sich erst an dem vierten Text, Jean de Lérys Reisebericht von 1578, einigermaßen bemerkbar. Dafür läßt sich an den ersten drei Texten zeigen, inwiefern die Wahrnehmung und Aufzeichnung von kultureller Alterität ein voraussetzungsvoller Prozeß ist und von welchen Größen er in dieser spezifischen historischen Situation abhängt. Hier ist es die langsame Überlagerung von zwei Raummodellen, die einen Zugang zur fremden Kultur bilden: auf der einen Seite der Raum der eigenen, christlichen Kultur, der immer weiter in die fremde Kultur hineingetrieben wird und auf der anderen Seite der Raum der Reiseberichtstopik, die traditionell ein geordnetes, standardisiertes Repertoire zur Beschreibung eines Landes und seiner kulturellen Einrichtungen geliefert hatte (→ *Topik/Inventio*, S. 82). An den vier Reiseberichten lassen sich die Etappen der langsamen Identifizierung dieser beiden Raummodelle nachzeichnen (zum Raummodell vgl. Lotman 1981). Mit dieser Identifizierung und den schrittweisen Veränderungen, die dabei in den Texten selbst vor sich gehen, bildet sich hier die Möglichkeit großflächiger Aufzeichnung von kultureller Alterität aus.

Der wohl früheste französische Reisebericht aus der Neuen Welt ist *Le voyage de Paulmier de Gonneville au Brésil* (1503–1505). Er steht noch deutlich in einer mittelalterlichen Tradition, die den Reisebericht im Rahmen der *artes mechanicae* – den angewandten im Unterschied zu den freien Künsten – innerhalb der Seefahrt (*navigatio*) situierte (Neuber 1989, 56). Der Großteil dieses Textes besteht, neben ausführlichen Listen der mitgeführten Gegenstände, aus einer Dokumentation von Reiseroute und Reiseverlauf. Die Beschreibungen der Natur und der fremden Kultur werden hier in den Reiseverlauf eingefügt (*ordo naturalis*, ebd., 55). Bei Gonneville klaffen die beiden Räume noch weit auseinander: die Grenzen des Raumes der christlichen Kultur liegen im Meer, der Raum der Reiseberichtstopik auf dem Land. Das zeigt sich etwa bei der Begründung für die Rückreise: daß »noch niemals Christen soweit in dieses Meer vorgedrungen waren«, so daß »man die Rückkehr in die Christenheit beschloß« (Gonneville 1503/05, 49). Und auch daran, daß die Seeleute die Küsten des durchschifften Raumes mit Kreuzen, den Zeichen der Christenheit, markieren (ebd., 50, 53f.).

Der Raum der Reiseberichtstopik, in dem die fremde Kultur wahrgenommen wird, liegt getrennt davon auf dem Land. Auf den wenigen Seiten, auf denen die Guarani beschrieben werden, finden sich der

Topos *vita et mores* und geläufige *loci* aus der Topographie wie ›natürliche Grenzen des Landes‹, ›Wohnstätten‹ und ›Regierung‹ (ebd., 49ff. zum Topos *vita et mores* Neuber 1991, 93ff.). Die indianische Kultur wird mit diesem topischen Inventar beschrieben, aber ihre spezifische Fremdheit wird darin nicht wahrgenommen. Gonneville bezeichnet die Eingeborenen noch nicht als Wilde (*sauvages*), sondern spricht von »den Indianern« (folgende Zitate 49ff.) oder von »den Leuten dieses Erdteils«. Und wenn er auf abweichendes Verhalten stößt, so nimmt er es nicht als einen besonderen Bestandteil der fremden Kultur wahr. Als die Seeleute Zeugen werden, wie ein junger Mann, der seine Mutter geschlagen hat, ertränkt wird, notieren sie das nur als »denkwürdiges Beispiel« [exemple digne de mémoire]. Es geht so vollständig in den topischen Kategorien des Außerordentlichen und Merkwürdigen auf, die zum Standardrepertoire der Reiseliteratur gehören (Stagl 1989, 158) und wird nicht als Indiz der Fremdheit der anderen Kultur wahrgenommen.

Ähnlich verhält es sich in den beiden Reiseberichten von Jacques Cartier. Doch findet man bei Cartier schon ein anderes Modell des bereisten Raumes. Es ist nicht mehr ein außerhalb der christlichen Welt liegender und deshalb bedrohlicher Raum, sondern ein unbekannter, der Ausmessung und Verortung zugänglicher Raum. Inseln und Kaps werden mit Namen versehen und geographisch situiert, so daß sich im Verlauf der Reise durch Vermessung und Namensgebung erst ein elementarer nautischer Orientierungsraum konstituiert. Cartier kennzeichnet die Eingeborenen schon als Wilde (»sauvages«). Diese Kennzeichnung bezieht sich aber nicht auf die Fremdheit ihrer Kultur, sondern auf ihre Armut. Sie sind »sauvages«, weil sie nichts Wertvolles besitzen (Cartier 1534, 145). Wie bei Gonneville wird auch bei Cartier die fremde Kultur mit dem topischen Repertoire wahrgenommen (Cartier 1535/1536, 196ff.). Die Beschreibung des indianischen Dorfes Hochelaga organisiert sich ganz nach den geläufigen topischen Mustern, wobei der Topos *vita et mores* besonders wichtig ist: Situierung und Anlage der Stadt, Größe und Beschaffenheit der Häuser, Essenszubereitung, Bekleidung und Wertgegenstände. Im Gegensatz zu Gonneville beschreibt Cartier auch die indianischen Glaubensriten, daneben Polygamie und ein Bordell junger, unverheirateter Mädchen. Während bei Gonneville der Raum des christlichen Glaubens und der topische Raum der Beschreibung der fremden Kultur noch klar voneinander getrennt waren, dehnt sich bei Cartier der Raum der christlichen Welt auf den topischen Raum der Beschreibung der fremden Kultur aus: die religiösen Praktiken der Indianer werden Teil des Raumes der christlichen Kultur, der ihre Abweichung sofort registiert. Das führt dazu, daß Cartier die indianische Religion in Termini der christlichen Glaubenswahrheit bestreitet (ebd., 211ff.).

Jean de Lérys *Histoire d'un voyage fait en la terre du Brésil* (1578) beruht auf einem zehnmonatigen Missionsaufenthalt in der französischen Kolonie Brasilien. In diesem Reisebericht sind nun die beiden Räume identisch geworden: der topische Raum der Beschreibung der

fremden Kultur ist ganz in den Raum des christlichen Glaubens einge-
zogen. Erst hier, als die andere Kultur Teil des Raumes der eigenen
Kultur geworden ist, wird ihre Fremdheit großflächig wahrgenommen
und detailliert aufgezeichnet. Das beruht auch auf Veränderungen des
Reiseberichtstextes selbst. Lérys Text ist nicht mehr einfach ein Reisebericht, sondern die *histoire* einer Reise. Diese Umstellung vom *voyage*
auf die Gattungsform der *historia* hat weitreichende Konsequenzen für
die großflächige Aufzeichnung von kultureller Alterität. In den Berichten Gonnevilles und Cartiers, die vor allem die Reise selbst nacherzähl-
ten, wurde die Beschreibung der fremden Kultur im *ordo naturalis*
vorgenommen, d. h. dort in den Bericht eingefügt, wo man im Verlauf
der Reise auf sie traf. Sie war Teil der Reiseerzählung und damit auf
den wenigen Platz beschränkt, den sie in dieser Erzählung einnehmen
konnte. Mit dem Rückgriff auf die *historia*, den Léry vornimmt, kann
nun die Beschreibung aus ihrer Bindung an die Erzählung des Reiseverlaufs gelöst und selbständig entfaltet werden. Denn die ältere *historia* hält zwei Merkmale bereit, die hier genutzt werden können: sie
ist eine umfangreiche Zusammenstellung von Daten und sie kann
nicht nur narrativ, sondern auch deskriptiv sein (Kambartel 1968, 63).
Mit diesem Gattungswechsel sind nun auch im Text die Voraussetzungen für eine großangelegte Aufzeichnung von kultureller Alterität geschaffen. Die Reiseerzählung (die ersten sechs und die letzten beiden
Kapitel) und die Beschreibung der fremden Kultur (die vierzehn da-
zwischenliegenden Kapitel) werden voneinander getrennt und der
Text nimmt an Volumen zu: Gonnevilles Bericht hatte etwas über 30
Seiten, die beiden Reisen von Cartier zusammen gut 130 Seiten. Lérys
Histoire d'un voyage kommt nun schon auf über 400 Seiten.

In den vierzehn Kapiteln, die die fremde Kultur beschreiben, entfaltet sich nun das Inventar der Reiseberichtstopik. Diese ist vor allem
auf das Singuläre, das Merkwürdige und Unbekannte – die sogenannten *mirabilia* – gerichtet, wie es auch der vollständige Titel von Lérys
Buch deutlich macht: »Geschichte der Reise in das Land Brasilien, auch
Amerika genannt, mit einer Darstellung der Seereise und den bemerkenswerten Dingen, die der Verfasser auf dem Meer gesehen hat, dem
Benehmen Villegagnons in diesem Lande, den *seltsamen Sitten und Le-
bensweisen der Wilden Amerikas*, mit einem Gespräch in ihrer Sprache,
und einer Beschreibung mehrerer Tiere, Bäume und Pflanzen und *anderen einzigartigen und hierzulande völlig unbekannten Dingen*, die man im
Inhaltsverzeichnis am Anfang des Buches aufgeführt findet« (Her-
vorhebungen von mir, M. K.).

Lérys Beschreibung der fremden Kultur ist eine Amplifikation der
bereits genannten topischen Muster, besonders des Topos *vita et mores*.
Und weil sie sich auf das Seltsame und Merkwürdige richtet, gewinnt
sie eine besondere Aufnahmefähigkeit für ›Ethnographisches‹ (vgl.
Neuber 1991, 93ff.). Neben einem Kapitel einer allgemeinen Beschreibung der Wilden enthält Lérys *Histoire* umfangreiche Kapitel zu Krieg,
Religion, Heirat, Gesetzen, Krankheit und Tod, in denen ausführlich
von den anderen Institutionen und seltsamen Gebräuchen der fremden

*Das Singuläre,
das Merkwürdige
und das Unbekannte*

Kultur berichtet wird. Léry berichtet etwa, daß sich die Wilden nicht bekleiden und auch keine Scham dabei empfinden, nackt herumzulaufen, was eindeutig in Widerspruch zu dem Genesis-Bericht der Bibel steht (Léry 1967, 111 ff.). Aber auch weniger spektakuläre kulturelle Praktiken, die von den europäischen abweichen, werden detailliert erfaßt, wie z. B. der besonders ›seltsame‹ Brauch, Essen und Trinken strikt voneinander zu trennen (ebd. 195).

Blickt man von Lérys *Histoire d'un Voyage* auf die vorhergehenden Reiseberichte zurück, so werden die Voraussetzungen für die extensive Aufzeichnung von kultureller Alterität in den französischen Reiseberichten des 16. Jahrhunderts sichtbar. Es sind hier besonders zwei: erstens die Integration der anderen Kultur in den Raum der eigenen, christlichen Kultur, die die Bedingung für eine permanente Wahrnehmung ihrer Fremdheit ist und zweitens die Ausbildung einer Textform, die diese Fremdheit umfassend aufzeichnen kann. Die *historia* bot sich für Léry an, weil sie eine großangelegte topische Beschreibung der fremden Kultur ermöglicht, die nicht mehr an die Erzählung des Reiseverlaufs gebunden ist.

Verzeitlichung und Anthropologisierung
dokumentierter kultureller Alterität: Rousseaus zweiter Discours.

Im 18. Jahrhundert, besonders in seiner zweiten Hälfte, setzen sich zunehmend anthropologische Perspektiven durch (Marquard 1981, 40ff.; Linden 1976). Rousseaus zweiter Discours (1755), der Teil dieser Tendenz ist, stützt sich auf die extensive Dokumentierung kultureller Alterität in den Reiseberichten (zu den erschienenen Texten Duchet 1977, 413ff.). Vom 16. Jahrhundert an akkumulieren die Reiseberichte kulturelle Alterität an der Peripherie der europäischen Kultur und dokumentieren sie in Textform in deren Zentrum (Bödecker 1986, 281; Paßmann 1989, 55 u. 110). Im Zentrum, an den Universitäten und Akademien, wird diese Alterität durch Integration in den europäischen Horizont, der sich damit über den Weltkreis ausdehnt und zeitliche Tiefe annimmt (Leroi-Gourhan 1980, 16f.), verarbeitet. In diesem Prozeß wird der symbolisch besetzte christliche Raum (vgl. Lotman 1981, 233ff.) von einem homogenisierenden geographischen Raum abgelöst, und die Fremdheit der anderen Kultur wird in eine frühe Entwicklungsstufe der Menschengattung uminterpretiert.

An Rousseaus zweitem Discours kann man sehen, wie eine solche Uminterpretation von dokumentierter kultureller Alterität in Elemente einer historischen Anthropologie vor sich geht. Der Discours geht von der Frage aus, ob die gesellschaftliche Ungleichheit naturrechtlich legitimiert ist und rekonstruiert zu ihrer Beantwortung die Entwicklung der Menschengattung vom Naturzustand bis zu den ausgebildeten politisch verfaßten Gesellschaften. Rousseau gibt die traditionellen Gattungsbestimmungen des Menschen als eines ›gesellschaftsbildenden‹ oder ›vernünftigen‹ Lebewesens (z. B. Aristoteles 1971, 1253a, 1ff. u.

Ausdehnung und Verzeitlichung des Raumes

Uminterpretation von kultureller Alterität in eine historische Anthropologie

Cicero 1976a, I, 11) auf und setzt an ihre Stelle die *perfectibilité*, die nur ein Entwicklungsvermögen, aber keine besondere Eigenschaft beinhaltet und in der fehlenden Instinktgebundenheit des Menschen begründet ist (Rousseau 1983, 109). Im Naturzustand lebt der Mensch daher wie die Tiere, vereinzelt, ohne Gesellschaft und ohne Sprache (vgl. Plattner 1979). Mit dieser Neufassung des Gattungsbegriffs ist die Basis für eine Geschichte der menschlichen Natur gelegt. Denn da diese Natur jetzt nicht mehr durch besondere Eigenschaften bestimmt ist, bekommt sie ihre Bestimmung erst in dem historischen Prozeß, in dem diese Eigenschaften – Vernunft, Sprache und Gesellschaftlichkeit – langsam erworben werden. Dieser Prozeß ist die langwierige Geschichte des Übergangs vom Naturzustand in den Gesellschaftszustand.

Hier findet der Eintrag der Daten aus den Reiseberichten und die Vertiefung des Zeithorizontes statt. Mit den Informationen aus den Reiseberichten wird der zeitliche Abstand von Natur- und Gesellschaftszustand ausgedehnt und der Naturzustand selbst verzeitlicht. Durch das Postulat eines tierähnlichen Naturzustandes trennt Rousseau die Gleichsetzung von Naturzustand und den Eingeborenenkulturen Amerikas, die bis dahin gängig war (z.B. Hobbes 1966, 97), auf. Er unterscheidet jetzt als Anfangspunkt einen »premier état de nature«, in dem der Mensch physisch dem Tier gleicht und einen »dernier terme de l'état de nature«, in dem in den kleinen Stammesgesellschaften immobiles Eigentum entsteht und der Naturzustand verlassen

wird (Rousseau 1983, 206 u. 192). Die zeitliche Ausdehnung von Anfang und Ende des Naturzustands geschieht durch den Eintrag der Daten aus den fremden Kulturen in dieses Intervall. Das beginnt bei dem anfänglichen Naturzustand, in dem der Mensch den Tieren physisch noch ganz ähnlich ist (ebd., 85). Diese Analogie stützt Rousseau auf die Reiseberichte (ebd., 105 u. Anm. f zu 89), die von der wundersamen Stärke, Geschicklichkeit und scharfen Sinneswahrnehmung der Wilden berichten. Diese körperlichen Eigenschaften, die den harten Lebensbedingungen am Anfang der Menschheitsgeschichte entsprechen, verlieren sich dann, weil sie im Prozeß der langsamen Vergesellschaftung durch Werkzeuge und Institutionen ersetzt und überflüssig werden. Mit dieser Neusituierung werden die körperlichen *mirabilia* der Wilden, von denen die Reiseberichte erzählten, aus ihrer Gebundenheit an die fremde Kultur gelöst. Sie bekommen einen Zeitindex und stehen jetzt für eine allgemeine körperliche Verfassung des Menschen am Anfang seiner Geschichte. Aus kultureller Alterität wird so ein anthropologischer Befund.

Diese Uminterpretation kultureller Alterität setzt sich fort, wenn Rousseau die Reiseberichte als Leitfaden und Beleg für die weitere Entwicklung des Menschen im Naturzustand nimmt. Hier liefern die Reiseberichte Daten, die sich zwischen den postulierten rein animalischen Naturzustand und die fortgeschrittenen Gesellschaften interpolieren lassen, wenn man sie als eine frühe Entwicklungsstufe interpretiert. Rousseau spricht von dem »ungeheuren Zwischenraum, der sich zwischen dem reinen Naturzustand und dem Bedürfnis nach Sprachen« befindet (ebd., 151) und rekonstruiert dann die Entwicklungsschritte, die vom anfänglichen Naturzustand bis zu seinem Ende führen und diesen Zeitraum füllen (ebd., 191ff.). Die Kulturen Amerikas werden an dieser Stelle zum Modell für eine einfache Gesellschaft am Ende des Naturzustands (ebd., 203ff.), die mit der Dorfgemeinschaft und ihren Hütten, den Festen und Tänzen den Reiseberichten aus der Neuen Welt abgelesen ist. Rousseau insistiert darauf, daß die ›Wilden‹ hier schon weit vom anfänglichen Naturzustand entfernt sind (ebd., 207). An ihnen kann man bereits einige Veränderungen der menschlichen Natur gegenüber dem anfänglichen, tierhaften Naturzustand wahrnehmen: lockere Vergesellschaftung, eine ausgebildete Sprache und leichte Ungleichheit – Veränderungen, die viel Zeit in Anspruch genommen haben. Mit dieser Rekonstruktion zeigt Rousseau auch, wie groß die Entwicklungsschritte sind, die den ausgehenden Naturzustand noch von den gegenwärtigen Gesellschaften trennen: Ackerbau, Metallverarbeitung, Entstehung von immobilem Eigentum, Ausbildung einer politisch organisierten Gesellschaft und im Anschluß daran Regierung und Beamtenwesen (ebd., 213ff.).

Zeitliche Situierung der fremden Kultur in der menschlichen Gattungsgeschichte

Diese Uminterpretation der Daten aus den Reiseberichten in eine historische Anthropologie tilgt tendenziell ihre Fremdheit und ihre Kulturgebundenheit, also das, was ihre Aufzeichnung motiviert hatte. Denn Rousseaus Rekonstruktion der menschlichen Gattungsgeschichte nimmt nur die Daten aus den Reiseberichten auf, die sich plausibel als Beleg für die nicht überlieferte Vorgeschichte der europäischen Kultur interpretieren lassen, wie etwa die Berichte von der körperlichen Stärke, die hier an den Anfang einer Verfallsgeschichte gesetzt werden können. Nicht aufgenommen werden alle Merkwürdigkeiten, die so entlegen sind, daß sich mit ihnen keine Entwicklungsschritte belegen lassen, die aber zu den Spezifika der fremden Kultur gehören: die unterschiedlichen Bau- und Siedlungsweisen, die Details der Glaubens- und Folterpraktiken usw. Die anthropologische Interpretation von kultureller Alterität im 18. Jahrhundert nimmt nur das an Fremdheit und Kulturrelativität auf, womit sie die Lücken der einen menschlichen Gattungsgeschichte, ihrer eigenen Geschichte, füllen kann.

Weiterführende Literatur

Todorov (1985) beschäftigt sich unter dem Gesichtspunkt der Alterität mit Texten zur Entdeckung Amerikas, Affergans (1987) behandelt das Verhältnis von kultureller Alterität und Anthropologie und liefert eine Kritik der Anthropologie als Wissenschaft. Interessante Analysen zu verschiedenen Repräsentationstechniken von kultureller Alterität bei Greenblatt (1991a). Gesamtdarstellungen zur Anthropologie der Aufklärung geben Moravia (1973), Duchet (1977) und Krauss (1978), eine gute Studie zur Rolle der Geschichte bei Rousseau ist Horowitz   (1987).

Zur Karriere des Close Reading:
New Criticism, Werkästhetik
und Dekonstruktion

Michael Weitz

Michael Weitz

Formalismus und kulturwissenschaftliche Ambition

Nach einer Reihe jüngerer Forschungsanstrengungen zu urteilen, weht der Wind der Zeit nicht in Richtung einer formalistisch-textnahen Literaturwissenschaft. Man liest zumindest in den USA – nach Jahren der ›Textemphase‹ – wieder etwas weniger über die Möglichkeitsbedingungen der Lektüre, dafür viel über Literaturwissenschaft als Kulturwissenschaft. Und in Deutschland, wo die Rezeption der am sprachlichen Raffinement interessierten Dekonstruktion nur mit erheblicher Verzögerung eingesetzt hat, ist das Interesse an der formalistisch-textnahen Arbeit seit der Abkehr von der Werkästhetik nie so recht wiederbelebt worden. Entsprechend liegen die theoretischen Akzente, die das Fach augenblicklich setzt, weniger auf der Reflexion über die Komplexität textueller Bedeutung an sich als vielmehr auf der Wechselbeziehung zwischen literarischen Texten und solchen Kategorien, die die Teilhabe an der Kultur und der Gesellschaft betreffen, wie etwa Selbst, Mensch und Subjekt (→ *Soziale Funktion und kultureller Status literarischer Texte*, S. 182).

So sehr die strukturalistischen und auch dekonstruktiven Analysen die Nähe zum Text und zur Literatur als einem Medium betonen, das notwendigerweise seinen eigenen Formalismus hervorbringt und ein Repertoire technisch ausgefeilter Lektüretechniken erfordert, so sehr sehen die in außerliterarischen Theorien, in der Diskursanalyse, in der Systemtheorie oder in Kulturtheorien verankerten Ansätze in der Regel von der eigentümlichen semiotischen Rätselhaftigkeit und sprachlichen Komplexität literarischer Texte ab. Die (Re)-Konstruktion kultureller und gesellschaftlicher Zusammenhänge, Entwicklungen und Dynamiken scheint sich mit einer Aufmerksamkeit für die in vielerlei Hinsicht rätselhafte Dichte literarischer Bedeutungsproduktion schlecht zu vertragen. Doch es ist nicht nur so, daß die an kulturellen und gesellschaftlichen Großformationen interessierten Studien ihre Aufmerksamkeit selten oder eben nur am Rande den sprachlichen Subtilitäten eines Gedichts widmen, sondern auch eine auf ein textnahes Arbeiten sich festlegende Literaturwissenschaft blendet historische und gesellschaftliche Prozesse oft aus. Es kann deshalb kaum überraschen, daß solchen Richtungen, die ein textnahes Arbeiten favorisieren oder favorisierten, wie dem New Criticism in England und in den USA, der Werkästhetik in Deutschland und schließlich der Dekonstruktion ein gefährlicher Eskapismus vorgeworfen wird, während

Eskapismus oder Naivität?

literaturwissenschaftliche Richtungen, die nicht so textnah arbeiten, sich häufig den Vorwurf formalistischer oder hermeneutischer Naivität anhören müssen.

Es bedeutete ohne Zweifel eine Eskalation dieses Konflikts, als Paul de Man in den *Allegories of Reading* von 1979 die textnahe Arbeit, das *Close Reading*, zur unüberwindbaren Hürde auf dem Weg zu einer historischen Repräsentation literarischer Bedeutungsstrukturen erklärte: Die *Allegories of Reading*, konstatiert de Man dort, »begannen als historische Studie und endeten als eine Theorie des Lesens. Ich begann Rousseau genau [seriously] zu lesen als Vorbereitung für eine historische Reflexion über die Romantik und fand mich nicht in der Lage, über die einzelnen Schwierigkeiten der Interpretation hinauszukommen« (de Man 1979, ix). Zu dem Zeitpunkt hatte das *Close Reading*, das der New Criticism einst als wichtigste Aufgabe der Literaturwissenschaft begriff, bereits eine lange Karriere hinter sich. Doch die dekonstruktive Wende in der Konzeptualisierung von Lesetechniken war für die Entwicklung der literaturwissenschaftlichen Fächer in den USA einschneidend. Als 1986 J. Hillis Miller, einer der heftigsten Verfechter dekonstruktiver Lektüreverfahren (Hillis Miller 1983, 1987, 1991) in seiner Eigenschaft als Präsident der *Modern Language Association*, des einflußreichen literaturwissenschaftlichen Dachverbandes in den USA, von der ungeheuren Bedeutung sprach, ein »wirkliches Lesen« [real reading] zu lehren (Hillis Miller 1991, 327), meinte er damit ganz selbstverständlich ›dekonstruktives‹ Lesen. Doch die Forderung der Dekonstruktion nach einem textnahen Arbeiten überhaupt und gleichzeitig nach einer ›neuen‹ Art des Lesens legt die Frage nahe, wie sich ein solches Lesen eigentlich von jenen Formen des Lesens und der textnahen Arbeit unterscheidet, die der New Criticism und die Werkästhetik einst anstrebten. Das Zitat aus den *Allegories of Reading* legt wohl eines nahe: daß – ganz im Gegensatz zur Werkästhetik und zum New Criticism – das Thema der dekonstruktiven ›Dramatisierung‹ des Lektüreprozesses die Repräsentation von Geschichte ist. Das heißt: Wo die Werkästhetik und der New Criticism mit dem Hinweis auf die Besonderheit der Literatur die Frage nach der Übersetzbarkeit von Literatur in einen historischen Diskurs eher abblocken, indem sie auf den ›transzendenten‹ Sonderstatus der Literatur verweisen, geht es der Dekonstruktion gerade um die Frage nach der Möglichkeit oder Unmöglichkeit der Übersetzung von literarischen Texten in historische, soziologische oder psychische Zusammenhänge. Nur wird dieses Problem der Übersetzung nicht, wie in Ansätzen, die mit starken gesellschaftstheoretischen Hintergrundannahmen arbeiten, von der Gesellschaft, sondern ›vom Text her‹ gedacht. Es geht dann nicht mehr um eine Geschichte der Texte oder um die Repräsentation von Kultur durch literarische Texte, sondern, pointiert gesagt, um Geschichte und Kultur als Text. Es ist gerade diese Konzeption von Geschichte und Kultur *als Text*, die für viele literaturwissenschaftliche Zugriffe, die unter dem Leitparadigma Kulturwissenschaft arbeiten, wichtig geworden ist. So ergibt sich ein verwirrendes Bild. Kulturwissenschaftlich arbeitende

Auf den Weg zu einer Theorie des Lesens

Literatur und ihre Repräsentation in der Literaturgeschichte

Studien bedienen sich oft solcher Lektüreverfahren, die von der Dekonstruktion inspiriert sind, während sie dem formalistisch-textnahen
Rigorismus der Dekonstruktion eher eine Absage erteilen. Und obwohl
der New Criticism und die Dekonstruktion in ihrer ›Textauffassung‹
grundsätzlich divergieren, finden sie in dieser rigorosen Textnähe einen gemeinsamen Nenner.

New Criticism

Intentional fallacy und
Autonomie

So war es denn vor allem die vom New Criticism propagierte Textnähe, die de Man in den frühen sechziger Jahren – also zu einer Zeit, in
der der ›Skandal‹ der Dekonstruktion noch in der Zukunft lag – ver-
anlaßte, mit einigem Enthusiasmus auf die Bedeutung des New Criticism für die Entwicklung der Literaturwissenschaften hinzuweisen.
Das große Verdienst des New Criticism sei es gewesen, »die Autonomie des literarischen Werkes und die feine Ausgewogenheit seiner
Struktur [delicate equilibrium of its structure] vor der Vereinnahmung
durch grob deterministische Systeme zu bewahren« (de Man 1964,
643). Interessanterweise hebt de Man noch in dem Aufsatz *Semiology
and Rhetoric* aus den *Allegories of Reading*, in dem es programmatisch
um eine dekonstruktive Lektürearbeit geht, die »innovativen Werke
des New Criticism« hervor. Seit dem New Criticism sei unter technischen Gesichtspunkten zumindest in der amerikanischen Literaturwissenschaft sehr wenig passiert (de Man 1979, 4). Tatsächlich gibt es nicht
wenige Punkte, die de Mans Konzept des Lesens und seiner Skepsis
gegenüber der Historisier- und Repräsentierbarkeit literarischer Strukturen – auf den ersten Blick – sehr ähneln. Die New Critics polemisier-
ten seit den dreißiger und vierziger Jahren gegen eine positivistische
Literaturgeschichtsschreibung und gegen ein die Intention des Autors
rekonstruierendes Interpretationsverfahren (Wimsatt 1954, 21; T. S.
Eliot 1960, 3ff.; Wimsatt und Beardsley 1943, 326ff.). Gerade die Ablehnung der Rekonstruktion von Intentionen – Wimsatt und Beardsley
prägten das Wort von der »intentional fallacy« (Wimsatt 1954, 21) –
erinnert zunächst an das radikale Verwerfen der Autorkonzeption (→
Autorfunktion und Buchmarkt, S. 147) in der dekonstruktiven Literaturtheorie. In England war es seit den dreißiger Jahren vor allem William
Empson (1951, 1963), der in Anlehnung, aber auch in Korrektur (Culler
1988, 90) seines Lehrers I. A. Richards (1924/1985) die semantische
Analyse von Texten vorantrieb. Daß Empson dann doch außerliterarische, biographisch-psychologische und literarhistorische Hinweise für
die Interpretation hinzuzog, trug ihm bezeichnenderweise die Kritik
seiner amerikanischen Kollegen ein. In ihrer Geschichte der Literaturkritik bezichtigen ihn Wimsatt und Cleanth Brooks, Psychologismen
anheimzufallen (Wimsatt und Brooks 1957, 640; vgl. auch Weimann
1974, 79). Abstrahiert man ein wenig von der Vielfalt der einzelnen
Positionen, die sich schwerlich historisch gerecht zusammenfassen lassen, kann man sagen, daß literarische Texte im New Criticism als au-

tonome und ahistorische Objekte betrachtet wurden (Wellek und Warren 1942/1956, Wimsatt 1954). Und man möchte sich dann darüber
streiten, wie weit man in der Akzentuierung dieser Autonomie gehen
wollte. Doch wie man den jeweiligen theoretischen Standort auch im
einzelnen beschrieb, in jedem Fall wurde gegen extrinsische Annähe-
rungen an den Text argumentiert, die sich historischer, biographischer
oder sozialer Hintergrundinformationen bedienen oder sogar die Lektüre zur Erhellung historischer Zusammenhänge funktionalisieren. Betrieben und gelehrt wurde eine intrinsische Herangehensweise, die auf
eine im Text sich ausfaltende, die Alltagserfahrungen weit übersteigen-
de Erkenntnis zielt (Wellek und Warren 1956).

Das *Close Reading* konnte so zu einem Sammelbegriff für ein Repertoire von Lektüretechniken avancieren, mit dem man dem ›Literarischen‹ der Texte gerecht zu werden glaubte. Besonders zielte die Lektüre dann auf die Analyse von solch komplexen rhetorischen Kunst-
griffen wie Ironien, Ambiguitäten und Paradoxien (Freund 1987, 41).
Und man schreckte nicht davor zurück, eben diese Kunstgriffe als
Merkmale des Literarischen überhaupt auszuweisen. Die theoretischen
Folgeprobleme, die man sich mit solchen Annahmen allerdings ein-
handelte, waren kaum in den Griff zu bekommen. So ist immer wieder
diskutiert worden, ob eine unironische und nicht auf Ambiguitäten
zielende Literatur eine schlechtere Art von Literatur oder gar keine
Literatur sei. Und eine jüngere Generation von *Critics* um Ronald
S. Crane in Chicago, die sogenannten *Chicago Critics* oder auch *Chicago
Neo-Aristotelians*, opponierten Anfang der fünfziger Jahre gegen ältere
Kritiker wie Wimsatt und Brooks mit dem Hinweis auf entsprechende
Theoriedefizite. Crane machte etwa in seinen Vorlesungen über *The
Language of Criticism and the Structure of Poetry* auf ein Beobachtungs-
paradox aufmerksam, das die meisten seiner Zeitgenossen nicht reflektierten. Wo man Paradoxien und Ironien grundsätzlich annehme, werde man, so polemisierte Crane, auch mit Sicherheit welche finden (Crane 1953, 12). Doch trotz der offensichtlichen theoretischen Schwierigkeiten brachte gerade die Orientierung an einem spezifischen Modus
des Literarischen, so fragwürdig die Bestimmung dieses Modus auch
gewesen sein mag, ein neues disziplinäres Selbstbewußtsein hervor.
Endlich hatte man ein genuin literaturwissenschaftliches Erkenntnisinteresse entdeckt. Endlich konnte man mit der Konzentration auf das
Literarische an der Literatur das methodologische Problem aus der
Welt räumen, daß man Bedeutungsstrukturen vornehmlich mit Hilfe
anderer, nichtliteraturwissenschaftlicher Disziplinen beschrieb.

*Theoriedefizite im New
Criticism*

Werkästhetik und immanente Schule

Auch in Deutschland sah man nach dem Zweiten Weltkrieg die Dinge
ähnlich. Max Wehrli sprach zu Beginn der fünfziger Jahre von einer
»methodologischen Malaise« (Wehrli 1951, 22). Nicht anders als der
New Criticism fand denn auch die werkästhetisch orientierte Litera-

*»Dichtung um ihrer
selbst willen«*

turwissenschaft (→ *Exkurs: Stilistik*, S. 112) den Ausweg aus dieser Malaise in der Besinnung auf »die Dichtung um ihrer selbst willen« (Wehrli 1951, 23). So verschieden die Ansätze im einzelnen auch waren und so deutlich sich der New Criticism schon aufgrund seiner ganz anderen institutionellen Voraussetzungen von der immanenten Schule in Deutschland unterschied, so sehr kam man darin überein, daß dem Literarischen oder spezifisch Poetischen das Erkenntnisinteresse zu gelten habe. Da man davon ausging, daß Literatur einen ganz eigenen kognitiven Weltbezug herstellt, den es zu erkunden gilt, konzentrierte man sich auf Sprach- und Formanalysen, mit denen man diesen eigentümlich *literarischen* Weltbezug in den Griff zu bekommen dachte. Während Wolfgang Kayser in seinem legendären und immer wieder neu aufgelegten *Das sprachliche Kunstwerk* aus dem Jahr 1948 Studenten und Studentinnen das technische Rüstzeug solcher feingliedrigen Analysen lieferte, suchte Emil Staiger die Praxis eines textnahen Arbeitens, das dem Kunstcharakter der gelesenen Texte gerecht werden sollte,

Hermeneutisches Lesen

hermeneutisch und philosophisch auf den Punkt zu bringen. Da der Text laut Staiger eine an dessen Kunstcharakter gebundene Erkenntnis vermittelt, soll man den Text *immanent* erschließen. Vorausgesetzt wird eine hermeneutische Differenz zwischen einem subjektiven Gefühl, das der Text erzeugt, und der Notwendigkeit, die durch den Text provozierten Gefühle zu rationalisieren (→ *Verstehen konstruieren*, S. 337). Es geht dann darum, um es mit Staigers berühmter Formel zu sagen, »zu begreifen, was uns ergreift« (Staiger 1963, 9ff.). Den Prozeß dieser Rationalisierung beschreibt Staiger als hermeneutischen oder, bezogen auf die konkrete Textarbeit, als philologischen Zirkel, in dem ein Austausch zwischen der subjektiven Annäherung an den Text und der Objektivierung des subjektiven Bezugs durch den Text stattfindet. Ein ständiges Gleiten zwischen singulären Textpartikeln und Textganzem ist gefordert; denn nur mit Bezug auf den ganzen Text können nach Ansicht Staigers einzelne Textpartikel ihre Bedeutung gewinnen. Ganz ähnlich formulierte Cleanth Brooks im *Kenyon Review* von 1951 unter der programmatischen Überschrift *My Credo: The Formalist Critics*, daß die Hauptschwierigkeit für die Literaturwissenschaft das Problem der Einheit sei. Er meine damit jene Ganzheit, die das Werk forme, und jene Relation unterschiedlicher Teile, die das »Ganze« ausmache (Brooks 1951, 72).

Gegen die Mystifikation der Literatur und der Kunst: Einsprüche einer engagierten Literaturwissenschaft

Es überrascht nicht, daß aus der Sicht einer gesellschaftlich engagierten Literaturwissenschaft, die Ende der sechziger und im Laufe der siebziger Jahre die Werkästhetik weitgehend verabschiedete und den Literaturbegriff gesellschaftlich viel komplexer dachte, ein solches Beharren konservativ und restaurativ erschien – zu Recht. Karl Otto Conrady wies in einer Kritik nicht nur an Kaysers, sondern auch an Welleks und Warrens Dichtungsbegriff auf den Reduktionismus eines Literaturbegriffs hin, der sich an den Leitbegriffen der Einheit und der Autonomie des Kunstwerks orientierte. Conrady sprach von einer »Mystifikation der Dichtung und des Dichters« (Conrady 1974, 97 ff.). Aus marxistischer Perspektive stellten der New Criticism und die

Werkästhetik Verfallssymptome der bürgerlichen Literaturwissenschaft dar. »Die Beziehungen zwischen literaturkritischer Realitätsentfremdung und imperialistischer Gesellschaftskrise«, schrieb Robert Weimann bereits Ende der fünfziger Jahre, »sind offensichtlich und bedürfen keiner ausgedehnten Beweisführung« (Weimann 1974, 132). Obwohl die Einwände gegen einen reduktionistischen Literaturbegriff richtig waren, antworteten sie doch nicht auf die hermeneutischen Fragestellungen, die Staiger aufwarf. Der Hinweis auf die komplizierten Prozesse gesellschaftlicher Vermittlung von Literatur schafft das Problem des Verstehens, das Staiger im Sinn hat, nicht aus der Welt. Deshalb ist es kaum übertrieben zu sagen, daß in der Bundesrepublik, insgesamt gesehen, eine Auseinandersetzung mit der werkimmanenten Methode und ihrer Lektürepraxis, die sich auf die Probleme der Lektüre wirklich einließ, nicht stattfand.

Dekonstruktion

Anders in den USA. Spätestens seit den siebziger Jahren löste dort die Rezeption der Strukturalisten (→ *Exkurs: Formalismus und Strukturalismus*, S. 43) und der Texte Jacques Derridas eine sehr dezidierte und vor allem breite Auseinandersetzung mit den vom New Criticism entwikkelten Lektüretechniken aus. Einerseits lehnten so unterschiedliche Literaturwissenschaftler wie Harold Bloom, Geoffrey Hartman, Hillis Miller und de Man, die *Yale Critics* (vgl. Arac et al. 1983), die Lektürepraktiken des New Criticism überall dort ab, wo sie zu einer sterilen Technik erstarrten, andererseits opponierten vor allem Hillis Miller und de Man gegen ein hermeneutisches Lektüreverfahren, das auf das luzide Zusammenspiel von Textpartikeln und Textganzem, von Besonderem und Allgemeinem, von Form und Inhalt und damit auf die Rekonstruktion einer geschlossenen Einheit des Textes zielt (→ *Exkurs: Literarische Hermeneutik*, S. 337). Hartman legte 1970 eine Aufsatzsammlung mit dem programmatischen Titel *Beyond Formalism* (1970) vor, und de Man sprach angesichts eines Aufsatzes, der den New Criticism in Frankreich einer akademischen Leserschaft vorstellen sollte, bereits in der zweiten Hälfte der fünfziger Jahre von der *Impasse de la critique formaliste* (de Man 1956/1983, 229 ff.). Hillis Miller und de Man formulierten eine doppelte und schwierige, auf den ersten Blick paradoxale Frontstellung. Gegenüber einem zu Lektüreanweisungen reduzierten Formalismus beharrten sie auf der Komplizierung der Lektüre durch das Problem des Verstehens. Gegen die oft implizite und manchmal explizite Hermeneutik der Einheit des New Criticism aber argumentierten sie formalistisch. Man könne nämlich immer wieder am Text und an seinen sprachlichen Bewegungen aufweisen, wie der Text dann doch das Kriterium der Einheit nicht erfüllte. Da man aber die Frage nach der Bedeutung und dem Verstehen nicht aufgeben wollte, bot für Hillis Miller und de Man, insgesamt gesehen, auch der Strukturalismus, der nach Roland Barthes ›nur‹ noch nach dem *Wie des*

Die Auseinandersetzung der Dekonstruktion mit hermeneutischen und strukturalistischen Lektürekonzepten

Das Wie und das Was des Bedeutens

Bedeutens und nicht mehr nach dem *Was des Bedeutens* fragte (Barthes 1966/1988a), keine Lösung. Es ist hier nicht der Ort, die Lösungsvorschläge, die besonders de Man gemacht hat, im einzelnen nachzuzeichnen. Es sei nur angedeutet, daß de Man Bedeutung als »rhetorisch« faßt und die Figurenlehre zum Differenz produzierenden Schnittpunkt der von Barthes genannten Optionen des *Wie des Bedeutens* und des *Was des Bedeutens* konzeptualisiert (→ *Rhetorik*, S. 92; → *Dekonstruktion: Lesen, Schrift, Figur, Performanz*, S. 116).

Ein neuer Leitbegriff für das Close Reading: Differenz

Man kann sich die Konsequenz dieser Umstellung von Einheit auf Differenz gut veranschaulichen, wenn man sich bestimmte Implikationen einer auf Einheit zielenden Interpretation vor Augen führt. So hat Barbara Johnson demonstriert, wie Interpretationen die Szenarien, die sie deutend und kritisierend in den Griff zu bekommen suchen, wiederholen und wie sie von der untergründigen Dynamik dieser Szenarien beherrscht werden. Sie zeigt, wie Interpreten – der Einheit des gelesenen Textes und der Einheit und Schlüssigkeit des eigenen Textes wegen – bestimmte im Text offerierte Positionen gegen andere im Text offerierte Positionen verteidigen und *eine* Position als Deutungsangebot totalisieren. Was einer solchen Totalisierung entgeht, ist, daß sie das Drama des Konflikts, den der Text entwirft, mitspielen, ohne zu sehen, wie sie in der Favorisierung *einer* Position und in der Tilgung differierender Deutungsangebote selbst in die Dynamik des gelesenen Textes gezogen werden, wie sie selbst zu einem ›Aktant‹ in einem Spiel werden, von dem sie, je stärker sie es zu beherrschen scheinen, beherrscht werden (Johnson 1980). Sie werden damit selbst zu einer Figur, die in die Teleologie der Fabel verstrickt ist. Während der New Criticism und die Werkästhetik in ihren Lektüren auf die Einheit des Textes oder einer Bedeutung zielen, zielt das *Close Reading*, das Barbara Johnson im Sinn hat, deshalb auf das Identifizieren und Offenlegen von Differenzen durch andere Differenzen, die subtiler und nicht genau zu markieren sind. Es geht zunächst um die Identifizierung einer Differenz, um dann zu demonstrieren, daß die Möglichkeit dieser Differenzierung keineswegs selbstverständlich ist. Gleichzeitig geht es darum zu zeigen, daß die Differenzen *zwischen* »Entitäten« [entities] auf einer Verschleierung von Differenzen *innerhalb* von »Entitäten« beruht. Es kommt nun darauf an, diese Differenzen in der textnahen Arbeit offenzulegen (Johnson 1980, x-xi). So mag etwa die angenommene Differenz von Philosophie und Literatur den Blick dafür versperren, was an der Philosophie literarisch und an der Literatur philosophisch ist. Derrida und de Man haben an einer ganzen Reihe von Textbeispielen gezeigt, wie die philosophische Verachtung der Literarisch-figurativen Rede selbst figurativ und vor allem metaphorisch organisiert ist (Derrida 1987, de Man 1983), wie, mit anderen Worten, die Differenz zwischen Philosophie und Literatur von den scheinbar so distinkten Gattungen selbst unterlaufen wird. Die klare Differenzierung zwischen Entitäten wird zu Gunsten von Differenzen innerhalb von Entitäten aufgegeben. Dies kann zu einer Aufweichung eingespielter Abgrenzungen und institutioneller Repräsentationen und Praktiken

Philosophie: gelesen als Literatur

führen. Wenn man nämlich zeigen kann, daß philosophische Texte nicht weniger metaphorisch sind als literarische, dann liegt es nahe, auch philosophische Texte zum Gegenstand literaturwissenschaftlicher Analysen zu machen. Oder: Die plane Differenz von psychischer Gesundheit und psychischer Pathologie kann verdecken, was an einem Diskurs psychischer Normalität nach den Standards einer bestimmten Kultur oder Zeit pathologisch sein könnte. So gibt es ausgesprochen überzeugende Arbeiten oder, um es anders zu sagen, *Close Readings* von Freuds Fallgeschichten, die deutlich machen, wie Freuds Interpretationen von Strukturen organisiert werden, die Freud selbst als pathologisch denunziert (Chase 1979, Weber 1982, Mehlman 1976).

Doch kann man in der Literaturwissenschaft selbst beobachten, wie grobe Differenzierungen distinkte Einheiten statuieren, die bei näherem Hinsehen keineswegs so einheitlich sind, wie es auf den ersten Blick scheint. Um ein Beispiel heranzuziehen, sei an die stets wiederkehrenden Diskussionen um E. T. A. Hoffmanns berühmte Erzählung *Der Sandmann* erinnert. Ihre Handlung ist schnell erzählt. Der sensible Student Nathanael berichtet seinem Freund Lothar in einem Brief, daß ihn seit einiger Zeit eine Befürchung kaum mehr schlafen läßt. Der Optiker Coppola, der Nathanael ein Fernrohr verkaufen möchte, erinnert ihn an jenen Coppelius, der mit seinem Vater einst alchimistische Experimente veranstaltete. Als Kind hielt Nathanael den unheimlichen Coppelius für eine Figur aus der Erzählung einer Amme: für den »Sandmann«. Der streue Kindern, die nicht einschlafen, Sand in die Augen, bis sie herausspringen. Die Erinnerung an diese Zeit ist um so schlimmer, da der Vater bei den alchimistischen Experimenten getötet wurde. Gibt es nicht, so fragt sich Nathanael, allen Grund zu glauben, daß Coppelius das Böse verkörpert, und könnte es nicht sein, daß Coppelius nun in der Gestalt des Coppola wieder vor ihm steht? Dennoch kauft Nathanael Coppola das »Perspektiv« ab. Mit ihm nun ist es möglich, die schöne Olimpia am gegenüberliegenden Fenster zu beobachten. Als sich schließlich herausstellt, daß Olimpia nur ein »Automat«, eine »leblose Puppe« ist, packt Nathanel scheinbar der Wahnsinn. Seine Verlobte, die er schon wegen Olimpia aufgeben wollte, pflegt ihn aber gesund, und an der Seite der vernünftigen Clara scheinen die Dinge einen guten Lauf zu nehmen. Als Nathanael dann aber bei einer Turmbesteigung, kurz vor der beschlossenen Hochzeit des Paares, noch einmal sein Fernrohr benutzt, kommt es zur Katastrophe: Nathanael, wie von einer fremden Gewalt ergriffen, versucht, seine Braut vom Turm hinabzustoßen und stürzt sich schließlich, da er den verhaßten Coppelius gewahr wird, selbst in den Tod.

Immer wieder wird in Interpretationen die Frage aufgeworfen, ob es sich bei der Erzählung um eine eher realistische Pathographie eines Wahnsinnigen oder um die Darstellung einer phantastischen Welt handelt, in der der Protagonist allen Grund hätte, verrückt zu werden. Handelt es sich um eine romantische oder eher realistische Erzählung? Wechselweise übernimmt man in der Forschung die Perspektive der einzelnen Figuren. Mal sieht man die Dinge mit den hellen und ver-

E. T. A. Hoffmanns Sandmann

Die klaren Augen Claras und die finsteren Augen Nathanaels

Lesarten: verrückter Held, verrückte Welt, verrückter Text?

nünftigen Augen Claras, mal mit den finsteren und romantischen Nathanaels. Handelt es sich um die Evokation einer phantastischen Welt oder um die genaue Analyse eines individuellen Phantasmas (→ *Exkurs: Anmerkungen zur Phantastik*, S. 224). Die Emphase, mit der die einzelnen Positionen in der Forschung vertreten werden, kann jedoch nicht darüber hinwegtäuschen, daß die Erzählung die saubere Differenzierung von individuellem Phantasma und phantastischer Welt selbst unterläuft. Der Text handelt so wenig von der Pathogenese eines wahrhaft furchterregenden Wahnsinns wie schlicht von der phantastischen Welt des Numinosen. Man kann die Ähnlichkeiten, die der Text zwischen heterogenen Dingen und distinkten Ereignissen suggeriert, beim Wort nehmen und zwischen ihnen eine für die Logik des Textuniversums substantielle Verbindung annehmen; dann gelangt man zu einer phantastisch-romantischen Welt. Wenn man aber tatsächlich eine substantielle Ähnlichkeit zwischen der mythischen Figur des Sandmanns, des Alchimisten Coppelius und des Optikers Coppola annimmt, gelangt man in eine Welt der heimlichen und unheimlichen Korrespondenzen. Man kann aber auch die Ähnlichkeit zwischen den Dingen, Personen und Ereignissen, die Hoffmann evoziert, als reines Spiel sprachlicher Oberflächen betrachten, das Hoffmann spielt, um den Deutungswahn seines Protagonisten plausibel zu machen. Nur in Nathanaels Wahnsystem würde dann die Ähnlichkeit der Namen Coppelius und Coppola die Identität der Personen bezeugen. So beeindruckend nämlich Hoffmanns Evokation einer phantastischen Welt auch erscheinen mag, so sehr können uns Psychiater darüber belehren, daß Hoffmann eine durchaus realistische Entwicklung einer Psychose schildert. Während die erste Lesart von der romantischen Realität eines phantastisch Imaginären handelt, handelt die zweite von dem sehr realen Phänomen eines Wahnsystems, in dem alles mit allem auf seltsam unheimliche Art und Weise miteinander in Beziehung stehen kann. Mit einer etwas anderen Akzentuierung könnte man auch sagen, die eine Lektüre ist eine Allegorie individueller Vernunftlosigkeit, die andere eine Allegorie der Vernunftlosigkeit der Welt an sich, in der tatsächlich die ›normalste‹ Reaktion auf diese prinzipielle Vernunftlosigkeit darin bestünde, verrückt zu werden. Die zwei Lesarten verhalten sich völlig konträr zueinander, und doch läßt sich keine bevorzugen. Die Favorisierung einer Lektüre ist nur durch die Mißachtung der anderen möglich, und doch gehören beide zusammen. Man könnte sogar noch weiter gehen und sagen, daß die erste Lektüre auf systematische Weise leugnet, was die zweite Lektüre offenbart. Es genügt freilich nicht, wie dies wohl der New Criticism tun würde, hier einfach von Ambivalenz oder Ambiguität zu reden, son dern man muß sehen, daß die gegenseitige Irritation der Lektüren selbst ein Effekt der *einen* Narration ist, die durch den Ambivalenzbegriff nicht einfach aufgelöst werden kann. Der Text präsentiert nicht zwei unterschiedliche Perspektiven, zwei Weltsichten, eine vernünftige und eine phantasmatische, sondern er erzählt von deren wechselseitiger Irritation. Dies in Betracht zu ziehen ist um so wichtiger, da die Deutung der Erzählung

Verstehen als Verdrängung der Irritation

als realistische Darstellung des Wahnsinns die historische Beschreibung der Erzählung als phantastisch und damit gar die Klassifizierung
der Erzählung als romantisch erheblich in Frage stellt. Auf der anderen
Seite würde die Klassifizierung der Erzählung als ›realistisch‹ freilich
die fundamentale Kritik der phantastischen Erzählung an einer ver-
nunftgeleiteten Welt wiederum dem Diskurs der Vernunft einschreiben. Doch wenn die eine Lektüre die Unmöglichkeitserklärung der
anderen Lektüre darstellte, würde das nicht bedeuten, daß die implizite Differenz, die beiden Lektüren zugrunde liegt, nämlich die zwischen Vernunft und ›Unvernunft‹ selbst in Frage gestellt wird – würde
das nicht heißen, daß das Konzept der Vernunft ebenso wie das Konzept des Phantasmas oder des Wahnsinns selbst in der Erzählung aus
den Angeln gehoben wird und damit auch die Kategorisierung der
Erzählung als romantisch? An dem Beispiel läßt sich ablesen, daß es
für die literarhistorische Repräsentation von Texten von entscheidender Bedeutung ist, *wie* Texte gelesen werden. Wenn beispielsweise die
literaturwissenschaftliche Repräsentation sogenannter romantischer
Texte etwa in Literaturgeschichten systematisch jene Elemente aus-
spart, die eigentlich eher realistischen Texten zugerechnet werden,
dann mag dies die Klassifizierung und die Ökonomie der Periodisie-
rung stützen, läßt aber die Repräsentation der Texte im literaturwissenschaftlichen Diskurs selbst als ausgesprochen fragwürdig erscheinen.

Aufgrund solcher offensichtlichen Mißverhältnisse zwischen literarischem Text und seiner literaturwissenschaftlichen Repräsentation ist
es vielleicht nur konsequent, daß Hillis Miller eine »Ethik des Lesens«
eingeklagt hat (vgl. Hillis Miller 1987). Gerade aus der Widerständigkeit der Texte gegenüber traditionellen Klassifizierungen und Perio-
disierungen leitet er ebenso wie Johnson den besonderen Geltungsanspruch eines Literaturunterrichts ab, in dem die Szene des Lesens zum
Ort der Verflüssigung eingespielter historischer Raster und Denkmo-
delle wird. Das Plädoyer für ein solches *Teaching*, in dem ein textnahes
Verfahren im Vordergrund steht, das sich von dem Denkmodell der
Einheit emanzipiert hat, wird zum Ort der Reflexion darüber, was in
Lektüren marginalisiert, mißachtet oder eben gerade beachtet wird
(Johnson 1985, 140). Diese quasi pädagogische Seite brächte die textnahe Arbeit, die hier vorgeschlagen wird, noch einmal in die Nähe
zum New Criticism. Auch dort wurde die Bedeutung des Literaturunterrichts als zentrale pädagogische Schaltstelle betont. Die Vielzahl
der überaus erfolgreichen und pädagogisch ambitionierten *Textbooks*,
die von den *New Critics* produziert worden sind, spricht eine deutliche
Sprache. Doch das Ziel eines solchen Literaturunterrichts war nicht
eine spannungsvolle Auseinandersetzung mit Kultur und Geschichte.
Vielmehr wurde mit der Einheit des Textes die Einheit einer Kultur
beschworen, die zwar verborgen, aber doch zu entdecken war. Sie lag –
wie die Einheit des Textes – immer tiefer als das, womit man sich in
der Gesellschaft konfrontiert sah. Kultur meinte dann die alteuropäi-
sche Welt, meinte Europa, meinte Homer (Eliot 1960, 4). Diese Frage

*Teaching Literature
vs. Bildung durch
Literatur*

nach der angeblichen Einheit der Kultur wird heutzutage besonders virulent in der Diskussion um den literaturwissenschaftlichen Kanon (→ *The Racial Turn: ›Race‹, Postkolonialität, Literaturwissenschaft*, S. 241 → *Literaturgeschichte(n)*, S. 170). In solchen Diskussionen geht es dann nicht mehr darum, was in Lektüren *einzelner* Texte marginalisiert oder mißachtet wird, sondern darum, welche Texte *überhaupt* Beachtung finden, überhaupt gelesen werden. »Der traditionelle Kanon«, bringt Leonard Orr in seinem *Dictionary of Critical Theory* die Vorbehalte unter dem Eintrag »canon« auf den Punkt, »wird nun gesehen als Bastion eines männlich weißen und europäischen Privilegs« (Orr 1991, 83). Doch das Aufstellen von Alternativen und gar von Gegen-Kanones kann das Bild zwar korrigieren, schafft aber das grundsätzliche Problem der Selektion nicht aus der Welt. Jeder andere Kanon wird neue und fragwürdige Identitätsmuster erzeugen, die wenig gemeinsam haben mit der Realität historischer und kultureller Prozesse und die nur deshalb Gestalt gewinnen, weil sie einen unabsehbaren kulturellen Rest dem Vergessen anheimgeben und neue Differenzen erzeugen. Die Diskussion um den Kanon ist nur *ein* Beispiel für ein Problem, das unter dem Stichwort *Gerechtigkeit* (Haverkamp 1994) diskutiert wird: »Wie unterscheiden, ohne zu urteilen und ohne zu entscheiden, mit anderen Worten, wie dem gerecht werden, was auf der Grundlage seiner Einzigartigkeit seine Anerkennung fordert«, resümiert Rodolphe Gasché fragend die epistemologische Crux, »das ist, vielleicht, der Prüfstein der Dekonstruktion. Es ist ein Verlangen nach einer Abgrenzung, die ohne eine Kriteriologie vorgeht, die nicht kritisch ist« (Haverkamp 1994, 196). Doch bei aller Bedeutung dieser Diskussion für die Literaturwissenschaft ist nicht zu vergessen, daß sich dieses Problem der Kritik, des Scheidens und Unterscheidens nicht nur bei solch komplexen Selektionsmechanismen wie bei der Kanonbildung stellt. Es stellt sich auch dann, wenn ein literarischer Text in einen literaturwissenschaftlichen Text übersetzt wird; denn dieser Übersetzungsprozeß erzeugt seine eigene Ökonomie von Mißachtung und Beachtung. Aufgrund solch komplexer kultureller Deutungsprozesse, die an der literaturwissenschaftlichen Arbeit beteiligt sind, liegt es nahe, eine gegen das »ungerechte Vergessen gerichtete Gedächtnisarbeit« (Haverkamp 1991, 15) zu fordern. Eine solche Gedächtnisarbeit, deren Maßstab immer wieder aufs neue eine Lektüre wäre, die nicht vor dem Versuch halt macht, ihre eigenen blinden Flecken zu lesen, ist den literaturpädagogischen Bildungskonzepten des New Criticism und der Werkästhetik diametral entgegengesetzt. Die Gemeinsamkeit *einer* Kultur und die geschlossene Integrität des Lesers, die sie nostalgisch beschworen, wird in ihr radikal in Frage gestellt. Während das *Close Reading* des New Criticism und der Werkästhetik, pointiert gesagt, die textnahe Arbeit bevorzugte, weil sie auf die kulturelle Integrationskraft besonders von literarischen Texten vertrauten, ist die textnahe Arbeit der Dekonstruktion eine kritische Arbeit am kulturellen Gedächtnis, die den Beobachtungsstandpunkt der Kritik und damit die Kritik der Kritik selbst ins Kalkül ihrer Analysen einbezieht. Die textnahe Arbeit

Kanon und Identität

Wieder-Lesen als Kritik

wäre dann nicht ein Zugriff auf die Tiefenschichten der Kultur, der nach dem Selbstverständnis des New Criticism und der Werkästhetik gerade dadurch gelingt, daß man, paradoxerweise, den spezifischen und autonomen Erkenntnis- und Repräsentationsmodus der Literatur oder gar der Dichtung beachtet; vielmehr wäre sie gerade das Mittel, die Schwierigkeiten und Fallstricke solcher Repräsentation offenzulegen. Lesen wäre dann, um sich auf die deutsche Diskussion zu beziehen, der genaue Gegenbegriff zu einer Art natürlicher Bildung, die man angeblich immer noch betreibt, wenn man Literatur liest (zum Bildungsbegriff vgl. Assmann 1993). Doch, so ist zu fragen, benötigt man tatsächlich die Umkehrung eines solchen irrationalen Bildungskonzepts in einem emphatischen Begriff der Lektüre, in einem neuen *Close Reading*? Sollte man sich nicht jenseits dieser Differenzierung auf die rationale Seite der Bildung, auf die Seite der Wissenschaft schlagen? Die Frage wäre sicherlich mit ja zu beantworten, wenn die Unterscheidung mit ruhigem Gewissen vorgenommen werden könnte. Schon die Tatsache, daß es nur in den deutschsprachigen Traditonen der Literaturwissenschaft eine *science* der Literatur gibt, dürfte skeptisch stimmen. Vielleicht aber gehört gerade die Differenz von wissenschaftlichem und im weitesten Sinne kulturkritischem Lesen ebenfalls zu jenen Unterscheidungen, die durch andere und subtilere Differenzen erst noch zu substituieren sind.

Dekonstruktion der Bildung oder dekonstruktive Bildung?

Weiterführende Lektüre

Nach wie vor ist Robert Weimanns »*New Criticism*« *und die Entwicklung bürgerlicher Literaturwissenschaft* (1974) ein Standardwerk, das freilich aus einer dezidiert marxistischen Position heraus argumentiert. Weimann erörtert im Zusammenhang mit dem New Criticism auch Positionen der Werkästhetik. Eine gute Übersicht zum Themenkomplex Formalismus, Close Reading und textimmanente Literaturwissenschaft und nützliche Literaturhinweise finden sich in Leonard Orrs *Dictionary of Critical Theory* unter den Einträgen *formalism, new criticism* und *close reading*. Beziehungen und Differenzen der Dekonstruktion zu traditionellen Formen des Close Reading finden sich bei Culler (1988, 1988a). Vgl. auch die Unterschiede und Gemeinsamkeiten, die Berman (1983) und Bové (1983) herausarbeiten. Eine ausführliche Darstellung von de Mans Theorie des Lesens bieten Wegmann/Ellrich (1990), die den Theoriestatus von de Mans Lektürekonzept diskutieren. Zur Debatte um Dekonstruktion und Gerechtigkeit siehe Haverkamp 1994.

Intertextualität: Lektüre – Text – Intertext

Schamma Schahadat

Wenngleich Intertextualität sich in den letzten Jahren als fester Bestandteil der literaturtheoretischen Diskussion und auch der interpretativen Praxis etabliert hat, so zeichnet sich der Begriff dennoch bis heute durch eine erstaunliche terminologische Vielfalt sowie durch konzeptuelle Offenheit aus. Als ein Grenzphänomen *par excellence*, das sich aus verschiedenen Quellen speist – aus der Literaturwissenschaft, aus einer Semiotik mit ideologiekritischer Ausrichtung, aus der dekonstruktiven Philosophie und der Psychoanalyse –, wird Intertextualität von Denkrichtungen unterschiedlichster Provenienz aufgegriffen, mit einer oft verwirrenden Terminologie belegt und auf verschiedene Weise funktionalisiert. Der kleinste gemeinsame Nenner, auf den die heterogenen Richtungen der Diskussion sich bringen lassen, ist der, daß Intertextualität einen Text-Text-Bezug bezeichnet. Literatur wird dabei nicht als eine kontinuierliche Linie aufeinanderfolgender Werke gedacht, sondern als ein Textuniversum, ein Netzwerk, in dem die Texte miteinander in Kontakt treten und sich aufeinander beziehen, so daß (jeder) Text als ein »Gewebe« (Barthes 1990a, 146), ein »Mosaik von Zitaten« (Kristeva 1969, 146) erscheint. Im weiteren wird der Begriff jedoch sehr unterschiedlich eingesetzt: verstehen die einen Intertextualität als politisch subversives Potential (wie die französische Gruppe Tel Quel, s. u.), so fassen die anderen sie als alte hermeneutische Technik unter neuem Namen (Intertextualität statt Einflußforschung) oder auch als eine dekonstruktive Lektüre-Strategie auf; zudem begünstigt die terminologische und konzeptuelle Offenheit des Begriffs Versuche, eine Intertextualität *avant la lettre* zu entdecken und in den Werken antiker Autoren Intertextualitätstheorien aufzuspüren (Still / Worton 1990, 2, sehen in Platos *Sokratischen Dialogen*, in Aristoteles' *Poetik* und in Quintilians *Institutio oratoria* »Intertextualitätstheorien der Vergangenheit«). Die in verschiedene Richtungen strebenden Diskussionen lassen sich systematisieren, indem, wie von Lachmann (1990, 56f.) vorgeschlagen, unterschieden wird zwischen einer theoretischen, einer deskriptiven und einer literatur- bzw. kulturkritischen Dimension der Debatte.

Für eine Textanalyse sind vor allem die theoretische und die textdeskriptive Richtung von Bedeutung, denn obwohl die *literatur- und kulturkritische Position* der Gruppe Tel Quel die Intertextualitäts-Debatte (im Rückgriff auf Bachtin) in den 60er Jahren entfacht und auch den Begriff geprägt hat (Kristeva 1978, 69), so ist dieser Anspruch in der literaturwissenschaftlichen Theorie und Analyse zunächst in den Hintergrund getreten; erst in jüngster Zeit werden erneut Versuche unter-

Im Universum der Texte

nommen, Textinterpretationen mit einem kultukritischen Ansatz zu verbinden (so die Beiträge in den Sammelbänden von Worton / Still 1990 und von Clayton / Rothstein 1991). Die *Theoriebildung* ist von den ästhetischen und philosophischen Prämissen der amerikanischen Dekonstruktion beeinflußt, so daß sie die These von der Unlesbarkeit der Texte in den Mittelpunkt rückt, von der *unreadability* und dem *misreading*. In der *Textinterpretation* konkurriert ein eher traditioneller Ansatz (rein textdeskriptiv) mit einem progressiveren, der versucht, die Ergebnisse der theoretischen Diskussionen für die Textanalyse zu nutzen. Die erste Richtung instrumentalisiert Intertextualität zu einem hermeneutischen Handwerkszeug, ohne dabei Konzepte wie ›Text‹ oder ›Bedeutung‹ zu hinterfragen; das Anliegen der Lektüre ist weiterhin eine kohärente, auf Eindeutigkeit abzielende Interpretation (Lachmann 1990, 64), so daß Intertextualität ihrer literaturtheoretischen Begründung verlustig geht und zum Modewort verblaßt (so Plett 1991, 4). Auf der anderen Seite tendieren die intertextuellen Analysen vor allem in den letzten Jahren dazu, eben diesen *einen* Sinn zu vermeiden; betont werden stattdessen Ambivalenz, Polyvalenz, Doppelkodierung und Überdeterminierung, die die intertextuelle Organisation eines Textes bestimmen.

Sei es nun eine Lektüre, die Eindeutigkeit im Sinn hat, oder eine, die die Polyvalenz betont – in beiden Fällen richtet sich der Fokus der Leserschaft auf die semantische Ebene der Texte, die durch das Aufeinandertreffen verschiedener Sinnpositionen affiziert wird: »Intertextualität als Sinnkonstitution« (Lachmann 1983), »Intertextualität als Intersemantizität« (Schmid 1983, 145) oder »Intertextualität und Interpretierbarkeit des Texts« (Greber 1989). Die Intertextualitätstheorie ist genetisch zu verstehen in Abgrenzung von einem autonomen und auktorial verankerten Textbegriff (Strukturalismus und *New Criticism*) einerseits und von einem linearen, vektorialen Einflußmodell (Formalismus und traditionelle Einflußforschung, die Intentionalität sowie eine eindimensionale zeitliche Achse impliziert) andererseits. Während sowohl der Strukturalismus als auch der *New Criticism* Sinnkonstitution textimmanent (intratextuell) zu etablieren versuchen, richtet eine Theorie der Intertextualität den Blick auf die Text-Text-Bezüge; an Stelle des Einzeltextes tritt ein Textraum, in dem Sinn durch das Aufeinandertreffen verschiedener Texte und Kontexte generiert oder auch unterlaufen wird (→ *Formalismus und Strukturalismus*, S. 43; → *Zur Karriere des Close Reading: New Criticism, Werkästhetik und Dekonstruktion*, S. 354).

Sinnkonstitution durch Bezüge zwischen Texten

Die Arbeiten Julia Kristevas bilden den Ausgangspunkt für die Entwicklung einer Intertextualitätstheorie. Das Konzept vom entgrenzten Text (*a*), die Bachtinschen Begriffe Dialogizität und Ambivalenz (*b*) und die Erkenntnisse, die sich aus Jean Starobinskis Untersuchung von Ferdinand de Saussures Anagramm-Studien ergeben haben (*c*), sind Prämissen, zu denen Kristeva den Grundstein legt und die die weitere Diskussion bestimmen.

Der entgrenzte Text

 (*a*) In ihren Schriften, die Ende der sechziger Jahre im Umkreis der Gruppe Tel Quel (einer Verbindung linker französischer Intellektueller) entstanden sind, entwickelt Kristeva in Abgrenzung von einer Semiotik, die auf linguistischer Basis beruht, eine ›Translinguistik‹, die die Textgrenzen auflöst, was soweit geht, daß prinzipiell jedes Zeichensystem als Text begriffen werden kann. Auf diese Weise werden soziale Strukturen zu Texten und Texte zu Ideologemen. Wenn Kristeva Intertextualität nun als die Transposition eines Zeichensystem in ein anderes definiert (Kristeva 1978, 69), so bedeutet das, daß es ihr nicht nur um den Kontakt zwischen literarischen Texten geht, sondern auch um die Interaktion zwischen Text und Gesellschaft, Text und Geschichte (Kristeva 1980, 37).

Dialogizität und Ambivalanz

 (*b*) Kristeva ordnet das poetische Wort auf einer horizontalen Kommunikations-Achse an, die Sender (das schreibende Subjekt) und Empfänger (Leser) miteinander verbindet, und auf einer vertikalen Achse, wo das Wort in seinem Kontext steht. Diese beiden Achsen findet sie in Bachtins Dialogizitätskonzept wieder, wobei Bachtin die Dynamik zwischen Sender und Empfänger, zwischen Text und Kontext mit an deren Begriffe belegt, er spricht von *Dialogizität* und von *Ambivalenz* (Kristeva 1969, 145–146). In seiner Vorstellung vom dialogischen Wort geht Bachtin von einer Zweistimmigkeit aus; das Wort wird als hybride Konstruktion begriffen, in der zwei Stimmen, zwei Sprachen, zwei Kontexte aufeinandertreffen, so daß es eine innere Dialogizität erlangt. Ambivalenz ergibt sich eben daraus, daß jedes Wort in einen Kontext eingebettet ist (Bachtin 1979, 175ff.). Der entscheidende Schritt, den Kristeva für die Intertextualität macht, ist die Übertragung der Eigenschaften des dialogischen Wortes Bachtins auf den dialogischen Text (genauer zu dieser Entwicklung von Bachtin bis zum »Dialog der Texte« s. Lachmann 1990, 126ff.).

 Ausgehend von Bachtin entwickelt Kristeva ihre Vorstellung von der poetischen Sprache als *double*, als Doppelzeichen: Jedes sprachliche Zeichen ist ein Doppelzeichen, ist dialogisch und ambivalent. Die bedeutsame Wendung, die in Kristevas Auseinandersetzung mit dem Strukturalismus stattfindet, liegt darin, daß das Zeichen nicht in seinem Binarismus von Signifikant und Signifikat als doppeltes begriffen wird, sondern das Doppeltsein wird auf die Seite der Signifikanten verlagert: Der ›eine‹ und der ›andere‹ Signifikant treffen aufeinander (Kristeva 1969, 150). Für die Ebene des Textes bedeutet das, daß jeder Text andere Texte impliziert, als Text an sich schon gedoppelt ist. Dabei sind Kristevas Schriften zur Intertextualität selbst schon Intertexte, intertextuell organisierte Texte (zum »Intertext« s. u.). Denn nicht nur Bachtin geht als ›anderer Text‹ in den ›einen Text‹ ein, auch Derrida und Lacan hinterlassen ihre Spuren in Kristevas Theorie: Sowohl Derrida (1974, 80ff.) als auch Lacan dekonstruieren die Einheit des Zeichens, verlagern den Schwerpunkt von der Differenz zwischen Signifikant und Signifikat auf die Differenz zwischen den Signifikanten. Lacan (1986) prägt dafür den Begriff der metaphorischen oder metonymischen Signifikantenkette, wo Signifikant an Signifikant steht (*mot à mot*) oder Signifikant für Signifikant (*mot pour mot*). Indem Derrida, Lacan und Kristeva die Einheit des Zeichens aufbrechen und die Signifikanten in den Mittelpunkt stellen, evakuieren sie das Signifikat und destabilisieren so die Zuweisung von Sinn. In Anlehnung an Lacan kann für die Intertextualität die Konsequenz gezogen werden, daß ein Text für einen anderen Text oder ein Text neben einem anderen Text stehen kann, doch repräsentiert nicht mehr ein Text einen Sinn.

*mot à mot
mot pour mot*

(*c*) Kristevas Idee vom *double* geht zudem auf Starobinskis Arbeit über de Saussures Anagramm-Studien zurück: de Saussure vermutet in den saturnischen Versen, die er untersucht, Anagramme, d.h. Wörter, die durch Zerstückelung und kryptische Techniken der Buchstabenverstellung in die Verse eingeschrieben sind. So sucht er Wörter unter Wörtern, er vermutet, daß sich ein thematisches Wort (*mot-thème*) in der Tiefenstruktur des Textes verbirgt (Starobinski 1980, 16). De Saussures Anagramm wird von Kristeva zum Paragramm entwickelt, zum Doppelzeichen, das eine Lektüre notwendig macht, die unter der Textoberfläche Spuren eines ›anderen‹, ›fremden‹ Textes ahnt (Kristeva 1969, 183). Eine solche doppeltgerichtete Lektüre fordert der russische Formalist Jurij Tynjanov (1969a) zum Beispiel für die Texte Dostoevskijs, bei denen Gogol immer als Folie mitgelesen werden muß. Das Doppelzeichen zieht eine weitere Konsequenz nach sich: die Vorstellung vom Schreiber als Leser, oder anders: vom Schreiber, der das Gelesene im Schreiben doppelt. So wird das passive, rezeptive Lesen in der Schreibhandlung aktiviert; Schreiben wird als »produktives Lesen« interpretiert (Kristeva 1969, 181). Die Lektüre des fremden Textes erzeugt einen intertextuell organisierten Text, einen Intertext.

*Die Spuren
des fremden Textes*

Kristevas kulturkritischer Ansatz impliziert die Vorstellung vom Text als einer »politisch transformativen Praxis« (Mai 1991, 41). Der Beginn der Intertextualitäts-Debatte, den Kristeva markiert, ist vor diesem Hintergrund zu begreifen, wenngleich die politischen Implikationen in der weiterführenden Diskussion zunächst ausgespart wurden. Doch hat gerade die kulturkritische Richtung in letzter Zeit neue Impulse gewonnen: Verschiedene Beiträge des Sammelbandes von Clayton / Rothstein (1991) sehen Intertextualität als Möglichkeit, sich gegen ein traditionelles Einfluß-Konzept zu wehren, denn mit Einfluß wird Macht (von männlichen Dichtern auf Dichterinnen, von weißen Autoren auf die Literatur von Minderheiten) ausgeübt, während Intertextualität eine dynamische Interaktion erlaubt. Auch Still / Worton knüpfen an die kulturkritische Linie an, indem sie eine politische (feministische) Perspektive sowie eine psychoanalytische Dimension in die Diskussion einbringen: Sie konstatieren eine – auf traditionelle Konzepte feministischen Denkens zurückgehende – hierarchische Opposition zwischen phallischem Monologismus und femininer Empfänglichkeit, zwischen Selbstgenügsamkeit auf der einen und Rezeptivität auf der anderen Seite. Durch solche Analogieschlüsse kann das Prinzip des Monologischen als Kennzeichen maskulinen Hegemonialstrebens begriffen werden, Dialogizität oder Intertextualität hingegen lassen sich als Figuren für »Weiblichkeit« deuten (Still / Worton 1990, 30).

*Intertextualität als
Kulturkritik: Monologismus
und Macht*

Die Texte der Intertextualität

Mit Kristevas Ansatz war der Rahmen gesteckt zur weiteren Entwicklung eines Intertextualitäts-Konzepts. Aus dem Anspruch, den Text-Text-Kontakt zu beschreiben, ergab sich eine Vielzahl von Begriffen, die jeweils unterschiedliche Aspekte in dieser Relation betonen. Ein vieldeutiger, uneinheitlich verwendeter Begriff ist der des *Intertextes*, mit dem Riffaterre den früheren Text, den Prätext meint, während Smirnov (1983, 286) und Greber (1989, 7) darunter den intertextuell organisierten Text verstehen, d. h. der Intertext ist der Posttext – in diesem Sinne wird er auch hier verwendet. Die Moskau-Tartu-Schule, die Untersuchungen zu den russischen Akmeisten, einer stark intertextuell arbeitenden literarischen Gruppierung, publiziert hat, bevorzugt den Begriff *Subtext* (Taranovsky 1976, 18) als »einen schon bestehenden Text (oder Texte), die in einem neuen Text reflektiert werden«, während *Kontext* eine Gruppe von Texten bezeichnet, die an einem Bild oder Motiv partizipieren (genauer s. Rusinko 1979). Gérard Genette unterscheidet, ausgehend von einer »Transtextualität« (all das, was den Text »in eine manifeste oder geheime Beziehung zu anderen Texten bringt«, Genette 1993, 9), fünf Typen des Text-Text-Bezugs: *Intertextualität* (die restriktiver als Kristeva die »effektive Präsenz eines Textes in einem anderen« bezeichnet, 10), *Paratextualität* (der Rahmen eines literarischen Werkes, wie Vorwort, Nachwort, Titel etc.), *Metatextualität* (ein impliziter Kommentar eines Textes über einen anderen), *Architextualität* (ein unausgesprochener Text-Text-Bezug) und – den Typ, der für uns am wichtigsten ist – die *Hypertextualität*. Damit meint Genette Kristevas Intertextualität, genauer: der spätere Text wird als »Text zweiten Grades« gelesen, »der von einem anderen, früheren Text abgeleitet ist« (15). (Durchgesetzt hat sich jedoch der Begriff Kristevas, nicht Genettes.) Mit ihrer Terminologie von *Geno-* und *Phänotext* für den früheren und den späteren Text betont Kristeva (1970, 72) den textgenerativen Aspekt der Intertextualität und impliziert, daß zwischen den Texten immer ein Akt der Interpretation und auch der Transformation stattfindet. Andere Begriffe, die in die Diskussion eingegangen sind, sind *Prätext* und *Posttext* (womit die zeitliche Achse der Relation betont wird) und *manifester Text* und *Referenztext* (Lachmann 1990, 60). Gerade in jüngerer Zeit beschreiben intertextuell arbeitende Autoren ihre Technik auch selbst; ein markantes Beispiel ist Arno Schmidt, der in *Zettels Traum* den botanischen Begriff der »Gallenbildung«, die auf Wirtspflanzen stattfindet, als Bild dafür einsetzt, wie sich parasitäre Texte auf primären niederlassen (Schmidt 1977, 278; s. a. Lachmann 1990, 73f.).

Wo entsteht Intertextualität? Produktion, Rezeption, Text

In den genannten Ansätzen rückt der Text in den Mittelpunkt der Lektüre, und zugleich wird der Aspekt der Intentionalität sekundär. Dabei wird die Frage, an welchem Punkt des Dreiecks Autor – Leser – Text Intertextualität anzusetzen ist, dennoch weiterhin gestellt. Bachtins Dialogizitätsmodell geht von einer Produktionsästhetik aus (Grübel 1983, 210); in dem Intertextualitätsentwurf Kristevas, der Bachtins Modell von der Intersubjektivität zur unpersönlichen Transposition weiterentwickelt, wird Intertextualität als Aktivität des Textes aufgefaßt. Der Text als *écriture*, als Schreibweise, die die »Subjektlosigkeit der literarischen Produktion« (Stierle 1983, 12) voraussetzt, erzeugt Intertextualität (Kristeva 1980, 36). Im weiteren hat sich der Schwerpunkt von der Kreativität des Textes auf die Seite des Rezipienten verlagert. Ein Beispiel dafür ist Riffaterres Ansatz, der Intertextualität als einen »Wahrnehmungsmodus des Textes, den richtigen Modus der literarischen Lektüre« bezeichnet (1979, 496). Stierle (1983, 9) unterscheidet zwischen einer produktionsästhetischen und einer rezeptionsästhetischen Intertextualität. Eingebettet in ein Konzept von der »Literatur als Gedächtnis«, dem »Text als Mnemotechnik« (Haverkamp / Lachmann 1991, 12), wiederum tritt die Frage nach Produktion oder Rezeption in den Hintergrund – sowohl *lector* als auch *scriptor* werden in einem Gedächtnisraum angesiedelt, in dem der Text selbst zum Mittelpunkt wird und an dem Autorin und Leserin gleichermaßen teilhaben. Die Autorin schreibt Spuren des kulturellen Gedächtnisses (bewußt oder unbewußt) in den Text ein, die Leserin wiederum wendet, je nach kulturellem Hintergrund, Wissensstand oder Intention, eigene Lesestrategien an. Aus der Vorstellung von der Literatur als Gedächtnishandlung entwickelt Lachmann ihre These von der Intertextualität als Gedächtnis des Textes: »Das Schreiben ist Gedächtnishandlung und Neuinterpretation der (Buch)Kultur ineins« (1990, 36). Das Kontinuum der Texte bildet einen Gedächtnisraum, in dem die Texte Fixpunkte des Gedächtnisses, der erinnerbaren Kultur sind. Die intertextuellen Bewegungen brechen diese Fixpunkte auf und lassen die Kultur dynamisch werden (→ *Soziale Funktion und kultureller Status literarischer Texte*, S. 182).

Lector und scriptor im Gedächtnisraum der Texte

Feststellen lassen sich somit unterschiedliche Grade der Erweiterung des Textbegriffs und der Akzeptanz oder auch der Betonung von Sinnerzeugung in den verschiedenen Konzeptionen: Kristeva und Barthes postulieren die totale Entgrenzung, die Interaktion zwischen Text- und Lebensraum, die endlose semantische Produktivität des Textes, die Egalisierung zwischen Schreiber und Leser, zwischen Autor und Kritiker. In seinem Essay *De l'oeuvre au texte* (1971) entwirft Barthes die utopische Vision eines grenzenlosen, ahistorischen Textraums. Auf der anderen Seite wird hingegen eine »Reakademisierung des Konzepts« versucht, es kommt zu einem »Aufbegehren des Strukturalismus gegen ein die Struktur (des Einzeltextes) überschreitendes poststrukturalistisches Denken« (so Lachmann 1990, 64), indem ein Instrumentarium und eine Metasprache entwickelt werden, deren Aufgabe darin liegt, das Auseinanderstreben der semantischen Bewegungen zu kontrollieren. In expliziter Ablehnung von Kristevas Transgression spricht Laurent Jenny von einer »Arbeit der Transformation und der Assimilation mehrerer Texte, die von einem zentralen Text geleitet werden, der die Leitung des Sinns kontrolliert« (1976, 262), und er funktionalisiert Begriffe aus der Rhetorik zur Beschreibung intertextueller Bezüge (1976, 275ff.), die, so Jenny, diese »Leitung des Sinns« garantieren. Manfred Pfister (1985) versucht, zwischen dem poststrukturalistischen Intertextualitäts-Modell und strukturalistischen und her-

(Geschlossenes) Werk und (unendlicher) Text

Auf der Suche nach dem zentralen Text

meneutischen Modellen zu vermitteln, indem er eine Reihe qualitativer (z. B. Referentialität, Kommunikativität, Autoreflexivität) und quantitativer Kriterien (Dichte und Häufigkeit der Bezüge, Zahl und Streubreite der Prätexte) aufstellt, die das Textuniversum ordnen. Michel Riffaterre greift das Prinzip vom Doppelzeichen auf und zeigt, wie doppeltkodierte, überdeterminierte Zeichen, die er als Syllepsen (1979) und *connectives* (1990) bezeichnet, im manifesten Text realisiert werden. Dabei betont er die Dominanz dieses späteren Textes, seine Autorität, die die semantische Bewegung der Doppelzeichen bestimmt (1990, 58f.). Die Syllepse erfordert, um vollständig erfaßt zu werden, eine doppelte Lektüre (1990, 58), der Riffaterre zwei Möglichkeiten zugesteht: Entweder wird die erste Interpretation durch die zweite Lektüre destabilisiert, oder aber die Zweitlektüre bestätigt die ursprüngliche (intratextuelle) Interpretation. Renate Lachmanns Entwurf einer Intertextualität, die sich als Gedächtnis, als Speicher einer antezedenten Kultur profiliert, hat eine »dynamische plurale Sinnkonstitution« (1990, 63) vor Augen und zielt auf eine doppelte und polyvalente Lektüre ab. Nicht *misreading* und *unreadability* stehen in diesem Ansatz im Mittelpunkt, sondern Sinnkonstitution und Lesbarkeit.

All diese Ansätze befinden sich selbst in einem intertextuellen Feld der Metapositionen, in dem Kristevas Entwurf (Derrida, Lacan und Starobinski bzw. de Saussure einschließend) als zentraler Genotext gehandelt wird, auf den die Intertextualitäts-Theoretikerinnen sich in ihrer Absage an einen autonomen und auktorialen Textbegriff implizit oder explizit beziehen. Eine andere Folie für die Intertextualitäts-Theorie ist der russische Formalismus mit seinem linearen, vektorial gerichteten Einflußmodell; zentral ist in diesem Rahmen Jurij Tynjanovs Parodietheorie. Eine Schaltstelle zwischen Intertextualität und Einfluß nimmt hingegen Harold Bloom ein, der den formalistischen Evolutionsgedanken aufgreift, diesem jedoch eine psychoanalytische Dimension verleiht und zudem dekonstruktiven Prämissen in sein Einflußmodell einblendet, so daß Intertextualität bei Bloom zu einer synkretistischen Kompilation unterschiedlicher Richtungen wird.

Intertextualität und Einfluß

Tynjanovs Parodie-Aufsatz (1924) ist ein früher Beitrag zum formalistischen Evolutionskonzept, in dem die Parodie den Normbruch im herrschenden literarischen System bezeichnet und die Ablösung einer literarischen Richtung durch eine andere bewirkt. Die Parodie wird »zu einem der Elemente des dialektischen Wechsels der Schulen« (Tynjanov 1969a, 335). Der Kampf des verspäteten Nachkommen gegen den unvermeidlichen Vorläufer, der das Zentrum von Blooms Schriften bildet, ist in Tynjanovs Aufsatz über Dostoevskijs Auseinandersetzung mit Gogol' schon angelegt. Auch Bloom geht von einem ständigen Kampf des spätgeborenen gegen den erstgeborenen Dichter aus, von einer Auseinandersetzung, die er im Feld von Tradition, Einfluß und Revision situiert. Die Tradition ist das bedrohliche Erste, der »Vater« und »Gott«, dem der jüngere Dichter ausgesetzt ist. Dagegen stellt Bloom den Begriff des Einflusses (*influence*): Einfluß gibt dem verspäteten Nachfolger die Möglichkeit, sich gegen die Tradition zu wehren,

Väter und Söhne: Tradition, Einfluß, Revision

denn Einfluß ist für Bloom eine Trope, die einerseits den Begriff der Tradition substituiert und diesen damit seiner dämonischen Macht beraubt (Bloom 1989, 101), andererseits ersetzt er als Trope auch sein scheinbares Gegenteil, Abwehr (Bloom 1989, 102). In einander abwechselnden Phasen der Imitation und der Ablehnung des Vorläufers findet ein *misreading* der Vorläufertexte und deren *rewriting* als revisionärer Akt statt (Bloom 1989, 105f.). »Um zu leben, muß der Dichter den Vater durch den zentralen Akt des Mißverständnisses *fehlinterpretieren*, und dieser Akt ist das *Wieder-Schreiben* des Vaters« (1975, 19), und: »die Einfluß-Beziehung regelt das Lesen und das Schreiben, und *Lesen* ist somit *Fehlschreiben*, so wie *Schreiben* ein *Fehllesen* ist« (1975, 3).

Blooms Beharren auf dem Autor als Subjekt des Textes distanziert ihn von den Intertextualitätsmodellen, die räumlich, nicht zeitlich strukturiert sind; seine Fixierung auf einen begrenzten literarischen Kanon, in dem starke Dichter mit anderen starken Dichtern konkurrieren, entwirft eine elitäre Literaturgeschichte (→ *Literaturgeschichte(n)*, S. 170). Neuere Arbeiten, die Blooms Einflußmodell aufgreifen, formulieren es um; an seiner Theorie wird gleichsam ein Akt der Revision vorgenommen: Blooms psychoanalytischer Ausgangspunkt wird durch eine politische Perspektive ergänzt, indem die Kritiker Einfluß mit Hegemonie und Macht assoziieren, gegen die sie eine offene, multiperspektivische Intertextualität stellen. Dadurch läßt sich der restriktive Kanon entgrenzen, und es gehen Texte in die Literaturgeschichte ein, die bisher von der literarischen Tradition ausgeschlossen waren (z. B. Andrews 1991, Draine 1991). Dieser politisch ausgerichtete Ansatz schlägt die Brücke zwischen neueren amerikanischen Untersuchungen und den frühen Diskussionen von Tel Quel (→ *Ideologie und ihre Kritiker*, S. 207).

Von der Linie der Tradition zum Raum der Kultur

An diesem Punkt soll der Unterschied zur traditionellen Einflußforschung genauer bestimmt werden: Die intertextuelle Fragestellung unterscheidet sich von der Einflußforschung dadurch, daß sie die Interaktion zwischen den Texten betont, nicht den Einfluß. Clayton (1991, 50) formuliert den Unterschied zwischen Einfluß und Intertextualität in diesem Sinne prägnant: »Das intertextuelle ›Netzwerk‹ ist auf eine Weise offen, wie die Relation des Einflusses es nicht ist. Einfluß geht nur in eine Richtung, während Intertextualität eine flexible Beziehung zwischen den Texten etabliert.« Dabei wird dem Posttext eine Mehrdeutigkeit zugestanden, die sich aus der Konfrontation des einen Textes mit einer Vielzahl von Referenztexten ergibt. Entscheidend sind in dieser Relation jedoch nicht nur die Parallelen, sondern auch die Differenzen zwischen den Texten, denn die Interaktion, der Dialog erzeugt eine Spannung, die die semantische Bewegung des Intertextes ausmacht.

Seit Aufkommen der Intertextualitäts Debatte und ihrer Nutzung zur Analyse literarischer Texte sind verschiedene Modelle entwickelt worden, um die unkontrollierbar scheinenden semantischen Bewegungen im nunmehr entgrenzten Textraum mithilfe eines Beschreibungsinventars zu ordnen und Intertextualität als eine Technik der Textinter-

›Intertextualität‹ als Technik der Textinterpretation

pretation zu funktionalisieren. Einige dieser Entwürfe wurden schon genannt: Jennys Rückgriff auf die Rhetorik (die im übrigen auch Plett 1985, 1991, als Beschreibungsinstrumentarium dient), oder Pfisters Versuch, durch das Abfragen quantitativer und qualitativer Kriterien die intertextuelle Relation in ihrer Gesamtheit zu erfassen. Übergreifend lassen sich zwei grundlegende Operationen unterscheiden, die zur Beschreibung des Text-Text-Bezugs eingesetzt werden: Ein Ansatz sucht die Modi der Interrelation, die Art des Bezugs zwischen den Texten zu zu erfassen, während ein anderes Theorieinteresse den Blick auf die Markierungen richtet, die auf eine Doppel- oder Mehrfachkodierung verweisen. Umkreist das erste Verfahren semantische Mechanismen der Sinnerzeugung, so hat letzteres den Anspruch, eine Intertextualitäts-Grammatik zu erstellen.

Transformation und Imitation

Die Relation eines Textes zu anderen (früheren) Texten impliziert immer schon ein transformatives Element; es gilt zu untersuchen, wie genau diese Transformation aussieht. Eine Möglichkeit, den Text-Text-Kontakt in diesem Rahmen zu definieren, bieten Genettes Konzepte von der *Transformation* (die er genauer als einfache Transformation bezeichnet) und der *Nachahmung* (die er die komplexe, indirekte Transformation nennt): Genügt es in dem einem Fall, einen Text an einer einzigen Stelle zu verändern (als Extremfall erscheint Genette das Herausreißen einiger Seiten aus einem Buch), so ist die Nachahmung ein komplizierterer transformativer Prozeß (Genette 1993, 16). Als Beispiele nennt Genette den Bezug von James Joyces *Ulysses* und von Vergils *Aeneis* zu Homers *Odyssee*: Joyce versetzt die Geschichte des Odysseus ins Dublin des 20. Jahrhunderts, transformiert sie, während Vergil eine andere Geschichte, die Geschichte des Aeneas, in der Manier Homers erzählt, sie imitiert (ebd. 15ff.). Indem Genette diese beiden Grundmöglichkeiten des Text-Text-Bezugs weiter differenziert, entblößt er den konstruktiven Charakter literarischen Wirkens, versteht Literatur als Basteln (Lévi-Strauss' *bricolage*). Damit vertritt er eine für die Intertextualität typische Absage an romantische Genie-Ideen. Auf ein Gemachtsein der Texte, das jedoch, anders als im Formalismus, nicht nur als Summe der Verfahren (s. z. B. Šklovskijs *Wie Don Quijote gemacht ist*), sondern als »Machen aus Literatur« begriffen wird, als »Weiter-, Wider- und Umschreiben« (Lachmann 1990, 67), zielt auch Lachmanns Modell ab, das zwischen einer *Kontiguitäts-* und einer *Similaritäts- Intertextualität* unterscheidet: Manifester Text und Re-ferenztext können einander punktuell berühren, oder aber der frühere Text ist dem späteren aufgrund ähnlicher Strukturen als Paradigma eingeschrieben. Bei einer Kontiguitäts-Intertextualität wird durch ein (thematisches, narratives, strukturelles oder auch phonologisches) Zitat der Prätext als Ganzes aufgerufen, während eine Similaritäts-Intertextualität vorliegt, wenn beide Texte einander an mehreren Stellen überlappen (Lachmann 1990, 60f.). So stehen Joyces *Ulysses* und Homers *Odyssee* in einer paradigmatischen, einer Similaritätsrelation, während Vladimir Nabokovs *Einladung zur Enthauptung* und Dostoevskijs *Doppelgänger* eine metonymische Beziehung, eine Kontiguitätsrelation,

Das Gemachtsein der Texte: Weiter-, Wider- und Umschreiben

eingehen, denn ein einzelnes Element aus Nabokovs Text (die anfängliche Aphasie der Hauptfigur) ruft den Roman Dostoevskijs als Ganzen auf. Ausgehend von diesen beiden intertextuellen Strategien kann darauf geschlossen werden, welche Einstellung ein Text zu seinem kulturellen Erbe hat, denn die metonymische (Kontiguitäts-) Beziehung und die metaphorische (Similaritäts-)Beziehung zum fremden Text und somit zur fremden Kultur bezeichnen unterschiedliche Ansätze im Umgang mit der Tradition: Zeugt die Beziehung der Kontiguität von einer Berührung und Partizipation an dieser, so ist die Relation der Similarität eine Wiederholung des Äquivalenten mit gleichzeitiger Transformation, d. h. das gegebene Modell wird überschrieben. Ist ersteres ein Akt der Teilhabe, des Weiterschreibens der Tradition, so ist letzteres ein Akt des Gegen- und Neuschreibens. Transformation und Partizipation sind die beiden Pole, die die Einstellung zur Tradition bestimmen. Parodie, Kontradiktio, Kontrafaktur (s. Verweyen / Witting 1982) auf der einen Seite oder aber Imitatio (im Sinne von »Machen [...] durch Neumachen«, Weiner 1991, 249) auf der anderen sind Strategien, die unterschiedliche Schwerpunkte im Umgang mit dem fremden Text setzen. Als drittes Modell neben dem der Partizipation und der Transformation führt Lachmann das der Tropik ein, das sich an den Tropus-Begriffs Harold Blooms anschließt: Als Trope (als Ironie, Synekdoche, Metonymie, Hyperbel, Metapher oder Metalepse) manifestiert sich bei Bloom die Abwehr des Dichters gegen seinen Vorläufer, so daß es in der Relation der Tropik um ein »Wegwenden des Vorläufertextes« geht, der spätere Text ist ein »Versuch der Überbietung, Abwehr und Löschung der Spuren des Vorläufertextes« (Lachmann 1990, 39). Dabei sind die drei Modelle nicht klar voneinander zu trennen, vielmehr läßt sich bei einzelnen Texten die Dominanz des einen oder anderen Typs feststellen.

Der Kampf der Nachgeborenen

Vor diesem Hintergrund kann die These aufgestellt werden, daß intertextuelle Praktiken, ebenso wie intratextuelle Relationen, von Epoche zu Epoche variieren und daß jede literarische Richtung Allusionen und Zitate auf eine Weise in einen Text integriert, die ihrer Poetik entspricht (Smirnov 1983, 273; 1985, 105; Kolarov 1992, 35). Ein umfassendes Epochenmodell der Intertextualitätspoetiken einzelner Schulen oder Dichterinnnen würde eine Literaturgeschichte entwerfen, die sich in abwechselnden Phasen des Festhaltens an der Kultur mit dominant metonymischer Poetik (z. B. die russischen Akmeisten, Boris Pasternak) und einer Kulturskepsis mit eher metaphorischer Ausrichtung (die russischen Symbolisten und Futuristen) manifestiert. Dabei findet der jeweilige Akt der Kulturbestätigung bzw. Kulturverwerfung auf unterschiedliche Weise statt: Bestimmt Puškin sich in der Kulturkette implizit als Weiterschreibender (Lachmann 1990, 303), so formulieren die Akmeisten ihr Kulturverständnis explizit (ebd., 354); geht es den Symbolisten in erster Linie um eine Korrektur des Bestehenden, so proklamieren die Futuristen den völligen Neubeginn und »werfen die Klassiker über Bord« (so das futuristische Manifest). Als letztes Unterscheidungskriterium zur Bestimmung intertextueller Relationen sei

Kulturbestätigung und Kulturverwerfung

noch Broichs (1985) und Pfisters (1985a) Differenzierung zwischen *Text-* und *Systemreferenz* genannt: Während die Textreferenz einen Text-Text-Kontakt etabliert, wird in der Systemreferenz der Bezug eines bestimmten Textes zu einer Gattung, einem Mythos, einem Topos hergestellt, so daß sich kein konkreter Referenztext ermitteln läßt.

Markierungen, die eine intertextuelle Doppel- oder Mehrfachkodierung signalisieren, lassen sich ebensowenig in einem einheitlichen Instrumentarium fassen wie die Modelle, die die Modi der Interrelation und Transformation von Texten katalogisieren. Begriffe wie Anagramm, Paragramm, Syllepse, *connective*, Zitat und Allusion zeugen von verschiedenen Ansätzen zur Erstellung einer Intertextualitätsgrammatik. Auf *Anagramm* (das Wort unter dem Wort – de Saussure) und *Paragramm* (der Text unter dem Text – Kristeva), auf *Syllepse* und *connective* als Doppelzeichen (Riffaterre) wurde schon eingegangen. Die beiden allgemeinsten Begriffe für eine intertextuelle Markierung sind *Allusion* und *Zitat*. Beides sind Verfahren zur Etablierung eines Text-Text-Bezugs, und ihre Funktion liegt in erster Linie darin, die intertextuelle Lektüre des Rezipienten in Gang zu setzen. Unterschiedliche Kritiker präferieren den Begriff der Allusion oder den des (entgrenzten, nicht wörtlichen) Zitats als umfassenden Oberbegriff (s. genauer Hebel 1991). Durch das Eingliedern der Allusion in eine schrittweise ablaufende Lektüre (Erkennen der Allusion – Identifikation des Prätextes – Modifikation des Oberflächensinns der Allusion – Aktivierung des Prätextes) entwickelt Ben-Porat (1976) interpretative Verfahren. Daneben wurden Sonderformen des Zitats herausgearbeitet: das *Autozitat* (Dällenbach 1976), mit dem eine Dichterin eigene Werke aufruft, sowie das *Zitatzitat* (Smirnov 1983), das Zitieren eines Zitats, das selbst schon Zitat ist, wodurch (mindestens) zwei Prätexte zugleich evoziert werden. Auch hier wirkt die Vorstellung vom entgrenzten Text, denn zitiert werden kann nicht nur ein anderer, literarischer oder nicht-literarischer Text, sondern auch ein anderes Medium (so zum Beispiel ein Film oder ein Gemälde, s. Hansen-Löve 1983), zitiert werden können außerliterarische Figuren und historische Ereignisse.

Ein zentraler Diskussionspunkt ist nach wie vor, ob Intertextualität ein Kennzeichen aller oder ein spezifisches Merkmal bestimmter Texte ist – diese Frage wird schon 1985 von Pfister diskutiert und 1991 noch immer von Mai. Zu einem Kompromiß lassen sich die beiden Positionen führen, wenn man davon ausgeht, daß es Texte gibt, die (aufgrund ihrer Poetik oder ihres kulturellen Umfelds) stärker intertextuell organisiert sind als andere. Demzufolge werden intertextuelle Analysen vornehmlich entweder bei Texten angewendet, die sich einer intratextuellen Deutung verweigern, was insbesondere auf Autoren der Moderne und Postmoderne zutrifft, oder bei Texten literarischer Gruppierungen, deren Poetik durch die Auseinandersetzung und den Dialog mit dem fremden Text bestimmt wird. Das gilt zum Beispiel für die russischen Akmeisten, die zu einem zentralen Paradigma der Intertextualitätsforschung geworden sind. Die intertextuelle Lektüre der akmeistischen Texte ist aus den Subtext-Untersuchungen (Levin u.a.

Zitat

Die Objekte intertextueller Lektüre und Analyse

1974; Taranovsky 1976) hervorgegangen, deren Ziel es war, einen neuen interpretativen Zugang zu der hermetisch scheinenden Lyrik der Akmeisten zu entwickeln. Zudem ergeben sich die intertextuellen Strategien dieser literarischen Schule notwendig aus ihrer Poetik, die angelegt ist als ein Dialog mit der Kultur. Eine weitere Epoche, deren literarische Texte sich durch eine extreme intertextuelle Komposition auszeichnen, ist die Postmoderne (s. dazu Pfister 1991).

Im Dialog mit der Kultur

Das bedeutet: Für die Analyse wurden zunächst Texte mit einer deutlichen Affinität zur Intertextualität bevorzugt, doch kann sie sich prinzipiell auf alle Texte erstrecken, denn der hermetisch abgeschlossene Textraum ist eine Illusion, die sich im Zeitalter der Postmoderne und der Dekonstruktion nicht halten läßt. Eine intratextuelle Lektüre ist zwar möglich, bleibt jedoch eindimensional, während andererseits eine intertextuelle Lektüre Gefahr läuft, Sinn zu zerspalten und aufzulösen, vor allem in Texten mit einer anarchischen intertextuellen Struktur. Dem entgegenzusetzen wäre eine Wieder-, Neu- oder Gegenlektüre, eine doppelte Lektüre. Intertextualität ist – so das Fazit, das sich ziehen läßt – eine Art der Welterfahrung, die auf Entgrenzung aus ist. Affiziert von den unterschiedlichsten Disziplinen wird Intertextualität zu einer synkretistischen Theorie, die sich den Synkretismus zugleich als Programm aneignet. Denn vertreten wird ein Modell von Literatur, das die Grenzen nicht nur zwischen Text und Text, sondern auch zwischen Literatur und Ideologie oder zwischen Literatur und Psychoanalyse aufzuheben sucht.

Synkretismus als Programm: Eine Theorie entgrenzender Welterfahrung

Memoria und Oblivio.
Die Aufzeichnung des Menschen

Stefan Rieger

Was am Ende von kulturellen Formationen oder Büchern immer bleibt, ist der Blick in die Speicher und Bibliographien. Und die sind – aus guten Gründen – einigermaßen voll. Nach der Prognose Adolf Ebelings in einem Artikel über *Langzeitkonservierung. Methoden der Dokumentenablage* des Magazins für Computertechnik c't wird sich daran vorerst auch nichts ändern: »Exakte Zahlen darüber, was an Informationen täglich auf den Markt kommt, liegen nicht vor, keinesfalls falsch sein jedoch dürfte die Einschätzung, daß hier ein exponentielles Wachstum vorliegt« (Ebeling 1993, 52).

Was aber ist überhaupt ein kulturelles Gedächtnis, zu dem immer wieder auch die Literatur gezählt wird? Welche Speichereinrichtungen hält eine Kultur bereit? Wo sind ihre Orte und Institutionen? Und nach welchen Organisationsprinzipien, von wem, mit welcher Absicht und für wie lange werden welche Daten überhaupt aufbewahrt? Wie funktionieren die Filter, die zwischen offiziellen Speicherwelten und dem Bereich des Inoffiziellen, zwischen kultureller Sanktionierung und Häresie, zwischen Manifestation und Latenz stehen? Wie verhält sich damit das kulturelle Gedächtnis zu einer *Ordnung des Diskurses*, die für die Zirkulation von Informationen zuständig ist? Nach welchen Kriterien wird Wissen mit dem Index des Aufschubs versehen und damit zeitlich gesperrt? Das Auftauchen irgendwelcher Geheimdokumente nach Ablauf von Schutzfristen markiert eine Differenz zwischen dem bloßen physikalischen Vorhandensein und seiner Freigabe. Obwohl vorhanden, muß für eine Sperrfrist lang so getan werden, als ob es diese Dokumente genau nicht gäbe, als ob sie bis zum Stichtag der Freigabe vergessen und in einer bewußt eingerichteten Nische der *memoria* unbewußt wären. Und weil der Umgang mit Daten eine Frage der Macht ist – im Angesicht von Informationsvernetzung und Datenschutzbeauftragung sei diese Trivialität dennoch gesagt – muß die Machtfrage eben auch an die Speicher gestellt werden. Wer also hat Zugriff auf welche Informationen und wie entsteht aus Wissen und Macht jener Verbund, den Foucault als *Macht-Wissen* rekonstruiert?

Ebelings Text über Langzeitkonservierung und Methoden der Dokumentenablage stellt die *memoria*, die Arbeit am kulturellen Gedächtnis in den Kontext des Menschen und seiner Ökonomien. An drei konkreten Beispielen, die das Berliner Humboldtkrankenhaus, ein Hamburger Nachrichtenmagazin und die Bundesanstalt für Flugsicherung betreffen, werden damit grundlegende Fragen im Umgang mit Daten ablesbar. Weil etwa Datentyp und Archivierungssystem voneinander abhängig sind, benötigen Patientengeschichten ein Archivierungssystem, das für die Aufbewahrung technischer Daten nicht unbedingt geeignet sein muß. Und weil Speicherung Geld kostet – immerhin schlägt die Verwaltung von einem laufenden Meter Akten mit 4000 DM jährlich zu Buche –, muß das Verhältnis von Aufwand und Nutzen sorgsam abgewogen werden. Ökonomisch ist auch die Frage nach dem Verhältnis von Speicherung und Innovation, nach Tradierung und *inventio*, die in der Sicht eines Computermagazins vor allem durch verbesserten Datenaustausch der Verschwendung durch Doppelforschung ein Ende bereiten will. Doch – und mit Hinweis auf Nietzsches II. Unzeitgemäße Betrachtung *Vom Nutzen und Nachtheil der Historie für das Leben* sei es gesagt – wird gemeinhin »die kulturschaffende Funktion der Dokumentation nicht gesehen oder weit unterschätzt.«

Friedrich Nietzsche, von solcher Geringschätzung frei und damit als Gewährsmann für mögliche Techniken der Langzeitkonservierung geeignet, baut die Stellung der *memoria* aus und zieht mit ihr die Grenze zum Tier: »Fortwährend löst sich ein Blatt aus der Rolle der Zeit, fällt heraus, flattert fort – und flattert wieder zurück, dem Menschen in den Schooss. Dann sagt der Mensch ›ich erinnere mich‹ und beneidet das Thier, welches sofort vergisst« (Nietzsche 1988, 248f.). Als Bedingung dieser Möglichkeit müssen derlei Blätter erstens erstellt und zweitens gehortet werden. Dafür zuständig ist das Archiv. Das Folgende handelt in Teilaspekten vom Archiv des Menschen und es soll ergänzen, was Foucaults theoretischer Zugriff auf das Archiv in der *Archäologie des Wissens* und der daran orientierte Exkurs über Diskursanalyse schuldig bleiben mußten: Schlaglichter jenes Positivismus, den uns Foucault in anderen Texten so virtuos vorgeführt hat.

Eine Rede vom Archiv des Menschen – behält man dabei Foucault im Blick – fördert nicht marginale, verstaubte und höchstens für verschrobene Fachinteressenten wichtige Bausteine zu Tage. Stattdessen oder vielmehr betrifft sie die Bedingung der Möglichkeit des Menschen selbst. Denn ohne Medien, mit denen die Daten des Menschen gespeichert, übertragen und berechnet werden (können), wären wir, was Jean Paul in der *Selina, oder die Unsterblichkeit der Seele* als eine wundersame Hypothese durchspielt: flüchtige Klangfiguren im oder auf dem Streusand der Geschichte.

»Nehmet einmal recht lebhaft an, daß wir Alle nur Klangfiguren aus Streusand sind, die ein Ton auf dem zitternden Glase zusammenbauet, und die nachher ein Lüftchen ohne Ton vom Glase wegbläset in den leeren Raum hinein: so lohnet es der Mühe und des Aufwandes von Leben nicht, daß es Völker und Jahrhunderte gibt und gab. Sie werden gebildet und begraben, höher gebildet und wieder erschüttert; [...] lasset Jahrtausende ihre geistigen Ernten und ihren Reichthum in die Menschenmenge von Klangfiguren niederlegen: in funfzig Jahren verfliegen die Figuren und die Schätze, und nichts ist mehr da, als das Dagewesensein« (Jean Paul 1842, 20f.).

Klangfiguren aus Streusand

Und genau auf dieses flüchtige – bei Jean Paul bedrohliche – Speichermedium Sand, das dem romantischen Akustiktheoretiker Chladni die Visualisierung von Klängen erlaubte, setzt umgekehrt eine berühmte Wette Foucaults, die so sehr die Gemüter erregt hat und immer noch erregt. Ort dieser Wette ist das Ende seines Buches *Les mots et les choses* von 1966 (dt. als Ordnung der Dinge), das im Untertitel der deutschen Übersetzung eine *Archäologie der Humanwissenschaften* heißt. Nach einer vorsichtigen und im Konjunktiv formulierten Wenn-Dann-Beziehung, die das Auftauchen der jungen Erfindung Mensch an rekonstruierbare Dispositionen und Rahmenbedingungen bindet, folgt Foucaults vielleicht meist zitierter Satz: »Wenn diese Dispositionen verschwänden, so wie sie erschienen sind [...], dann kann man sehr wohl wetten, daß der Mensch verschwindet wie am Meeresufer ein Gesicht im Sand« (Foucault 1990, 462). Von den Dispositionen, die über Auftauchen und Verschwinden dieses Gesichtes entscheiden, handelt das Archiv des Menschen.

Das Archiv des Menschen

Die Reden über den Menschen sind vielstimmig und weit gestreut. Ein Blick in die Wissenschaft von der Menschenseele um 1800 soll als Einstieg dienen, um diese Heterogenität vorzuführen. So disparat wie die Orte, von denen aus jeweils gesprochen wird, sind auch die Interessen, die bestimmte Reden überhaupt erst hervorbringen. Das betrifft etwa die Frage, ob jemand bereits im Namen einer etablierten Disziplin und Institution sprechen kann oder ob er sich aus einer (noch) unklaren Sprecherfunktion zu Wort meldet? Für die Philanthrophie um 1800 hat Foucault nachgezeichnet, wie gerade aus den Reden ungerufener und selbsternannter Sachwalter, denen im verzweigten Mosaik der Diskurse der Status von *Verbindungsagenten* zukommt (Foucault 1976, 112), Persönlichkeiten, Institutionen und Wissen hervorgehen konnten. Welche Logistik steht den jeweiligen Reden zur Verfügung? Gibt es schon vorhandene Publikationsorte oder müssen diese neu erzeugt werden? Als Theoretiker des Aussagesystems *Archiv* und als Theoretiker der Macht spürt Foucault den Möglichkeitsbedingungen bestimmter Redeformen nach und fragt, warum etwa bestimmte Aussagen zu einer bestimmten Zeit möglich sind und zu einer anderen Zeit eben nicht. Seine exemplarischen Studien, die performativ seinen Umgang mit Material zeigen, gelten so scheinbar heterogenen Dingen wie der Rechtsprechung, dem Wahnsinn, der Disziplinierung, der Pädagogik, der Psychologie, der Entstehung der Klinik und eines veränderten ärztlichen Blickes. Dort handelt er – entgegen seinen Selbstaussagen zur Konzeption des Archivs (→ *Diskursanalyse*, S. 164) von der Pragmatik: liest Akten, Gerichtsprotokolle, Aufzeichnungen, Krankengeschichten, Anamnesen, Urteile, Exerzierreglements, Beichtspiegel, Stundenpläne und etabliert so einen Zugriff auf Textsorten, die aus dem Blick geraten sind. Und gerade damit zollt er all jenen Diskursen ihren Tribut, die den Menschen als Subjekt zum Gegenstand oder Objekt der Wissenschaft machen. Beide Lesarten des doppelten Genitivs, der das Archiv und den Menschen aneinanderbindet, sind daher zulässig und notwendig. Zeichnet der eine Genitiv für den Aspekt der Macht verantwortlich, benennt der andere genau jene Fülle von Teilfeldern, die den Gegenstandsbereich Mensch konstituieren: als Objekt von Justiz und Jurisprudenz, von Psychiatrie, Medizin und Pädagogik, von Ökonomie und Statistik. Foucault warnt davor, die Seele als ideologischen Begriff (→ *Ideologie und ihre Kritiker*, S. 207) oder gar als Illusion abzuweisen und bindet das, was er ihre Produktion nennt, an die Klientel vieler von ihm untersuchter Diskurse. Die Seele

Das Archiv des Menschen

> »existiert, sie hat eine Wirklichkeit, sie wird ständig produziert – um den Körper, am Körper, im Körper – durch Machtausübung an jenen, die man bestraft, und in einem allgemeineren Sinn an jenen, die man überwacht, dressiert und korrigiert, an den Wahnsinnigen, den Kindern, den Schülern, den Kolonisierten, an denen, die man an einen Produktionsapparat bindet und ein Leben lang kontrolliert« (Foucault 1977, 41).

Ort dieser Interventionen sind auch die unterschiedlichen Psychologien, die das Phantom jener *einen* Seele ausdifferenzieren und in neuen Diskursen festschreiben. Deren Liste ist lang und enthält Kriminalpsychologie, Kriminalanthropologie, Erfahrungsseelenkunde, Kinderpsychologie, Psychiatrie und vieles mehr. Ins Spiel kommen so auch neue Textsorten und Materialitäten wie die vermeintlich so unscheinbare Karteikarte und das Krankenregister, das psychiatrische Gutachten und das Dossier, die juristischen Relationen und Protokolle: sie alle werden ihren Teil dazu beitragen, das Wissen über die Individuen aufzuzeichnen und dieses Wissen im kulturellen Gedächtnis zu verorten, auf die regionalen Archive der Diskurse zu verteilen. Was so an Texten entsteht, bringt der Kriminalpsychologe Johann Christian Gottlieb Schaumann 1792 auf die denkbar genaue Formel von einem unendlichen Buch, das der Mensch sein soll: »Der Mensch ist das einzige Buch, das man nie ausliest, und über dem man nie müde wird« (Schaumann 1792, 100).

»Der Mensch ist das einzige Buch, das man nie ausliest, und über dem man nie müde wird.«

Woher kommt aber all das Material, das als Wissen des Menschen angesammelt wird und Schaumanns einzigartiges Buchprojekt begründen soll? Woher stammen all die Fallgeschichten, Selbst- und Fremdbeobachtungen, Bekenntnisse und Erfahrungen, Träume und Fehlleistungen, Delirien und Lüste, Perversionen und Neigungen, die den Psychologien im besonderen und den Menschenwissenschaften im allgemeinen als empirisches Material zugrunde liegt? Den Trend zur allgemeinen Datenerhebung verortet Foucault mit dem Eintritt »des Individuums (und nicht mehr der Spezies) in das Feld des Wissens« gegen Ende des 18. Jahrhundert. Lange Zeit sei »die gemeine Individualität unterhalb der Wahrnehmungs- und Beschreibungsschwelle geblieben« (Foucault 1977, 246). Objekt einer Chronik, einer Erzählung des Lebens oder Geschichtsschreibung einer Existenz zu sein, war ein Privileg und gehörte zu den Ritualen der dadurch eingeräumten

Monument und
Dokument

Macht. Die neuen Menschenwissenschaften und ihre Disziplinarpro-
zeduren kehren dieses Verhältnis um, »machen aus der Beschreibung
ein Mittel der Kontrolle und eine Methode der Beherrschung« (Foucault 1977, 247). Durch den Zugriff der *Schriftmacht*, durch die »kleinen
Notierungs-, Registrierungs-, Auflistungs- und Tabellierungstechni-
ken« werden nicht mehr *Monumente* für ein künftiges Gedächtnis be-
reitgestellt, sondern *Dokumente* »für eine fallweise Auswertung«, für
die Kasuistik der Humanwissenschaften. Weil Disziplinierung und Be-
schreibbarkeit bei Foucault Hand in Hand arbeiten, kann »das Kind,
der Kranke, der Wahnsinnige, der Verurteilte« im Trend dieser Bewegung »immer häufiger zum Gegenstand individueller Beschreibungen
und biographischer Berichte« werden (ebd.).

Die Formalisierung des
Individuellen

Was derlei Dokumente erlauben, rekonstruiert Foucault als *Formalisierung des Individuellen*, oder – in einer anderen und vermeintlich
genauso paradox klingenden Formel – als »Verbindung zwischen Ko-
difizierung und Individualisierung« (Foucault 1977, 127). Ist ein Indi-
viduationswissen erst einmal erhoben, kann nämlich stattfinden, was
Foucault als die Neuerungen der Disziplinarschrift beschreibt: »die
Korrelierung dieser Elemente, die Speicherung und Ordnung der Unterlagen, die Organisation von Vergleichsfeldern zum Zwecke der
Klassifizierung, Kategorienbildung, Durchschnittsermittlung und Nor-
menfixierung« (Foucault 1977, 244f.). Die Individualität des denkwür-
digen Menschen wird verdrängt durch die Individualität des be-
rechenbaren Menschen. Und genau diese Verdrängung, die an der
Wiege der Menschenwissenschaften steht, erzeugt neue Narrationsfor-
men und -muster: Statt Abenteuer fahrender Helden der Gang in die
Kindheit, statt dem Ritter Lanzelot der Senatsgerichtspräsident Schreber und statt dem Märchen vom Hänschen Klein die »Unglücke des
kleinen Hans« bei Freud (Foucault 1977, 249). Aber die Zugriffe, die
aus Menschen Fälle oder Fallgeschichten machen, erfolgen nicht immer und nicht ausschließlich von außen.

Schreber statt Lanzelot:
vom Ende fahrender
Ritter und den
Denkwürdigkeiten
eines Nervenkranken

Foucault hat in *Sexualität und Wahrheit. Der Wille zum Wissen* eine
grundlegende Denkfigur für das Archiv des Menschen in der Selbstthematisierung, in der unaufhaltsamen Rede der Individuen über sich
selbst, nachgezeichnet. In Autobiographien und Tagebüchern, in Be-
kenntnissen und Briefen findet das Gestehen von Individualität seinen
Ort. Und es ist genau diese Denkfigur, die Foucault der hartnäckig
behaupteten These von der unterdrückten Sexualität entgegenstellt
und stattdessen die diskursiven Anreize rekonstruiert, die – so erfolgreich – zum Sprechen motivieren. Beschwört die Repressionshypothese
»ein viktorianisches Regime«, in dessen Wappen »zuchtvoll, stumm
und scheinheilig die spröde Königin« steht (Foucault 1983, 11), hält
Foucault dieser vermeintlichen Unterdrückung entgegen, was er die
Anreizung zu Diskursen nennt (→ *Diskursanalyse*, S. 164). Das Gestehen
gehorcht dabei einem eigenartigen und paradoxen Diktat: dem der
Freiwilligkeit.

Mit aller Kraft drängen die Seelen der Goethezeit – ob schön wie bei
Goethe selbst oder delirant wie in der Psychiatrie – an das Licht der

Öffentlichkeit. Für Aufbewahrung und Zirkulation des Individuations-
wissens stehen Publikations(medien) bereit, an die bekenntnissüchtige
und sich selbst thematisierende Seelen schreiben können. Eine – und
vielleicht die prominenteste Adresse – ist das *Magazin für Erfahrungsseelenkunde* von Karl Philipp Moritz, dessen *Anton Reiser* erstmalig den
Untertitel eines psychologischen Romans führen wird. Moritz startet
1783 sein Projekt der Menschenarchivierung programmatisch mit einer
Absetzbewegung angesichts der gegenwärtigen »Sündfluth« an Büchern und verspricht, »Fakta, und kein moralisches Geschwätz, keinen
Roman, und keine Komödie« zu liefern, »auch keine andern Bücher«
auszuschreiben (Moritz 1783/1986, 8). Die Fakten des Menschen beginnen im ersten Band mit einem eingesandten Schreiben aus Schle-
sien über einen Blödsinnigen, es folgen Gemütsgeschichten, Tagebuch-
fragmente, Kriminalaktenauszüge, Wachträume, Krankengeschichten,
Kindheitserinnerungen, der Wahnwitz in Originalbriefen oder die
Selbstgeständnisse des berühmten Pädagogen Johann Bernhard Base-
dow von seinem Charakter.

Seelenmagazine

Das *Magazin* ist an Themen wie Textsorten reich gestreut, und läßt
die Eigentümlichkeit des Menschen in ihrer gesamten Bandbreite und
aller Ausführlichkeit zur Sprache kommen: für Wahnsinn, Verbrechen,
Perversion, Krankheit, Taubstummheit und welche Teilfelder auch immer ist so ein Ort gefunden, der Menschen zu Fallbeispielen und damit
zu Textdokumenten macht, deren Ablage und Zustellung das *Magazin
für Erfahrungsseelenkunde* begründet. »Und was ist dem Menschen
wichtiger, als der Mensch?« (Moritz 1783/1986, 7) Der Trend zur allgemeinen Datenerhebung erfaßt auch die Kindheit und die Pädagogen
werden nicht müde, kleine Hilfen für die Kinderaufzeichnung an die
Hand zu geben. Johann Ludwig Ewald empfiehlt 1808 in seinem *Rath
wie man Kinder beobachten soll* als Aufschreibesystem ein Tagebuch, von
der Mutter in Hauptrubriken aufgeteilt und zur Aufnahme all der kleinen sachdienlichen Details bereit, die in der Empirie des Alltags zu
Tage treten.

*»Und was ist dem
Menschen wichtiger, als
der Mensch?«*

> »Sagen Sie sich, daß die Mutterliebe oft blind sey; beobachten Sie die Hand-
> lungen, Aeusserungen Ihrer Kinder vorerst blos als Thatsachen, ohne sie sich
> zu erklären oder erklären zu wollen; stellen Sie sie nach einander hin in
> Ihrem Gedächtniß, oder noch besser in einem Tagebuch, das Ihnen überhaupt
> von dem größten Vortheil für Ihre Erziehung seyn wird« (Ewald 1808, 4).

Und Immanuel David Mauchart, dessen *Allgemeines Repertorium für
empirische Psychologie* im Kielwasser von Moritz schwimmt, benutzt zur
Lernzielkontrolle Charaktertabellen, die zugleich auch noch die kognitive Kompetenz verzeichnen sollen: ob das Kind schnell oder
langsam, leicht oder schwer fasse, ob es bei der Wiedergabe von Erzählungen an der Auswendigkeit des Wortlautes kleben bleibt oder
bereits im freien Verstehen geschult heißen darf. In einer *Musterkarak-
ter-Tabelle* vom Februar darf auf das Konto des kleinen Franz gebucht
werden, daß er bereits »Beweise von Nachdenken« gibt und »beym
Reimspiel schnell auf Reime besonnen« ist (Mauchart 1792f., 185).

Der geregelte Gedankengang der Phantasie

Doch Mauchart schreibt nicht nur kleine Kinder auf. Testfeld für eine denkwürdige Selbstaufzeichnung ist das Lesen und das Resultat die Abfolge all der Bilder, die sich ihm bei der Lektüre eines zweitklassigen Romanes einstellen. Sorgsam durchnumeriert darf seine Lektüre belegen, was er im Gegensatz zu irgendwelchen Pathologien den geregelten Gedankengang der Phantasie nennt (zu dieser *Psychologie des Lesens im achzehnten Jahrhundert* vgl. Hannelore Schlaffer 1980).

Egal, ob man empirische Psychologie für empirische Leute machen will oder die Menschen für die Kriminalpsychologie, für Pädagogik oder welchen Teilbereich der Humanwissenschaften auch immer zu gewinnen sucht, um Moritz und Mauchart kommt kaum ein Diskurs mehr herum. Es ist nur konsequent und steht für die Rückkopplungsschleife, daß und wenn *Repertorium* und *Magazin* etwa in zeitgenössischen Handbüchern des Criminalrechts auftauchen. Eduard Henke, Handbuchverfasser, empfiehlt deren Lektüre 1823 und unter der Rubrik »Quellen und Hülfsmittel der Strafrechtswissenschaft« (Henke 1823, 164f.). Gleichermaßen topisch ist der Verweis auf die schöne Literatur, namentlich auf Goethes *Werther*. Die Orte solcher Rückverweise an die Literatur sind vielfältig und gestreut: einer von ihnen – schon ob der Logik seines Entstehens signifikant für die Wissenszirkulation – ist die gekrönte Preisschrift eines Herrn Karl Gottfried Bauer über die Entartung des Geschlechtstriebs: Ort der Ausschreibung ist die Reformpädagogenhochburg Schnepfenthal und das Preisfrageinteresse gilt all den Ursachen fehlgeleiteter Sexualität, die »in unserer Gesetzgebung, Staatsverfasssung, Lebensart, Lektüre und Erziehung« begründet liegen (Bauer 1791, Vor.). Die *Anreizung zu Diskursen*, die Foucault in *Sexualität und Wahrheit* rekonstruiert, erfährt hier eine kleine, aber sehr konkrete Realisierung. Statt – wie es die Repressionsthese meint – unterdrückt zu werden, wird ausgeschrieben, eingeschrieben, ausgewertet, preisgekrönt und natürlich veröffentlicht. Und daß im Reigen all der thematisierten Details, von der Schlafzimmerbeleuchtung bis zur rechten Bettenwahl, auch die Diätetik der Lektüre im allgemeinen und Goethes *Werther* im besonderen Beachtung finden muß, versteht sich fast schon von selbst.

Die Leiden des jungen Werthers

Die Bezugnahme von Ästhetik und Psychologien ist wechselseitig: Themen wie Wahnsinn oder Verbrechen, die von den Menschenwissenschaften behandelt werden, finden ebenso wie die damit verbundenen Textsorten direkten Eingang in Literatur. Wahnsinnige wie in Achim von Arnims Novelle *Der Tolle Invalide auf dem Fort Ratonneau* oder E. T. A. Hoffmanns Roman *Die Elixiere des Teufels* und Verbrecher wie im *Fräulein von Scudery* können so zum neuen Paradigma vor allem der Romantik werden. Anderseits soll der psychologische Sachverstand durch Kunst geschärft oder geübt werden. Schaumann rekrutiert daher im Handstreich die komplette Klassik als »literärische Hilfsmittel der Kriminalpsychologie« (Schaumann 1792, 114ff.). Da es nach seiner Unterteilung kaum unmittelbare Hilfsmittel in Sachen Kriminalpsychologie gibt, verweist er zudem auf die Vermittlung anderer Diskurse: Psychologie, Anthropologie, Physiologie, Schriften zur Kri-

Klassik und Kriminalistik

minalgesetzgebung, die Werke der Historiker, Reisebeschreibungen, Biographien und eben das weite Feld der Literatur. Aber nicht nur Goethes *Werther* oder Lessings *Hamburgische Dramaturgie* sollen für den kriminologischen Blick auf den Menschen durchaus von Nutzen und »dem psychologischen Beobachtungsgeiste Nahrung und Unterhaltung« geben; »auch die *zeichnenden* und *bildenden* Künste eröffnen ihm in ihren Werken reiche Quellen derselben« (Schaumann 1792, 121). In umfangreichen Listen der heranzuziehenden Texte dürfen die einflußreichen *Ideen zu einer Mimik* Johann Jakob Engels ebenso wenig fehlen wie dessen *Anfangsgründe einer Theorie der Dichtungsarten* oder Johann Georg Sulzers *Allgemeine Theorie der Schönen Künste*.

Doch Schaumann verweist nicht nur auf vorhandene Reden, er produziert auch neue: seine Aufforderung, sich postalisch an ihn zu wenden, klärt dabei selbst so unscheinbare Fragen wie die nach dem Porto oder nach der zu verwendenden Textsorte. Um die Seelen unter Form zu bringen, bedarf es neben des Sprechanreizes auch der Vorgabe narrativer Muster. Und es sind die Seelen selbst, die bei Schaumann nachfragen, wie der die Erzählungen wünschte, »und ob die überschickten Proben« seinem Zwecke entsprächen (Schaumann 1792, 131). In einer Nachschrift an die Leser klärt Schaumann seine freiwilligen Informanten auf, verweist sie auf einen genuin juristischen Textspeicher – die *Annalen der Gesetzgebung und Rechtsgelehrsamkeit in den Preussischen Staaten* – und erklärt, daß er die eingesandten »Erzählungen nach dem Muster derjenigen, die sich in den *Kleinischen* Annalen finden, verfasst wünsche«. Selbstredend verspricht er einen vorsichtigen Umgang mit dem postalisch anvertrauten Material, und so ist das Archiv des Menschen um eine Adresse und einen Aufzeichnungsort reicher.

Der Gang in die Öffentlichkeit, ob von prominenten Seelen oder anonymen Irren angetreten, ist reich an Kapriolen, und viele von ihnen kreisen um das paradoxe Verhältnis von Geheimnis und Öffentlichkeit: Johann Kaspar Lavater, der Schweizer Physiognom, verfällt in seinem geheimen *Tagebuch eines Beobachters seiner Selbst* von 1771 auf den Trick, seinen Geständnisdrang durch Chiffrierung zu zügeln und läßt besonders heikle – weil seine Sexualität betreffende – Passagen als Kryptogramm abdrucken (dazu Rieger 1995). Von Anonymität träumt auch jener geständige Melancholiker, der 1831 und unter dem Beichtsiegel der Verschwiegenheit das Selbstbekenntnis seiner Krankheit an den führenden Psychiater Dietrich Georg Kieser adressiert. Dessen Skrupel in Sachen Veröffentlichung kapitulieren letztendlich vor dem »Interesse der Wissenschaft« und so darf der geständige Irre gut 20 Jahre später als namenloser N. N. eines der zahlreichen Publikationsorgane um seinen eigenen Fall bereichern: in der *allgemeinen Zeitschrift für Psychiatrie und psychisch-gerichtliche Medizin*, herausgegeben von Deutschlands Irrenärzten, in Verbindung mit Gerichtsärzten und Criminalisten, findet sein Brief vom 19. November, der in der Logik postalischer Konventionen mit der Überschrift »Hochwohlgeborner Herr geheimer Hofrath!« beginnt und »Mit allergrösster Ehrerbietung« endet, als Fall oder Dokument seinen archivalischen Ort (Kieser 1853, 430ff.).

Chiffrierte Sekrete

Wie schreibt man seinem Psychiater?

Menschen und Medien

N. N.'s Post landet in Foucaults Archiv und untersteht damit dem Monopol der Schrift. Denn für andere Medien, die »das Büchermagazin durchlöcherten«, »wird Diskursanalyse unzuständig« (Kittler 1986, 13). Zuständig »für Tonarchive und Filmrollentürme«, für Schreibmaschinen und Computer soll eine Medienwissenschaft sein, die Foucaults Projekt genau an diesem Punkt – der Technik – weiterführt. Für Kittler, der im Anschluß Foucaults dessen Wette aus der *Ordnung der Dinge* aufgreift und medientechnisch zuspitzt, wird der Mensch schlußendlich zur Funktion einer allgegenwärtigen Datenverarbeitung, damit zur Funktion der Ökonomie selbst. Mit analoger Zielrichtung gegen anthropologische und psychologische Konstanten argumentierend, die den Menschen in einem *anthropologischen Schlaf* befangen halten (Foucault 1990, 410ff.), verläßt Kittler das Feld der Foucaultschen Sandmetaphorik und schreitet – nur durch ein »vermutlich« gebremst – zur Hypostase.

> »Was Mensch heißt, bestimmen keine Attribute, die Philosophen den Leuten zur Selbstverständigung bei- oder nahelegen, sondern technische Standards. Jede Psychologie oder Anthropologie buchstabiert vermutlich nur nach, welche Funktionen der allgemeinen Datenverarbeitung jeweils von Maschinen geschaltet, im Reellen also implementiert sind« (Kittler 1993, 61).

N. N.'s anonyme Post ist genau, markiert sie doch exakt den Übergang von der Schrift zu den Medien: um die Eigentümlichkeit seiner Leiden zu schildern, »dürfte die vereinte Phantasie und Dichtersprache eines Sophocles, Dante und Shakespeare vielleicht nicht hinreichend sein« (Kieser 1853, 430). Doch ganz im Gegensatz zu seinen literarischen Kronzeugen erfolgt N. N.'s Reflexion auf die von ihm benutzte Sprache. Dem angeschriebenen Postkastenpsychiater versichert er deshalb einen Klartext, der im Dienst der Glaubwürdigkeit auf Rhetorik und Hyperbeln verzichtet. Aber egal, ob die Irren einen selbstverordneten Klartext reden oder nach dem Befund Kiesers »in höchst poetischer Darstellung« und gar »in der ausgebildetsten Gestalt der romantischen Poesie« mit der Literatur selbst wetteifern (Kieser 1855, 300f.): zwei Jahre nach der Veröffentlichung im psychiatrischen Fachblatt und 22 Jahre nach Abschickung des Briefes wird Kieser im Namen eines neuen Aufzeichnungsmediums, einer medientechnischen Innovation, den heuristischen Wert solcher Krankengeschichten relativieren. In den *Elementen der Psychiatrik* von 1855 hält er dem *subjektiven Character* der schriftlich selbstaufgezeichneten Krankengeschichten das Ideal einer photographischen Objektivität entgegen. »Sie sind Schriftbilder des Lebens, die sich im Bewusstseinsorgane des Beobachters abspiegeln, aber nicht, gleich Photographieen, den getreuen Abdruck der feinsten Züge geben, sondern nur vermittelst der sinnlichen Beobachtung des individuellen Lebens und wiedergegeben in der Darstellung der Krankheitsgeschichte« (Kieser 1855, 386).

Sein metaphorischer Bezug auf den vermeintlichen Objektivitäts-
standard der Photographie sollte aber nicht darüber hinwegtäuschen,
daß und wie Psychiatrie, Kriminalistik und Medizin längst schon zu
den neuen Aufzeichnungsverfahren übergelaufen sind. In Signale-
mentslehren, photographischen Identifizierungsverfahren (Bertillona-
gen u.a.) oder der Kinematographie im Dienste von Medizin und
Psychiatrie werden die vermeintlich objektiven Aufzeichnungsverfahren höchst unmetaphorisch, weil direkt auf potentielle Zielgruppen
gerichtet. Texte wie der des englischen Arztes H.W.Diamond *Über die
Anwendung der Photographie auf die physiognomischen und seelischen Erscheinungen der Geisteskrankheit* (1856) oder des deutschen Neurologen
Hans Hennes über *Die Kinematographie im Dienst der Neurologie und
Psychiatrie, nebst Beschreibung einiger selteneren Bewegungsstörungen*
(1910) rekonstruieren auf ihre Weise die Archäologie unserer nachmaligen Unterhaltungsmedien. In seinem Vortrag vor der Royal Socie-
ty am 22. Mai 1856 wird Diamond, dessen Photographien von Irren ein
Stück Psychiatriegeschichte schrieben, das Verhältnis von Sprache und
Bild festhalten: »Der Photograph seinerseits bedarf in vielen Fällen kei-
ner Hilfe durch eine menschliche Sprache. Mit dem Bild vor seinen
Augen lauscht er statt dessen der wortlosen und doch so beredten
Sprache der Natur« (Diamond 1856/1979, 155).

Wie objektiv ist die Photographie?

Kiesers Kritik an der schriftlichen Selbstaufzeichnung und seinem
frühen Rekurs auf die Photographie liegt ein Problem zugrunde, das
auch von anderen Diskursen sehr genau gesehen wird: die Individualität des Menschen bereitet in der Ausschließlichkeit der Schrift zunehmend Schwierigkeiten. C.J.A.Mittermaier bringt die Aufzeichnungs-
nöte für seinen Diskurs, die Jurisprudenz, auf diesen Punkt: »Vor allem
macht die Individualität der Menschen, welche wir beobachten wollen,
Schwierigkeiten« (Mittermaier 1817, 377). Seine Empfehlung, Gerichts-
maler und damit andere Aufzeichnungsmedien additiv zur protokol-
lierenden Schrift zuzulassen, die den Delinquenten auch in der Beweg-
lichkeit von Mimik und Gestik täuschungssicher aufzeichnen können,
muß von uns heute erst gar nicht mehr eigens ignoriert werden. In der
Videoüberwachung durch Banken, Kaufhäuser, Tankstellen oder wo
auch immer praktiziert, sind Mittermaiers zaghafte Pläne von 1817
längst unsere Wirklichkeit geworden. Und noch etwas ist annähernd
Wirklichkeit geworden: die relative Vollständigkeit solcher Überwa-
chungen. Mittermaier jedenfalls hält es für ebenso sachdienlich wie
wünschenswert, wenn die Aufzeichnung des Inculpaten nicht nur teilweise – also während des Verhöres – »sondern wo möglich unausge-
setzt Statt hätte.« *Überwachen und Strafen* – Foucaults großes Projekt –
in der Kurzform einer kleinen, aber wahren Geschichte oder – wenn
man will – im Praxiszitat des Archivs.

»Vor allem macht die Individualität der Menschen, welche wir beobachten wollen, Schwierigkeiten.«

Die Archive des Menschen reagieren auf solche Anforderungen mit
technischen Innovationen, die bei einfachen Mechanisierungen auf
dem Schriftsektor beginnen und bei der EDV mit der Verarbeitung von
akustischer und visueller Information ihr vorläufiges Ende finden. Für
Speicherung, Übertragung und Auswertung von Daten jeglicher Art

stehen mit den Innovationen von der Telegraphie zur Telephonie, von der Photographie zur Kinematographie und von der Schreibmaschine bis zum Computer effiziente Medien als technisches Apriori zur Verfügung. Über die Proliferation der Menschendaten wären viele Geschichten zu erzählen, und eine davon wäre mit Sicherheit die der Lochkarte. Als mechanische Steuerung für Webstühle und Rechenmaschinen eingesetzt, wird sie zum einzigartigen Motor elektrischer Volksauszählungen, deren erste 1890 in Amerika mit den patentierten Apparaturen des genialen Lochkartenmaschinenerfinders Hermann Hollerith stattfinden kann. Mit der Zunahme gestanzter Löcher auf den Karten findet eine Ausdifferenzierung der Daten statt, von denen in der Folge immer mehr erhoben werden. Man muß die erhobenen Merkmale nur noch mechanisch kombinieren, um so zum höheren Ruhm aller Statistik das Wissen des Menschen immer genauer und umfangreicher werden zu lassen. Zur Kommerzialisierung wird Hollerith seine *Tabulating Machine Company* gründen, die nach dem Übergang in einen Firmentrust und der Umbenennung in *IBM* zum Standard aller nachmaligen Standards werden sollte und konnte. Im Namen ihrer Kompatibilität ist selbst noch dieses Buch geschrieben, fußen doch so prominente Textverarbeitungsprogramme wie *Word*, *Word Perfect* oder *Notabene* auf dem Industriestandard jener vormaligen *International Business Machines Corporation*. Als Zwischenspiel durfte die Lochkarte nach einer atemberaubenden Karriere in Rohstoffversorgung und Statistik des I. Weltkrieges als Speichermedium für den Computer, diesem unmittelbaren Folgeprodukt der kryptographischen Nachrichtenschlachten eines II. Weltkrieges dienen, um dann von Disketten, Festplatten und CD's mit immer höherer Aufzeichnungsdichte in Computern mit immer höheren Prozessortaktraten endgültig abgelöst zu werden.

Doch schon die Rede goethezeitlicher Psychologen bemißt den Menschen an seinem Datendurchsatz und führt dazu eine kommende Technikentwicklung ins Feld. Der elektrische Blitz, der Telegraphenleitungen wie Nervenbahnen durchziehen wird, soll auch in den Menschenköpfen für das nötige Tempo sorgen. Im Zuge solcher Ökonomisierung wird Karl Philipp Moritz die »Erhöhung der Denkkraft, als der letzte Zweck unsers Daseins« titelgebend über einen Aufsatz zum Thema »Zeichen- und Wortsprache« von 1786 schreiben (Moritz 1786/1981, 238) und Christian August Lebrecht Kästner, ein zeitgleicher Mnemotechniker, wird die »Schnelligkeit des elektrischen Funkens« zum Leitwert sogar noch der Auswendigkeit erheben (Kästner 1804, 21). Die altehrwürdige Gedächtniskunst, Systembestandteil der überlieferten Rhetorik, schlägt sich im Namen der Elektrizität auf die Seite kognitiver Effizienz. Die Vermögen des Menschen werden vermessen, quantifiziert und in Termen einer nachmaligen Nachrichtentechnik angeschrieben.

Mit und neben der Ökonomie geht es dabei auch immer wieder um Normalität und Standards. Und weil Normalität am Umgang mit Sätzen, Wörtern, Silben und letztendlich in der Psychoanalyse Freuds mit

Die Erhöhung der Denkkraft

bloßen Buchstaben abzulesen ist, müssen die Umgangsweisen mit Zeichen erhoben, aufgeschrieben und in Theorien überführt werden. Das Menschenbuch – von dessen unendlicher Lektüre der Kriminalpsychologe Schaumann so emphatisch spricht – wird immer genauer und damit umfangreicher, erfaßt das filigrane Netzwerk der Träume ebenso wie das Netzwerk der Fingerabdrücke, und läßt so am Menschen von experimentalpsychologisch produzierten Assoziationsketten bis zum Signalement seines Körpers nichts unverzeichnet. Wenn Symbolisches und Reales des Menschen zum Gegenstand unterschiedlicher Spurensicherungen werden, ist einmal mehr eine Datenflut die Folge. Und weil man vom Menschen am meisten glaubt erfahren zu können, wenn man ihn aus vorgegebenen Schematismen und starren Regeln, mithin aus Aufzeichnungsmodellen wie Topik und Rhetorik befreit, darf eine sonderbare Redeform das Archiv des Menschen um zahllose Einzelbeiträge vermehren: die Karriere einer freien Rede ist so unaufhaltsam wie programmiert und sie schlägt einen wundersamen Bogen von goethezeitlichen Schulstuben bis hin zur den Experimentalpsychologielabors unserer Jahrhunderts, von den Improvisationen der Kunst zu den Theoriebildungen der Psychoanalyse.

Die freie Rede

Sag oder schreib »mir einmahl etwas aus deinem Kopfe von der Kuh« (Anonym 1782, 7). So harmlos forderte die Goethezeit in reformpädagogischer Abwendung von der starren Auswendigkeit ihre Kinder, ihre Wahnsinnigen und Taubstummen zu einem Sprechen auf, um ihr Denken und Verstehen auf den Prüfstand der Vergleichbarkeit zu stellen. Will man vom Menschen wissen, was und wie er denkt, muß man ihn am Ort der spontanen und unkontrollierten Rede abpassen. Was Heinrich von Kleist als *allmähliche Verfertigung der Gedanken beim Reden* beschreibt, findet knapp 100 Jahre später seine Umsetzung in den Experimentalanordnungen der Psychologielabors. Paul Ranschburg, der große Gedächtnistheoretiker, wird durch Assoziationstests einen *Kanon des Wortgedächtnisses als Grundlage der Untersuchungen pathologischer Fälle* erstellen und seine Kollegen an der *Wiedergabe kleiner Erzählungen durch Geisteskranke* deren Verfallszustand bemessen (Ranschburg 1908, Köppen / Kutzinski 1910). Sage mir frei aus deinem Kopf etwas von den Assoziationen, die Dir zu einem vorgegebenen Thema, zu einem vorgegebenen Reizwort einfallen. Sage es eine Minute lang, und sage es unter all der Entspannung, die dir dabei möglich ist! Mit solchen und ähnlichen Zielvorgaben werden Menschen um 1900 so sehr und so schnell zum Sprechen gebracht, daß am Ort des Geschehens kein Versuchsleiter mehr mit der Aufzeichnung nachkommt. Das Archiv des Menschen stößt an die Grenzen der Schrift.

Erwin Stransky berichtet 1905 in einem Buch *Über Sprachverwirrtheit* von einer solchen Versuchsreihe. Alles an diesem Experiment ist denkwürdig: der Anlaß, der Ort, die materiale Aufrüstung der Speicherung, die Begegnung von Schrift und Medien. In den zahlreichen Versuchsreihen wird Stransky seine Probanden auffordern, zu einem vorgegebenen Reizwort frei zu assoziieren und er wird mit 100 bis 250 »(und darüber!)« Worten pro Minute konfrontiert. Damit liegt die Mehrzahl

Über Sprachverwirrtheit

seiner Probanden über den Mittelwerten, die ihm freundlicherweise von sprachkompetenter Seite mitgeteilt werden: dem Direktor Fleischner vom reichsrätlichen Stenographenbureau verdankt Stransky nämlich die Angabe, »dass in geordneter, freier Rede durchschnittlich 130–140 Einzelworte in der Minute gesprochen werden. Zahlen über 180 Worte sind schon äusserst selten« (Stransky 1905, 14). Doch zwischen Alltag und Labor klafft eine Schere: die Probandenprotokolle laufen jeglicher Statistik davon und so war das Redetempo »stets ein so rasches, dass die sofortige genaue Fixierung nur durch den *Phonographen* gelang« (Stransky 1905, 14). Die Probanden werden an ein Redeziel verwiesen, an das die Romantiker so gerne ihre Helden reisen oder schweifen ließen: »ins Blaue hinein«. Das Blaue, in das da geredet und -assoziiert werden soll, hat in Stranskys Labor die Gestalt eines schwarzgestrichenen Trichters, der den Schall bündelt, an eine Membran verweist und über deren Schwingungen die Einschrift auf die Walze vornimmt. Die nachträgliche Verschriftlichung der analog aufgezeichneten Phonogramme erlaubt eine minutiöse Auswertung und Kommentierung der versammelten Einzelassoziationen.

Phonographie statt Stenographie

Stranskys Experiment markiert den Schwenk vom Symbolischen der Schrift zum Realen einer phonographischen Tonaufzeichnung, die seit 1877 mit Thomas Alva Edisons Erfindungen so nachhaltig unsere Speicherwelt verändert haben wird. Mit diesem Schwenk wird sichergestellt, daß Experimentallaborreden auch bei 189 Wörtern pro Minute speicherbar sind und ihren Theoretikern das Material nicht auszugehen braucht. Und das erhobene Material ist intrikat: Eben weil Phonographen keine Differenz zwischen Sinn und Unsinn ziehen, wird in wunderbarer Ausführlichkeit Abfall wie Unsinn menschlicher Rede in all ihrer Poesie, mit all den Alliterationen, Rekurrenzen, Kontaminationen und Verdopplungen, Vor- und Nachklängen aufgeschrieben (→ *Lyrische Verfahren: Lyrik, Gedicht und poetische Sprache*, S. 27). Am 5. Februar 1904, Abends um 10 Uhr, spricht der Versuchsleiter dann selbst in das Blaue seiner schwarzen Schalltube: Die Versuchsdauer ist auf 1,5 Minuten erhöht, das Reizwort lautet – wie um der alphabetischen Ordnung aller lexikographischen Aufzeichnung und damit der Schrift eine letzte Referenz zu erweisen – ausgerechnet *Aal* und die Zahl der gesprochenen Wörter beträgt 244:

> »(…) der Reichsratsabgeordnete Haase, der Reichsratsabgeordnete Haase, zahlreiche Hasen, der Hasenklever, es gibt zahlreiche Hasen, zahlreiche Kläffer, Kläffer, zahlreiche Kläffhasen, Hasenkläffer, Hasenkläffer, Kläffhasen, Hasenkläffer, es gibt zahlreiche Kläffer, die Kläffer, die grossen Kläffer und die kleinen Kläffer, die grossen Kläffer sind die grossen Kläffer und die kleinen Kläffer sind zahlreiche Kläffer, welche von den Kläffern, den Kläffern im Kläffergewand, im Kläffergewande angekläffert worden sind … . (Versuchsschluss)« (Stransky 1905, 33).

Der Mensch ist der Stil

Und jener Satz Buffons, der den Menschen mit seinem Stil verrechnet (→ *Stilistik*, S. 112), darf selbstredend noch in Stranskys Labor gelten. Die Assoziationen eines Studenten aus der Bukowina zum Reizwort

Tod wird den Stil erstens beim Namen nennen und zweitens auf den technischen Stand der Dinge bringen: die Aneinanderreihung des Studenten erfolgt nämlich grossentheils agrammatisch, und damit gleichsam in jenem »Telegrammstil« (Stransky 1905, 48), der auch dem deutschen Expressionismus seinen Stempel aufdrücken wird (zum Telegrammstil Kittler 1986b und zur beobachteten Allianz von *Spracheigentümlichkeiten Schizophrener und dichterischer Produktion* Mette 1928). Abfall, Unsinn, Wortsalat und Obszönitäten werden vom Phonographen ungefiltert gespeichert und erst in der nachträglichen Verschriftlichung sind Eingriffe möglich. Was Lavater so sorgfältig chiffriert hat, *Im Telegrammstil* und was von Irren in aller Offenheit an die Sachwalter postiert wird, unterliegt bei Stransky einer Sperrklausel. Denn Obszönität soll auch im Zeitalter aller technischen Reproduzierbarkeit nicht durch Schrift reproduzierbar sein. Von einem Probanden, der ob all seiner Neologismen, Schimpfwörter, blühenden Kontaminationen, und vollkommen sinnlosen, in Satzform gekleideten Satzkonstruktionen Stranskys Begeisterung entfesselt, heißt es lakonisch: »Leider aus persönlichen Gründen Beispiele unreproduzierbar (Obszönitäten u. dergl.)« (Stransky 1905, 64).

Die Programmatik der freien Rede findet in solchen Experimenten ihren Höhepunkt. Ob Freud seine Patienten frei assoziieren oder Stransky seine Probanden in einen Phonographentrichter sprechen läßt: wenn Menschen irgendwo zwischen 100 und 250 Wörter pro Minute sprechen, dieses Sprechen gespeichert und diese Speicher in Theorien über ein gesundes oder krankes Gedächtnis, über Normalität und Pathologie der Assoziationen oder über ein Bewußtes oder Unbewußtes umgeschrieben werden können, ist das Archiv des Menschen weiter denn je von einem Ende entfernt. Und so vergißt es auch nicht, welche Menschen 1904 im Experiment *praktischer Zweck* mit *zwektischer Prak* und *die Kühe sagen Muh* mit *die Mühe sagen Kuh* vertauscht haben. Statt Monumenten stehen so für Aphasieforschung und *Die Konzeptualisierung* Linguistik, Psychologie wie Psychiatrie sachdienliche Dokumente be- *der Daten* reit. Wie sachdienlich solche Forschungen für die Theorieentwicklung etwa von Psychoanalyse und Linguistik waren, zeigt ein Blick in die Bibliographien bei Sigmund Freud und Roman Jakobson. Freud kann für seine kritische Studie *Zur Auffassung der Aphasien* von 1891 ebenso wie Jakobson für *Kindersprache, Aphasie und allgemeine Lautgesetze* auf solche Forschungen aus den Experimentalpsychologielabors bauen. Spezialstudien von Arnold Pick über die Bandbreite agrammatischer Störungen oder die systematische Monographie Adolf Kussmauls über *Die Störungen der Sprache* (1877) bilden daher die konsequente Schnittmenge beider Bibliographien.

Ob Kieser sehr früh die Krankengeschichte gegen die Photographie *Medienkonkurrenz* oder ob Stranksy den Phonographen gegen die Schnellschreibkunst ausspielt: beide werfen ein Schlaglicht auf eine Konkurrenz, in deren Namen das Reale technischer Medien gegen das Symbolische der Schrift antrat. Was dort in unterschiedlichen Diskursen – so zaghaft und vorsichtig – Geschichten lesend und Wörter zählend, seinen Anfang nimmt, wird die Richtung unserer Medienkultur bis hin zum Hypermedium Computer bestimmt haben. Ob Akustik und Visualität (und neuerdings gar das Getast): mit der Digitalisierung analoger Ausgangsdaten, sie betreffen Töne und Klänge, Bilder und Fraktale, Fotographien und Filmsequenzen, den Gesang der Wale oder geheime Telefonmitschnitte: im Medium Computer laufen die Daten in der Differenzlosigkeit bloßer Binärzahlenkolonnen zusammen und eröffnen so ein Reich möglicher Manipulationen. »In den Computern selber dagegen ist alles Zahl: bild-, ton- und wortlose Quantität. Und wenn die Verkabelung bislang getrennte Datenflüsse alle auf eine digital standardisierte Zahlenfolge bringt, kann jedes Medium in jedes andere übergehen. Mit Zahlen ist nichts unmöglich. Modulation, Transformation, Synchronisation; Verzögerung, Speicherung, Umtastung; Scrambling, Scanning, Mapping – ein totaler Medienverbund auf Digitalbasis wird den Begriff Medium selber kassieren. Statt Techniken an Leute anzuschließen, läuft das absolute Wissen als Endlosschleife« (Kittler 1986, 8).

Weiterführende Literatur

Zu Memoria/Oblivio im traditionellen Sinn der Gedächtniskunst Anselm Haverkamp und Renate Lachmann *Gedächtniskunst. Raum – Bild – Schrift. Studien zur Mnemotechnik* (1991). Einen guten Einstieg in das Verhältnis von Literatur, Medien und Maschinen bietet die Auswahlbibliographie von Günther A. Höfler und Robert H. Vellusig in *Medien und Maschinen. Literatur im technischen Zeitalter*, (Elm / Hiebel 1991). Dort findet man auch Beiträge zur Geschichte einzelner Medien (Photographie, Film, Phonographie u. a.) Einen wissenschaftshistorischen Einblick in die Phonographie liefert Carl Stumpf *Das Berliner Phonogrammarchiv* (1908); konkret zur Rolle Robert Musils als Proband seines Lehrers Stumpf vgl. den Beitrag von Christoph Hoffmann ›*Heilige Empfängnis*‹ *im Kino* . Zu Robert Musils ›*Die Verwirrungen des Zöglings Törleß*‹ (1906) in dem Sammelband *Der Entzug der Bilder* (Wolf/Wetzel 1994). Ferner sei verwiesen auf Martin Stingelin, Wolfgang Scherer *HardWar/SoftWar. Krieg und Medien 1914 bis 1945* (1991) und Jochen Hörisch, Michael Wetzel *Armaturen der Sinne. Literarische und technische Medien 1870 bis 1920* (1990). Speziell zur Rolle der Post vgl. Bernhard Siegert *Relais. Geschicke der Literatur als Epoche der Post. 1751–1913* (1993). Eine konkrete Fallstudie zum Verhältnis Psychiatrie und Literatur liefert Wolfgang Schäffner: *Die Ordnung des Wahns. Zur Poetologie psychiatrischen Wissens bei Alfred Döblin* (1995).

Zur autobiographischen Aufzeichnung des Menschen Manfred Schneider *Die erkaltete Herzensschrift* (1986) und *Das Geschenk der Lebensgeschichte: die Norm. Der autobiographische Text/Test um Neunzehnhundert* (1993). Eine Vorgeschichte psychologischer Wissensformern schreibt Rüdiger Campe in *Affekt und Ausdruck. Zur Umwandlung der literarischen Rede im 17. und 18. Jahrhundert* (1990). Über Strategien der Selbstthematisierung aus soziologischer Perspektive informiert der von Alois Hahn und Volker Kapp herausgegebene Band *Selbstthematisierung und Selbstzeugnis: Bekenntnis und Geständnis* (1987). Wichtige Beiträge zum Verhältnis von Jurisprudenz und Literatur enthält der Band von Jörg Schönert *Erzählte Kriminalität. Zur Typologie und Funktion von narrativen Darstellungen in Strafrechtspflege, Publizistik und Literatur zwischen 1770 und 1920* (1991).

Entgrenzungen

Medienwelten

Wolfgang Struck

Einmal mehr geht ein Gespenst um in Europa, oder vielmehr: es sitzt, die Beine auf dem Couchtisch, den Mund voll Kartoffelchips und die Finger auf der Fernbedienung in fieberhafter Aktivität; ein Gespenst, das sich, wenn es nicht gerade durch seine 30 Kabelkanäle zappt oder am *joy-stick* zerrt, bevorzugt Videos mit Action, Gewalt und Pornographie reinzieht. Dieses Gespenst ist Protagonist unzähliger apokalyptischer Szenarien vom Niedergang der Kultur, insbesondere auch der Buch- und Lesekultur. Zwar verzeichnet der Buchmarkt – ganz im Gegensatz etwa zu Videotheken – nach wie vor Auflagen- und Umsatzsteigerungen, aber Studien über das Medienverhalten zeigen, daß das Lesen – zumindest das Lesen von Büchern aus Gründen der ›Unterhaltung‹ und ›Erbauung‹ – immer weniger in die Strukturen kultureller Sozialisation und sozialer Interaktion paßt. Auch daß der Börsenverein des Deutschen Buchhandels im Frühjahr 1994 unter dem Motto »Bücher sichern die Zukunft« eine großangelegte Kampagne zur Stärkung der Buchkultur gestartet hat, zeugt eher von Besorgnis als von Optimismus. Und schließlich scheint auch die Welt jenseits der Bücher wieder seltener auf die Schrift zurückzugreifen. Selbst die Unterschrift als Signatur der Individualität wird durch die PIN – Nummern der Scheckkarten verdrängt; weit komplexere Modelle des Identitätsausweises über Fingerabdrücke, Netzhautmuster oder genetische Codes sind in Vorbereitung. Neigt sich also die beispiellose Karriere der Kulturtechnik Schrift ihrem Ende zu, sind Computerprogramme, deren Benutzeroberflächen zunehmend auf Buchstaben-Schrift verzichten, oder Bedienungsanleitungen in Form von Piktogrammen die Vorboten eines neuen Analphabetismus?

Selbst wenn das so wäre – was sich durchaus bezweifeln läßt, so betont beispielsweise eine von der Bertelsmann Stiftung publizierte Studie über *Lesesozialisation* (1993) den herausragenden Status, den »Lesen als Basisaktivität zur Erschließung der Multimedienkultur« auch in Zukunft einnehmen wird (Ulrich Saxer, in: *Lesesozialisation*, Bd. 2, 365) – selbst wenn das so wäre, scheinen die angedeuteten Krisenszenarien überstürzt. Zunächst stellt sich die Frage, ob es die Lesekultur, deren Verlust beklagt wird, überhaupt jemals in der unterstellten Form gegeben hat – oder ob sie nicht eher das Wunschbild kultureller Eliten – und durchaus auch Instrument von deren nicht nur kultureller Hegemonie – gewesen ist. Von grundlegenden Ambivalenzen ist bereits das Schreiben überhaupt, die Schriftkultur, geprägt. Die Alphabetisierungskampagnen der letzten zwei bis drei Jahrhunderte dienten der Effizienzsteigerung und der sozialen Normierung, sie waren und

Couchpotatoes

sind aber auch getragen vom Pathos einer Demokratisierung des Wissens und der daran geknüpften sozialen Chancen. Chancengleichheit ebenso wie Mündigkeit beruhen auf der Fähigkeit zur Teilnahme an sozialer Kommunikation – so die positive Variante des Diskurses der Schriftlichkeit –; eben diese Teilnahme – so die negative Variante – ist erkauft mit der Unterwerfung unter die Macht, die bestimmt, was von wem wo geäußert werden kann und darf. Diese Ambivalenz, die nichts anderes als die Dialektik von Aufklärung selbst ist, teilt die Schrift mit anderen Medien der Nachrichtenübertragung, der Kommunikation und Speicherung; und sie sollte berücksichtigen, wer Chancen und Risiken der verschiedenen Medien miteinander vergleichen und gegeneinander aufrechnen möchte. Das gilt auch für den engeren Bereich der – literarischen – Lesekultur. Sie ist nicht weniger stark von kulturindustriellen Verwertungsmechanismen geprägt wie etwa Film und Fernsehen. Darüber hinaus scheint es nicht besonders plausibel, Lesen allein mit Kreativität, Konzentration, Emanzipation und (Selbst-)Bewußtheit zu assoziieren, den Gebrauch anderer Medien dagegen mit Wirklichkeits- und Selbstverlust, Manipulierbarkeit und Phantasielosigkeit. Die scheinbar selbstverständliche Hochschätzung der Lesekultur ist selbst das Ergebnis eines historischen Durchsetzungsprozesses, der keineswegs ohne Widerstände verlaufen ist. Die Schreckensbilder, die den Aufstieg des Mediums begleiten, dessen vermeintlicher Niedergang jetzt den Bankrott der Kultur markieren soll, ähneln jedenfalls in auffälliger Weise den heutigen Klagen. Für Karl Phillip Moritz' Romanhelden und alter ego Anton Reiser etwa ist – 1785 – das Lesen »nun einmal so zum Bedürfnis geworden, wie es den Morgenländern das Opium sein mag, wodurch sie ihre Sinne in eine angenehme Betäubung bringen [...] seine Denkkraft war vollkommen wie berauscht – er vergaß sich und die Welt« – während diese Welt ihn wiederum »für einen lüderlichen [...] jungen Menschen hielt, welcher [...] statt seine Kenntnisse zu vermehren und den Unterricht seiner Lehrer zu nutzen, nichts als Romane und Komödien las«. Entsprechend häufen sich gegen Ende des 18. Jahrhunderts die Warnungen vor einer Bücherflut und Leselust, die »üble Impressiones machen kann, welche, zumal bei schwachen Leuten, Weibs-Personen, Eindrükke machen [...], welche bei Gelegenheit aufwachen, und ihnen verführerisch werden können«. Dieses Resümee über die allgemein schädliche Wirkung des Eintauchens in virtuelle Welten findet sich in einem Verbotsantrag, mit dem die Theologische Fakultät der Universität Leipzig 1775 – erfolgreich – die weitere Auslieferung eines ein Jahr zuvor erschienenen Romans zu verhindern suchte, mit dem ein junger, aber bereits relativ bekannter Autor einen der ersten Medienskandale Deutschlands ausgelöst hatte: *Die Leiden des jungen Werther* von Johann Wolfgang Goethe (vgl. Scherpe 1970).

Die virtuellen Welten der Bücher

Medienkonkurrenzen

Die Vorstellungen über kulturelle Werte wandeln sich. Das, was wir heute unter Lesekultur verstehen, ist selbst das Ergebnis einer Geschichte, die von Konkurrenzsituationen geprägt ist: zwischen weltlicher und geistlicher Lektüre ebenso wie zwischen belehrender und unterhaltender, wahrer und erfundener, hoher und trivialer. Aber nicht nur die Einsicht in diese historische Relativität ist es, die den aktuellen Streit um Medienkonkurrenzen weniger dramatisch erscheinen läßt. Die Ängste, die die Entstehung neuer Formen der Repräsentation und der medialen Modellierung von Wirklichkeit zu verschiedenen Zeiten begleiten, ähneln sich in auffälliger Weise. Dazu noch einmal ein Blick ins 18. Jahrhundert: Nicht für sich selbst fürchten die Leipziger Theologen, wenn sie die Lesesucht eingedämmt wissen wollen. Ihre Sorge gilt denen, die wenig erfahren scheinen im Umgang mit Wirklichkeit und Fiktion, die (noch) nicht mit beiden Beinen im praktischen Leben stehen, kurz: den »schwachen Leuten, Weibs-Personen«. Ihre Sorge gilt aber auch einem Medium, mit dem sie selbst – erklärtermaßen – keine Erfahrungen haben. Tatsächlich sind es vor allem Frauen und allenfalls noch Jugendliche wie Moritz/Reiser, die um 1800 das ›Massenpublikum‹ für empfindsame Romane bilden und die damit eine Lesekultur entwickeln, die den besorgten erwachsen-männlichen Beobachtern weitgehend fremd bleibt (vgl. beispielsweise Schön 1990). In dieser Fremdheit dürfte zumindest einer der Gründe liegen für eine maßlos übersteigerte Angst vor den Wirkungen literarischer Fiktionen, für die Angst der Vertreter legitimer Hochkultur, die ein ganzes Volk in den Ausgeburten krankhafter Phantasien hilflos sich verfangen sehen – etwa wenn eine andere Kritik des *Werther* diesen Roman, »der von unsern jungen Leuten nicht gelesen sondern verschlungen wird«, für den bevorstehenden Sittenverfall und schließlich den kollektiven Selbstmord einer ganzen Generation verantwortlich macht, denn: »Welcher Jüngling kann eine solche verfluchungswürdige Schrift lesen, ohne ein Pestgeschwür davon in seiner Seele zurück zu behalten, welches gewis zu seiner Zeit aufbrechen wird«. Weniger den vermeintlichen Opfern medialer Manipulation als den Kritikern der Einbildungskraft selbst scheint hier die Phantasie durchzugehen.

Ein Beitrag, den Literaturwissenschaft zu den aktuellen kulturwissenschaftlichen Debatten leisten könnte, besteht in dem Wissen darum, daß weder die Schrift an sich noch das Geschriebene neutrale Medien sind – diese Vorstellung selbst ist paradox: Medien sind nie ›neutral‹ und ›transparent‹ für etwas hinter oder vor ihnen Liegendes. So wäre etwa dem immer wieder zu hörenden (oder zu lesenden) Vorwurf, Fernsehen oder Videospiele würden nur ein Leben aus zweiter Hand vermitteln, die Frage entgegenzuhalten, ob das denn beim Lesen von Romanen nicht der Fall ist – und weitergehend: ob nicht Kultur überhaupt auf Vermitteltheit beruht, ob die ›gesellschaftliche Konstruktion der Wirklichkeit‹ (Berger/Luckmann 1969) ohne die Leistung von Medien überhaupt denkbar ist. Zu fragen wäre also nach den jeweils besonderen Bedingungen, denen die verschiedenen Formen der Vermittlungen unterliegen. Dabei lassen sich sicher eine Reihe von Übereinstimmungen und Äquivalenzen feststellen – aber, und das ist die zweite Lehre, die aus dem kleinen Exkurs in die Geschichte des Lesens zu ziehen wäre, eine solche vergleichende Medienkunde gerät leicht in Gefahr, in Vereinseitigungen und Vorurteile zu verfallen, wenn sie sich

Wirklichkeit der Medien und mediale Wirklichkeiten

nicht auch auf die Eigendynamik ihrer verschiedenen Gegenstände
einläßt und diese in ihrer – tatsächlichen und möglichen – Komplexität
zu erfassen versucht. In jedem einzelnen Fall müßte zunächst geleistet
werden, was in der hier vorliegenden Einführung für die Literaturwissenschaft versucht wurde, das heißt die Modi der *Aufzeichnung,
Vermittlung* und *Übersetzung* wären jeweils neu zu bestimmen. Das
sollte nicht entmutigen, sich mit anderen Medien als dem Buch, mit
einer anderen Ästhetik als der des geschriebenen Wortes auseinander-
zusetzen. Im Gegenteil: es sollte dazu anregen, solche Auseinandersetzungen als eine kulturelle Bereicherung zu verstehen, die nicht weniger produktiv, aber eben auch nicht prinzipiell einfacher ist als das
Lesen. Hinweise auf die eigene mediale Vermitteltheit gehören nicht
nur zum Kernbestand literarischer Werke (→ *Narrative Verfahren*, S. 49).

FILM (z. B.) Wenn der Held des australischen Spielfilms *Mad Max II* (1981/82; Regie George Miller) durch ein Fernrohr einen brutalen Überfall beobachtet, dann scheint die Perspektive der Zuschauerinnen und Zu-
schauer im Kino im Film selbst verdoppelt zu sein. Fernrohr wie Kamera überbrücken eine Distanz zwischen den Beobachtenden und dem
Beobachteten und distanzieren zugleich beides auf andere Weise, indem sie allein ein *Bild* des Geschehens – oder gar nur eines isolierten
Teils, eines Ausschnitts – liefern. Allerdings mit einem entscheidenden
Unterschied: innerhalb des Films ist das durchs Fernrohr wahrgenom-
mene Geschehen real, während der Film insgesamt, so wie er im Kino
wahrgenommen wird, als fiktionales Konstrukt erscheint. Das ist aber
weniger eine Differenz der Bilder als eine Differenz im kulturellen
Wissen: so wie wir lernen, daß die Gegenstände, die im Fernrohr ganz
nah erscheinen, doch nicht mit Händen zu greifen sind, so lernen wir,
daß die Film-Toten wieder aufstehen, wenn die Kamera abgeschaltet
ist, und daß das Blut auf ihren Gesichtern Tomatenketchup ist. Die
Kamera ist, mit den verschiedenen Perspektiven, die sie einnehmen
kann, nur ein Teil eines größeren Apparates, zu dem etwa Schnitt und
Montage mit ihrer eigenen Syntax und Semantik gehören, hier, im Falle eines Spielfilms, aber auch Drehbuch, Schauspiel(-technik), Regie
und in einem weiteren Sinn Genremuster, Erzählstrukturen, Publi-
kumserwartungen. Auch darauf macht der Blick durchs Fernrohr aufmerksam, wenn er den Helden eines Action-Films zunächst als passiven Beobachter zeigt. Ein anderer Aspekt des ›Apparats‹ gerät in Mi-
chelangelo Antonionis *Blow Up* (1966) in den Blick: das Filmmaterial
selbst. In seinen Bildern glaubt der Protagonist, ein Berufsfotograf, die
Spuren eines Verbrechens zu erkennen, Spuren einer Wirklichkeit, die
sich jedoch zusehends in der Körnigkeit des fotografischen Bildes verliert. Je stärker die Vergrößerung, um so mehr Raum bleibt zwischen
den einzelnen Bildpunkten, und es ist dieser Raum, der die Phantasie
Medienmaschinen der Betrachter anzieht und aufsaugt. Radikal beschnitten ist ein solcher
Raum dagegen für die Protagonistin in Dario Argentos *Opera* (1988).
Von einem psychopathischen Mörder überwältigt und gefesselt, wird
sie gezwungen, einen grausamen Mord mitanzusehen – wobei ihr Nadeln so in die Augenlider gestochen werden, daß sie weder den Blick

abwenden noch die Augen schließen kann. Die Verbindung von Se-
hen-Müssen und Nur-Sehen-Können wird noch drastisch verschärft
dadurch, daß der Blick, den auch die Kamera einnimmt, durch die
Nadeln wie durch Gitterstäbe begrenzt wird. So ist die teuflische Erfindung von Argentos Film-Killer eine Metapher für den Apparat medialer Vermittlung, der zugleich isoliert und verbindet; oder besser: sie
ist selbst ein Medienapparat in äußerster Verknappung. Die Hyper-
trophie dieses Apparates macht ebenfalls ein Horrorfilm zum Gegenstand des Grauens: *Videodrome* (1982; Regie: David Cronenberg). Die
Suche nach dem Ursprung eines vermeintlichen ›snuff‹-Programms,
das heißt eines Gewalt-Videos, dessen Inhalt nicht gestellt, sondern
real ist, wird für den Protagonisten, einen Pornofilm-Produzenten, zur
Odysse durch virtuelle Welten. Die Bilder, so scheint es im Lauf des
Films, sind nämlich tatsächlich nur Träger für Signale, die direkt auf
das Gehirn des Protagonisten wirken und die eine immer stärkere Gewalt auf ihn ausüben. Seine Realität, die Welt ›vor‹ dem Bildschirm,
verschwindet im Lauf der Handlung ebenso wie die Realität ›hinter‹
den Bildern, die aufgezeichnete Welt vor der Kamera. Es bleibt allein
der Apparat ›zwischen‹ ihnen. Unklar bleibt allerdings, ob auch das
nur die Angstphantasien eines zynischen Produzenten medialer Gewalt sind, dem allmählich klar wird, daß auch das Medium nicht un-
beeindruckt bleibt von den ihm aufgeladenen Botschaften. Vor allem
jedoch ist der Film ein ironischer Kommentar auf das Modethema ›virtual reality‹. Die Ängste, die er persifliert, sind denen nicht so unähn-
lich, die um 1800 dem Lesen gelten.

Bilder der Gewalt – Gewalt der Bilder

Eine Konfusion der Identitäten bildet den Drehpunkt in Susan Seidelmans Film *Desperately Seeking Susan*. Roberta, eine der Protagoni-
stinnen, hat auf einer Uferpromenade in New York einen Unfall. Während sie damit die Aufmerksamkeit aller Figuren in der Szene auf sich
zieht, folgt die Kamera einem anderen Geschehen: in Zeitlupe zeigt sie,
wie Robertas Handtasche auf den Rand der Promenade zugleitet und
schließlich ins Wasser fällt. Als Roberta aus ihrer Ohnmacht erwacht,
hat sie nicht nur die Tasche verloren, sondern auch ihr Gedächtnis.
Gerade das aber verleiht der Tasche ihre Relevanz, denn mit ihr sind
zugleich alle Hinweise auf Robertas Herkunft und Identität verschwunden. Das einzige, was bleibt, ist der Schlüssel eines Schließfa-
ches – und damit ein Koffer, in dem sich weitere Spuren finden. Eine
Jacke, Kleidung, Schmuck, ein Foto – nichts Spektakuläres, kleine Spuren, an die sich möglicherweise Erinnerungen heften könnten, an Namen, Herkunft, Identität, die die nun namenlose Roberta für sich rekonstruieren muß. Aber es sind nicht Robertas Erinnerungen. Schlüssel
und Koffer gehören einer anderen, jener geheimnisvollen Susan, deren
Weg Roberta schon lange anhand einer Serie von Kleinanzeigen (»Desperately Seeking Susan«) verfolgt, den sie aber nur einmal, kurz vor
ihrem Unfall, gekreuzt hatte. Robertas Amnesie hält nicht lange an,
aber als sie ihr Gedächtnis zurückerlangt, ist sie nicht mehr die, die
sie einmal war. Zu sehr ist sie der Faszination jener Identität erlegen,
die sie sich aus den Spuren der anderen konstruiert hatte. Jetzt tritt an

»Desperately Seeking Susan«: Identität, Erinnerung und (noch einmal) kulturelles Gedächtnis

die Stelle der Suche nach dem Selbst die Suche nach der Anderen. Die Andere aber, das ist Madonna. Nicht einfach als die Schauspielerin, die die Rolle der Susan spielt, bildet sie das Zentrum, das der Film umkreist. Sie überlagert diese Rolle – beispielsweise wenn ›Susan‹ zur Musik von ›Madonna‹ tanzt – mit dem, was sie ›wirklich‹ ist: ein irritierendes Wechselspiel medial inszenierter Identitäten, ein hochartifizielles und zugleich lustvoll ausgespieltes Amalgam aus Mode, Musik und Film. Das Zentrum des Films bleibt wie das Zentrum dieser Identität nicht leer, aber es entzieht sich jeder Festlegung. So ist es mehr als eine Metapher, wenn Roberta ihre Handtasche verliert und dafür Susans Koffer bekommt. Das Wechselspiel der Identitäten vollzieht sich im Wechselspiel von Innerlichkeit und Äußerlichkeit. Aber es gleitet dabei nicht in völlige Beliebigkeit, und es bewahrt sich Reservate gegenüber dem Zugriff kulturindustrieller Manipulation – notwendigerweise, denn die Widerstände resultieren nicht aus einer totalen Verweigerung gegenüber der nur materiellen (Waren-)Welt, sondern aus dem Versuch, dem ›Sinn‹ dieser Materialien zugleich immer einen Schritt vorauszusein. Wenn die Subversion der oberflächlichen Welt der Dinge einen Ort haben sollte, dann auf der Oberfläche selbst, im ständigen Rearrangement der Dinge. (»I'm a material girl« singt Madonna in einem Videoclip, der im Kino Susan Seidelmans Film wie ein Vorfilm vorangestellt war.) Nicht verstanden hat diese Botschaft Robertas Mann. Sind wir etwa arm? Mußt Du gebrauchte Sachen kaufen? fragt er seine Frau, als diese – noch vor Unfall und Gedächtnisverlust – mit einer Jacke aus einem Second Hand Shop nach Hause kommt, die vielleicht einmal Jimmy Hendrix, bestimmt aber Susan gehört hat. Nicht (nur) um Geld geht es in dem Spiel, das die Symbole und Mythen einer Subkultur, die wohl auch nie so naiv und authentisch war, wie sie sich dem sentimentalen Rückblick präsentiert, zu neuen Bildern montiert. Es geht immer wieder auch um die Spuren, die andere hinterlassen haben, und ohne die das Neue und das Eigene, mag es noch so teuer sein, steril und wertlos bleibt. Susan Seidelman ist selbst Grenzgängerin, etwa zwischen der Independent-Filmszene New Yorks und dem Kino Hollywoods, was sich in gewisser Weise in die Opposition von Kunst und Kommerz, aber auch von Authentizität und Traumwelt übersetzen läßt. In dieser Bewegung findet ihr Kino seine ästhetische Identität und unterläuft zugleich die Vorstellung, es könne eine solche Identität geben jenseits der Massenmedien und der Kulturindustrie – sei es als abgegrenztes Reservat autonomer Kunst, sei es als unantastbare Spähre authentischen Lebens.

Film und Fernsehen, ›interaktive‹ Videoinstallationen und Videospiele öffnen virtuelle Welten, deren Zugang nicht länger durch die Kenntnis der Schrift limitiert ist. Das darf aber nicht zu dem Fehlschluß verleiten, sie wären ohne ein medienspezifisches kulturelles Wissen zugänglich. Wer Spielfilme oder Musikvideos genießen will, muß über Erfahrungen im Umgang mit den jeweiligen Medien verfügen, muß deren potentielles und aktualisiertes Formen- und Gestaltungsrepertoire erlernen. Das gilt auch für eine wissenschaftliche Re-

Spurensuche: 'Cause we're living in a material world / And I am a material girl (Madonna)

zeption. Daß Literaturwissenschaft ein ausgearbeitetes Wissen beispielsweise über Fiktionalität oder narrative Strukturen zur Verfügung
stellt und damit Kategorien erschließt, die auch für die Analyse von
Spielfilmen relevant sind, bedeutet nicht, daß sie für eine solche Analyse selbst hinreichend gerüstet wäre – oder gar adäquate Urteile über
die mangelnde Komplexität filmisch-ästhetischer Strukturen fällen
dürfte.

Medienwissenschaft der Literatur –
Literaturwissenschaft der Medien

Stefan Rieger

Virtuelle Realitäten:
Cyberspace

Ein Gespenst geistert seit geraumer Zeit durch Presse und Medien, gegen das jenes Gespenst auf der Videocouch wie ein Ausbund an Natürlichkeit wirkt. Sind es bei ihm die eigenen Beine, die auf dem Couchtisch liegen, eigene Finger, die durch die Kanäle zappen und ist es sein eigener Mund, der Kartoffelchips kaut, scheint das neue Gespenst von einem solchen Naturkörper weiter denn je entfernt zu sein: in der virtuellen Realität des *Cyberspace* feiert stattdessen eine Körperlichkeit ganz anderer Art Triumphe. Nachdem in der Mediengeschichte Ohren und Augen autonom werden konnten und die jeweiligen Techniken der akustischen (Phonographie, Grammophon, Tonband) und der optischen Aufzeichnung (Photographie, Kinematographie, Stummfilm) im Tonfilm gekoppelt sind, integriert *Cyberspace* einen dritten Sinn des menschlichen Wahrnehmungsapparats: den Tastsinn. Im Namen jener Kopplungen von Auge, Ohr und Tastsinn, die am Computer zu einer neuen Kinästhesie auf universal digitaler Basis zusammengeschlossen werden (vgl. Kittler 1986), geht eine neue Generation von Gespenstern in Serie, die in der kulturellen Verfallssemantik selbst noch passiven Fernseh- und Videokonsumenten den Rang ablaufen.

Die Schnittstelle zwischen Mensch und Maschine weist im Cyberspace Besonderheiten auf, die das bisherige Medienverhalten scheinbar radikal verändern: die Benutzer sind mit Datenhandschuhen ausgestattet (Ganzkörperanzüge sind in Vorbereitung), die ihnen ein taktiles *Feedback* mit der Welt auf dem Computerbildschirm vor ihren Augen erlauben. Jener *data-glove*, an dessen Entwicklung die NASA federführend beteiligt war, enthält eine große Zahl von Sensoren, die »den Beugungswinkel jedes Fingergelenks, den Grad des Abknickens am Handgelenk und den Spreizwinkel zwischen den Fingern messen sollten« (Fisher 1991, 42). Die absolute Position des Datenhandschuhs im Raum wird über Sensoren ermittelt, die es erlauben, »bis zu sechzigmal pro Sekunde die x-, y- und z-Koordinaten in einer Genauigkeit von 0.85 Grad – also alle sechs Freiheitsgrade – zu ermitteln« (Heidersberger 1991, 64). Diese Daten werden an einen Computer weitergegeben, dessen Display die jeweilige Veränderung der Benutzerhand anzeigt. Wenn man so will, wird eine taktile Perspektive geschaffen. Für die Optik sorgt ein Helm, der mit einer aufwendigen Meßeinrichtung ausgestattet ist: sie erlaubt es, die exakte Stellung des Kopfes zu positionieren (*head tracking*) und mit einer weiteren Apparatur die Augenbewegungen abzutasten (*eye tracking*). Die Positionsdaten werden an den Rechner weitergeleitet, der auf jede Bewegung und damit auf jede Veränderung der Perspektive mit dem Aufbau eines neuen Bildes auf dem Display reagiert. Ein neuer Blickwinkel, eine einfache Kopfdrehung oder ein bloßes Augenschweifen führen dazu, daß die Bilder abhängig von Benutzeraktivitäten in *Echtzeit* immer wieder neu aufgebaut werden müssen.

Für die Akustik, die über Kopfhörer eingespielt wird, gilt analoges: Um die Glaubwürdigkeit der simulierten Sinneseindrücke zu erhöhen, muß im Kontext akustischer Wahrnehmung selbst die Individualität der jeweiligen Benutzeranatomie berücksichtigt werden: »Dabei bleibt jedoch die Schwierigkeit, die charakteristische Kopf- und Ohrform jedes Hörers individuell zu bestimmen und die entsprechenden Parameter korrekt in den digitalen Signalverarbeitungs-Algorithmus (DSP = Digital Signal Processing Algorithm) zu übersetzen. Nur so kann man die individuelle Anatomie korrekt simulieren« (Sturman 1991, 111). Neben die taktile tritt eine optische und eine akustische Perspektive. Taucht nun ein Benutzer mittels der geschilderten Apparaturen in das *Environment* ein, kann er sich in den simulierten Umgebungen auf eine Weise bewegen, die den drei aufgezählten Sinnen den Eindruck von Authentizität verschaffen. Um den Tastsinn zu bedienen, ist der *data-glove* mit Vorrichtungen ausgestattet, die Interaktionen und Rückkopplungen mit der virtuellen Umgebung erlauben: dabei wurde etwa mit stumpfen Drähten experimentiert, die von Magneten gegen die Haut gedrückt werden und die nach dem Modell der Brailleschen Blindenschrift haptische Eindrücke als Erhabenheit vermitteln. Zum Einsatz gelangten ferner Piezokristalle, deren Vibrationen vom Gehirn als Druck interpretiert wird und Memory-Metalle, die über Wärme reguliert werden. Aber egal, mit welcher Technik jeweils gearbeitet wird: der Hautsinn wird so manipuliert, daß er einen eckigen Gegenstand eckig, einen kantigen kantig, einen runden rund und einen weichen weich zu fühlen bekommt.

«Man darf seinen Augen nicht mehr trauen».
(Paul Virilio)

Das Ziel, an dem die Forschung arbeitet, ist klar: die Differenzen zwischen Realität und Virtualität sollen immer stärker minimiert werden. Als Grenzwert wird die Unentscheidbarkeit zwischen beiden Polen angestrebt. Dabei kommt der Datenverarbeitung eine entscheidende Rolle zu: um die Illusion physiologisch »transparent«, plausibel, stimmig oder wahrscheinlich zu machen, bedarf es einer Adressierung des Körpers oder bestimmter Körperpartien, die immer genauer, schneller und damit eben auch verarbeitungsintensiver wird. So werden die Muster, die einen Hauteindruck simulieren sollen, zunehmend kleinmaschiger, wozu das medizinische Fachwissen über die Physiologie der Haut konsequent zur Anwendung kommt. Die Zahl von Sensoren und Stimuli wird immer weiter und mit den entsprechenden Konsequenzen für die Informatik erhöht. Das Medium *Cyberspace* übersetzt – wie schon der Film, der mit einer Frequenz von 24 Einzelbildern im Stroboskopeffekt die Trägheit des menschlichen Auges unterläuft und so den Eindruck von Kontinuität erzeugt – physiologisches Wissen in apparative Anordnungen.

Zeitgenössische Medientheorien unterschlagen in ihrer pragmatischen, ästhetischen oder formalen Orientierung weitgehend die Bedingung der Möglichkeit solcher Manipulationen, damit also das Wissen um die eigene Wissenschaftsgeschichte; all die Diskursformationen, die an der Wiege solcher Techniken standen, bleiben – sieht man einmal von Friedrich Kittlers historischer Medienanalyse ab – meist außen vor: das betrifft Wissenschaftsformen wie die Medizin, in der die Reizempfindlichkeit der Haut unter dem Begriff der Nerventextur erforscht wird oder die Psychophysik, die den menschlichen Tastsinn zum Gegenstand aufwendiger Experimentalanordnungen macht. In ihnen wird die Epidermis vermessen, die Punkte taktil wahrnehmbarer Differenz festgehalten und so zu einem System jener Empfindlichkeiten ausgebaut, die allererst den Anschluß an die virtuelle Welt ermöglichen. Unterschlagen bleibt häufig auch das weite Feld einer Defektensemiotik, also eine explizite Beschäftigung mit jenen *Handicaps* wie Blindheit oder Taubstummheit, die am Anfang zahlreicher Medien standen (vgl. Kittler 1986, Stingelin 1988, Rieger 1994). Friedrich Nietzsche, der zum Theoretiker einer Ästhetik auf physiologischer Grundlage und mit ihr zum Ahnherrn zeitgenössischer Medientheorien werden sollte, hat solche Engführungen am eigenen Körper erfahren. Als ihn seine hochgradige Kurzsichtigkeit zum Schwenk von der Handschrift zu mechanischen Varianten zwang, landete er bei einer Apparatur, die ihr Erfinder, der dänische Pastor und Taubstummenlehrer Hans Rasmus Johann Malling Hansen, für die Blindenpädagogik bestimmt hatte: Jenes *Ding gleich mir; von Eisen*, wie ein Schreibmaschinengedicht aus der Tastatur Nietzsches beginnt, brachte ihren Schreiber trotz aller technischen Mühseligkeiten mit Hansens Schreibkugel auf die grundlegende Erkenntnis, Schrift als Medium und damit als Gegenstand einer nachmaligen Medienwissenschaft zu konzipieren: »UNSER SCHREIBZEUG ARBEITET MIT AN UNSEREN GEDANKEN« (zit. nach Stingelin 1988, 337; zur physiologischen Ästhetik Nietzsches Plumpe 1993).

Der digitale Aufwand steigt als Funktion der Rückkopplung mit der eigenen Wahrnehmung. Je komplexer die Textur der Haut, je schneller der Bildaufbau in Abhängigkeit von einer Kopfdrehung und damit von einer Perspektivenveränderung, desto höher der Speicher- und der Rechenaufwand. Im Cyberspace werden Sinnesdaten getrennt und zeitgleich auf die verschiedenen Sinnesorgane gespielt; für die kinästhetische Stimmigkeit der manipulierten Sinne sind rechenintensive Algorithmen zuständig, die eine Koordination der Sinnesdaten und damit ein phasengetreues Übereinstimmen der drei Perspektiven sichern.

Neben kommerziellen Anwendungen ist Cyperspace vor allem zum Reizwort der Kulturindustrie geworden. Eben weil in digitalen und damit von Zahlen abhängigen Welten alles möglich sein soll, ist zwischen einer computergestützen Architektur, einer simulierten Herzoperation, militärischen Simulationen und einer Interaktion mit Marilyn Monroe prinzipiell kein Unterschied. Gerade die pornographische

Ausschöpfung des Mediums Cyperspace steht daher im Vordergrund des aktuellen Interesses: Unter dem Titel *Sex mit Marilyn* hat selbst das Nachrichtenmagazin »Der Spiegel« mit Bezug auf sozialwissenschaftliche Forschungen *das partnerlose Glückssurrogat Cybersex – virtuelle Erotik mit dem Computer* zum Gegenstand gemacht. Als Autisten, die wir inzwischen angeblich geworden sein sollen, sind wir mit uns selbst verschaltet, handeln und gestalten virtuelle Umwelten nur noch nach Maßgabe der Rückkopplung mit uns selbst. Und genau das wird zum Ärgernis für die kulturkritischen Ansätze unterschiedlichster Schattierungen.

Betrachtet man aber die Argumente genauer, die im Namen des zunehmenden Kulturverfalls gegen die Techno-Avantgarde ins Feld geführt wird, so sind diese selbst alles andere als *avantgardistisch*. Sie wiederholen schlicht, was man um 1800 schon der Literatur zum Vorwurf gemacht hatte. Wenn die Argumente, mit denen das Buch Gegenstand einer besonderen Sorge werden konnte, für Bücher wie für eine High-Tech-Avantgarde gleichermaßen gelten, dann ließe sich daraus zweierlei schließen: entweder, daß es mit dem Vorsprung der Medien gegenüber dem obsoleten Buch so weit nicht her ist. Oder umgekehrt, daß gerade im scheinbar obsoleten Medium Buch Affizierungspotentiale und damit eine Sprengkraft stecken, die den Entwicklungen der Technoavantgarden in nichts nachstehen. Um das zu belegen, gibt das bereits zitierte Buch *Cyberspace. Ausflüge in virtuelle Wirklichkeiten* zwei sehr konkrete Anhaltspunkte; zwei Rückverweise nämlich auf Kultur- und Semiotechniken, die im Glanz der Technik so veraltet anmuten, daß man sie getrost als Motto zitieren oder als Vergleich heranziehen darf: die Rede ist von der Literatur und von der Mnemotechnik. Zu Beginn seiner Reise in die virtuellen Welten kommt kein geringerer als der Ahnherr romantischer Poesie und ihrer blauen Blumen zu Wort. Cyberspace hebt an im Namen von Novalis.

»Wir träumen von Reisen durch das Weltall. Ist denn das Weltall nicht in uns? Die Tiefen unseres Geistes kennen wir nicht. Nach innen geht der geheimnisvolle Weg. In uns oder nirgens ist die Ewigkeit mit ihren Welten, die Vergangenheit und Zukunft« (Novalis nach Waffender)

Die Frage, ob denn das Weltall nicht in uns sei, darf getrost bejaht werden. Es war Friedrich Kittler, der die Möglichkeit einer solchen Welt an neue Leseerfahrungen im allgemeinen und veränderte Alphabetisierungstechniken im besonderen knüpfen konnte; so werden Lektüren möglich, die in Novalis eigenem Programm eine innere Welt nach den Buchstaben versprach; eine innere Welt als Effekt von Lektüren, die Kittler als das *Aufschreibesystem* von 1800 rekonstruiert hat. Ebenfall mit Bezug auf Novalis, hat das Aufschreibesystem 1800 den Bedingungen der Möglichkeiten nachgespürt, die einem imaginativen Lesen (mit seinen Halluzinationen und Akuasmen) zugrundeliegt (Kittler 1987, 1986). Dazu gehört – ganz unscheinbar – eine veränderte Alphabetisierungstechnik, die in ihrer kürzesten Beschreibung darin besteht, Silbennamen durch Phonemketten zu ersetzen und damit

Literatur: Eine innere Welt nach den Worten

Buchstaben Klang zu unterlegen. »Wenn man recht ließt, entfaltet sich in unserm Innern eine wirckliche, sichtbare Welt nach den Worten« (Novalis nach Kittler 1986, 18). Und Friedrich Schlegel fügt für die Akustik hinzu: »daß man zu hören glaubt, was man nur lieset«.

Für zwei der drei Teilsinne, die in der virtuellen Realität des Cyberspace technisch implementiert sind, ist – so Kittler – immer schon die Romantik zuständig gewesen. Und nur *ein* Unterschied bleibt: die Phantasmen romantischer Literatur laufen im *Imaginären* von Rezipienten ab, ohne – wie im Cyberspace – technisch implementiert zu sein. Weniger poetisch als bei Novalis und Schlegel lautet der analytische Befund der Literaturwissenschaft: »Um 1800 wurde das Buch Film und Schallplatte zugleich – nicht in medientechnischer Realität, sondern im Imaginären von Leserseelen« (Kittler 1986, 18f.). Neben dem analytischen Befund, der vom durchschlagenden Erfolg des Lesens handelt, belegen zwei Punkte die Schlagkraft der neuen Semiotechnik: zum einen die Literatur selbst, die immer wieder diese Verwechslung (oder Transposition) von Buchstaben und eingebildeten Sinnesdatenflüssen zu ihrem Thema macht. In den Texten E. T. A. Hoffmanns – Kittler hat es für den *Goldenen Topf* gezeigt – dürfen die Wörter, die Silben und Buchstaben ihre Buchstäblichkeit vergessen lassen und für ihre Protagonisten von eben der Sinnlichkeit trunken sein, von der Novalis als innere Welt nach den Buchstaben spricht. Wenn Anselmus, der Held des *Goldenen Topfes* liest, wird er Stimmen (der Geliebten) hören und Gesichte sehen. Wer solche Selbstthematisierungen nicht überzeugend genug findet, kann zum anderen auf eine sonderbare Diskussion verwiesen werden, die zeitgleich die Möglichkeiten der Einbildung oder der Einbildbarkeit der Einbildung begleitet: Ästhetiken wie Psychologien erklären die Einbildungskraft, »das schlechthin poetische Seelenvermögen«, zum Programm.

Die Bildung der Einbildung

> »Die Einbildungskraft ist der wunderbare Sinn, der uns alle Sinne *ersetzen* kann – und der so sehr schon in unsrer Willkür steht. Wenn die äußern Sinne ganz unter mechanischen Gesetzen zu stehn scheinen – so ist die Einbildungskraft offenbar nicht an die Gegenwart und Berührung äußrer Reitze gebunden« (Novalis nach Kittler 1986, 486).

Die Goethezeit entdeckt im Zuge solcher Ersetzungen das im doppelten Wortsinn unheimliche Potential hinter den eigenen Texten und steht vor ihnen wie vor einem Gespenst (dazu v. Graevenitz 1994). Wer und vor allem wie ist überhaupt noch zu kontrollieren, welche Welten sich den Lesern und vor allem den Leserinnen der Goethezeit nach den Worten ihrer Dichter entfalten. Und natürlich ist es neben dem Argument von Verschwendung und Eskapismus die Sexualität, die zum Gegenstand der Sorge wird. Jenes Opium, dessen Wirkung Wolfgang Struck am *Anton Reiser* rekonstruiert hat, betäubt eben nicht nur die Denkkraft, sondern es stellt genau jene verführerischen Bilder zu, die zu Exzessen im Imaginären führen und von denen einer der am stärksten attackierten die Onanie sein wird. Kein Wunder, daß in der Diskussion um sie die Kopplung an die Vorstellung im allgemeinen und an die durch Bücher vermittelten Vorstellungen im besonderen zum Topos werden kann. Was in der breitangelegten Onaniedebatte zu Tage tritt, ist weniger der Skandal des befleckten Körper, sondern die »Befleckung der Einbildungskraft«, die zum Skandalon auch und gerade des Lesens wird (Bauer 1791, 197).

Die Phantasie in ihrer Ambivalenz zwischen kultureller Sanktion und Regelverstoß wird zum Gegenstand ästhetischer, staatlicher, moralischer, medizinischer, pädagogischer und theologischer Sorge (→ *Exkurs: Anmerkungen zur Phantastik*, S. 224): In einem dringlichen *Appell an meine Nation* wird Johann Georg Heinzmann 1795 den Genies, den Romanenschreibern und Schauspieldichtern (und namentlich Wieland, Heinse, Schiller und Thümmel) ins Stammbuch schreiben, sie würden den nüchternen »Verstand berauschen, ihn zu Täuschungen verleiten, zu Visionen, Delire, fleischliche Begierden bringen« (Heinzmann 1795, 133). Und eine anonyme Schrift von 1824, die *die Wollust, vorzüglich aus dem Standpunkte des Staates betrachtet,* kann das Medium Buch im selben Atemzug mit Seelenverderbnis nennen.

Im Rausch der Sprache

> »Man sendet an volkreiche Orte nicht mehr Seelenkäufer, aber jeder bedeutende Ort aus seinen Buchdruckerpressen Seelenverderber, Romane in dem elegantesten Gewande, sinnberauschendester Sprache. Unsere Romane sind Kinder einer glühenden Einbildungskraft, mit den üppigsten Bildern ausgestattet, durch ihre Darstellungen überredend, Begierden weckend, lüsterne Gemüter aufregend. Das Lesen dieser Schriften: wohin führt es? Vom Bilde zur That« (Anonym 1824, 16).

Was solche Geisterbeschwörungen ermöglicht, ist jene Kette von Ersetzungen, die Derrida für Rousseau auf die Formel vom *gefährlichen Supplement* bringt: »Diese Gefahr ist aber die des Bildes« (Derrida 1974, 260; → *Dekonstruktion*, S. 116). An ihrem Ende stehen für die Psychiater Wahnsinn, in der Sprache der Medizin Auszehrung, oder in moralischer Sorge Eskapismus, Solipsismus und zuletzt der mangelnde Nutzen für die Gesellschaft.

Die Lust am Text und die Unzucht der Buchstaben

Der zweite Rückverweis aus der Technohochburg Cyberspace auf die Welt schriftlich vermittelter Kulturtechniken könnte merkwürdiger gar nicht sein: Ort ist ein Interview mit Jaron Lanier, einem »der maßgeblichen Visionäre des Cyberspace bzw. der 'virtuellen Realität'« (Waffender 1991, 67). Nach detaillierten Ausführungen, die der Entwicklung der entsprechenden Apparaturen gelten, wird Lanier nach historischen Vorbildern und Vergleichen seiner virtuellen Realität befragt. Fündig wird Lanier ausgerechnet im fünften Systembestandteil der antiken Rhetorik und damit in jener Gedächtniskunst oder Mnemotechnik, die gerade von Seiten der Literaturwissenschaft zu einem neuen Forschungsparadigma ausgebaut wurde (dazu Lachmann/Haverkamp 1991 und 1993).

Mnemotechnik: Eine innere Welt der Auswendigkeit

> »Da wären die verlorenen Erinnerungstechniken, die Gedächtnispaläste. In den westlichen Kulturen gab es früher so etwas wie vorgestellte virtuelle Wirklichkeiten, vorgestellte Paläste, in denen wenige Leute ihre Erinnerungen als Kunstwerke aufhängten. Die Leute prägten sich ihre Paläste ein und

konnten so über ihre Erinnerungen verfügen, und vor Gutenberg war das etwas ganz Wichtiges« (Heilbrun / Stachs 1991, 85f.)

Im Namen des Gedächtnisses und der Auswendigkeit wird seit der Antike praktiziert, was Lanier den kulturellen Rückverweis ermöglicht. Auf Kosten des Vergleichs ebnet Lanier jedoch den Bildtyp zwischen Gedächtniskunst und Cyberspace ein; ignoriert damit den Unterschied zwischen einer regelgeleiteten Bilderproduktion und dem Umgang mit jenen Bildern, die ein System auf der Grundlage einer digitalen Mimesis zur Verfügung stellt. Ungenau bleibt auch der beschriebene Ablösungsprozeß. Für Lanier ist die Mnemotechnik ausschließlich Sache einer Vergangenheit, in der sie zwar grundlegend wie das Kriegshandwerk oder die Musik war, um dann aber einer Innovation wie dem Buchdruck Platz zu machen. »Die Erinnerungstechniken verschwanden irgendwie, sie veralteten. Aber die glichen den virtuellen Wirklichkeiten ungemein« (ebd.) Die These, die Mnemotechnik würde durch den Buchdruck abgelöst, hat innerhalb der Forschung Tradition (Yates 1966). Lina Bolzonis *The Play of Images. The Art of Memory from Its Origins to the Seventeenth Century* argumentiert dazu gegenläufig; erschienen im Band *The Enchanted Loom. Chapters in the History of Neuroscience* setzt Bolzoni an die Stelle der Ablösung ein komplexes Wechselverhältnis: gerade die Spatialisierung der Schrift durch die Erfindung beweglicher Lettern sei es, die eine Affinität zur Mnemotechnik aufweise und die eine veränderte Wahrnehmung der Schrift und einen Boom litero-memoraler Kombinatorik zur Folge hätte: »In certain respects, moreover, mnemotechnics and print come together and influence each other: both nourish the perception of the word as something living and located in space, and that can, therefore, be broken up and reassembled« (Bolzoni 1991, 21).

Wenn die Gedächtniskunst seit der Antike Techniken zur Verfügung stellt, Wissen in Bilder (*imagines*) zu übersetzen und diese eingebildeten Bilder in ebenfalls eingebildeten Memorialarchitekturen aufzuhängen, um einen optimalen und verwechslungsfreien Zugriff auf das so aufbereitete Wissen zu haben, werden einmal mehr bekannte Phantasmen beschworen. Die Kritik an der Erzeugung und dem Umgang mit jenen *imagines* verdoppelt die bekannten Einwände gegen die Bilderflut moderner Medienkulturen. Die Möglichkeit der individuellen Bilderzeugung, die aus systemimmanenten Gründen einer ausgewählten Semantik des Auffälligen unterliegen muß, ist weitreichend; ihre Beschreibungssprache listet mit dem Obszönen, Grotesken, Sexuellen, der Karikatur, dem Phantastischen Kategorien auf, zu denen sich die Bildwelten der *virtual reality* wie zu einer Untermenge verhalten. Die

Die virtuellen Bildspeicher der Mnemotechnik

virtuellen Welt Bildspeicher der Mnemotechnik machen in den Augen ihrer Kritiker daher eine doppelte Welt Sorge nötig. Neben die Schicklichkeit und das *aptum* von Einzelbildern tritt die Sorge, ein Übermaß an *imagines* nicht mehr kognitiv verarbeiten zu können: die Angst geht um, die Benutzer mnemotechnischer Systeme könnten die Kontrolle über ihre Bildwelten verlieren, die Bilder könnten selbständig werden und die Benutzer in ihrer Flut buchstäblich untergehen (zu einem Fall von Mnemopathologie Lachmann 1993).

Ob Cyberspace oder alte Erinnerungstechnik: der Weg der Einbildung läuft über die Realität von Körpern, über ein gezielt eingesetztes Wissen um Affektstruktur und Wahrnehmungsphysiologie der jeweiligen Benutzer. »Eine gründliche Erkentniß der Seele und des Körpers des Menschen« sei für die Gedächtniskunst unabdingbar (Dommerich 1765, 18). Eine *Erkentniß*, die so prominente Sprachtheoretiker wie August F. Bernhardi oder Johann Christoph Adelung in die Pragmatik von Stillehren umschreiben werden; Stillehren, die wie Adelungs Arbeit *Über den deutschen Styl* (1785) das Wissen um Körper und Sprache, das Wissen um die Psychologie einzelner Seelenvermögen und ihre Affizierbarkeit, um rhetorische Figuren und ihre Möglichkeiten zur Steuerung von Affekten und Einbildungen konsequent auf das Medium Schrift übertragen.

Die Mnemotechnik unterstellt die eingebildeten Sinnesorgane den Gesetzen der Anschauung und macht damit das *physiologische Apriori* auch für Einbildungskraft geltend: »Diese Gesetze werden der sinnlichen Wahrnehmung durch die Beschaffenheit des Körpers und der Wahrnehmung des Gesichtssinnes insonderheit, größtentheils durch die Beschaffenheit unsers Auges gegeben« (Kästner 1804a, 40). Und um vollends keinen Zweifel daran zu lassen, wie ernst die Kulturtechnik des Merkens die Wahrnehmungsphysiologie nimmt, fordert Kästner seine potentiellen Benutzer auf, ihre individuelle Anatomie zu berücksichtigen und »das Auge der Phantasie« auf die individuelle Sehschärfe abzustimmen: »Der Kurz= und Stumpfsichtige muß größere Plätze haben, als der ein weit= und scharfsehendes Auge hat« (ebd., 43).

Aber die Möglichkeit, Sinnesleistungen in das Reich der Vorstellung zu holen, ist nicht nur Sache des künstlichen Gedächtnisses und seiner Aufarbeitungen von Wissen im Dienste der Auswendigkeit. Als religiöse Vermittlungsform konnte sie unter dem Namen der Meditation bei Ignatius von Loyola in einer Perfektion und Eleganz zur Anschrift gelangen, die ob ihrer Vollständigkeit hier nicht vorenthalten bleiben sollte: die religiöse Bildwelt Loyolas berücksichtigt für ihre Programme der Meditation nämlich, woran selbst die Techniker des *Cyberspace* noch arbeiten: die Manipulation aller fünf Sinne. Durch die Schrift seiner *Geistlichen Übungen* angeleitet, sollen Loyolas Exerzitanten mit einem eingebildeteten Körper hören, sehen, riechen, schmecken und natürlich auch tasten. Loyolas fünfte Meditation führt den Exerzitanten an den Ort der Hölle; vorab besteht der Aufbau des Schauplatzes darin, »mit der Schau der Einbildungskraft die Länge, Breite und Tiefe der Hölle zu sehen.«

»Der erste Punkt soll sein: sehen mit der Schau der Einbildungskraft die gewaltigen Feuer und die Seelen wie in brennenden Leibern.

Der zweite: hören mit den Ohren Weinen, Geheul, Geschrei, Lästerungen gegen Christus unseren Herrn und gegen alle Seine Heiligen.

»Was der Wahrnehmung durch die äußern Sinne schadet, [...] ist auch der Wahrnehmung in der Einbildungskraft, nur gedacht, nachtheilig« (Kästner 1804a, 42)

Mnemotechnik und Meditation

> *Der dritte*: riechen mit dem Geruchssinn Rauch, Schwefel, Unrat und fau-
> lende Dinge.
> *Der vierte*: kosten mit dem Geschmackssinn bittere Dinge, wie Tränen, Trau-
> rigkeit und den Wurm des Gewissens.
> *Der fünfte*: berühren mit dem Tastsinn, wie nämlich die Feuergluten die
> Seelen ergreifen und brennen« (Loyola 1989, 65).

Die Imperative an die eingebildeten Sinnesorgane sind so vollständig, daß eben durch diese Vollständigkeit der Mechanismus jener
Selbsttäuschung einsetzen kann, auf dem auch andere Techniken real
wie imaginär vermittelter Affizierung beruhen. Wenn Meditationen und
Einbildungen – sie betreffen die Religion, die Literatur oder die Auswendigkeit – zu einer komplexen Tätigkeit des gesamten Körpers und
seiner Teilsinne werden, sind die Grenzen zwischen virtuellen oder
realen Wirklichkeiten eingeebnet. Und rekonstruiert man die Einwände und Vorwürfe, die gegen die Mnemotechnik erhoben werden und
sie auf ihrem Weg bis ins 20. Jahrhundert und damit weit über die Ära
Gutenberg hinaus begleiten, merkt man, das die unerhörte Möglichkeit
des Mediums von Verfechtern wie von Kritikern sehr wohl gesehen
und zum Thema gemacht wurde; diskutiert wird dabei – wie im Fall
der Literatur – aus ganz unterschiedlicher Perspektive, ob und welche
Bildprogramme zulässig oder schicklich sind, und diskutiert wird na-
Die Schicklichkeit   türlich auch, ob der Eskapismus in die eigene Merkwelt legitim sein
der Bilder   soll. Argumente, die um 1800 im Zuge einer Rückbesinnung auf die
Tradition der Gedächtniskunst ausgetauscht werden, sind bis in den
Wortlaut hinein analog zu den Verdächtigungen, die gegenüber der
Literatur erhoben werden. In einem Text über das *Unvermögen der Seele,
die Richtung zu erhalten* geraten mit der Bilderflut selbst noch Kants
Anschauungsformen von Raum und Zeit ins Wanken:

> »Die Seele muss, wenn sie eine Reihe von Gegenständen distinct und deut-
> lich vorstellen soll, jeden für sich beschauen, ihn in sein objectives Verhältnis
> bringen, und dann ihre Kraft auf den folgenden richten. Ist die Weile zu kurz
> und rücken die Gegenstände mit zu großer Eile vor ihr vorüber; so verliert
> sie die Haltung, Zeit und Raum wanken, der Raum wird beweglich, das
> Simultane ein Successives, die Zeit fliesst nicht mehr nach einer abwärts
> gehenden, sondern in allen Richtungen durch einander« (Reil 1808, 74).

Die Bildung der Einbildung wird Gegenstand unterschiedlicher Diskurse und Allianzen: Medizin, Theologie, Pädagogik, Psychiatrie, Jurisprudenz, Ästhetik und viele andere reden mit, wenn es um die Bildwelten (nicht nur der Literatur) geht. Weil hier nur der Möglichkeit des
Phantasmas nachgespürt werden soll, kann auf die inhaltlichen Differenzen dieser inneren Welten einmal verzichtet werden: daß sie bestehen – zwischen religiösen, mnemotechnischen und romantischen
Bildern – versteht sich von selbst.

Die Technik einer Sinnesaffizierung, die bisher Domäne der Literatur, Domäne schriftlich vermittelter Virtualitäten war, ist im Cyperspace technisch implementiert: Sensationen, die in Semiotechniken wie
der Meditation, der Gedächtniskunst oder der Literatur scheinbar *nur*

einbildet waren, sind jetzt apparativ umgesetzt. Aus der Fiktion ist Simulation, aus der Ästhetik Aisthesis, aus der inneren Welt nach den Buchstaben jene Physiologie der Wahrnehmung geworden, die Nietzsche ins Zentrum einer neuen Ästhetik stellt (Bolz 1990, dazu Barck u. a. 1990 und Bartels 1990). Die Konkurrenz zwischen alten und jenen *Medienkonkurrenz* neuen Medien, die uns eine klassische Moderne bescherte, ist immer wieder auf einen bloßen Ablösungsprozeß reduziert worden; mit den Innovationsschüben technischer Medien sei das Reich der Schrift an ein Ende gelangt und mit ihr auch die Literatur so obsolet wie ihr Trägermedium geworden. Die historische Medienwissenschaft verfährt differenzierter und setzt an die Stelle der Ablösung ein Modell der Umschichtung: »Neue Medien machen alte nicht obsolet, sie weisen ihnen andere Systemplätze zu« (Kittler 1993a, 178). Genau diese Zuweisung neuer Systemplätze ist Gegenstand einer Medienwissenschaft, die damit auch und zugleich als eine Medientheorie imaginärer Affizierungen konzipiert ist; eine Medientheorie, die neben den apparativen Logiken die Gemeinsamkeiten von Konzepten, ihre Vermittlungsleistung und jeweiligen kulturellen Funktionen in den Blick nimmt. Virtuelle Welten und ihr Einsatz sind *älter* als ihre Apparate, sie stehen diesen aber an Konsequenz, Systematik, Effizienz und applikativer Strategie in nichts nach. Wenn der Simulation realer Sinneseindrücke die Manipulation eingebildeter Sinne vorausgeht, sind technische Medien in genau diesem Sinne immer nachträglich zu ihren imaginären Konzepten: das Stadium einer technischen Latenz im Imaginären ist den apparativen Umsetzungen vorgängig.

Dem müßte eine Medientheorie Rechnung tragen: nicht auf Kosten einer Abwertung aller *hardware* und ihrer positiven Erforschung, sondern und damit ganz im Gegenteil, um die Effekte technischer Medien auf die Logik ihrer imaginären Implementationen überhaupt abbilden zu können. Ihre Chance wäre es, derlei Logiken rückzuverlängern und Dinge in den Blick zu nehmen, die sonst vom Datierungsmesser realer Erfindungen einfach abgeschnitten werden. Durch den Einbezug des Imaginären machen ganz neue und andere Genealogien Sinn: Eine Mediengeschichte der Optik hätte dann nicht bei Athanasius Kircher und seinen *laterna magica* Projektionen stehen zu bleiben, sondern könnte ebenso die imaginären Programme Loyolas, die Einbildungstradition von Literatur, Mnemotechnik und Emblematik in den Fokus ihrer Aufmerksamkeit bekommen (vgl. dazu jüngst Kittler 1994; zur Vorgeschichte von Buchdruck und Perspektivismus vgl. v. Graevenitz 1994). Und für die Literatur der Romantik kann gelten, daß sie es selbst war, die ihre schriflich vermittelte Virtualität zu einer technischen hin entgrenzt hat:

»Romantik als virtuelle Medientechnik, wie die Komplizenschaft zwischen Autor, Leser und Held sie trug, hat also selber dazu beigetragen, das unvordenkliche Schriftmonopol Europas zu sprengen und eine Literatur imaginärer Bilder durch Massenmedien wie Photographie oder Film abzulösen« (Kittler 1994, 220).

Mit der bloßen Entscheidung für das Medium ist selbst noch nichts entschieden. Und auch wenn Kittler für die Medienanalyse konstatiert, daß »Technologie und Physiologie grundsätzlich nur in Formelapparaten angeschrieben werden kann«, muß mit der höheren Mathematik noch lange nicht die Literatur kassiert werden. Die Medienwissenschaft wäre schlecht beraten, »den Hochrechnungen oder Orakeln der Industrie, wie es zuweilen den Anschein hat, immer weiter nachzulaufen. Ihre Sache ist im Gegenteil die gesamte europäische Geschichte als Reich einer Schrift und damit auch einer Literatur, die ihre eigene Ablösung durch Medientechnologien erst ermöglicht haben (Kittler 1994, 219).

Die Präfiguration *alter* und *neuer* Medien ernstnehmen, hieße auch, neuen Kontinuitäten nachzuspüren, Kontinuitäten im Jenseits der Apparate und der von ihnen diktierten Zeitordnung. Jenes *physiologische Apriori*, das zu beschwören neuere Medientheorien nicht müde werden, erwiese sich dann als ungeeignet, um die Differenz zwischen Kulturwissenschaften und Medienwissenschaften in ihrer Drastik zu begründen. Zwischen einer Medienwissenschaft der Literatur, die das Medium »Schrift« lesbar macht und einer Literaturwissenschaft der Medien besteht kein Ausschluß. Und vielleicht ist diese Präfiguration alter und neuer Medien der einfache Grund dafür, daß die kulturkritischen Ansätze zwischen Schrift, Analog- und Digitalmedien kaum unterscheiden müssen und die beschworenen Gespenster in ihrer vermeintlichen Unheimlichkeit einander doch so sehr gleichen.

Literaturverzeichnis

Abrams, Meyer H. (1965): Poetry, Theories of. In: Alex Preminger (Hg.): Encyclopedia of Poetry and Poetics. Princeton.

Acker, Kathy (1990): Ultra light – last minute ex + pop – literatur. Berlin.

Adelung, Johann Christoph (1785): Über den deutschen Styl, Erster Teil. Berlin.

Adorno, Theodor W. (1968): Einleitung in die Musiksoziologie. Reinbek.

– (1973): Ästhetische Theorie. Frankfurt/M.

– (1981): Rede über Lyrik und Gesellschaft. In: ders.: Noten zur Literatur. Frankfurt/M.

– (1981a): Erpreßte Versöhnung. In: ders.: Noten zur Literatur. Frankfurt/M.

– (1988): Über Kritik. In: Text + Kritik. Zeitschrift für Literatur. Heft 100. München.

Affergans, Francis (1987): Exotisme et altérité. Paris.

Albrecht, Jörn (1988): Europäischer Strukturalismus. Ein forschungsgeschichtlicher Überblick. Tübingen.

Allgemeines Landrecht für die Preußischen Staaten von 1794 (1970): Textausgabe mit einer Einführung von Hans Hattenhauer und einer Bibliographie von Günther Bernert. Frankfurt/M. und Berlin.

Altenhofer, Norbert (1979): Geselliges Betragen – Kunst – Auslegung. Anmerkungen zu Peter Szondis Schleiermacher-Interpretation und zur Frage einer materialen Hermeneutik. In: Ulrich Nassen (Hg.): Studien zur Entwicklung einer materialen Hermeneutik. München.

Althusser, Louis (1968): Für Marx. Frankfurt/M.

– (1972): Das Kapital lesen. Reinbek.

– (1974): Lenin und die Philosophie. Reinbek.

– (1977): Ideologie und ideologische Staatsapparate. Hamburg.

Anderegg, Johannes (1973): Fiktion und Kommunikation. Ein Beitrag zur Theorie der Prosa. Göttingen.

– (1977): Literaturwissenschaftliche Stiltheorie. Göttingen.

Anderson, Perry (1976): Considerations on Western Marxism. London.

Andrews, William L. (1991): Inter(racial)textuality in Nineteenth-Century Southern Narrative. In: Jay Clayton und Eric Rothstein (Hg.): Influence and Intertextuality. Madison.

Anonym (1782): Neues Buchstabier= und Lesebüchlein, woraus man Anfängern, sonderlich in den Landschulen, das Buchstabieren, Lesen, Denken und Sprechen erleichtern, sie, zum nützlichen Gebrauch anderer Bücher, vorbereiten und zuletzt auch im Schreiben üben kann. Braunschweig.

Anonym (1824): Die Wollust, vorzüglich aus dem Standpunkte des Staates betrachtet. Ein ernstes Wort für Gegenwart und Zukunft. Leipzig.

Apel, Karl-Otto (1955): Das Verstehen (eine Problemgeschichte als Begriffsgeschichte). In: Archiv für Begriffsgeschichte 1 (1955).

Apel, Karl-Otto u.a. (1971): Hermeneutik und Ideologiekritik. Frankfurt/M.

Appiah, Anthony (1984): Strictures on Structures. The Prospects for a Structuralist Theory of African Fiction. In: Henry Louis Gates Jr. (Hg.): Black Literature and Literary Theory. New York.

– (1986): The Uncompleted Argument. Du Bois and the Illusion of Race. In: Gates, Henry Louis, Jr. (Hg.): 'Race', Writing and Difference. Chicago.

Arac, Jonathan/Godzich, Wlad/Martin, Wallace (1983) (Hg.). The Yale Critics: Deconstruction in America. Minneapolis.

Aristoteles (1971): Politik. Eingel., übers. u. kom. von Olof Gigon. 2. Aufl. Zürich und Stuttgart.

– (1972): Die Nikomachische Ethik. Übers. von Olof Gigon. München.

– (1989): Rhetorik. Übers. von Franz G. Sieveke. München.

– (1992): Topik (Organon V). Übers. von Eugen Rolfes. Hamburg.

Arnold, Heinz-Ludwig (1981): Literaturbetrieb in der Bundesrepublik Deutschland. Ein kritisches Handbuch. München.

Aschenberg, Heidi (1984): Idealistische Philologie und Textanalyse. Zur Stilistik Leo Spitzers. Tübingen.

Ashcroft, Bill u.a. (1989): The Empire Writes Back. Theory and Practice in Post-colonial Literatures. London.

Assmann, Aleida (1980): Die Legitimität der Fiktion.
Ein Beitrag zur Geschichte der literarischen Kommunikation. München.
– (1985): Die Domestikation des Lesens. Drei historische Beispiele. In: Zeitschrift für Literatur
und Linguistik 57/58 (1985).
– (1988): Die Sprache der Dinge. Der lange Blick
und die wilde Semiose. In: Hans Ulrich Gumbrecht, K. Ludwig Pfeiffer (Hg.): Materialität der
Kommunikation. Frankfurt/M.
– (1990): Geschmack an Zeichen: Homo Interpres
und die Welt als Text. In: Zeitschrift für Semiotik
12.4 (1990).
– (1991): Erinnerungsräume. Zur kulturellen Konstruktion von Zeit und Identität. Unveröffentl.
Habil. Schrift. Heidelberg.
– (1991a) (Hg.): Weisheit. München.
– (1993): Arbeit am nationalen Gedächtnis. Eine
kleine Geschichte der deutschen Bildungsidee.
Frankfurt/M., New York, Paris.
– (1994): Die Ent-Ikonisierung und Re-Ikonisierung
der Schrift (im Druck).
Assmann, Aleida und Jan (1987) (Hg.): Kanon und
Zensur. München.
– (1988): Schrift, Tradition, Kultur. In: Wolfgang
Raible (Hg.): Das Gestern im Heute. Medien und
soziales Gedächtnis (Funkkolleg Medien und
Kommunikation von Wirklichkeit, Studienein-
heit 11, Studienbrief 5). Weinheim und Basel.
– (1990): Schrift-Kognition-Evolution. Eric A. Havelock und die Technologie kultureller Kommunikation. In: Eric Havelock (Hg.): Schriftlichkeit.
Das griechische Alphabet als kulturelle Revolu-
tion. Weinheim.
– (1993): Schrift. In: Historisches Wörterbuch der
Philosophie. Hg. von Joachim Ritter und Karl-
fried Gründer. Basel.
Assmann, Aleida und Jan/Hardmeier, Christof
(1983) (Hg.): Schrift und Gedächtnis. München.
– (1991) (Hg.): Schrift und Gedächtnis. 2. Aufl.
München.
Assmann, Aleida/Hardt, Dietrich (1991) (Hg.):
Mnemosyne. Formen und Funktion kultureller
Erinnerung. Frankfurt/M.
Assmann, Jan (1992): Das kulturelle Gedächtnis.
Schrift, Erinnerung und politische Identität in
frühen Hochkulturen. München.
Assmann, Jan/Gladigow, Burkhard (1994) (Hg.):
Text und Kommentar (im Druck).
Attridge, Derek (1992) (Hg.): Acts of Literature.
New York und London.
Austin, John L. (1972): Zur Theorie der Sprechakte.
Stuttgart.

Bachtin, Michail (1971): Probleme der Poetik Dostoevskijs. München.
– (1979): Das Wort im Roman. In: ders.: Die Ästhetik des Wortes. Hg. von Rainer Grübel. Frank-
furt/M.
– (1985): Literatur und Karneval. Frankfurt/M.,
Berlin, Wien.
– (1986): The Problem of Speech Genre. In: ders.:
Speech Genres and other Late Essays. Stanford.
Bacon, Francis (1990): Neues Organon (lat./dt.). Hg.
von Wolfgang Krohn. Hamburg.
Bahti, Timothy (1992): Allegories of History. Literary Historiography after Hegel. Baltimore.
Baker, Houston A., Jr. (1986): Caliban's Triple Play.
In: Henry Louis Gates, Jr. (Hg.): 'Race', Writing
and Difference. Chicago.
Balibar, Étienne (1990): Es gibt keinen Staat in Eu-
ropa. Racism and Politics in Europe Today. In:
New Left Review 191 (1990).
– (1991): Is There a 'Neo-Racism'? In: Balibar,
Étienne/Wallerstein, Immanuel: Race, Nation,
Class: Ambiguous Identities. London.
Balibar, Étienne/Macherey, Pierre (1978): On Li-
terature as an Ideological Form. In: Oxford Li-
terary Review 3 (1978).
Bappert, Walter (1962): Wege zum Urheberrecht. Die
geschichtliche Entwicklung des Urheberrechts-
gedankens. Frankfurt/M.
Barber, Charles L. (1959): Shakespeare's Festive Co-
medy. A Study of Dramatic Form and its Relation to Social Custom. Princeton.
Barck, Karlheinz u.a. (1991) (Hg.): Aisthesis. Wahrnehmung heute oder Perspektiven einer anderen
Ästhetik. 2. Auflage. Leipzig.
Barner, Winfried (1970): Barockrhetorik. Untersuchungen zu ihren geschichtlichen Grundlagen.
Tübingen.
– (1990) (Hg.): Literaturkritik. Anspruch und Wirklichkeit. DFG-Symposion 1989. Stuttgart.
Bartels, Klaus (1990): Vom Erhabenen zur Simulation. Eine Technikgeschichte der Seele: Optische
Medien bis 1900 (Guckkasten, Camera Obscura,
Panorama, Fotografie) und der menschliche Innenraum. In: Jochen Hörisch, Michael Wetzel
(Hg.): Armaturen der Sinne. Literarische und
technische Medien 1870–1920. München.
Barthes, Roland (1953): Le degré zéro de l'écriture.
Paris
– (1964): Mythen des Alltags. Frankfurt/M.
– (1964a): L'activité structuraliste. In: Essais Criti-
ques. Paris.
– (1969): Literatur oder Geschichte. Frankfurt/M.

– (1974): Die Lust am Text. Frankfurt/M.
– (1978): Über mich selbst. München.
– (1981): Vingt mots-clé pour Roland Barthes. In: Le grain de la voix. Paris.
– (1984): De l'oeuvre au texte. In: Le bruissement de la langue. Paris.
– (1987): S/Z. Frankfurt/M.
– (1988): Das semiologische Abenteuer. Frankfurt/M.
– (1988a): Kritik und Wahrheit. Frankfurt/M.
– (1990): Rhetorik des Bildes. In: ders.: Der entgegenkommende und der stumpfe Sinn. Kritische Essays III. Frankfurt/M.
– (1990a): Image – Music – Text. 12. Aufl. New York.
Barwick, Karl (1963): Das rednerische Bildungsideal Ciceros. Berlin.
Bauer, Karl Gottfried (1791): Über die Mittel dem Geschlechtstriebe eine unschädliche Richtung zu geben. Eine durch die Erziehungsanstalt zu Schnepfenthal Gekrönte Preisschrift. Leipzig.
Baumgarten, Alexander Gottlieb (1983): Texte zur Grundlegung der Ästhetik. Hg. von Hans Rudolph Schweizer. Hamburg.
– (1988): Theoretische Ästhetik. Die grundlegenden Abschnitte aus der Aesthetica. Hg. von Hans Rudolph Schweizer. Hamburg.
Baumhauer, Otto A. (1986): Die sophistische Rhetorik. Eine Theorie sprachlicher Kommunikation. Stuttgart.
Beardsley, Monroe C. (1982): Intention and Interpretations: A Fallacy Revisited. In: The Aesthetic Point of View. Ithaca.
Beauvoir, Simone de (1968): Das andere Geschlecht. Reinbek.
Behrmann, Alfred (1989): Einführung in den neueren deutschen Vers. Stuttgart.
Bell, Susan Groag/Yalom, Marilyn (1990) (Hg.): Revealing Lives. Autobiography, Biography and Gender. Albany.
Belting, Hans (1991): Bild und Kult. Eine Geschichte des Bildes vor dem Zeitalter der Kunst. München.
Ben-Porat, Ziva (1976): The Poetics of Literary Allusion. In: A Journal for Descriptive Poetics and Theory of Literature (PTL) 1 (1976).
Benjamin, Walter (1966): Briefe. Hg. von Gershom Scholem und Theodor W. Adorno. Frankfurt/M.
– (1971): Versuche über Brecht. Hg. Rolf Tiedemann. Frankfurt/M.
– (1972): Gesammelte Schriften. Frankfurt/M.
– (1972a): Über den Begriff der Geschichte. In: Benjamin 1972. Bd. I, 2.
– (1972b): Einbahnstraße. In: Benjamin 1972. Bd.IV, 1. Frankfurt/M.
– (1972c): Kritiken und Rezensionen. In: Benjamin 1972. Bd.III.
– (1972d): Bücher von Geisteskranken. In: Benjamin 1972. Bd. IV, 1.
– (1972e): Reflexionen zum Rundfunk. In: Benjamin 1972. Bd. II, 3.
– (1972f): Über einige Motive bei Baudelaire. In: Benjamin 1972. Bd. I, 2.
Benn, Gottfried (1951): Probleme der Lyrik. Wiesbaden.
– (1980): Das Hauptwerk. Hg. von Marguerite Schlüter. Wiesbaden.
Bennett, Tony (1979): Formalism and Marxism. London.
– (1985): Really Useless Knowledge. A Political Critique of Aesthetics . In: Thesis Eleven. 12 (1985).
Bennington, Geoffrey (1994): Jacques Derrida. Ein Porträt von Geoffrey Bennington und Jacques Derrida. Frankfurt/M.
Benstock, Shari (1988) (Hg.): The Private Self. Theory and Practice of Women's Autobiographical Writings. Chapel Hill und London.
Benveniste, Emile (1977): Probleme der allgemeinen Sprachwissenschaft. Frankfurt/M.
– (1977): Über die Subjektivität in der Sprache. In: Probleme der allgemeinen Sprachwissenschaft, Frankfurt/M.
Berger, Peter L./Luckmann, Thomas (1969): Die gesellschaftliche Konstruktion der Wirklichkeit. Frankfurt/M.
Bergk, Johann Adam (1799): Die Kunst, Bücher zu lesen. Nebst Bemerkungen über Schriften und Schriftsteller. Jena.
Berman, Art (1983): From the New Criticism to Deconstruction. The Reception of Structuralism and Poststructuralism. Urbana und Chicago.
Berman, Russell A. (1989): Modern Culture and Critical Theory: Art, Politics, and the Legacy of the Frankfurt School. Madison.
Bernhardi, August F. (1973): Sprachlehre. Berlin. Nachdruck Hildesheim.
Betti, Emilio (1962): Die Hermeneutik als allgemeine Methodik der Geisteswissenschaften. Tübingen.
Bhabha, Homi K. (1986): Signs Taken for Wonders: Questions of Ambivalence and Authority under a Tree Outside Delhi, May 1817. In: Henry Louis Gates Jr. (Hg.): 'Race,' Writing and Difference. Chicago.
– (1989): Remembering Fanon. Self, Psyche, and the Colonial Condition. In: Barbara Kruger und Phil Mariani (Hg.): Remaking History. Seattle.

– (1994): The Location of Culture. Collected Essays. London und New York.

Blanchot, Maurice (1969): Nietzsche et l'écriture fragmentaire. In: ders.: L'entretien infini. Paris.

Bloch, Maurice (1975) (Hg.): Political Language and Oratory in Traditional Society. London, New York, San Francisco.

Bloom, Harold (1975): A Map of Misreading. New York.

– (1989) Kabbala. Poesie und Kritik. Basel und Frankfurt/M.

Blumenberg, Hans (1964): Wirklichkeitsbegriff und Möglichkeit des Romans. In: Hans Robert Jauß (Hg.): Nachahmung und Illusion. Poetik und Hermeneutik I, München.

– (1966): Sprachsituation und immanente Poetik. In: Wolfgang Iser (Hg.): Immanente Ästhetik – Ästhetische Reflexion. Lyrik als Paradigma der Moderne. Poetik und Hermeneutik II. München.

Blumensath, Heinz (1972) (Hg.): Strukturalismus und Literaturwissenschaft. Frankfurt/M.

Bodmer, Johann Jacob (1966): Critische Abhandlung von dem Wunderbaren in der Poesie. Nachdruck Stuttgart.

Böckmann, Paul (1949): Formgeschichte der deutschen Dichtung. Bd. 1: Von der Sinnbildsprache zur Ausdruckssprache. Der Wandel der literarischen Formensprache vom Mittelalter zur Neuzeit. Hamburg.

Bödeker, Hans Erich (1986): Reisebeschreibungen im historischen Diskurs der Aufklärung. In: ders. u.a. (Hg.): Aufklärung und Geschichte. Studien zur deutschen Geschichtswissenschaft im 18. Jahrhundert. Göttingen.

Böschenstein, Renate (1991): Das Ich und seine Teile. Überlegungen zum anthropologischen Gehalt einiger lyrischer Texte. In: Gerhard Buhr, Friedrich Kittler und Horst Turk (Hg.): Das Subjekt der Dichtung. Festschrift für Gerhard Kaiser. Würzburg.

Bolz, Norbert (1984): Gewinnung und Auswertung quantitativer Merkmale in der statistischen Stilforschung. In: Spillner 1984.

– (1990): Theorie der neuen Medien. München.

Bolzoni, Lina (1991): The Play of Images. The Art of Memory from Its Origins to the Seventeenth Century. In: Pietro Corsi (Hg.): The Enchanted Loom. Chapters in the History of Neuroscience. New York und Oxford.

Booth, Wayne C. (1983): The Rhetoric of Fiction. Second Edition. Chicago und London.

Bornscheuer, Lothar (1976): Topik. Zur Struktur der gesellschaftlichen Einbildungskraft. Frankfurt/M.

Bosse, Heinrich (1978): Dichter kann man nicht bilden. Zur Veränderung der Schulrhetorik nach 1770. In: Jahrbuch für internationale Germanistik 10/I (1978).

– (1981): Autorschaft ist Werkherrschaft. Über die Entstehung des Urheberrechts aus dem Geist der Goethezeit. Paderborn u.a.

Bourdieu, Pierre (1970): Zur Soziologie der symbolischen Formen. Frankfurt/M.

Bourdieu, Pierre/Chartier, Roger/Darnton, Robert (1985): Dialog über die Kulturgeschichte. In: Freibeuter 16 (1985).

Bourdieu, Pierre/Eagleton, Terry (1992): Doxa and Common Life. In: New Left Review 191 (1992).

Bové, Paul (1983): Variations on Authority: Some Deconctructive Transformations of the New Criticism. In: Arac (1983).

Bovenschen, Silvia (1979): Die imaginierte Weiblichkeit. Frankfurt/M.

Boyarin, Jonathan (1993) (Hg.): The Ethnography of Reading. Berkeley, Los Angeles, Oxford.

Brauneck, Manfred (1982): Theater im 20. Jahrhundert: Programmschriften, Stilperioden, Reformmodelle. Reinbek.

– (1993): Die Welt als Bühne. Stuttgart.

Braungart, Georg (1988): Hofberedsamkeit. Studien zur Praxis höfisch-politischer Rede im deutschen Territorialabsolutismus. Tübingen.

Brecht, Bertolt (1967): Gesammelte Werke. Frankfurt/M.

Bremond, Claude (1972): Die Erzählnachricht. In: Ihwe 1972.

– (1973): Logique du récit. Paris.

Brenner, Peter J. (1989a): Interkulturelle Hermeneutik. Probleme einer Theorie kulturellen Fremdverstehens. In: Peter Zimmermann (Hg.): 'Interkulturelle Germanistik'. Dialog der Kulturen auf Deutsch? Frankfurt/M. u.a.

– (1991): Reisen in die Neue Welt. Die Erfahrung Nordamerikas in deutschen Reise- und Auswandererberichten des 19. Jahrhunderts. Tübingen.

– (1989) (Hg.): Der Reisebericht. Die Entwicklung einer Gattung in der deutschen Literatur. Frankfurt/M.

Breuer, Dieter (1974): Schulrhetorik im 19. Jahrhundert. In: Helmut Schanze (Hg.): Rhetorik. Beiträge zu ihrer Geschichte in Deutschland vom 16.–20. Jahrhundert. Frankfurt/M.

– (1981): Deutsche Metrik und Versgeschichte. München.

Breuer, Dieter/Schanze, Helmut (1981) (Hg.): Topik. Beiträge zur interdisziplinären Diskussion. München.

Brinker-Gabler, Gisela (1978) (Hg.): Deutsche Dichterinnen vom 16. Jahrhundert bis zur Gegenwart. Frankfurt/M.

– (1988) (Hg.): Deutsche Literatur von Frauen. München.

Brodzki, Bella und Celeste Schenck (1988) (Hg.): Life/Lines. Theorizing Women's Autobiography. Ithaca und London.

Broich, Ulrich (1985): Zur Einzeltextreferenz. In: Broich/Pfister 1985.

Broich, Ulrich/Pfister, Manfred (1985) (Hg.): Intertextualität. Formen, Funktionen, anglistische Fallstudien. Tübingen.

Brooke-Rose, Ch. (1983): A Rhetoric of the Unreal. Cambridge.

Brooks, Cleanth (1951): My Credo: The Formalist Critics. In: Kenyon Review 18, Nr. 1 (1951).

Brooks, Harold F. (1979) (Hg.): A Midsummer Night's Dream. London.

Brunetière, Ferdinand (1890): L'évolution des genres dans l'histoire de la littérature. Paris.

Bubner, Rüdiger (1989): Über einige Bedingungen der gegenwärtigen Ästhetik. In: ders.: Ästhetische Erfahrung. Frankfurt/M.

Buchwald, Dagmar (1995): Schrift – Geformte Materien. In: Kotzinger/Rippl 1995.

– (1995): Jenseits von Aktion und Passion. Die späten modularen Romane der Gertrude Stein. München.

Buck, August (1952): Italienische Dichtungslehren vom Mittelalter bis zum Ausgang der Renaissance. Tübingen.

– (1972) (Hg.): Renaissance und Barock. Frankfurt/M.

Bühler, Karl (1965): Sprachtheorie. Stuttgart.

Bürger, Gottfried August (1987): Von der Popularität. In: Sämtliche Werke. Hg. von Günter und Hiltrud Häntzschel. München.

Bürger, Peter (1979): Vermittlung – Rezeption – Funktion. Ästhetische Theorie und Methodologie der Literaturwissenschaft. Frankfurt/M.

Bumke, Joachim (1986): Höfische Kultur. Literatur und Gesellschaft im hohen Mittelalter. München.

Burgin, Victor u.a. (1986) (Hg.): Formations of Fantasy. London und New York.

Butler, Judith (1990): Gender Trouble. London und New York.

– (1991): Das Unbehagen der Geschlechter. Frankfurt/M.

– (1993): Endangered/Endangering: Shematic Racism and White Paranoia. In: Robert Gooding-Williams (Hg.): Reading Rodney King, Reading Urban Uprising. London und New York.

Callinicos, A. (1983): Marxism and Philosophy. Oxford.

Campe, Rüdiger (1990): Affekt und Ausdruck. Zur Umwandlung der literarischen Rede im 17. und 18. Jahrhundert. Tübingen.

Carmina Burana (1985): Die Lieder der Benediktbeurer Handschrift. Hg. von Günter Bernt. 3. Aufl. München.

Cartier, Jacques (1534): Première relation de Jacques Cartier de la Terre-Neuve... In: ders.: Voyages au Canada. Avec les relations des voyages en Amérique de Gonneville, Verrazano et Roberval. Hg. von Ch.-A. Julien u.a. Paris [1981].

– (1535/1536): Seconde navigation... In: ders.: Voyages au Canada.

Cerquiglini, Bernard/Gumbrecht, Hans Ulrich (1983) (Hg.): Der Diskurs der Literatur- und Sprachhistorie. Wissenschaftsgeschichte als Innovationsvorgabe. Frankfurt/M.

Charpa, Ulrich (1985): Das poetische Ich – persona per quam. In: Poetica 17 (1985).

Chase, Cynthia (1979): Reading Freud's Reading of 'Oedipus'. In: Diacritics 9/1 (1979).

– (1986): Decomposing Figures. Rhetorical Readings in the Romantic Tradition. Baltimore.

Chatman, Seymour Benjamin (1978): Story and Discourse: Narrative Structure in Fiction and Film. Ithaca.

Chomsky, Noam (1972): Aspekte der Syntax-Theorie. Frankfurt/M.

Christen, Matthias (1992): Essayistik und Modernität. Literarische Theoriebildung in Georg Simmels 'Philosophischer Kultur'. In: DVjs 66 (1992).

Chvatík, Kvetoslav (1981): Tschechoslowakischer Strukturalismus. Theorie und Geschichte. München.

Cicero (1964): M. Tulli Ciceronis Rhetorica. Tom. II: Brutus, Orator, De optimo genere oratorum, Partitiones oratoriae, Topica. Oxford.

– (1976): De officiis. Lateinisch/deutsch. Übers. u. hg. von H. Gunermann. Stuttgart.

– (1976): De oratore/Über den Redner (lat./dt.). Übers. u. Hg. von Harald Merzlin. Stuttgart.

Cixous, Hélène/Clément, Cathérine (1975): La Jeune Née. Paris.

Cixous, Hélène (1975): La rire de la Méduse. In: L'Arc 61 (1975).

Claessens, Dieter/Claessens, Karin (1979): Kapitalismus als Kultur. Frankfurt /M.

Clayton, Jay/Rothstein, Eric (1991) (Hg.): Influence and Intertextuality in Literary History. Madison.

Clayton, Jay (1991): The Alphabet of Suffering. In: Clayton/Rothstein (1991).

Cobley, Evelyn (1988): Mikhail Bakhtin's Place in Genre Theory. In: Genre XXI (1988).

Coenen, Hans Georg (1988): Literarische Rhetorik. In: Rhetorik 7 (1988).

Cohen, Ralph (1987): Do Postmodern Genres Exist? In: Genre XX (1987).

Colie, Rosemarie (1973): The Resources of Kind. Genre Theory. In: The Renaissance. Berkeley u.a.

Comparative Literature, Sonderheft de Man (1986). Bd. 38/4. Eugene.

Condorcet, Jean A. (1963): Entwurf einer historischen Darstellung der Fortschritte des menschlichen Geistes. Hg. von Wilhelm Alff. Frankfurt/M.

Conrady, Karl Otto (1974): Literatur und Germanistik als Herausforderung. Frankfurt/M.

– (1983): Illusionen der Literaturgeschichte. In: Thomas Cramer (Hg.): Literatur und Sprache im historischen Prozeß. Band 1: Literatur. Tübingen.

Coseriu, Eugenio (1981): Textlinguistik. Eine Einführung. Tübingen.

Crane, Ronald S. (1953): The Languages of Criticism and the Structure of Poetry. Toronto.

Croce, Benedetto (1939): 'I generi litterarii' a Congresso In: Critica 37 (1939).

Culler, Jonathan (1975): Structuralist Poetics. Ithaca.

– (1988): Dekonstruktion. Derrida und die poststrukturalistische Literaturtheorie. Reinbek.

– (1988a): Framing the Sign. Criticism and its Institutions. Oxford.

– (1988b): De Man's Rhetoric. In: Culler 1988a.

Curschmann, Michael (1984): Hören – Lesen – Sehen. Buch und Schriftlichkeit im Selbstverständnis der volkssprachlichen literarischen Kultur Deutschlands um 1200. In: PBB 106 (1984).

– (1992): Dichter alter maere. Zur Prologstrophe des 'Nibelungenliedes' im Spannungsfeld von mündlicher Erzähltradition und laikaler Schriftkultur. In: Gerhard Hahn und Hedda Ragotzky (Hg.): Grundlagen des Verstehens mittelalterlicher Literatur. Literarische Texte und ihr historischer Erkenntniswert. Stuttgart.

Curtius, Ernst Robert (1993): Europäische Literatur und Lateinisches Mittelalter. 11. Aufl. Tübingen und Basel.

Dällenbach, Lucien (1976): Intertexte et autotexte. In: Poétique 7/27 (1976).

Darnton, Robert (1984): The Great Cat Massacre and Other Episodes in French Cultural History. New York.

Deconstruction and Criticism (1979) (mit Beiträgen von Harold Bloom, Paul de Man, Jacques Derrida, Geoffrey Hartman, J. Hillis Miller). London und New York.

Deleuze, Gilles (1992): Woran erkennt man den Strukturalismus? Berlin.

– (1992a): Foucault. Frankfurt/M.

de Man, Paul (1964): Spacecritics. In: Partisan Review 31. 4 (1964).

– (1979): Allegories of Reading: Figural Language in Rousseau, Nietzsche, Rilke, and Proust. New Haven.

– (1983): Blindness and Insight: Essays in the Rhetoric of Contemporary Criticism. Minneapolis.

– (1983a): Epistemologie der Metapher. In: Anselm Haverkamp (Hg.): Theorie der Metapher. Darmstadt.

– (1984): The Rhetoric of Romanticism. New York.

– (1986): The Resistance to Theory. Minneapolis.

– (1986b): Interview, geführt von Robert Moynihan. In: A Recent Imagining: Interviews with Harold Bloom, Geoffrey Hartman, J. Hillis Miller, and Paul de Man. Hamden.

– (1987): Der Widerstand gegen die Theorie. In: Volker Bohn (Hg.): Romantik. Literatur und Philosophie. Frankfurt/M.

– (1988): Allegorien des Lesens. Frankfurt/M.

– (1991): Rhetorik der Tropen. In: Josef Kopperschmidt (Hg.): Rhetorik. Bd. 2. Wirkungsgeschichte der Rhetorik. Darmstadt.

– (1993): Die Ideologie des Ästhetischen. Hg. von Christoph Menke. Frankfurt/M.

Derrida, Jacques (1967): Freud et la scène de l'écriture. In: L'écriture et la différence. Paris.

– (1972): La dissémination. Paris.

– (1972b): Die Schrift und die Differenz. Frankfurt/M.

– (1974): Grammatologie. Frankfurt/M.

– (1974b): Glas. Paris.

– (1976): Sporen – die Stile Nietzsches. Venedig.

– (1978): Spurs: Nietzsche's Styles/Eperons: Les styles de Nietzsche. Chicago.

– (1979a): Die Stimme und das Phänomen. Frankfurt/M.

– (1980): Le facteur de la vérité. In: ders.: La carte postale. Paris.

– (1980a): Scribble. Vorwort zu: William Warburton. Versuch über die Hieroglyphen der Ägypter. Frankfurt/M.,Berlin, Wien.

– (1980b): Titel noch zu bestimmen. In: Friedrich A. Kittler (Hg.): Austreibung des Geistes aus den Geisteswissenschaften. Paderborn.

– (1984): Guter Wille zur Macht (I). Drei Fragen an Hans-Georg Gadamer, Guter Wille zur Macht

(II). Die Unterschriften interpretieren. In: Philippe Forget (Hg.): Text und Interpretation. München.

- (1986a): La loi du genre In: ders.: Parages. Paris.
- (1986): Positionen. Wien und Berlin.
- (1986b): Schibboleth: für Paul Celan. Graz und Wien.
- (1986c): Sporen. Die Stile Nietzsches. In: Werner Hamacher (Hg.): Nietzsche in Frankreich. Frankfurt/M. und Berlin.
- (1987): Entzug der Metapher. In: Volker Bohn (Hg.): Romantik. Philosophie und Literatur. Frankfurt/M.
- (1987a): Die Postkarte von Sokrates bis Freud. 2 Bde. Berlin.
- (1987b): Psyché. Inventions de l'autre. Paris.
- (1988a): Geschlecht (Heidegger). Sexuelle Differenz, ontologische Differenz, Heideggers Hand. Berlin.
- (1988b): Mémoires. Für Paul de Man. Wien.
- (1988c): Randgänge der Philosophie. Wien.
- (1988e): Vom Geist: Heidegger und die Frage. Frankfurt/M.
- (1988f): Wie Meeresrauschen auf dem Grund einer Muschel ... Paul de Mans Krieg. Mémoires II. Wien.
- (1989): Wie nicht sprechen: Verneinungen. Wien.
- (1991): Gesetzeskraft. Der mystische Grund der Autorität. Frankfurt/M.
- (1992): Préjugés. Vor dem Gesetz. Wien.
- (1992b): This Strange Institution Called Literature. In: Derek Attridge (Hg.): Acts of Literature. London und New York.
- (1993): Die Wahrheit in der Malerei. Wien.
- (1994): Kraft und Bedeutung. In: Die Schrift und die Differenz. 6. Aufl. Frankfurt/M.

Derrida, Jacques/McDonald, Christie V. (1982): Choreographics. In: Diacritics 12/2 (1982).

Diamond, Hugh W. (1979): Über die Anwendung der Photographie auf die physiognomischen und seelischen Erscheinungen der Geisteskrankheit. In: Adrienne Burrows und Iwan Schumacher: Doktor Diamonds Bildnisse von Geisteskranken. Frankfurt/M.

Dilthey, Wilhelm (1922): Einleitung in die Geisteswissenschaften. In: ders.: Gesammelte Schriften. Hg. von Bernhard Groethuysen. Bd. 1. Leipzig und Berlin.

- (1942): Das Erleben und die Selbstbiographie. In: ders.: Gesammelte Schriften. Hg. von Bernhard Groethuysen. 2. Aufl. Bd. 7. Leipzig und Berlin.
- (1957): Das Erlebnis und die Dichtung. Stuttgart.

- (1970): Der Aufbau der geschichtlichen Welt in den Geisteswissenschaften. Frankfurt/M.

Döring-Smirnov, Johanna-Renate (1980.): Die Poetik Čechovs und die Transformation der russischen Prosaskizze (Očerk). Unveröffentl. Habil. Schrift. München.

Dommerich, Johann Christoph (1765): Die Mnemonik und Heuristik nach ihren ersten Zügen entworfen. Halle und Helmstedt.

Dornseiff, Franz (1925): Das Alphabet in Mystik und Magie. Leipzig und Berlin.

Draine, Betsy (1991): Chronotope and Intertext: The Case of Jean Rhys' Quartet. In: Jay Clayton und Eric Rothstein (Hg.): Influence and Intertextuality. Madison.

Dramatic Form and its Relation to Social Custom. Princeton.

Drews, Axel/Gerhard, Ute/Link, Jürgen: Moderne Kollektivsymbolik. In: Internationales Archiv für Sozialgeschichte der deutschen Literatur (IASL), 1. Sonderheft Forschungsreferate.

Dreyfus, Hubert L./Rabinow, Paul (1987): Michel Foucault. Jenseits von Strukturalismus und Hermeneutik. Frankfurt/M.

Dubois, Jacques/Edeline, Francis/Klinkenberg, Jean-Marie u.a. (1970) (Hg.): Rhétorique générale. Paris.

Duchet, Michèle (1977): Anthropologie et histoire au siècle des lumières. Paris.

Düttmann, Alexander García (1992): Die Dehnbarkeit der Begriffe. Über Dekonstruktion, Kritik und Politik. In: Jutta Georg-Lauer (Hg.): Postmoderne und Politik. Tübingen.

- (1993): Versuche das Besondere zu denken. Zum Verhältnis von Ethik und Ästhetik. In: faultline 2 (1993).

Dunn, Allen (1988): The Indian Boy's Dream Wherein Every Mother's Son Rehearses His Part: Shakespeare's A Midsummer Night's Dream. In: Shakespeare Studies XX (1988).

Dyck, Joachim (1966): Ticht-Kunst. Deutsche Barockpoetik und rhetorische Tradition, Bad Homburg v.d.H., Berlin, Zürich.

- (1969): Philosoph, Historiker, Orator und Poet. Rhetorik als Verständnishorizont der Literaturtheorie des XVII. Jahrhunderts. In: Arcadia 4 (1969).
- (1972): Die Rolle der Topik in der literarischen Theorie und Praxis des 17. Jahrhunderts in Deutschland. In: Jehn 1972.

Eagleton, Terry (1976a): Criticism and Ideology. London.

– (1976b): Marxism and Literary Criticism. London.
– (1990): The Ideology of the Aesthetic.
– (1993): Ideologie. Eine Einführung. Stuttgart.

Ebeling, Adolf (1993): Langzeitkonservierung. Methoden der Dokumentenablage. In: c't. magazin für computer technik. Heft 3 (März 1993).

Ebeling, Gerhard (1959): Artikel 'Hermeneutik'. In: Die Religion in Geschichte und Gegenwart. Bd.3. Tübingen.

Eco, Umberto (1972): Einführung in die Semiotik. München.

Eggert, Hartmut/Profitlich, Ulrich/Scherpe, Klaus (1990) (Hg.): Geschichte als Literatur. Stuttgart.

Ehlich, Konrad (1983): Text und sprachliches Handeln. Die Entstehung von Texten aus dem Bedürfnis nach Überlieferung. In: Aleida und Jan Assmann, Hardmeier 1983.

Eisenlohr, Ch. F. M. (1856): Sammlung der Gesetze und internationalen Verträge zum Schutze des literarisch-artistischen Eigenthums in Deutschland, Frankreich und England. Heidelberg.

Ejchenbaum, Boris (1965): Aufsätze zur Theorie und Geschichte der Literatur. Frankfurt/M.

– (1988): Die Illusion des skaz. In: Jurij Striedter (Hg.): Russischer Formalismus. München.

Eliot, T. S. (1960): Selected Essays: New Edition. New York.

Elliott, Emory u.a. (1988) (Hg.): Columbia Literary History of the United States. New York.

Ellrich, Lutz (1994): Der Ernst des Spiels: Zu drei Versuchen einer de-konstruktiven Nietzsche-Lektüre (im Druck).

Ellrich, Lutz/Wegmann, Nikolaus (1990): Theorie als Verteidigung der Literatur? Eine Fallgeschichte: Paul de Man. In: DVjs 3 (1990).

Elm, Theo/Hiebel, Hans H. (1991) (Hg.): Medien und Maschinen. Literatur im technischen Zeitalter. Freiburg i. Br.

Empson, William (1951): The Structure of Complex Words. London.

– (1963): Seven Types of Ambiguity. A Study of its Effects in English Verse. Überarbeitete Auflage. London.

Emrich, Berthold (1973): Topik und Topoi. In: Max L. Bauemer (Hg.): Toposforschung. Darmstadt.

Erdmann, Eva/Forst, Rainer u.a. (Hg.): Ethos der Moderne. Foucaults Kritik der Aufklärung. Frankfurt/M. und New York.

Eribon, Didier (1991): Michel Foucault. Eine Biographie. Frankfurt/M.

Ewald, Johann Ludwig (1808): Vorlesungen über die Erziehungslehre und Erziehungskunst für Väter, Mütter und Erzieher. Mannheim.

Fanon, Frantz (1963): The Wretched of the Earth. New York.

Farge, Arlette (1989): Das brüchige Leben. Berlin.

– (1989): Le goût de l'archive. Paris.

Faulmann, Karl (1882): Illustrirte Geschichte der Buchdruckerkunst. Mit besonderer Berücksichtigung ihrer technischen Entwicklung bis zur Gegenwart. Wien u.a.

Fauser, Markus (1986): 'Rede, daß ich dich sehe'. Carl Gustav Jochmann und die Rhetorik im Vormärz. Hildesheim, Zürich, New York.

Feldt, Michael (1990): Lyrik als Erlebnislyrik. Zur Geschichte eines Literatur- und Mentalitätstypus zwischen 1600 und 1800. Heidelberg.

Felman, Shoshana (1975): Women and Madness: The Critical Phallacy. In: Diacritics 5 (1975).

– (1977) (Hg.): Literature and Pyschoanalysis: The Question of Reading – Otherwise. Baltimore.

– (1980): Le scandale du corps parlant. Paris.

– (1987): Jacques Lacan and the Adventure of Insight. Cambridge/Mass.

– (1992): Weiblichkeit Wiederlesen. In: Vinken 1992.

– (1993): What Does A Woman Want? Reading and Sexual Difference. Baltimore.

Fenollosa, Ernest (1919): The Chinese Written Character as a Medium for Poetry. Hg. und kommentiert von Ezra Pound. In: The Little Review (1919).

Fichte, Johann Gottlieb (1964): Beweis von der Unrechtmäßigkeit des Büchernachdrucks. Ein Räsonnement und eine Parabel. In: J. G. Fichte-Gesamtausgabe der Bayerischen Akademie der Wissenschaften. Bd. 1. Stuttgart-Bad Cannstatt.

Fietz, Lothar (1982): Strukturalismus. Eine Einführung. Tübingen.

Fischer, J./Christian W. Thomsen (1980) (Hg.): Phantastik in Literatur und Kunst. Darmstadt.

Fischer, Karin/Kilian, Eveline/Schönberg, Jutta (1992) (Hg.): Bildersturm im Elfenbeinturm. Ansätze feministischer Literaturwissenschaft. Tübingen.

Fischer-Lichte, Erika (1990). Geschichte des Dramas: Epochen der Identität auf dem Theater von der Antike bis zur Gegenwart. Tübingen.

Fisher, Scott S. (1991): Wenn das Interface im Virtuellen verschwindet. In: Manfred Waffender (Hg.): Cyberspace. Ausflüge in virtuelle Wirklichkeiten. Reinbek.

Flusser, Villèm (1990): Die Schrift. Göttingen.

Fohrmann, Jürgen (1991): Deutsche Literaturgeschichte und historisches Projekt in der ersten

Hälfte des 19. Jahrhunderts. In: Jürgen Fohrmann und Wilhelm Voßkamp (Hg.): Wissenschaft und Nation. Studien zur Entstehungsgeschichte der deutschen Literaturwissenschaft. München.

Fontius, Martin (1961): Zur literaturhistorischen Bedeutung der Messekataloge im 18. Jahrhundert. In: Weimarer Beiträge. Zeitschrift für deutsche Literaturgeschichte. Jahrgang VII (1961).

Forget, Philippe (1986): Literatur – Literaturgeschichte – Literaturgeschichtsschreibung. Ein rückblickender Thesenentwurf. In: Voßkamp/ Lämmert 1986.

Forget, Philippe (1984) (Hg.): Text und Interpretation. München.

Forster, Edward M. (1927/1955): Aspects of the novel. Orlando.

Foster, Hal (1983): Postmodernism: A Preface. In: ders. (Hg.): The Anti-Aesthetic. Port Townsend.

Foucault, Michel (1973): Wahnsinn und Gesellschaft. Eine Geschichte des Wahns im Zeitalter der Vernunft. Frankfurt/M.

– (1974): Die Ordnung des Diskurses. München.

– (1975): Der Fall Rivière. Materialien zum Verhältnis von Psychiatrie und Strafjustiz. Frankfurt/M.

– (1976): Mikrophysik der Macht. Über Strafjustiz, Psychiatrie und Medizin. Berlin.

– (1976a): Die Geburt der Klinik. Eine Archäologie des ärztlichen Blickes. Frankfurt/M., Berlin, Wien.

– (1977): Überwachen und Strafen. Die Geburt des Gefängnisses. Frankfurt/M.

– (1981): Archäologie des Wissens. Frankfurt/M.

– (1982): Das Leben der infamen Menschen. In: Tumult 4 (1982).

– (1983): Sexualität und Wahrheit. Band 1. Der Wille zum Wissen. Frankfurt/M.

– (1986): Vom Licht des Krieges zur Geburt der Geschichte. Berlin.

– (1987): Von der Subversion des Wissens. Frankfurt/M.

– (1988): Schriften zur Literatur. Frankfurt/M.

– (1989): Raymond Roussel. Frankfurt/M.

– (1990): Die Ordnung der Dinge. Eine Archäologie der Humanwissenschaften. 9. Aufl. Frankfurt/M.

– (1992): Was ist Kritik? Berlin.

– (1992): Mein Körper, dies Papier, dies Feuer. In: kultuRRevolution. zeitschrift für angewandte diskurstheorie 27 (1992).

– (1994): Omnes et Singulatim. Zu einer Kritik der politischen Vernunft. In: Joseph Vogl (Hg.): Gemeinschaften. Positionen zu einer Philosophie des Politischen. Frankfurt/M.

Foucault, Michel/Farge, Arlette (1989): Familiäre Konflikte: Die 'Lettres de cachet'. Aus den Archiven der Bastille im 18. Jahrhundert. Frankfurt/M.

Fowler, Alistair (1982): Kinds of Literature. Oxford.

Frank, Manfred (1977): Das individuelle Allgemeine. Textstrukturierung und -interpretation nach Schleiermacher. Frankfurt/M.

– (1979): Was heißt 'einen Text verstehen'? In: Ulrich Nassen (Hg.): Texthermeneutik. Aktualität, Geschichte, Kritik. München u.a.

– (1990): Das Sagbare und das Unsagbare. Studien zur deutsch-französischen Hermeneutik und Texttheorie. Erweiterte Neuausgabe. Frankfurt/M.

Freud, Sigmund (1973): Gesammelte Werke. Frankfurt/Main.

– (1973a): Vorlesungen. In: Freud 1973. Bd. XI.

– (1973b): Jenseits des Lustprinzips. In: Freud 1973. Bd. XIII.

– (1973c): Massenpsychologie und Ich-Analyse. In: Freud 1973. Bd. XIII.

– (1973d): Der Dichter und das Phantasieren. In: Freud 1973. Bd. VII.

– (1973e): Totem und Tabu. In: Freud 1973. Bd. IX.

Freund, Elizabeth (1987): The Return of the Reader. London und New York.

– (1992): Zur Auffassung der Aphasien. Eine kritische Studie. Hg. von Paul Vogel. Frankfurt/M.

Frey, Hans-Jost (1984): Undecidability. In: Yale French Studies 69 (1984).

– (1990): Die Verrücktheit der Wörter. In: Colloquium Helveticum 11/12 (1990).

Friedrich, Hugo (1981): Die Struktur der modernen Lyrik. Von der Mitte des neunzehnten bis zur Mitte des zwanzigsten Jahrhunderts. Erweiterte Neuausgabe. 10. Aufl. Reinbek.

– (1985): Die Struktur der modernen Lyrik. Reinbek.

Frow, John (1986): Marxism and Literary History. London.

Frye, Northrop (1957): Anatomy of Criticism. Princeton.

– (1973): Anatomy of Criticism: Four Essays. Princeton.

Fucks, Wilhelm/Lauter, Josef (1969): Mathematische Analyse des literarischen Stils. In: Helmut Kreuzer und Rul Gunzenhäuser (Hg.): Mathematik und Dichtung. Versuche zur Frage einer exakten Literaturwissenschaft. 3. Aufl. München.

Fuhrmann, Manfred (1983): Die Geschichte der Literaturgeschichtsschreibung von den Anfängen

bis zum 19. Jahrhundert. In: Bernard Cerquigli-ni/Hans Ulrich Gumbrecht (Hg.): Der Diskurs der Literatur- und Sprachhistorie. Wissenschafts-geschichte als Innovationsvorgabe. Frankfurt/M.
– (1983): Rhetorik und öffentliche Rede. Über die Ursachen des Verfalls der Rhetorik im ausgehen-den 18. Jahrhundert. Konstanz.
– (1990): Die antike Rhetorik. Eine Einführung. 3. Aufl. München und Zürich.

Gabriel, Gottfried (1991): Erkenntnis in Wissen-schaft, Philosophie und Dichtung. Argumente für einen komplementären Pluralismus. In: Zwi-schen Logik und Literatur. Erkenntnisformen von Dichtung, Philosophie und Wissenschaft. Stuttgart.
Gadamer, Hans-Georg (1974): Artikel 'Hermeneu-tik'. In: Historisches Wörterbuch der Philosophie. Bd.3. Basel und Stuttgart.
– (1979): Seminar: Philosophische Hermeneutik. Hg. von Hans-Georg Gadamer und Gottfried Boehm. Frankfurt/M.
– (1986b): Destruktion und Dekonstruktion. In ders.: Gesammelte Werke. Bd.2. Tübingen.
– (1988): Dekonstruktion und Hermeneutik. In: Annemarie Gethmann-Siefert (Hg.): Philosophie und Poesie. Otto Pöggeler zum 60. Geburtstag. Bd.1. Stuttgart-Bad Cannstatt.
– (1990): Wahrheit und Methode. Grundzüge einer philosophischen Hermeneutik. In: Gesammelte Werke. Bd.1. 6. Aufl. Tübingen.
– (1993): Anschauung und Anschaulichkeit. In: ders.: Kunst als Aussage. Tübingen.
Gallas, Helga (1981): Das Textbegehren des Michael Kohlhaas. Die Sprache des Unbewußten und der Sinn der Literatur. Reinbek.
– (1972) (Hg.): Strukturalismus als interpretatives Verfahren. Darmstadt und Neuwied.
Garber, Marjorie (1993): Verhüllte Interessen. Trans-vestismus und kulturelle Angst. Frankfurt/M.
Gasché, Rodolphe (1979): Deconstruction as Criti-cism. In: Glyph 6 (1979).
– (1986): The Tain of the Mirror. Derrida and the Philosophy of Reflection. Cambridge/Mass. und London.
Gates, Henry Louis, Jr. (Hg.) (1984): Criticism in the Jungle. Black Literature and Literary Theory. New York.
– (1986): Introduction: Writing 'Race' and the Dif-ference It Makes. In: ders. (Hg.): 'Race', Writing and Difference. Chicago.
Gearharts, Suzanne (1983): Philosophy before Li-terature: Deconstruction, Historicity, and the Work of Paul de Man. In: Diacritics 11 (1983).

Gebhardt, Peter (1976): Über einige Voraussetzun-gen der Kritik Benjamins. In: ders. u.a. (Hg.): Walter Benjamin – Zeitgenosse der Moderne. Kronberg/Ts.
– (1982): Literarische Kritik. In: ders. und Dietrich Harth: Erkenntnis der Literatur. Theorien, Kon-zepte, Methoden. Stuttgart.
Geertz, Clifford (1973): The Interpretation of Cultu-res. Selected Essays. New York.
Gehrke, Hans-Joachim (1990): Geschichte des Hel-lenismus. München.
Gelley, Alexander (1987): Narrative Crossings. Theory and Pragmatics of Prose Fiction. Balti-more und London.
Genette, Gérard: (1977): Genres, types, modes. In: Poétique 47 (1977).
– (1972): Figures III. Paris.
– (1983): Nouveau discours du récit. Paris.
– (1979): Introduction à l'architexte. Paris.
– (1987): Seuils. Paris.
– (1993): Palimpseste. Die Literatur auf zweiter Stufe. Frankfurt/M.
Gernhardt, Robert (1987): Körper in Cafés. Frank-furt/M.
Giesecke, Ludwig (1957): Die geschichtliche Ent-wicklung des deutschen Urheberrechts. Göttin-gen.
Giesecke, Michael (1991): Der Buchdruck in der frü-hen Neuzeit. Eine historische Fallstudie über die Durchsetzung neuer Informations- und Kom-munikationstechnologien. Frankfurt/M.
Gilbert, Sandra M./Gubar, Susan (1979): The Mad-woman in the Attic. The Woman Writer and the Nineteenth-Century Literary Imagination. New Haven und London.
Gilroy, Paul (1987): 'There Ain't No Black in the Union Jack'. London.
Gnüg, Hiltrud (1983): Entstehung und Krise lyri-scher Subjektivität: Vom klassischen lyrischen Ich zur modernen Erfahrungswirklichkeit. Stuttgart.
Gnüg, Hiltrud/Möhrmann, Renate (Hg.) (1985): Frauen. Literatur. Geschichte. Schreibende Frauen vom Mittelalter bis zur Gegenwart. Stutt-gart.
Godzich, Wlad/Waters, Lindsay (Hg.) (1989): Rea-ding de Man Reading. Minneapolis.
Goethe, Johann Wolfgang (1950): Aus meinem Le-ben. Dichtung und Wahrheit. In: Sämtliche Wer-ke. Hg. von Ernst Beutler. Bd. 10. Berlin.
– (1976): Noten und Abhandlungen zu besserem Verständnis des West-östlichen Divans In: Werke (Hamburger Ausgabe). Bd. 2. 10. Aufl. München.

Göttert, Karl-Heinz (1991): Einführung in die Rhetorik. Grundbegriffe – Geschichte – Rezeption. München.

Goffman, Erving (1980): Rahmenanalyse. Ein Versuch über die Organisation von Alltagserfahrungen. Frankfurt/M.

Gombrich, Ernst H. (1981): Aby Warburg. Eine intellektuelle Biographie. Frankfurt/M.

Gomperz, Heinrich (1912): Sophistik und Rhetorik. Das Bildungsideal des EU LEGEIN in seinem Verhältnis zur Philosophie des V. Jahrhunderts. Leipzig und Berlin.

Gomringer, Eugen (Hg.) (1980): Konkrete Poesie. Stuttgart.

Gonneville, Paulmier (1503/1505): Le voyage de Paulmier de Gonneville au Brésil. In: Cartier 1534: Voyages au Canada.

Goody, Jack (1981) (Hg.): Literalität in traditionellen Gesellschaften. Frankfurt/M.

– (1986): The Domestication of the Savage Mind. The Logic of Writing and the Organization of Society. Cambridge.

– (1987): The Interface Between the Written and the Oral. Cambridge.

Goth, Joachim (1970): Nietzsche und die Rhetorik. Tübingen.

Gottsched, Johann Christoph (1962): Versuch einer Critischen Dichtkunst vor die Deutschen. Nachdruck. Darmstadt.

Graevenitz, Gerhart v. (1987): Mythos. Zur Geschichte einer Denkgewohnheit. Stuttgart.

– (1989): Das Ich am Rande. Zur Topik der Selbstdarstellung bei Dürer, Montaigne und Goethe. Konstanz.

– (1994): Das Ornament des Blicks. Über die Grundlagen des neuzeitlichen Sehens, die Poetik der Arabeske und Goethes »West-östlichen Divan«. Stuttgart/Weimar.

Greber, Erika (1989): Intertextualität und Interpretierbarkeit des Texts. Zur frühen Prosa Boris Pasternaks. München.

– (1994): Anagrammatismus – magna summa artis. In Harald Haarmann (Hg.): Zeitschrift für Semiotik. Themenheft Schrift und Magie (im Druck).

– (1992): Subjektgenese – Kreativität – Geschlecht. Zu Pasternaks 'Detstevo Ljuvers'. In: Wiener Slawistischer Almanach (Sonderband Psychogenese). A.A. Hansen-Löve. Hg.). Wien.

Greenblatt, Stephen (1989): Towards a Poetics of Culture. In: Veeser 1989.

– (1990): Verhandlungen mit Shakespeare. Berlin.

– (1991): Schmutzige Riten. Betrachtungen zwischen Weltbildern. Berlin.

– (1991a): Marvelous Possessions. The Wonder of the New World. Oxford.

Greimas, Algirdas J. (1971): Strukturale Semantik. Braunschweig.

– (1972): Die Struktur der Erzählaktanten. Versuch eines generativen Ansatzes. In: Ihwe 1972. Bd. 3.

Grimm, Reinhold (Hg.) (1966): Zur Lyrik-Diskussion. Darmstadt.

Grübel, Rainer (1983): Die Geburt des Textes aus dem Tod der Texte. In: Wolf Schmid und Wolf-Dieter Stempel (Hg.): Dialog der Texte (Wiener Slawistischer Almanach 11). Wien.

Grundmann, Herbert (1936): Die Frauen und die Literatur im Mittelalter. Ein Beitrag zur Frage nach der Entstehung des Schrifttums in der Volkssprache. In: AKG 26 (1936).

– (1958): Litteratus – illitteratus. Der Wandel einer Bildungsnorm vom Altertum zum Mittelalter. In: AfK 40 (1958).

Günther, Hans (1983): Literarische Evolution und Literaturgeschichte: Zum Beitrag des russischen Formalismus. In: Bernard Cerquiglini und Hans Ulrich Gumbrecht (Hg.): Der Diskurs der Literatur- und Sprachhistorie. Wissenschaftsgeschichte als Innovationsvorgabe. Frankfurt/M.

Gumbrecht, Hans Ulrich (1984): Literaturgeschichte – Fragment einer geschwundenen Totalität? In: Lucien Dällenbach und Christiaan L. Hart Nibbrig (Hg.): Fragment und Totalität. Frankfurt/M.

Gumbrecht, Hans Ulrich/Link-Heer, Ursula (1985) (Hg.): Epochenschwellen und Epochenstrukturen im Diskurs der Literatur- und Sprachhistorie. Frankfurt/M.

Gumbrecht, Hans Ulrich/Pfeiffer, K. Ludwig, (Hg.) (1993): Schrift. München.

Habermas, Jürgen (1962): Strukturwandel der Öffentlichkeit. Neuwied und Berlin.

– (1981): Die Moderne – ein unvollendetes Projekt. In: ders.: Kleine politische Schriften I-IV. Frankfurt/M.

– (1985): Theorie des kommunikativen Handelns. 2. Aufl. Frankfurt /M.

Haberstumpf, Helmut (1983): Computerprogramm und Algorithmus. Zur Vereinbarkeit des urheberrechtlichen Schutzes für Computerprogramme mit den Erfordernissen des wissenschaftlichen Fortschritts. In: Schriftenreihe der Ufita (Urheber-, Film- u. Theaterrecht 95 (1983).

Hack, Roy Kenneth (1916): The Doctrine of Literary Forms In: Harvard Studies In Classical Philology 27 (1916).

Hahn, Alois/Kapp, Volker (1987): Selbstthematisierung und Selbstzeugnis: Bekenntnis und Geständnis. Frankfurt/M.

Hahn, Barbara (1990): Feministische Literaturwissenschaft. In: Klaus-Michael Bogdal (Hg.): Neue Literaturtheorien. Opladen.

Hamacher, Werner (1985): Das Beben der Darstellung. In: David E. Wellbery (Hg.): Positionen der Literaturwissenschaft. Acht Modellanalysen am Beispiel von Kleists 'Das Erdbeben in Chili'. München.

– (1986): Über einige Unterschiede zwischen der Geschichte literarischer und der Geschichte phänomenaler Ereignisse. In: Voßkamp/Lämmert 1986.

– (1988): Unlesbarkeit. Vorwort zu de Man 1988.

Hamburger, Käte (1968): Die Logik der Dichtung. 2. überarb. Aufl. Stuttgart.

– (1987): Die Logik der Dichtung. 3. Aufl. Stuttgart.

Hamm, Peter (1968): Kritik/von wem/für wen/wie. Eine Selbstdarstellung der Kritik. München.

Hansen-Löve, Aage (1978): Der russische Formalismus. Wien.

– (1983): Intermedialität und Intertextualität. Probleme der Korrelation von Wort- und Bildkunst – Am Beispiel der russischen Moderne. In: Wolf Schmid und Wolf-Dieter Stempel (Hg.): Dialog der Texte. Hamburger Kolloquium zur Intertextualität (Wiener Slawistischer Almanach Sonderband 11) Wien.

Harsdoerffer, Georg Philipp (1975): Poetischer Trichter. (Nachdruck der Ausgaben Nürnberg 1648, 1650 und 1653). Darmstadt.

Hartman, Geoffrey (1970): Beyond Formalism. Literary Essays 1958–1970. New Haven.

Hartmann von Aue: Iwein. Hg. von Karl Lachmann und G.F. Benecke. Berlin 1968.

Haselstein, Ulla (1991): Entziffernde Hermeneutik. Studien zum Begriff der Lektüre in der psychoanalytischen Theorie des Unbewußten. München.

Hassauer, Friederike (1992): Textverluste. München.

Haverkamp, Anselm (1982): 'Saving the Subject'. In: Poetica 14 (1982).

– (1984): Beyond Rhetoric. Theories of Metaphor. In: Texte. Revue de critique et de théorie littéraire 3 (1984).

– (1993) (Hg.): Gewalt und Gerechtigkeit. Derrida-Benjamin. Frankfurt/M.

Haverkamp, Anselm/Lachmann, Renate (1991) (Hg.): Gedächtniskunst. Raum – Bild – Schrift. Studien zur Mnemotechnik. Frankfurt/M.

– (1993): Memoria. Vergessen und Erinnnern (Poetik und Hermeneutik XV). München.

Hebel, Udo J. (1991): Towards a Descriptive Poetics of Allusion. In: Heinrich F. Plett (Hg.): Intertextuality. Berlin und New York.

Hegel, Georg Wilhelm Friedrich (1965): Sämtliche Werke. Jubiläumsausgabe in zwanzig Bänden. Hg. von Hermann Glockner. Bd. 18: Vorlesungen über die Geschichte der Philosophie. Zweiter Band. Stuttgart.

– (1986): Vorlesungen über die Ästhetik I-III. In: Werke. Hg. von Eva Moldenhauer und Karl Markus Michel. Bd. 13–15. Frankfurt/M.

– (1986a): Enzyklopädie der philosophischen Wissenschaften I-III. In: Werke. Hg. von Eva Moldenhauer und Karl Markus Michel. Bd. 8–10. Frankfurt/M.

Heidersberger, Benjamin (1991): Die digitale Droge. In: Manfred Waffender (Hg.): Cyberspace. Ausflüge in virtuelle Wirklichkeiten. Reinbek.

Heilbrun, Adam/Stacks, Barbara: Was heißt 'virtuelle Realität'? Ein Interview mit Jaron Lanier. In: Manfred Waffender (Hg.): Cyberspace. Ausflüge in virtuelle Wirklichkeiten. Reinbek 1991.

Heinzmann, Johann Georg (1795): Appell an meine Nation über Aufklärung und Schriftsteller; über Büchermanufakturisten, Rezensenten, Buchhändler; über moderne Philosophen und Menschener-. zieher; auch über mancherley anderes, was Menschenfreyheit und Menschenrechte betrifft. Bern.

Heldmann, Konrad (1982): Antike Theorien über Entwicklung und Verfall der Redekunst. München.

Helmich, Werner (1991): Der moderne französische Aphorismus. Innovation und Gattungsreflexion. Tübingen.

Hempfer, Klaus W. (1973): Gattungstheorie. München.

Henke, Eduard (1823): Handbuch des Criminalrechts und der Criminalpolitik. Berlin und Stettin. Bd.1.

Hennes, Hans (1910): Die Kinematographie im Dienst der Neurologie und Psychiatrie, nebst Beschreibung einiger selteneren Bewegungsstörungen. In: Medizinische Klinik 6. München (1910).

Herder, Johann Gottfried (1877ff.): Sämtliche Werke. Hg. von Bernhard Suphan. Berlin.

Hertz, Neil (1989): Lurid Figures. In: Godzich/Waters 1989.

– (1990): More Lurid Figures. In: Colloquium Helveticum 11/12 (1990).

Higgins, Dick (1987): Pattern Poetry. Guide to an Unknown Literature. New York.

Hinck, Walter (1978): Das lyrische Subjekt im geschichtlichen Prozeß oder Der umgewendete Hegel. In: Von Heine zu Brecht. Lyrik im Geschichtsprozeß. Frankfurt/M.

Hirsch, Eric D. (1972): Prinzipien der Interpretation. München.

Hobbes, Thomas (1966): Leviathan oder Stoff, Form und Gewalt eines bürgerlichen und kirchlichen Staates. Hg. von Iring Fetscher. Neuwied und Berlin.

Hocke, Johann Gottfried (1794): Vertraute Briefe über die jetzige abentheuerliche Lesesucht und über den Einfluß derselben auf die Verminderung des häuslichen und öffentlichen Glücks. Hannover.

Hörisch, Jochen/Wetzel, Michael (1990) (Hg.): Armaturen der Sinne. Literarische und technische Medien 1870 bis 1920. München.

Hoesterey, Ingeborg (1988): Verschlungene Schriftzeichen. Intertextualität von Literatur und Kunst in der Moderne/Postmoderne. Frankfurt/M.

Hof, Renate (1992): Gender and Difference: Paradoxieprobleme des Unterscheidens. In: Amerikastudien 37/3 (1992).

Hoffbauer, Johann Christoph (1803): Untersuchungen über die Krankheiten der Seele und die verwandten Zustände. Zweiter Theil, vorzüglich über die Krankheiten in den einzelnen Geistesvermögen, nebst Ideen über die psychische Heilung derselben. Halle.

Hoffmann, Christoph (1994): 'Heilige Empfängnis' im Kino. Zu Robert Musils 'Die Verwirrungen des Zöglings Törleß' (1906). In: Herta Wolf/Michael Wetzel (Hg.): Der Entzug der Bilder. Visuelle Realitäten. München.

Hohendahl, Peter Uwe (1980): Kritik und Öffentlichkeit. In: Peter Gebhardt (Hg.): Kritik und literarische Wertung. Darmstadt.

Holenstein, Elmar (1975): Roman Jakobsons phänomenologischer Strukturalismus. Frankfurt/M.

Hollier, Denis u.a. (1989) (Hg.): A New History of French Literature. Cambridge.

Hommel, Hildebrecht (1965): Rhetorik. In: Lexikon der alten Welt. Zürich und Stuttgart.

Horowitz, Asher (1987): Rousseau, Nature, and History. Toronto u.a.

Humboldt, Wilhelm von (1916): Wilhelm von Humboldts Gesammelte Schriften. Hg. von der Königlich Preussischen Akademie der Wissenschaften. Bd. XIV: Wilhelm von Humboldts Tagebücher. Hg. von Albert Leitzmann. Erster Band. 1788–1798. Berlin.

Hume, David (1741/42): Of the Standard of Taste. In: The Works of David Hume, Vol. XXXIII: Essays, Moral Political and Literary. London and Beccles 1903/4.

Hunter, G.K. (1967): A Midsummer Night's Dream. In: Shakespeare: Modern Essays in Criticism. London.

Husserl, Edmund (1928): Logische Untersuchungen. Halle/Saale.

– (1950): Ideen zu einer reinen Phänomenologie und phänomenologischen Philosophie. Den Haag.

Ihwe, Jens (1971f.) (Hg.): Literaturwissenschaft und Linguistik. Ergebnisse und Perspektiven. 3 Bde. Frankfurt/M.

Ingarden, Roman (1968): Vom Erkennen des literarischen Kunstwerks. Darmstadt.

– (1972): Das literarische Kunstwerk. Tübingen.

Irigaray, Luce (1979): Das Geschlecht, das nicht eins ist. Berlin.

– (1980): Speculum. Spiegel des anderen Geschlechts. Frankfurt/M.

Irro, Werner (1986): Kritik und Literatur. Würzburg.

Iser, Wolfgang (1971): Die Appellstruktur der Texte. Unbestimmtheit als Wirkungsbedingung literarischer Prosa. Konstanzer Universitätsreden 28. Konstanz.

– (1972): Der implizite Leser. München.

– (1976): Der Akt des Lesens. München.

– (1979): Figurationen des lyrischen Subjekts. In: Odo Marquard/Karlheinz Stierle (Hg.): Identität. Poetik und Hermeneutik VIII. München.

– (1987): Interpretationsperspektiven moderner Kunsttheorie. In: Dieter Henrich und Wolfgang Iser (Hg.): Theorien der Kunst. 3. Aufl. Frankfurt/M.

Jackson, R. (1982): Fantasy: the Literature of Subversion. London und New York.

Jacobs, Carol (1989): Uncontainable Romanticism: Shelley, Brontë, Kleist. Baltimore.

Jacobus, Mary (1986): Reading Woman. Essays in Feminist Criticism. London und New York.

Jäger, Georg (1981): Schule und literarische Kultur. Bd.1: Sozialgeschichte des deutschen Unterrichts an höheren Schulen von der Spätaufklärung bis zum Vormärz. Stuttgart.

Jakobson, Roman (1938): Die Arbeit der sog. 'Prager Schule'. In: Bulletin du Cercle Linguistique de Copenhague 3 (1938).

– (1969): Kindersprache, Aphasie und allgemeine Lautgesetze. Frankfurt/M.

– (1971): La nouvelle poésie russe. In: Poétique 7 (1971).

- (1979): Poetik. Ausgewählte Aufsätze 1921 – 1971. Frankfurt/M.
- (1984): Der Doppelcharakter der Sprache und die Polarität zwischen Metaphorik und Metonymie. In: Anselm Haverkamp (Hg.): Theorie der Metapher. Wege der Forschung. Darmstadt.
- (1988): Semiotik. Frankfurt/M.
- (1993): Poetik. Ausgewählte Aufsätze 1921–1971. 3. Aufl. Frankfurt/M.

Jakobson, Roman/Lévi-Strauss, Claude (1962): Les Chats de Baudelaire. In: L'Homme 2 (1962).

Jameson, Fredric (1982): Verdinglichung und Utopie in der Massenkultur. In: Christa Bürger, Peter Bürger und Jochen Schulte-Sasse (Hg.): Zur Dichotomisierung von hoher und niederer Literatur. Frankfurt/M.
- (1988): Das politische Unbewußte. Literatur als Symbol sozialen Handelns. Übers. von Ursula Bauer u.a. Reinbek.

Jankovic, Milan (1973): Perspektiven der semantischen Geste. In: Postilla Bohemica 4–5 (1973).

Japp, Uwe (1977): Hermeneutik. Der theoretische Diskurs, die Literatur und die Konstruktion ihres Zusammenhanges in den philologischen Wissenschaften. München.
- (1980): Beziehungssinn. Ein Konzept der Literaturgeschichte. Frankfurt/M.

Jauß, Hans Robert (1964): Ästhetische Normen und geschichtliche Reflexion in der 'Querelle des Anciens et des Modernes'. In: Charles Perrault: Parallèle des Anciens et des Modernes en ce qui regarde les arts et les sciences. Faksimiledruck der Originalausgabe Paris 1688–1697. Hg. von Hans Robert Jauß. München.
- (1970): Literaturgeschichte als Provokation. Frankfurt/M.
- (1970): Littérature médiévale et théorie des genres. In: Poétique 40 (1970).
- (1981): Zur Abgrenzung und Bestimmung einer literarischen Hermeneutik. In: Manfred Fuhrmann u.a. (Hg.): Text und Applikation. Theologie. Jurisprudenz und Literaturwissenschaft im hermeneutischen Gespräch (Poetik und Hermeneutik Bd. IX). München.
- (1984): Ästhetische Erfahrung und literarische Hermeneutik. 4. Aufl. Frankfurt/M.
- (1989): Response to Paul de Man. In: Godzich/Waters 1989.

Jay, Martin (1973): The Dialectical Imagination. London.

Jay, Paul (1982): Being in the Text: Autobiography and the Problem of the Subject. In: Modern Language Notes 97 (1982).

- (1987): What's The Use? Critical Theory and the Study of Autobiography. In: biography 10.1 (1987).

Jean, Georges (1991): Die Geschichte der Schrift. Ravensburg.

Jean Paul (1842): Selina, oder über die Unsterblichkeit der Seele. In: Sämmtliche Werke. Bd.32. Berlin.

Jehn, Peter (1972): Einleitung. In: ders.: Toposforschung. Eine Dokumentation. Frankfurt/M.

Jelinek, Estelle (1986): The Tradition of Women's Autobiography: From Antiquity to the Present. Boston.

Jenisch, Daniel (1797): Ueber die hervorstechendsten Eigenthümlichkeiten von Meisters Lehrjahren; oder über das, wodurch dieser Roman ein Werk von Göthen's Hand ist. Ein ästhetisch-moralischer Versuch. Berlin.

Jenny, Laurent (1976): La stratégie de la forme. In: Poétique 27 (1976).

Jens, Walter (1969): Ars Rhetorica. In: Josef Kopperschmidt (Hg.): Rhetorik. Bd. 2. Wirkungsgeschichte der Rhetorik. Darmstadt.
- (1977): Rhetorik. In: Reallexikon der deutschen Literaturgeschichte. Begründet von Paul Merker und Wolfgang Stammler. 2. Aufl. Neu bearbeitet und unter redaktioneller Mitarbeit von Klaus Kanzog sowie Mitwirkung zahlreicher Fachgelehrter hg. von Werner Kohlschmidt und Wolfgang Mohr. Bd. 3: P-Sk. Berlin.

Johnson, Barbara (1977): The Frame of Reference: Poe, Lacan, Derrida. In: Felman 1977.
- (1980): The Critical Difference: Essays in the Contemporary Rhetoric of Reading. Baltimore.
- (1981): Einleitung zur engl. Übers. von Derrida 1972. Chicago.
- (1987): A World of Difference. Baltimore.
- (1990): Poison or Remedy? Paul de Man as Pharmakon. In: Colloquium Helveticum 11/12 (1990).

Kästner, Christian August Lebrecht (1804): Erläuterungen über meine Mnemonik, oder das von mir herausgegebene System der Gedächtnißkunst der Alten. Leipzig.
- (1804a): Mnemonik oder System der Gedächtnißkunst der Alten. Leipzig.

Kahir, M. (1980): Das verlorene Wort – Mystik und Magie der Sprache. Bietigheim/Württ.

Kaiser, Gerhard (1987): Was ist ein »Erlebnisgedicht«? Johann Wolfgang Goethe: »Es schlug mein Herz...«. In: Augenblicke deutscher Lyrik. Gedichte von Martin Luther bis Paul Celan interpretiert durch Gerhard Kaiser. Frankfurt/M.

– (1988): Geschichte der deutschen Lyrik von Goethe bis Heine. Ein Grundriß in Interpretationen. Frankfurt/M.

Kambartel, Friedrich (1968): Erfahrung und Struktur. Bausteine zu einer Kritik des Empirismus und Formalismus. Frankfurt/M.

– (1988): Zur Philosophie der Kunst. Über zu einfach gedachte begriffliche Verhältnisse. In: ders.: Philosophie der humanen Welt. Abhandlungen. Frankfurt/M.

Kamuf, Peggy (1980): Writing like a Woman. In: Sally McConnell-Ginet, Ruth Borker und Nelly Furman (Hg.): Women and Language in Literature and Society. New York.

Kant, Immanuel (1968): Werke in zwölf Bänden. Hg. von Wilhelm Weischedel. Frankfurt/M.

– (1786): 'Was heißt: Sich im Denken orientieren?' In: Kant 1968. Bd. V.

– (1787): Kritik der reinen Vernunft. In: Kant 1968. Bd. III.

– (1790): Kritik der Urteilskraft. In: Kant 1968. Bd. X.

– (1798): Anthropologie in pragmatischer Absicht. In: Kant 1968. Bd. XII.

Kapp, Friedrich/Goldfriedrich, Johann (1886ff.): Geschichte des deutschen Buchhandels. Leipzig.

Kayser, Wolfgang (1948): Das sprachliche Kunstwerk. Eine Einführung in die Literaturwissenschaft. Bern.

Kennedy, George A. (1980): Classical Rhetoric and Its Christian and Secular Tradition from Ancient to Modern Times. Chapel Hill.

Kieser, Dietrich Georg (1853): Melancholia daemoniaca occulta, in einem Selbstbekenntnis des Kranken geschildert. In: Allgemeine Zeitschrift für Psychiatrie und psychisch-gerichtliche Medizin, herausgegeben von Deutschlands Irrenärzten, in Verbindung mit Gerichtsärzten und Criminalisten. 10. Band, 3. Heft (1853).

– (1855): Elemente der Psychiatrik. Breslau und Bonn.

Kittler, Friedrich (1985): Ein Höhlengleichnis der Moderne. Lesen unter hochtechnischen Bedingungen. In: Zeitschrift für Literaturwissenschaft und Linguistik (Lili) 15 (1985).

– (1985a): Ein Verwaiser. In: Gesa Dane und Christa Karpenstein-Eßbach u.a.(Hg.): Anschlüsse. Versuche nach Foucault. Tübingen.

– (1986): GRAMMOPHON FILM TYPEWRITER. Berlin.

– (1986a): 'Heinrich von Ofterdingen' als Nachrichtenfluß. In: Novalis. Beiträge zu Werk und Persönlichkeit Friedrich von Hardenbergs. Hg. von Gerhard Schulz. Darmstadt. 2., erweiterte Auflage (Wege der Forschung, Band CCXLVIII).

– (1986b): Im Telegrammstil. In: Hans Ulrich Gumbrecht und K. Pfeiffer (Hg.): Stil. Geschichten und Funktionen eines kulturwissenschaftlichen Diskurselements. Frankfurt/M.

– (1987): Aufschreibesysteme 1800/1900. 2. Aufl. München.

– (1987a): Über romantische Datenverarbeitung. In: Ernst Behler und Jochen Hörisch (Hg.): Die Aktualität der Frühromantik. Paderborn u.a.

– (1990): Lullaby of Birdland (Goethe I). In: Dichter – Mutter – Kind. München.

– (1993): Draculas Vermächtnis. Technische Schriften. Leipzig.

– (1993a): Geschichte der Kommunikationsmedien. In: Jörn Huber und Alois Martin Müller (Hg.): Raum und Verfahren. Interventionen 2. Basel, Frankfurt/M., Zürich.

– (1994): Die Laterna Magica der Literatur: Schillers und Hoffmanns Medienstrategien. In: Athenäum. Jahrbuch für Romantik. Hg. von Ernst Behler, Jochen Hörisch und Günter Oesterle. 4. Jahrgang (1994).

Kittler, Friedrich/Schneider, Manfred/Weber, Samuel (1987) (Hg.): Diskursanalysen 1. Medien. Opladen.

Kittler, Wolf (1991): Literatur, Edition und Reprographie. In: DVjs 65 (1991).

Klein, Richard (1973). The Blindness of Hyperboles, the Ellipses of Insight. In: Diacritics 3/2 (1973).

Klonsky, Milton (1975) (Hg.): Speaking Pictures. New York.

Köppen, M./Kutzinski. A. (1910): Systematische Beobachtungen über die Wiedergabe kleiner Erzählungen durch Geisteskranke. Ein Beitrag zu den Methoden der Intelligenzprüfungen. Berlin.

Kofman, Sarah (1972): Nietzsche et la métaphore, Paris.

– (1976): Vautour rouge: Le double dans 'Les Elixirs du diable' d'Hoffmann. In: S. Agacinsky u.a. (Hg.): Mimesis des articulations. Paris.

– (1985): L'enfance de l'art. Une interprétation de l'esthétique freudienne. Paris.

– (1986): Schreiben wie eine Katze... Zu E.T.A. Hoffmanns 'Lebens-Ansichten des Katers Murr'. Wien.

– (1988): Derrida lesen. Wien.

Kolarov, Radosvet (1992): A Work and Oeuvre: Intra/Intertextuality. In: J. Andrew, (Hg.): Poetics of the Text. Essays to Celebrate Twenty Years of the Neo-Formalist Circle. Amsterdam und Atlanta.

Kolkenbrock-Netz, Jutta/Schuller, Marianne (1982): Frau im Spiegel. Zum Verhältnis von autobiographischer Schreibweise und feministischer Praxis. In: Irmela von der Lühe (Hg.): Entwürfe von Frauen. Berlin.

Kolodny, Annette (1975): Some Notes on Defining a Feminist Literary Criticism. In: Critical Inquiry 2 (1975).

– (1979–1980): A Map for Rereading: Or, Gender and the Interpretation of Literary Texts. In: New Literary History 6 (1979–1980).

Kommerell, Max (1943): Gedanken über Gedichte. Frankfurt/M.

Kopperschmidt, Josef (1981): Topik und Kritik. Überlegungen zur Vermittlungschance zwischen dem Prius der Topik und dem Primat der Kritik. In: Breuer/Schanze 1981.

– (1991): Das Ende der Verleumdung. Einleitende Anmerkungen zur Wirkungsgeschichte der Rhetorik. In: ders. (Hg.): Rhetorik. Bd. 2. Wirkungsgeschichte der Rhetorik. Darmstadt.

Koselleck, Reinhart (1989): Vergangene Zukunft. Zur Semantik geschichtlicher Zeiten. Frankfurt/M.

Kotzinger, Susi/Rippl, Gabriele (1995) (Hg.): Zeichen zwischen Klartext und Arabeske. Amsterdam und Atlanta.

Krämer, Hans Joachim (1967): Das Problem der Philosophenherrschaft bei Platon. In: Philosophisches Jahrbuch 74 (1967).

Krauß, Friedrich (1852): Nothschrei eines Magnetisch=Vergifteten; Thatbestand, erklärt durch ungeschminkte Beschreibung des 36jährigen Hergangs, belegt mit allen Beweisen und Zeugnissen. Zur Belehrung und Warnung besonders für Familienväter und Geschäftsleute. Im Selbstverlag des Herausgebers. Stuttgart.

Krauss, Werner (1978): Zur Anthropologie des 18. Jahrhunderts. Die Frühgeschichte der Menschheit im Blickpunkt der Aufklärung. Berlin.

Kristeva, Julia (1969): Sèméiotikè. Paris.

– (1970): Le texte du roman. Paris.

– (1978): Die Revolution der poetischen Sprache. Frankfurt/M.

– (1979): Kein weibliches Schreiben? Fragen an Julia Kristeva. In: Freibeuter 2 (1979).

– (1980): Desire in Language. A Semiotic Approach to Literature and Art. New York.

Kroll, Wilhelm (1940): Rhetorik. In: ders. und Karl Mittelhaus (Hg.): Paulys Realencyclopädie der classischen Altertumswissenschaft. Supplementband VII. Stuttgart.

Krupnick, Marc (1983) (Hg.): Displacement, Derrida and After. Bloomington.

Krusche, Dietrich (1985): Literatur und Fremde. Zur Hermeneutik kulturräumlicher Distanz. München.

Kuckenburg, Martin (1989): Die Entstehung von Sprache und Schrift – Ein kulturgeschichtlicher Überblick. Köln.

Kühnert, Friedmar (1988): Rhetorik. In: Hatto H. Schmitt und Ernst Vogt (Hg.): Kleines Wörterbuch des Hellenismus. Wiesbaden.

Kuhn, Hugo (1969): Versuch einer Theorie der deutschen Literatur im Mittelalter. In: ders.: Text und Theorie. Stuttgart.

– (1980): Aspekte des 13. Jahrhunderts in der deutschen Literatur. In: ders.: Entwürfe zu einer Literatursystematik des Spätmittelalters. Tübingen.

Kussmaul, Adolf (1877): Die Störungen der Sprache. Leipzig.

Lacan, Jacques (1966): Ecrits. Paris.

– (1966a): L'instance de la lettre dans l'inconscient ou la raison depuis Freud. In: Ecrits 1966.

– (1966b): Fonctions et champs de la parole et du langage en psychanalyse. In: Ecrits 1966.

– (1966c): La signification du phallus. In: Ecrits 1966.

– (1973): Les quatre concepts fondamentaux de la psychanalyse (Le séminaire XI). Paris.

– (1986): Der Sinn des Buchstabens. In: Norbert Haas (Hg.): Schriften II. Weinheim und Berlin.

Lachmann, Renate (1983): Intertextualität als Sinnkonstitution. Andrej Belyjs 'Peterburg' und die fremden Texte. In: Poetica 15 (1988).

– (1984): Konzepte der poetischen Sprache in der Russistischen Sprach- und Literaturwissenschaft. In: Hans Jachnow (Hg.): Handbuch des Russisten. Wiesbaden.

– (1984): Thesen zu einer weiblichen Ästhetik. In: Claudia Opitz (Hg.): Weiblichkeit oder Feminismus? Weingarten.

– (1990): Gedächtnis und Literatur. Intertextualität in der russischen Moderne. Frankfurt/M.

– (1993): Gedächtnis und Weltverlust – Borges' 'memorioso' – mit Anspielungen auf Lurijas Mnemonisten. In: Haverkamp/Lachmann 1993.

Lacoue-Labarthe, Philippe/Nancy, Jean-Luc (1973) (Hg.): Le titre de la lettre. Paris.

– (1981): Les fins de l'homme. Paris.

Lämmert, Eberhard (1955): Bauformen des Erzählens. Stuttgart.

Lamping, Dieter (1989): Das lyrische Gedicht. Definitionen zu Theorie und Geschichte der Gattung. Göttingen.

Lang, Candace (1982): Autobiography in the Aftermath of Romanticism. In: diacritics 12 (1982).

Larrain, Jorge (1979): The Concept of Ideology. London.

Lausberg, Heinrich (1960): Handbuch der literarischen Rhetorik. Eine Grundlegung der Literaturwissenschaft. 1. Aufl. München.

– (1990): Handbuch der literarischen Rhetorik. Eine Grundlegung der Literaturwissenschaft. Stuttgart 3. Aufl.

Lay, Rupert (1977): Manipulation durch die Sprache. Rhetorik, Dialektik und Forensik in Industrie, Politik und Verwaltung. München.

– (1983): Dialektik für Manager. Frankfurt/M. und Berlin.

– (1991): Führen durch das Wort. 4. Aufl. Frankfurt/M. und Berlin.

Lehmann, Hans-Thies (1991): Theater und Mythos: die Konstitution des Subjekts im Diskurs der antiken Tragödie. Stuttgart.

Lejeune, Philippe (1989): On Autobiography. Übers. von Katherine Leary. Hg. von Paul John Eakin. Minneapolis.

Lem, Stanislav (1990): Phantastik und Futurologie. 2 Bde. Frankfurt/M.

Leroi-Gourhan, André (1965): La mémoire et le rythmes. Paris.

– (1980): Hand und Wort. Frankfurt/M.

Lersch, Barbara (1988): Der Ort der Leerstelle. Weiblichkeit als Poetik der Negativität und der Differenz. In: Brinker-Gabler 1988.

Léry, Jean de (1967): Brasilianisches Tagebuch 1557. Tübingen und Basel [Übersetzung der späteren und veränderten lateinischen Ausgabe von Léry, Jean de (1975): Histoire d'un voyage fait en la terre du Brésil (Faksimile der 2. Aufl. von 1580. Hg. von J.-C. Morisot). Genf].

Lévi-Strauss, Claude (1958/1991): Strukturale Anthropologie I. Frankfurt/M.

– (1973/1975): Strukturale Anthropologie II. Frankfurt/M.

– (1976): Mythologica I-IV. Frankfurt /M.

Levin, Ju. I. u.a. (1974), Russkaja semantičeskaja poètika kak potencial'naja kul'turnaja paradigma [Die russische semantische Poetik als potentielles Paradigma der Kultur]. In: Russian Literature 7/8 (1974).

Lindau-Bank, D. (1993) (Hg.): Tanzende Sterne. Festschrift für Philipp Wamboldt. Berlin.

Linden, Mareta (1976). Untersuchungen zum Anthropologiebegriff des 18. Jahrhunderts. Frankfurt/M.

Linn, Marie-Luise (1963): Studien zur deutschen Rhetorik und Stilistik im 19. Jahrhundert. Marburg.

Lobsien, Eckhard (1975): Theorie literarischer Illusionsbildung. Stuttgart.

Lodge, David (1993): Die Kunst des Erzählens. Zürich.

Loesberg, Jonathan (1981): Autobiography as Genre, Act of Consciousness, Text. In: Prose Studies 4 (1981).

Lohenstein, Caspar von (1698/1973): Grossmüthiger Feldherr Arminius. Hg. von Elida Maria Szarota. Nachdruck der Ausgabe Leipzig 1689/1690. Hildesheim und New York.

Lord. A. B. (1960): The Singer of Tales. Cambridge, Mass. [Deutsch: (1965) Der Sänger erzählt. Wie ein Epos entsteht. München.]

Lotman, Jurij M.(1972): Die Struktur literarischer Texte. München.

– (1973): Die Struktur des künstlerischen Textes. Frankfurt/M.

– (1975): Die Analyse des poetischen Textes. Kronberg.

– (1981): Über den Begriff des geographischen Raumes in mittelalterlichen Texten. In: ders.: Kunst als Sprache. Untersuchungen zum Zeichencharakter von Literatur und Kunst. Leipzig.

Lotman, Jurij M./Uspenski, Boris A.: Die Rolle dualistischer Modelle in der Dynamik der russischen Kultur. In: Poetica 9 (1977).

– (1986): Zum semiotischen Mechanismus der Kultur. In: Karl Eimermacher (Hg.): Semiotica Sovietica. Aachen.

Loyola, Ignatius von (1989): Geistige Übungen. 9. Aufl. Freiburg i.Br., Basel, Wien.

Luden, Heinrich (1814): Vom freien Geistes=Verkehr. In: Nemesis. Zeitschrift für Politik und Geschichte. 2. Bd. Weimar.

Ludwig, Hans-Werner (1982) (Hg.): Arbeitsbuch Romananalyse. Tübingen.

– (1990): Lyrikanalyse. Tübingen.

Lüsebrink, Hans-Jürgen (1990): Schrift, Buch und Lektüre in der französischsprachigen Literatur Afrikas. Zur Wahrnehmung und Funktion von Schriftlichkeit und Buchlektüre in einem kulturellen Epochenumbruch der Neuzeit. Tübingen.

Luhmann, Niklas (1983/1984): Das Kunstwerk und die Selbstreproduktion der Kunst. In: Delphin 1,2, (1983/1984).

Lukács, Georg (1970): Geschichte und Klassenbewußtsein. Darmstadt und Neuwied.
– (1971): Die Theorie des Romans. Darmstadt und
Neuwied.

Macherey, Pierre (1978): A Theory of Literary Pro-
duction. London (dt.: Zur Theorie der literari-
schen Produktion. Darmstadt 1974).
McLuhan, Marshall (1962): The Gutenberg Galaxy.
New York (dt. 1968: Die Gutenberg Galaxis. Das
Ende des Buchzeitalters. Düsseldorf).
Mai, Ekkehard (1990) (Hg.): Historienmalerei in Eu-
ropa. Paradigmen in Form, Funktion und Ideo-
logie. Mainz.
Mai, Hans-Peter (1991): Bypassing Intertextuality.
Hermeneutics, Textual Practices, Hypertext. In:
Plett 1991.
Marcuse, Herbert (1977): Die Permanenz der Kunst.
Wider eine bestimmte marxistische Ästhetik. 2.
Aufl. München und Wien.
Marquard, Odo. (1981): Der angeklagte und der ent-
lastete Mensch in der Philosophie des 18. Jahr-
hunderts. In: ders.: Abschied vom Prinzipiellen.
Stuttgart.
– (1957): Geschichte der Erziehung im klassischen
Altertum. Freiburg i. Br. und München.
Marsch, Edgar (1975a) (Hg.): Über Literaturge-
schichtsschreibung. Die historisierende Methode
des 19. Jahrhunderts in Programm und Kritik.
Darmstadt.
– (1975b): Über Literaturgeschichtsschreibung.
Eine Einführung. In: Marsch 1975a.
Martin, Josef (1974): Antike Rhetorik. Technik und
Methode. München.
Martyn, David (1992): Dekonstruktion. In: Helmut
Brackert und Jörn Stückrath (Hg.): Literaturwis-
senschaft. Ein Grundkurs. Hamburg.
Marx, Karl/Engels, Friedrich (1956ff.). Sämtliche
Werke. Berlin.
Marx, Karl (1844): Zur Kritik der Hegelschen
Rechtsphilosophie. Einleitung. In: Marx/Engels
1956ff. Bd. 1.
– (1845): Thesen über Feuerbach. In: Marx/Engels
1956ff. Bd. 3.
Mauchart, Immanuel David (1792f.): Allgemeines
Repertorium für empirische Psychologie und
verwandte Wissenschaften. Nürnberg.
Mecklenburg, Norbert (1977): Die Rhetorik der Li-
teraturkritik. In: Jörg Drews (Hg.): Literaturkritik
– Medienkritik. Heidelberg.
Mehlman, Jeffrey (1976): Trimethylamin: Notes on
Freud's Specimen Dream. In: Diacritics 6/1
(1976).

Meier, Christian (1982): Die Griechen: die politische
Revolution der Weltgeschichte. In: Saeculum 33
(1982).
Meier, Georg Friedrich (1976): Anfangsgründe aller
schönen Wissenschaften (1748). Reprint der 2.
Aufl. Halle 1754. Hildesheim und New York.
Menke, Bettine (1990): Dekonstruktion – Lektüre.
Derrida literaturtheoretisch. In: Klaus-Michael
Bogdal (Hg.): Neue Literaturtheorien. Eine Ein-
führung. Opladen.
– (1992): Verstellt – der Ort der 'Frau'. Ein Nach-
wort. In: Vinken 1992.
– (1993): De Mans 'Prosopopoie' der Lektüre. Die
Entleerung des Monuments. In: Karl Heinz Boh-
rer (Hg.): Ästhetik und Rhetorik. Lektüren zu
Paul de Man. Frankfurt/M.
– (1994): Ornament, Konstellation, Gestöber. In:
Kotzinger/Rippl 1995.
Menke, Christoph (1991): Die Souveränität der
Kunst. Ästhetische Erfahrung nach Adorno und
Derrida. Frankfurt/M.
– (1993): 'Unglückliches Bewußtsein'. Literatur
und Kritik bei Paul de Man. Nachwort zu de
Man 1993.
Merleau-Ponty, Maurice (1966): Phänomenologie
der Wahrnehmung. Berlin.
– (1967): Das Auge und der Geist. Hamburg.
– (1984): Die Prosa der Welt. München.
– (1986): Das Sichtbare und das Unsichtbare. Hg.
von Claude Lefort. München.
Mertner, Edgar (1956): Topos und Commonplace.
In: Gerhard Dietrich und Fritz W. Schulze (Hg.):
Strena Anglica. Festschrift für Otto Ritter. Halle
1956.
Meschonnic, Henri (1969): Pour la poétique. In: Langue française 3 (1969).
Mette, Alexander (1928): Über Beziehungen zwischen Spracheigentümlichkeiten Schizophrener
und dichterischer Produktion. Diss. med. Des-
sau.
Meyer, Eva (1980): Vorspiel. Annäherung an eine
andere Schreibweise. In: Brigitte Wartmann
(Hg.): Weiblich – Männlich. Kulturgeschichtliche
Spuren einer verdrängten Weiblichkeit. Berlin.
– (1983): Zählen und Erzählen. Für eine Semiotik
des Weiblichen. Wien und Berlin.
Hillis Miller, Joseph (1983): Composition and De-
composition. In: Composition and Literature:
Bridging the Gap. Chicago.
– (1987): The Ethics of Reading: Kant, de Man,
Eliot, Trollope, James, and Benjamin. New York.
– (1989): Reading Part of a Paragraph of 'Allegories
of Reading'. In: Godzich/Waters 1989.

- (1990): Versions of Pygmalion. London und Cambridge, Mass.
- (1991): Theory Now and Then. Durham.
Millett, Kate (1977): Sexual Politics. London.
Misch, Georg (1969): Geschichte der Autobiographie. Von der Renaissance bis zu den autobiographischen Hauptwerken des 18. und 19. Jahrhunderts. Hg. vom Verlag G. Schulte-Bulmke. Bd. IV, 2. Frankfurt/M.
Mitchell, Juliet/Rose, Jacqueline (1982) (Hg.): Feminine Sexuality. New York und London.
Mitchell, Juliet (1975): Psychoanalysis and Feminism: Freud, Reich, Laing and Women. New York.
Mittermaier, Carl J. A. (1817): Bemerkungen über Geberdenprotocolle im Criminalprozesse. In: Neues Archiv des Criminalrechts. Hg. von Kleinschrod, Konopak und Mittermaier. 1. Bd., XII. Halle.
Moi, Toril (1989): Sexus – Text – Herrschaft. Bremen.
Moisan, Clément (1987): Qu'est-ce que l'histoire littéraire? Paris.
- (1990): L'histoire littéraire. Paris.
Montrose, Louis A. (1989): Professing the Renaissance: The Poetics and Politics of Culture. In: Veeser 1989.
Moos, Peter von (1988): Geschichte als Topik. Das rhetorische Exemplum von der Antike zur Neuzeit und die 'historiae' im 'Policratus' Johannes von Salisbury. Hildesheim, Zürich, New York.
Moravia, Sergio (1973): Beobachtende Vernunft. Philosophie und Anthropologie in der Aufklärung. München.
Moritz, Karl Philipp (1986): Magazin zur Erfahrungsseelenkunde. Hg. von Petra und Uwe Nettelbeck. Nördlingen.
- (1981): Zeichen- und Wortsprache – Erhöhung der Denkkraft, als der letzte Zweck unsers Dasein. In: Werke. Hg. von Horst Günther. 3. Bd. Frankfurt/M.
Morson, Gary/Emerson, Carol (1990): Mikhail Bakhtin. Creation of a Poetics. Stanford.
Müller, Adam (1983): Zwölf Reden über die Beredsamkeit und deren Verfall in Deutschland (1812). Hg. von Jürgen Wilke. Stuttgart.
Müller, Günther (1930): Deutsche Dichtung von der Renaissance bis zum Ausgang des Barock. Potsdam.
Müller, Harro (1986): Einige Argumente für eine subjektdezentrierte Literaturgeschichtsschreibung. In: Voßkamp/Lämmert 1986.
Müller, Jan-Dirk (1982): Literaturgeschichte/Literaturgeschichtsschreibung. In: Dietrich Harth/Peter Gebhardt (Hg.): Erkenntnis der Literatur. Theorien, Konzepte, Methoden der Literaturwissenschaft. Stuttgart.
Müller, Klaus-Detlef (1967): Die Funktion der Geschichte im Werk Bertolt Brechts. Studien zum Verhältnis von Marxismus und Ästhetik. Tübingen.
Müller, Wolfgang (1979): Das lyrische Ich. Erscheinungsformen gattungseigentümlicher Autor-Subjektivität in der englischen Lyrik. Heidelberg.
Mukařovský, Jan (1974): Studien zur strukturalistischen Ästhetik und Poetik. München.
Mukherjee, Sujit (1977): Towards a Literary History of India. In: New Literary History 8 (1977).
Murphy, James J. (1974): Rhetoric in the Middle Ages. A History of Rhetorical Theory from Saint Augustine to the Renaissance. Berkeley, Los Angeles, London.

Naipaul, V.S (1957): The Mystic Masseur. Harmondsworth.
Nassen, Ulrich (1979): Studien zur Entwicklung einer materialen Hermeneutik. München.
- (1983) (Hg.): Klassiker der Hermeneutik. München u.a.
Ndong, Norbert (1990): Interkulturalität. Überlegungen zur Theorie einer interkulturellen Germanistik. In: Mitteilungen des Deutschen Germanistenverbands 1 (1990).
- (1993): Entwicklung, Interkulturalität und Literatur: Überlegungen zu einer afrikanischen Germanistik als interkultureller Literaturwissenschaft. München.
Neuber, Wolfgang (1989): Zur Gattungspoetik des Reiseberichts. Skizze einer historischen Grundlegung im Horizont von Rhetorik und Topik. In: Brenner 1989.
- (1991): Fremde Welt im europäischen Horizont. Zur Topik der deutschen Amerika-Reiseberichte der Frühen Neuzeit. Berlin.
Neumann, Gerhard (1976): Ideenparadiese. Untersuchungen zur Aphoristik von Lichtenberg, Novalis, Friedrich Schlegel und Goethe. München.
Ngugi wa Thiong'o (1972): Homecoming: Essays on African and Caribbean Literature, Culture and Politics. London.
- (1985): The Language of African Literature. In: New Left Review 150 (1985).
Nietzsche, Friedrich (1988): Unzeitgemäße Betrachtungen II. Vom Nutzen und Nachteil der Historie für das Leben. In: Kritische Studienausgabe. Hg. von Georgio Colli und Mazzino Montinari. Bd. 1. München.

- (1922): Gesammelte Werke (Musarion-Ausgabe) Bd. 5. München.

Niggl, Günter (1977): Geschichte der deutschen Autobiographie im 18. Jahrhundert. Theoretische Grundlegung und literarische Entfaltung. Stuttgart.

- (1989) (Hg.): Die Autobiographie: Zu Form und Geschichte einer literarischen Gattung. Darmstadt.

Noguchi, Kaoru (1991): »Was versteht ihr Japaner unter 'Literatur verstehen'?« »Ja, was wohl...?« – Einige Überlegungen über unseren Verstehensbegriff, unsere Einstellung zu literarischen Texten und zur Literaturwissenschaft. In: Doitsu Bunka 46. Tokio (1991).

Norris, Christopher (1988): Paul de Man. Deconstruction and the Critique of Aesthetic Ideology. New York und London.

Novalis (1981): Dialogen und Monolog. In: Novalis Werke. Hg. Gerhard Schulz. 2., neubearbeitete Ausgabe. München.

Oesterle, Günter (1990): 'Kunstwerk der Kritik' oder 'Vorübung zur Geschichtsschreibung'? Form- und Funktionswandel der Charakteristik in Romantik und Vormärz. In: Barner 1990.

Ogden, C.G., Richards, I.A. (1923): The Meaning of Meaning. London 1976 (dt. Die Bedeutung der Bedeutung. Frankfurt/M. 1974).

Ohmann, Richard (1972): Generative Grammatiken und der Begriff: Literarischer Stil. In: Ihwe 1972.

Okara, Gabriel (1964): The Voice. London.

Ong, Walter (1982): Orality and Literacy. The Technologizing of the Word. London.

Opitz, Martin (1963): Buch von der Deutschen Poeterey (1624). Hg. von Richard Alewyn. Tübingen.

Orr, Leonard (1991): A Dictionary of Critical Theory. New York.

Ortmann, Christa (1992): Das Buch der Minne. Methodologischer Versuch zur deutsch-lateinischen Gegebenheit des 'Fließenden Lichts der Gottheit' Mechtilds von Magdeburg. In: Gerhard Hahn, Hedda Ragotzky (Hg.): Grundlagen des Verstehens mittelalterlicher Literatur. Literarische Texte und ihr historischer Erkenntniswert. Stuttgart.

Parry, Millman (1928): L'Épithète traditionelle dans Homère. Paris.

- (1971) (Hg.): The Making of Homeric Verse. Oxford.

Pascal, Roy (1965): Die Autobiographie. Übers. von M. Schaible. Hg. von Kurt Wölfel. Stuttgart.

Paßmann, Uwe (1989): Orte fern, das Leben. Die Fremde als Fluchtpunkt des Denkens. Deutsch-europäische Literatur bis 1820. Würzburg.

Pépin, Jean/Hoheisel, Karl (1988): Artikel »Hermeneutik«. In: Reallexikon für Antike und Christentum. Bd.14. Stuttgart.

Perelman, Chaim/Olbrechts-Tyteca, Lucie (1958): Traité de l'argumentation. La nouvelle rhétorique. Brüssel 1958.

Perkins, David (1992): Is Literary History Possible? Baltimore.

Perkins, David (1991) (Hg.): Theoretical Issues in Literary History. Cambridge, Mass.

Perthes, Friedrich Christoph (1967): Der deutsche Buchhandel als Bedingung einer deutschen Literatur. Schriften. Hg. von Gerd Schulz. Stuttgart.

Pfister, Manfred (1971). Das Drama. München.

- (1985): Konzepte der Intertextualität. In: Broich/Pfister 1985.

- (1985a): Zur Systemreferenz. In: Broich/Pfister 1985.

- (1991): How Postmodern is Intertextuality? In: Plett 1991.

Picard, Raymond (1965): Nouvelle critique, nouvelle imposture. Paris.

Pieper, Ursula (1979): Über die Aussagekraft statistischer Methoden für die linguistische Stilanalyse. Tübingen.

Platon (1990): Werke in acht Bänden griechisch und deutsch. Hg. von Gunther Eigler. 2. Aufl. Darmstadt.

Plattner, Marc F. (1979): Rousseau's State of Nature. An Interpretation of the 'Discourse on Inequality'. DeKalb.

Plett, Heinrich F. (1977): Die Rhetorik der Figuren. Zur Systematik, Pragmatik und Ästhetik der 'Elocutio'. In: ders. (Hg.): Rhetorik. Kritische Positionen zum Stand der Forschung. München.

- (1985): Sprachliche Konstituenten einer intertextuellen Poetik. In: Broich/Pfister 1985.

- (1991): Intertextualities. In: ders. (Hg.): Intertextuality. Berlin und New York.

- (1991a): Einführung in die rhetorische Textanalyse. 8. Aufl. Hamburg.

Plumpe, Gerhard (1985): Einleitung. In: ders.: Theorie des bürgerlichen Realismus. Eine Textsammlung. Stuttgart.

- (1988): Kunst und juristischer Diskurs. Mit einer Vorbemerkung zum Diskursbegriff. In: Jürgen Fohrmann und Harro Müller (Hg.): Diskurstheorien und Literaturwissenschaft. Frankfurt/M.

- (1993): Ästhetische Kommunikation der Moderne. Opladen.

Plumpe, Gerhard/Kammler, Clemens (1980): Wissen ist Macht. Über die theoretische Arbeit Michel Foucaults. In: Philosophische Rundschau 27 (1980).

Posner, Roland (1971): Strukturalismus in der Gedichtinterpretation. In: Ihwe 1971. (Hg): Literaturwissenschaft und Linguistik. Ergebnisse und Perspektiven. Frankfurt/M.

Preisendanz, Wolfgang (1966): Auflösung und Verdinglichung in den Gedichten Georg Trakls. In: Wolfgang Iser (Hg.): Immanente Ästhetik – Ästhetische Reflexion. Lyrik als Paradigma der Moderne. Poetik und Hermeneutik II. München.

– (1983): Die Pluralisierung des Mediums Lyrik beim frühen Brecht. In: Rainer Warning und Winfried Wehle (Hg.): Lyrik und Malerei der Avantgarde. München.

– (1992): Die geschichtliche Ambivalenz narrativer Phantastik in der Romantik. In: Athenäum. Jahrbuch für Romantik (1992).

Procházka, Miroslav (1984): On the Nature of Dramatic Text. In: Herta Schmid und Aloysius van Kesteren (Hg.): Semiotics of Drama and Theatre. New Perspectives in the Theory of Drama and Theatre. Amsterdam und Philadelphia.

Propp, Vladimir (1972): Morphologie des Märchens. München.

Quintilianus, Marcus Fabius (1988): Ausbildung des Redners. Zwölf Bücher. Hg. und übers. von Helmut Rahn. 2 Bde. 2. Aufl. Darmstadt.

Ranschburg, Paul (1908): Beitrag zu einem Kanon des Wortgedächtnisses als Grundlage der Untersuchungen pathologischer Fälle. In: Klinik für psychische und nervöse Krankheiten. Hg. von Robert Sommer. III. Band. Halle a. d. Saale (1908).

Ray, William (1979): Suspended in the Mirror: Language and the Self in Kleist's 'Über das Marionettentheater'. In: SiR 18 (Winter 1979).

– (1984): Paul de Man: The Irony of Deconstruction/The Deconstruction of Irony. In: Literary Meaning. From Phenomenology to Deconstruction. Oxford.

Reil, Johann Christian (1808): Ueber das Unvermögen der Seele, die Richtung zu halten, durch ein Paar Beispiele erläutert. In: Reil/Hoffbauer: Beyträge zu einer Curmethode auf psychischem Wege. Halle.

Reitemeier, Johann F. (1799): Über die höhere Kultur, deren Erhaltung, Vervollkommnung und Verbreitung im Staat. Frankfurt/Oder.

Richards, Ivor Armstrong (1985): Prinzipien der literarischen Kritik. Frankfurt/M.

Ricoeur, Paul (1973): Hermeneutik und Strukturalismus (Der Konflikt der Interpretationen 1). München.

– (1984): Temps et récit II: La configuration du temps dans le récit de fiction. Paris.

– (1986): Die lebendige Metapher. München.

– (1988): Zeit und Erzählung. 3 Bde. München 1988–1991.

Rieger, Stefan (1993): Der gute Hirte oder die Mikrophysik der Macht (Friedrich Spee von Langenfeld). In: DVjs 67 (1993).

– (1994): Unter Sprechzwang. Verstehen zwischen Otologie und Ontologie. In: Herta Wolf und Michael Wetzel (Hg.): Der Entzug der Bilder. Visuelle Realitäten. München.

– (1995): Literatur – Kryptographie – Physiognomik. Die Lektüren des Körpers und die Decodierung der Seele bei Johann Kaspar Lavater. In: Manfred Schneider und Rüdiger Campe (Hg.): Geschichten der Physiognomik. Text – Bild – Wissen. Freiburg i. Br.

Riffaterre, Michel (1966): Describing Poetic Structures – Two approaches to Baudelaire's 'Les Chats'. In: Yale French Studies 36/37 (1966).

– (1973): Die Beschreibung poetischer Strukturen: zwei Versuche zu Baudelaires Gedicht »Les Chats«. In: ders.: Strukturale Stilistik. München.

– (1979): La syllepse intertextuelle. In: Poétique 40 (1979)

– (1979a): Kriterien für die Stilanalyse. In: Rainer Warning (Hg.): Rezeptionsästhetik. Theorie und Praxis. 2. Aufl. München.

– (1990): Compulsory reader response: the intertextual drive. In: Michael Worton und Judith Still (Hg.): Intertextuality. Theories and practices. Manchester und New York.

Rilke, Rainer Maria (1956): Sämtliche Werke. 2. Bd. Frankfurt/M.

Rimmon-Kenan, Shlomith (1983): Narrative Fiction. Contemporary Poetics. London und New York.

Riviere, Joan (1986): Womanliness as a Masquerade. In: Victor Burgin, James Donald und Cora Kaplan (Hg.): Formations of Fantasy. London (der Artikel erschien erstmalig in: The International Journal of Psychoanalysis. Bd. 10. 1929).

Rohe, Wolfgang (1993): Roman aus Diskursen. Gottfried Keller: Der grüne Heinrich (Erste Fassung; 1854/55). München.

Rorty, Richard (1970): Metaphilosophical Difficulties of Linguistic Philosophy. In: ders. (Hg.): The

Linguistic Turn. Recent Essays in Philosophical Method. 2. Aufl. Chicago.

– (1988): Solidarität oder Objektivität. In: ders.: Solidarität oder Objektivität. Stuttgart.

Roughley, Neil (1994): In der Überlieferung sein. Eine historisch-systematische Rekonstruktion der Hermeneutik Gadamers. In: Philosophisches Jahrbuch. Jg 101. 2. Halbband (1994).

– (1994a): '... a sort of death? A new assembly of elements?' Zum 'Tod des Subjekts' in Virginia Woolfs 'The Waves'. In: Anglia. Bd. 112, 3/4 (1994).

Rousseau, Jean-Jacques (1983): Schriften zur Kulturkritik (Die zwei Diskurse von 1750 und 1755). Hg. von K. Weigand. 4. Aufl. Hamburg.

Rupp, Heinrich (1960): 'Heldendichtung' als Gattung. In: Beiträge zur deutschen Philologie 28 (1960).

Rusinko, Elaine (1979): Intertextuality: The Russian Approach to Subtext. In: Dispositio 4, 11/12 (1979).

Russo, John Paul (1991): Antihistoricism in Benedetto Croce and I.A. Richards. In: David Perkins (Hg.): Theoretical Issues in Literary History. Cambridge, Mass.

Ruttkowski, Wilhelm (1968): Die literarische Gattung. Bern und München.

Said, Edward (1978): Orientalism. New York.

– (1983): The World, the Text, and the Critic. Cambridge, Mass.

– (1993): Culture and Imperialism. London.

Samson, Benvenuto (1970): Die moderne Kunst, die Computer-'Kunst' und das Urheberrecht. Zugleich kritische Notizen zu Max Kummers Buch über 'Das urheberrechtlich geschützte Werk'. In: UFITA 56 (1970).

Sandig, Barbara (1978): Stilistik. Sprachpragmatische Grundlegung der Stilbeschreibung. Berlin und New York.

– (1986): Stilistik der deutschen Sprache. Berlin und New York.

Sartre, Jean-Paul (1971): Das Imaginäre. Reinbek.

Saussure, Ferdinand de (1916): Cours de linguistique générale. Paris.

Scaliger, Julius Caesar (1987): Poetices libri septem. Faksimile-Neudruck der Ausgabe Leipzig von Lyon 1561 mit einer Einleitung von August Buck. Stuttgart-Bad Cannstatt.

Schaeffer, Jean-Marie (1986): Du texte au genre. In: Gérard Genette und Tzvetan Todorov. (Hg.): Théorie des genres. Paris.

– (1989): Qu'est-ce qu'un genre littéraire? Paris.

Schäffner, Wolfgang (1995): Die Ordnung des Wahns. Zur Poetologie psychiatrischen Wissens bei Alfred Döblin. München.

Schaumann, Johann Christian Gottlieb (1792): Ideen zu einer Kriminalpsychologie. Halle.

Scherer, Wolfgang (o.J.): Die Strategie der Diskurse über Musik — Delirien. In: Rudolf Heinz und Georg Christoph Tholen (Hg.): Schizo-Schleichwege. Beiträge zum Anti-Ödipus. Bremen.

Scherpe, Klaus (1970): Werther und Werther-Wirkung. Bad Homburg v.d.H.

Schiller, Friedrich (1980): Sämtliche Werke. Hg. von Gerhard Fricke und Herbert G. Göpfert. 6. Aufl. München.

– (1795): Über die ästhetische Erziehung des Menschen. In: Schiller 1980. Bd. 5.

– (1984): Kallias oder Über die Schönheit. In: ders.: Über das Schöne und die Kunst. Schriften zur Ästhetik. München.

– (1791): Über Bürgers Gedichte. In: Schiller 1980. Bd. 5.

Schlaffer, Hannelore (1980): Eine Psychologie des Lesens im achzehnten Jahrhundert. Immanuel David Maucharts 'Bemerkungen über den gewöhnlichen Gang der Phantasie' (Einführung und Text). In: Jahrbuch der Jean-Paul-Gesellschaft. 15. Jahrgang. München.

Schlaffer, Heinz (1990): Poesie und Wissen: Die Entstehung des ästhetischen Bewußtseins und der philosophischen Erkenntnis. Frankfurt/M.

Schlegel, Friedrich (1957): Literary Notebooks. Hg. von Hans Eichner, London.

– (1979): Kritische-Friedrich-Schlegel-Ausgabe. Bd. 1. Hg. von Ernst Behler. München, Paderborn, Wien.

Schleiermacher, Friedrich D. E. (1977): Hermeneutik und Kritik. Mit einem Anhang sprachphilosophischer Texte Schleiermachers. Hg. von Manfred Frank. Frankfurt/M. [= HK]

– (1988): Dialektik (1814/1815). Einleitung zur Dialektik (1833). Hg. von Andreas Arndt. Hamburg.

Schmandt-Besserat, Denise (1978): Vom Ursprung der Schrift. In: Spektrum der Wissenschaft 12 (1978).

– (1980): The Envelopes that Bear the First Writing. In: Technology and Culture 21, 3 (1980).

– (1981): From Tokens to Tablets: A Re-Evaluation of the So-Called 'Numerical Tablets'. In: Visible Language (1981).

– (1985): Tonmarken und Bilderschrift. In: Das Altertum 31, 2 (1985).

Schmid, Wolf (1983): Sinnpotentiale der diegetischen Allusion. Aleksandr Puškins Posthalternovelle und ihre Prätexte. In: W. Schmid und W.-D. Stempel (Hg.): Dialog der Texte. Hamburger Kolloquium zur Intertextualität. Wien. (Wiener Slawistischer Almanach Sonderband 11)

Schmidt, Arno (1977): Zettels Traum. Faksimile-Ausgabe. 3. Aufl. Frankfurt/M.

Schmidt, Hans-Walter (1991): Glückliches Babel – postmoderne Apologien zufälliger Lektüre. In: Thomas Hübel (Hg.): Glückliches Babel. Beiträge zur Postmoderne-Diskussion. Wien.

Schmidt-Biggemann, Wilhelm (1983): Topica universalis. Eine Modellgeschichte humanistischer und barocker Wissenschaft. Hamburg.

Schmitz, H.G. (1989): Hat die Literatur die Kritik nötig? Antworten auf die Preisfrage der Deutschen Akademie für Dichtung und Sprache vom Jahr 1987. Frankfurt/M.

Schneider, Manfred (1986): Die erkaltete Herzensschrift. Der autobiographische Text im 20. Jahrhundert. München und Wien.

– (1993): Das Geschenk der Lebensgeschichte: die Norm. Der autobiographische Text/Test um Neunzehnhundert. In: Wetzel/Rabaté 1993.

Schnur-Wellpott, Margrit (1983): Aporien der Gattungstheorie aus semiotischer Sicht. Tübingen.

Schön, Erich (1987): Der Verlust der Sinnlichkeit oder Die Verwandlungen des Lesers. Mentalitätswandel um 1800. Stuttgart.

– (1990): Weibliches Lesen: Romanleserinnen im späten 18. Jahrhunderts. In: Helga Gallas und Magdalene Heuser (Hg.): Untersuchungen zum Roman von Frauen um 1800. Tübingen.

Schönert, Jörg (1991) (Hg.): Erzählte Kriminalität. Zur Typologie und Funktion von narrativen Darstellungen in Strafrechtspflege, Publizistik und Literatur zwischen 1770 und 1920. Tübingen.

Schöttler, Peter (1989): Mentalitäten, Ideologien, Diskurse. Zur sozialgeschichtlichen Thematisierung der 'dritten Ebene'. In: Alf Lüdtke (Hg.): Alltagsgeschichte. Frankfurt/M. und New York.

Scholem, Gershom (1977): Zur Kabbala und ihrer Symbolik. Frankfurt/M.

Schreber, Daniel Paul (1985): Denkwürdigkeiten eines Nervenkranken. Frankfurt/M.

Schreiter, Jörg (1990): Artikel 'Hermeneutik'. In: Europäische Enzyklopädie zu Philosophie und Wissenschaften. Bd. 2. Hamburg.

Schütz, Alfred (1971): Über die mannigfachen Wirklichkeiten. In: Gesammelte Aufsätze. Bd. 1. Den Haag.

– (1974): Der sinnhafte Aufbau der sozialen Welt. Frankfurt/M.

– (1982): Das Problem der Relevanz. Frankfurt/M.

Scott, Walter (1968): On the Supernatural and Fiction Composition an Particularly on the Works of Ernest Theodore William Hoffmann. In: Sir Walter Scott: On Novelists and Fiction. Hg. von Williams. London.

Seel, Martin (1985): Die Kunst der Entzweiung. Zum Begriff der ästhetischen Rationalität. Frankfurt/M.

Seidler, Herbert (1984): Stil. In: Reallexikon der deutschen Literaturgeschichte. Begründet von Paul Merker und Wolfgang Stammler. 2. Aufl. Bd. 4: Sl-Z. Hg. von Klaus Kanzog und Achim Masser. Berlin und New York.

Showalter, Elaine (1977): A Literature of Their Own. British Women Novelists from Brontë to Lessing. Princeton.

Siegert, Bernhard (1993): Relais. Geschicke der Literatur als Epoche der Post. 1751–1913. Berlin.

Sieveke, Franz Günter (1976): Topik im Dienst poetischer Erfindung. Zum Verhältnis rhetorischer Konstanten und ihrer funktionsbedingten Auswahl oder Erweiterung (Omeis – Richter – Harsdörffer). In: Jahrbuch für Internationale Germanistik VIII/2. Bern.

Šklovskij, Viktor (1966): Theorie der Prosa. Frankfurt/M.

– (1969): Die Kunst als Verfahren. In: Jurij Striedter (Hg.): Texte der russischen Formalisten I. Texte zur allgemeinen Literaturtheorie und zur Theorie der Prosa. München.

Skwarczyńska, Stefania (1966): Un problème fondamental méconnu de la génologie. In: Zagadnenia rodzajów literackich 15 (1966).

Smirnov, Igor (1983): Das zitierte Zitat. In: Wolf Schmid und Wolf-Dieter Stempel (Hg.): Dialog der Texte. Hamburger Kolloquium zur Intertextualität. Wien (Wiener Slawistischer Almanach. Sonderband 11).

– (1985): Poroždenie interteksta (Elementy intertekstual'nogo analiza s primerami iz tvorčestva B. L. Pasternaka) [Die Erzeugung des Intertextes. Elemente der intertextuellen Analyse mit Beispielen aus dem Werk B. L. Pasternaks]. Wien (Wiener Slawistischer Almanach Sonderband 17).

– (1991): O drevnerusskoj kul'ture, russkoj nacional'noj specifike i logike istorii (=Wiener slawistischer Almanach. Sonderband 28). Wien.

Smith, Sidonie (1987): A Poetics of Women's Autobiography. Marginality and the Fictions of Self-Representation. Bloomington and Indianapolis.

– (1990): Self, Subject and Resistance: Marginalities and Twentieth Century Autobiographical Practice. In: Tulsa Studies in Women's Literature 9.1. (1990).

– und Julia Watson (1992) (Hg.): De/Colonizing the Subject. The Politics of Gender in Women's Autobiography. Minneapolis.

Smuda, Manfred (1979): Der Gegenstand in der bildenden Kunst und Literatur. München.

– (1983): Wahrnehmungstheorie und Literaturwissenschaft. In: Sozialität und Intersubjektivität. Hg. von Richard Grathoff und Bernhard Waldenfels. München.

Solmsen, Friedrich (1929): Die Entwicklung der aristotelischen Logik und Rhetorik. Berlin.

Sontheimer, Kurt (1989): Grundzüge des politischen Systems der Bundesrepublik Deutschland. 12. Aufl. München und Zürich.

Sorg, Bernhard (1984): Das lyrische Ich: Untersuchungen zu deutschen Gedichten von Gryphius bis Benn. Tübingen.

Spillner, Bernd (1974): Linguistik und Literaturwissenschaft. Stilforschung, Rhetorik, Textlinguistik. Stuttgart u.a.

– (1976): Empirische Verfahren in der Stilforschung. In: Zeitschrift für Literaturwissenschaft und Linguistik 22 (1976).

– (1984) (Hg.): Methoden der Stilanalyse. Tübingen.

Spingarn, Joel Elias (1931): The New Criticism In: ders.: Creative Criticism and Other Essays. 2.Aufl. New York.

Spinner, Kaspar H. (1975): Zur Struktur des lyrischen Ich. Frankfurt/M.

Spitzer, Leo (1928): Stilstudien. München.

– (1931): Romanische Stil- und Literaturstudien. Bd. 1. Marburg a.d.L.

Spivak, Gayatri C. (1980): Revolutions That as Yet Have No Model: Derrida's Limited Inc.. In: Diacritics 10/3 (1980).

– (1987): In Other Worlds: Essays in Cultural Politics. New York.

– (1988): Can the Subaltern Speak? In: Lawrence Grossberg und Cary Nelson (Hg.): Marxism and the Interpretation of Culture. Chicago.

– (1989): Who Claims Alterity? In: Barbara Kruger und Phil Mariani (Hg.): Remaking History. Seattle.

Sprinker, Michael (1980): Fictions of the Self: The End of Autobiography. In: James Olney (Hg.): Autobiography. Essays Theoretical and Critical. Princeton.

Stagl, Justin (1989): Die Methodisierung des Reisens im 16. Jahrhundert. In: Brenner 1989.

Staiger, Emil (1951): Die Kunst der Interpretation. In: Neophilologus 35 (1951).

– (1953): Die Zeit als Einbildungskraft des Dichters. Untersuchungen zu Gedichten von Brentano, Goethe und Keller. 2. Aufl. Zürich.

– (1956): Grundbegriffe der Lyrik. 3.Aufl. Zürich.

– (1963): Die Kunst der Interpretation. Zürich.

Stanton, Domna C. (1984) (Hg.): The Female Autograph. Theory and Practice of Autobiography from the Tenth to the Twentieth Century. Chicago und London.

Stanzel, Franz K. (1991): Theorie des Erzählens. 5. Aufl. Göttingen.

Starobinki, Jean (1980): Wörter unter Wörtern. Die Anagramme von Ferdinand de Saussure. Frankfurt/M., Berlin, Wien.

Starobinski, Jean (1970): Le style de l'autobiographie. In: Poétique 1. Paris.

– (1991): Diderot dans l'espace des peintres. Paris.

Staten, Henry (1984): Wittgenstein and Derrida. Lincoln und London.

Stechow, Arnim von/Sternefeld, Wolfgang (1988): Bausteine syntaktischen Wissens. Ein Lehrbuch der generativen Grammatik. Opladen.

Steinmüller, Wilhelm (1993): Informationstechnologie und Gesellschaft. Eine Einführung in die Angewandte Informatik. Darmstadt.

Steinwachs, Burkhart (1985): Was leisten (literarische) Epochenbegriffe? Forderungen und Folgerungen. In: Hans Ulrich Gumbrecht und Ursula Link-Heer (Hg.): Epochenschwellen und Epochenstrukturen im Diskurs der Literatur- und Sprachhistorie. Frankfurt/M.

Stierle, Karlheinz (1974): 'Geschmack'. In: Joachin Ritter (Hg.): Historisches Wörterbuch der Philosophie. Bd. 3: G-H, Basel und Stuttgart 1974.

– (1975): Geschehen, Geschichte, Text der Geschichte. In: ders.: Text als Handlung. Perspektiven einer systematischen Literaturwissenschaft. München 1975.

– (1977): Die Struktur narrativer Texte. In: Helmut Brackert und Eberhard Lämmert (Hg.): Funk-Kolleg Literatur 1. Frankfurt/M.

– (1979): Die Identität des Gedichts – Hölderlin als Paradigma. In: Odo Marquard und Karlheinz Stierle (Hg.): Identität. Poetik und Hermeneutik VIII. München.

– (1983): Werk und Intertextualität. In: Wolf Schmid und Wolf-Dieter Stempel (Hg.): Dialog der Texte. Hamburger Kolloquium zur Intertextualität. Wien (Wiener Slawistischer Almanach. Sonderband 11).

Stifter, Adalbert (1978): Der Hochwald. In: Werke und Briefe. Historisch-Kritische Gesamtausgabe. Hg. von Alfred Doppler und Wolfgang Frühwald. 1978ff. Bd. 1,4. Stuttgart.

Still, Judith/Worton, Michael (1990): Introduction. In: Michael Worton und Judith Still (Hg.): Intertextuality. Theories and Practices. Manchester.

Stingelin, Martin (1988): Kugeläußerungen. Nietzsches Spiel auf der Schreibmaschine. In: Hans Ulrich Gumbrecht und K. Ludwig Pfeiffer (Hg.): Materialität der Kommunikation. Frankfurt/M.

Stingelin, Martin/Scherer, Wolfgang (1991) (Hg.): HardWar/SoftWar. Krieg und Medien 1914 bis 1945. München.

Stransky, Erwin (1905): Über Sprachverwirrtheit. Beiträge zur Kenntnis derselben bei Geisteskranken und Geistesgesunden. Halle a.S.

Striedter, Jurij (1969) (Hg.): Texte der russischen Formalisten I. Texte zur allgemeinen Literaturtheorie und zur Theorie der Prosa. München.

Stumpf, Carl (1908): Das Berliner Phonogrammarchiv. In: Internationale Wochenschrift für Wissenschaft, Kunst und Technik 2 (1908).

Sturman, David J. (1991): Spürbar real? Virtuelle Wirklichkeit und menschliche Wahrnehmung. In: Manfred Waffender (Hg.): Cyberspace. Ausflüge in virtuelle Wirklichkeiten. Reinbek.

Susman, Margarete (1910): Das Wesen der modernen deutschen Lyrik. Stuttgart.

Szondi, Peter (1963). Theorie des modernen Dramas (1880–1950). Frankfurt/M.

– (1975): Einführung in die literarische Hermeneutik. In: Studienausgabe der Vorlesungen. Hg. von Jean Bollack und Helen Stierlin. Bd. 5. Frankfurt/M.

– (1978): Schleiermachers Hermeneutik heute. In: Szondi: Schriften. Hg. von Jean Bollack. Bd.2. Frankfurt/M.

Taranovsky, Kiril (1976): Essays on Mandel'stam. Cambridge.

Thalmayr, Andreas (1985) (Hg.): Das Wasserzeichen der Poesie. Nördlingen.

Thomas, Brook (1991): The New Historicism. And Other Old-Fashioned Topics. Princeton.

Thompson, Edward P. (1978): The Poverty of Theory. London

Thompson, John B. (1984): Studies in the Theory of Ideology. Cambridge.

Thorne, James (1981): Generative Grammar and Stylistic Analysis. In: Donals Freeman (Hg.): Essays in Modern Stylistics. London.

Titzman, Manfred (1984): Struktur, Strukturalismus. In: Reallexikon der deutschen Literaturgeschichte. Berlin und New York. 1958–1984. Bd. 4.

Todd, Janet (Hg.) (1987): A Dictionary of British amd American Women Writers 1660 – 1800. Towa.

Todorov, Tzvetan (1967): Littérature et signification. Paris.

– (1968/1973): Poetik. In: François Wahl (Hg.): Einführung in den Strukturalismus. Frankfurt/M.

– (1973): The Notion of Literature In: New Literary History 5 (1973).

– (1971/1972): Die strukturelle Analyse der Erzählung. In: Ihwe 1972. Bd. 3.

– (1972): Poetik der Prosa. Frankfurt/M.

– (1974): The Conquest of America: The Question of the Other. New York.

– (1975): Literarische Gattung. In: ders. und O. Ducrot. Enzyklopädisches Wörterbuch der Sprachwissenschaften. Frankfurt/M.

– (1985): Die Eroberung Amerikas. Das Problem des Anderen. Frankfurt/M.

Tomaševskij, Boris T. (1985): Theorie der Literatur: Poetik. Nach dem Text der 6. Auflage (Moskau, Leningrad 1931) hg. und eingeleitet von Klaus-Dieter Seemann. Wiesbaden.

Toporov, Vladimir N. (1981): Die Ursprünge der indoeuropäischen Poetik. In: Poetica 13 (1981).

Toulmin, Stephen (1958): The Uses of Argument. Cambridge.

– (1986): Die Verleumdung der Rhetorik. In: Neue Hefte für Philosophie 26 (1986).

Tournon, André (1983): Montaigne. La glose et l'essai. Lyon.

Trabant, Jürgen (1974): Poetische Abweichung. In: Linguistische Berichte 32 (1974).

– (1990): Fantasia e favella: Phantasie und Sprache bei Vico und Humboldt. In: ders.: Traditionen Humboldts. Frankfurt/M.

Turk, Horst (1992) (Hg.): Theater und Drama: theoretische Konzepte von Corneille bis Dürrenmatt. Tübingen.

Tynjanov, Jurij (1969a): Dostoevskij und Gogol'. Zur Theorie der Parodie (1921). In: Striedter 1969.

– (1969b): Über die literarische Evolution. In: Striedter 1969.

– (1969c): Das literarische Faktum. In: Striedter 1969.

– (1971): Die Ode als oratorisches Genre. In: Wolf-Dieter Stempel (Hg.): Texte der russischen Formalisten II. Texte zur Theorie des Verses und der poetischen Sprache. München.

– (1977): Das Problem der Verssprache (1924). München.

Ueding, Gert (Hg.) (1992ff.): Historisches Wörterbuch der Rhetorik. Tübingen.

Ulrichs, Timm (1984): Zurück in die Satzbauten und Steinbrüche. In: Totalkunst. Ludwigshafen am Rhein.

Valéry, Paul (1991): Windstriche. In: ders.: Zur Theorie der Dichtkunst. Werke. Bd. 5. Frankfurt/M.

– (1993): Cahiers/Hefte 6. Frankfurt/M.

Veeser, Harold (1989): The New Historicism. New York.

Veil, Maurice (1984): La notion de 'marque' chez Trubetzkoy et Jakobson. Un épisode de la pensée structurale. Paris und Lille.

Veltrusky, Jirí (1977): Drama as Literature. Lisse.

Veraart, Albert/Wimmer, Reiner (1984): Artikel 'Hermeneutik'. In: Enzyklopädie Philosophie und Wissenschaftstheorie. Bd.2. Mannheim, Wien, Zürich.

Verweyen, Theodor/Witting, Gunther (1982): Parodie, Palinodie, Kontradiktio, Kontrafaktur – Elementare Adaptionsformen im Rahmen der Intertextualitätsdiskussion. In: Renate Lachmann: Dialogizität. München.

Veyne, Paul (1991): Foucault. Die Revolutionierung der Geschichte. Frankfurt/M.

Vickers, Brian (1988): In Defence of Rhetoric. Oxford.

Vico, Giovanni Battista (1990): Prinzipien einer neuen Wissenschaft über die gemeinsame Natur der Völker. Hamburg.

Viehweg, Theodor (1974): Topik und Jurisprudenz. Ein Beitrag zur rechtswissenschaftlichen Grundlagenforschung. 5. Aufl. München.

Vinken, Barbara (1992) (Hg.): Dekonstruktiver Feminismus. Literaturwissenschaft in Amerika. Frankfurt/M.

– (1993): Der Stoff, aus dem die Körper sind. In: Neue Rundschau 4 (1993).

Vodicka, Felix (1976): Die Struktur der literarischen Entwicklung. München.

Voßkamp, Wilhelm/Lämmert, Eberhard (1986) (Hg.): Historische und aktuelle Konzepte der Literaturgeschichtsschreibung. – Zwei Königskinder? Zum Verhältnis von Literatur und Literaturwissenschaft. (= Akten des VII. Internationalen Germanisten-Kongresses. Bd. 11). Tübingen.

Voßler, Karl (1902): Benedetto Croces Aesthetik als Wissenschaft des Ausdrucks. In: Beilage zur Allgemeinen Zeitung (10.9.1902).

Wagenknecht, Christian (1981): Deutsche Metrik. Eine historische Einführung. München.

Wallerstein, Immanuel (1991): Geopolitics and Geoculture: Essays on the changing world-system. Cambridge.

Walser, Robert (1978): Das Gesamtwerk. Bd.3. Hg. von Jochen Greven. Frankfurt/M.

– (1979): Briefe. Hg. von Jörg Schäfer unter Mitarbeit von Robert Mächler. Frankfurt/M.

Walzel, Oskar (1912): Leben, Erleben, Dichtung. Leipzig.

– (1926): Schicksale des lyrischen Ich. In: ders.: Das Wortkunstwerk. Leipzig.

Warminski, Andrzej (1979): A Question of an Other Order: Deflections of the Straight Man. In: Diacritics (1979).

Weber, Heinz-Dieter (1973): Friedrich Schlegels 'Transzendentalpoesie'. Untersuchungen zum Funktionswandel der Literaturkritik im 18. Jahrhundert. München.

– (1981): Literaturgeschichte als Sozialgeschichte? In: Der Deutschunterricht 33 (1981).

– (1991): Einleitende Bemerkungen über die Aufklärung in Deutschland. In: Der Deutschunterricht 43 (1991).

Weber, Samuel (1978): Rückkehr zu Freud. Jacques Lacans Ent-Stellung der Psychoanalyse. Frankfurt, Berlin, Wien.

– (1980): tertium datur. In: Friedrich A. Kittler (Hg.): Austreibung des Geistes aus den Geisteswissenschaften. Paderborn.

– (1982): The Legend of Freud.

– (1986): Postmoderne und Poststrukturalismus. Versuch eine Umgebung zu benennen. In: Ästhetik und Kommunikation 63, 17 (1986).

– (1987): Institution and Interpretation. Minneapolis.

Wehrli, Max (1951): Allgemeine Literaturwissenschaft. Bern.

– (1984): Literatur im deutschen Mittelalter. Eine poetologische Einführung. Stuttgart.

Weigel, Sigrid (1986): 'Das Weibliche als Metapher des Metonymischen'. Kritische Überlegungen zur Konstitution des Weiblichen als Verfahren oder Schreibweise. In: Inge Stephan und Carl Pietzker (Hg.) (1986): Frauensprache – Frauenliteratur? Für und Wider einer Psychoanalyse literarischer Werke. Tübingen.

– (1990): Topographien der Geschlechter. Reinbek.

– (1992): Geschlechterdifferenz und Literaturwissenschaft. In: Helmut Brackert und Jörn Stückrath (Hg.): Literaturwissenschaft. Reinbek.

Weigel, Sigrid/Stephan, Inge (1983) (Hg.): Die verborgene Frau. Berlin.

Weimann, Robert (1974): 'New Criticism' und die Entwicklung bürgerlicher Literaturwissenschaft. Halle.

Weiner, Andrew D. (1991): Sidney/Spenser/Shakespeare: Influence/Intertextuality/Intention. In: Jay Clayton und Eric Rothstein (Hg.): Influence and Intertextuality. Madison.

Wellbery, David (1990): The Specular Moment: Construction of Meaning in a Poem by Goethe. In: Goethe Yearbook 1 (1990).

Wellek, René (1959ff.): Geschichte der Literaturkritik. Darmstadt.

– (1972): Gattungstheorie, das Lyrische und 'Erlebnis'. In: ders.: Grenzziehungen. Beiträge zur Literaturkritik. Stuttgart.

– (1983): The Fall of Literary History. In: Reinhart Koselleck und Wolf-Dieter Stempel (Hg.): Geschichte – Ereignis und Erzählung. Poetik und Hermeneutik V. München.

Wellek, René/Warren, Austin (1959): Theorie der Literatur. Bad Homburg v.d.H.

Wellek, René/Warren, Austin (1956): Theory of Literature. New York.

Wetzel, Michael/Rabaté, Jean-Michel (1993): Ethik der Gabe. Denken nach Derrida. Berlin.

Whallon, William (1969): Formula, Character and Context. Washington, D.C.

White, Hayden (1989): New Historicism: A Comment. In: Veeser 1989.

– (1990): Die Bedeutung der Form. Erzählstrukturen in der Geschichtsschreibung. Frankfurt/M.

Widmann, Hans (1965) (Hg.): Der deutsche Buchhandel in Urkunden und Quellen. 2 Bände. Hamburg.

Wiedemann, Conrad (1981): Topik als Vorschule der Interpretation. Überlegungen zur Funktion von Toposkatalogen. In: Breuer/Schanze 1981.

Wienbarg, Ludolf (1964): Ästhetische Feldzüge. Hg. von Walter Dietze. Berlin und Weimar.

Wierlacher, Alois (1980): Deutsche Literatur als fremdkulturelle Literatur. In: ders. (Hg.): Fremdsprache Deutsch. München.

– (1985): Mit fremden Augen oder: Fremdheit als Ferment. Überlegungen zur Begründung einer interkulturellen Hermeneutik deutscher Literatur. In: ders.: (Hg.): Das Fremde und das Eigene. Prolegomena zu einer interkulturellen Germanistik. München.

– (1987): 'Deutsch als Fremdsprache' als Interkulturelle Germanistik. Das Beispiel Bayreuth.

In: ders. (Hg.): Perspektiven und Verfahren interkultureller Germanistik. Akten des 1. Kongresses der Gesellschaft für Interkulturelle Germanistik. München.

– /Eichheim, Hubert (1992): Der Pluralismus kulturdifferenter Lektüren. In: Jahrbuch Deutsch als Fremdsprache 18 (1992).

Wimsatt, W. K./Beardsley C. Monroe: 'Intention'. In: Joseph T. Shipley (Hg.). Dictionary of World Literature. New York 1943.

Wimsatt, W. K./Brooks, Cleanth (1957): Literary Criticism. A Short History. New York.

Wimsatt, W. K (1954): The Verbal Icon. Lexington.

Wittgenstein, Ludwig (1990f.): Werkausgabe. Frankfurt/M.

– (1933–34): Das Blaue Buch. In: Wittgenstein 1990f. Bd. 5.

– (1936/49): Philosophische Untersuchungen. In: Wittgenstein 1990f. Bd. 1.

– (1945–48): Zettel. In: Wittgenstein 1990f. Bd. 8.

Wörtche, T. (1987): Phantastik und Unschlüssigkeit: Zum strukturellen Kriterium eines Genres. Meitingen.

Wolfram von Eschenbach: Parzival. Hg. von Karl Lachmann. Berlin und Leipzig 1926 (Nachdr. 1965 u.ö.).

Worton, Michael/Still, Judith (1990) (Hg.): Intertextuality. Theories and Practices. Manchester und New York.

Wright, Elizabeth (1984): Psychoanalytic Criticism. London und New York.

– (1992) (Hg.): Feminism and Psychoanalysis: A Critical Dictionary. Oxford und Cambridge.

Wülfing-v. Martitz, Peter (1969): Grundlagen und Anfänge der Rhetorik in der Antike. In: Euphorion 63 (1969).

Wünsch, Marianne (1975): Der Strukturwandel in der Lyrik Goethes. Stuttgart.

Wychgram, Marianne (1921): Quintilian in der deutschen und französischen Literatur des Barocks und der Aufklärung. Langensalza.

Yale French Studies 69 (1985): The Lesson of Paul de Man.

Yates, Francis A. (1990): Gedächtnis und Erinnern. Mnemonik von Aristoteles bis Shakespeare. Weinheim.

Zielinski, Thaddäus (1912): Cicero im Wandel der Jahrhunderte. 3. Aufl. Leipzig.

Zima, Peter (1991): Literarische Ästhetik. Methoden und Modelle der Literaturwissenschaft. Tübingen.

Personenregister

Sachregister

Metzler Literatur Lexikon
Begriffe und Definitionen

Herausgegeben von Günther und Irmgard Schweikle
2., überarbeitete Auflage.
1990. VI, 525 Seiten, gebunden
ISBN 3-476-00668-9

Das »Metzler Literatur Lexikon« ermöglicht eine rasche Orientierung über 3000 Stichwörter zu Geschichte, Poetik, Metrik und Rhetorik der westlichen Literatur; wesentliche Stichwörter zur Geschichte der Philologien, der Buch-, der Verlags- und der Sprachgeschichte werden erläutert. Dabei werden die europäischen Literaturen von der Antike bis in die unmittelbare Gegenwart einbezogen, schwerpunktartig ist die wichtigste Sekundärliteratur genannt.

»Hier handelt es sich also um ein Sachwörterbuch der Literatur, einen Lexikontyp, mit dem die deutschsprachige Bücherlandschaft wahrlich nicht gepflastert ist.«
Neue Zürcher Zeitung

»...Vergleichbaren Kompendien an Genauigkeit und Methodik überlegen. Mit den Auskünften des neuen Lexikons läßt sich gut arbeiten...«
Die Zeit

VERLAG J.B. METZLER

Deutsche Literaturgeschichte
Von den Anfängen bis zur Gegenwart

5., überarbeitete Auflage.
1994. X, 630 Seiten, 400 Abb., gebunden
ISBN 3-476-01286-7

Deutsche Literaturgeschichte auf einen Blick: reichhaltig illustriert, lebendig und unterhaltsam geschrieben. Dieser Band führt durch die Literatur vom Mittelalter bis zur Gegenwart. Den Schwerpunkt bildet die Moderne des 20. Jahrhunderts, insbesondere die Zeit nach 1945. Das Kapitel DDR-Literatur umfaßt die literarischen Ereignisse bis zur Wiedervereinigung. Ein Schlußkapitel behandelt die Frage nach der »Einheit und Vielfalt der deutschen Literatur«.

»Diese Literaturgeschichte mit der breiten Behandlung der modernen Literatur seit dem Vormärz schließt eine Marktlücke.«   *Mitteilungen des Philologenverbandes*

»Ein handliches, ein zugriffiges, auch in seinem Äußeren hervorragend gestaltetes Geschichtsbuch, das die deutsche Literaturgeschichte in gedrungener Form darstellt.«   *Schweizer Monatshefte*

VERLAG J.B. METZLER